Entscheidungen

des

Reichsgerichts.

Herausgegeben

von

den Mitgliedern des Gerichtshofes
und der Reichsanwaltschaft.

Entscheidungen in Zivilsachen.

136. Band.

Berlin und Leipzig 1932

Walter de Gruyter & Co.

vormals G. J. Göschen'sche Verlagshandlung – J. Guttentag, Verlags-
buchhandlung – Georg Reimer – Karl J. Trübner – Veit & Comp.

Entscheidungen

des

Reichsgerichts

in

Zivilsachen.

---

136. Band.

Berlin und Leipzig 1932

Walter de Gruyter & Co.

vormals G. J. Göschen'sche Verlagshandlung – J. Guttentag, Verlagsbuchhandlung – Georg Reimer – Karl J. Trübner – Veit & Comp.

Druck von Metzger & Wittig in Leipzig

Inhalt.

I. Bürgerliches Recht.

a. Reichsrecht.

b. Landesrecht.

II. Öffentliches Recht.

III. Gerichtliches Verfahren.

1. Muß sich ein Kirchenvorsteher einer katholischen Pfarrgemeinde, der diese auf Schadensersatz wegen Verletzung einer Verkehrspflicht in Anspruch nimmt, entgegenhalten lassen, daß er ihr für die Erfüllung der Verkehrspflicht verantwortlich sei?

Preuß. Gesetz über die Verwaltung des katholischen Kirchenvermögens vom 24. Juli 1924 (GS. S. 585) §§ 1, 9. BGB. §§ 31, 89, 254.

IX. Zivilsenat. Urt. v. 27. Februar 1932 i. S. Kath. Pfarrgemeinde Gl. (Bekl.) w. O. (Kl.). IX 395/31.

I. Landgericht Köln.
II. Oberlandesgericht daselbst.

Der Kläger ist Mitglied des Kirchenvorstandes der verklagten katholischen Pfarrgemeinde. Am 13. Februar 1929 — Aschermittwoch — vormittags fiel er beim Verlassen der Kirche, in der er dem Gottesdienst beigewohnt hatte, auf dem im Eigentum der Beklagten stehenden Kirchplatz hin und erlitt dabei einen schweren linksseitigen Unterschenkelbruch. Er behauptet, er sei infolge der Glätte gefallen, die auf dem Kirchplatz geherrscht habe, denn die Beklagte habe schuldhafterweise verabsäumt, den Kirchplatz mit abstumpfendem Material zu bestreuen. Mit der Klage nimmt er die Beklagte auf Ersatz des ihm entstandenen Schadens in Anspruch. Die Beklagte hat geltend gemacht, daß der Kläger als Mitglied des Kirchenvorstandes für die Verkehrssicherheit auf dem Kirchplatz neben dem Pfarrer verantwortlich sei, und daß ihm deshalb kein Schadensersatzanspruch zustehe.

Das Landgericht hat den Zahlungsanspruch dem Grunde nach für gerechtfertigt erklärt. Die Berufung der Beklagten ist zurückgewiesen worden. Ihre Revision führte zur Aufhebung und Zurückverweisung.

Aus den Gründen:

Die Beklagte hat gegen den Klaganspruch geltend gemacht, der Kläger habe als Mitglied ihres Kirchenvorstandes selbst dafür Sorge tragen müssen, daß der Kirchplatz gehörig bestreut werde. Der Berufungsrichter hat dies Vorbringen unter dem Gesichtspunkt des mitwirkenden Verschuldens des Klägers geprüft und es mit folgender Erwägung zurückgewiesen: Nach dem preußischen Gesetz über die Vermögensverwaltung in den katholischen Kirchengemeinden vom 20. Juni 1875 (GS. S. 241) komme dem Kirchenvorstand lediglich die rechtsgeschäftliche Willensbildung bei der Verwaltung des Kirchenvermögens zu. Dagegen habe der Kirchenvorstand mit der tatsächlichen Sachverwaltung nichts zu tun. Zu ihr gehöre die Erfüllung der Streupflicht. Sie liege nur dem Pfarrer ob. Die hiergegen erhobene Revisionsrüge ist im Ergebnis begründet.

An den Darlegungen des Berufungsrichters ist zunächst formell die Heranziehung des Gesetzes vom 20. Juni 1875 unzutreffend. Denn dieses Gesetz war zur Zeit des Unfalls nicht mehr in Kraft, sondern war durch das Gesetz über die Verwaltung des katholischen Kirchenvermögens vom 24. Juli 1924 ersetzt worden, gegen dessen Gültigkeit keine verfassungsrechtlichen Bedenken bestehen.

Aber auch materiell kann dem Berufungsrichter nicht beigetreten werden. Unter „Verwaltung" des Vermögens in der Kirchengemeinde, die nach § 1 des Gesetzes vom 24. Juli 1924 dem Kirchenvorstand obliegt, ist nach der preußischen Rechtsentwicklung nicht bloß die rechtsgeschäftliche Willensbildung, sondern auch die Sorge für die tatsächliche Erhaltung, Nutzbarmachung und vorschriftsmäßige Verwendung des kirchlichen Vermögens zu verstehen. Danach ist die Sorge für die Erfüllung der Streupflicht Vermögensverwaltung. Denn die aus ihrer Verletzung entstehenden Haftpflichtverbindlichkeiten treffen nach §§ 31, 89 BGB. das Vermögen der Kirchengemeinde. Diese Haftpflichtverbindlichkeiten von der Kirchengemeinde fernzuhalten, ist grundsätzlich Aufgabe des Kirchenvorstandes.

In § 9 des Gesetzes vom 20. Juni 1875 war bestimmt, daß die Mitglieder des Kirchenvorstandes für die Sorgfalt eines ordentlichen Hausvaters haften. Hierdurch war die in den landrechtlichen Teilen Preußens geltende Bestimmung des § 623 ALR. II 11, die den Kirchenvorstehern die Verantwortlichkeit der Vormünder auferlegte, für die katholischen Kirchenvorstände beseitigt. Nach § 9 des Gesetzes vom 24. Juli 1924 ist das Amt eines Kirchenvorstehers ein Ehrenamt, das regelmäßig durch Wahl nach Maßgabe des öffentlichen Rechts erworben wird. Hieraus folgt für die Beziehungen des Kirchenvorstehers zu der Gemeinde, die gleichfalls öffentlichrechtlicher Natur sind, daß auf sie die Grundsätze des Auftrags entsprechend anzuwenden sind und daß demnach die Kirchenvorsteher für jede Fahrlässigkeit haften, die ihnen bei ihren Handlungen und Unterlassungen in Beziehung auf die Vermögensverwaltung zur Last fällt. Dagegen ist die Annahme abzulehnen, daß hierüber das innerkirchliche Recht entscheide. Dies kann schon deshalb nicht zutreffen, weil das innerkirchliche Recht der katholischen Kirche nicht von der Vorstellung der Pfarrgemeinde als einer juristischen Person ausgeht.

Durch das Vorangeführte wird aber nicht ausgeschlossen, daß unter den Mitgliedern des Vorstandes eine geteilte Verantwortung bestehen kann, die mit der tatsächlichen Arbeitsteilung zusammenhängt und die den Rückgriff der Gemeinde auf das einzelne Mitglied des Kirchenvorstandes rechtlich ausschließt. In der Tat bestimmt die Bischöfliche Geschäftsanweisung für die Verwaltung des Vermögens in den Kirchengemeinden und Gemeindeverbänden in der Erzdiözese Köln vom 11. Juli 1928, die auf Grund des Gesetzes vom 24. Juli 1924 erlassen und seit dem 1. August 1928 in Kraft ist, daß, abgesehen von Ausschüssen und Kuratorien, die ihre Beschlüsse ausführen, der Vorsitzende des Kirchenvorstandes, also der Pfarrer, es ist, der für die Ausführung der Beschlüsse des Kirchenvorstands zu sorgen hat. Dabei kann er die Mitwirkung der übrigen Mitglieder in Anspruch nehmen. Hier hatte der Kirchenvorstand 100 RM. für das Streuen ausgeworfen und damit seiner Pflicht genügt. Aufgabe des Pfarrers war es, diesen Beschluß auszuführen und seine Ausführung zu überwachen. Daß er dabei die Mitwirkung des Klägers in Anspruch genommen habe, ist nicht behauptet. Eine Überwachungspflicht, die den einzelnen Mitgliedern des Kirchenvorstandes den Beauftragten des Pfarrers und diesem selbst gegenüber obgelegen hätte, ist rechtlich nicht anzuerkennen.

Das schließt aber nicht aus, daß ein Kirchenvorsteher, wenn ihm die mangelnde Ausführung des Vorstandsbeschlusses — hier also die Vernachlässigung des Streuens — zur Kenntnis kommt, kraft seines Amtes verpflichtet ist, dem Pfarrer hiervon Mitteilung zu machen, und daß er, falls dies keinen Erfolg hat, die Angelegenheit im Kirchenvorstand zur Sprache zu bringen hat. Dringt er auch dort nicht durch, so wird man ihm allerdings grundsätzlich nicht zumuten können, Beschwerde bei der Bischöflichen Behörde zu führen oder Anzeige an die Polizei zu erstatten. Schweigt er aber zu dem ihm bekanntgewordenen Mißstande aus unsachlichen Erwägungen, so verletzt er seine Pflicht als Kirchenvorsteher. Der Berufungsrichter hätte daher prüfen müssen, ob die Vernachlässigung der Streupflicht während der Frostperiode dem Kläger so rechtzeitig bekannt geworden ist, daß er eine Abstellung dieses Übelstandes vor dem Unfalltage hätte erreichen können. Bejahendenfalls wird sich der Kläger zwar nicht die Einrede des Mitverschuldens (§ 254 BGB.), wohl aber die Einrede der allgemeinen Arglist entgegenhalten lassen müssen, die jedem entgegensteht, der etwas fordert, was er wieder zurückzugewähren hat.

---

2. Zur Frage der Haftung des Kraftfahrzeughalters für Schäden, die auf einer sog. Schwarzfahrt angerichtet werden.[1])

KFG. § 7. BGB. §§ 823, 831.

VI. Zivilsenat. Urt. v. 10. März 1932 i. S. F. (Kl.) w. Firma O. (Bekl.). VI 9/32.

I. Landgericht Würzburg.
II. Oberlandesgericht Bamberg.

Seit dem 15. Juni 1928 war bei der Beklagten der am 28. April 1898 geborene und seit etwa 10 Jahren im Besitz des Führerscheins befindliche Kraftwagenführer K. angestellt. Am 11. Januar 1929 zwischen 17 und 18 Uhr nach Geschäftsschluß und nach Auszahlung des Wochenlohnes erteilte die Beklagte dem K. den Auftrag, ihren Personenkraftwagen aus der auf ihrem Grundstück H.gasse in W. befindlichen Garage in diejenige des W.er Autohauses in der S.straße zu fahren, um dort den Wagen zu reinigen, da bei dem herrschenden starken Frost das Waschen in ihrer Garage infolge Fehlens von warmem Wasser nicht möglich war. K. zog zu dieser Arbeit ohne Erlaubnis

[1]) Zu vergleichen das folgende neuere Urteil Nr. 3. D. E.

der Beklagten den ebenfalls bei ihr eingestellten Arbeiter H. zu und fuhr ihn zunächst nach seiner Wohnung. Dann fuhren beide zur Wohnung des K. Von dort steuerte K. den mit H. besetzten Wagen zur Stadt hinaus zum G.berg. Etwa 2 km von der Stadt entfernt überholte K. in schneller Fahrt auf der vereisten Landstraße die hart am rechten Straßenrand ihr Fahrrad führende Klägerin. Dabei überfuhr er die Klägerin. Diese erlitt doppelte Brüche beider Unterschenkel und Sachschaden. Ohne sich um die Verletzte zu kümmern, und trotz der Haltrufe der Begleiter der Klägerin, von denen der eine ebenfalls umgerissen worden war, fuhr K. eilends davon. Die Klägerin mußte längere Zeit auf der Straße liegen, bevor sie durch einen Sanitätswagen ins Krankenhaus geschafft werden konnte; sie trug infolge des Frostes auch noch eine Gefäßveränderung in beiden Beinen davon. Die Klägerin nimmt auf Grund des § 7 KFG. die Beklagte und den K. als Gesamtschuldner auf Schadensersatz in Anspruch, indem sie behauptet, K. habe eine Probefahrt unternommen, wozu er befugt gewesen sei. Sie begehrt Verurteilung beider zur Zahlung von 1251,50 RM. nebst Zinsen (1151,50 RM. Arzt- und Beförderungskosten und 100 RM. Sachschaden) und Feststellung der Verpflichtung beider zum Ersatz allen weiteren Schadens.

Nach diesen Anträgen ist K. durch rechtskräftiges Versäumnisurteil verurteilt worden. Die Beklagte hat die Klagansprüche nach Grund und Betrag bestritten, indem sie behauptet, die Fahrt des K. sei eine Schwarzfahrt gewesen.

Das Landgericht hat durch ein als „Zwischenurteil" bezeichnetes Urteil „den Anspruch der Klägerin gegen die Beklagte auf Ersatz des Schadens, der der Klägerin aus dem Unfall vom 11. Januar 1929 erwachsen ist, dem Grunde nach für gerechtfertigt" erklärt. Dagegen hat das Oberlandesgericht die Klage abgewiesen. Auf die Revision der Klägerin wurde das Berufungsurteil aufgehoben, der Leistungsanspruch im Rahmen des Kraftfahrzeuggesetzes dem Grunde nach für gerechtfertigt erklärt, der Feststellungsklage mit der gleichen Beschränkung entsprochen und die Sache wegen der den Rahmen des Kraftfahrzeuggesetzes übersteigenden Ansprüche an das Berufungsgericht zurückverwiesen.

Gründe:

1. Es erhebt sich zunächst die Frage, ob das Oberlandesgericht prozeßrechtlich in der Lage war, die Feststellungsklage abzuweisen.

Das wäre dann nicht der Fall gewesen, wenn das Landgericht über diesen Teil der Klaganträge noch gar nicht entschieden hätte, dieser Teil also bisher nicht in den Rechtszug der Berufung gelangt wäre (§ 537 Satz 1 ZPO.; RGZ. Bd. 59 S. 399, Bd. 70 S. 182, Bd. 119 S. 382) . . . (Nach Erörterung der sich aus dem landgerichtlichen Urteil ergebenden Zweifel wird die Frage verneint.) Demnach ist der zwar nicht besonders ausgesprochenen, aber hinreichend erkennbaren Auffassung des Oberlandesgerichts beizutreten, daß eine erstinstanzliche Entscheidung über den Feststellungsanspruch vorliegt. Schon der Berufungsrichter hätte jedoch Veranlassung nehmen sollen, das Landgericht darauf hinzuweisen, daß ein Urteil keinen Anlaß zu Zweifeln über seine Tragweite geben darf (§ 322 ZPO.) und daß die landgerichtliche Urteilsformel in ihrer Fassung dem § 256 ZPO. nicht entspricht, das Urteil auch nicht nur ein Zwischenurteil, sondern zugleich ein Teilurteil ist.

2. Als rechtliche Grundlage der Klagansprüche hat die Klägerin den § 7 Abs. 1 KFG. bezeichnet. Gleichwohl hat sie ihren Feststellungsanspruch nicht auf den Rahmen dieses Gesetzes (vgl. §§ 10—13) beschränkt. Sie hat jedoch dem Gericht alle Tatsachen unterbreitet, die zu einer Verurteilung der Beklagten auf Grund der §§ 823 flg. BGB. und damit zum Ersatz des vollen Schadens der Klägerin führen konnten (RGZ. Bd. 129 S. 60). Die rechtliche Prüfung dieser Tatsachen war Sache des Gerichts (RGZ. Bd. 105 S. 303 und S. 351, Bd. 118 S. 144, Bd. 131 S. 282). Das Oberlandesgericht hat zwar trotz der Vorschrift des § 16 KFG. den Sachverhalt nur auf Grund des § 7 Abs. 3 das. erörtert. Es ist ihm aber zuzugeben, daß von seinem Standpunkt aus eine Haftung der Beklagten weder aus § 823 BGB. noch aus § 831 das. in Frage kam.

3. Grundlegend für die rechtliche Beurteilung des Falles ist die tatsächliche Frage, ob die Fahrt des K. am Nachmittag des 11. Januar 1929 eine Probefahrt oder eine Schwarzfahrt gewesen ist. Die Beweislast für das Vorliegen einer Schwarzfahrt trifft die Beklagte als die Halterin des Kraftwagens, da sich die Vorschrift des § 7 Abs. 3 Satz 1 KFG. als eine Ausnahmebestimmung gegenüber der in Abs. 1 das. angeordneten allgemeinen Gefährdungshaftung des Halters kennzeichnet. Diesen Beweis erachtet das Berufungsgericht als geführt . . . (Wird gebilligt.)

4. Ist hiernach von der Feststellung auszugehen, daß die Fahrt

des K., bei der die Klägerin verletzt worden ist, eine Schwarzfahrt war, so können als rechtliche Grundlagen für die Haftung der Beklagten drei Vorschriften in Frage kommen: einmal der § 7 Abs. 3 Satz 2 KFG., sodann vielleicht der § 831 Abs. 1 BGB., endlich der § 823 Abs. 1 BGB.

a) In der ursprünglichen Fassung vom 3. Mai 1909 (RGBl. S. 437) war die Haftung des Halters nach § 7 Abs. 3 KFG. (übereinstimmend mit § 1 Abs. 3 des Entwurfs vom Jahre 1908, während im ersten Entwurf vom Jahre 1906 eine entsprechende Bestimmung fehlte) darauf abgestellt, ob das Fahrzeug ohne Wissen und Willen des Halters „in Betrieb gesetzt" war. Daraus hatte die reichsgerichtliche Rechtsprechung (vgl. u. a. RGZ. Bd. 77 S. 348, Bd. 95 S. 185) gefolgert, daß der Halter für die Schäden einzustehen habe, die sein Führer auf unerlaubten Fahrten anrichtete, welche er im Anschluß an eine ihm aufgetragene Fahrt vornahm. Der am 23. Februar 1922 dem Reichstag vorgelegte Entwurf zur Abänderung des Kraftfahrzeuggesetzes (Anlagenband 371 zu den Verhandlungen des Reichstags Nr. 3638 S. 3726) sah keine Änderung des § 7 Abs. 3 vor. Die neue Fassung dieser Vorschrift, welche vom Vorläufigen Reichswirtschaftsrat nicht angeregt worden war (das. Bd. 377 Nr. 5738 S. 6649), rührt vom Ausschuß des Reichstags her. Die Gründe, welche für den Ausschuß hierbei leitend waren, sind in dessen mündlichem Bericht (das. Bd. 378 Nr. 6050 S. 7354) nicht niedergelegt. Aus den Verhandlungen des Reichstags (Bd. 353 S. 6146, Bd. 360 S. 11633 bis S. 11635) ist nur soviel ersichtlich, daß der Berichterstatter auf die „wichtige Neuerung" im § 7 Abs. 3, besonders im Hinblick auf RGZ. Bd. 95 S. 185, hingewiesen hat (S. 11634). Daraus ergibt sich, daß der Gesetzgeber durch die Wahl des Ausdrucks „benutzen" statt „in Betrieb setzen" die Haftung des Halters nach Abs. 3 Satz 1 des § 7 gegenüber der Auslegung, welche der Begriff in der Rechtsprechung gefunden hatte, hat mildern wollen (RGZ. Bd. 119 S. 350). Dagegen folgt aus der Beifügung von Satz 2 das. eine Erweiterung der Haftpflicht des Halters (RGZ. Bd. 119 S. 352). Die Fassung des § 7 Abs. 3 ist offensichtlich im Anschluß an die des § 19 Abs. 2 des Luftverkehrsgesetzes vom 1. August 1922 (RGBl. I S. 681) gewählt, mit dem der § 7 Abs. 3 des Änderungsgesetzes vom 21. Juli 1923 (RGBl. I S. 743) wörtlich gleichlautet. Es liegt daher nahe, zur Auslegung des § 7 Abs. 3 Satz 2 KFG. auf die Vorarbeiten zum Luftverkehrsgesetz zurückzugreifen. Aber auch diese ergeben nichts Sachdienliches. Der § 15 Abs. 3 des I. Entwurfs eines Luftverkehrsgesetzes vom 31. Januar 1914 (Drucks. des Reichstags 13. Legislatur-Periode I. Session 1912/14 Nr. 1338) stimmte inhaltlich mit § 7 Abs. 3 KFG. in der ursprünglichen Fassung überein, und die Begründung verwies insoweit lediglich auf letztere Vorschrift (S. 25). Der Entwurf blieb unerledigt, nachdem seine Haftpflichtregelung in der Sitzung des Reichstags vom 12. März 1914 (StenBer. 1912/14 S. 8043) auf fast einmütige Ablehnung gestoßen war. Der § 15 Abs. 2 des II. Entwurfs vom 8. Juli 1921 (Drucks. des Reichstags I. Wahlperiode 1920/21 Nr. 2504) entspricht dem § 19 Abs. 2 des Gesetzes auch dem Wortlaut nach, eine nähere Erläuterung zu § 15 Abs. 2 wird jedoch in der Begründung (S. 14, 15) nicht gegeben. In den Verhandlungen des Reichstags in den Sitzungen vom 27. September 1921 und vom 18. Juli 1922 (StenBer. S. 4583 und 8686) und, soweit aus dem mündlichen Bericht (Drucks. Nr. 4576) ersichtlich, auch im Reichstagsausschuß ist der § 15 Abs. 2 des II. Entwurfs ebensowenig Gegenstand besonderer Erörterung gewesen (vgl. den weiteren schriftlichen Ausschußbericht das. Nr. 5218). Die Auslegung ist hiernach lediglich auf den Wortlaut des § 7 Abs. 3 Satz 2 KFG. angewiesen, neben dem der Sinn und Zweck dieser Vorschrift zu berücksichtigen ist. Sie hat im Schrifttum und in der Rechtsprechung zu abweichenden Ergebnissen geführt, namentlich auch hinsichtlich des Verhältnisses des § 7 Abs. 3 Satz 2 KFG. zu den §§ 823, 831 BGB. (vgl. u. a. Müller Automobilgesetz 7. Aufl. S. 265—280; Isaac-Sieburg Automobilgesetz 2. Aufl. S. 171—187; Heucke Verkehr mit Kraftfahrzeugen 3. Aufl. S. 43—56; von Hellingrath-Michel Kraftfahrrecht 5. Aufl. S. 48—52, 71—76; Stiefel Rechtsfolgen der Schwarzfahrt; weitere Nachweise insbesondere bei Stiefel S. 119, 120). Auch der erkennende Senat hat sich bereits des öfteren mit der Auslegung des § 7 Abs. 3 Satz 2 KFG. zu beschäftigen gehabt (vgl. u. a. RGZ. Bd. 119 S. 58 und S. 347, Bd. 135 S. 149; RGUrt. vom 20. Februar 1928 VI 151/27, abgedr. JRdsch. 1928 Rspr. Nr. 892, vom 16. Juni 1930 VI 500/29, vom 24. November 1930 VI 126/30 und vom 18. Januar 1932 VI 319/31).

Der § 7 Abs. 3 Satz 2 KFG. enthält eine Rückausnahme von der Ausnahmevorschrift des Satz 1 das.: ist zwar die Benutzung des Fahrzeugs durch einen Dritten gegen Willen und Wissen des Halters erfolgt, würde also nach Satz 1 eine Schadensersatzpflicht des Halters an sich ausscheiden, so soll es doch nach Satz 2 bei der in § 7 Abs. 1 KFG. verordneten Gefährdungshaftung des Halters dann sein Bewenden behalten, wenn er durch sein Verschulden die Benutzung des Fahrzeugs ermöglicht hat. Daraus ergibt sich folgendes: Einmal handelt es sich um eine eigenartige Vermischung der Haftung für Gefährdung und Verschulden; der Halter ist für den beim Betriebe seines Fahrzeugs angerichteten Schaden ersatzpflichtig (§ 7 Abs. 1), weil das Gesetz das Kraftfahrzeug als verkehrsgefährdend ansieht, aber Voraussetzung der Schadensersatzpflicht ist ein „Verschulden" des Halters an der Benutzung des Fahrzeugs. Ferner beschränkt sich die Haftung des Halters nach § 7 Abs. 3 Satz 2 KFG. auf den Rahmen dieses Gesetzes. Weiter ist ein adäquater Ursachenzusammenhang zwischen dem Verschulden des Halters und dem eingetretenen Schaden nicht erforderlich, sondern es genügt der Zusammenhang zwischen Verschulden und Benutzung. Zwar muß ferner der Geschädigte dem Halter das Verschulden an der Benutzung beweisen. Aber es werden ihm hierbei je nach Umständen die Grundsätze vom Beweise des ersten Anscheins zu Hilfe kommen, und Sache des Halters ist es, die von ihm zur Verhinderung von Schwarzfahrten in seinem Betriebe getroffenen Maßnahmen anzugeben, wie bereits in dem erwähnten Urteil vom 24. November 1930 betont ist. An die Erfüllung dieser besonderen Sorgfaltspflicht sind bei der Häufigkeit und besonderen Gefährlichkeit gerade der Schwarzfahrten im Interesse der Verkehrssicherheit die strengsten Anforderungen zu stellen. Insbesondere kann das Verschulden des Halters in der Art der Verwahrung des Fahrzeugs und in der Auswahl und der Beaufsichtigung des Führers zu finden sein. Von diesem Verschulden des Halters bei der Auswahl und Überwachung des Führers innerhalb des § 7 Abs. 3 Satz 2 KFG. ist jedoch die noch zu erörternde andere Frage wohl zu unterscheiden, ob der Halter für Schwarzfahrten seines eigenen Führers nach § 831 Abs. 1 BGB. haftbar ist. Endlich gewährt die Einfügung der Vorschrift des § 7 Abs. 3 Satz 2 KFG. nicht den mindesten Anhalt dafür, daß etwa der Gesetzgeber die sich aus § 16 KFG. ergebende Haftung des Halters für Schwarzfahrtschaden nach Maßgabe der allgemeinen Bestimmungen in §§ 823 flg. BGB. hätte ausschließen wollen. Nur muß der Geschädigte, wenn er den Halter nach diesen Vorschriften auf Ersatz des vollen Schadens in Anspruch nehmen will, den Nachweis einmal der Vernachlässigung der allgemeinen im Verkehr erforderlichen Sorgfalt im Sinn des § 276 BGB. durch den Halter und ferner des adäquaten ursächlichen Zusammenhangs des Verschuldens des Halters nicht nur mit der Benutzung des Fahrzeugs, sondern auch mit dem Unfall führen. Ob dieser adäquate Zusammenhang (vgl. RGZ. Bd. 133 S. 127) mit dem Unfall in Anbetracht der Erfahrungstatsache festzustellen ist, daß gerade bei Schwarzfahrten die Führer, mögen sie auch sonst tüchtig und zuverlässig sein, zur Außerachtlassung der Rücksicht auf den öffentlichen Verkehr und die Gesundheit ihrer Mitmenschen in besonders hohem Maße neigen, muß stets unter Berücksichtigung der besonderen Umstände des Einzelfalls geprüft werden (RGZ. Bd. 119 S. 61). Darauf, ob der Schaden für den Halter als Erfolg seines Verhaltens voraussehbar war, kommt es — anders als für den Begriff der Fahrlässigkeit im Sinne des Strafrechts (RGZ. Bd. 69 S. 344, Bd. 128 S. 328; RGSt. Bd. 22 S. 357) — für die Anwendung des § 276 BGB. nicht an (vgl. u. a. RGZ. Bd. 81 S. 361). Es genügt vielmehr, daß der Halter, objektiv betrachtet, bei Anwendung der allgemeinen Verkehrssorgfaltspflicht im Sinne des § 276 BGB. die Möglichkeit des Eintritts eines schädigenden Erfolges seiner Handlung und Unterlassung im allgemeinen hätte erkennen müssen; wie sich der Schadenshergang im einzelnen abspielen werde, brauchte er sich dagegen nicht als möglich vorgestellt zu haben, sofern er die nötige Sorgfalt angewendet hätte (RGUrt. vom 18. Januar 1932 VI 347/31). Es fragt sich, welches Anwendungsgebiet für den § 7 Abs. 3 Satz 2 KFG. bei dieser Auslegung bleibt. Es sind dies einmal alle die Fälle, in denen entweder eine Verletzung der allgemeinen Verkehrssorgfaltspflicht des Halters oder ein adäquater Ursachenzusammenhang zwischen dem Verschulden des Halters und dem durch Verschulden des Schwarzfahrers herbeigeführten Schaden nicht nachweisbar ist. Namentlich aber gehören dahin alle die Fälle, in denen der Schwarzfahrer nur auf Grund der Gefährdungshaftung (§ 7 Abs. 1 KFG.), nicht aber nach § 823 Abs. 1 oder 2 BGB. haftpflichtig ist. In den letzteren Fällen kann der als Gesamtschuldner mit dem Schwarzfahrer haftende Halter ebenfalls nur nach § 7 Abs. 1 KFG. verantwortlich gemacht werden, dies schon deshalb, weil es an einem durch Verschulden des Fahrers entstandenen Schaden fehlt und folgeweise ein ursächlicher Zusammenhang zwischen einem solchen und dem schuldhaften Verhalten des Halters nicht in Betracht kommen kann. In Fällen dieser beiden Arten war es nach der bis zum Inkrafttreten des Änderungsgesetzes vom 21. Juli 1923 bestehenden Rechtslage zum mindesten zweifelhaft, ob der Halter in Anspruch genommen werden konnte, und diese Lücke hat § 7 Abs. 3 Satz 2 der Novelle ausgefüllt.

Prüft man auf dieser rechtlichen Grundlage den vorliegenden Sachverhalt, so ergibt sich folgendes: In gröblicher Verkennung der dem Kraftfahrzeughalter obliegenden Verkehrssorgfaltspflichten hat die Beklagte vorgetragen, eine Verpflichtung des Halters zur dauernden Überwachung seines Führers bestehe dann nicht, wenn die über diesen eingezogenen Auskünfte gut gelautet hätten; gleichwohl will sie aber den K. dauernd überwacht haben. Das Oberlandesgericht ist der Rechtsansicht der Beklagten beigetreten, indem es folgendes ausführt: Dem Halter könne billigerweise nicht zugemutet werden, daß er selbst oder durch eine dritte Person dem als verlässig erkannten Führer besondere Beaufsichtigung angedeihen lasse. Eine gesteigerte Sorgfalt und besondere Maßnahmen müßten nur dann getroffen werden, wenn hierzu besondere Umstände drängten. Solche seien hier nicht gegeben, insbesondere seien frühere Schwarzfahrten des K. nicht erwiesen. Mit dieser Beurteilung, die im Ergebnis dahin führt, daß der Halter für die erste ihm bekannt gewordene Schwarzfahrt seines als zuverlässig erkannten Führers nicht einzustehen brauche, setzt sich der Berufungsrichter in Widerspruch zu der feststehenden Rechtsprechung des Reichsgerichts, daß an die planmäßige und dauernde Beaufsichtigung des Führers durch den Halter ein strenger Maßstab anzulegen ist (vgl. u. a. RGZ. Bd. 120 S. 161, Bd. 128 S. 153, 154; JW. 1931 S. 3327 Nr. 16); nur das erforderliche Maß der Überwachung ist verschieden, je nachdem es sich um einen jungen, noch unbewährten oder um einen älteren, als zuverlässig erprobten Führer handelt. Nun war K. zur Zeit seiner Einstellung bei der Beklagten bereits 30 Jahre alt und seit etwa 10 Jahren im Besitz des Führerscheins, und die Beklagte hatte sich beim Kraftfahramt in W. und bei den früheren Arbeitgebern des K. erkundigt und die „denkbar günstigste" Auskunft über K. erhalten, bevor sie ihn in ihre Dienste nahm. Danach ist die Beklagte bei der Auswahl des K. sorgfältig verfahren. Objektiv war jedoch K., jedenfalls zur Unfallzeit, wegen seiner moralischen Eigenschaften für den Beruf eines Kraftfahrzeugführers untauglich . . . (Wird begründet.)

Eine andere Frage ist es, ob die Beklagte die Nichteignung des ihr besonders empfohlenen K. für seinen Beruf erkannt hat oder bei Anwendung der nötigen Sorgfalt hätte erkennen müssen. Nach dieser Richtung ist nichts festgestellt, und auch gegen die Annahme des Berufungsrichters sind keine rechtlichen Bedenken zu erheben, daß im allgemeinen die Beklagte den K. ausreichend beaufsichtigt und die zur Verhütung von Schwarzfahrten durch ihn geeigneten Maßnahmen getroffen hat. Zu prüfen bleibt daher lediglich, ob die Beklagte gerade am Tage des Unfalls die erforderlichen Vorkehrungen angeordnet hatte, um die Vornahme einer Schwarzfahrt durch K. zu unterbinden. In dieser Beziehung ist der Sachverhalt in den Vorinstanzen so erschöpfend erörtert, daß seine abschließende Beurteilung durch das Revisionsgericht insoweit möglich und geboten ist, als die Anwendung des § 7 Abs. 3 Satz 2 KFG. in Frage steht (§ 565 Abs. 3 Nr. 1 ZPO.). Während die Klägerin die Beklagte hingewiesen hatte auf die besonderen Umstände, welche die Gefahr der Ausführung einer Schwarzfahrt gerade am Unfallabend als naheliegend erscheinen lassen konnten, und auf die Art der für die Beklagte möglichen Aufsichtsmaßnahmen, hat sich diese im wesentlichen auf die Erwiderung beschränkt, sie habe bei früheren Gelegenheiten dem K. die Vornahme von Schwarzfahrten bei Strafe sofortiger Entlassung verboten; bei der ausnahmsweise erforderlich gewordenen Verbringung des Kraftwagens zum Waschen in eine andere Garage habe sie das Erscheinen des Wagens dem W.er Autohaus vorher angekündigt und K. sei ein als zuverlässig bezeugter und auch in ihrem Dienste erprobter Führer gewesen; daß sie besondere Aufsichtsmaßregeln, wie etwa die Feststellung der Ankunfts- und Abfahrtszeit des K. in dem Autohause, veranlaßt und den K. hiervon in Kenntnis gesetzt hätte, hat sie nicht behauptet. Das an K. gerichtete Verbot, Schwarzfahrten zu machen, war auch unter Berücksichtigung der damit verbundenen Androhung ohne wesentliche Bedeutung. Denn darüber ist jeder Führer unterrichtet, daß er keine Schwarzfahrten unternehmen darf und daß er im Falle der Zuwiderhandlung Gefahr läuft, sofort entlassen zu werden. Ein Führer, der einmal den Entschluß zu einer Schwarzfahrt gefaßt hat, wird sich selten durch ein solches Verbot von seinem Vorhaben abhalten lassen. Die Ankündigung der demnächstigen Ankunft des Wagens in dem Autohause war keine geeignete Aufsichtsmaßregel, dies um so weniger, als die Beklagte nicht behauptet hat, daß sie den K. hiervon verständigt habe. Von einer Erprobung des K. im eigenen Dienste der Beklagten kann bei einer Dienstzeit von nur etwa sieben Monaten keine Rede sein, und daß selbst ältere und als zuverlässig bezeugte Führer der Versuchung, eine Schwarzfahrt zu unternehmen, dann erliegen, wenn sich ihnen hierzu eine günstige Gelegenheit bietet, lehrt auch der vorliegende Fall. Immerhin würden das Alter und die bezeugte Zuverlässigkeit des K. die Annahme eines Verschuldens der Beklagten nach § 7 Abs. 3 Satz 2 KFG. vielleicht dann auszuschließen geeignet sein, wenn nicht die besonderen Umstände des Falles eine abweichende Beurteilung geboten erscheinen ließen. Es handelte sich bei der Überführung des Wagens in die Autohalle nach der eigenen Behauptung der Beklagten um eine Ausnahmemaßregel; darüber hatte die Beklagte noch keine Erfahrungen sammeln können, ob sich K., der nach den getroffenen Feststellungen den Wagen nicht unbemerkt aus dem Grundstück der Beklagten entfernen konnte und ihn selten oder nie allein fuhr, auch dann bewähren würde, wenn der Wagen in der Dunkelheit nach Schluß seiner Arbeitszeit und nach Büroschluß ihm allein überlassen wurde. Schon dieser Umstand hätte der Beklagten zu Aufsichtsmaßregeln Anlaß geben müssen. Es kommt aber noch folgendes hinzu: Am Nachmittage waren die Löhne gezahlt worden, und K. hatte nicht ohne einen gewissen Grund nach der Darstellung der Beklagten seinen Unwillen darüber geäußert, daß er nach Schluß seiner Arbeitszeit in der Fabrik der Beklagten, in der er zugleich als Arbeiter beschäftigt wurde, nun noch den Auftrag erhielt, den Wagen zu waschen, anstatt daß diese Tätigkeit in seine Arbeitsstunden verlegt worden war. Daher lag bei Anwendung eines Höchstmaßes von Sorgfalt die Erwägung nicht fern, daß K., um die ihm zur Unzeit aufgetragene Arbeit der Wagenwäsche wenigstens abzukürzen, einen seiner die Fabrikräume gleichfalls verlassenden Arbeitsgenossen zuziehen und diesen für seine Gefälligkeit durch eine Spazierfahrt schadlos halten könnte. Die Beklagte hat also günstige Bedingungen für die unerlaubte Benutzung des Wagens gesetzt, indem sie ohne jede Aufsichtsmaßnahme, wie beispielsweise das dem K. mitzuteilende Ersuchen an das Autohaus, die Zeit der Ankunft und der Abfahrt des K. daselbst festzustellen, ihren Wagen unter den hervorgehobenen besonderen Umständen der Willkür des K. preisgab. Ihr Verhalten muß ihr deshalb als Verschulden im Sinne des § 7

Abs. 3 Satz 2 KFG. angerechnet werden. Sie hat in K. den Anreiz geschaffen, eine Schwarzfahrt zu unternehmen, und K. hat die ihm sich bietende günstige Gelegenheit hierzu alsbald erkannt und sie ausgenutzt. Daraus folgt die Haftung der Beklagten nach § 7 Abs. 3 Satz 2 KFG.

b) Dagegen kann der § 831 Abs. 1 BGB. die Klage nicht stützen. Der erkennende Senat hat bereits wiederholt ausgesprochen, daß der Halter für Schwarzfahrten, die sein Führer unternimmt, nicht auf Grund des § 831 BGB. in Anspruch genommen werden kann (RGZ. Bd. 119 S. 60, Bd. 135 S. 149; Urt. vom 18. Dezember 1930 VI 248/30 und das schon erwähnte Urteil VI 319/31). An dieser Auffassung ist auch nach erneuter Prüfung festzuhalten. Zwar bestellt der Halter, zum mindesten der Regel nach, den Führer auch zu der Verrichtung, den Wagen zu beaufsichtigen. Aber in dem Augenblick, in welchem sich der Führer entgegen dem Willen des Geschäftsherrn den Gebrauch des Wagens in eigennützigem Interesse anmaßt, sagt er sich von der ihm aufgetragenen Obhutspflicht los und handelt nicht mehr in Ausführung der ihm übertragenen Verrichtungen. Er benutzt vielmehr die Gelegenheit, die der ihm obliegende Aufgabenkreis bietet, um eine Handlung vorzunehmen, die außerhalb der Verrichtungen liegt, zu deren Ausführung ihn der Geschäftsherr bestellt hat.

c) Ob sich die Haftung der Beklagten auf vollen Schadensersatz der Klägerin gegenüber aus § 823 Abs. 1 BGB. ergibt, bedarf zunächst weiterer Erörterung durch den Tatrichter, einmal nach der Richtung, ob das Verhalten der Beklagten bei der Überantwortung des Wagens an K. als fahrlässig im Sinne des § 276 BGB. zu beurteilen ist, und ferner, ob der adäquate ursächliche Zusammenhang besteht. In ersterer Beziehung könnte unter anderem etwa in Betracht kommen, ob dem K. eine bestimmte Weisung über den Zeitpunkt seiner Rückkehr gegeben war, ob und wer sich am Abend und des Nachts in dem Fabrikgebäude der Beklagten aufhielt, sodaß eine Überwachung der Rückkunft des K. gewährleistet war, und ob letzteres dem K. bekannt war.

3. 1. Wann haftet der Kraftfahrzeughalter nach allgemeinen Vorschriften für einen Schaden, den der Kraftfahrzeugführer auf einer ohne Wissen und Willen des Halters unternommenen Fahrt verursacht?

2. Zum Umfange der Schadensersatzpflicht nach dem Kraftfahrzeuggesetz.

KFG. §§ 7, 11. BGB. §§ 823, 831.

VI. Zivilsenat. Urt. v. 4. April 1932 i. S. M. (Kl.) w. G. (Bekl.). VI 14/32.

I. Landgericht I Berlin.
II. Kammergericht daselbst.

Der Kläger wurde am 24. Juni 1927 abends, als er mit seinem Pferdefuhrwerk auf der Landstraße von Berlin nach B. heimwärts fuhr, von hinten von einer Kraftdroschke angefahren, die von dem betrunkenen Kraftwagenführer L. gelenkt wurde. Der Kläger stürzte vom Bock, sein Wagen wurde zertrümmert, eines seiner Pferde so verletzt, daß es geschlachtet werden mußte. Er verlangt im gegenwärtigen Rechtsstreit vom Beklagten als dem Halter der Kraftdroschke und dem Dienstherrn des L. einen bezifferten Betrag und ein vom Gericht zu bemessendes Schmerzengeld. Er macht außer unmittelbarem Körper- und Sachschaden auch den Verlust seines Fuhrgeschäfts geltend, den er auf den Unfall zurückführt. Der Beklagte wendet ein, L. habe die Fahrt ohne sein, des Beklagten, Wissen und Willen und sogar gegen seine ausdrückliche Weisung unternommen, da er ihm vorher befohlen habe, um 4 Uhr nachmittags zu Hause zu sein. Der Beklagte bestreitet auch, daß er die Fahrt durch sein Verschulden ermöglicht habe, und hat Beweis dafür angetreten, daß er bei der Auswahl des L. die erforderliche Sorgfalt beobachtet habe.

Das Landgericht sprach dem Kläger 2007 RM. nebst Zinsen zu und wies im übrigen die Klage ab. Der Kläger legte Berufung, der Beklagte Anschlußberufung ein. Das Berufungsgericht änderte das Urteil zu Ungunsten des Klägers ab, indem es den Urteilsbetrag ermäßigte. Die Revision des Klägers führte zur Aufhebung und Zurückverweisung, soweit zu seinen Ungunsten erkannt worden ist.

Gründe:

Beide Vorinstanzen nehmen an, daß L. die Fahrt, die den Schaden des Klägers verursacht hat, ohne Wissen und Willen des Beklagten unternommen hatte (§ 7 Abs. 3 KFG.). Das ist nach der Feststellung des Landgerichts, der das Berufungsgericht sich anschließt, nicht zu beanstanden. Denn danach hatte L. die Anordnung nicht befolgt, nachmittags um 4 Uhr zurückzukommen, weil die Lichtbatterie der Kraftdroschke nicht in Ordnung sei. Er hat entgegen dieser ausdrücklichen Weisung auf eigene Hand eine Abendfahrt nach außerhalb unternommen (RGZ. Bd. 119 S. 351). Beide Vorinstanzen nehmen aber weiter an, daß der Beklagte diese Schwarzfahrt durch grobe Fahrlässigkeit ermöglicht habe, weil er es bei der Einstellung des L. an der allergewöhnlichsten Sorgfalt habe fehlen lassen. In dieser Hinsicht stellt das Landgericht fest, daß der Beklagte keine irgendwie geeignete Auskunft über L. eingezogen hat, der wegen Hehlerei, Unterschlagung und Zuwiderhandlungen gegen seine Führerpflichten bestraft, nach der Aussage seines eigenen Bruders überall nach wenigen Tagen wegen Trunkenheit aus seinen Stellungen entlassen worden und somit eine zum Führen von Kraftwagen ganz ungeeignete Persönlichkeit war. Die „Firma B.", bei welcher sich der Beklagte über L. erkundigt haben will, ist von ihm nicht näher bezeichnet worden. Das Berufungsgericht schließt sich auch diesen Feststellungen an und bejaht in Übereinstimmung mit dem Landgericht die Haftbarkeit des Beklagten nach § 7 Abs. 3 Satz 2 KFG. im Rahmen des Kraftfahrzeuggesetzes. Beide Gerichte lehnen es aber ab, den Beklagten darüber hinaus nach allgemeinen Vorschriften haftbar zu machen. Hierüber beschwert sich die Revision mit Recht.

Allerdings kann nicht, wie die Revision will, die Haftbarkeit des Beklagten nach § 831 BGB. angenommen werden. Denn L. war zu der Verrichtung, in deren Ausführung er den Schaden angerichtet hat, nicht vom Beklagten bestellt worden, sondern hat die Fahrt gegen dessen Weisung unternommen (RGZ. Bd. 119 S. 60).

Beide Vorinstanzen haben aber mit Recht erwogen (§ 16 KFG.), daß durch § 7 Abs. 3 KFG. die Haftung nach § 823 BGB. nicht unter allen Umständen ausgeschlossen wird; sie sind nur in der Anwendung des § 823 BGB. allzu bedenklich gewesen. Das Verhältnis beider Vorschriften zueinander ist dahin zu bestimmen: § 7 Abs. 3 Satz 2 KFG. ist anzuwenden, wenn sich das Verschulden des Halters darin erschöpft, daß er die Benutzung des Fahrzeugs ermöglicht, wenn also in dem Vorgange des Ermöglichens das Verschulden des Halters liegt, die allgemeine Vorschrift des § 823 BGB. aber dann, wenn sein Verschulden eine darüber hinausgehende Bedeutung hat. Stellt es sich überhaupt als fahrlässige Verletzung der Halterpflichten, insbesondere als fahrlässige Ausübung des Gewerbebetriebes dar, so ist die Anwendung des § 823 BGB. geboten. Das ist, wie die von ihnen angeführten Beispiele zeigen, auch die Ansicht von Müller (7. Aufl. S. 279) und Isaac-Sieburg (2. Aufl. S. 185) in ihren Erläuterungswerken zum Kraftfahrzeuggesetz. Einen ähnlichen Gedanken hat das Oberlandesgericht Dresden in seinem JW. 1925 S. 1023 Nr. 13 abgedruckten Urteil geäußert. So liegt aber der Fall hier. Wer eine ungeeignete Persönlichkeit wie L. in seinem Kraftfahrbetriebe unter Außerachtlassung der gebotenen Sorgfalt anstellt, haftet nach § 823 BGB. für den von solchem Kraftwagenführer angerichteten Schaden, gleichviel ob die Fahrt, auf welcher der Schaden sich ereignet, eine aufgetragene oder eine eigenmächtig unternommene ist. Ein solches Verhalten des Unternehmers geht über die Ermöglichung von Schwarzfahrten weit hinaus, es bedeutet eine fahrlässige, die Allgemeinheit gefährdende Art der Ausübung des Gewerbebetriebes. Es wäre unverständlich und kann darum nicht der Sinn des § 7 Abs. 3 KFG. sein, daß auch in solchem Falle nur die beschränkte Haftung nach dem Kraftfahrzeuggesetz bestehen sollte.

Das Landgericht hat dagegen zwei Bedenken: es stehe nicht fest, daß der Beklagte von den mangelhaften Eigenschaften des L. Kenntnis gehabt habe; auch stehe er zu der Unfallfahrt in keiner Beziehung, sodaß der Schaden des Klägers nicht als die „adäquate" Folge der Handlungsweise des Beklagten erscheine. Das Berufungsgericht vermißt die Behauptung, daß dem Beklagten die Neigung des L. zu Schwarzfahrten bekannt gewesen sei. Diese Bedenken sind unbegründet. Schwarzfahrten sind die häufige und durchaus adäquate Folge der Einstellung eines unzuverlässigen Kraftwagenführers (vgl. RGZ. Bd. 81 S. 361, Bd. 133 S. 127). Im übrigen haben sich die Vorinstanzen allzu eng an die in den Erläuterungswerken angeführten Beispiele gehalten. Gewiß wäre das Verschulden des Beklagten noch größer gewesen, wenn er die Eigenschaften des L. gekannt hätte. Aber die Nichtachtung der Pflicht zur Erkundigung über den anzustellenden Kraftwagenführer stellt bereits eine so fahrlässige Art der Ausübung des Gewerbebetriebes dar, daß die Anwendung des § 823 BGB., nicht nur die des § 7 Abs. 3 KFG. gerechtfertigt ist.

Das Berufungsgericht wird daher die Haftbarkeit des Beklagten unter diesem Gesichtspunkt nochmals zu prüfen und, wenn der Sachverhalt keine wesentliche Änderung erfährt, zu bejahen haben. Daraus würden sich weitergehende Ansprüche des Klägers ergeben, namentlich wird die Frage des Schmerzensgeldes und die des Ersatzes für den Verlust des Fuhrgeschäfts zu prüfen sein. Sollte es aber wegen neuer Feststellungen bei der Haftbarkeit nach dem Kraftfahrzeuggesetz bleiben, so wird das Urteil RGZ. Bd. 133 S. 179 zu beachten sein, worin dargelegt ist, daß für vergangene Schäden der Höchstbetrag der Rente von 1500 RM. jährlich keine Bedeutung hat und nur der Kapitalhöchstbetrag von 25000 RM. gilt, wenn feststeht, daß künftig eine Beeinträchtigung der Erwerbsfähigkeit oder eine Vermehrung der Bedürfnisse nicht mehr zu Ansprüchen führen kann. Diese Voraussetzung ist hier durch die rechtskräftige Abweisung des in der Berufungsinstanz nicht weiter verfolgten Feststellungsantrags des Klägers gegeben. Innerhalb dieser Grenze wird daher der Kläger Ersatz des Schadens verlangen können, der ihm durch die Aufhebung oder Minderung seiner Erwerbsfähigkeit entstanden ist. Dabei ist, wie die Revision mit Recht geltend macht, der Schaden nicht ohne weiteres dem medizinisch nachweisbaren Grade der Minderung der Erwerbsfähigkeit gleichzustellen. Eine solche abstrakte Berechnungsweise ist sowohl dem Bürgerlichen Gesetzbuch (vgl. RGRKomm. § 843 Anm. 2a) als auch dem Kraftfahrzeuggesetz (vgl. Isaac-Sieburg § 11 Anm. 3) fremd. Es ist vielmehr zu untersuchen, welchen Schaden der Verletzte durch die Aufhebung oder Verminderung seiner Arbeitsfähigkeit wirklich erlitten hat. Auch nach dem Kraftfahrzeuggesetz ist also keineswegs ausgeschlossen, daß der Beklagte für den Verlust des vom Kläger bis zum Unfall betriebenen Fuhrgeschäfts aufzukommen hat, wenn nämlich dieser Verlust die Folge der Aufhebung oder Minderung der Erwerbsfähigkeit des Klägers gewesen ist.

---

4. 1. Kann der Ehemann nach Beendigung der allgemeinen Gütergemeinschaft, die zwischen ihm und den gemeinschaftlichen Kindern nicht fortgesetzt wird, allein ohne Zuziehung der Erbengemeinschaft ein zum noch ungeteilten Gesamtgut gehöriges Grundstück verpachten?

2. Worauf muß sich nach § 1424 BGB. die Kenntnis des Ehemanns oder des Dritten von der Beendigung der ehemännlichen Verwaltungsbefugnis beziehen?

3. Kann der Grundstücksbesitzer dem Herausgabeanspruch gegenüber ein Zurückbehaltungsrecht auch dann geltend machen, wenn er dem Herausgabeanspruch auf andere Weise begegnen kann und dadurch bereits gesichert ist?

4. Zur rechtlichen Bedeutung der Übertragungsanordnung gemäß § 118 ZVG. in der Teilungsversteigerung.

BGB. §§ 273, 745, 1424, 1438, 1443, 1471, 1472, 2038. ZVG. §§ 118, 132.

VIII. Zivilsenat. Urt. v. 10. März 1932 i. S. B. (Bekl.) w. D. (Kl.). VIII 458/31.

I. Landgericht Stade.
II. Oberlandesgericht Celle.

Durch Vertrag vom 1. November 1926 pachtete der Beklagte das zum Betrieb einer Gastwirtschaft dienende Hausgrundstück Mühlenstraße 30 in H. vom damaligen Besitzer, dem Gastwirt W., für die Zeit vom 1. November 1926 bis zum 30. April 1932. W. hatte vor 1900 in Königsberg i. Pr. geheiratet, dort seinen ehelichen Wohnsitz begründet und mit seiner Ehefrau im Güterstande der allgemeinen Gütergemeinschaft gelebt. Später war er nach H. übergesiedelt, wo er das den Pachtgegenstand bildende Grundstück erwarb, als dessen

Alleineigentümer er im Grundbuch eingetragen wurde. Im Jahre 1920 war seine Ehefrau verstorben. Aus der Ehe waren fünf Kinder hervorgegangen, von denen drei in den Jahren 1929 und 1930 gestorben sind. Der Kläger erwarb das Pachtgrundstück in dem zum Zwecke der Aufhebung der Erbengemeinschaft betriebenen Zwangsversteigerungsverfahren durch Zuschlagsbeschluß vom 14. Februar 1930 gegen ein Meistgebot von 46000 RM. Er verlangt vom Beklagten die Räumung des Anwesens mit der Begründung, daß der Pachtvertrag unwirksam sei.

Während das Landgericht die Räumungsklage abgewiesen hat, ist der Beklagte vom Oberlandesgericht zur Räumung und Herausgabe verurteilt worden. Seine Revision war erfolglos.

Aus den Gründen:

1. Nach der Feststellung des Berufungsgerichts haben die W.schen Eheleute gemäß dem ostpreußischen Provinzialrecht und nach dem für die Überleitung einschlagenden Art. 47 preuß. AG. z. BGB. im Güterstande der allgemeinen Gütergemeinschaft gelebt. Da mangels ehevertraglicher Vereinbarung keine fortgesetzte Gütergemeinschaft zwischen dem Witwer und den fünf gemeinschaftlichen Kindern eingetreten ist (Art. 47 § 4 das.), so hätte nach dem Ableben der Ehefrau im Jahre 1920 die Auseinandersetzung zwischen den Beteiligten stattfinden müssen (§ 1471 Abs. 1 BGB.), was jedoch nicht geschehen ist. Ohne Rechtsirrtum geht das Berufungsgericht davon aus, daß das Pachtgrundstück den W.schen Eheleuten kraft der zwischen ihnen bestehenden allgemeinen Gütergemeinschaft als Teil des Gesamtguts gemeinschaftlich gehört hat (§ 1438 BGB.), obwohl W. als alleiniger Eigentümer im Grundbuch eingetragen war, und daß zur Zeit des Abschlusses des Pachtvertrags (1926), da die Ehefrau W. von ihrem Manne und den gemeinschaftlichen Kindern nach dem Gesetz beerbt worden war, das Pachtgrundstück im gemeinschaftlichen Eigentum des Witwers und der aus dem Witwer und den Kindern bestehenden ungeteilten Erbengemeinschaft stand (§§ 1924, 1931, 2032 flg. BGB.; Begründung zum Entwurf eines preuß. Ausführungsgesetzes zum BGB. S. 92 flg.). Danach gebührte, wie das Berufungsgericht ebenfalls zutreffend annimmt, die Verwaltung des Grundstücks den beiden Beteiligten an der beendigten Gütergemeinschaft (dem

Witwer und der Erbengemeinschaft) bis zur Auseinandersetzung gemeinschaftlich (§ 1472 BGB.).

Das Berufungsgericht nimmt an, W. sei trotz seiner Gesamtbeteiligung von $^5/_8$ am Gesamtgut nicht berechtigt gewesen, den Pachtvertrag allein abzuschließen und damit die übrigen Beteiligten schuldrechtlich zu binden, weil er innerhalb der zur Mitverwaltung berufenen Erbengemeinschaft nur einen Anteil von einem Viertel besessen habe; sein Anteil am Gesamtgut der Gütergemeinschaft müsse bei der Beurteilung dieser Frage ausscheiden.

Die Revision meint, dem Witwer W. habe innerhalb der am ganzen Grundstück bestehenden Gesamthandsgemeinschaft ein Anteil von $^5/_8$ zugestanden. Er habe also allein die nach § 745 BGB. erforderliche Stimmenmehrheit besessen. Dieser Auffassung kann nicht beigetreten werden. Bis zur Auseinandersetzung bestand zwischen W. und den Erben seiner Frau, zu denen er mit einem Anteil von $^1/_4$ selbst gehörte, die Gemeinschaft zur gesamten Hand, wie sie während der Ehe zwischen den Ehegatten bestanden hatte, am Gesamtgut zunächst fort. Bis zur Auseinandersetzung gehörte der Anteil der verstorbenen Frau am Gesamtgut zu ihrem Nachlasse. Solange es nicht zur Teilung des Gesamtguts gemäß §§ 1471 flg. BGB. kam, war kein Gegenstand des Gesamtguts ein Nachlaßgegenstand im Sinne des Gesetzes (RGZ. Bd. 79 S. 345, 355). Vom Tode der Frau an, durch den die Beendigung der Gütergemeinschaft herbeigeführt worden, war das alleinige Verwaltungsrecht des Mannes, das bis dahin bestanden hatte (§ 1443 Abs. 1 Satz 1 BGB.), beendigt. Von nun an gezogene Nutzungen des Gesamtguts wurden nach § 1473 Abs. 1 BGB. Gesamtgut und waren mit in die Auseinandersetzung über dieses einzubeziehen. Nahm der Witwer mit Bezug auf das Gesamtgut ein Rechtsgeschäft ohne die erforderliche Mitwirkung der am Gesamtgut beteiligten Erbengemeinschaft im Namen der tatsächlich noch fortbestehenden Gütergemeinschaft vor, so war die Wirksamkeit des Rechtsgeschäfts nach den §§ 177, 182 bis 185 BGB. zu beurteilen. Eine Ausnahme gilt insofern nur für die zur Erhaltung notwendigen Maßregeln; diese konnte jeder der beiden Beteiligten ohne Mitwirkung des anderen treffen (§ 1472 Abs. 2 Halbsatz 2 BGB.).

Demnach bedurfte es, wie das Berufungsgericht zutreffend angenommen hat, zum Abschlusse des Pachtvertrags über das zum

Gesamtgut gehörige Grundstück, das den Pachtgegenstand bildete, der Mitwirkung der Erbengemeinschaft als solcher. Die Wirksamkeit des Pachtvertrags hing davon ab, daß innerhalb der Erbengemeinschaft die nach den §§ 2038, 745 BGB. für die Verwaltung des Nachlasses erforderliche Stimmenmehrheit vorhanden war. Denn zu dieser Verwaltung gehörte — wie nicht weiter begründet zu werden braucht — auch die Verpachtung des zum Gesamtgut gehörigen Grundstücks, soweit sich das Pachtrecht auf den zum Nachlaß gehörigen Grundstücksanteil erstreckte. Aber darauf, daß der Witwer W. bei Hinzurechnung seines Anteils am Nachlasse zu seinem Anteil am Gesamtgut allein schon über eine Stimmenmehrheit zu verfügen gehabt hätte, kommt es entgegen der Meinung der Revision nicht an. Die am Gesamtgut bestehende Gesamthandsgemeinschaft setzte sich nur aus zwei gleichberechtigten Teilhabern zusammen. Zu Unrecht beruft sich die Revision darauf, daß nach § 745 Abs. 1 Satz 2 BGB. die Stimmenmehrheit nach der Größe der Anteile der Teilhaber zu berechnen sei. Denn diese Vorschrift bezieht sich nur auf die Mehrheitsbildung innerhalb der Erbengemeinschaft (§ 2038 Abs. 2 Satz 1 BGB.), nicht aber auch auf das Verhältnis unter den beiden Gesamtgutsbeteiligten, die für das erforderliche Zusammenwirken bei den die Verwaltung des Gesamtguts betreffenden Maßnahmen gleichberechtigt sind (§ 1472 BGB.).

2. Indessen hat im Güterstande der allgemeinen Gütergemeinschaft der Mann — abgesehen von den zur Erhaltung notwendigen Maßregeln (§ 1472 Abs. 2 Halbsatz 2 BGB.) — über den Zeitpunkt der Beendigung der Gütergemeinschaft hinaus das Recht zur Fortführung der Verwaltung, bis er von der Beendigung Kenntnis erlangt hat oder sie kennen muß. Dies folgt aus den in § 1472 Abs. 1 Satz 2 BGB. für entsprechend anwendbar erklärten Vorschriften des § 1424 BGB. Ein Dritter kann sich nur dann nicht auf diese Berechtigung berufen, wenn er bei der Vornahme eines Rechtsgeschäfts die Beendigung der Gütergemeinschaft kennt oder kennen muß (§ 1424 Abs. 1 Satz 2 BGB.). Nach der Feststellung des Berufungsgerichts hat W. am 1. November 1926 den Pachtvertrag für sich allein abgeschlossen, weil er und seine Kinder die wirkliche Rechtslage nicht kannten. Nach Lage der Sache kann diese Feststellung nur so verstanden werden, daß W. sich für den verfügungsberechtigten

Alleineigentümer hielt, also weder wußte, daß für seine Ehe der Güterstand der allgemeinen Gütergemeinschaft galt, noch daß trotz seiner Eintragung als Eigentümer im Grundbuch das Pachtgrundstück nicht sein alleiniges Eigentum war, sondern kraft jenes Güterrechts zum Gesamtgut gehörte. Dies folgt daraus, daß das Berufungsgericht den Ausnahmefall des § 1424 BGB. mit der Begründung nicht gelten lassen will, daß W. nicht über die tatsächlichen Verhältnisse, sondern über die Rechtslage geirrt habe und den Pachtvertrag „nicht kraft seines güterrechtlichen Verwaltungsrechts, sondern als vermeintlicher Alleineigentümer abgeschlossen habe." So verstanden gibt die Begründung, mit der das Berufungsgericht die Vorschrift des § 1424 Abs. 1 Satz 1 BGB. für unanwendbar erachtet, zu rechtlichen Bedenken keinen Anlaß. Die Vorschrift bezweckt, den Mann und den mit ihm in Rechtsverkehr tretenden Dritten gegen Rechtsnachteile zu schützen, die daraus entstehen können, daß sie bei der Vornahme von Rechtshandlungen nicht wußten und nicht zu wissen brauchten, daß die durch den Güterstand begründete Verwaltungsbefugnis des Mannes aus einem der Gründe weggefallen war, welche die Gütergemeinschaft beendigen (Auflösung der Ehe, Aufhebung der ehelichen Gemeinschaft, gerichtliches Urteil gemäß §§ 1468 bis 1470 BGB.). Solange sie — der Mann und der Dritte — im guten Glauben handeln, sollen sie des Schutzes aus § 1424 Abs. 1 BGB. teilhaftig sein. Ihr guter Glaube muß sich jedoch gerade auf den Wegfall einer begründet gewesenen Verwaltungsbefugnis beziehen, und es genügt nicht, daß sie — irrtümlich — vermeinten, der Ehemann handle nicht in der Stellung des Verwalters eines fremden Vermögens, sondern kraft eines eigenen Verfügungsrechts, das ihm in Wirklichkeit nicht zustand.

3. Gegenüber dem Räumungsanspruch des Klägers will der Beklagte ein Zurückbehaltungsrecht deshalb geltend machen, weil die Erbengemeinschaft, zu der auch seine Ehefrau gehört, vom Kläger noch etwa 40000 RM. des Versteigerungserlöses zu fordern habe. Er, der Beklagte, könne als gesetzlicher Verwalter und Nutznießer des eingebrachten Gutes seiner Frau diesen Anspruch im eigenen Namen geltend machen. Auch sei seine Frau mit der Geltendmachung einverstanden. Der Kläger könne somit die Räumung nur gegen Zahlung dieses Betrags an die Erbengemeinschaft verlangen. Das Berufungsgericht hält die Vorschrift des

§ 273 BGB. nicht für anwendbar, weil der Anspruch nicht dem Beklagten, sondern nur seiner Frau zustehe, und weil die beiderseitigen Ansprüche auch nicht auf demselben rechtlichen Verhältnisse beruhten. Die Nichtzahlung des Versteigerungserlöses begründe keine Einrede gegen den Räumungsanspruch. Die Forderung gegen den Kläger als Ersteher sei auf die Berechtigten übertragen worden. Die Übertragung wirke nach § 118 Abs. 2 ZVG. wie die Befriedigung aus dem Grundstück. Damit sei der rechtliche Zusammenhang zwischen dem Räumungsanspruch gegen den Beklagten und dem Zahlungsanspruch gegen den Kläger als Ersteher gelöst. Demgegenüber rügt die Revision Verletzung des § 118 ZVG.; § 93 ZVG. sei nicht anwendbar.

Der gegen die Ablehnung des Zurückbehaltungsrechts gerichtete Revisionsangriff ist jedoch schon mit Rücksicht auf § 273 BGB. unbegründet. Die Anwendung dieser Vorschrift setzt zunächst die Gegenseitigkeit der fälligen Ansprüche voraus. Dabei kann auf sich beruhen, ob das Berufungsgericht der Geltendmachung des Zurückbehaltungsrechts mit Recht den Umstand entgegengehalten hat, daß nicht der Beklagte selbst, sondern seine Ehefrau an der Erbengemeinschaft beteiligt ist, und daß der Anspruch auf Zahlung des bar zu leistenden Teils des Meistgebots an die Erbengemeinschaft nicht dem Beklagten, sondern seiner Frau zusteht. Denn es trifft zu, daß der Anspruch des Klägers auf Räumung und Herausgabe des Pachtgrundstücks und die Forderung der Erbengemeinschaft (Gesamtgutsgemeinschaft) auf Berichtigung des Bargebots in der Teilungsversteigerung nicht auf demselben rechtlichen Verhältnisse beruhen. Für den Kläger bildet den Klaggrund sein Eigentum an dem Pachtgrundstück, das er durch den rechtskräftigen Zuschlag im Versteigerungsverfahren erworben hat (§ 90 ZVG.). Streitig ist das Rechtsverhältnis, auf Grund dessen der Beklagte für seine Person zum Besitze des Pachtgrundstücks berechtigt zu sein glaubt. Ist zwischen den Rechtsvorgängern des Klägers (den Gesamthandsbeteiligten) und dem Beklagten kein rechtsverbindlicher Pachtvertrag zustande gekommen, vermag der Beklagte also nicht mit Recht geltend zu machen, daß er dem Kläger gegenüber zum Besitze des Pachtgrundstücks berechtigt sei (§ 986 BGB.), so kann auch ein Verstoß gegen Treu und Glauben (Motive zum BGB. Bd. 2 S. 41; RGZ. Bd. 68 S. 32 [34]) nicht darin gesehen werden, daß der Kläger ohne Rücksicht auf die Befriedigung der Gemeinschaft die Räumung der Pachträume gegen den Beklagten durchsetzen will, auf deren Besitz und Gebrauch dieser selbst keinen Anspruch hat. Nach der auch für die Teilungsversteigerung geltenden (§ 180 ZVG.) Vorschrift des § 118 ZVG. war der Teilungsplan, soweit das Bargebot nicht berichtigt wurde, dadurch auszuführen, daß die Forderung gegen den Ersteher auf die Berechtigten übertragen wurde. Dies ist geschehen. Die Übertragung wirkte wie die Befriedigung aus dem Grundstück. Allerdings steht den bisherigen Miteigentümern die Forderung gegen den Ersteher schon vermöge des Zuschlags zu. Die vom Vollstreckungsrichter angeordnete Übertragung ist aber rechtlich doch nicht ganz bedeutungslos. Stellt sie schon klar, in welcher Höhe die Forderung nach Befriedigung der Realberechtigten den bisherigen Miteigentümern verbleibt, so bietet sie zugleich die rechtliche Grundlage für die Eintragung einer Sicherungshypothek an dem versteigerten Grundstück mit dem Rang unmittelbar nach den Rechten, die nach den Versteigerungsbedingungen als Teil des geringsten Gebots bestehen bleiben (§§ 128, 130 ZVG.). Nach der Ausführung des Teilungsplans ist die Forderung gegen den Ersteher, der Anspruch aus der Sicherungshypothek, gegen ihn und jeden späteren Eigentümer vollstreckbar (§ 132 ZVG.). Für die auf der Ausfertigung des Zuschlagsbeschlusses in der Vollstreckungsklausel anzugebende Höhe des Betrags der Forderung (§ 132 Abs. 2 Satz 2 ZVG.) ist der Schuldbetrag maßgebend, der aus der Übertragungsanordnung ersichtlich ist. Somit begründet die Übertragung gemäß den §§ 118, 180 ZVG. für die bisherigen Miteigentümer einerseits den gesetzlichen Anspruch auf dingliche Sicherung am Grundstück, anderseits die Möglichkeit sofortiger Zwangsvollstreckung sowohl wegen der übertragenen Forderung in das gesamte Vermögen des Erstehers als auch wegen des Anspruchs aus der eingetragenen Sicherungshypothek in das Grundstück. Wirtschaftlich sind die bisherigen Grundstückseigentümer als Veräußerer des Grundstücks gerade so gestellt, wie wenn bei einem Kauf die Beteiligten sich einigen, daß ein Teil des Kaufpreises für den Verkäufer als Hypothek auf dem Grundstück stehen bleiben soll (RGZ. Bd. 119 S. 321 [329]), und der Käufer sich zugleich der sofortigen Zwangsvollstreckung aus der über das Kaufgeschäft errichteten Urkunde unterwirft. Die Gesamthandsgemeinschaft, an der die Ehefrau des Beklagten beteiligt ist, hat Anspruch auf dingliche Sicherung auf der Grundlage der Übertragungsanordnung sowie die Möglichkeit sofortiger Zwangsvollstreckung gegen den Ersteher. Dem Zweck des Zurückbehaltungsrechts entsprechend findet sein Gebrauch seine natürliche Grenze an dem Schutzbedürfnisse, sodaß es überhaupt versagt, wenn der Schuldner bereits auf andere Weise gesichert ist (RGZ. Bd. 85 S. 133 [137]). Durch die ihr freistehenden Vollstreckungsmaßnahmen, gegebenenfalls durch Zwangsverwaltung, konnte die Gesamthandsgemeinschaft insbesondere auch der Besitzergreifung durch den Ersteher und seinem Räumungs- und Herausgabebegehren begegnen (§§ 93, 146, 150, 152 ZVG.). Eine solche Sicherungsmöglichkeit durch gerichtliche Verwaltung bestand auch schon im Versteigerungsverfahren selbst (§§ 94, 180 ZVG.). Angesichts dieser Rechtsgestaltung fehlt es für die bisherigen Miteigentümer des Grundstücks und demnach auch für den Beklagten, soweit er als Verwalter und Nutznießer des eingebrachten Gutes an Stelle seiner Frau sollte handeln können, jedenfalls an einem Rechtsschutzbedürfnisse, von dessen Vorhandensein die Geltendmachung eines Zurückbehaltungsrechts gegenüber dem Räumungs- und Herausgabeanspruch des Klägers als Erstehers und nunmehrigen Eigentümers abhängig ist.

---

5. Zum Begriff der Einziehung eines Verkehrsweges im Sinne von § 3 Abs. 2 des Telegraphenwegegesetzes vom 18. Dezember 1899 (RGBl. S. 705). Ist es dafür erheblich, ob ein selbständiger oder ein unselbständiger Wegeteil eingezogen wird? Kommt es für die Frage, ob die Telegraphenverwaltung die infolge einer Wegeeinziehung erforderlich werdenden Änderungen an ihrer Telegraphenlinie auf eigene Kosten zu bewirken hat, darauf an, ob die Einziehung auf Anregung und zum Nutzen des Wegeunterhaltungspflichtigen oder eines anderen geschieht?

IX. Zivilsenat. Urt. v. 16. März 1932 i. S. Deutsche Reichspost (Kl.) w. H. Wasserwerke (Bekl.). IX 504/31.

I. Landgericht Göttingen.
II. Oberlandesgericht Celle.

Die Beklagte ist die Unternehmerin des Baues einer Talsperre im Harz. Eine Straße, die dem preußischen Forstfiskus gehört und für die dieser auch wegeunterhaltungspflichtig ist, fiel zum Teil in das geplante Staubecken. Die Regierung, Abteilung für direkte Steuern, Domänen und Forsten, in H. schloß deshalb mit der Beklagten einen Vertrag über die Herstellung einer neuen Straße als Ersatz für das in die Talsperre fallende Straßenstück. Sie beantragte auch bei der zuständigen Wegepolizeibehörde die Einziehung des in das Staubecken fallenden Wegeteiles, die durch Beschluß des zuständigen Gutsvorstehers ausgesprochen wurde. Die jetzt klagende Deutsche Reichspost, die auf der fraglichen Straße eine Telegraphenlinie unterhielt, hat gegen die Einziehung keinen Einspruch eingelegt. Auf Antrag der Regierung in H. hat das Telegraphenbauamt in G. die Telegraphenlinie von dem eingezogenen Wegeteil wegverlegt. Die Klägerin fordert von der Beklagten Ersatz der ihr hierdurch entstandenen Kosten. Beide Vorinstanzen haben die Klage abgewiesen. Die Revision der Klägerin blieb erfolglos.

Gründe:

... Die Klägerin geht, indem sie sich auf Neugebauer Fernmelderecht (1929) beruft, bei der Begründung ihrer Klage wie bei ihren Revisionsangriffen von einer grundsätzlich unrichtigen Auffassung aus. Sie vermißt ein Recht der Beklagten, zu verlangen, daß die Klägerin ihre Rechte zu Gunsten der Beklagten unentgeltlich opfere, während die Frage dahin zu stellen ist, ob die Klägerin, wenn eine ihr nach dem Telegraphenwegegesetz zustehende Befugnis erlischt, Anspruch auf Ersatz von Aufwendungen hat, die sie infolgedessen machen muß.

Der § 1 TWG. gibt der Telegraphenverwaltung die Befugnis, die öffentlichen Wege für ihre, zu öffentlichen Zwecken dienenden Telegraphenlinien mit gewissen, im Gesetz geregelten Beschränkungen zu benutzen. Wie die Begründung zu dem Gesetzentwurf (Drucks. des Reichstags 1898/99 Nr. 170) in Abs. 1 der Begründung zu § 3 hervorhebt, beruht die im § 1 für die Telegraphenverwaltung in Anspruch genommene Befugnis zur Benutzung der Verkehrswege auf der Voraussetzung, daß diese Verkehrswege als solche für den öffentlichen Gebrauch bestimmt sind. Es muß deshalb die Befugnis wegfallen, wenn der Grund und Boden aufhört, dem öffentlichen Gebrauch zu dienen. Dies Erlöschen der Befugnis ist also nichts anderes als die notwendige Folge davon, daß die Befugnis überhaupt nur an Verkehrswegen im Sinne des § 1 des Gesetzes besteht. Auf wessen Anregung und zu wessen Nutzen ein öffentlicher Weg ganz oder teilweise eingezogen oder verlegt wird und wer die Kosten dieser Änderung trägt, ist für die Rechte der Klägerin unerheblich. Mit Recht weist von Rohr Kommentar zum Telegraphenwegegesetz (1900) § 3 Anm. 11 darauf hin, daß der Abs. 2 des § 3 eigentlich überflüssig, weil selbstverständlich, sei. Es ist also eine grundsätzlich falsche Auffassung von den Rechten, die das Telegraphenwegegesetz der Telegraphenverwaltung gewährt hat, wenn die Klägerin mit Neugebauer a. a. O. Anm. 7 II zu § 3 TWG. meint, sie habe, falls infolge einer Änderung des Verkehrsweges eine Änderung oder Beseitigung einer ihrer Telegraphenlinien erforderlich werde, grundsätzlich einen Anspruch auf Erstattung der ihr dadurch entstehenden Kosten, und dieser Anspruch sei nur in den Fällen ausgeschlossen, in denen durch § 3 „der Telegraphenverwaltung dem Wegeunterhaltungspflichtigen gegenüber die Pflicht auferlegt worden sei, ihm die Kostenlast abzunehmen". Die Rechtslage ist umgekehrt: Sobald der Grund und Boden, auf dem die streitige Wegestrecke verläuft, infolge des Einziehungsbeschlusses der zuständigen Wegepolizeibehörde aufhört, öffentlicher Weg zu sein, erlischt ohne weiteres die Befugnis der Klägerin, diesen Grund und Boden für ihre Telegraphenlinie zu benutzen, und hat die Telegraphenverwaltung die gebotene Änderung an ihrer Telegraphenlinie auf ihre Kosten zu bewirken. Ein Anspruch gegen einen anderen, ihr diese Kosten zu erstatten, wäre nur dann gegeben, wenn solche Verpflichtung dem anderen durch das Telegraphenwegegesetz auferlegt wäre oder aus einem sonstigen Rechtssatz sich ergäbe.

Das Telegraphenwegegesetz hat der Klägerin einen solchen Anspruch gegen einen anderen nicht gegeben. Zu Unrecht entnimmt sie mit Neugebauer das Gegenteil aus der Begründung zum Entwurf des § 3. In dem dort erwähnten Bundesratsbeschluß vom 25. Juni 1869 (Anl. 2 der Begründung) war vorgeschrieben, daß Änderungen des ursprünglichen, von der Straßenbauverwaltung und der Telegraphenverwaltung gemeinschaftlich festgesetzten Traktes, welche durch irgendwelche Veranlassung notwendig würden, von der Telegraphenverwaltung nach Vereinbarung mit der Straßenbauverwaltung für Rechnung desjenigen Teiles ausgeführt werden sollten, von welchem die Änderungen beantragt seien. Das Telegraphenwegegesetz hat aber diese Regelung aufgegeben, und es hat bestimmt, wie es in Abs. 4 der Begründung zu § 3 heißt, daß, wenn die Straßenbauverwaltung wegen Verlegung des Weges oder wegen Beschränkung des allgemeinen Verkehrs eine Änderung der Telegraphenlinie zu beantragen genötigt sei, die Kosten stets von der Telegraphenverwaltung getragen werden sollen. Da sich der Abs. 4 der Begründung mit der Abweichung des Entwurfs von dem genannten Bundesratsbeschluß befaßt, der nur die der Straßenbauverwaltung im Interesse der Telegraphenverwaltung obliegenden Verpflichtungen regelte, konnten natürlich dort mit „diesen Fällen", in denen stets die Telegraphenverwaltung die Kosten tragen soll, nur die Fälle gemeint sein, in denen unter der Herrschaft des Bundesratsbeschlusses die Kosten entweder von der einen oder von der anderen Verwaltung getragen werden mußten, je nachdem, wer von beiden sie beantragt hatte. Da in dem Bundesratsbeschluß von nicht-wegeunterhaltungspflichtigen anderen nicht die Rede war, so kann aus dem Schweigen über sie in der Begründung nicht entnommen werden, daß der Gesetzgeber anderen, weil sie nicht wegeunterhaltungspflichtig seien, eine Kostentragungspflicht hätte auferlegen wollen. Neugebauer (Archiv für Post und Telegraphie 1931 S. 50 zu II 1a) irrt also, wenn er meint, es ergebe sich aus der Begründung ohne weiteres, daß der § 3 TWG. für die in ihm geregelten Fälle von Veränderungen der Fernmeldelinien nur den Träger der Wegeunterhaltungspflicht „von der ihn nach dem Bundesratsbeschluß von 1869 belastenden Kostenübernahmepflicht befreie", und daß der § 3 „nur bei solchen Veränderungen der Fernmeldelinien", bei denen „also" Änderung, Verlegung oder Einziehung des Weges oder die sonstigen Maßnahmen „für Rechnung des Unterhaltspflichtigen" stattfinden, der Telegraphenverwaltung „dem Wegeunterhaltungspflichtigen gegenüber die Pflicht auferlege, diesem die Kostenlast abzunehmen". § 3 TWG. bestimmt in seinen ersten beiden Absätzen nur darüber etwas, unter welchen Voraussetzungen (zugunsten des Gemeingebrauchs, der Unterhaltung und einer etwaigen Änderung eines Verkehrsweges) die Telegraphenlinie abzuändern oder gänzlich zu beseitigen ist (Abs. 1), und unter welchen Voraussetzungen die Befugnis der

Telegraphenverwaltung zur Benutzung des Verkehrsweges erlischt (Abs. 2), und in Abs. 3 wird bestimmt, daß in allen diesen Fällen die Telegraphenverwaltung die gebotenen Änderungen an der Telegraphenlinie auf ihre Kosten zu bewirken hat. Die Voraussetzungen des § 6 TWG., unter denen ein anderer die der Telegraphenverwaltung durch eine Verlegung oder Veränderung einer Telegraphenlinie entstehenden Kosten zu tragen hat, sind, worüber auch die Parteien einig sind, nicht gegeben. Aus dem Telegraphenwegegesetz kann hiernach die Klägerin Ansprüche überhaupt nicht herleiten.

Sie könnte es auch dann nicht, wenn im vorliegenden Fall die Einziehung, weil sie nur einen unselbständigen Wegeteil betroffen hat, keine Einziehung im Sinne des § 3 Abs. 2, sondern nur eine Wegeverlegung und deshalb eine Änderung des Weges im Sinne des § 3 Abs. 1 gewesen wäre. Diese Annahme des Berufungsgerichts und der Klägerin ist aber auch nicht richtig. In jedem Falle, in welchem ein Stück eines Weges eingezogen wird, muß darin eine Einziehung im Sinne des § 3 Abs. 2 gesehen werden, einerlei, ob es sich um einen selbständigen oder einen unselbständigen Wegeteil handelt (so auch Schelcher Telegraphenwegegesetz in Fischers Zeitschrift für Praxis und Gesetzgebung der Verwaltung Bd. 21, Ergänzungsheft S. 17). Denn es muß, wie es in dem oben schon angezogenen Abs. 1 der Begründung zu § 3 heißt, die grundsätzlich nur an Verkehrswegen im Sinne des § 1 TWG. bestehende Befugnis der Telegraphenverwaltung fortfallen, wenn der Grund und Boden aufhört, dem öffentlichen Gebrauch zu dienen, d. h. wenn oder soweit ein Verkehrsweg aufhört, Verkehrsweg zu sein. Dabei kann es keinen Unterschied machen, ob es sich um ein großes oder kleines, ein selbständiges oder unselbständiges Stück des Weges handelt. Denn es wäre schlechterdings unverständlich, was den Gesetzgeber hätte veranlassen können, das Erlöschen der Befugnis nach § 3 Abs. 2 davon abhängig zu machen, daß es sich um ein sog. selbstständiges Wegestück handelt. Im Abs. 2 des § 3 heißt es auch nicht: „Wenn", sondern: „Soweit ein Verkehrsweg eingezogen wird", und an dem für den eingezogenen Wegeteil hergestellten Ersatzstück erwirbt die Telegraphenverwaltung ohne weiteres sofort die gesetzliche Benutzungsbefugnis. Nebeneinander an dem eingezogenen Wegeteil und an dem Ersatzstück gibt das Gesetz der Telegraphenverwaltung diese Befugnis nicht. Was als Einziehung im Sinne des § 3 Abs. 3

anzusehen ist, muß aus dem Telegraphenwegegesetz selbst oder aus sonstigem Reichsrecht entnommen werden. Sollte in dem einen oder dem anderen Landesrecht unter Einziehung eines Weges nur seine Aufhebung ohne Schaffung eines Ersatzweges verstanden werden, so wäre das für die Auslegung des Telegraphenwegegesetzes unerheblich. Im übrigen könnte aber auch aus dem hier in Frage kommenden preußischen Recht, insbesondere aus dem § 57 des Zuständigkeitsgesetzes vom 1. August 1883 (GS. S. 237), keine abweichende Auslegung entnommen werden. Denn Verlegung im Sinne dieses § 57 ist nur eine besondere Art der Einziehung, nämlich eine in ihrer Vollziehung von der Bereitstellung eines Ersatzweges abhängige Einziehung (vgl. Germershausen-Seydel Wegerecht und Wegeverwaltung in Preußen 4. Aufl. S. 519). Jede Verlegung eines öffentlichen Weges oder Wegeteils ist also eine Einziehung im Sinne des § 3 Abs. 2, nicht eine Änderung des Weges im Sinne des § 3 Abs. 1 TWG. Von einer solchen Änderung kann nur dann gesprochen werden, wenn der Weg auf demselben Grund und Boden bleibt und lediglich Änderungen am Wegekörper vorgenommen werden, z. B. wenn er anders befestigt oder höher oder tiefer gelegt wird. Um einen solchen Fall handelte es sich in der Entscheidung des VI. Zivilsenats des Reichsgerichts vom 9. Mai 1921 (RGZ. Bd. 102 S. 184), die von der Revision unter Berufung auf Neugebauer Fernmelderecht S. 427 angegriffen wird. In dem dort entschiedenen Fall war ein Teil einer Straße tiefer gelegt worden, um die Kreuzung der Straße mit der Eisenbahn in gleicher Höhe durch eine Eisenbahnunterführung zu ersetzen. Da es sich jetzt nicht um eine solche Änderung handelt, erübrigt sich ein Eingehen auf die gegen jene Entscheidung, insbesondere gegen ihre Auslegung des Begriffs der „beabsichtigten" Änderung, erhobenen Angriffe. Von einer von den Wegeunterhaltungspflichtigen beabsichtigten Änderung kann bei Einziehung und Verlegung überhaupt nicht gesprochen werden, da ein Wegeunterhaltungspflichtiger zur Einziehung oder Verlegung gar nicht imstande ist. Ob ein Verkehrsweg einzuziehen oder zu verlegen ist, und in welcher Form das zu geschehen hat, richtet sich nach den Bestimmungen des Landesrechts. In Preußen entscheidet darüber die Wegepolizeibehörde. Und nur durch ihren Beschluß ist auch im vorliegenden Fall der alte Wegeteil eingezogen worden. Sache dieser Behörde war es, zu prüfen, ob die öffentlichen Belange die Einziehung rechtfertigten. Und wenn die Klägerin der Ansicht war, daß mit Rücksicht auf die ihr durch Verlegung ihrer Telegraphenlinie entstehenden Kosten die Einziehung nicht gerechtfertigt sei, so mußte sie ihre Einwendungen im Wegeeinziehungsverfahren geltend machen. Wurde der Weg trotzdem eingezogen, so trat nach § 3 Abs. 3 TWG. die Folge ein, daß die Klägerin die ihr durch die Entfernung ihrer Telegraphenlinie von dem eingezogenen Wegeteil entstehenden Kosten zu tragen hatte. Denn in allen Fällen, die überhaupt unter § 3 Abs. 1 oder 2 gehören, hat nach Abs. 3 die Telegraphenverwaltung die gebotenen Änderungen allein auf ihre Kosten zu bewirken. Weder der Wortlaut noch der Sinn des § 3 bieten einen Anhalt dafür, daß das Gesetz die Anwendbarkeit der Bestimmungen des Abs. 3 das. davon hätte abhängig machen wollen, auf wessen Kosten oder zu wessen Nutzen der Weg eingezogen worden ist. Auch in der Begründung zu § 3 des Gesetzes ist das nicht, wie die Revision meint, in Satz 2 des 3. Absatzes zum Ausdruck gekommen; denn der dort angeführte Fall, daß eine Änderung erforderlich wird, um eine zum Nutzen des Verkehrsweges erforderliche Entwässerungsanlage zu ermöglichen, ist ausdrücklich nur als Beispiel einer zur Unterhaltung des Weges erforderlichen Arbeit angezogen worden....

Den Ausführungen des Berufungsgerichts darüber, daß der Anspruch der Klägerin auch nicht aus allgemeinen Rechtserwägungen als begründet angesehen werden könne, ist beizustimmen. Der Umfang der Befugnis der Telegraphenverwaltung auf Benutzung der Verkehrswege für ihre Telegraphenlinien und das Erlöschen dieser Befugnis ist erschöpfend in den öffentlichrechtlichen Vorschriften des Telegraphenwegegesetzes geregelt worden. Erlischt nach diesen Bestimmungen die Befugnis der Telegraphenverwaltung und wird diese durch die getroffene Regelung genötigt, Änderungen ihrer Telegraphenlinien auf ihre Kosten zu bewirken, so handelt es sich um einen Vermögensnachteil, den die Telegraphenverwaltung nach jenen Bestimmungen auf sich nehmen muß. Jeder Anspruch, ihr dafür auf Kosten eines Dritten einen Ausgleich zu schaffen, wird durch die klare Vorschrift des § 3 Abs. 3 TWG. ausgeschlossen.

6. Fällt die Befugnis des Hauptvermieters, nach § 556 Abs. 3 BGB. gegen den Untermieter vorzugehen, dann weg, wenn er von dem mit dem Hauptmieter geschlossenen Mietvertrage zurücktritt?

VIII. Zivilsenat. Urt. v. 17. März 1932 i. S. Erben der Eheleute R. (Bekl.) w. B. (Kl.). VIII 551/31.

I. Landgericht Hamburg.
II. Oberlandesgericht daselbst.

Aus den Gründen:

... Der Berufungsrichter gelangt zu dem Ergebnis, der Anwendung des § 556 Abs. 3 BGB. stehe nichts im Wege. Sei zwischen dem Kläger als Vermieter und Ba. als Mieter ein Mietvertrag geschlossen, und sei dieser Mietvertrag infolge des Rücktritts des Klägers fortgefallen, so müsse dieser gegen die Eheleute R., jetzt gegen die Beklagten, als Untermieter des Ba. mit der Räumungsklage vorgehen können. Die Revision rügt Verletzung des § 556 Abs. 3 BGB. In der Tat hat der Berufungsrichter übersehen, daß, falls der Kläger von dem Mietvertrag mit Ba. zurückgetreten ist, dieser Mietvertrag nicht nur für die Zukunft beendigt worden, sondern auch für die Vergangenheit fortgefallen ist, gleichsam als ob er nie geschlossen worden sei. § 556 Abs. 3 BGB. hat aber ein beendetes, nicht ein aus anderen Gründen weggefallenes Mietverhältnis im Auge. Für die Anfechtung ist dies bereits in RGZ. Bd. 85 S. 133 ausgesprochen. Die dort gegebene Begründung trifft auch auf den Fall des Rücktritts zu. Infolge des Rücktritts tritt an Stelle des Mietverhältnisses ein gesetzliches Schuldverhältnis, kraft dessen die empfangenen Leistungen Zug um Zug zurückzugewähren sind. Die Vorschriften der §§ 320, 322 BGB. finden entsprechende Anwendung (§ 348 das.). Damit ist aber zugleich die Verpflichtung des Untermieters zur Rückgewähr der Mietsache, wie sie in § 556 Abs. 3 BGB. vorausgesetzt ist, fortgefallen. Denn diese Verpflichtung beruht nicht auf dem Besitz oder einer sonstigen gleichsam dinglichen Grundlage, sondern sie beruht auf dem gesetzlichen Schuldbeitritt zu der Vertragsschuld des Hauptmieters. Hauptmieter und Untermieter haften, soweit der Schuldbeitritt reicht, als Gesamtschuldner für die Zurückgabe der Sache. Fällt aber der Hauptmietvertrag infolge Rücktritts weg, so muß auch die Gesamtschuld des Untermieters untergehen. Fraglich kann nur sein, ob sie ersatzlos wegfällt oder ob auch an ihrer Stelle ein gesetzliches Schuldverhältnis auf Rückgabe der Mietsache nach § 346 BGB. entsteht. Das ist zu verneinen. Der Ausnahmefall, daß bei dem Rücktritt auf der Schuldnerseite mehrere beteiligt sind, der Rücktritt also gegen sie alle ausgeübt werden muß (§ 356 BGB.), liegt nicht vor. Der Untermieter ist an dem Rücktritt, der sich zwischen dem Hauptvermieter und dem Hauptmieter vollzieht, regelmäßig nicht beteiligt. Infolgedessen kann das gesetzliche Schuldverhältnis des § 346 BGB. nicht zwischen dem Hauptvermieter und dem Untermieter entstehen. Die Gesamtschuld des Untermieters auf Rückgabe der Mietsache aus § 556 Abs. 3 BGB. fällt also ersatzlos weg. Damit ist aber die Sachbefugnis des Klägers zerstört, soweit sie sich aus dieser Vorschrift herleitet.

---

7. Kann der Veräußerer eines Grundstücks vom Erwerber Ausgleichung verlangen, wenn ihn infolge einer nach Vertragsschluß eingetretenen Änderung der Rechtsprechung eine nicht vorausgesehene Aufwertungspflicht trifft?

BGB. § 242. AufwG. §§ 17flg.

VI. Zivilsenat. Urt. v. 17. März 1932 i. S. Ehel. Sch. (Bekl.) w. Wwe. B. (Kl.). VI 486/31.

I. Landgericht Frankfurt a. O.
II. Kammergericht Berlin.

Durch Vertrag vom 30. Januar 1926 verkaufte die Klägerin ihr Gut in L. an die verklagte Ehefrau und gleichzeitig der verklagte Ehemann sein Hausgrundstück in F. an die Klägerin. Auf letzterem lasteten u. a. Darlehnshypotheken von zusammen 40000 M. aus der Vorkriegszeit. Sie waren am 2. Juni 1922 infolge Abtretung durch die damalige Gläubigerin, die Kreissparkasse in Schw., auf die Stadtsparkasse in F. umgeschrieben worden. Das Abtretungsentgelt war erst nach dem 14. Juni 1922 gezahlt worden. Im Kaufvertrag der Parteien wurde bestimmt, daß die Klägerin diese Hypotheken und eine weitere im Jahre 1921 eingetragene Hypothek bis zum Aufwertungsbetrage von 504 RM. übernehme, der verklagte

Ehemann aber für den überschießenden Betrag weiterhin verhaftet bleibe, auch der Klägerin hafte, falls sie auf ihn in Anspruch genommen werden sollte. Die Grundstücke wurden vereinbarungsgemäß übergeben. Übereignet ist bisher nur das an die Klägerin verkaufte Hausgrundstück, das diese im Laufe des Rechtsstreits weiterveräußert hat. Aus den darauf eingetragenen Hypotheken von 40000 M. erhob die frühere Gläubigerin Aufwertungsansprüche nach § 17 AufwG., und zwar auch dinglicher Art. Sie stützte sich dabei auf den Beschluß des Reichsgerichts, V. Zivilsenat, vom 9. Mai 1927 (RGZ. Bd. 116 S. 177). Die Klägerin, die eine Umbeleihung des Grundstücks durchführte, zahlte zwecks Freistellung des Grundbuchs den Aufwertungsbetrag an die frühere Gläubigerin aus. Im Rechtsstreit fordert sie auf Grund des Vertrages von beiden Beklagten Erstattung des von ihr über 504 RM. hinaus gezahlten Betrages mit 9109,29 RM. nebst Zinsen. Die Beklagten machen demgegenüber einen Ausgleichsanspruch geltend. Sie bringen vor, bei Abschluß des Vertrages sei von den Parteien mit der Möglichkeit einer dinglichen Aufwertung für die frühere Gläubigerin nicht gerechnet worden. Dem habe auch die bis dahin geltende Rechtsprechung entgegengestanden, die eine solche Aufwertung nach § 20 AufwG. stets abgelehnt habe. Durch die erwähnte Entscheidung des Reichsgerichts sei darin eine Änderung eingetreten; erst durch sie sei der dingliche Aufwertungsanspruch der früheren Gläubigerin geschaffen worden. In einem solchen Falle müsse auch ein Ausgleichsanspruch zugebilligt werden. Die Klägerin ist dieser Auffassung entgegengetreten.

Beide Vorinstanzen haben dem Erstattungsanspruch der Klägerin stattgegeben. Die Revision der Beklagten führte zur Aufhebung des Urteils und zur Zurückverweisung.

Aus den Gründen:

... Falls mit dem Berufungsgericht grundsätzlich ein Ausgleichsanspruch der Beklagten anzuerkennen ist, so muß der Revision allerdings zugegeben werden, daß die Verneinung dieses Anspruchs, wie sie der Berufungsrichter den besonderen Umständen des Falles entnommen hat, der rechtlichen Nachprüfung nicht standzuhalten vermag ... (Wird näher begründet.) Demnach ist das Berufungsurteil zu erneuter Prüfung des Ausgleichsanspruchs aufzuheben, wenn im vorliegenden Fall die Grundsätze über die Ausgleichspflicht einer Vertragspartei bei unvorhergesehen eintretenden Aufwertungsbelastungen anzuwenden sind, welche das Reichsgericht aus § 242 BGB. entwickelt und in ständiger Rechtsprechung festgehalten hat.

Bisher hat das Reichsgericht den Ausgleichsanspruch nur dann zugebilligt, wenn der Vertrag der Parteien, durch den die Haftung für hypothekarische Belastungen geregelt war, vor dem Inkrafttreten des die nachträgliche Aufwertungsbelastung bedingenden Gesetzes — sei es die Dritte Steuernotverordnung, sei es das Aufwertungsgesetz vom 16. Juli 1925 oder endlich die Aufwertungsnovelle vom 9. Juli 1927 — abgeschlossen war. Die Grundlage des Ausgleichsanspruchs war mithin eine nachträgliche, unvorhergesehene Gesetzesänderung. Um eine solche nachträgliche Gesetzesänderung handelt es sich vorliegend aber nicht.

Die Besonderheit des Falles liegt hier zunächst darin, daß der Vertrag, nach dem die Beklagten für die Lastenfreiheit des Grundstücks in dem vereinbarten Umfang einzustehen haben, längere Zeit nach Inkrafttreten des Aufwertungsgesetzes vom 16. Juli 1925 geschlossen worden ist, nämlich am 30. Januar 1926. Bei Abschluß des Vertrages lagen mithin bereits die gesetzlichen Bestimmungen vor, die für die Aufwertung der im Vertrage erörterten Hypotheken von 40000 M. in Betracht kommen. In dem Gesetz war insbesondere an sich auch die Frage, ob und inwieweit im Falle einer Abtretung von Hypotheken der frühere Gläubiger eine Aufwertung fordern kann, sowohl nach der persönlichen wie nach der dinglichen Seite geregelt (§§ 17 bis 24 AufwG.). Diese gesetzlichen Bestimmungen sind seitdem nicht geändert worden, sondern das Aufwertungsverlangen der Kreissparkasse als der früheren Hypothekengläubigerin beruhte auf Vorschriften, die bereits beim Abschluß des Vertrages am 30. Januar 1926 in Geltung waren. Jedoch ist nach diesem Zeitpunkt eine Änderung eingetreten in der Beurteilung der rechtlichen Tragweite der gesetzlichen Bestimmungen für die Aufwertung des dinglichen Rechts des früheren Hypothekengläubigers. In der Rechtsprechung war zunächst überwiegend angenommen worden, daß die dingliche Aufwertung auch im Falle des § 17 AufwG. einer Beschränkung nach dem Grundsatz des öffentlichen Glaubens des Grundbuchs gemäß §§ 20flg. AufwG. unterliege, und diese Rechtsauffassung war auch noch am 30. Januar 1926 die herrschende. Erst durch den oben genannten Beschluß des V. Zivilsenats des Reichsgerichts vom 9. Mai 1927 trat hierin eine gewisse Änderung ein. Das Reichsgericht erklärte in dieser Entscheidung die Vorschriften in §§ 20flg. AufwG. für nicht anwendbar gegenüber dem auf § 17 das. gestützten dinglichen Aufwertungsbegehren des früheren Gläubigers für den Fall, daß die Hypothek beim Erwerb des Grundstücks durch den neuen Eigentümer nicht gelöscht worden war, sondern für den neuen Gläubiger eingetragen stand. An dieser Auffassung hat das Reichsgericht seitdem festgehalten (RGZ. Bd. 126 S. 89 [93]). Nur diese dingliche Seite der Aufwertung — und das ist die weitere Besonderheit des vorliegenden Falles — ist von den Vorinstanzen geprüft und zur Grundlage ihrer Entscheidungen gemacht worden. Die Frage der persönlichen Aufwertung für den früheren Gläubiger, deren Zulässigkeit bereits bei Abschluß des Vertrages unzweifelhaft war, haben sie nicht erörtert. Insbesondere ist nicht festgestellt worden, ob und inwieweit etwa der verklagte Ehemann auf Grund des Vertrages mit seinem Verkäufer H. persönlicher Schuldner der Hypothekenschuld von 40000 M. oder etwa H. gegenüber Erfüllungsübernehmer (§ 415 Abs. 3 BGB.) geworden und somit entweder unmittelbar der früheren Gläubigerin oder dem H. gegenüber gemäß § 17 AufwG. auf alle Fälle zur Tragung der persönlichen Aufwertungslast verpflichtet war. Ebenso fehlt es an einer Feststellung, inwieweit etwa die Klägerin der früheren Hypothekengläubigerin gegenüber persönliche Schuldnerin geworden war. Aus dem Vertrage selbst ist nur zu entnehmen, daß die Klägerin gegenüber ihrem Vertragsgegner verpflichtet sein sollte, den Aufwertungsbetrag dieser Hypothek und einer weiteren Hypothek bis zu einem Gesamtbetrage von 504 RM. zu tragen, daß darüber hinaus aber die Beklagten ihr gegenüber zur Tragung der Aufwertungslast verpflichtet sein sollten. Die aus einer etwaigen persönlichen Schuldnerschaft des verklagten Ehemannes sich ergebenden weiteren rechtlichen Möglichkeiten für das Verhältnis der Parteien zueinander müssen daher bei der Nachprüfung des Berufungsurteils zunächst jedenfalls außer Betracht bleiben.

Das Berufungsgericht meint nun, der Ausgleichsanspruch, den das Reichsgericht bei einer durch einen Eingriff der Gesetzgebung unvorhergesehen geschaffenen Aufwertungsbelastung anerkannt habe, müsse wegen der Ähnlichkeit des Sachverhalts unter den im übrigen gleichen Voraussetzungen auch dann anerkannt werden, wenn durch eine nicht vorhergesehene Änderung der Rechtsprechung eine unerwartete Aufwertungsbelastung aus bereits beim Vertragsschluß bestehenden Gesetzesbestimmungen eintrete. Es nimmt an, daß das hier zutreffe; denn die Parteien hätten beim Vertragsschluß damit, daß auch die Kreissparkasse die rechtliche Möglichkeit einer Inanspruchnahme der Klägerin habe, nicht gerechnet und nach der damals herrschenden Rechtsprechung auch nicht rechnen können.

Der Senat trägt Bedenken, diesen Ausführungen des Berufungsgerichts, wenigstens in solcher Allgemeinheit, zuzustimmen. Für die Anwendung der Vorschrift in § 779 BGB. über die Unwirksamkeit eines Vergleichs hat bereits der VIII. Zivilsenat des Reichsgerichts in der Entscheidung vom 1. Dezember 1930 (Zeiler AufwF. Nr. 2303) ausgesprochen, daß eine unerwartete Entwicklung der Rechtsprechung nicht schlechthin einem Wegfall der Geschäftsgrundlage gleichzustellen sei. Ob eine andere grundsätzliche Beurteilung für den aus § 242 BGB. abgeleiteten Ausgleichsanspruch möglich wäre, erscheint zum mindesten zweifelhaft. Es mag dazu auf die Gefährdung der Rechtssicherheit hingewiesen werden, die bei abermaliger — immerhin nicht von vornherein auszuschließender — Änderung der Rechtsprechung zur gleichen Rechtsfrage für die Beziehungen von Vertragsparteien herbeigeführt werden könnte. Jedenfalls würde angesichts der in dieser Hinsicht nicht übersehbaren Tragweite einer Änderung der Rechtsprechung besondere Vorsicht geboten sein. Indes bedarf es im vorliegenden Falle keiner Stellungnahme in so allgemeiner Weise, wie sie in dem angefochtenen Urteil zum Ausdruck kommt. Denn die besonderen Umstände des Falles rechtfertigen es, auch hier die Ausgleichsgrundsätze anzuwenden, die bei nachträglicher Änderung der Gesetzgebung anerkannt sind. Zur Zeit des Vertragsschlusses bestand über die gesetzlich keineswegs eindeutig geregelte Frage der dinglichen Aufwertung für den früheren Gläubiger eine vom Kammergericht als der für ganz Preußen letzten Instanz (§ 74 Abs. 1 Satz 5 AufwG.; § 199 FGG.; preuß. Verordnung zur Änderung des Gesetzes über das Beschwerdegericht für Entscheidungen der Aufwertungsstellen vom 27. August 1925, GS. S. 109) entwickelte und festgehaltene Rechtsprechung. Wenn diese von den Vertragsparteien zur ausdrücklichen Grundlage ihrer vertraglichen Beziehungen gemachte Rechtsprechung nachträglich durch die entgegengesetzte Rechtsprechung des Reichsgerichts (RGZ. Bd. 116 S. 177) in einer alle Oberlandesgerichte bindenden Weise (§ 74 Abs. 1 Satz 5 AufwG.; § 28 Abs. 3 FGG.; vgl. § 79 Abs. 3 GBO.) abgeändert und ersetzt wurde, so erscheint es gerechtfertigt, diese Änderung der Rechtsprechung für die Beziehungen der Parteien aus dem Gesichtspunkt des Ausgleichsanspruchs nicht anders zu beurteilen als eine nachträgliche Gesetzesänderung. Danach ergibt sich die Aufhebung des angefochtenen Urteils wegen der oben erörterten rechtsirrigen Anwendung der Grundsätze, die für den Ausgleichsanspruch gelten. In der erneuten Verhandlung wird das Berufungsgericht zugleich Gelegenheit haben, folgende Punkte weiter aufzuklären:

Das Berufungsgericht beschränkt sich auf die kurze Bemerkung, die Parteien hätten beim Abschluß des Vertrages mit Aufwertungsansprüchen der Kreissparkasse nicht gerechnet. Es erscheint zweifelhaft, ob dabei der Inhalt des Vertrages insoweit ausreichend beachtet ist, als es sich um die vertragliche Regelung der Aufwertungsgefahr handelt. Der Ausgleichsanspruch ist in der Rechtsprechung des Reichsgerichts dann versagt worden, wenn und soweit die Vertragsparteien selbst diese Frage geregelt und damit in das Verhältnis von Leistung und Gegenleistung einbezogen haben (AufwRspr. Bd. 6 S. 434 Nr. 156 C mit weiteren Nachweisen). Die Entscheidung ist hierbei rechtlich darauf abzustellen, welche Vorstellung die Vertragschließenden von dem Maß derjenigen Aufwertungsgefahr, die der eine Teil übernimmt, hatten, bei vernünftiger Würdigung der Sachlage auch haben konnten und damit zur Grundlage der vereinbarten Gleichwertigkeit von Leistung und Gegenleistung gemacht haben. Denn die Übernahme der Gefahr setzt auch für das Maß der Aufwertung das Bewußtsein einer Gefahr voraus (RG. in DJZ. 1927 Sp. 229 und 1926 Sp. 1493; RGUrt. vom 4. Januar 1932 VI 422/31; vgl. auch RGZ. Bd. 119 S. 137). In dieser Richtung wird das Berufungsgericht die Vereinbarung der Parteien auszulegen haben, nach der die Klägerin die Aufwertung nur bis zum Betrage von 504 RM, der verklagte Ehemann aber eine etwaige höhere Aufwertung tragen sollte (§§ 133, 157 BGB.). Dabei wird auch die Möglichkeit einer ergänzenden Vertragsauslegung (über ihr Verhältnis zum Ausgleichsanspruch vgl. RGZ. Bd. 134 S. 249) in Betracht zu ziehen sein. Ob etwa dem Umstand, daß die Beklagten erst zu einem späteren Zeitpunkt, nämlich am 9. März 1927, den Vertrag durch Erklärung der Auflassung auch dinglich vollzogen haben, in diesem Zusammenhang Bedeutung deswegen zukommen kann (vgl. RGZ. Bd. 121 S. 56), weil sie inzwischen von dem Aufwertungsbegehren der früheren Gläubigerin Kenntnis erlangt hatten, muß zunächst der Prüfung des Berufungsgerichts überlassen bleiben. Sollte sich ergeben, daß der Ausgleichsanspruch zu versagen ist, so wird weiterhin zu prüfen sein, inwieweit etwa aus dem Gesichtspunkt des beiderseitigen Irrtums (vgl. Zeiler AufwF. Nr. 2325) eine anderweitige Beurteilung des Klaganspruchs geboten sein könnte.

---

8. Schützt die Vorschrift des § 774 Abs. 1 Satz 2 BGB. den Gläubiger auch dagegen, daß der Bürge den Rechtsübergang zum Nachteil anderer Forderungen desselben Gläubigers gegen denselben Schuldner als der verbürgten geltend macht?

VIII. Zivilsenat. Urt. v. 21. März 1932 i. S. Deutsches Reich (Kl.) w. W. Bank (Bekl.). VIII 11/32.

I. Landgericht Rostock.
II. Oberlandesgericht daselbst.

Die am 3. März 1930 in Konkurs verfallene offene Handelsgesellschaft Paul H. führte aus Dänemark über W. lebendes Vieh ein. Für die entstehenden Zollschulden war ihr ein laufender Aufschub auf drei Monate bewilligt worden gegen Bürgschaftsleistung durch die verklagte Bank. Diese hat in der von ihr ausgestellten Bürgschaftsurkunde erklärt:

Ich verpflichte mich hierdurch, falls ich von der Reichskasse aus dieser Bürgschaft in Anspruch genommen werde und die Reichskasse ganz oder teilweise befriedigt habe, mich der mit der Forderung der Reichskasse auf mich übergehenden Vorrechte nicht zum Nachteile der Reichskasse zu bedienen. Insbesondere verpflichte ich mich für den Fall der Eröffnung des Konkursverfahrens über das Vermögen der Firma Paul H., das für meine Forderung an der Konkursmasse etwa zur Feststellung gelangende Vorrecht aus § 61 Nr. 2 der Konkursordnung erst dann geltend zu machen, wenn die Reichskasse wegen des im Konkurse angemeldeten Teiles ihrer Abgabenforderung voll befriedigt worden ist, oder alles, was ich auf Grund des auf mich übergegangenen Vorrechts vor der vollen Befriedigung der Reichskasse erhalte, bis zur gänzlichen Tilgung der aufgeschobenen Abgabeforderung an die Reichskasse herauszuzahlen.

Aus der Bürgschaft ist die Beklagte in Anspruch genommen worden und hat die Schuld in der Zeit von Ende März bis Ende Mai 1930 voll beglichen. Die auf sie übergegangene Forderung hat sie mit dem Vorrecht aus § 61 Nr. 2 KO. in Höhe von 90000 RM. im Konkursverfahren der Firma Paul H. angemeldet. Aber auch das Deutsche Reich, der jetzige Kläger, hat in diesem Verfahren, in dem nur eine Masse von 8853,33 RM. auf die bevorrechtigten Konkursgläubiger zu verteilen ist, weitere Zollforderungen im Betrage von zusammen 10576,55 RM. mit dem Vorrecht des § 61 Nr. 2 KO. angemeldet. Hierbei handelt es sich um Zollforderungen aus der Zeit vom 19. bis zum 27. Februar 1930, die ohne Aufschub in bar zu begleichen waren. Die Zollbehörde hatte sich trotzdem, und zwar ohne ihr Zollpfandrecht an dem eingeführten Vieh auszuüben, mit der Zusage baldiger Bar- oder Scheckzahlung begnügt.

Mit der Klage verlangt der Kläger, daß die Beklagte mit ihrer bevorrechtigten Forderung hinter die seine zurücktrete. Das Landgericht hat entsprechend erkannt. Dagegen hat das Oberlandesgericht die Klage abgewiesen. Die Revision des Klägers blieb erfolglos.

Gründe:

Der von der Revision nicht angegriffene, rechtlich bedenkenfreie Ausgangspunkt der Berufungsentscheidung ist die Trennung der nach § 105 Abs. 1 RAbgO. gestundeten und von der Beklagten verbürgten Forderung von den Zahlungsansprüchen, die dem Kläger abseits davon aus den Verzollungsvorgängen vom 19. bis 27. Februar 1930 zustehen, bei denen es zur Barabwicklung ohne Stundung und Sicherung kommen sollte, aber wider Erwarten des Klägers durch den plötzlichen Zusammenbruch der Zollschuldnerin nicht gekommen ist. Es ist also nicht ein Teil derselben Forderung, für die sich die Beklagte in Höhe von 98000 RM. verbürgt hatte, sondern eine andere Forderung desselben Gläubigers, deren Beeinträchtigung durch den Rückgriff des Bürgen nach § 774 Abs. 1 Satz 1 BGB. von der Klage beanstandet wird.

Die Revision, wie in den Vorinstanzen der Kläger, führt aus, ganz abgesehen von der nach § 774 Abs. 1 Satz 2 bestehenden gesetzlichen Lage sei durch die Fassung der Bürgschaftsurkunde der Gefahr des Gläubigers vorgebeugt, daß der Bürge ihm, sei es auch bei anderen Forderungen als der verbürgten, durch Ausübung des Rückgriffs die Befriedigung verkümmern könne. Der Berufungsrichter hat diese Frage eingehend erwogen und ist zu dem Ergebnis gekommen, die Bürgschaftsurkunde drücke nichts anderes aus als das, was nach § 774 Abs. 1 Satz 2 auch gesetzlich gelte. Das Landgericht hatte eine weitergehende Sicherung des Gläubigers in der Erklärung der Beklagten gefunden, sie wolle sich der auf sie übergehenden Vorrechte nicht zum Nachteil der Reichskasse bedienen, wenn sie die Reichskasse „ganz oder teilweise" befriedigt habe. Man habe also auch für den Fall der vollständigen Befriedigung der verbürgten Zollforderung ein Zurücktreten der Beklagten vereinbart. Demgegenüber erwägt der Berufungsrichter, unter „ganzer" Befriedigung sei nicht die Befriedigung der aufgeschobenen Abgabeforderung, sondern die Befriedigung der Bürgschaftsforderung, auch der ganzen, zu verstehen, und es sei vordruckmäßig dem Fall Rechnung getragen, daß nicht die zu sichernde Forderung schlechthin, sondern, wie das eingangs der Urkunde zum Ausdruck komme, nur ein Höchstbetrag verbürgt werde. Diesen und weiteren Erwägungen einer konkreten Auslegung tritt die Revision ohne Erfolg entgegen. Um eine typische, vom Revisionsgericht frei auszulegende Urkunde handelt es sich nicht. Die Verwendung eines Formblatts für die Errichtung genügt dazu keineswegs (RGZ. Bd. 134 S. 82). Rechtsfehler in der Auslegung sind nicht ersichtlich. Es ist schließlich keineswegs anzuerkennen, daß die Deutung dem klaren Wortlaut der Urkunde widerspreche oder sonst unmöglich sei. Auf der anderen Seite ist auch der Beklagten nicht zuzugeben, es komme auf die nach § 774 Abs. 1 Satz 2 BGB. bestehende Rechtslage nicht an. Denn der Berufungsrichter entnimmt aus der Urkunde, daß der Bürge anderen Forderungen des Gläubigers als der verbürgten den Vortritt nicht habe einräumen wollen, und ein wesentliches Element dieser Auslegung ist eben die Erwägung, die

Urkunde habe den nach dem Gesetz bestehenden Rechtsstand festhalten wollen. Es bedarf deshalb gerade der Prüfung, welche Folgerungen sich aus der gesetzlichen Ordnung des Verhältnisses zwischen Gläubiger und Bürgen im Rückgriff ergeben.

Die für diese Frage grundlegende Entscheidung des VI. Zivilsenats des Reichsgerichts vom 13. Februar 1911 in RGZ. Bd. 76 S. 195 hat schlechthin ausgesprochen, daß der Bürge zwar das Befriedigungsrecht des Gläubigers wegen der Forderung, auf die sich seine Bürgschaft bezog, nicht verkümmern dürfe, daß sich aber das Vorrecht des Gläubigers nicht auf andere Forderungen desselben Gläubigers gegen denselben Schuldner erstrecke. Werde er an der Befriedigung anderer Forderungen gegen denselben Schuldner gehindert, so werde er doch nicht im Sinne des § 774 Abs. 1 Satz 2 BGB. durch die Geltendmachung des übergegangenen Forderungsrechts benachteiligt. Dagegen hat der V. Zivilsenat im Urteil vom 2. April 1913 in RGZ. Bd. 82 S. 133 (in einer Ausführung, auf der die Entscheidung in jener Sache nicht beruht) die Stellungnahme des Urteils vom 13. Februar 1911 als zu weitgehend beanstandet. Im Anschluß an Grundsätze des gemeinen Rechts nimmt der V. Zivilsenat wenigstens für den von ihm behandelten Fall des Forderungsübergangs nach § 268 Abs. 3 BGB. grundsätzlich den Standpunkt ein, der Gläubiger dürfe durch den Forderungsübergang gegenüber einer Lage, wie sie durch eine Zahlung des Schuldners, also durch schlichte Tilgung der Forderung, eingetreten wäre, auch dann nicht schlechter gestellt werden, wenn er an Stelle der befriedigten Ansprüche andere mit demselben Vorrecht bekleidete Forderungen geltend machen könne. Schon das Urteil des V. Zivilsenats vom 17. Juni 1914 (WarnRspr. 1914 Nr. 275) teilt indes diese Bedenken nicht. Es habe, so führt diese Entscheidung aus, dem Gesetzgeber des Bürgerlichen Gesetzbuchs ferngelegen, dem Grundsatz des gemeinen Rechts „nemo subrogat contra se“ in dem gleichen weiten Umfang wie dort Geltung zu verschaffen. Die Berufung auf jenen Grundsatz müsse zum mindesten da versagen, wo der wegen einer Forderung befriedigte Gläubiger noch andere Forderungen an denselben Schuldner habe, die auf einem ganz anderen Rechtsverhältnisse beruhten oder mit der abgelösten Forderung nicht einmal in einem rechtlichen Zusammenhang ständen. Das Urteil des V. Zivilsenats vom 11. November 1916 (JW. 1917 S. 811 Nr. 2) gibt dann den Standpunkt des VI. Zivilsenats in RGZ. Bd. 76 S. 195 uneingeschränkt wieder, während eine beiläufige Wendung im Eingang der Gründe des Urteils RGZ. Bd. 131 S. 323 (V. Zivilsenat) dem Standpunkt des Urteils RGZ. Bd. 82 S. 133 zuneigt.

Trotz der in dem Schrifttum erhobenen Einwendungen ist an der grundsätzlichen Stellungnahme des an erster Stelle genannten Urteils RGZ. Bd. 76 S. 195 festzuhalten. Wenn das Bürgerliche Gesetzbuch in § 774 Abs. 1 Satz 2 das Eintrittsrecht des Bürgen zugunsten des Gläubigers einschränkt, so trifft es damit eine Regelung, die keine allgemeine schuldrechtliche Pflicht des Bürgen gegenüber dem Gläubiger begründen soll, sondern die eine abgegrenzte rechtliche Schuldbeziehung ins Auge faßt und für den dort ersichtlichen Wettbewerb einen Grundsatz im wesentlichen über den Rang als Ordnung „ex lege“ aufstellt. Der Nachteil, vor dem der Gläubiger bewahrt werden soll, ist kein allgemeiner wirtschaftlicher Nachteil, sondern es handelt sich darum, daß der Eintritt des Bürgen die Rechtsstellung des Gläubigers nicht rechtlich beeinträchtige, zu deren Verstärkung die Bürgschaft diente. Das mag im Einzelfall (vgl. den von Zeitlmann in SeuffBl. Bd. 74 S. 77flg. und in JW. 1917 S. 844 besonders hervorgehobenen Fall des § 772 Abs. 2 Satz 2 BGB.) auch die Wahrung der zu der verbürgten Forderung gehörenden Nebenrechte für den Gläubiger erfordern, kann aber nicht dazu führen, daß dieser, der dem Bürgen gegenüber nur als Gläubiger der verbürgten Forderung in Betracht kommt, allgemein als Rechtssubjekt einen Vorrang vor dem Bürgen als Rückgriffsgläubiger beanspruchen kann.

Danach hat der Berufungsrichter mit Recht angenommen, daß der Kläger den Vortritt nach § 774 Abs. 1 Satz 2 BGB. nicht genießt, soweit es sich um eine andere Forderung (und um eine andere Rechtsstellung) als die durch die Bürgschaft der Beklagten geschützte handelt. Daß er die Andersartigkeit der Forderungen ohne Rechtsfehler angenommen hat, ist schon eingangs gesagt worden. Auch dadurch wird die Rechtslage nicht zu Gunsten des Klägers beeinflußt, daß die Beklagte den Übergang der Forderung und des Vorrechts erst nach dem Ausbruch des Konkurses durch ihre Zahlungen herbeigeführt hat. Da es sich um eine selbständige Forderung handelt, in welche die Beklagte durch ihre Vollzahlung eingetreten ist, steht die Verfolgung anderer Konkursforderungen durch den ursprünglichen Gläubiger ihres Anspruchs der Beklagten für die Teilnahme an dem Verfahren wie in der Deckung nicht entgegen (vgl. Jaeger KO. § 3 Anm. 24 bis 26a, § 67 Anm. 5).

---

9. Haftet der preußische Notar den Beteiligten auf Schadensersatz, wenn er zu einem von ihm beurkundeten Vertrage einen zu hohen Stempel berechnet hat, den jene dann im Vertrauen auf die Richtigkeit dieser Berechnung gezahlt haben?

BGB. § 839. Preuß. Stempelsteuergesetz vom 27. Oktober 1924 § 15.

III. Zivilsenat. Urt. v. 22. März 1932 i. S. K. (Bekl.) w. Firma Sch. & Co. (Kl.). III 241/31.

I. Landgericht Göttingen.
II. Oberlandesgericht Celle.

Am 3. November 1927 schloß die Klägerin mit der Firma Gebr. B. einen vom Beklagten als Notar beurkundeten Kreditvertrag. Zur Sicherung für den ihr gewährten Kredit übereignete die Firma der Klägerin Maschinen und Vorräte. Sie übernahm auch die Kosten des Vertrags, insbesondere die seiner Verstempelung. Bei Berechnung des für die Urkunde zu entrichtenden Stempels setzte der Beklagte für die Sicherungsübereignung den Kaufstempel der Tarifstelle 7 des preußischen Stempelsteuergesetzes vom 27. Oktober 1924 in Höhe von 267 RM. an. Die Firma Gebr. B. bezahlte den Betrag. Im Jahre 1930 wurde sie jedoch von anderer Seite darauf aufmerksam gemacht, daß der Stempel zu hoch berechnet worden sei, da für eine Sicherungsübereignung nur der allgemeine Vertragstempel von 3 RM. (Tarifst. 18) geschuldet werde. Einen Erstattungsantrag lehnte das Finanzamt wegen Ablaufs der gesetzlichen Erstattungsfrist ab. Nunmehr verlangt die Klägerin, der die Firma Gebr. B. ihre Forderung abgetreten hat, vom Beklagten Ersatz des zuviel erhobenen Stempelbetrages von 264 RM. Sie stützt sich darauf, daß er bei der Stempelberechnung eine ihm den Beteiligten gegenüber obliegende Amtspflicht schuldhaft verletzt habe. Der Beklagte behauptet dagegen, den Stempel richtig berechnet zu haben, leugnet auch, schuldhaft gegen eine Amtspflicht verstoßen zu haben.

Die Vorinstanzen haben der Klage stattgegeben. Die Revision des Beklagten blieb erfolglos.

Gründe:

Daß für die in dem Vertrage vom 3. November 1927 beurkundete Sicherungsübereignung nur der allgemeine Vertragstempel geschuldet wurde und daß der Beklagte zu seiner gegenteiligen Auffassung auf Grund ungenügender Prüfung der für ihn ohne Schwierigkeiten erkennbaren Rechtslage gekommen ist, hat das Berufungsgericht zutreffend dargelegt. Insoweit werden seine Ausführungen auch von der Revision nicht bemängelt. Sie wendet sich aber gegen die weitere Annahme des Vorderrichters, der Beklagte habe durch die fehlsame Stempelberechnung eine ihm den Vertragschließenden gegenüber obliegende Amtspflicht verletzt. Sie vertritt die Auffassung, der bei der Stempelverwendung als Beauftragter der Stempelsteuerverwaltung tätige Notar erfülle dabei nicht zugleich eine Amtspflicht gegenüber dem Steuerpflichtigen. Dem kann nicht beigetreten werden. Vielmehr ist im Ergebnis, wenn auch nicht in allen Teilen der Begründung, die gegenteilige Ansicht des Oberlandesgerichts zu billigen.

Dieses leitet eine Amtspflicht des verklagten Notars gegenüber den an der Beurkundung Beteiligten, den Stempelbetrag richtig zu berechnen, aus zwei Gesichtspunkten ab. Zunächst führt es aus, anerkannten Rechtens sei, daß ein Beamter auch dann dem Geschädigten nach § 839 BGB. wegen Amtspflichtverletzung hafte, wenn er über den engen Kreis seiner eigentlichen Amtspflichten hinaus auf Grund einer Amtshandlung und im Anschluß an eine solche zulässigerweise im Interesse des Publikums noch weiter tätig werde und hierbei etwas schuldhaft versehe. Dabei sei es unerheblich, ob er seine weitergehende Tätigkeit auf besonderes Ersuchen der Beteiligten entfaltet oder sie auf Grund allgemeiner Übung im stillschweigenden Einverständnis mit ihnen übernommen habe. So liege der Fall hier. Zwar gehöre an sich die Verstempelung notarieller Verträge und die Berechnung des Stempels nicht zu den Amtspflichten des Notars gegenüber den Urkundsbeteiligten, sondern falle nur in den Kreis der ihm im steuerlichen Interesse zu Gunsten der Staatskasse auferlegten Amtspflichten. Es sei aber unbestritten im Bezirk des Berufungsgerichts allgemein üblich, daß die Beteiligten die Stempelberechnung den Notaren überließen, ohne sie damit noch irgendwie besonders zu beauftragen, und daß die Notare dann diese Aufgabe auch stillschweigend übernähmen. So sei hier verfahren worden. Die Vertragsparteien hätten die Verstempelung dem Beklagten überlassen, der diese für sie vorgenommen habe. Damit habe er den Beteiligten gegenüber die Amtspflicht übernommen, die Stempelberechnung in ihrem Interesse sorgfältig vorzunehmen und eine Stempelüberhebung zu vermeiden.

Nach der Auffassung des Berufungsgerichts führen zu demselben Ergebnis aber auch noch folgende Erwägungen: Den Notaren sei durch § 15 StStG. zur Aufgabe gemacht, bei der Steuererhebung mitzuwirken. Nun sei es aber als Amtspflicht sämtlicher mit der Erhebung von Abgaben betrauten Beamten anzusehen, daß sie nicht nur nicht zum Nachteil des Fiskus zu niedrige Abgaben erhöben, sondern daß sie auch die Belange der Abgabepflichtigen gebührend wahrten und nicht schuldhaft zu hohe Beträge ansetzten, damit das Publikum nicht geschädigt und auch nicht gezwungen werde, die Lästigkeiten auf sich zu nehmen, welche die Geltendmachung von Erstattungsansprüchen mit sich bringe. Berechneten die Beamten gleichwohl zu hohe Abgaben, so verletzten sie damit auch eine ihnen den Abgabepflichtigen gegenüber obliegende Amtspflicht. Das habe hier der Beklagte als Beauftragter der Stempelsteuerverwaltung der Firma Gebr. B. gegenüber getan.

Diese Ausführungen des Oberlandesgerichts sind in ihrem ersten Teil nicht frei von rechtlichen Bedenken. Einen ausdrücklichen Auftrag, für sie den Stempelbetrag zu berechnen, haben die Klägerin und ihre Vertragsgegnerin dem Beklagten nicht erteilt. Es kann aber auch nicht angenommen werden, daß der Beklagte mit ihnen stillschweigend übereingekommen sei, für sie ein Geschäft zu übernehmen, das zunächst nicht in den Rahmen seiner ihnen gegenüber bestehenden Amtspflichten fiel. Denn er hat nicht mehr getan, als was ihm schon nach dem Stempelsteuergesetz zu tun oblag. Es fehlt an einem Anhalt dafür, daß er sich zu dieser Tätigkeit, die aus seiner amtlichen Pflicht zur Mitwirkung bei der Stempelerhebung hervorging, außerdem noch den Stempelschuldnern gegenüber besonders verpflichtet habe.

Nach § 15 Abs. 1 Satz 1 StStG. haben die Notare zu allen von ihnen aufgenommenen Verhandlungen oder erteilten Ausfertigungen, Abschriften und Bescheinigungen den Stempel vor deren Aushändigung, spätestens aber binnen zwei Wochen nach dem Tage der Ausstellung der Urkunden zu verwenden. Die Stempelverwendung ist nicht die Zahlung des Stempelbetrags, zu der bei notariellen Verhandlungen diejenigen verpflichtet sind, auf deren Veranlassung sie aufgenommen werden (§ 12 Abs. 1a StStG.). Vielmehr erfolgt die Stempelverwendung dadurch, daß zu der Urkunde die vorschriftsmäßigen Stempelzeichen (§ 14 Abs. 1 das.) verwendet werden (vgl. RGZ. Bd. 85 S. 342). Sie ist Pflicht des Notars, sobald der Stempelbetrag von dem Pflichtigen an ihn gezahlt worden ist (vgl. für den Fall der Verwendung des Stempels in Erwartung der Zahlung die Erstattungsvorschrift in § 25 Abs. 1a StStG.). Ist der Stempel nicht innerhalb von zwei Wochen seit Ausstellung der Urkunde von den Verpflichteten beigebracht, so hat der Notar binnen einer weiteren Woche die zwangsweise Einziehung des Stempels bei der zuständigen Steuerstelle zu beantragen (§ 15 Abs. 1 Satz 2 das.). Aus diesen Vorschriften ergibt sich zunächst ohne weiteres, daß die Notare schon zum Zweck der Steuererhebung den Stempel berechnen müssen, da sie nur dann in der Lage sind, ihn zum vorgeschriebenen Betrage zu verwenden. Diese Berechnung müssen sie auch, wenngleich das ebenfalls im Gesetz nicht ausdrücklich gesagt ist, dem Stempelpflichtigen mitteilen, dem die Urkunde ja erst nach Zahlung des Stempels ausgehändigt werden soll.

Mehr als wozu ein Notar hiernach schon durch die im Stempelsteuergesetz ihm angewiesene Stellung verpflichtet ist, hat der Beklagte im vorliegenden Falle nicht getan. Er hat nur den Stempel berechnet, die Berechnung der Firma Gebr. B. mitgeteilt, welche im Vertrage die Zahlung des Stempels übernommen hatte, von ihr den Stempelbetrag entgegengenommen und dann den entsprechenden Stempel zur Urkunde verwendet. Alles das hat der Beklagte getan, um seine Amtspflicht dem Staate gegenüber zu erfüllen, dem er kraft Gesetzes zur Mitwirkung bei der Stempeleinziehung verbunden war. Eine Willensäußerung, dadurch auch noch eine Amtspflicht gegenüber den Urkundsbeteiligten zu erfüllen, liegt deshalb im Verhalten des Beklagten nicht, wie ja auch die Beteiligten nicht kundgegeben haben, daß sie eine weitere Tätigkeit in ihrem Interesse von ihm erwarteten.

Zuzustimmen ist dagegen der Begründung des Berufungsurteils in ihrem zweiten Teil. Die mit der Erhebung von Abgaben befaßten Beamten dürfen den Abgabepflichtigen keine ungerechtfertigten Steuerbeträge abfordern. Tun sie das trotzdem, so verletzen sie ihre Amtspflicht den Steuerschuldnern gegenüber und machen sich — oder den Staat — haftpflichtig, wenn ihnen dabei ein Verschulden zur Last fällt. Das Oberlandesgericht hat bereits zutreffend auf das Urteil RGZ. Bd. 121 S. 176 hingewiesen. Andere Fälle der Amtspflichtverletzung durch ungerechtfertigte Steuererhebung sind behandelt in RGZ. Bd. 130 S. 319 und im Urteil des erkennenden Senats vom 17. März 1931 III 167/30. Ungerechtfertigt ist eine Steuererhebung auch, wenn und soweit einem Pflichtigen ein zu hoher Betrag abgefordert wird. Das hat sich der Beklagte zuschulden kommen lassen, als er im vorliegenden Falle kraft seines Amtes als Notar bei der Erhebung der Stempelsteuer für die von ihm beurkundete Verhandlung mitwirkte. Er haftet deshalb für den dadurch der Stempelschuldnerin entstandenen Schaden, dessen Ersatz sie nicht von anderer Seite erlangen kann.

---

10. Kann ein Verzicht des Versicherers auf das Zugehen des Widerrufs einer Bezugsberechtigung darin gefunden werden, daß der Versicherungsvertrag mit einer Klausel geschlossen worden ist, wonach der Versicherer befugt sein soll, den Inhaber des Versicherungsscheins als berechtigt zur Verfügung über alle Ansprüche des Versicherungsnehmers aus dem Versicherungsvertrag anzusehen?

BGB. § 332. VVG. § 166.

VII. Zivilsenat. Urt. v. 22. März 1932 i. S. Witwe R. (Kl.) w. H. (Bekl.). VII 403/31.

I. Landgericht Bremen.
II. Oberlandesgericht Hamburg.

Laut des Versicherungsscheins vom 5. Januar 1924 hatte R., der Ehemann der Klägerin, sein Leben bei der L. er Lebensversicherungs-Aktiengesellschaft versichert. Die Versicherungssumme betrug 7500 nordamerikanische Dollar. Die Gesellschaft hat in ihren Akten und Büchern vermerkt, daß R. in seinem Versicherungsantrage die Klägerin als Bezugsberechtigte bezeichnet habe, und hat durch Schreiben vom 5. Januar 1924 dem Versicherungsnehmer davon Kenntnis gegeben. Am 28. Juli 1928 hat R. dem Beklagten den Versicherungsschein mit einem Schreiben übersendet, in dem es heißt:

Von dem s. Zt. als Beteiligung hergegebenen Kapital von RM. 20000 habe ich Ihnen RM. 10000 zurückvergütet und absprachegemäß lassen Sie die restlichen RM. 10000 plus RM. 3000 als Äquivalent für Zinsen, zusammen mit den bereits früher hergegebenen RM. 15000, insgesamt also RM. 28000, welche ich Ihnen ab 1. Juli a. c. mit 10% p. a. verzinse, stehen.

Als Sicherheit für dieses Darlehen übermache ich Ihnen einliegend eine Lebensversicherungspolize Nr. 1245 D der L.er Lebensversicherungs-Aktiengesellschaft über $ 7500 gleich RM. 31500 nebst Quittungen über gezahlte Prämien und werde ich Ihnen die weiteren Prämienquittungen, wenn von mir am Fälligkeitstage bezahlt, jeweils zustellen.

Am 17. November 1930 ist R. gestorben.

Die Klägerin macht geltend, sie sei Gläubigerin des Versicherungsanspruchs geworden, und verlangt im Rechtsstreit, nachdem die Versicherungssumme im Einverständnis der Parteien auf ein gemeinschaftliches Konto eingezahlt worden ist, Einwilligung des Beklagten in die Auszahlung des Betrags an sie. Der Beklagte fordert widerklagend die Verurteilung der Klägerin zur Einwilligung in die Auszahlung des Betrags an ihn.

Die Vorinstanzen haben die Klage abgewiesen und der Widerklage stattgegeben. Die Revision der Klägerin führte zur Aufhebung und Zurückverweisung.

Gründe:

Vor dem Berufungsgericht wurde darüber gestritten, ob in der Abtretung vom 28. Juli 1928 ein Widerruf der Bezugsberechtigung der Klägerin zu finden sei und ob — im Falle der Bejahung dieser Frage — der Widerruf wirksam geworden sei, obwohl R. die Abtretungserklärung nicht dem Versicherer hat zugehen lassen. Der Vorderrichter nimmt an, der Widerruf habe Rechtswirksamkeit erlangt. Zur Begründung führt er aus: Der Widerruf einer Begünstigung eines Dritten sei nicht ausnahmslos als empfangsbedürftige Willenserklärung anzusehen, wie § 332 BGB. ergebe. Für den Widerruf einer Bezugsberechtigung gälten ferner besondere von § 328 BGB. abweichende Regeln, denn nach § 166 VVG. und § 15 Satz 3 der Allgemeinen Versicherungsbedingungen der in Betracht kommenden Gesellschaft (AVB.) habe im Zweifel der Versicherungsnehmer die Befugnis, ohne Zustimmung des Versicherers den Bezugsberechtigten zu bestimmen und auch die Bestimmung zu ändern; an diese Verfügungen sei der Versicherer gebunden. Deshalb sei für diesen der Empfang einer Widerrufserklärung nicht von größerer Bedeutung als der Empfang einer reinen Legitimationserklärung. Der Zweck einer Legitimation desjenigen, an den der Versicherer mit schuldtilgender Wirkung zahlen könne, werde aber schon durch die Klausel der Versicherung erreicht, wonach die Gesellschaft befugt sei, den Inhaber des Versicherungsscheins als berechtigt zur Verfügung über alle Ansprüche aus dem Versicherungsvertrag anzusehen (§ 17 AVB.). Wie die in § 16 das. vorgesehene Benachrichtigung des Vorstands der Gesellschaft von einer Abtretung überflüssig werde, wenn eine Versicherung mit Inhaberklausel vorliege, so verhalte es sich auch, wenn durch die Übertragung einer Versicherungspolize mit Inhaberklausel auf den neu zum Bezugsberechtigten Bestimmten dieselbe Legitimationserklärung erreicht werde wie durch eine Anzeige von der Änderung der Bezugsberechtigung gegenüber dem Versicherer. Von dieser Auffassung aus könne ein Verzicht des Versicherers auf das Zugehen der Entschließung des Versicherungsnehmers wegen seiner Verfügungen über die Bezugsberechtigung als vorliegend angesehen werden. Zur Übertragung der Bezugsberechtigung auf den Beklagten habe also der Ausdruck des entsprechenden Willens in der Abtretungsurkunde genügt.

Mit Recht wendet sich die Revision gegen diese Ausführungen. Es ist zwar zutreffend, daß die Inhaberklausel, mit welcher der Versicherungsvertrag geschlossen worden ist, die Anwendung der Vorschrift in § 16 AVB. ausschließt, wonach die Abtretung von Versicherungsansprüchen der Gesellschaft gegenüber nur wirksam ist, wenn ihrem Vorstand eine Anzeige von der Abtretung durch den Versicherungsnehmer zugegangen ist. Denn eine solche Anzeige verfolgt nur den Zweck, der Versicherungsgesellschaft Gewißheit über die Person des zur Entgegennahme ihrer Leistungen Berechtigten zu verschaffen, und dieser Zweck wird schon durch die Inhaberklausel erreicht (RGZ. Bd. 94 S. 26). Rechtsirrig ist aber die Auffassung des Berufungsgerichts, es könne sich auch bei der Frage, ob eine gemäß dem Versicherungsvertrage bestehende Bezugsberechtigung wirksam widerrufen worden sei, nur um den Nachweis der formellen Berechtigung zum Empfang der Leistungen des Versicherers handeln. Vielmehr kommt, und zwar in erster Reihe, in Frage, ob dem im Versicherungsvertrage bezeichneten Bezugsberechtigten durch Eintritt des Versicherungsfalls ein Anspruch auf die Versicherungssumme erwachsen ist, oder ob dieser Anspruch infolge Widerrufs des Bezugsrechts ausgeschlossen ist. Der Widerruf einer Bezugsberechtigung ist eine dem Vertragsgegner gegenüber abzugebende empfangsbedürftige Willenserklärung. Von diesem Grundsatz enthält § 332 BGB. eine Ausnahme, die einer ausdehnenden Auslegung nicht zugänglich ist. Auch den Vorschriften gegenüber, die ergeben, daß der Versicherungsnehmer die Bezugsberechtigung ohne Zustimmung des Berechtigten und des Versicherers ändern und frei darüber verfügen darf (§ 166 VVG., § 15 Abs. 1 AVB.), behält der Satz Geltung, daß die ändernde Erklärung, insbesondere der Widerruf, dem Versicherer zugehen muß. Es kann ferner dahingestellt bleiben, ob dem Widerruf Wirksamkeit zukäme, wenn die Versicherungsgesellschaft ausdrücklich auf das Zugehen dieser Erklärung verzichtet hätte; denn ein solcher Verzicht ist nicht behauptet worden. In der Vereinbarung der Inhaberklausel allein kann kein Verzicht auf das Zugehen des Widerrufs gefunden werden, weil es sich nicht nur um die Frage handelt, an wen die Versicherungsgesellschaft Zahlung leisten darf, sondern — wie gezeigt — auch darum, ob die Bezugsberechtigung der Klägerin besteht oder erloschen ist, eine Frage, an der nicht nur die Versicherungsgesellschaft, sondern auch die Parteien interessiert sind. Die Abtretung vom 28. Juli 1928 hat daher nicht die Wirkung eines Widerrufs der Bezugsberechtigung der Klägerin gehabt....

---

11. 1. Hat der Pächter nach dem Reichssiedlungsgesetz vom 11. August 1919 ein Vorkaufsrecht auch dann, wenn das Siedlungsunternehmen das Pachtgrundstück freihändig erworben hat?

2. Besteht das Vorkaufsrecht des Pächters auch an Flächen, die er nicht in Pachtbesitz gehabt hat?

3. Ist auf das Vorkaufsrecht des Pächters § 508 BGB. anwendbar? Wie ist danach zu verfahren?

Reichssiedlungsgesetz vom 11. August 1919 (RGBl. S. 1429) § 6 Abs. 3.

VI. Zivilsenat. Urt. v. 4. April 1932 i. S. Sch. (Bekl.) w. G. Höfebank GmbH. (Kl.). VI 477/31.

I. Landgericht Kiel.
II. Oberlandesgericht daselbst.

Die Klägerin, ein gemeinnütziges Siedlungsunternehmen im Sinne des Reichssiedlungsgesetzes, erwarb im Jahre 1920 das damals etwa 1300 ha umfassende Gut H., verwandte davon etwa 600 ha zu Siedlungszwecken und verkaufte an den Rittergutsbesitzer S. die übrigen etwa 700 ha, zu denen neben den Gutsgebäuden, Acker und Weideland ein erheblicher Waldbestand sowie etwa 50 ha Moor- und Ödland gehörten. S. verpachtete das landwirtschaftlich nutzbare Land an eine Anzahl von Pächtern. Den erheblichsten Teil des Pachtlandes, nämlich etwa 47 ha, dazu mehrere Gebäude, aber nicht das Herrschaftshaus, pachtete der Beklagte durch Verträge vom 26. Januar und 29. April 1926 bis zum 31. Januar 1936. Er betrieb vorwiegend Schweinezucht. Nach den Pachtverträgen war für den Fall der Veräußerung des Pachtgegenstandes das Pachtverhältnis zum Schlusse des laufenden Pachtjahres gegen eine Entschädigung des Beklagten in Höhe eines Jahrespachtzinses kündbar. Dieser Fall trat dadurch ein, daß die Klägerin im Dezember 1927 die an S. verkaufte Fläche durch freihändigen Kauf zurückerwarb und dem Beklagten die Pacht vertragsgemäß kündigte. Sie legte 17 Siedlerstellen an und verkaufte die noch übrigen 471 ha als ein „Waldgut" mit dem Herrschaftshaus, dem ganzen Wald und etwa 60 ha landwirtschaftlich nutzbarer Fläche an den bisherigen Pächter der Jagd, den Kaufmann T. Der Pachtbesitz des Beklagten fiel mit etwa 25 ha in dieses Waldgut, im übrigen in Siedlungsland. Die Klägerin bot dem Beklagten die größte, 34,87 ha umfassende Siedlerstelle zum Kauf an. Der Beklagte lehnte aber den Ankauf ab, weil die Stelle für ihn wirtschaftlich nicht geeignet und zu teuer sei, und machte auf das Waldgut ein Vorkaufsrecht geltend, das er aus § 6 Abs. 3 RSiedlG. herleitete.

Im gegenwärtigen Rechtsstreit klagt die Klägerin auf Feststellung, daß dem Beklagten an dem Waldgut kein Vorkaufsrecht und mithin auch kein Übereignungsanspruch zustehe. Der Beklagte verlangt widerklagend die Einräumung des Besitzes an dem ganzen Waldgut und die Auflassung. Beide Vorinstanzen gaben der Klage statt und wiesen die Widerklage ab. Die Revision des Beklagten blieb erfolglos.

Gründe:

... Das Berufungsgericht hat für die Verneinung des vom Beklagten beanspruchten Vorkaufsrechts zwei Gründe angegeben. Der erste, der sich auf die dritte Auflage des Erläuterungswerks von Ponfick-Wenzel zum Reichssiedlungsgesetz stützt, geht dahin, daß das Vorkaufsrecht des Pächters nach § 6 Abs. 3 RSiedlG. auf ein freihändig erworbenes Grundstück — abgesehen von Staatsdomänen (Ponfick-Wenzel a. a. O. § 6 Anm. 7 u. 8) — überhaupt nicht anwendbar sei. Diese von Holzapfel RSiedlG. § 6 Anm. 6 und Haack im Archiv für innere Kolonisation Bd. 16 S. 213 (gegen Jeschke S. 12 das.) nicht geteilte Ansicht kann freilich nicht für richtig erachtet werden; Ponfick und Wenzel haben sie in ihrem vom Beklagten dem Revisionsgericht vorgelegten Rechtsgutachten selbst aufgegeben. Es trifft schon nicht zu, daß das Reichssiedlungsgesetz nur Vorschriften für die in ihm selbst geregelten Erwerbsarten enthielte, wie das Berufungsgericht meint. Das Gegenteil ergibt § 29 RSiedlG., der auch nach Ansicht von Ponfick-Wenzel (a. a. O. § 29 Anm. 1) freihändige Ankäufe mitumfaßt. Auch der Hinweis auf das Wiederkaufsrecht des früheren Eigentümers versagt, weil dieses Recht nach ausdrücklicher Vorschrift des § 21 RSiedlG. nur für Enteignungsfälle gegeben ist. Daß aus dem farblosen Ausdruck „übernommen" kein sicherer Schluß zu ziehen ist, erkennt auch das Berufungsgericht an. Entscheidend gegen seine Ansicht spricht aber der Umstand, daß schon das Vorhandensein des Reichssiedlungsgesetzes den Siedlungsunternehmungen den freihändigen Ankauf wesentlich erleichtert. Das Vorkaufsrecht des Pächters würde stark beschränkt werden und leicht umgangen werden können, wenn es nur da anwendbar wäre, wo der Erwerb für Siedlungszwecke sich auch in den Formen des Reichssiedlungsgesetzes vollzogen hat. Die Entscheidungen RGZ. Bd. 104 S. 324 und Bd. 110 S. 409 enthalten nichts Gegenteiliges.

Dagegen wird der zweite Grund des Berufungsgerichts von der Revision vergeblich angegriffen. Der Pächter hat nach § 6 Abs. 3 RSiedlG. ein Vorkaufsrecht am Restgut oder an einer geeigneten Siedlungsparzelle nur dann, wenn Restgut oder Parzelle zu seinem Pachtlande gehört haben. Weder der Wortlaut der Vorschrift noch ihre Entstehungsgeschichte (RGZ. Bd. 110 S. 411) geben den geringsten Anhalt dafür, daß dem Pächter ein Vorkaufsrecht auch an solchen Grundstücken habe eingeräumt werden sollen, die er nicht in Pachtbesitz gehabt hat. Ein derartiger Gedanke würde ganz außerhalb des Zweckes der Vorschrift liegen, die dem Pächter die Fortführung seines bisherigen Betriebes in gewissem Umfang ermöglichen soll, und er müßte zu unlöslichen Verwicklungen führen, wenn mehrere Pächter vorhanden sind, die mit gleichem Recht dasselbe Grundstück beanspruchen können. Der Hinweis im Rechtsgutachten von Ponfick auf die §§ 428, 513 BGB. bietet ebensowenig wie seine sonstigen Vorschläge brauchbare Lösungen für solchen Fall. Das Vorhandensein mehrerer Pächter mag zwar hier nicht in Betracht kommen, aber schon die Möglichkeit solcher Sachgestaltung steht der Auslegung entgegen, die der Beklagte der Vorschrift geben will. Darum kann der Pächter zwar das Vorkaufsrecht an einem Teile seines bisherigen Pachtlandes ausüben (RGZ. Bd. 104 S. 324) oder auch am ganzen, wenn es unaufgeteilt weiterveräußert wird (RGZ. Bd. 110 S. 415), und es mag dabei auch auf eine unbedeutende Vergrößerung nicht ankommen (RGZ. Bd. 110 S. 417). Unmöglich kann aber der Beklagte ein Vorkaufsrecht auf das 471 ha umfassende Waldgut geltend machen, wovon er nur 25 ha in Pachtbesitz gehabt hat (vgl. Haack a. a. O. S. 213).

Nun mag freilich der Revision zugegeben werden, daß auf das Vorkaufsrecht des Pächters § 508 BGB. grundsätzlich anwendbar ist. Das Gesetz sagt nichts Gegenteiliges, und auch in RGZ. Bd. 110 S. 415 ist die entsprechende Anwendbarkeit der §§ 504 bis 511 BGB. angenommen worden. Das Bedenken des Berufungsgerichts, daß der Aufteilungsplan gestört werden könnte, mag in manchen Fällen der Anwendbarkeit des § 508 BGB. entgegenstehen, ist aber im vorliegenden Falle nicht stichhaltig. Danach hätte der Beklagte das Vorkaufsrecht auf die 25 ha ausüben können, die nicht für Siedlerstellen verwandt, sondern zum Restgut geschlagen worden waren, oder auch, wenn er das vorzog, auf einen anderen Teil seines ehemaligen Pachtlandes, der zur Bildung einer für ihn geeigneten Siedlerstelle (§ 6 Abs. 3 RSiedlG.) verwandt worden war. Der Aufteilungsplan brauchte dadurch nicht gestört zu werden, denn die Klägerin hätte nach § 508 Satz 2 BGB. verlangen können, daß der Vorkauf auf das ganze Restgut oder auf die ganze Siedlerstelle erstreckt werde, wenn eine Ausscheidung der vom Beklagten beanspruchten Fläche ohne Nachteil für den Aufteilungsplan nicht möglich gewesen wäre. Der Beklagte hätte alsdann die Freiheit seiner Entschließung zurückgewonnen, ob er bei der Ausübung des Vorkaufsrechts bleiben wolle (RGZ. Bd. 133 S. 79). Nach § 508 BGB. ist der Beklagte aber nicht verfahren. Die Klägerin hat ihm gegenüber niemals das Verlangen gestellt, daß er das Vorkaufsrecht, wenn überhaupt, an dem ganzen Waldgut ausübe. Sie hat ihm eine Siedlerstelle angeboten und hat ihm durchweg jedes Vorkaufsrecht an dem Waldgute, sei es im ganzen, sei es zu einem Teile, bestritten. Bei dieser Sachlage konnte für ihn auch nach § 508 BGB. die Ausübung eines Vorkaufsrechtes am ganzen Waldgute (vgl. RGZ. Bd. 133 S. 78) nicht in Frage kommen. Er konnte nur an den zum Waldgute gezogenen 25 ha, die er in Pachtbesitz gehabt hatte, ein Vorkaufsrecht ausüben und mußte es der Klägerin überlassen, ob sie Mittel und Wege fand, die 25 ha für ihn auszuscheiden und ihm für einen verhältnismäßigen Teil des mit T. vereinbarten Gesamtpreises zu überlassen, oder ob sie es vorzog, die Erstreckung des Vorkaufs auf das ganze Waldgut zu verlangen. Dagegen gab ihm § 508 BGB. kein Recht, sich der Klägerin, ohne daß sie solches Verlangen stellte, als Käufer des Waldgutes aufzudrängen. Das hat er aber getan. Entscheidend ist seine innerhalb der Frist des § 7 RSiedlG. abgegebene Erklärung. Seine Erklärung vom 4. Juni 1929 über die Ausübung des Vorkaufsrechts und ebenso die von ihm erwirkte Auflassungsvormerkung betrafen das ganze Waldgut. Auch mit seiner Widerklage macht er nicht etwa ein Vorkaufsrecht an den 25 ha geltend, sondern am ganzen Waldgut. Ein solches steht ihm aber aus den dargelegten Gründen nicht zu.

---

12. Zur Höhe und Berechnung der Bankzinsen um die Zeit der Währungsfestigung. Durften damals die Banken in den einzelnen Saldoabschnitten die Zinsen allgemein für den ganzen Abschnitt nach dem darin vorkommenden höchsten Stande der Schuld der Kunden berechnen?

BGB. §§ 138, 242, 317. HGB. §§ 352, 353.

I. Zivilsenat. Urt. v. 6. April 1932 i. S. Firma H. (Bekl.) w. D. u. N. Bank (Kl.). I 289/31.

I. Landgericht Mannheim, Kammer für Handelssachen.
II. Oberlandesgericht Karlsruhe.

Die Beklagte hat von Mai 1919 ab längere Zeit mit der Klägerin auf laufenden Konten umfangreiche Bankgeschäfte gemacht. Die Parteien streiten wegen der Zinsen, Provisionen usw., welche die Klägerin der Beklagten bei Umstellung ihrer Konten auf Festmarkrechnung am Ende der Inflationszeit und im Jahre 1924 berechnet hat. Die Beklagte bezeichnet diese Berechnung wegen der Höhe der eingesetzten Zinssätze und Provisionen, der Kürze der Saldierungsabschnitte und der Art der Berechnung nach dem der Bank günstigsten Kontostand innerhalb der einzelnen Saldierungsabschnitte als wucherisch, sittenwidrig und gegen die Preistreibereiverordnung verstoßend. Die Beklagte bestreitet ferner die Rechtswirksamkeit der von ihr in den Jahren 1924 und 1925 erklärten Saldo-Anerkenntnisse. Sie behauptet, daß bei richtiger Abrechnung nicht die Klägerin gegen sie, sondern sie gegen die Klägerin aus der laufenden Rechnung Ansprüche habe, und macht außerdem aus Schadensersatz Gegenforderungen gegen die Klägerin geltend. Die Klägerin hat auf Grund ihrer Abrechnung gegen die Beklagte auf Zahlung des Saldos nebst Zinsen geklagt. Die Beklagte hat den Klaganspruch bestritten und wegen der von ihr behaupteten Gegenforderungen Widerklage erhoben.

Im ersten Rechtszug ist die Beklagte unter Absetzung einer Pauschalsumme von 50000 RM. zur Zahlung von 23480 RM. nebst Zinsen verurteilt, dagegen sind die weitergehende Klage und die Widerklage abgewiesen worden. Im zweiten Rechtszug ist sie auch zur Zahlung der vom Landgericht abgesetzten 50000 RM. nebst Zinsen verurteilt und das erstinstanzliche Urteil im übrigen bestätigt worden. Die Revision der Beklagten hatte Erfolg.

Aus den Gründen:

Die Grundsätze, nach denen zu prüfen ist, ob die kurz vor und nach der Festigung der deutschen Währung von den deutschen Banken ihren Kunden berechneten Debet-Zinsen und Provisionen nach der Höhe des eingesetzten Prozentsatzes sowie nach der Art der Berechnung und Saldierung der Zinsen in Einklang zu bringen sind mit den Vorschriften in § 138 Abs. 1 und 2 BGB. und der Preistreibereiverordnung (vgl. auch §§ 242, 317 BGB.), sind vom Reichsgericht in ständiger Rechtsprechung entwickelt und dargelegt worden. Es genügt, hier u. a. zu verweisen auf RGZ. Bd. 118 S. 165; JW. 1926 S. 2683 Nr. 13, 1927 S. 2135 Nr. 40 nebst weiteren Nachweisen, 1929 S. 3940 Nr. 3 = WarnRspr. 1929 Nr. 176; WarnRspr. 1928 Nr. 53; Bankarchiv 1927/28 S. 276, 1928/29 S. 280 = WarnRspr. 1929 Nr. 90; LZ. 1926 Sp. 1261 Nr. 7 = Zeiler AufwH. Nr. 293.

Der Berufungsrichter hat ausdrücklich erklärt, daß er sich der Rechtsprechung des Reichsgerichts anschließe. Er stützt sich in wesentlichen Punkten auf die Gutachten des gerichtlichen Sachverständigen R. Zusammenfassend stellt er fest, daß die jetzt von der Klägerin verlangten Zinsen und Provisionen nach Höhe, Berechnungsart und Saldierung den damaligen Sätzen und Vorschriften der Mannheimer Bankenvereinigung entsprochen hätten, daß diese Sätze und Vorschriften für derartige Geschäfte damals in Mannheim allgemein üblich gewesen seien, daß sich auch die übrigen Mannheimer Banken in dieser Beziehung ebenso wie die Klägerin verhalten hätten, und daß der allgemeine Verkehr die betreffenden Zinssätze für berechtigt gehalten habe. Hieran anknüpfend führt das Berufungsgericht unter Bezugnahme auf die reichsgerichtliche Rechtsprechung aus, daß nach tatsächlicher Vermutung mangels besonderer entgegenstehender Umstände die bezeichneten bankühlichen Zinsen (und Provisionen) für angemessen zu erachten seien und keinen übermäßigen und gegen die guten Sitten verstoßenden Gewinn der Klägerin darstellten.

Diese Ausführungen können vom Rechtsstandpunkt aus jedenfalls insoweit nicht als genügend erachtet werden, als es sich um die Zinsberechnung nach dem der klägerischen Bank jeweils günstigsten Kontostand, d. h. nach der jeweiligen Höchstschuld der Beklagten innerhalb des einzelnen Saldierungsabschnitts handelt.

Der Vorderrichter erklärt, diese Berechnungsart, die damals als gerecht und billig angesehen worden sei, könne nicht dieses Charakters entkleidet werden, weil sich nachträglich herausgestellt habe, daß der Zweifel an der Beständigkeit der neuen Rentenmark-Währung nicht berechtigt gewesen sei. Im übrigen nimmt das Berufungsgericht Bezug auf das Gutachten des Sachverständigen R. Dort ist gesagt: Die angeführte Art der Zinsberechnung sei damals bankühlich gewesen und habe einer Abmachung zwischen den Banken entsprochen. In der damaligen Zeit seien die Buchhaltungsvorstände der Banken in Mannheim von Zeit zu Zeit zusammengekommen, um sich über die einschlägigen Verhältnisse zu besprechen und die Richtlinien festzulegen, die von den einzelnen Banken einheitlich den Kunden gegenüber eingehalten werden sollten. Dabei sei auch die Berechnung der den Banken zukommenden Zinsen und Gebühren aus der jeweiligen Höchstschuld des Bankkunden „im Monat bzw. für angefangene 7 Tage" festgelegt worden. Die Berechtigung der Banken, die Belastung auch in kürzeren Zeitabschnitten vorzunehmen, sei in den Geschäftsbedingungen der Rh.schen Creditbank (Ausgabe Januar 1924) festgelegt.

Danach reichen die vom Berufungsgericht in Bezug genommenen Unterlagen zwar aus, um seine Annahme zu stützen, daß die erörterte Berechnungsart zu jener Zeit bankühlich gewesen sei. Sie genügen aber nicht für seine weitere Annahme, daß der mit dieser Berechnungsart verbundene Sondervorteil der Klägerin nach Lage der Sache angemessen gewesen sei und keinen Verstoß gegen die Grundsätze von Treu und Glauben (§§ 242, 317 BGB.) und gegen die guten Sitten (§ 138 BGB.) oder die damals geltende Preistreibereiverordnung bedeute.

An sich waren die Debetzinsen der Beklagten als einem mit der Klägerin im Kontokorrentverkehr stehenden Bankkunden unter Verwendung von Zinszahlen nach dem jeweiligen Stande der Schuld zu berechnen und in längeren Zeitabschnitten zu saldieren. Wenn statt dessen hier in besonders kurzen Zeitabschnitten saldiert und dabei ein ungewöhnlich hoher Zinssatz eingesetzt wurde, so mag dies aus den vom Berufungsgericht dargelegten Gründen in Verbindung mit der in bezug genommenen Rechtsprechung des Reichsgerichts rechtlich nicht zu beanstanden sein. Wenn aber darüber hinaus die Zinsen schematisch nach dem innerhalb der Saldierungsabschnitte jeweils erreichten Höchststande der Schuld für den ganzen Saldierungsabschnitt berechnet wurden, so konnte dies unter Umständen zu Ergebnissen führen, die auch durch die vom Berufungsgericht festgestellten Tatumstände nicht mehr zu rechtfertigen sind und der Klägerin auf Kosten der Beklagten wirtschaftliche Vorteile brachten, die das Maß dessen überstiegen, was in der Rechtsprechung den Banken für jene ungewöhnlichen Zeitverhältnisse, besonders im Hinblick auf das damalige Risiko der Geldentwertung, zugebilligt worden ist. Es wird Sache des Berufungsgerichtes sein, hier im Einzelnen die erforderlichen Feststellungen zu treffen und zu prüfen, ob jene Art der Zinsberechnung, wenngleich sie bankküblich gewesen sein mag, doch einen rechtlich nicht zu billigenden Mißbrauch darstellt. Dabei wird der Tatrichter zu untersuchen haben, ob und warum den Mannheimer Banken im allgemeinen und der Klägerin im besonderen die an sich gebotene Zinsberechnung nach dem jeweiligen Stande der Schuld des Bankkunden nicht zuzumuten war, oder ob es etwa zweckentsprechend und für die Klägerin zumutbar gewesen wäre, bei der Zinsberechnung das Mittel zwischen dem Höchst- und Niedrigstbetrage der Schuld innerhalb des einzelnen Saldierungsabschnitts zugrunde zu legen, oder wie sich, wenn dies alles nicht in Frage kommen sollte, die von der Klägerin gewählte Berechnungsart zu einer Zinsberechnung nach dem jeweiligen Stande der Schuld im Ergebnis gestellt hätte und ob dabei ein solcher Unterschied zutage tritt, daß eine Rechtfertigung des Vorgehens der Klägerin ausgeschlossen wäre.

Diese Feststellungen können für das Gesamtergebnis des Prozesses von entscheidender Bedeutung sein, und zwar auch insoweit, als es sich um die Gegenforderungen der Beklagten handelt. Danach ist das Berufungsurteil im vollen Umfang aufzuheben und die Sache zur anderweiten Verhandlung und Entscheidung an das Berufungsgericht zurückzuverweisen. . .

---

13. Ist bei der Bemessung des Schmerzensgeldes
1. eine Haftpflichtversicherung,
2. ein besonders grobes Verschulden des Schädigers

zu berücksichtigen?

BGB. § 847.

VI. Zivilsenat. Urt. v. 7. April 1932 i. S. St. (Kl.) w. W. u. Gen. (Bekl.). VI 496/31.

I. Landgericht Stuttgart.
II. Oberlandesgericht daselbst.

Die Klägerin wurde am 6. März 1930, als sie auf der Verkehrsinsel vor dem Bahnhof in C. stand, von dem Beklagten W. mit einem Motorrade, welches an das von ihm benutzte angehängt war, angefahren; sie stürzte hin und erlitt schwere Verletzungen, die schließlich zur Erblindung beider Augen führten. Sie nimmt außer dem

Beklagten W. auch die verklagte Firma als Gesamtschuldnerin auf Schadensersatz in Anspruch. Ihr gehörte das Motorrad, mit dem W. in ihrem Auftrag andere Motorräder vom Güterbahnhof abholen sollte. Beide Vorinstanzen sprachen der Klägerin Ersatz für Vermögensschaden und gegen den Beklagten W. auch Schmerzensgeld zu, das Oberlandesgericht im Betrage von 10000 RM. Die beiderseits eingelegten Revisionen hatten in diesem Punkte keinen Erfolg.

Aus den Gründen:

... Die Klägerin ist der Meinung, daß bei der Bemessung des Schmerzensgeldes auch die Haftpflichtversicherung des Beklagten W. berücksichtigt werden müsse, was das Berufungsgericht im Einklang mit der feststehenden Rechtsprechung des Reichsgerichts (RGZ. Bd. 63 S. 104; JW. 1925 S. 2599 Nr. 11) abgelehnt hat. Die Ausführungen der Revision der Klägerin geben keinen Anlaß, von dieser Rechtsprechung abzuweichen. Sie verkennen das Wesen der Haftpflichtversicherung, die den Haftpflichtigen für dasjenige schadlos halten soll, was er auf Grund seiner Verantwortlichkeit zu leisten hat, und was daher zunächst feststehen muß (§ 149 VVG.). Die Häufigkeit oder wirtschaftliche Notwendigkeit derartiger Versicherungen beim Betrieb von Kraftfahrzeugen ist für diese Frage ebenso bedeutungslos wie das Recht auf abgesonderte Befriedigung im Konkurse des Haftpflichtigen, das § 157 VVG. dem Schadensersatzberechtigten verleiht. Dieses Recht ist für die Sicherheit, aber nicht für die Höhe der Schadensersatzforderung von Bedeutung. Die von der Revision der Klägerin ferner angegriffene Erwägung des Berufungsgerichts, daß die Klägerin den größeren Teil ihres Lebens hinter sich habe, also unter ihrer Blindheit nicht so lange zu leiden habe wie ein jüngerer Mensch, läßt keinen Rechtsverstoß erkennen.

Die Revision des Beklagten W. bemängelt, daß das Berufungsgericht das Schmerzensgeld mit Rücksicht auf den hohen Grad der Fahrlässigkeit dieses Beklagten erhöht hat. Diese Erwägung ist jedoch rechtlich nicht zu beanstanden. Zwar hat bei der Feststellung der Höhe des Vermögensschadens der Grad des Verschuldens des Ersatzpflichtigen außer Betracht zu bleiben, und im Urteil des III. Zivilsenats vom 11. März 1910 III 317/09 (BayRpflZ. 1910 S. 217) ist das auch für das Schmerzensgeld angenommen worden (vgl. auch Staudinger BGB. § 847 Anm. 4 und RGRKomm. § 847 Anm. 5). Aber für den Schaden, der nicht Vermögensschaden ist, kann nach § 847 BGB. der Geschädigte eine „billige" Entschädigung in Geld verlangen. Bei einer Entscheidung nach Billigkeit sind grundsätzlich alle Umstände des Falles zu würdigen (vgl. Planck BGB. § 847 Erl. 3), und es ist nicht einzusehen, warum nicht auch ein besonders grobes Verschulden des Schädigers dabei berücksichtigt werden sollte, zumal da es auf den Geschädigten verbitternd wirken kann. Die Ausscheidung dieses Umstandes wäre willkürlich. Der III. Zivilsenat hat denn auch auf Anfrage erklärt, daß er an dem in jenem Urteil enthaltenen Ausspruch, der Grad des Verschuldens habe bei der Feststellung der Höhe der Entschädigung außer Betracht zu bleiben, in dieser Allgemeinheit nicht festhalte.

---

14. Kann die bei einem Amtsgericht eingerichtete Aufwertungsstelle in einem Vergleich, der in einer bei ihr anhängigen Aufwertungssache geschlossen wird, die vom Grundeigentümer für die Aufwertungshypothek bewilligte Zulässigkeit sofortiger Zwangsvollstreckung gegen den jeweiligen Eigentümer des Grundstücks rechtsgültig beurkunden?

ZPO. § 794 Abs. 1 Nr. 5, § 800. AufwG. § 72. DurchfVo. z. AufwG. v. 29. November 1925 Art. 117.

V. Zivilsenat. Beschl. v. 11. April 1932 in einer Grundbuchsache. V B 5/32.

I. Amtsgericht Berlin-Mitte.
II. Landgericht I Berlin.

Die Frage ist bejaht worden aus folgenden

Gründen:

Der Beschwerdeführer hatte bei der Aufwertungsstelle auf Grund des § 6 des Gesetzes über die Fälligkeit und Verzinsung der Aufwertungshypotheken — AufwFällG. — vom 18. Juli 1930 (RGBl. I S. 300) die Gewährung von Zahlungsfristen für mehrere auf seinem Grundstück lastende Hypotheken beantragt. Zu Protokoll der Aufwertungsstelle vom 17. November 1931 schloß er mit den Gläubigern einen Vergleich, in dem die Verzinsungs- und Fälligkeitsbestimmungen für die Hypotheken geändert wurden und worin er weiter erklärte: „Der Antragsteller unterwirft sich hinsichtlich der Hypothekenforderungen nebst Zinsen und Kosten der sofortigen Zwangsvollstreckung in das belastete Grundstück und in sein sonstiges Vermögen dergestalt, daß die Zwangsvollstreckung in das belastete Grundstück auch gegen den jeweiligen Eigentümer zulässig sein soll." Die Beteiligten beantragten, die neu vereinbarten Zins- und Zahlungsbestimmungen, einschließlich der Unterwerfung unter die sofortige Zwangsvollstreckung, in das Grundbuch einzutragen. Diesen Antrag beanstandete das Grundbuchamt dahin, daß die beantragte Eintragung der Unterwerfungsklausel nicht erfolgen könne, da die Aufwertungsstelle zur Beurkundung dieser Klausel nach § 794 Abs. 1 Nr. 5 ZPO. nicht befugt sei. Die hiergegen namens des Eigentümers eingelegte Beschwerde wurde zurückgewiesen; das Landgericht schloß sich der im Beschluß des Bayerischen Obersten Landesgerichts vom 24. Juli 1926 (JFG. Bd. 4 S. 265 = AufwRspr. Bd. 1 S. 561 = JW. 1926 S. 2379 Nr. 4) entwickelten Auffassung an, die Aufwertungsstelle sei kein „Gericht" und daher für die Beurkundung einer Unterwerfungsklausel nach §§ 800, 794 Nr. 5 ZPO. nicht zuständig. Auf die weitere Beschwerde des Eigentümers hat das Kammergericht die Sache dem Reichsgericht zur Entscheidung vorgelegt.

Das Kammergericht möchte der weiteren Beschwerde stattgeben, sieht sich aber daran durch den erwähnten Beschluß des Bayerischen Obersten Landesgerichts gehindert. Es begründet seine hiervon abweichende Ansicht folgendermaßen: Daß § 800 ZPO. für die Unterwerfungsklausel grundsätzlich eine gerichtliche oder notarielle Urkunde voraussetze, sei mit Rücksicht auf den klaren Wortlaut der Bestimmung nicht zu bezweifeln. Es könne aber doch nicht ausschlaggebend sein, ob die Aufwertungsstellen ihrem inneren Wesen nach als Gerichte oder als Verwaltungsbehörden anzusehen seien; denn auch in letzterem Falle seien sie in entsprechender Anwendung des § 794 Nr. 5 ZPO. für die Beurkundung solcher Unterwerfung als zuständig anzusehen, weil sich aus dem Zweck und der Einrichtung der Aufwertungsstellen, namentlich ihrer Befugnis, vollstreckbare Vergleiche aufzunehmen (§ 75 AufwG.; § 25 AufwFällG.), ergebe, daß die im Rahmen ihrer gesetzlichen oder vereinbarten Zuständigkeit aufgenommenen Urkunden gerichtlichen Urkunden gleichzustellen seien. Die Sachlage sei ähnlich wie in dem in JFG. Bd. 8 S. 258 = HöchstRspr. 1930 Nr. 2023 entschiedenen Fall, wo das Kammergericht auf Grund des § 27 des Reichssiedlungsgesetzes vom 11. August 1919 (RGBl. S. 1429) in Verbindung mit § 34 des preuß. Ausführungsgesetzes dazu vom 15. Dezember 1919 (GS. 1920 S. 31) zu dem Ergebnis gelangt sei, daß der Kulturamtsvorsteher für die im Rahmen des Siedlungsverfahrens beurkundeten Hypothekenbewilligungen auch die Befugnis zur Beurkundung der Unterwerfungsklausel habe.

Die Zuständigkeit des Reichsgerichts ist nach § 79 GBO. gegeben. Die Frage muß mit dem Kammergericht, entgegen dem Bayerischen Obersten Landesgericht, bejaht werden. Nach § 794 Abs. 1 Nr. 5, § 800 ZPO. ist eine Urkunde mit Unterwerfung unter die sofortige Zwangsvollstreckung wirksam, wenn sie von einem deutschen Gericht oder Notar innerhalb der Grenzen seiner Amtsbefugnis in der vorgeschriebenen Form aufgenommen wird. Daß die Aufwertungsstelle zuständig ist, die vom Schuldner wegen der Aufwertungshypotheken vergleichsweise neu eingegangenen Verpflichtungen zu beurkunden, ist nach § 75 AufwG., § 25 AufwFällG. nicht fraglich. Aber auch die weitere Voraussetzung ist gegeben, daß die Urkunde von einem deutschen Gericht aufgenommen sei. Nach § 72 AufwG., Art. 117 DurchfVo. vom 29. November 1925 ist Aufwertungsstelle das Amtsgericht. Von der den Ländern offengelassenen Möglichkeit, an Stelle der Amtsgerichte andere Landesbehörden als Aufwertungsstellen zu bestimmen, ist nur in ganz wenigen Fällen Gebrauch gemacht worden (vgl. dazu Mügel Aufwertungsrecht 5. Aufl. S. 1210). Hier liegt kein solcher Fall vor. Angesichts der Zuweisung der Aufgaben der Aufwertungsstelle an das Amtsgericht könnte der Gedanke, es in dieser Eigenschaft nicht mehr als Gericht anzusehen, nur dann auftreten, wenn die ihm übertragenen Aufgaben nach ihrem inneren Wesen oder nach der Verfahrensregelung völlig aus dem Rahmen gerichtlicher Tätigkeit herausfielen. Das trifft für die Aufwertungsstellen in keiner Weise zu. Haben sie auch in weitem Umfange nach freiem Ermessen zu entscheiden, so sind sie doch an feste Rechtsregeln gebunden und haben in deren Anwendung über zum Teil recht schwierige Rechtsfragen zu befinden. Das Verfahren ist nach dem Reichsgesetz über die Angelegenheiten der freiwilligen Gerichtsbarkeit gestaltet (§ 73 AufwG.). Der Rechtsmittelzug geht an die Landgerichte, Oberlandesgerichte und das Reichsgericht (§ 74

AufwG.). Dies alles spricht also nicht nur nicht dafür, ausnahmsweise das Amtsgericht in dieser Verrichtung nicht mehr als „Gericht" anzusehen, sondern es ergibt im Gegenteil überall das Bild richterlicher Tätigkeit der Aufwertungsstellen.

In mehreren Entscheidungen des Reichsgerichts ist betont worden, die Aufwertungsstelle sei eine besondere Abteilung des Amtsgerichts, wie auch das Grundbuchamt dort, wo dessen Tätigkeit dem Amtsgericht zugewiesen worden ist; es handle sich in solchem Falle bei Aufwertungsstelle und Grundbuchamt um zwei Abteilungen desselben Gerichts (RGZ. Bd. 121 S. 312; AufwRspr. Bd. 3 S. 684 und S. 730). Die Gegenmeinung, die Aufwertungsstelle sei eine Verwaltungsbehörde und kein Gericht, beruft sich auf die in der Entscheidung des beschließenden Senats vom 30. November 1925 V 169/25 (abgedr. JW. 1926 S. 1163 Nr. 2 und AufwRspr. Bd. 1 S. 172) enthaltene Bemerkung, die Aufwertungsstelle sei unbedenklich als reichsgesetzliche Verwaltungsbehörde im Sinne der in RGZ. Bd. 75 S. 430 für Landesbehörden niedergelegten Grundsätze anzusehen. An diesem Ausspruch, dem der Senat schon in den vorerwähnten Entscheidungen nicht mehr gefolgt ist, wird nicht festgehalten.

Nach alledem bestehen keine Bedenken, dem Standpunkt des Kammergerichts entsprechend, die Aufwertungsstelle des Amtsgerichts als zuständig anzusehen zur Beurkundung der Unterwerfungsklausel in einem Vergleich, der in einer bei ihr anhängigen Aufwertungssache geschlossen wird. Auf die vom Kammergericht erörterte Frage entsprechender Anwendung des § 794 Nr. 5 ZPO. kommt es dann nicht mehr an. Diese Frage könnte nur in einem Fall auftreten, wo die Aufwertungsstelle bei einer anderen Behörde als dem Amtsgericht besteht.

---

15. 1. Zur Frage der Rechtsgültigkeit der Verordnung über Preisbindungen für Markenwaren vom 16. Januar 1931.

2. Über Preisbindungen der zweiten Hand bei Markenwaren.

3. Zur Frage der Sittenwidrigkeit des Preisschleuderns bei Markenwaren.

Verordnung des Reichspräsidenten zur Behebung finanzieller, wirtschaftlicher und sozialer Notstände vom 26. Juli 1930 (RGBl. I

S. 311) Fünfter Abschnitt § 1. Verordnung über Preisbindungen für Markenwaren vom 16. Januar 1931 (RGBl. I S. 12) §§ 1 flg. Kartellverordnung § 1. UnlWG. § 1.

II. Zivilsenat. Urt. v. 5. April 1932 i. S. F. (Bekl.) w. K. Nachfolger GmbH. (Kl.). II 192/31.

I. Landgericht Hamburg, Kammer für Handelssachen.
II. Oberlandesgericht daselbst.

Die Klägerin stellt eine Pflanzenmargarine her und vertreibt sie als Markenartikel unter der Bezeichnung „Effka" an Händler, von denen sie beim Weiterverkauf an die Verbraucher die von ihr festgesetzten Kleinverkaufspreise eingehalten wissen will. Um das zu erreichen, hatte sich die Klägerin vom Herbst 1924 bis zum 1. April 1925 von ihren gewerblichen Abnehmern einen „Revers" unterzeichnen lassen, nach dem sie ihnen gegen die Verpflichtung zu regelmäßiger Abnahme und zur Beachtung der von ihr bestimmten Kleinverkaufspreise einen Treurabatt zubilligte. Dieses „Reverssystem" hat die Klägerin aber seit Anfang April 1925 aufgegeben. Seitdem läßt sie nach ihrer Behauptung jede mit der einzelnen Lieferung den Händlern zugestellte Rechnung mit einem roten oder gelben Zettel folgenden Inhalts versehen:

> Durch die Übernahme dieser Sendungen und der Rechnungen verpflichten Sie sich, auch für künftige Lieferungen, unsere Effka-Eigelb-Pflanzenmargarine nur an Verbraucher und nicht an Wiederverkäufer und nicht unter dem von uns festgesetzten Mindestverkaufspreis (Ladenpreis) abzugeben.
>
> Mindestverkaufspreis 85 Pfg. für das Pfund.

Die Klägerin behauptet, daß sie auf diese Weise ihr Preisbindungssystem lückenlos durchgeführt habe. Mitgestützt auf dieses Vorbringen hatte sie in einem Vorprozeß gegen einen anderen Kolonialwarenhändler, der sich an die von ihr vorgeschriebenen Kleinverkaufspreise nicht hielt, beantragt, daß ihm der Verkauf der Effka-Margarine unter 85 Pfg. für das Pfund bei Strafe verboten werde. Sie ist aber mit ihrer damaligen Klage abgewiesen worden, weil nach dem Ergebnis der Beweisaufnahme von einem lückenlosen Preissicherungssystem keine Rede sein könne. Ihre Revision ist durch

Urteil des erkennenden Senats vom 5. Juli 1929 II 630/28 als unbegründet zurückgewiesen worden.

Auch der jetzige Beklagte hat die von der Klägerin vorgeschriebenen Kleinverkaufspreise nicht beachtet; sie hat ihm deshalb die Lieferung gesperrt. Trotzdem setzte er den Verkauf von Effka-Margarine, die er von anderer Seite bezog, zu herabgesetzten Preisen fort, bis ihm dies durch ein im Verfahren auf einstweilige Verfügung ergangenes Urteil des Berufungsgerichts vom 26. November 1929 mit der Maßgabe untersagt wurde, daß er auf die von der Klägerin bestimmten Kleinverkaufspreise von 85 Pfg. für das Pfund und 43 Pfg. für das halbe Pfund einen Rabatt bis zu 5% geben dürfe.

Die Klägerin sieht in dem Verhalten des Beklagten, der sich ihre Ware auf Schleichwegen und unter geflissentlicher Ausnützung des Vertragsbruchs seiner ihr gegenüber gebundenen Lieferanten verschaffe, einen Verstoß gegen die guten Sitten und gegen die §§ 823 flg. BGB.; sie macht weiter geltend, daß der Beklagte mit diesem Geschäftsgebaren fortfahre, obwohl er von ihr des öfteren verwarnt worden sei. Demgemäß hat die Klägerin beantragt, den Beklagten zu verurteilen, es zu unterlassen, die Effka-Margarine zu einem Preise von weniger als 0,85 RM. für die Pfundpackung und 0,43 RM. für die Halbpfundpackung zu verkaufen, mit der Maßgabe, daß er auf diese Verkaufspreise einen Rabatt bis zu 5% geben könne.

Der Beklagte hat die Lückenlosigkeit des Verkaufssystems der Klägerin und jede eigene unlautere Handlungsweise bestritten. Er hat ferner widerklagend die Verurteilung der Klägerin zum Ersatz der von ihm im Verfahren über die einstweilige Verfügung ausgelegten Kosten von 215,40 RM. nebst Zinsen verlangt.

Das Landgericht hat die Klage abgewiesen und der Widerklage stattgegeben, das Oberlandesgericht hat umgekehrt erkannt. Die Revision des Beklagten führte zur Aufhebung und Zurückverweisung.

Gründe:

1. Das angefochtene Urteil ist auf die mündliche Verhandlung vom 18. Februar 1931 ergangen. Damals waren schon in Kraft getreten die sog. Kartellnotverordnung — Verordnung des Reichspräsidenten zur Behebung finanzieller, wirtschaftlicher und sozialer Notstände vom 26. Juli 1930, Fünfter Abschnitt (Verhütung unwirt-

schaftlicher Preisbindungen) RGBl. I S. 311, 328 —, die Ausführungsverordnung über Aufhebung und Untersagung von Preisbindungen vom 30. August 1930 (Reichsanzeiger vom 3. September 1930 Nr. 205) und die Verordnung über Preisbindungen für Markenwaren (MarkenwarenVo.) vom 16. Januar 1931 (RGBl. I S. 12), und zwar die letzte Verordnung für die in § 1 Nr. 1 das. genannten Waren seit 1. Februar 1931 (§ 6 Abs. 1 das.).

Weder die Parteien noch der Berufungsrichter sind in der Vorinstanz auf die Frage eingegangen, ob und inwiefern sich etwa aus diesen Verordnungen rechtliche Bedenken gegen den Klaganspruch herleiten ließen. Soweit § 1 Abs. 3 KartNotVo. in Verbindung mit §§ 1 flg. KartVo. in Betracht kommt, hat der erkennende Senat in dem ebenfalls eine Hamburger Sache betreffenden Urteil RGZ. Bd. 133 S. 330 die Auffassung abgelehnt, daß § 1 Abs. 3 KartNotVo. den „Kartellbegriff" des § 1 KartVo. erweitere und damit den Anwendungsbereich der Kartellverordnung selbst auf die sog. autonomen Preisbindungen der zweiten Hand ausdehne, sowie daß Abmachungen dieser Art schon an und für sich unter § 1 KartVo. fallen. Daran muß auch gegenüber der im Schrifttum insbesondere von Tschierschky (KartRdsch. 1931 S. 441 flg. und S. 556 flg.) vertretenen gegenteiligen Meinung festgehalten werden. Die Anwendbarkeit der Ausführungsverordnung über Aufhebung und Untersagung von Preisbindungen vom 30. August 1930 scheidet, ihre Rechtsgültigkeit unterstellt, von vornherein um deswillen aus, weil die Preisbindungen der Klägerin nur ihr eigenes Erzeugnis zum Gegenstand haben.

Anders steht es allerdings mit der Markenwarenverordnung. Wird einmal von ihrer Rechtsgültigkeit ausgegangen, so liegen die Voraussetzungen ihrer Anwendbarkeit hier zweifellos vor. Denn die Margarine der Klägerin ist Markenware im Sinn des § 1 Abs. 1 dieser Verordnung und gehört zu den in § 1 Abs. 1 Nr. 1 das. genannten Lebensmitteln. Durch das Preisbindungssystem der Klägerin sollen ferner die Abnehmer ihrer Margarine vertraglich verpflichtet werden, bei der Weiterveräußerung im Inland an die Verbraucher den von der Klägerin festgesetzten Preis zu fordern. Dieses auf „Geschäftsbedingungen" der Klägerin beruhende Vertragssystem erfüllt in Absicht auf die Preisbindung der zweiten Hand die Voraussetzungen des § 2 Abs. 1 und 2 MarkenwarenVo. Dann hätte aber — immer die Rechtsgültigkeit der Markenwarenverordnung vorausgesetzt — schon am 18. Februar 1931 folgende Rechtslage bestanden: Wenn die Klägerin den von ihr für die Abgabe an die Verbraucher festgesetzten Kleinverkaufspreis gegenüber dem Stande vom 1. Juli 1930 nicht um mindestens 10% gesenkt hätte, wäre die Verpflichtung ihrer Abnehmer zur Einhaltung der fraglichen Preisbindungen nichtig gewesen. Weiterhin wäre ihr die Anwendung der diese Bindung enthaltenden Geschäftsbedingungen für die Zukunft untersagt gewesen. Entfielen aber Preisbindungen und Preisschutz für die vorher vertraglich gebundenen Abnehmer der Klägerin, dann wäre das auch rechtserheblich für das Verhältnis der Klägerin zum Beklagten als angeblich schleuderndem Außenseiter. Denn auch ihm gegenüber wäre dem Unterlassungsanspruch der Rechtsboden in dem Augenblick entzogen worden, in welchem das Preisbindungssystem der Klägerin selbst gemäß § 2 Abs. 1 und 2 MarkenwarenVo. rechtlich unbeachtlich geworden wäre. Die Klägerin könnte ferner vom Beklagten als Außenseiter, wenn sie je ihre Preise gesenkt hätte, nur Einhaltung der gesenkten Preise verlangen. Nun hat aber die Klägerin im ganzen Prozeß an der Behauptung festgehalten, daß der von ihr festgesetzte Kleinverkaufspreis 85 Pfg. für das Pfund abzüglich eines Rabatts bis zu 5% betrüge, und hat demgemäß auch schon in der im Januar 1930 anhängig gewordenen Klage ihren Unterlassungsantrag gestellt. Es muß deshalb jedenfalls für die Revisionsinstanz davon ausgegangen werden, daß die Klägerin ihren Kleinverkaufspreis nicht rechtzeitig entsprechend der Markenwarenverordnung ermäßigt hat und daß die Preisbindungen ihrer Kunden hinfällig geworden sind, wenn die Verordnung rechtsgültig ist. Letzteres ist aber zu bejahen.

Die Verordnung vom 16. Januar 1931 ist von der Reichsregierung auf Grund des § 1 des Fünften Abschnitts der Verordnung des Reichspräsidenten zur Behebung finanzieller, wirtschaftlicher und sozialer Notstände vom 26. Juli 1930 erlassen worden. Die Rechtsgültigkeit dieser letzteren, auf Art. 48 Abs. 2 RVerf. gestützten Verordnung hat der Senat für ihren hier in Betracht kommenden Teil schon in dem oben erwähnten Urteil RGZ. Bd. 133 S. 330 bejaht. Die in § 1 KartNotVo. der Reichsregierung vom Reichspräsidenten eingeräumte Ermächtigung selbst stellt sich rechtlich als eine gemäß Art. 48 Abs. 2 getroffene Maßnahme dar. Gewiß sind die nach Art. 48 Abs. 2 RVerf. dem Reichspräsidenten eingeräumten

Befugnisse als solche nicht übertragbar. Wohl aber ist es statthaft, wie schon in RGSt. Bd. 56 S. 165 dargelegt, daß der Reichspräsident selbst seine Maßnahmen gegenständlich und inhaltlich nur ihrer allgemeinen Richtung nach trifft und im übrigen das Weitere nachgeordneten Stellen überträgt. In diesem Rahmen können von ihm auch Rechtsverordnungen erlassen werden mit der Maßgabe, daß ihre nähere Ausführung wiederum im Wege der Rechtsverordnung durch die Reichsregierung erfolgen soll. So ist hier verfahren worden. In den §§ 1 flg. KartNotVo. ist der Reichsregierung zum Zweck der Verhütung unwirtschaftlicher Preisbindungen bei gewissen Verträgen, Beschlüssen, Geschäftsbedingungen und Handlungen die Befugnis gegeben worden, bestimmte, genau umschriebene Maßregeln zu treffen. Die Ermächtigung in § 1 KartNotVo. lautet im übrigen ganz allgemein. Ihr Wortlaut bietet keinen Anhaltspunkt dafür, daß die Machtbefugnisse der Reichsregierung sich nur auf die Möglichkeit des Eingreifens in konkrete Einzelverträge, Beschlüsse und Geschäftsbedingungen, also jeweils in Richtung auf einen Einzelfall, beschränken sollten; gemeint ist vielmehr, wofür auch der Zweck der Verordnung spricht, daß die Reichsregierung für die bezeichneten Vertragskategorien usw. allgemein im Rahmen der Verordnung die erforderlichen Maßnahmen treffen könne, mit anderen Worten in diesen Grenzen auch zum Erlaß von Rechtsverordnungen ermächtigt sein sollte (a. M. z. B. Wolff Markenwarenverordnung S. 36 [38]). Ist dem aber so, dann sind gegen die Rechtsgültigkeit der Verordnung vom 16. Januar 1931 weder formell noch sachlich durchgreifende Rechtsbedenken zu erheben. Nach Zweck und Sinn dieser Notmaßnahmen muß im übrigen ihre Beachtung auch in der Revisionsinstanz von Amts wegen geprüft werden. Da es insoweit jedenfalls an den genügenden tatsächlichen Feststellungen fehlt, muß schon deshalb aufgehoben werden. Darauf hinzuweisen ist nur noch, daß die Klägerin inzwischen nach der Vierten Verordnung des Reichspräsidenten zur Sicherung von Wirtschaft und Finanzen usw. vom 8. Dezember 1931, Erster Teil Kap. I (Anpassung gebundener Preise an die veränderte Wirtschaftslage) § 2 (RGBl. I S. 699, 700) ihre Preise für die Marken-Margarine gegenüber dem Stande vom 30. Juni 1931 bis zum 1. Januar 1932 mindestens um weitere 10% hätte senken müssen, wenn ihr Preisbindungssystem nicht vom 1. Januar 1932 ab der Nichtigkeit anheimfallen sollte.

2. Anders als der erste Richter und als die Urteile in dem von der Klägerin gegen einen anderen Händler geführten Vorprozeß ist der Berufungsrichter zu dem Ergebnis gelangt, daß es der Klägerin nunmehr gelungen sei, ihr Preisbindungssystem „praktisch gesprochen" lückenlos durchzuführen. Die Klägerin hat das von ihr früher für die Bindung ihrer Abnehmer benützte sog. „Reverssystem" unbestrittenermaßen schon seit Jahren aufgegeben. Sie sucht nunmehr ihre Kunden auf den Kleinverkaufspreis, den sie für den Weiterverkauf an die Verbraucher festgesetzt hat, in der Weise zu verpflichten, daß sie den Rechnungen über die Waren rote oder gelbe Zettel des im Tatbestand wiedergegebenen Inhalts beifügt; sie hat, wie der Vorderrichter rein tatsächlich feststellt, nun auch Vorkehrungen getroffen, daß allen Rechnungen an Kleinhändler solche Zettel beigefügt werden. Nach den weiteren Ausführungen des Berufungsrichters werden die Rechnungen im Regelfall zusammen mit der Ware den Kleinhändlern übersandt. Nur bei „Detaillisten" mit mehreren Zweiggeschäften sowie bei Vereinen werde die Ware zunächst allein abgesandt und erst nachher Rechnung erteilt. Inwiefern hierdurch die genaue Durchführung des Zettelsystems in Frage gestellt werde, sei, so meint der Vorderrichter, nicht ersichtlich.

Mit Recht wendet sich dagegen die Revision. Geht man, was übrigens ebenfalls nicht festgestellt ist, davon aus, daß sich der Geschäftsverkehr der Klägerin mit ihren gewerblichen Abnehmern durchweg in der Weise abgewickelt hat, daß die Bestellungen durch schlüssige Handlungen angenommen wurden, nämlich durch die Übersendung der Ware sowie der Rechnung mit dem Preisbindungszettel, so mag dem Berufungsrichter darin beizutreten sein, daß, wenn Ware und Rechnung mit Preisbindungszettel dem Besteller gleichzeitig oder gar Rechnung mit Zettel vor der Ware zugingen und zugehen, der gewerbliche Abnehmer die Bindungsklausel nicht unbeachtet lassen und beiseite schieben konnte. Denn alsdann stellte sich die Rechnung mit Preiszettel rechtlich als Gegenangebot dar, das der Empfänger durch Stillschweigen und Behalten der Ware seinerseits annahm und genehmigte. Ganz anders verhielt es sich aber, wenn er zunächst die Ware von der Klägerin ohne Rechnung und Preiszettel zugesandt bekam. Dann hatte sie sein Angebot durch Zusendung der Ware vorbehaltlos angenommen. Erhielt der Besteller erst nachher die Rechnung mit der Preisbindungsklausel, die eine ungewöhnliche und für den Weiterabnehmer besonders lästige Bindung bedeutete, so brauchte er sich daran allerdings nicht mehr zu kehren. Diese Klausel wurde durch Stillschweigen des Käufers nicht mehr Vertragsinhalt. Daran änderte sich auch dann nichts, wenn die Klägerin bei späteren Lieferungen in gleicher Weise verfuhr. So wenig wie bei solchem Hergang die Preisbindungsklausel bei der ersten Lieferung Vertragsinhalt wurde, ebensowenig wurde sie es dadurch, daß später der gleiche untaugliche Weg zur vertraglichen Bindung an die Preiskette erneut eingeschlagen wurde. Mit der in der Lieferung der Ware liegenden stillschweigenden Annahme der Bestellung waren vielmehr bei gleichem Verlauf auch die späteren Käufe ohne die Preisbindung abgeschlossen.

Nach den Feststellungen des Vorderrichters ist aber so von der Klägerin ständig verfahren worden bei „Detaillisten" mit mehreren Zweiggeschäften und bei Vereinen, also bei einer Abnehmerschicht, die in einer Großstadt wie Hamburg unter den heutigen Verhältnissen aller Erfahrung nach zahlenmäßig eine nicht unerhebliche Rolle spielt und anderseits gerade als Abnehmer jeweils größerer Mengen in Betracht kommt. Daraus folgt aber, daß das Preisbindungssystem der Klägerin theoretisch und praktisch immer noch nicht lückenlos ist. Der Fall liegt insofern grundsätzlich nicht anders als der in RGZ. Bd. 133 S. 330 erörterte. Schon dort ist darauf hingewiesen, daß, wenn nicht der Weg des besonderen „Reversvertrags" zur Bindung der Abnehmer an die Preiskette gewählt wird, die Preisbindung ebenso wie jede andere Geschäftsbedingung zum Bestandteil des einzelnen Kaufgeschäfts gemacht werden muß, und daß dies nur auf dem hierfür auch sonst vom Recht zur Verfügung gestellten Wege geschehen kann. Dabei darf, wie schon hervorgehoben ist, nicht außer acht gelassen werden, daß die Absatz- und Preisbindungsklausel für den Abnehmer eine lästige und unter Umständen gefährliche Bedingung bedeutet, die um so weniger nachträglich noch in einen abgeschlossenen Vertrag einseitig eingeschmuggelt werden kann. Die Klägerin kann ihre Ansprüche gegen den Beklagten nicht auf Vertrag stützen. Will sie gegen ihn als Außenseiter vorgehen, dann muß sie ihr Preisbindungssystem so aufbauen und handhaben, daß es — von vereinzelten unvermeidlichen Fehlschlägen abgesehen — ihre Abnehmer wirklich theoretisch und praktisch insgesamt erfaßt. Daß die Durchführung einer solchen Preisbindung, wenn es sich um einen Massenartikel des täglichen Bedarfs handelt, gewisse Schwierigkeiten bietet, ist zuzugeben. Daraus folgt aber keineswegs, daß deshalb die rechtlichen Voraussetzungen für die vertragliche Erfassung der beteiligten Abnehmer andere würden; denn die Klägerin kann weder für sich noch für ihr Preisbindungssystem insoweit eine Sonderbehandlung beanspruchen.

Schon nach dem bisher Ausgeführten ergibt sich, daß nach den eigenen Feststellungen des Vorderrichters das Preisbindungssystem der Klägerin eben nicht „lückenlos" war. Es braucht deshalb auf die in diesem Zusammenhang von der Revision erhobenen Prozeßangriffe aus § 286 ZPO. nicht weiter eingegangen zu werden.

3. Der Berufungsrichter hält aber die Verurteilung des Beklagten auch noch aus einem anderen Gesichtspunkt für gerechtfertigt. Unstreitig wurde der Beklagte von der Klägerin nicht oder nicht mehr beliefert, weil er sich nicht an die von ihr festgesetzten Kleinverkaufspreise gehalten hatte. Die Klägerin hatte ihm also, wie er wußte, den Warenbezug gesperrt. Das Berufungsgericht sieht nun als erwiesen an, daß sich der Zeuge M., der um die von der Klägerin gegen den Beklagten verhängte Liefersperre wußte, in dessen Auftrag und für ihn von der Klägerin durch die bewußt unwahren Angaben, „er sei Vertreter einer L.er Teewurstfabrik, seine Kunden wohnten weit hinter R. und W., er wolle diesen entlegenen Kunden Effka-Margarine mitbringen", solche Ware mit dem beigefügten Preisbindungszettel verschafft hat, um sie dann, wie von vornherein beabsichtigt, sofort dem Beklagten zum Schleuderabsatz zu überbringen. Das Berufungsgericht stellt damit fest, daß der Beklagte die Margarine auf unlauteren, sittenwidrigen Schleichwegen erlangt hat. In tatsächlicher Hinsicht handelt es sich dabei um eine rechtlich einwandfreie Sachwürdigung ... (Folgt Zurückweisung einer Prozeßrüge aus § 286 ZPO.) Dem Berufungsgericht kann auch darin nicht entgegengetreten werden, daß ein solcher Warenbezug auf unlauterem Schleichwege gemäß § 1 UnlWG. den Unterlassungsanspruch der Klägerin an und für sich auch dann trägt, wenn ihr Preisbindungssystem nicht lückenlos ist.

Die Revision rügt nun unter Bezugnahme auf § 286 ZPO. weiter Übergehung der Behauptungen des Beklagten, er habe den Bezug der Margarine von M. eingestellt, nachdem er durch die Beweisaufnahme von der Art und Weise erfahren, wie sich dieser die Ware bei der Klägerin verschafft habe; er könne auch durch

M. gar keine Margarine mehr bekommen, da die Klägerin diesen nicht mehr beliefere. Es ist richtig, daß der Vorderrichter dieses Vorbringen nicht ausdrücklich erörtert hat. Soweit sich aber der Beklagte darauf beruft, daß er seinerseits die Verbindung mit M. abgebrochen habe, würde hierdurch angesichts des von dem Berufungsrichter festgestellten, gemeinsam verübten unlauteren Verhaltens beider die Wiederholungsgefahr nicht ausgeschlossen sein. Anders verhält es sich jedoch mit der weiteren Behauptung, daß die Klägerin auch den M. nicht mehr beliefere und damit diese Bezugsquelle dem Beklagten versperrt habe. Daß sich der Beklagte sonstwie auf ähnlichen Schleichwegen wie durch M. Ware der Klägerin verschafft hätte und verschaffen wolle, ist bislang jedenfalls nicht festgestellt. Da das Preisbindungssystem der Klägerin doch kein lückenloses ist, bleibt auch die Möglichkeit offen, daß zwei weiter als Bezugsquellen des Beklagten in Betracht kommende Personen die Ware in der Tat ohne Preisbindung erworben haben. Die bisherigen Feststellungen reichen deshalb nicht zu einer Verurteilung des Beklagten aus. Dazu kommt, daß eine solche auch aus dem soeben erörterten rechtlichen Gesichtspunkt — Verschaffung der Ware auf Schleichwegen — doch wiederum nur dann angängig wäre, wenn die Klägerin ihre Preise entsprechend den Vorschriften der Markenwarenverordnung gesenkt und auch ihren Unterlassungsanspruch dementsprechend umgestellt hätte. Insoweit fehlt es aber an allen tatsächlichen Feststellungen und Behauptungen.

---

16. Bestehen Eigentümergrundschulden, soweit eingetragene Strafzinsen zugunsten des Hypothekengläubigers nicht verfallen oder eingetragene Entschädigungen für vorzeitiges Fälligwerden des Kapitals dem Gläubiger nicht erwachsen?

BGB. § 1163 Abs. 1 Satz 1, § 1177 Abs. 1 Satz 1, § 1178 Abs. 1 Satz 1.

V. Zivilsenat. Urt. v. 13. April 1932 i. S. M. als Verwalter im Konkurse über das Vermögen der Firma Ma. & Co. Nachf. (Kl.) w. C. u. Pr.Bank AG. (Bekl.). V 338/31.

I. Landgericht I Berlin.
II. Kammergericht daselbst.

Auf zwei Grundstücken der Gemeinschuldnerin standen vor Hypotheken der Beklagten solche einer Versicherungsaktiengesellschaft. Diese brachte die Grundstücke zur Zwangsversteigerung. Während die vorgehende Gläubigerin voll befriedigt wurde, kamen auf die Hypotheken der Beklagten nur Teilbeträge zur Hebung, auch dies jedoch nur unter Widersprüchen gegen den Teilungsplan, welche die Grundstückseigentümerin darauf gründete, daß an der Stelle der vorgehenden Hypotheken Eigentümergrundschulden erwachsen seien, die Anspruch hätten auf Befriedigung vor den Hypotheken der Beklagten. Hierbei handelte es sich um folgendes:

Die vorgehenden Hypotheken waren mit einem Zinssatz von „$7^1/_2$, unter Umständen bis zu $10^1/_2$% jährlich" eingetragen. In den Eintragungen hieß es dann weiter:

> Wird die Hypothek aus irgendeinem Grunde vor dem 31. März 1933 fällig, so ist für jedes Jahr der dadurch entstehenden Verkürzung der vereinbarten Darlehnsdauer eine Entschädigung von 2% des Hypothekenkapitals zu zahlen. Außerdem ist unter Umständen eine Bereitstellungsprovision von 2% des Darlehnskapitals zu entrichten.

Soweit nun die Strafzinsen von ($10^1/_2$—$7^1/_2$ =) 3% im Zwangsversteigerungsverfahren von der Gläubigerin nicht geltend gemacht worden waren, und soweit die Gläubigerin auch auf die Vorfälligkeitsentschädigung und auf die Bereitstellungsvergütung keinen Anspruch erhoben hatte, nahm die Eigentümerin und demnächst für sie der klagende Konkursverwalter entsprechende Eigentümergrundschulden in Anspruch. Das Landgericht hat die Klage in Ansehung der Bereitstellungsvergütung rechtskräftig abgewiesen, sodaß diese hier nicht mehr in Betracht kommt. In Ansehung der Strafzinsen und der Vorfälligkeitsentschädigung hat dagegen das Landgericht den Klaganspruch für begründet erachtet, jedoch nur für die letzten beiden Jahre vor Beschlagnahme der Grundstücke, und hat demgemäß die Beklagte verurteilt, dem Kläger die entsprechenden Auszahlungen aus dem hinterlegten Versteigerungserlöse zu bewilligen. Mit der Mehrforderung hat es den Kläger abgewiesen. Auf die nur von der Beklagten eingelegte Berufung hat das Kammergericht die Klage auch insoweit abgewiesen, als dies nicht schon im ersten Rechtsgang geschehen war. Die Revision des Klägers wurde zurückgewiesen.

Gründe:

Der Revision konnte schon deshalb kein Erfolg zuteil werden, weil in einem Fall der vorliegenden Art nicht nur die hypothekarisch gesicherte Forderung an Mehrzinsen und an Entschädigung für vorzeitiges Fälligwerden, sondern auch die dingliche Sicherung, die Hypothek selbst, regelmäßig als nur unter aufschiebender Bedingung begründet erachtet werden muß. Das Berufungsgericht hat zwar geglaubt, eine dahingehende Feststellung nicht treffen zu können. In seinem Beschlusse vom 13. Mai 1931 (JW. 1931 S. 1761 Nr. 1), auf den es im angefochtenen Urteil bezug nimmt, hat es als im Gutachten der Berliner Zwangsversteigerungsrichter vom Herbst 1930 sowie im Schrifttum vertreten (Thiele JW. 1931 S. 563; Goldschmidt daselbst S. 785, der sich wiederum auf Martin Wolff beruft) die Möglichkeit erwähnt, die Strafzinshypothek als aufschiebend bedingte Hypothek aufzufassen; es hat auch als zulässig anerkannt, daß die Hypothek für Hauptrecht und Zinsen sowie Nebenleistungen nicht einheitlich entweder als unbedingte oder als bedingte Hypothek bestellt, sondern daß eine unbedingte Hypothek für Hauptrecht und gewöhnliche Zinsen und daneben eine bedingte Hypothek für die Nebenleistung begründet werde. Ob aber tatsächlich eine bedingte Nebenleistungshypothek vorliege, sei, so wird in dem genannten Beschluß ausgeführt, nach dem Inhalt der Eintragung im Grundbuch oder der in bezug genommenen Eintragungsbewilligung zu beurteilen. In jenem früheren Falle, der in erster Reihe Strafzinsen zum Gegenstande hatte, hat das Berufungsgericht (damals als Gericht der weiteren Beschwerde im Zwangsversteigerungsverfahren) der Eintragung im Grundbuch und den daselbst in bezug genommenen Bewilligungsurkunden keinen Anhalt dafür entnehmen können, daß für die Nebenleistung eine bedingte Hypothek bestellt sein sollte. In der vorliegenden Sache geht es davon aus, daß sich kein Anlaß zu verschiedener rechtlicher Behandlung der Strafzinsen und der Entschädigung für vorzeitiges Fälligwerden ergebe, entscheidet sich aber wiederum bei beiden Nebenleistungen für die Annahme unbedingter Hypothek neben bedingter Forderung. Insoweit kann ihm jedoch nicht beigetreten werden.

Es handelt sich um Grundbucheintragungen häufig wiederkehrender Art, deren Auslegung auch dem Revisionsgericht ohne Bindung an Feststellungen der Vorinstanzen zusteht. Ausschlaggebendes Gewicht kommt dabei dem grundsätzlichen Unterschiede zu, der zwischen dem Hauptrecht und den gewöhnlichen, festen Zinsen einerseits, Nebenleistungen von der Art der Strafzinsen und der Vorfälligkeitsentschädigung anderseits besteht. Darin, daß das Berufungsgericht diese beiden Arten von Nebenleistungen in der hier in Betracht kommenden Richtung nicht unterschiedlich beurteilen und behandeln will, ist ihm allerdings zuzustimmen. Denn auch die sog. Strafzinsen sind ihrem Wesen nach nicht Zinsen, d. h. Gebrauchsvergütung, sondern, selbst wenn in Hundertteilen des Hauptgeldes festgesetzt, eine vertragsmäßig bestimmte Sonderentschädigung, wie nach anfänglichem Schwanken auch in der Rechtsprechung des 1. Zivilsenats des Kammergerichts feststeht (KGJ. Bd. 20 S. 198, Bd. 32 S. 252, Bd. 52 S. 199). Die Stammschuld aber und die gewöhnlichen Zinsen als das Entgelt für den Gebrauch des Kapitals sind die regelmäßig feststehenden unbedingten Verbindlichkeiten des Schuldners, deren ebenso unbedingte dingliche Sicherung der eigentliche, wesentliche Zweck und Inhalt der Hypothekbestellung ist. Die Mehrzinsen dagegen, die bloß für den Fall der Säumnis mit Zins- oder Hauptgeld versprochen werden, und die für den Fall vorzeitigen Fälligwerdens des Kapitals übernommene Entschädigung stellen nur bedingte Verpflichtungen dar, mit deren möglichem Eintritt zwar gerechnet wird, jedoch nur in dem Sinn unwillkommener Ausnahmeerscheinungen. Bei ihrer Sicherung erscheint daher der Wille nur bedingter Belastung des Grundstücks als das aus der Natur der Sache Folgende, als das Nächstliegende und ist daher im Regelfall anzunehmen. Im Grunde bestätigt dies auch der Vorderrichter selbst, wenn er seine Auffassung schließlich dahin kundgibt, daß die Beteiligten im vorliegenden Fall bei der Bestellung der Hypotheken die etwaige Entstehung von Eigentümergrundschulden nicht im Auge gehabt hätten. Eine unbedingte Hypothek ist, wenn die Forderung, wofür sie bestellt ist, nicht zur Entstehung gelangt, kraft Gesetzes Eigentümergrundschuld (§ 1163 Abs. 1 Satz 1, § 1177 Abs. 1 Satz 1 BGB.). Haben aber die Beteiligten, wie das Berufungsgericht für den vorliegenden Fall letztlich annimmt, die gesetzliche Folge des Entstehens von Eigentümergrundschulden bei Nichtentstehung der aufschiebend bedingten Forderungen nicht gewollt, so ergibt sich daraus, daß ihr Wille nicht auf unbedingte Hypothek gerichtet war, sondern nur auf bedingte hypothekarische Sicherung, die sich beim

Nichtentstehen der gesicherten Forderungen erledigte, ohne eine Eigentümergrundschuld zu hinterlassen.

Wenn aber das Berufungsgericht auch hier, wie in dem Falle seines früheren Beschlusses vom 13. Mai 1931, Bedenken gehabt haben sollte, die Bedingtheit der Hypothek in dem Grundbuchvermerk oder dessen in bezug genommenen Grundlagen genügend ausgedrückt zu finden, so würde auch diesem Bedenken die Berechtigung abgesprochen werden müssen. Die Strafzinsen sind durch die in die Grundbucheintragung aufgenommenen Worte „unter Umständen" sowohl in Ansehung der persönlichen Schuld wie der dinglichen Sicherung als nur bedingte Verpflichtung hinlänglich gekennzeichnet, indem sich die nähere Bestimmung der Umstände, von denen der Eintritt der Haftung aufschiebend bedingt abhängig gemacht wurde, aus der zulässigen Bezugnahme auf die Eintragungsbewilligung ergab. Was aber die Vorfälligkeitsentschädigung anlangt, so ist hier die Bedingung mit den Worten: „Wird die Hypothek aus irgendeinem Grunde vor dem 31. März 1933 fällig, so . . ." noch deutlicher und ausführlicher in den Eintragungsvermerk selbst übernommen. Es mag dahingestellt bleiben, ob nicht mit diesen Fassungen auch die Annahme einer Unbedingtheit der Hypothek neben allein bedingter persönlicher Schuld an sich vereinbar wäre. Als das Nächstliegende muß aber gelten, daß durch die Aufnahme der bedingenden Worte in den Eintragungsvermerk auch die Bedingtheit der Hypothek selbst zum Ausdruck gebracht werden sollte. Daß endlich in der Verbindung einer unbedingten Hypothek für Hauptgeld und feste Zinsen mit einer nur bedingten Hypothek für aufschiebend bedingte Nebenleistungen nichts Unmögliches oder Unzulässiges erblickt werden kann, wird auch vom Berufungsgericht angenommen und findet in der schon dargelegten grundsätzlichen Verschiedenheit der den Gegenstand der Sicherung bildenden, in der einheitlichen Eintragung zusammengefaßten Forderungen seine Rechtfertigung.

Die Entscheidung des Berufungsgerichts erweist sich aber auch dann als begründet, wenn man mit ihm annehmen wollte, daß für aufschiebend bedingte Nebenleistungen eine unbedingte Hypothek bestellt sei. In diesem Falle würde zu demselben Ergebnis die gebotene entsprechende Anwendung der Vorschrift des § 1178 Abs. 1 Satz 1 BGB. führen, wonach die Hypothek für Rückstände von Zinsen und anderen Nebenleistungen (sowie für Kosten, die dem

Gläubiger zu erstatten sind) erlischt, wenn sie sich mit dem Eigentum in einer Person vereinigt. Der Grundgedanke dieser Vorschrift, die auf innerlich begründeter Unterscheidung zwischen dem Hauptgeld einerseits, den Zinsen sowie sonstigen Nebenleistungen andererseits beruht und daher im Schrifttum (vgl. Hoeniger in DNotV. 1917 S. 6 [22]) als „eigentlich selbstverständlich" bezeichnet wird, geht dahin, zu verhindern, daß sich zwischen die mehreren ein Grundstück belastenden Hypotheken Eigentümergrundschulden aus bezahlten Zinsen oder anderen Nebenleistungen einschieben, deren Entstehung zwar nach § 1163 Abs. 1 BGB. an sich anerkannt werden müßte, aber durch den Grundsatz der Rangwahrung für den Grundstückseigentümer, wie er jener Bestimmung zugrunde liegt, nicht gefordert wird. Die Ausdehnung dieses Grundsatzes, der für das Hauptgeld seine Berechtigung hat, auf die Hypothek für Zinsen und Kosten würde eine Überspannung bedeuten und im Endergebnis durch die Entwertung der zweiten und weiteren Hypotheken eine Gefährdung des Realkredits zum Schaden des Eigentümers bewirken, also dem mit den Vorschriften des § 1163 Abs. 1 verfolgten Zweck gerade zuwiderlaufen. Ganz die gleichen Erwägungen, die gegen die Eigentümerhypothek aus getilgten Zinsen und Kosten sprechen, treffen aber auch auf die Eigentümergrundschulden zu, in die sich bei Unbedingtheit der Belastung die Hypotheken für bedingte, aber nicht verfallene Strafzinsen und für nicht erwachsene Fälligkeitsentschädigungen verwandeln würden. Zwar handelt es sich hier nicht eigentlich um „Rückstände" von Nebenleistungen, da das Fälligwerden zugunsten des Gläubigers, die begriffliche Voraussetzung des Rückstandes, hier gerade nicht eingetreten, die aufschiebende Bedingung der Forderung vielmehr ausgefallen ist. Es kann deshalb von unmittelbarer Anwendung der Vorschrift des § 1178 Abs. 1 Satz 1 BGB. keine Rede sein. Dagegen würde sich die entsprechende Anwendung durch die Rechtsähnlichkeit der Lage und das Zutreffen der gleichen gesetzgeberischen Erwägungen gebieten. Ihr kann auch der Gesetzeswortlaut nicht entgegengehalten werden. Denn den Gegensatz von Rückständen, auf den die Vorschrift auszudehnen sich allerdings verbieten würde, bilden erst in Zukunft fällig werdende Raten der Zinsen und anderen Nebenleistungen, nicht aber solche Beträge aufschiebend bedingter Nebenleistungen, für die, wie bei den hier in Betracht kommenden, wegen Ausfalls der Bedingung eine Gläubigerhypothek nicht entstehen und daher bei Unbedingtheit der dinglichen Belastung die Entstehung einer Eigentümergrundschuld anzuerkennen sein würde. Soweit also in der bisherigen Rechtsprechung, namentlich des Kammergerichts, die ausdehnende Anwendung der Vorschrift des § 1178 Abs. 1 Satz 1 BGB. in solchen Fällen abgelehnt worden ist (vgl. KGJ. Bd. 49 S. 214; ROLG. Bd. 39 S. 245; Recht 1931 Nr. 161), würde ihr nicht beigetreten werden können.

---

17. Zur Auslegung und Wirksamkeit der Eintragung einer Höchstbetragshypothek, bei der weder die gesicherte Forderung noch deren Schuldner ausdrücklich bezeichnet ist.

BGB. § 1190.

V. Zivilsenat. Urt. v. 13. April 1932 i. S. Bl.er Raiffeisenbank eingetr. Gen. m. u. H. (Kl.) w. Ehel. S. (Bekl.). V 84/32.

I. Landgericht Braunschweig.

Auf dem Grundstück der verklagten Eheleute, dessen Eigentümer sie zu gleichen Teilen sind, ist eine „Sicherungshypothek zum Höchstbetrage von 15000 RM. für die Bl.er Raiffeisenbank (Klägerin) unter Bezugnahme auf die Bewilligung vom 23. Dezember 1926“ eingetragen. Über die gesicherten Forderungen enthält die Eintragungsbewilligung nicht mehr als der Eintragungsvermerk im Grundbuche selbst.

Die Klägerin nimmt den verklagten Ehemann persönlich und beide Eheleute dinglich auf Zahlung von 15000 RM. nebst Zinsen aus Kredit in Anspruch, den sie dem Ehemann gewährt hat. Der verklagte Ehemann hat seine persönliche Verpflichtung anerkannt und ist dem Anerkenntnisse gemäß verurteilt worden. Ihre dingliche Haftung mit dem Grundstück bestreiten dagegen die Beklagten, weil die Eintragung der Höchstbetragshypothek mangels genügender Bezeichnung der gesicherten Forderungen wirkungslos sei. Dem Antrag der Beklagten entsprechend ist die Klägerin vom Landgericht mit der dinglichen Klage abgewiesen worden.

Der von ihr unmittelbar eingelegten Revision wurde stattgegeben aus folgenden

Gründen:

Auch Eintragungen im Grundbuch sind der Feststellung ihrer wahren Bedeutung durch Auslegung zugänglich. Das erkennt das Landgericht selbst zutreffend an, indem es ausführt, da die Klägerin eine Bank sei, ließen die Umstände keinen Zweifel darüber, daß es sich um einen Kredit gehandelt habe, den die Klägerin dem verklagten Ehemann gewährte. Das Landgericht vermißt aber einen genügenden Anhalt dafür, welchen Umfang die zu sichernden Forderungen haben sollten. Anscheinend würde es kein Bedenken gehabt haben wegen der Ansprüche aus Kreditgewährung, die der Klägerin erst nach Eintragung der Hypothek erwachsen sind. Es stößt sich aber daran, daß nicht erkennbar gemacht sei, ob der Beklagte, was tatsächlich der Fall war, schon vor Abgabe der Eintragungsbewilligung der Klägerin auf Grund ihrer Geschäftsverbindung irgendwelche Beträge schuldig geworden sei und ob auch diese unter die Sicherung fallen sollten. Dies Bedenken ist unbegründet. Nach § 1190 BGB. kann eine Hypothek in der Weise bestellt werden, daß nur der Höchstbetrag, bis zu dem das Grundstück haften soll, bestimmt, im übrigen die Feststellung der Forderung vorbehalten wird. Es besteht Einverständnis darüber, daß auf diese Weise nicht nur eine einzelne bestimmte Forderung, sondern auch eine zunächst unbestimmte Mehrheit von solchen, ein ganzer Forderungskreis dinglich gesichert werden kann. Wenn aber, wie auch das Landgericht für den vorliegenden Fall annimmt, der gesicherte Forderungskreis in den Forderungen der Klägerin aus Kreditgewährung an den verklagten Ehemann bestand, so lag kein Anlaß vor für einen Zweifel nach der Richtung, ob die Sicherung alle diesem Forderungskreis angehörenden Einzelforderungen umfassen sollte. Der Stellungnahme des Landgerichts scheint die Auffassung zugrunde zu liegen, daß bei Bestellung einer Höchstbetragshypothek der Sicherungswille im Zweifel nur auf die erst in Zukunft aus der gesicherten Geschäftsverbindung erwachsenden Ansprüche gehe. Das ist nicht berechtigt. Bei unbeschränkter Fassung der Sicherungsbestellung ist die Erfassung aller dem zu sichernden Kreis angehörenden Forderungen das Nächstliegende. Hiervon ist daher auszugehen, sodaß nicht das Allgemeine, sondern die Beschränkung der besonderen Hervorhebung und nötigenfalls des Beweises bedurfte. Aus dem Fehlen einer besonderen Erklärung darüber, daß die Hypothek auch den zur Zeit ihrer Bestellung schon gewährten Kredit sichern sollte, durfte hiernach kein Anstand gegen ihre Wirksamkeit hergeleitet werden.

Ein begründeterer Zweifel hätte nach der Richtung erhoben werden können, ob die Eintragung auch insoweit genügte, als sie den Schuldner der zu sichernden Forderungen nicht ausdrücklich bezeichnete. In der Rechtsprechung ist jedoch zunächst anerkannt, daß es der besonderen Benennung des Schuldners jedenfalls dann nicht bedarf, wenn dieser zugleich der Besteller der Hypothek ist (so bes. KGJ. Bd. 47 A S. 196 = ROLG. Bd. 31 S. 355). Dem ist beizutreten. Das Unterbleiben der ausdrücklichen Benennung des verklagten Ehemanns als Kreditschuldners konnte daher eine Beanstandung der Hypothekeneintragung mindestens insoweit nicht rechtfertigen, als sein Grundstücksanteil in Betracht kam, für den er selbst zugleich Schuldner und Hypothekbesteller war. Aber auch für die Grundstückshälfte der verklagten Ehefrau besteht gegen die Wirksamkeit der Hypothek kein durchgreifendes Bedenken. Die Beteiligten waren einig darüber, daß als Kreditschuldner der zu sichernden Bank nur der Ehemann in Betracht kam; die Ehefrau war niemals in persönliche Schuldbeziehungen zur Klägerin getreten. Wenn nun zur Sicherung eines dem Manne gewährten und weiter zu gewährenden Bankkredits neben dem Schuldner, der seinen Anteil an dem gemeinschaftlichen Grundstück der Eheleute verpfändete, gleichzeitig auch die Ehefrau mit ihrem Anteil Hypothek bestellte, so sprachen die Umstände in Ermanglung irgendwelcher Gegengründe zwingend dafür, daß der durch ihre Hypothek gesicherte Forderungskreis derselbe sein sollte wie bei der Hypothekbestellung des Mannes. Deshalb war auch für ihren Anteil die ausdrückliche Hervorhebung des Mannes als des persönlichen Schuldners kein wesentliches Gültigkeitserfordernis. Mochte sich immerhin in solchem Falle die ausdrückliche Klarstellung empfehlen, daß die Frau mit ihrer Grundstückshälfte Schulden ihres Mannes sicherte, so läßt sich doch aus dem Unterbleiben dieser Angabe nach den Umständen keine Unwirksamkeit der Hypothekbestellung begründen (vgl. Urteil des Oberlandesgerichts Braunschweig vom 4. Oktober 1906 in ROLG. Bd. 14 S. 126 und das dazu ergangene Revisionsurteil vom 22. Juni 1907 V 558/06 in JW. 1907 S. 513 Nr. 13 u. Recht 1907 Nr. 2321).

18. 1. Zur Auslegung von § 12 des Kraftfahrzeuggesetzes vom 3. Mai 1909.

2. Zur Auslegung der §§ 39, 40, 86, 88 des Reichsversorgungsgesetzes vom 22. Dezember 1927.

VI. Zivilsenat. Urt. v. 14. April 1932 i. S. Deutsche Reichspost (Bekl.) w. Witwe S. u. Gen. (Kl.). VI 538/31.

I. Landgericht Potsdam.
II. Kammergericht Berlin.

Am 5. Oktober 1925 wurde der Ehemann der Erstklägerin und Vater der beiden anderen Klägerinnen von einem der Beklagten gehörigen Kraftwagen überfahren; er starb alsbald an den erlittenen Verletzungen. Die Klägerinnen nehmen die Beklagte wegen des ihnen durch den Tod ihres Ernährers erwachsenen Schadens unter anderem auf Zahlung von Unterhaltsrenten in Anspruch. Nachdem das Landgericht die Klage abgewiesen hatte, hat das Kammergericht die Rentenansprüche im Rahmen des Kraftfahrzeuggesetzes dem Grunde nach rechtskräftig für gerechtfertigt erklärt.

Unstreitig erhalten die Klägerinnen eine Unfallrente von je 31,95 RM. monatlich von der Berufsgenossenschaft und die Erstklägerin allein als Kriegswitwe ihres ersten Ehemanns eine Bedürftigkeitsrente von monatlich 24,75 RM. und eine Zusatzrente von monatlich 20 RM. Die Klägerinnen berechnen ihren monatlichen Unterhaltsverlust bis zum 65. Geburtstag des Verunglückten zunächst für die Zeit bis zur Vollendung des 16. Lebensjahres der klagenden Töchter auf 180 RM., die sie unter sich verteilen. Von da ab beträgt nach ihrer Behauptung der Unterhaltsverlust der Erstklägerin allein mindestens 125 RM. monatlich. Von diesen Beträgen ziehen die Klägerinnen die Berufsgenossenschaftsrenten von zusammen 95,85 RM. und die Erstklägerin die ihr ferner gezahlten beiden Renten von monatlich 24,75 und 20 RM. ab, letztere beiden jedoch nur für die Vergangenheit. Die Beklagte verlangt deren Abzug auch für die Zukunft.

Die Vorinstanzen haben im wesentlichen den schließlichen Klaganträgen entsprochen. Die Revision der Beklagten hatte teilweise Erfolg.

Aus den Gründen:

1. Auf die den Klägerinnen erwachsenen einmaligen Personenschäden (Beerdigungskosten) und die Sachschäden hat die Beklagte

freiwillig 310 RM. gezahlt; zur Zahlung weiterer 45 RM. ist sie vom Landgericht rechtskräftig verurteilt worden. Das Berufungsgericht verrechnet diese 355 RM. in Höhe von 200 RM. auf Beerdigungskosten und den Rest auf Sachschäden. Das ist rechtlich nicht zu beanstanden und wird auch von der Revision nicht angefochten. Daß der Sachschaden von 155 RM. bei der Bemessung des Rentenanspruchs außer Betracht zu bleiben hat, trifft zu (§ 12 Abs. 1 Nr. 3 KFG.; Müller Automobilgesetz Bem. C zu § 12). Dagegen müssen hierbei im Hinblick auf § 12 Abs. 1 Nr. 1 KFG. die 200 RM. Kapitalbetrag für Beerdigungskosten berücksichtigt werden, sofern die Beklagte den Rentenhöchstbetrag von jährlich 1500 RM. zu zahlen hätte. Unter dieser, nach den Feststellungen des Berufungsrichters jedenfalls für die Zeit bis zum 31. Oktober 1931 zutreffenden Voraussetzung muß die den Klägerinnen zuzusprechende Jahresrente um 6 v. H. (1500 RM. gleich 6 v. H. von 25000 RM.) von 200 RM. und mithin um 12 RM. gekürzt werden. Dagegen bietet der vorliegende Fall keine Veranlassung, zu den Fragen Stellung zu nehmen, ob die verhältnismäßige Kürzung statt an der Rente auch an der Kapitalforderung vorgenommen werden darf (vgl. Isaac-Sieburg Automobilgesetz 2. Aufl. Anm. III 4b zu § 12 S. 381), was hier auf eine Streichung der 200 RM. Beerdigungskosten hinauslaufen würde, und ob es zulässig erscheint, von einer Kürzung der Rente dann abzusehen, wenn die Summe der zu zahlenden Rentenbeträge zuzüglich des Kapitalbetrags den Betrag von 25000 RM. keinesfalls übersteigen kann. Der Berufungsrichter hat nun die Kürzung von 12 RM. nur an dem für das erste Jahr nach dem Unfall zu zahlenden Rentenhöchstbetrage von 1500 RM. vorgenommen, für die folgenden Jahre aber statt 1488 RM. den Höchstbetrag eingesetzt. Er beruft sich für die Richtigkeit dieses Verfahrens auf Müller a. a. O. Bem. B IIa zu § 12, den er offensichtlich mißverstanden hat. Mit Recht macht die Revision geltend, daß der Sinn und Wortlaut des § 12 Abs. 1 Nr. 1 KFG. für eine solche Auslegung, die zur Anrechnung einer Zahlung von 200 RM. in Höhe von nur 12 RM. führt, nicht den mindesten Anhalt gibt. Demnach sind für die Zeit vom 6. Oktober 1925 bis zum 31. Oktober 1931 der Beklagten statt der abgesetzten 12 RM. für 6 Jahre 5/6 Monate rund 72,83 RM. und mithin 60,83 RM. mehr gutzubringen. Da das Berufungsgericht den von der Beklagten zu zahlenden Gesamtbetrag an Renten zu 8/18 der Erstklägerin und zu je 5/18 den beiden anderen Klägerinnen zuerkannt hat, so gehen von der der Erstklägerin zugesprochenen Summe von 937,94 RM. an sich 32,37 RM. (8/18 von 72,83 RM.) und von den den beiden anderen Klägerinnen zuerkannten je 586,58 RM. je 20,23 RM. (je 5/18 von 72,83 RM.) ab. Da aber der Berufungsrichter die für das erste Jahr nach dem Unfall abzusetzenden 12 RM. bereits ganz von der der Erstklägerin zuerkannten Summe abgezogen hat, so vermindert sich dieser Betrag nur um 20,37 RM. auf 917,57 RM. Den beiden anderen Klägerinnen dagegen stehen nur je 566,35 RM. zu. Der Erstklägerin den ganzen Unterschiedsbetrag von jährlich je 12 RM. zur Last zu schreiben, fehlt es an einer gesetzlichen Unterlage (vgl. im Gegenteil § 12 Abs. 2 KFG.). Der vom Kammergericht angewendete Satz: minima non curat praetor ist dem geltenden Recht fremd. Für die den Klägerinnen auf die Zeit vom 1. November 1931 ab etwa zuzusprechenden Rentenbeträge wird zu beachten sein, daß der Höchstbetrag der Renten, zu dem die Beklagte insgesamt verurteilt werden kann, 1488 RM. jährlich beträgt.

2. Hier bedarf vorerst im Hinblick auf § 563 ZPO. die rechtsgrundsätzliche Frage der Entscheidung, ob die der Erstklägerin bewilligte Witwenbeihilfe (§ 39 Abs. 1 Satz 2, § 40 Abs. 1 des Reichsversorgungsgesetzes vom 12. Mai 1920, RGBl. S. 989, in der Fassung der Bekanntmachung vom 22. Dezember 1927, RGBl. I S. 515) und die Zusatzrente (§§ 88 bis 94 das.) auf den der Erstklägerin gegen die Beklagte zustehenden Rentenanspruch anzurechnen sind. Für die Zeit bis zum 31. Oktober 1931 ist zwar die Frage ohne Bedeutung, weil sich die Erstklägerin für die Vergangenheit mit der Anrechnung einverstanden erklärt hat. Aber für die Zeit vom 1. November 1931 ab könnte es je nach der Höhe des von der Erstklägerin erlittenen Unterhaltsschadens auf jene Frage ankommen. Das Landgericht hat ausgeführt, die Witwenbeihilfe und die Zusatzrente seien nicht abzugsfähig, da ein Rechtsanspruch auf diese Bezüge nicht bestehe; die Minderung des Schadens durch die Freigebigkeit eines Dritten mindere nicht den Schadensersatzanspruch gegenüber dem Schädiger. Das Kammergericht ist entgegengesetzter Ansicht. Zwar bestehe kein Rechtsanspruch auf jene Bezüge. Aber deshalb könne man sie noch nicht als Schenkung bezeichnen. Es handle sich vielmehr um Leistungen, die in das freie, pflichtmäßige Ermessen der Verwaltungsbehörden gestellt seien und die vor allem im Dienstaufsichtswege mit der Beschwerde verfolgt werden könnten (Arendts Reichsversorgungsgesetz 2. Aufl. Anm. 3 zu § 40). Diese Renten müßten daher

auch für die Zukunft abgezogen werden. Der Abzug sei von der vollen, der Erstklägerin zustehenden Rente und nicht von der auf 125 RM. ermäßigten Rente vorzunehmen, da ein Anspruchsübergang auf die Versorgungsbehörde — richtig: das Deutsche Reich — nicht in Betracht komme.

In der grundsätzlichen Frage ist dem Landgericht beizutreten. Zwar stellen die Witwenbeihilfe und die Zusatzrente, für welche die Gewährung der Beihilfe die gesetzliche Voraussetzung bildet (§§ 40, 88 Abs. 1 RVersorgG.), keine Schenkung nach § 516 Abs. 1 BGB. dar, sondern sie beruhen auf dem öffentlich-rechtlichen Gesichtspunkt der Fürsorge. Aber entscheidend ist, daß, wie auch das Kammergericht nicht verkennt und wie nach dem Sinn und Wortlaut des § 40 Abs. 1 RVersorgG. keinem Zweifel unterliegen kann (vgl. auch Nr. 3 Satz 1 der Ausführungsbestimmungen zu § 40, abgedr. bei Arendts a. a. O. S. 214), kein Anspruch der Witwe auf diese Bezüge besteht, sondern daß die Bewilligung, die Bemessung innerhalb gewisser Höchstgrenzen und die gänzliche oder teilweise Entziehung der Bezüge von dem, wenn auch pflichtmäßigen Ermessen der Versorgungsbehörden abhängt, die außer der Bedürftigkeit der Witwe auch noch andere besondere Umstände des Einzelfalls zu berücksichtigen haben. Derartige mehr freiwillige, der Dauer und der Höhe nach unsichere Zuwendungen können nicht den gesetzlichen Ansprüchen gegen dritte Personen auf Leistung von Unfallrenten (vgl. RGZ. Bd. 130 S. 261 nebst Nachweisen, Bd. 73 S. 216, Bd. 80 S. 51, Bd. 83 S. 317) gleichgestellt werden; sie sind keine Vorteile, auf deren Erlangung dem Geschädigten durch den Unfall unmittelbar auf Grund gesetzlicher Vorschriften ein Rechtsanspruch erwächst (vgl. RGZ. Bd. 92 S. 57). Daher geht es nicht an, daß der Schädiger sich solche Zuwendungen zunutze macht, um seine Schadensersatzpflicht zu beseitigen oder zu mindern, sie auf die Allgemeinheit ganz oder zum Teil abzuwälzen und die wohltätige Absicht des Gesetzgebers zu durchkreuzen. Anders wäre die Rechtslage dann zu beurteilen, wenn in Höhe der geleisteten Witwenbeihilfe und Zusatzrente die Schadensersatzansprüche der Erstklägerin kraft gesetzlicher Vorschriften auf das Deutsche Reich übergegangen wären, ähnlich etwa wie Rechtsansprüche auf den Fürsorgeverband (§ 21 der ReichsfürsorgeVo. vom 13. Februar 1924, RGBl. I S. 100; RGUrt. vom 14. Dezember 1931 VI 202/31 und vom 14. März 1932 VI 502/31; vgl. RGZ. Bd. 74 S. 274 zu der gleichartigen Vorschrift des § 62 des Unterstützungswohnsitzgesetzes vom 6. Juni 1870 in der Fassung vom 30. Mai 1908, RGBl. S. 381) oder wie Schadensersatzansprüche auf die öffentlich-rechtlichen Versicherungsträger (§ 1542 RVO.) übergehen. An einer solchen Vorschrift fehlt es indessen, wie das Berufungsgericht zutreffend annimmt. Insbesondere ordnet § 86 Abs. 2 RVersorgG. einen solchen Rechtsübergang nicht an. Seine Anwendbarkeit scheitert, von anderen Bedenken abgesehen, schon daran, daß bei der Witwenbeihilfe und der Zusatzrente eine Versorgungsverpflichtung für das Reich nicht besteht, diese Bezüge vielmehr auf Billigkeitserwägungen beruhende Ermessensleistungen darstellen (Arendts a. a. O. Anm. 5 zu § 86). Hiernach sind die der Erstklägerin bewilligten Renten von zusammen 44,75 RM. monatlich bei Bemessung der ihr von der Beklagten zu zahlenden Unterhaltsrente nicht zu berücksichtigen.

---

19. Kann der Gläubiger einer im Jahre 1910 wegen aller seiner gegenwärtigen und zukünftigen Ansprüche aus einem Kontokorrent eingetragenen Höchstbetragshypothek deren Aufwertungsbetrag fordern, wenn das von 1910 bis 1930 ununterbrochen fortgesetzte Kontokorrent zwar am Ende der Inflationszeit keine Ansprüche des Gläubigers aufwies, aber bei der Abrechnung im Jahre 1930 für ihn einen aus wertbeständig begründeten Ansprüchen zusammengesetzten Saldo in Höhe des Aufwertungsbetrags der Hypothek ergab?

BGB. § 1190. AufwG. §§ 4, 31, 65.

V. Zivilsenat. Beschl. v. 16. April 1932 in einer Grundbuchsache.
V B 29/31.

I. Amtsgericht (Grundbuchamt) Hannover.
II. Landgericht daselbst.

Der Sachverhalt und die Entscheidung ergeben sich aus den

Gründen:

Für die Beschwerdeführerin wurde im Jahre 1910 eine Sicherungshypothek zum Höchstbetrage von 50000 M. eingetragen wegen aller gegenwärtigen und zukünftigen Ansprüche aus laufender Geschäftsverbindung gegen F. Sie trat mit F. in ein Kontokorrent, das ohne Unterbrechung bis zum 1. Januar 1930 fortgesetzt wurde, am Ende der Inflationszeit (14. Februar 1924) kein Guthaben für sie aufwies, beim Abschluß am 1. Januar 1930 aber für sie einen anerkannten Saldo von fast 40000 RM. ergab. Für diesen Saldo nimmt sie die Höchstbetragshypothek in Höhe des Aufwertungsbetrags von 12500 GM. in Anspruch und beantragt, bei der Hypothek den genannten Aufwertungsbetrag, hilfsweise die Umwandlung in eine Grundschuld nach § 4 AufwNov. einzutragen. Das Grundbuchamt und auf Beschwerde auch das Landgericht haben den Antrag zurückgewiesen. Beide Beschlüsse führen aus: Die Höchstbetragshypothek habe mangels einer aufwertbaren Forderung der Gläubigerin am Ende der Inflationszeit nicht der Beschwerdeführerin, sondern dem Eigentümer des belasteten Grundstücks als Grundschuld zugestanden. Für später begründete, nicht mehr aufwertbare, sondern von vornherein wertbeständig entstandene Ansprüche aus dem fortgesetzten Kontokorrent könne die Beschwerdeführerin den Aufwertungsbetrag der Post nicht fordern. Eine Umwandlung nach § 4 AufwNov. komme mangels aufwertbarer Ansprüche gleichfalls nicht in Frage. Das Kammergericht möchte die weitere Beschwerde zurückweisen, sieht sich aber daran gehindert durch den Beschluß des Oberlandesgerichts Karlsruhe vom 2. November 1926 (AufwRspr. Bd. 1 S. 749) und hat deshalb die Sache dem Reichsgericht zur Entscheidung vorgelegt.

Die Voraussetzungen des § 79 Abs. 2, 3 GBO. sind erfüllt. Es ist der Ansicht des Oberlandesgerichts Karlsruhe dahin beizutreten, daß die Beschwerdeführerin den Aufwertungsbetrag der Höchstbetragshypothek für den am 1. Januar 1930 festgestellten Saldo beanspruchen kann. Das Kammergericht begründet seine abweichende Meinung im Vorlegungsbeschlusse wie folgt:

Die Höchstbetragshypothek stelle, soweit gesicherte Forderungen für den eingetragenen Gläubiger nicht zur Entstehung gelangten, bis zur Schlußabrechnung des zugrunde liegenden Rechtsverhältnisses eine vorläufige Eigentümergrundschuld dar. Grundsätzlich könne bei ihr — unbeschadet der bis zur Schlußabrechnung bestehenden Ungewißheit, ob und in welcher Höhe das aufgewertete Recht Gläubigerhypothek oder Eigentümergrundschuld sei, — der Aufwertungsbetrag ohne Prüfung der Entstehung gesicherter Forderungen eingetragen werden. Anders liege die Sache aber in den Fällen des § 65 AufwG. Sei die Höchstbetragshypothek für Ansprüche aus einem Kontokorrent eingetragen, deren Aufwertung gesetzlich ausgeschlossen sei, so könne auch die Hypothek nicht für den Gläubiger aufgewertet werden (§ 4 AufwG.). Inhaber des aufgewerteten dinglichen Rechts könne dieser nur als Gläubiger einer aufwertbaren und aufgewerteten persönlichen Forderung sein. Mangels einer solchen Forderung erlösche für ihn das dingliche Recht. Für seine später entstandenen wertbeständigen Ansprüche aus dem fortgesetzten Kontokorrent hafte die Höchstbetragshypothek mit ihrem Aufwertungsbetrage nicht. Vielmehr könne die Sicherung dieser Ansprüche nur so erreicht werden: Sei die Höchstbetragshypothek am Ende der Inflation durch Papiermarkforderungen des eingetragenen Gläubigers voll ausgefüllt gewesen, so müsse für die später begründeten wertbeständigen Ansprüche eine neue Hypothek eingetragen werden. Soweit aber die Höchstbetragshypothek mangels Ausfüllung durch Papiermarkforderungen des Gläubigers „endgültig" zur Eigentümergrundschuld geworden sei, könne diese Grundschuld nur gemäß § 1198 BGB. in eine Gläubigerhypothek für die nach Abschluß der Papiermarkkredite entstandenen und entstehenden Forderungen umgewandelt werden.

Diese Ansicht des Kammergerichts wird in Schrifttum und Rechtsprechung — soweit ersichtlich einhellig — abgelehnt. In Übereinstimmung mit dem Oberlandesgericht Karlsruhe stehen auf dem gegenteiligen Standpunkt: Mügel (Das gesamte Aufwertungsrecht 5. Aufl. S. 933 Anm. 4 zu § 65 und S. 406 Anm. 11b zu § 4), Nadler (Grundbuch- und Aufwertungsfragen 3. Aufl. S. 31 und Nachtrag S. 30), Neukirch (Aufwertungsgesetz S. 85 Anm. 6 Nr. 4 zu § 4), Beschluß der Grundbuch- und Aufwertungsrichter Groß-Berlins Nr. 40p (DJZ. 1926 Sp. 368); auch Schlegelberger-Harmening (Aufwertungsgesetz 5. Aufl. S. 464 Anm. 5 zu § 65) scheinen dem Oberlandesgericht Karlsruhe ohne Vorbehalt beizupflichten.

Die Begründung des Kammergerichts zerlegt ohne zwingenden Rechtsgrund das wirtschaftlich einheitliche Rechtsverhältnis, das durch ein über die Inflationszeit hinaus fortgesetztes Kontokorrent geschaffen ist, in zwei zeitlich und rechtlich getrennte Teile. Weder das Aufwertungsgesetz noch die Währungsgesetzgebung erfordert diesen Trennungsstrich zwischen den alten Papiermarkansprüchen und den neuen wertbeständigen Forderungen innerhalb des ununterbrochen laufenden Kontokorrents. Schon der Gedanke des sog. rekurrenten Anschlusses beim Währungswechsel (vgl. Schlegelberger in Gruch. Bd. 71 S. 463) spricht dagegen, die organische Verbindung zwischen den alten und den neuen Ansprüchen in einer über die Inflationszeit hinaus fortgesetzten laufenden Rechnung zu lösen bei der rechtlichen Beurteilung einer Höchstbetragshypothek, die von vornherein alle Ansprüche bis zur Schlußabrechnung sichern soll. Es kann hier dahingestellt bleiben, wie sich die Rechtslage gestaltet, wenn der eingetragene Gläubiger am Ende der Inflation Papiermarkansprüche besaß, die den Höchstbetrag der Hypothek erreichten, durch § 65 AufwG. aber von der Aufwertung ausgeschlossen wurden. Denn im vorliegenden Falle hatte die Beschwerdeführerin zu jener Zeit keine Ansprüche aus dem Kontokorrent. Der § 65 AufwG. kam also für sie nicht in Betracht. Die Höchstbetragshypothek war, wie auch das Kammergericht annimmt, beim Übergang des Rechtsverhältnisses in die neue Währung mangels einer gesicherten Forderung noch eine Eigentümergrundschuld. Als solche war die Post nach den §§ 31, 4 AufwG. auf 12500 GM. aufzuwerten. Der Aufwertungsbetrag stand zwar zunächst dem Grundstückseigentümer zu. Es ist aber nicht einzusehen, warum die aufgewertete Grundschuld, anders als sonst, eine nicht nur vorläufige, sondern bereits endgültige Eigentümergrundschuld bilden sollte und warum sich ihre Umwandlung in eine Gläubigerhypothek nur noch auf dem Umwege des § 1198 BGB., nicht auf dem üblichen Wege der nachträglichen Entstehung und Feststellung von Gläubigeransprüchen hätte vollziehen können. Auch die aufgewertete Eigentümergrundschuld war kraft des ihr zugrundeliegenden, noch nicht abgeschlossenen Rechtsverhältnisses einstweilen eine vorläufige, durch die Entstehung und Feststellung künftiger Gläubigeransprüche auflösend bedingte. Sie trug wie jede andere noch nicht durch Gläubigeransprüche ausgefüllte Höchstbetragshypothek die Fähigkeit und die Bestimmung in sich, durch die Entstehung und Feststellung von Gläubigeransprüchen ihre Rechtsnatur zu verwandeln und aus einer Eigentümergrundschuld zur Gläubigerhypothek zu werden. Diese Fähigkeit und Bestimmung hat sie nicht schon deshalb verloren, weil die künftig entstehenden Gläubigeransprüche nicht mehr als Papiermarkansprüche, sondern nur noch als wertbeständige Forderungen begründet werden konnten. Daß eine Goldmarkhypothek als Höchstbetragshypothek grundsätzlich geeignet ist, auch Reichsmarkforderungen und andere wertbeständige

Ansprüche zu sichern, erkennt das Kammergericht an. Von diesem Grundsatz macht das Gesetz keine Ausnahme für Goldmarkhypotheken, die aus Papiermarkposten nach Aufwertungsrecht entstanden sind. Somit liegt kein Grund vor, der Beschwerdeführerin den Aufwertungsbetrag der für sie eingetragenen Post als Deckung für den Saldo vom 1. Januar 1930 abzusprechen. Dies Ergebnis entspricht auch der Billigkeit und den praktischen Bedürfnissen des Rechtsverkehrs.

---

20. 1. Wer wird Hypothekengläubiger, wenn der Zwangsversteigerungsrichter im Verteilungstermin eine Forderung gegen den Ersteher auf unbestimmte Empfänger überträgt, dann aber, hiervon abweichend, die für die Forderung einzutragende Sicherungshypothek für eine namentlich benannte Person als Gläubigerin eintragen läßt, die in Wahrheit nicht berechtigt ist?

2. Zur Frage befreiender Schuldübernahme durch den Ersteher im Falle des § 53 Abs. 1 ZVG.

ZVG. §§ 53, 118, 128, 135flg. BGB. §§ 414flg.

V. Zivilsenat. Urt. v. 20. April 1932 i. S. N. (Kl.) w. G. (Bekl.). V 19/32.

I. Landgericht Bartenstein.
II. Oberlandesgericht Königsberg.

Der Beklagte ließ als Eigentümer des Gutes P. am 3. Oktober 1924 in Abt. III unter Nr. 22 des Grundbuchs eine Darlehnshypothek von 30000 GM. für die Landschaft eintragen, wovon jedoch 9000 GM. nicht valutiert wurden und daher Eigentümergrundschuld blieben. Schon vorher, am 4. August 1924, hatte er anerkannt, dem Kläger den Betrag von 10000 RM. zu schulden, und hatte zur Sicherheit hierfür in Abt. III unter Nr. 21 des Grundbuchs eine Höchstbetragshypothek von 10000 GM. eintragen lassen, vor der jedoch die Landschaftshypothek den Vorrang erhielt. Das Gut kam zur Zwangsversteigerung und wurde am 14. August 1925 dem Gutsbesitzer F. als Meistbietendem zugeschlagen. Die Hypotheken Nr. 21 und Nr. 22 blieben als im geringsten Gebot enthalten bestehen. Da F. die Ersteherschuld nicht zahlte, kam es zur neuen Versteigerung des Gutes. Am 18. März 1926 erstand es der Kläger. Bei dieser Versteigerung entfiel auf den nichtvalutierten Teil der Landschaftshypothek Nr. 22 aus dem Bargebot der Betrag von 9696 RM., während die rangschlechtere Hypothek Nr. 21 ausfiel. Da der Ersteher nicht zahlte und die Landschaft insoweit keinen Anspruch erhob, wurde im Verteilungstermin am 6. Mai 1926 eine Forderung von 9696 RM. gegen den Ersteher „an die unbestimmten Empfänger" übertragen. Auf Ersuchen des Zwangsversteigerungsrichters wurde aber demnächst in Abt. III unter Nr. 47 des Grundbuchs eine Sicherungshypothek für die übertragene Forderung von 9696 RM., abweichend von der im Verteilungstermin ausgesprochenen Forderungszuteilung, für die Landschaft eingetragen, dies ohne äußeren Anlaß für die Veränderung in der Gläubigerbezeichnung. Die Landschaft bewilligte später freiwillig die Löschung der Sicherungshypothek, die aber noch nicht erfolgt ist, weil der Beklagte die Hypothek für sich beansprucht.

Der Kläger erklärte dem Beklagten gegenüber die Aufrechnung gegen seine Erstehersschuld von 9696 RM. mit seinen Forderungen gegen den Beklagten, die früher durch die bei der letzten Versteigerung ausgefallene Hypothek Nr. 21 gesichert gewesen waren. Diese Forderungen bemißt der Kläger auf 10000 RM. Er klagte mit dem Antrage, den Beklagten zu verurteilen, die Löschung der in Abt. III Nr. 47 eingetragenen Post von 9696 RM. zu bewilligen. Der Beklagte bestreitet, daß der Kläger ihm gegenüber eine zur Aufrechnung gegen seine Erstehersschuld geeignete Forderung habe, denn der Kläger habe die in § 53 ZVG. begründete Übernahme der Schuld durch F., als dieser das Gut mit Bestehenbleiben der für die Forderung bestellten Sicherungshypothek Nr. 21 ersteigerte, genehmigt, indem er bald darauf einen Schuldtitel wegen der persönlichen Forderung gegen F. erwirkte. Der Kläger will die Schuldübernahme durch F. nicht genehmigt haben. Es sei ihm nur darauf angekommen, sich der von der Landschaft betriebenen Neuversteigerung wegen der Hypothek Nr. 21 anzuschließen.

Der Kläger ist in zwei Rechtszügen unterlegen. Seine Revision führte zur Aufhebung und Zurückverweisung.

Gründe:

Das Berufungsgericht führt aus: Unstreitig sei der Beklagte Gläubiger der irrtümlich auf den Namen der Landschaft eingetragenen Sicherungshypothek Nr. 47 von 9696 RM. Für die zur Aufrechnung gestellte Gegenforderung habe aber der Kläger an Stelle des Beklagten den Gutsbesitzer F. als neuen Schuldner angenommen, indem er gegen ihn einen Zahlungsbefehl und nach Zurücknahme des Widerspruchs des F. einen Vollstreckungsbefehl erwirkte. Daher sei der Beklagte von seiner Schuld gegenüber dem Kläger befreit, und dieser könne seine Ersteherschuld nicht durch Aufrechnung tilgen.

Die Revision rügt, daß gegen den Kläger der Abschluß eines Schuldübernahmevertrags mit F. und die Genehmigung der gesetzlichen Schuldübernahme unter Verletzung materiellen Rechts angenommen worden sei. Das Berufungsurteil geht bei Prüfung dieser Frage davon aus, die Hypothek Nr. 47 stehe unstreitig dem Beklagten zu. Wenn auch die Revision insoweit kein Bedenken erhoben hat, so war doch in diesem Punkt eine Nachprüfung von Amts wegen geboten; denn als „unstreitig" stehen wohl die Tatsachen bindend fest, nicht aber gilt das für die Rechtsfolge, wer danach Gläubiger der Hypothek ist. Wegen der rechtsbegründenden Wirkung, die dem Richterakt der Forderungsübertragung und Hypothekeneintragung nach den §§ 118, 128 ZVG. zukommt (RGZ. Bd. 127 S. 356, Bd. 133 S. 204), kann sich nämlich die in der mündlichen Verhandlung vor dem Revisionsgericht zur Sprache gebrachte Frage erheben, ob nicht die auf Ersuchen des Versteigerungsrichters als Gläubigerin der Hypothek eingetragene Landschaft durch die Eintragung Gläubigerin geworden ist, auch wenn sie kein Recht auf den Teil des Versteigerungserlöses hatte, an dessen Stelle die Hypothek getreten ist, sondern das Recht darauf dem Beklagten als Eigentümergrundschuldgläubiger zustand. Bei Nachprüfung ergibt sich indessen doch der Ausgangspunkt des Oberlandesgerichts als richtig, daß der Beklagte Gläubiger der Hypothek sei und daß in der Eintragung der Landschaft als Gläubigerin eine Grundbuchunrichtigkeit im Sinne des § 894 BGB. liege. Weil die Landschaft vor und im Verteilungstermin erklärte, der hier in Betracht kommende Teil ihrer Hypothek Nr. 22 sei nicht valutiert, weil aber der Gläubiger der so entstandenen Eigentümergrundschuld, der Beklagte, nicht als Berechtigter auftrat, übertrug der Versteigerungsrichter die Forderung auf den entsprechenden Teil des Erlöses „auf die unbestimmten Empfänger". Damit war ein Forderungsrecht für denjenigen als Gläubiger entstanden, den der Versteigerungsrichter im gesetzmäßigen Verfahren, dessen regelmäßiger Verlauf in den §§ 135flg. ZVG. vorgeschrieben ist, nachträglich ermitteln würde. Der Versteigerungsrichter ist hier aber nicht nach dem Gesetz verfahren, wonach er die Hypothek entsprechend der Forderungsübertragung „für den unbekannten Berechtigten" hätte eintragen lassen (§§ 126, 128 ZVG.)

und dann den Berechtigten hätte ermitteln sollen, sondern er hat ohne weiteres das Grundbuchamt ersucht, die nach § 128 ZVG. zu bestellende Hypothek (abweichend von der Forderungsübertragung) für die Landschaft als Gläubigerin einzutragen. Der Versteigerungsrichter ist zu dieser Abweichung nicht etwa auf Grund des Ergebnisses nachträglicher Ermittlung oder durch eine sonstige, von ihm zu berücksichtigende Veränderung der Sachlage gelangt. Vielmehr ist ein sachlicher Grund für seine Sinnesänderung zwischen Verteilungstermin und Eintragungsersuchen nicht nach außen hervorgetreten und überhaupt nicht ersichtlich. Bei solchem Sachverhalt liegt es nicht in der Macht des Richters, das den unbekannten Berechtigten durch die Forderungsübertragung im Verteilungstermin erwachsene Recht durch Veranlassung einer von dieser abweichenden Hypothekeneintragung zu beseitigen. Der Versteigerungsrichter mag ein materiell bestehendes Recht verändern können, wenn er sich bei nachträglicher Ermittlung des Berechtigten irrt, wenn er dabei eine sachlich nicht berechtigte Person fälschlich in die Stelle des „unbekannten Berechtigten" einrücken läßt. Er kann das aber nicht, indem er in einer gesetzlich nicht begründeten Weise einen Zwiespalt zwischen Forderungsübertragung und Hypothekeneintragung schafft. In solchem Falle wird Gläubiger der mit der Eintragung entstehenden Hypothek (§ 128 Abs. 3 ZVG.) der „unbekannte Berechtigte"; er bleibt trotz anderer Eintragung Gläubiger der ihm früher zugewiesenen, jetzt mit einer Sicherungshypothek bekleideten Forderung. Durch die Eintragung einer anderen Person als Gläubigerin, hier der Landschaft, entsteht eine Grundbuchunrichtigkeit. Der in Wahrheit sachlich Berechtigte wird mit Eintragung der Hypothek deren Gläubiger und kann danach Grundbuchberichtigung verlangen, wenn er sein Recht nachweist oder dieses unbestritten ist. Hiernach trifft es also zu, daß der Beklagte, weil er Eigentümergrundschuldgläubiger war, auch Gläubiger der an die Stelle der Eigentümergrundschuld getretenen Hypothek Nr. 47 geworden ist. Daher konnte der Kläger die dieser Hypothek zugrundeliegende Forderung des Beklagten durch Aufrechnung mit einer ihm etwa gegen diesen zustehenden Forderung tilgen (vgl. RGZ. Bd. 84 S. 11). Falls auf diese Weise die dem Beklagten hypothekarisch gesicherte Ersteherschuld des Klägers getilgt sein sollte, ist die Hypothek Nr. 47 zur Eigentümergrundschuld des Klägers geworden, und er kann über sie durch das mit der Klage gestellte Löschungsbegehren verfügen...

Es kommt daher darauf an, ob das Berufungsgericht mit Recht angenommen hat, zur Zeit der dem Beklagten erklärten Aufrechnung habe infolge Schuldübergangs auf F. keine Forderung des Klägers gegen den Beklagten mehr bestanden. Die Ausführungen des Berufungsgerichts hierüber sind nicht zu billigen. Richtig ist, daß durch den am 14. August 1925 unter Bestehenbleiben der Höchstbetragshypothek Nr. 21 erteilten Zuschlag an F. die in § 53 ZVG. bestimmte Voraussetzung für eine Schuldübernahme durch F. gegeben war, die den Beklagten von seiner unter die Höchstbetragshypothek fallenden Schuld befreite. Zu ihrem Wirksamwerden war aber eine Willenserklärung des Gläubigers, des Klägers, erforderlich. Ohne seine Zustimmung konnte ihm kein neuer Schuldner aufgedrängt werden. Der im Gesetz vorgesehene Weg des § 416 BGB. ist nicht beschritten worden. Im Falle des § 53 ZVG. sind aber auch die §§ 414, 415 BGB. anwendbar (JW. 1929 S. 733 Nr. 6; RGZ. Bd. 125 S. 100). Das Berufungsgericht nimmt in erster Reihe einen Schuldübernahmevertrag zwischen dem Kläger und F. im Sinne des § 414 BGB. an, stillschweigend geschlossen dadurch, daß der Kläger gegen F. einen Zahlungsbefehl wegen der persönlichen Schuld von 10080 RM. erwirkt und F. seinen zunächst eingelegten Widerspruch zurückgenommen habe. Das Oberlandesgericht sieht also in diesen beiden Vorgängen einen Vertragsschluß zwischen dem Kläger und F., der aus Anlaß der diesem durch § 53 ZVG. auferlegten Verpflichtung erfolgt sein soll. Dabei ist jedoch nicht ausreichend beachtet worden, daß der Abschluß eines solchen Vertrags durch Stillschweigen etwas Außergewöhnliches wäre. Der Gläubiger würde damit auf seinen bisherigen Schuldner verzichtet haben. Ein solcher Verzichtswille kann, wenn er nicht ausdrücklich erklärt wird, nur dann als vorhanden und zum Ausdruck gelangt angenommen werden, wenn er sich aus den Umständen zweifelsfrei und mit Sicherheit ergibt, wenn die Geschehnisse nicht wohl eine andere Deutung zulassen (WarnRspr. 1914 Nr. 281; JW. 1919 S. 237 Nr. 2, 1929 S. 35 Nr. 5). Allerdings sind in der neueren Rechtsprechung, namentlich im Zusammenhang mit Aufwertungsfragen, die Anforderungen an den Ausdruck stillschweigender Genehmigung einer Schuldübernahme aus § 415 BGB. und an die Mitteilung von solcher zwischen altem und neuem Schuldner vereinbarten Übernahme milde beurteilt worden. Etwas anderes ist es aber, ob man annehmen darf, es sei ein neuer Vertrag in seiner Gesamtheit stillschweigend geschlossen worden. Das kann nur dann angenommen werden, wenn die Umstände mit besonderer Entschiedenheit dafür sprechen. Das Oberlandesgericht hat nicht hinreichend geprüft, ob die Sachlage hier wirklich so stark und zwingend für einen solchen, nicht naheliegenden Fall sprach. Die Erwirkung eines Zahlungsbefehls und die Zurücknahme eines gegen ihn erhobenen Widerspruchs sind zunächst reine Prozeßhandlungen, denen für gewöhnlich ein Wille zum Vertragsschluß nicht innewohnt. Gerade wenn F. aus § 53 ZVG. gesetzlich belastet war, lag es fern, daß er sich noch durch besonderen neuen Vertrag verpflichten sollte und wollte.

Das Berufungsgericht nimmt in zweiter Reihe an, der Kläger habe die gesetzliche Schuldübernahme durch F. stillschweigend genehmigt, womit dieser nach § 415 BGB. persönlicher Schuldner des Klägers geworden und der Beklagte von seiner Schuld befreit worden sei. Eine Mitteilung von der Schuldübernahme gemäß § 415 Abs. 1 Satz 2 BGB. hält das Oberlandesgericht nicht für erforderlich, weil es sich um eine gesetzliche, daher dem Gläubiger bekannte Schuldübernahme handle. Dies Absehen von dem in § 415 BGB. aufgestellten Mitteilungserfordernis ist rechtsirrig (vgl. dazu JW. 1929 S. 733 Nr. 6 und RGZ. Bd. 125 S. 100, wo der VI. Senat diese Frage unentschieden gelassen hat). Die in § 415 BGB. vorgesehene Mitteilung ist keine reine Tathandlung, sondern eine Willenserklärung, die das Zugriffsrecht des Gläubigers nach dem Willen des bisherigen Schuldners oder des Übernehmers erst eröffnen soll. Weder aus dem Wortlaut noch aus dem Sinn des Gesetzes ist ein Grund zu entnehmen, bei Anwendung des § 415 BGB. auf den besonderen Fall der gesetzlichen Schuldübernahme nach § 53 ZVG. von dem Erfordernis der Mitteilung abzusehen. Zur Schuldbefreiung des Beklagten auf Grund von § 53 ZVG. in Verbindung mit § 415 BGB. müßte eine solche — stillschweigende oder ausdrückliche — Mitteilung und danach erfolgte Genehmigung durch den Kläger festzustellen sein. Im übrigen müßte auch hier, falls die Genehmigung stillschweigend erklärt sein soll, die schlüssige Handlung, worin sie liegen soll, deutlich und zweifelsfrei den Willen des Klägers erkennen lassen, den Beklagten aus seiner persönlichen Schuld zu entlassen und für ihn den F. nicht nur als dinglichen, sondern auch als persönlichen Schuldner anzunehmen...

21. 1. Gilt bei Anordnung der Nachlaßverwaltung oder Eröffnung des Nachlaßkonkurses über den Nachlaß des einen Gesellschafters einer offenen Handelsgesellschaft die mit seinem Tode nach dem Gesellschaftsvertrag eingetretene Anwachsung des Gesellschaftsvermögens an den anderen Gesellschafter als nicht eingetreten?

2. Kann die Unzulässigkeit einer Konkurseröffnung im Prozeßwege geltend gemacht werden?

BGB. § 1976. HGB. § 138. KO. § 73.

IV. Zivilsenat. Urt. v. 7. März 1932 i. S. Sch. als Sonderverwalter im Konkurse über das Vermögen der offenen Handelsgesellschaft Heinrich E. & Co. (Bekl.) w. W. als Verwalter im Konkurse über das Vermögen des Bankiers Paul E. (Kl.). IV 416/31.

I. Landgericht I Berlin.

Der verstorbene Bankier Heinrich E. und sein Sohn Paul E. waren die alleinigen Gesellschafter der offenen Handelsgesellschaft Heinrich E. & Co. in B. und der offenen Handelsgesellschaft Heinrich E. in F. Heinrich E. hatte in seinem Testament seine Ehefrau Emma E. als Alleinerbin und seinen einzigen Sohn Paul E. als Ersatzerben eingesetzt. Nachdem Emma E. die Erbschaft ausgeschlagen hat, ist Paul E. der alleinige Erbe geworden. Über den Nachlaß des Heinrich E. ist zunächst die Nachlaßverwaltung angeordnet und später der Konkurs eröffnet worden. Auch über das Vermögen des Paul E. und über die Vermögen der beiden offenen Handelsgesellschaften ist je ein besonderer Konkurs eröffnet worden. Im Konkurse der Firma Heinrich E. & Co. beträgt der Erlös der Masse, soweit sie bisher verwertet worden ist, 14117,57 RM.

Mit der Klage verlangt der Kläger als Verwalter im Konkurse über das Privatvermögen des Paul E. vom Beklagten als Sonderverwalter im Konkurse über das Vermögen der offenen Handelsgesellschaft Heinrich E. & Co. Herausgabe dieses Erlöses. Er behauptet, daß zwischen den beiden Gesellschaftern der Firma Heinrich E. & Co. mündlich vereinbart gewesen sei, daß im Falle des Todes eines Gesellschafters der Überlebende das Geschäft mit Aktiven und Passiven übernehmen solle. Eine Gesellschaft habe daher seit dem Tode von Heinrich E. nicht mehr bestanden, sodaß die Eröffnung eines besonderen Konkurses über das frühere Gesellschaftsvermögen nicht mehr zulässig gewesen sei. Das frühere Gesellschaftsvermögen gehöre mit zur Konkursmasse des Paul E. Der Beklagte beruft sich demgegenüber auf § 1976 BGB. Infolge der Anordnung der Nachlaßverwaltung über den Nachlaß des Heinrich E. gelte das Erlöschen der offenen Handelsgesellschaft als nicht eingetreten.

Das Landgericht hat der Klage stattgegeben. Die unmittelbar eingelegte Revision des Beklagten führte zur Abweisung der Klage.

Gründe:

Das Landgericht hat festgestellt, daß zwischen den beiden Gesellschaftern der offenen Handelsgesellschaft Heinrich E. & Co. in B., Heinrich und Paul E., mündlich vereinbart worden sei, im Falle des Todes eines Gesellschafters solle der Überlebende das Geschäft mit Aktiven und Passiven übernehmen. Demzufolge sei Paul E. mit dem Tode von Heinrich E. Alleininhaber des Geschäfts und Eigentümer des Geschäftsvermögens geworden. Da der Übergang des Geschäftsvermögens nicht als Folge des Erbfalls, sondern als Folge der Anwachsung eingetreten sei, so sei die Vorschrift des § 1976 BGB. nicht anwendbar. Der Beklagte habe bei der Veräußerung der Vermögensstücke der offenen Handelsgesellschaft Heinrich E. & Co. als Nichtberechtigter gehandelt, sodaß er gemäß § 816 Abs. 1 Satz 1 BGB. zur Herausgabe des Erlöses an den Kläger verpflichtet sei.

Die Revision vertritt demgegenüber den Standpunkt, daß die Vorschrift des § 1976 BGB. anzuwenden sei, da das Interesse der Gesellschaftsgläubiger die Möglichkeit eines Sonderkonkurses erfordere. Zudem sei nach der Auslegung des Landgerichts die zwischen den Gesellschaftern getroffene Vereinbarung dahin zu verstehen, daß der Überlebende von der Zahlung des Abfindungsguthabens befreit sein solle. Es handle sich daher um eine die Rechte der Erben beschränkende letztwillige Verfügung, die nach § 139 BGB. vollinhaltlich nichtig sei. Die Rechte des Paul E. beruhten mithin nicht auf Vertrag, sondern auf Erbfolge; infolgedessen sei § 1976 BGB. unmittelbar anzuwenden.

An diesen Ausführungen ist zunächst unzutreffend, daß das Landgericht die zwischen den Gesellschaftern getroffene Vereinbarung in der angegebenen Weise ausgelegt habe. Etwas Derartiges hat das Landgericht nicht ausgesprochen. Diesem ist aber darin beizutreten, daß der Übergang des Gesellschaftsvermögens auf Paul E. nicht kraft Erbrechts, sondern kraft Anwachsung eingetreten ist. Die Richtigkeit seiner Auffassung zeigt sich ohne weiteres daran, daß dieser Übergang in gleicher Weise auch dann eingetreten wäre, wenn nicht Paul E., sondern ein anderer, z. B. die im Testament des Heinrich E. an erster Stelle eingesetzt gewesene Ehefrau Emma E., Erbe geworden wäre. Eine Folge des Erbfalls ist nur das durch Vereinigung von Recht und Verbindlichkeit eingetretene Erlöschen des Anspruchs auf Zahlung des Abfindungsguthabens. Dieses Erlöschen gilt nach § 1976 BGB. als nicht eingetreten. An der auf dem Gesellschaftsvertrage beruhenden Anwachsung des Gesellschaftsvermögens an Paul E. ist dagegen durch die Anordnung der Nachlaßverwaltung nichts geändert worden. Daß die Vorschriften des § 138 HGB. und des § 738 BGB. auch für den Fall gelten, daß der eine von zwei Gesellschaftern das Geschäft allein übernimmt, entspricht der ständigen Rechtsprechung des Reichsgerichts (RGZ. Bd. 65 S. 236, Bd. 68 S. 410; WarnRspr. 1919 Nr. 138). Die Anwachsung des Anteils des verstorbenen Gesellschafters am Gesellschaftsvermögen an den überlebenden Gesellschafter tritt kraft Gesetzes ein, ohne daß es einer besonderen Übertragung der einzelnen Vermögensstücke bedarf. Ein Schutz der Gesellschaftsgläubiger dagegen, daß das Gesellschaftsvermögen unter Verlust seiner Selbständigkeit auf einen einzelnen Gesellschafter übergeht, ist im Gesetz nicht vorgesehen (JW. 1897 S. 307 Nr. 20).

Kann sonach § 1976 BGB. der Revision nicht zum Erfolge verhelfen, so erweist sie sich doch aus einer anderen Erwägung als begründet. Es ist zwar richtig, daß, wie die Klage geltend macht, die Eröffnung des Konkursverfahrens über das Vermögen der offenen Handelsgesellschaft Heinrich E. & Co. unzulässig war, weil eine Gesellschaft nicht mehr bestand. Nachdem aber der Eröffnungsbeschluß rechtskräftig geworden ist, muß die Konkurseröffnung und mit ihr die Ernennung des Konkursverwalters für alle Beteiligten als gesetzmäßig erfolgt und sonach als verbindlich gelten. Wie der VII. Zivilsenat in dem Urteil vom 8. Juli 1930 (RGZ. Bd. 129 S. 390) dargelegt hat, geht es mit Rücksicht auf die weitreichenden Wirkungen rechtlicher und wirtschaftlicher Art, die regelmäßig mit einer Konkurseröffnung verbunden sind, nicht an, diese öffentlichrechtliche Maßnahme nachträglich irgendwie in Frage zu stellen. Dem schließt sich der erkennende Senat insoweit an, als jedenfalls die Geltendmachung der Unzulässigkeit der Konkurseröffnung im Prozeßwege als ausgeschlossen anzusehen ist. Ob auch hier, wie in dem vom VII. Zivilsenat entschiedenen Fall, anzunehmen ist, daß der der Konkurseröffnung anhaftende Mangel — vorliegendenfalls das Fehlen der Konkursfähigkeit — durch den Eintritt der Rechtskraft des Eröffnungsbeschlusses geheilt worden ist, braucht nicht erörtert zu werden. Ebenso kann dahingestellt bleiben, ob, falls eine solche Heilung nicht eingetreten ist, der Eröffnungsbeschluß ungeachtet seiner Rechtskraft wieder aufgehoben oder das Verfahren eingestellt werden kann (vgl. RG. in LZ. 1910 Sp. 483; Jaeger KO. 5. Aufl. § 74 Anm. 4; Petersen-Kleinfeller KO. 4. Aufl. §§ 207, 208 Anm. 1). Die Entscheidung hierüber kann jedenfalls nur im Konkursverfahren selbst durch das Konkursgericht oder die ihm übergeordneten Gerichte getroffen werden. Im Prozeßwege kann die Rechtswirksamkeit der Konkurseröffnung nicht in Frage gezogen werden.

Hieraus folgt, daß es nicht angängig ist, die vom Verwalter im Konkurse der Firma Heinrich E. & Co. kraft seiner Verwertungsbefugnis (§ 117 KO.) getroffenen Verfügungen als diejenigen eines Nichtberechtigten im Sinne des § 816 Abs. 1 Satz 1 BGB. zu behandeln oder ihnen aus einem sonstigen Grunde die Wirksamkeit gegenüber der vom Kläger vertretenen Konkursmasse abzusprechen. Damit ist der Klage der Boden entzogen.

---

22. 1. Über das Erfordernis der Bestimmbarkeit des Abtretungsgegenstandes bei Abtretung künftiger Forderungen.
2. Zur Frage der Sittenwidrigkeit solcher Abtretung.

BGB. §§ 138, 398.

II. Zivilsenat. Urt. v. 8. April 1932 i. S. von B. als Verwalter im Konkurse über das Vermögen des Kaufmanns T., Alleininhabers der Firma K., (Bekl.) w. Aktien-Zuckerfabrik U. (Kl.). II 362/31.

I. Landgericht Hamburg.
II. Oberlandesgericht daselbst.

Laut Verkaufsbestätigung vom 14. Januar 1930 verkaufte die Klägerin an die Firma K., deren Alleininhaber der jetzige Gemeinschuldner T. war, 15000 Doppelzentner Verbrauchszucker Schulau. Nach § 20 der vorgedruckten Verkaufsbedingungen blieb das Eigentumsrecht an dem gelieferten Zucker bis zur völligen Zahlung des Fakturenpreises oder restlosen Einlösung der Akzepte unter allen Umständen der Verkäuferin vorbehalten. Weiter hieß es dort: „Käufer ist ermächtigt, trotz Eigentumsvorbehalt die erhaltene Ware im ordnungsmäßigen Geschäftsverkehr zu veräußern. Wird die Ware vor der Bezahlung weiter veräußert, so geht der dafür erzielte Erlös bzw. die durch den Weiterverkauf entstandene Forderung auf die vorerwähnte Rohzuckerfabrik (die Lieferantin) über. Käufer darf die unter Eigentumsvorbehalt erhaltene Ware bis zur vollständigen Bezahlung einem Dritten weder verpfänden noch sicherheitshalber übereignen". Nach der Behauptung der Klägerin hat sie auf den Abschluß vor Eröffnung des Konkursverfahrens über das Vermögen des T. Zucker zum Gesamtbetrage von 89425,25 RM. geliefert. Davon hat die Käuferin einen Teil zum Preise von 32460 RM. an die Firma O. in A. weiterverkauft. Diese hat den von ihr geschuldeten Kaufpreis auf Grund einer zwischen den streitenden Parteien getroffenen Vereinbarung bei einer Bank eingezahlt. Mit der Behauptung, daß nach den Verkaufsbedingungen die Kaufpreisforderung gegen die Dritterwerberin auf sie übergegangen sei, beantragt die Klägerin, zunächst für einen Teilbetrag, Verurteilung des Konkursverwalters über das Vermögen des T. zur Einwilligung in die Auszahlung des hinterlegten Betrages an sie. Der Beklagte bestreitet, daß der Klägerin ein Aussonderungsrecht nach den §§ 43flg. KO. zustehe. § 20 der Verkaufsbedingungen greife nicht ein, weil die Ware niemals im Gewahrsam der Firma K. gewesen, sondern auf deren Anweisung unmittelbar an ihre Abnehmerin O. geliefert, der Eigentumsvorbehalt also gar nicht wirksam geworden sei. In der vorliegenden Fassung bringe die Klausel keine Abtretung der Forderungen zum Ausdruck. Eine solche liege auch deshalb nicht vor, weil es an einer ausreichenden Bestimmtheit der abgetretenen Forderung fehle. Ferner sei die Klausel sowohl nach § 31 KO. anfechtbar als auch sittenwidrig und deshalb nichtig.

Der Beklagte ist in allen drei Rechtszügen unterlegen.

Gründe:

Die Revision des Beklagten macht zunächst geltend, die von der Vorausabtretung betroffenen Forderungen seien nicht genügend bestimmt; das mache die Abtretung im ganzen unwirksam. Nach dem Parteivorbringen habe der Gemeinschuldner die abgerufenen Mengen teils auf Lager genommen, teils durch die Klägerin unmittelbar an seine Abkäufer liefern lassen. Nun liege nichts dafür vor, sei auch nicht von der Klägerin behauptet, daß der Gemeinschuldner die auf Lager genommenen Mengen stets geschlossen weiterverkauft habe. Es habe also, da ihm der Weiterverkauf auch der unbezahlten Mengen freigestanden habe, sehr wohl vorkommen können, daß er auf Abverkäufe zum Teil bezahlte, zum Teil unbezahlte Mengen lieferte. Da die letzteren, soweit ersichtlich, in keiner Weise ausgesondert und als Eigentum der Klägerin bezeichnet worden seien, da ferner nicht vorgeschrieben gewesen sei, daß er in dem gedachten Falle seinen Abkäufern mitteile, welcher Betrag des Kaufpreises der Klägerin abgetreten worden sei, so seien der Umfang und die Tragweite der Abtretung in diesen Fällen ganz ungewiß und unbestimmbar. Das gleiche gelte für die vom Gemeinschuldner nicht auf Lager genommenen Mengen deshalb, weil hier die Rechnungsbeträge des Gemeinschuldners nie mit denen der Klägerin hätten übereinstimmen können.

Der Angriff ist unbegründet. Es handelt sich um eine sog. stille Abtretung, bei welcher derjenige, in dessen Person die abgetretene Forderung entstand, nämlich der Gemeinschuldner, nach außen gegenüber seinem Abkäufer vorerst Inhaber der Forderung blieb, insbesondere auch zu deren Einziehung ermächtigt war. Die Zulässigkeit und Wirksamkeit der stillen Abtretung ist in der Rechtsprechung anerkannt (RGZ. Bd. 90 S. 273, Bd. 92 S. 105, Bd. 133 S. 234). Es handelt sich ferner um die Abtretung erst künftig entstehender Forderungen. Auch ihre Zulässigkeit ist nach der Rechtsprechung nicht zu bezweifeln (vgl. RGZ. Bd. 55 S. 334, Bd. 67 S. 166, Bd. 74 S. 78, Bd. 92 S. 238). Die in der Person des Erstkäufers im Zeitpunkt der Weiterveräußerung entstandene Forderung gegen seinen Abnehmer ging infolge der Abtretung alsbald auf den Erstverkäufer über (vgl. Jaeger in „Konkurs- und Treuhandwesen" 1930 S. 17; Rühl Eigentumsvorbehalt und Abzahlungsgeschäft [1930] S. 41 flg., 162). Auch insofern bestehen keine Bedenken gegen die rechtliche Zulässigkeit und Wirksamkeit der Abtretung. Bei der Abtretung künftiger Forderungen ist das Erfordernis der Bestimmtheit oder Bestimmbarkeit des abgetretenen Rechts von besonderer Wichtigkeit. Der Bestimmbarkeit steht es aber nicht entgegen, daß im Zeitpunkt der Abtretungserklärung die Person des Schuldners oder der Inhalt des abgetretenen Anspruchs noch nicht bezeichnet werden kann. Es genügt vielmehr, daß dies im Zeitpunkt der Wirksamkeit der Abtretung möglich ist. Die Ermittlung ist aber möglich, wenn ein Anspruch abgetreten wird, der durch Veräußerung einer bestimmten Sache entsteht. Denn sowohl der Gegenstand der Veräußerung wie die Person des Erwerbers wie die von diesem zu bewirkende Leistung lassen sich mit den üblichen Beweismitteln, insbesondere aus den Geschäftsbüchern der Beteiligten, feststellen. Die Feststellung mag im einzelnen Falle Schwierigkeiten machen. Diese werden weniger in der Richtung liegen, daß Teile einer größeren Menge an verschiedene Personen veräußert werden. Denn auch hier läßt sich Menge, Preis und Person der Abkäufer ermitteln. Schwierigkeiten können dagegen eher entstehen, wenn eine Sache mit einer gleichartigen vermischt und die Mischung oder Teile davon veräußert oder wenn Gegenstände verschiedener Herkunft zu einem Einheitspreise verkauft werden. Im ersten Falle ist möglicherweise eine neue Sache entstanden, bei deren Weiterveräußerung die Forderungsabtretung nicht gilt. Im zweiten Falle können rechtliche Bedenken bestehen, ob sich die Abtretung auf die durch die Gesamtveräußerung entstandene Forderung bezieht. Dies schließt aber die Zulässigkeit und Wirksamkeit der Forderungsabtretung insoweit nicht aus, als eine Vermischung oder ein gemeinsamer Verkauf mit anderen Sachen nicht stattgefunden hat. Es ist nur Sache desjenigen, der sich auf die Abtretung beruft, zu beweisen, daß die abgetretene Forderung durch die Weiterveräußerung einer bestimmten Ware entstanden ist.

Auch aus § 139 BGB. ergibt sich nicht die Nichtigkeit des ganzen Geschäfts oder der Abtretungserklärung in ihrem vollen Umfang. Wenn wegen Vermischung eines Teils der Ware oder wegen gemeinschaftlicher Veräußerung mit anderen Waren ein Anspruch, auf den sich die Abtretung erstreckt, gar nicht entstanden ist, so folgt daraus nicht die Nichtigkeit der Abtretung in vollem Umfang. Von einer teilweisen Nichtigkeit nach § 139 BGB. kann dann überhaupt nicht gesprochen werden. Wendet man aber den Grundsatz des § 139 an, so trifft auf den vorliegenden Fall auch die Ausnahme dieser Bestimmung zu. Denn die Vertragsparteien hätten, da die Klägerin sich, so gut es ging, sichern, der Gemeinschuldner aber die Ware haben wollte, die Forderungsabtretung auch dann vereinbart, wenn nicht durch Weiterveräußerung der gesamten Ware, so doch eines Teils davon abtretbare Forderungen des Gemeinschuldners entstanden. Jedenfalls ist dies anzunehmen für den Anspruch gegen die Firma O. Hier bestand kein Zweifel über Entstehung und Umfang der abgetretenen Forderung. Die für die Firma O. bestimmte Teilmenge war niemals in den Besitz des Gemeinschuldners gekommen. Sie war vielmehr auf Weisung des Gemeinschuldners unmittelbar aus der Fabrik der Klägerin an den weiteren Abkäufer versandt worden. Bedenken bestehen aber auch deshalb nicht, weil, wie der Berufungsrichter feststellt, der Vertrag so gehandhabt wurde, daß jede Teilmenge, die der Gemeinschuldner abrief, wie ein selbständiger Kauf behandelt, namentlich rechnungs- und buchmäßig besonders bearbeitet wurde. In dieser von beiden Vertragsparteien beachteten Übung lag zugleich eine Ergänzung des Vertrags in dem Sinne, daß jede Teillieferung und die sich aus ihrer Weiterveräußerung ergebenden Ansprüche auch für die Forderungsabtretung selbständig behandelt werden sollten.

Der Umstand, daß der Anspruch der Klägerin aus der einzelnen Teillieferung geringer war als der vom Gemeinschuldner seinem Abkäufer berechnete Kaufpreis, schließt die Bestimmtheit oder Bestimmbarkeit der abgetretenen Forderung ebensowenig aus. Nach dem klaren Wortlaut des § 20 der Verkaufsbedingungen wird nicht der Betrag abgetreten, welcher der Klägerin im Verhältnis ihrer Gesamtforderung zu dem weiterveräußerten Teil der Ware zusteht, sondern es geht, „die durch den Weiterverkauf entstandene Forderung" auf die Klägerin über. Der Umfang der Abtretung war damit ausreichend bestimmt. Daß die abgetretene Forderung höher war als der der Warenmenge entsprechende Teil der klägerischen Forderung, steht der Wirksamkeit der Abtretung ebenfalls nicht entgegen. Wie der Beklagte selbst ausführt, wurde möglicherweise nicht die gesamte Ware so weiterveräußert, daß dadurch der Abtretung unterliegende Forderungen entstanden. Stellte sich aber bei Abwicklung des gesamten Abschlusses ein Überschuß zu Gunsten des Gemeinschuldners heraus, so hatte die Klägerin das zuviel Empfangene zurückzuzahlen. Sachlich ergaben sich auch keine Unzuträglichkeiten, da es sich um eine stille Abtretung handelte und der Gemeinschuldner die abgetretenen Ansprüche selbst einzog, solange er seine Verpflichtungen erfüllte.

Die Revision macht geltend, daß der Beklagte die Darstellung der Klägerin über die Verbuchung der Abrufe und Zahlungen bestritten und das Bestehen eines Kontokorrents behauptet habe. Auch dieser Angriff kann keinen Erfolg haben. Standen die Vertragsparteien in einem Kontokorrentverhältnis, wurden also die einzelnen Zahlungen nicht auf bestimmte Lieferungen der Klägerin verrechnet, so konnte allerdings nicht festgestellt werden, für welchen Teil der Ware zufolge Bezahlung der Eigentumsvorbehalt und die Verpflichtung zur Forderungsabtretung wegfielen. Dies konnte dem Gemeinschuldner nachteilig sein, schloß aber eine Vereinbarung der Abtretung der Ansprüche aus den Weiterverkäufen nicht aus. Die Abtretung blieb dann solange bestehen, als der Gemeinschuldner der Klägerin aus dem Kontokorrentverhältnis noch etwas schuldete. Denn nur diese Auslegung wird dem Zweck des Abkommens gerecht, die Klägerin zu sichern. Die Feststellung des Berufungsgerichts, daß kein Kontokorrent im Rechtssinne bestand, ist aber auch rechtlich einwandfrei ... (Wird näher ausgeführt.)

Die Revision wendet sich ferner gegen die Verneinung der Sittenwidrigkeit der Abtretungsvereinbarung. Es sei hierbei nicht beachtet, daß sich nach der Behauptung des Beklagten sämtliche Zuckerfabriken, und zwar in gegenseitiger Kenntnis von diesem Verfahren, alle Forderungen des Gemeinschuldners aus seinen Weiterverkäufen unbezahlter Waren hätten abtreten lassen, sodaß bei der Konkurseröffnung für die übrigen Gläubiger keine freie Masse habe vorhanden sein können. Auch diese Rüge geht fehl. Die Klägerin hat sich nicht etwa die Forderungen abtreten lassen, die durch den Verkauf von Waren anderer Lieferanten entstanden sind. Der Eigentumsvorbehalt und die für den Fall der Weiterveräußerung vereinbarte Forderungsabtretung beziehen sich nur auf die Waren, welche die Klägerin selbst dem Gemeinschuldner geliefert hat. Es verstößt aber nicht gegen die guten Sitten, daß ein Fabrikant die verkaufte Ware nur gegen Sicherung des Kaufpreises herausgibt, wenn die Sicherung in der Ware selbst oder der an ihre Stelle tretenden Forderung gesucht wird. Derartige Sicherungen sind bei der heute bestehenden Kapitalknappheit und der damit verbundenen Notwendigkeit der Kreditgewährung zur Aufrechterhaltung des Unternehmens des Verkäufers unentbehrlich und ermöglichen erst dem Zwischenhändler seinen eigenen Betrieb. Eine solche Sicherungsmaßnahme verstößt auch nicht deshalb gegen das Anstandsgefühl ehrbarer Geschäftsleute, weil sich auch andere Lieferanten eines Zwischenhändlers in gleicher Weise sichern, und weil jeder weiß, daß alle anderen ebenso verfahren wie er. Auch vom Standpunkt anderer Gläubiger aus ist die Vereinbarung nicht sittenwidrig. Denn bei der Notwendigkeit der Sicherung und ihrer Verbreitung muß jeder, der einem Kaufmann Kredit gewährt, damit rechnen, daß die dem Kreditnehmer von anderer Seite gelieferten Waren unter Eigentumsvorbehalt stehen und daß auch die bei der Weiterveräußerung entstehenden Forderungen an den Lieferanten abgetreten sind. Es liegt also kein Kredittäuschungsvertrag vor. Es sind auch keine tatsächlichen Anhaltspunkte dafür vorhanden, daß der Gemeinschuldner den Vertrag in der der Klägerin bekannten Absicht abgeschlossen hat, seine Gläubiger zu benachteiligen. Eine Anfechtung nach § 31 KO. kommt somit nicht in Frage.

---

23. Liegt ein Kassageschäft vor, wenn der Prämienkäufer die Wertpapiere effektiv bezieht?

BörsG. § 53.

I. Zivilsenat. Urt. v. 13. April 1932 i. S. S. (Bekl.) w. Str. & Co. (Kl.). I 29/32.

I. Landgericht Hamburg, Kammer für Handelssachen.
II. Oberlandesgericht daselbst.

Der Beklagte ist mit der Klägerin Ende Dezember 1927 in Geschäftsverbindung getreten und hat bei ihr Prämiengeschäfte gemacht. Die Klägerin hat, wie sie behauptet, am 30. Mai 1928 300 Stück Österreichische Alpine Montan-Aktien zum Kurse von 41,30 für 7290,90 RM. für ihn fest gekauft. Unter Vorlegung eines Kontokorrentauszuges, in dem er neben dem Kaufpreise auch für Prämien, Zinsen, Provisionen und Spesen belastet worden ist, hat sie beantragt, ihn zur Zahlung von 9407 RM. nebst Zinsen Zug um Zug gegen Auslieferung von 300 Stück Alpinen Montan-Aktien zu verurteilen.

Der Beklagte hat eingewendet, es habe sich bei dem Kauf der Montan-Aktien um ein verbotenes Börsentermingeschäft gehandelt, weil die Papiere nicht zum Börsenterminhandel zugelassen gewesen seien. Er sei nicht börsenterminsfähig, ferner seien die Montan-Aktien Spielpapiere; er erhebe den Differenz- und Spieleinwand. Schlußnote und Stückeverzeichnis habe er nicht erhalten. Das Geschäft sei auch wucherisch gewesen und habe gegen die guten Sitten verstoßen.

Die Klägerin hat sich darauf berufen, daß es sich bei dem Geschäft nicht um ein Termin-, sondern um ein Kassageschäft gehandelt habe.

Das Landgericht wies die Klage ab. Das Oberlandesgericht verurteilte den Beklagten zur Zahlung von 7290,90 RM. und Zinsen. Die Revision des Beklagten führte zur Aufhebung und Zurückverweisung.

Gründe.

Das Berufungsgericht hat den Beklagten mit der Begründung verurteilt, der Kauf vom 30. Mai 1928 stelle sich als Kassageschäft dar, und der Beklagte habe den ihm obliegenden Beweis nicht geführt, daß sich unter dem Kassageschäft ein Börsentermingeschäft oder ein Differenz- oder Spielvertrag verborgen habe.

Der Ausgangspunkt des Vorderrichters ist rechtlich zu beanstanden. Wie der Briefwechsel der Parteien und der vorgelegte Kontoauszug ergeben, hat der Beklagte mit der Klägerin laufend Vorprämiengeschäfte über Österreichische Alpine Montan-Aktien abgeschlossen. „Aus der Prämie" hat er am 30. Mai 1928 300 Stück der Aktien fest übernommen, d. h. er hat, wie dies sein Recht war, effektive Lieferung dieser Stücke verlangt. Dieser Kauf kann nicht, wie der Berufungsrichter will, als ein selbständiges Geschäft angesehen werden, sondern er bildet einen untrennbaren Teil des ganzen Prämiengeschäfts. Dessen rechtliche Natur ist allerdings bestritten. Von einer Seite wird es als ein Kauf mit dem Vorbehalt des Rücktritts gegen Reugeld angesehen, von anderer als der einer Anwartschaft, der sich, wenn Lieferung verlangt wird, in einen Kauf von Effekten oder Waren umwandle (so Nußbaum in Ehrenbergs Handbuch Bd. IV. Abt. 2 S. 581). Die erstgenannte rechtliche Auffassung erscheint als die natürlichere. Sie ist vom erkennenden Senat schon in früheren Entscheidungen zugrunde gelegt worden (JW. 1902 S. 101 Nr. 50 und LZ. 1908 Sp. 304 Nr. 35). Davon abzuweichen, besteht kein Anlaß. In jedem Fall aber handelt es sich um ein einheitliches Rechtsgeschäft (Nußbaum ebenda); der effektive Bezug stellt sich dar als eine der möglichen Abwicklungsarten. Prämiengeschäfte sind in aller Regel Börsentermingeschäfte, auch im vorliegenden Falle besteht kein Anlaß zu einer anderen Annahme. Nach dem bisher feststehenden Sachverhalt ist somit der Standpunkt des Berufungsgerichts nicht begründet, es liege der äußeren Form nach ein Kassageschäft vor, zumal da aus dem Vorbringen der Parteien, insbesondere dem vorgelegten Kontoauszuge, nicht zu entnehmen ist, daß dem Beklagten der Kassakurs vom 30. Mai 1928 berechnet worden wäre.

Zutreffend hat das Oberlandesgericht ausgeführt, daß, wenn ein Börsentermingeschäft vorliegt, es sich um ein erlaubtes, aber sogenanntes inoffizielles handelt. Die Vorschrift des § 63 Abs. 1 BörsGes., der Börsentermingeschäfte in Anteilen von Bergwerks- und Fabrikunternehmungen nur mit Genehmigung der Reichsregierung für zulässig erklärt, gilt nicht für die Anteile auswärtiger Unternehmungen (so die herrschende Meinung, vgl. Düringer-Hachenburg-Breit 3. Aufl. Bd. V 1 S. 587; RGZ. Bd. 88 S. 91). Für die Frage der Wirksamkeit kommt in erster Reihe in Betracht, ob der Beklagte börsentermінsfähig war. Da er, soweit ersichtlich, weder Kaufmann ist noch jetzt oder früher berufsmäßig Börsentermingeschäfte oder Bankiergeschäfte betrieben hat, wird zu prüfen sein, ob er zur Zeit des Geschäftsabschlusses an einer dem Handel mit Wertpapieren dienenden Börse mit der Befugnis zur Teilnahme am Börsenhandel dauernd zugelassen war. Sollte der Beklagte nicht börsenterminsfähig sein, so würde weiter zu untersuchen sein, ob etwa das Geschäft gemäß § 57 BörsGes. — § 54 daselbst kommt anscheinend nicht in Frage — verbindlich geworden ist. Dabei ist darauf hinzuweisen, daß die vereinbarte Leistung erst dann bewirkt sein würde, wenn die Papiere dem Beklagten zu Eigentum übertragen sein sollten, nicht, wenn sie ihm nur auf Stückekonto gutgeschrieben oder wenn sonst bloß ein Anspruch auf Lieferung begründet worden wäre (RGZ. Bd. 129 S. 206). In letzter Reihe würde der Einwand erneut zu prüfen sein, es handle sich um ein Differenzgeschäft oder Spiel.

24. Zur Frage der Beweislast bei der Anfechtung eines zwischen Verwandten vorgenommenen Erfüllungsgeschäfts.

AnfG. § 3 Nr. 2.

VII. Zivilsenat. Urt. v. 15. April 1932 i. S. Ra. (Kl.) w. Ro. (Bekl.). VII 335/31.

I. Landgericht Konstanz.
II. Oberlandesgericht Karlsruhe.

Der Kläger hat gegen die Witwe H., eine Schwester des Beklagten, ein vorläufig vollstreckbares Urteil vom 27. Juni 1930 erwirkt, wonach diese ihm 10000 RM. nebst Zinsen zu zahlen hat. Die Witwe H. ist jetzt vermögenslos und unpfändbar. Am 6. Februar 1929 hatte sie dem Beklagten für eine angebliche Darlehnsforderung gegen sie eine Briefhypothek in Höhe von 8000 RM. bewilligt. Die Hypothek lastet auf einem Grundstück in M., welches die H. auf ihren Namen, jedoch mit Mitteln erworben hatte, die ihr der Kläger mit Rücksicht auf eine zwischen ihnen geplante Heirat vorgestreckt hatte. Sie hat das Grundstück nachträglich wieder veräußert.

Mit der Klage hat der Kläger die Hypothekbestellung nach § 3 Nr. 2 und 3 AnfG. angefochten. Das Landgericht hat den Beklagten verurteilt, zur Befriedigung des Klägers wegen 10000 RM. die Zwangsvollstreckung in die Hypothek zu dulden. Das Oberlandesgericht hat die Klage abgewiesen. Auf die Revision des Klägers wurde das angefochtene Urteil aufgehoben und die Sache an die Vorinstanz zurückverwiesen.

Gründe:

Der Berufungsrichter hat im Gegensatz zum ersten Richter die Hypothekbestellung nicht als eine unentgeltliche Verfügung der Witwe H. angesehen, sondern festgestellt, daß der Beklagte seiner Schwester in der Zeit von 1925 bis 1929 Geldbeträge in Höhe von über 8000 RM. als Darlehen gegeben und daß ihm diese die hypothekarische Sicherstellung von Anfang an zugesagt habe. Der Berufungsrichter sieht daher in der Bestellung der Hypothek ein reines Erfüllungsgeschäft, keine unentgeltliche Verfügung, sodaß für die Anfechtung nur noch § 3 Nr. 2 AnfG. in Betracht kommt. Er nimmt nun zwar an, daß durch die Hypothekbestellung die Gläubiger der Witwe H. benachteiligt worden seien; er meint ferner, nach dem Wortlaut des Gesetzes sei es freilich an sich Sache des Beklagten, zu beweisen, daß ihm zur Zeit der Hypothekbestellung eine Absicht seiner Schwester, ihre Gläubiger zu benachteiligen, nicht bekannt gewesen sei. Da es sich aber um ein Erfüllungsgeschäft handle, dürfe nach allgemeinen Erfahrungssätzen angenommen werden, daß die H. keine Benachteiligungsabsicht, daß jedenfalls der Beklagte von einer solchen Absicht keine Kenntnis gehabt habe. Daher hält der Berufungsrichter die Anfechtung aus § 3 Nr. 2 AnfG. nicht für gerechtfertigt.

Die Revision des Klägers ist begründet. Die Art und Weise, wie der Berufungsrichter den Beklagten des Beweises seiner Nichtkenntnis von einer Benachteiligungsabsicht der H. oder des Fehlens einer solchen Absicht für enthoben erachtet, kommt auf eine Umkehrung der Beweislast hinaus. Nun ist aber nach der neueren ständigen, auch vom Schrifttum gebilligten Rechtsprechung des Reichsgerichts grundsätzlich anzunehmen, daß auch bei reinen Erfüllungsgeschäften und bei kongruenter Deckung die Beweislast beim Anfechtungsgegner verbleibt (RGZ. Bd. 45 S. 23, Bd. 110 S. 354, Bd. 125 S. 250; WarnRspr. 1932 Nr. 16; Jaeger KO. 6./7. Aufl. Bd. 1 S. 628/629; Warneyer Anfechtungsgesetz 2. Aufl. S. 115). Die Annahme, daß ein reines Erfüllungsgeschäft unter Verwandten frei sei von einer Gläubigerbenachteiligungsabsicht des Schuldners und von deren Kenntnis durch den Vertragsgegner, kann nur auf Erwägungen tatsächlicher Art gestützt werden, also nur den Sinn eines Erfahrungssatzes haben, nicht aber zu einer Umkehrung der Beweislast führen. Nun will sich zwar der Berufungsrichter dieser Ansicht anschließen, in Wirklichkeit setzt er sich aber mit ihr in Widerspruch, indem er eine für das Vorhandensein einer Benachteiligungsabsicht wesentliche Behauptung des Klägers zurückweist, weil dieser dafür keinen ausreichenden Beweis angetreten habe. Der Kläger hatte nämlich unter Eideserbieten behauptet, er habe nach Weihnachten 1928, also kurz vor der angefochtenen Hypothekbestellung vom 6. Februar 1929, der Witwe H. geschrieben, wenn es nicht zur Heirat zwischen ihnen komme, verlange er sein Geld zurück. Wäre diese Behauptung richtig, so würde zunächst die Annahme gerechtfertigt sein, daß die H. mit der Hypothekbestellung den Kläger zu benachteiligen beabsichtigte; möglicherweise hätte dann der Tatrichter auch die Frage der Kenntnis des Beklagten von dieser Benachteiligungsabsicht anders beurteilt. Bei der gegebenen

Sachlage wäre es aber Aufgabe des Beklagten gewesen, die dem erwähnten Erfahrungssatz entgegenstehende Behauptung zu widerlegen. Hatte der Kläger eine derartige Behauptung aufgestellt, dann war nicht er dafür beweispflichtig, sondern der Beklagte hatte auf Grund der ihm nach § 3 Nr. 2 AnfG. in vollem Umfang obliegenden Beweispflicht den Gegenbeweis für die Unrichtigkeit der Behauptung des Klägers zu führen...

---

25. Zur Auslegung der Befreiungsvorschrift im Absatz 3 zu b der Tarifstelle 18 Nr. 2 des preußischen Stempelsteuergesetzes vom 27. Oktober 1924.

VII. Zivilsenat. Urt. v. 15. April 1932 i. S. AG. f. D. u. V. (Kl.) w. Preuß. Staat (Bekl.). VII 428/31.

I. Landgericht Kassel.
II. Oberlandesgericht daselbst.

Die klagende Aktiengesellschaft hatte mit 110 Personen schriftliche Vereinbarungen über die Übernahme je einer Agentur ihrer Zeitung „K. T." in Orten der Umgebung der Stadt K. getroffen. Als Vergütung sollte der Verlag für das Austragen einer Zeitung 40 Pfg. monatlich, für neu gewonnene Bezieher 1,25 RM. Prämie, für alle durch die Agenten überwiesenen Anzeigen 10% des Rechnungsbetrags zahlen; außerdem sollte jeder Agent ein Freistück der Zeitung erhalten.

Das Finanzamt hat für die 110 Vertragsurkunden und für jede der zugehörigen Nebenausfertigungen einen Stempel von je 3 RM. gefordert. Die Klägerin verlangt die Feststellung, daß sie nicht verpflichtet sei, den Stempelbetrag von 660 RM. an den Beklagten zu zahlen.

Die Vorinstanzen haben die Klage abgewiesen. Die Revision der Klägerin führte zur Aufhebung und Zurückverweisung.

Gründe:

Nach Tarifst. 18 Nr. 2 Abs. 3 zu b des preußischen Stempelsteuergesetzes sind Verträge, durch welche Arbeits- oder Dienstverhältnisse auf bestimmte oder unbestimmte Zeit gegen zu gewissen Zeiten wiederkehrendes Entgelt (Lohn, Gehalt und dergl.) versprochen werden, von der Stempelsteuer befreit, wenn der Jahresbetrag der Gegenleistung 1500 GM. nicht übersteigt.

Der Berufungsrichter hat bei den Lohnzahlungen für das Austragen der Zeitung angenommen, daß sie als zu bestimmten Zeiten wiederkehrende Leistungen aufzufassen seien, bei denen die erforderliche Gleichmäßigkeit trotz gewisser Schwankungen in der Höhe der einzelnen Bezüge vorhanden sei; er verneint aber die Anwendbarkeit der Befreiungsvorschrift, weil den Agenten neben dem Lohn für das Austragen eine Prämie für jeden Neubezieher und eine Anzeigenprovision versprochen worden seien. Er führt aus, dieses Versprechen enthalte die Zusicherung einer weiteren, zu unbestimmten Zeiten wiederkehrenden, nicht genau festgelegten Vergütung, die ein eigenes, unabhängig vom Austragelohn bestehendes Entgelt darstelle.

Diese Darlegungen des Berufungsgerichts enthalten keine Feststellung des Inhalts der in den Urkunden verlautbarten Erklärungen der Vertragschließenden, sondern eine rechtliche Kennzeichnung dieser Erklärungen. Insoweit sind sie in der Revisionsinstanz frei nachzuprüfen.

In den Urkunden hat die Klägerin jeweils dem anderen Teile die Agentur ihrer Zeitung übertragen. Zu den üblichen Verpflichtungen eines Zeitungsagenten gehört eine gewisse Werbetätigkeit für die Zeitung. Die Vergütung dafür ist nicht in Form einer festen Summe vereinbart, sondern von dem Erfolg der Tätigkeit des Agenten in der Weise abhängig gemacht worden, daß er für die Werbung eines Beziehers eine bestimmte Summe und für die Überweisung einer Anzeige einen bestimmten Hundertsatz des Rechnungsbetrags erhält. Auch diese Zahlungen stellen sich als eine Entlohnung für die Agententätigkeit dar; sie beruhen also nicht auf Vereinbarungen, die neben dem Vertrag über das Austragen der Zeitung eine selbständige Bedeutung hätten. Prämie und Provision bilden einen Teil der dem Agenten zustehenden Gesamtvergütung und können, was die Anwendbarkeit der stempelrechtlichen Befreiungsvorschrift angeht, keinen anderen Regeln unterworfen werden als der Lohn für das Austragen der Zeitung. Daß ihre Zahlung zu anderen als den für die Lohnzahlung vertraglich bestimmten Terminen erfolgen sollte, kann den Urkunden nicht entnommen werden. Auch in RGZ. Bd. 79 S. 34 ist aus der Tatsache, daß neben dem Lohn für das Austragen eine Vergütung für das Gewinnen neuer Zeitungsbezieher bedungen war, nichts gegen die Anwendbarkeit der Befreiungsvorschrift hergeleitet worden. Durch die Zahlung verdienter Prämien und Provisionen tritt also nur eine Erhöhung der zu den bestimmten Zeiten zu leistenden Gesamtzahlungen der Klägerin ein, durch deren Veränderlichkeit die Anwendung der Befreiungsvorschrift nicht ausgeschlossen wird. Denn das Gesetz legt nicht darauf den Nachdruck, daß ein dem Betrage nach gleichbleibendes Entgelt vereinbart wird, sondern darauf, daß es sich um Entgelt bestimmter Art (Lohn, Gehalt und dergl.) handelt. Für die Annahme der Revisionsbeantwortung, daß die Befreiung nur anwendbar sei, wenn der Empfänger des Entgelts in einem Unterordnungsverhältnis zum Vertragsgegner stehe, gibt das Gesetz keinen Anhalt.

Das Berufungsgericht hat über die Jahresbeträge der Vergütungen noch keine Feststellungen getroffen. Der Umstand, daß sich diese nicht aus den Vertragsurkunden ergeben, steht ihrer Feststellung — trotz § 3 StStG. — nicht entgegen, weil es sich dabei um eine Wertangabe handelt, die nicht zum Inhalt des in der Urkunde verlautbarten Rechtsgeschäfts gehört. Zur endgültigen Entscheidung ist daher die Sache noch nicht reif.

---

26. 1. Erstreckt sich die Befreiung der preußischen Eisenbahngesellschaften von der Entrichtung einer Gewerbesteuer nach § 38 Abs. 2 des preußischen Eisenbahngesetzes vom 3. November 1838 (GS. S. 505) auch auf eine Gemeinde-Gewerbesteuer?

2. Zur Tragweite des § 49 das. Wen trifft die dort zu Gunsten der Eisenbahngesellschaften vorgesehene Entschädigungspflicht?

3. Hat die preußische Gewerbesteuerverordnung vom 23. November 1923 (GS. S. 519) die zu 1 bezeichnete Gewerbesteuerfreiheit aufgehoben?

4. Hat sie den Entschädigungsanspruch der Eisenbahngesellschaften wegen Abschaffung ihrer Gewerbesteuerfreiheit aufgehoben oder beschränkt?

5. Inwieweit wäre eine solche Aufhebung oder Beschränkung mit Art. 153 RVerf. vereinbar?

IX. Zivilsenat. Urt. v. 10. Februar 1932 i. S. Preuß. Staat (Bekl.) w. R. S. Eisenb. AG. (Kl.). IX 177/31.

I. Landgericht I Berlin.
II. Kammergericht daselbst.

Die Klägerin betreibt eine auf Grund des preußischen Eisenbahngesetzes vom 3. November 1838 genehmigte Eisenbahnlinie. Sie wurde im Jahre 1924 erstmalig auf Grund der preußischen Gewerbesteuerverordnung vom 23. November 1923 zur Gewerbesteuer veranlagt und hatte in den Jahren 1924 bis 1928 an mehrere Gemeinden Gewerbeertragssteuer, Lohnsummensteuer und Gewerbekapitalsteuer, insgesamt 18690,06 RM. zu zahlen. Die Klägerin hat die Verwaltungsgerichte zur Entscheidung der Frage angerufen, ob sie gewerbesteuerpflichtig sei; alle Instanzen haben ihre Gewerbesteuerpflicht bejaht.

Mit der Klage begehrt die Klägerin die Zahlung einer angemessenen Entschädigung für ihre Belastung mit der Gewerbesteuer. Sie stützt den Anspruch auf § 49 in Verbindung mit § 38 Abs. 2 EisenbG. und auf Art. 153 RVerf., weil der Beklagte in der Gewerbesteuerverordnung vom 23. November 1923 und ebenso in deren Neufassungen vom 6. Mai 1926 (GS. S. 149), 15. März 1927 (GS. S. 21) und 13. März 1928 (GS. S. 16) die der Klägerin durch § 38 Abs. 2 EisenbG. verliehene Befreiung von der Entrichtung einer Gewerbesteuer aufgehoben habe. Der Preußische Staat meint, er sei nicht der richtige Beklagte, denn die Gewerbesteuer sei eine reine Gemeindesteuer, und die Aufhebung der Befreiung sei nicht ihm, sondern nur den Gemeinden zugute gekommen. Im übrigen sei die Vorschrift des § 49 EisenbG. eine bloße Rahmenvorschrift, die niemals ausgefüllt worden sei, sodaß aus ihr keine Rechte hergeleitet werden könnten. Sie sei überdies durch die Gewerbesteuerverordnung beseitigt worden.

Die vom Beklagten erhobene Einrede der Unzulässigkeit des Rechtswegs ist in allen Rechtszügen, zuletzt durch das RGZ. Bd. 130 S. 313 abgedruckte Urteil des erkennenden Senats, verworfen worden. In der Sache selbst hat das Berufungsgericht den Klaganspruch dem Grunde nach für gerechtfertigt erklärt. Die Revision des Beklagten blieb ohne Erfolg.

Gründe:

1. Grundlegend für die Entscheidung ist die Beantwortung der Frage, ob die Bestimmung des § 38 Abs. 2 EisenbG.: „Von der

Entrichtung einer Gewerbesteuer bleiben die Eisenbahn-Gesellschaften befreit" sich nur auf eine staatliche oder auch auf eine gemeindliche Gewerbesteuer erstreckt. Hätte der Gesetzgeber die Gesellschaften nur von der damals nach dem Gesetz wegen Entrichtung der Gewerbesteuer vom 30. Mai 1820 (GS. S. 147) erhobenen staatlichen Gewerbesteuer freilassen wollen, so hätte es nahe gelegen, zu bestimmen, daß sie von „der Gewerbesteuer" befreit bleiben sollten. Die Wahl des unbestimmten Ausdrucks „einer Gewerbesteuer" spricht dafür, daß Befreiung von jeglicher Gewerbesteuer gewährt werden sollte. Das ergibt sich aber auch aus dem mit der Befreiung erkennbar verfolgten Zweck des Gesetzes. Man sicherte denjenigen, welche sich zur Anlegung einer Eisenbahn entschließen oder sich an solchem Unternehmen durch Zeichnung von Aktien beteiligen würden, in dem Gesetz zu, daß der zu gründenden Gesellschaft besondere Vergünstigungen zustehen sollten, so in den §§ 2 und 15 die Befreiung von gewissen Stempeln und Sporteln, in § 7 die Befugnis, die für das Unternehmen erforderlichen Grundstücke ohne Genehmigung einer Staatsbehörde zu erwerben, in § 8 das Recht, die erforderlichen Grundstücke im Wege der Enteignung zu erwerben, in § 9 das Recht zur vorübergehenden Benutzung fremder Grundstücke. Zu diesen Vergünstigungen gehörte auch die des § 38 Abs. 2. Der offensichtlich vom Gesetzgeber erstrebte Zweck, den Bau von Eisenbahnen zu fördern, verlangte es, den Unternehmer- und Geldgeberkreisen bestimmte Zusicherungen darüber zu machen, welchen Abgaben die Gesellschaften unterliegen würden. Das Gesetz bestimmte deshalb in § 38 Abs. 1 Satz 1, von den Eisenbahnen sei eine Abgabe zu entrichten, welche „im Verhältnisse des auf das gesamte Aktien-Kapital, nach Abzug aller Unterhaltungs- und Betriebskosten und des jährlich inne zu behaltenden Beitrags zum Reservefonds, treffenden Ertrags sich abstuft", eine Abgabe also, die nur vom Reinertrag zu entrichten sein sollte. In Satz 2 das. behielt sich das Gesetz vor, die Höhe dieser Abgabe erst später festzusetzen, wenn die nötigen Erfahrungen gesammelt wären, und bestimmte nur für die Zwischenzeit, bis dahin sei die Post für den Verlust zu entschädigen, den sie durch die Eisenbahnen in ihrer Einnahme erleide. Außerdem wurde die Abgabe durch die in § 39 EisenbG. gegebene Zweckbestimmung einer Beschränkung in ihrer Höhe unterworfen. Diese staatliche Abgabe war, wie das Preußische Obertribunal in einem Erkenntnis vom 16. März 1875 (ObTrib. Bd. 75 S. 117) sagt, eine eigenartige direkte Abgabe, die, indem sie „den Eisenbahnen" als solchen auferlegt und von deren Reinertrage zu erheben ist, als eine auf das Eisenbahnunternehmen selbst und dessen gewerblichen Betrieb gelegte Steuer anzusehen ist. Ebenso wie in jenem Erkenntnis der sich an die §§ 38, 39 EisenbG. anlehnende Art. 15 des Staatsvertrages, die Thüringische Eisenbahn betreffend, vom 19. April 1844 (GS. S. 444) ausgelegt worden, ist auch die Bestimmung des § 38 Abs. 2 dahin zu deuten: es sollte eine doppelte oder mehrfache Besteuerung der Gesellschaft aus dem gedachten gleichen finanziellen Gesichtspunkt ausgeschlossen werden. „In diese Kategorie fiel", wie das Obertribunal mit Recht sagt, „selbstverständlich nicht die Kommunal-Einkommensteuer", von der damals die Eisenbahngesellschaft Befreiung beanspruchte, und die „keine Gewerbesteuer im spezifischen Sinne des Gesetzes vom 30. Mai 1820" war (a. a. O. S. 119); die Zusicherung, daß nur die sog. Eisenbahnabgabe zu zahlen sei, die Gesellschaft aber sonst von einer Gewerbesteuer befreit bleibe, sollte keine Befreiung „von allen anderen allgemeinen Landes- und Gemeindesteuern" für die Zukunft gewährleisten. Das Obertribunal hat also die Heranziehung der Eisenbahngesellschaften zur Gemeinde-Einkommensteuer nicht deshalb für zulässig erklärt, weil sie keine Staatssteuer, sondern deshalb, weil sie keine Gewerbesteuer war. Daraus ergibt sich die Auffassung des Obertribunals, daß sich die Befreiung auf jede andere Gewerbesteuer als die sog. Eisenbahnabgabe erstreckte, ohne Rücksicht darauf, ob sie eine staatliche oder eine gemeindliche Steuer war. Dem ist beizustimmen. Der Zweck des § 38 Abs. 2 EisenbG. wäre vereitelt worden, wenn die Unternehmer und Geldgeber ihn dahin hätten verstehen müssen, daß der Staat die Gesellschaften zwar von der staatlichen Gewerbesteuer freilassen, sich aber das Recht vorbehalten wolle, den Gemeinden die Heranziehung zu einer künftig etwa einzuführenden gemeindlichen Gewerbesteuer zu gestatten.

Wenn der IV. Zivilsenat des Reichsgerichts in seiner Entscheidung vom 24. Februar 1881 (Eger EisenbEntsch. Bd. 1 S. 412) sagt, es sei nicht zu bezweifeln, daß der § 38 EisenbG. nur von Staatsabgaben handle, so erklärt sich das daraus, daß es zu jener Zeit noch keine Gemeinde-Gewerbesteuer gab und das Gericht keinen Anlaß hatte, sich mit der Frage zu beschäftigen, ob eine solche Steuer unter

§ 38 Abs. 2 fiele. Aber selbst wenn der IV. Zivilsenat auf dem Standpunkt gestanden hat, daß sich die Vorschrift des § 38 Abs. 2 auf keine Gemeindesteuer erstrecke, so ist doch der jetzt erkennende Senat nicht gehindert, von dieser Auffassung abzuweichen, da jenes Urteil nicht auf der Auslegung des § 38 Abs. 2 beruht, sondern auf der Auslegung der Staatsverträge vom 20. Dezember 1841 (GS. 1844 S. 438) und vom 19. April 1844.

Die Rundverfügungen des Preußischen Ministers des Innern und des Finanzministers vom 29. September 1856 und vom 7. August 1859, betr. die Heranziehung der Eisenbahn-Gesellschaften zu den Kommunal-Abgaben (MinBl. f. inn. Verw. 1856 S. 256 und 1859 S. 210) behandeln nur die Heranziehung der Gesellschaften zu den Kommunal-Einkommensteuern und den ihnen beizuzählenden Kommunalabgaben. Aus beiden Erlassen ist nichts für die Auffassung zu entnehmen, daß sich § 38 Abs. 2 EisenbG. nur auf eine staatliche Gewerbesteuer erstrecken sollte... (Wird näher ausgeführt.)

Ob sich der Gesetzgeber bei Erlaß des preußischen Gewerbesteuergesetzes vom 24. Juni 1891 (GS. S. 205) dessen bewußt gewesen ist, daß die Befreiungsvorschrift des § 38 Abs. 2 EisenbG. noch gelte, ist aus der Entstehungsgeschichte des Gesetzes nicht mit Sicherheit zu entnehmen. In der Begründung zu § 4 des Entwurfs heißt es nur unter Nr. 6: „Der Betrieb derjenigen Eisenbahnen, welche nach den Gesetzen vom 30. Mai 1853 (GS. S. 449) und vom 16. März 1867 (GS. S. 465) der Eisenbahnabgabe unterliegen, muß zur Vermeidung einer doppelten gewerblichen Besteuerung von der allgemeinen Gewerbesteuer befreit bleiben." Und nach dem Bericht der X. Kommission des Preußischen Abgeordnetenhauses über den Entwurf eines Kommunalabgabengesetzes hat zu dessen § 23 Abs. 3 (§ 28 Abs. 3 des preußischen Kommunalabgabengesetzes vom 14. Juli 1893, GS. S. 152) der Preußische Finanzminister ausgeführt, die Eisenbahnen seien auch bisher nur zur Gemeinde-Einkommensteuer herangezogen, und es erscheine nicht angemessen, die Besteuerung auf die Gewerbesteuer auszudehnen. Die Frage, ob der Staat nach § 49 EisenbG. die Eisenbahngesellschaften entschädigen müsse, wenn ihre Besteuerung durch die Gemeinden auf die Gewerbesteuer ausgedehnt würde, ist, soweit ersichtlich, bei der Beratung weder des Gewerbesteuergesetzes noch des Kommunalabgabengesetzes erörtert worden. Aber selbst wenn man bei Erlaß dieser beiden Gesetze davon ausgegangen sein sollte, daß § 38 Abs. 2 EisenbG. durch die Gesetze vom 30. Mai 1853 (GS. S. 449) und 16. März 1867 (GS. S. 465), aufgehoben worden sei, welche die dort vorbehaltene Eisenbahnabgabe geregelt hatten, und wenn man geglaubt haben sollte, durch die genannten Gesetze vom 24. Juni 1891 und vom 14. Juli 1893 die Befreiung der Eisenbahngesellschaften von einer Gewerbesteuer neu zu ordnen, so wären doch durch sie die Bestimmungen des § 38 Abs. 2 und des § 49 EisenbG. nicht aufgehoben worden. Denn in Wahrheit haben jene Gesetze die Befreiung nicht neu geregelt, sondern nur ihre Anwendbarkeit auf den Fall der Gemeindesteuer bestätigt.

2. Unrichtig ist die Ansicht der Revision, der § 49 EisenbG. sei nur ein Rahmengesetz gewesen und in Ermanglung einer ihn ausfüllenden gesetzlichen Regelung auch geblieben. Die Revision meint, es fehle in § 49 an Bestimmungen über das Verfahren, über die Höhe der Entschädigung und über die entschädigungspflichtigen Stellen; das alles habe erst durch spätere gesetzliche Bestimmungen geregelt werden sollen. Demgegenüber ist darauf hinzuweisen, daß bei der Möglichkeit, die ordentlichen Gerichte anzurufen, die Schaffung eines besonderen Verfahrens nicht notwendig war, und daß die Höhe der zu gewährenden Geldentschädigung ausdrücklich dahin bestimmt worden ist, daß sie „angemessen“ sein solle, ein Maßstab, der in zahlreichen Fällen den Gerichten genügen muß, um die Höhe einer Leistung zu bestimmen. Allerdings enthält § 49 EisenbG. keine ausdrückliche Bestimmung darüber, wer die zu gewährende Entschädigung zu zahlen hat, während in den — später durch das Enteignungsgesetz ersetzten — Vorschriften über die Enteignung von Grundstücken für ein Eisenbahnunternehmen bestimmt worden ist, daß die Eisenbahngesellschaft die Entschädigung zu leisten hat. Aber daraus kann nicht mit der Revision gefolgert werden, daß der Gesetzgeber die Bestimmung über die Person des Verpflichteten späterer gesetzlicher Regelung habe vorbehalten wollen. Wer der Verpflichtete sein sollte, ergab sich bei vernünftiger Auslegung des Gesetzes ohne weiteres. Dieses legte die Rechte und Pflichten zwischen Konzessionsgeber und -nehmer fest. Der Konzessionsgeber, der Staat, behielt sich aber in § 49 das Recht vor, die gegebenen Bestimmungen mit Wirkung auch für die schon konzessionierten Gesellschaften künftig einseitig zu ergänzen, abzuändern oder ihnen auch ganz neue Bestimmungen hinzuzufügen. Dieser Vorbehalt brachte

Unsicherheit in die Beurteilung der Frage, ob ein geplantes Eisenbahnunternehmen Aussicht auf wirtschaftlichen Erfolg bieten werde, und konnte Unternehmerkreise von der Errichtung einer geplanten Bahn abschrecken. Um das zu verhindern, anderseits aber doch eine sich etwa als erforderlich erweisende weitergehende Änderung der Konzessionsbedingungen zu ermöglichen, beseitigte der Gesetzgeber die den Eisenbahngesellschaften aus dem Vorbehalt drohende Gefahr dadurch, daß er ihnen für den in § 49 vorgesehenen Fall eine angemessene Geldentschädigung zusicherte. Nach dem Zusammenhang kann diese Bestimmung nur dahin verstanden werden, daß der Staat selbst eine angemessene Entschädigung zu gewähren habe, wenn sein Gesetzgebungsorgan durch die vorbehaltene einseitige Änderung der Konzessionsbedingungen eine Beschränkung der Einnahmen oder eine Vermehrung der Ausgaben der Gesellschaft herbeiführen werde. Das schloß nicht aus, daß der Staat, falls durch jene Änderung ein anderer begünstigt wurde, diesem Begünstigten zugleich Leistungen auferlegte, durch welche die Eisenbahngesellschaften angemessen entschädigt wurden, und daß auf diese Weise der Staat die Entstehung einer Entschädigungspflicht verhinderte oder sie von sich abwälzte.

Danach ist die Bestimmung des § 49 EisenbG. nicht als bloßes Rahmengesetz erlassen worden, sondern hat unmittelbar anwendbares Recht geschaffen. Aus dem Vorstehenden ergibt sich zugleich die Unrichtigkeit der Ausführungen der Revision darüber, daß zur Zahlung der Entschädigung nur der verpflichtet sein könne, dem die Aufhebung der Gewerbesteuerfreiheit zugute gekommen sei, und daß das nur die Gemeinden seien, weil die Gewerbesteuer nach der Verordnung vom 23. November 1923 und deren Neufassungen keine Staatssteuer, sondern eine reine Gemeindesteuer sei.

Mit der vorstehenden Auffassung, daß § 49 EisenbG. unmittelbar anwendbares Recht geschaffen habe, stimmt auch die Rechtsprechung des ehemaligen Preußischen Obertribunals überein. Seine Entscheidung vom 27. Januar 1860 (ObTrib. Bd. 42 S. 280 = Strieth. Arch. Bd. 36 S. 172) betraf eine Klage der Köln—Mindener Eisenbahngesellschaft, die infolge eines nach ihrer Konzessionierung ergangenen neuen Gesetzes Beiträge zur Gemeindeeinkommensteuer hatte zahlen müssen. Die Gesellschaft verklagte den Fiskus auf Grund des § 49 EisenbG. auf Schadensersatz. Der Fiskus selbst hielt den § 49 auf die in Rede stehende Gemeindeabgabe nicht für anwendbar und glaubte sich deshalb zu der verlangten Erstattung nicht für verbunden, und auch das Obertribunal zog nicht in Zweifel, daß § 49 unmittelbar anwendbares Recht sei. Die klagende Gesellschaft vertrat die Auslegung, daß der Staat die Eisenbahnen wegen jeder Einbuße oder Mehrausgabe zu entschädigen habe, die ihnen durch irgendeine allgemeine, mit dem Eisenbahngesetz in gar keinem Zusammenhang stehende gesetzliche Bestimmung möglicherweise erwachsen könne, z. B. durch ein neues Zollgesetz, Sportelgesetz usw. Eine solche „schrankenlose Garantie", nahm das Obertribunal an, habe der Staat in § 49 keineswegs übernommen und vernünftigerweise nicht übernehmen können; die im Schlußsatz erteilte Zusicherung einer angemessenen Geldentschädigung habe sich nur auf solche neuen gesetzlichen Bestimmungen bezogen, die sich als Abänderungen, Ergänzungen oder Zusätze zum Eisenbahngesetz darstellten; dazu gehöre nicht die Städteordnung mit ihren Bestimmungen über die Teilnahme an den städtischen Gemeindelasten.

3. Die Revision meint, auch wenn § 49 EisenbG. unmittelbar anwendbares Recht sei, könne die Klägerin doch aus ihm keinen Anspruch herleiten, weil sich der Staat dort durch die Bezugnahme auf § 38 des Gesetzes die Beseitigung der Gewerbesteuerfreiheit vorbehalten habe; diese Bezugnahme bedeute einen Vorbehalt für den ganzen § 38, also auch für seinen Absatz 2.

Das ist verfehlt. Wenn in dem Schlußsatz des § 49 bestimmt wurde, es sei den Eisenbahngesellschaften eine angemessene Geldentschädigung zu gewähren, falls durch neue, in diesem Gesetz weder festgesetzte noch vorbehaltene (§ 38) Bestimmungen eine Beschränkung ihrer Einnahmen oder eine Vermehrung ihrer Ausgaben herbeigeführt werden sollte, so konnte nach Wortlaut, Sinn und Zweck des ganzen Satzes mit der Einfügung von „(§ 38)" hinter „vorbehaltene" nur ein Hinweis auf einen in § 38 enthaltenen Vorbehalt gewollt sein. Das war die in § 38 Abs. 1 ausdrücklich auf später verschobene Regelung der dort vorgesehenen Eisenbahnabgabe, eine Regelung, die der Gesetzgeber erst treffen wollte, wenn die erforderlichen Erfahrungen gesammelt wären. Ohne diesen Vorbehalt in Abs. 1 des § 38 wäre die Verweisung auf § 38 in § 49 sinnlos gewesen. Auf den Absatz 2 des § 38 kann sich die Verweisung nicht beziehen, da dort nichts vorbehalten, sondern ohne jeden Vorbehalt die Befreiung von der Entrichtung einer Gewerbesteuer ausgesprochen worden ist. Daraus, daß sich der Gesetzgeber bei Abfassung des § 49 damit begnügt hat, auf den Vorbehalt in § 38 zu verweisen, kann also nicht gefolgert werden, daß er sich für den ganzen Inhalt des § 38 das Recht der Änderung ohne Entschädigung habe vorbehalten wollen.

4. Die Revision sucht weiter auszuführen, ein Anspruch aus § 49 EisenbG. entfalle auch deshalb, weil es sich bei der Beseitigung der Gewerbesteuerfreiheit nicht um eine Änderung des Eisenbahngesetzes, sondern um eine Folge der allgemeinen Gesetzgebung handle. Das ist nicht richtig. Zwar hat ein Gewerbesteuergesetz mit dem Eisenbahnwesen an sich nicht mehr zu tun als ein Einkommensteuer- oder ein Grundsteuergesetz. Aber das Eisenbahngesetz selbst hat in seine Konzessionsbestimmungen als besondere Vorschrift die Befreiung der Eisenbahngesellschaften gerade von der Gewerbesteuer aufgenommen. Wenn also im Wege der allgemeinen Gesetzgebung Bestimmungen über die Gewerbesteuer getroffen wurden, so wurden die von dieser Steuer durch den § 38 Abs. 2 EisenbG. als Sondergesetz gänzlich befreiten Eisenbahngesellschaften durch jene allgemeine Gesetzgebung nicht berührt. Wurde aber — sei es auch im Rahmen der allgemeinen Gesetzgebung — die Gewerbesteuerbefreiung des § 38 Abs. 2 aufgehoben, dann bedeutete dies aufhebende Gesetz, wenigstens in seinem die Aufhebung enthaltenden Teil, eine Abänderung des Eisenbahngesetzes, und zwar eine Abänderung im Sinne des § 49 das. Gerade für den dort vorbehaltenen Fall einer solchen Änderung hat der Staat den Eisenbahngesellschaften eine angemessene Geldentschädigung zugesichert. Es handelt sich also bei der Aufhebung der Gewerbesteuerfreiheit keineswegs, wie bei der Unterwerfung der Gesellschaften unter die Gemeindeeinkommensteuer, um eine allgemeine, mit dem Eisenbahngesetz in keinem Zusammenhang stehende gesetzliche Bestimmung im Sinne der Entscheidung des Obertribunals in Bd. 42 S. 283.

5. Ihrem Wortlaut nach hat auch die Gewerbesteuerverordnung vom 23. November 1923 nicht die Befreiungsvorschrift des § 38 Abs. 2 EisenbG., sondern in Art. II Nr. 1 und 2 nur das Gewerbesteuergesetz vom 24. Juni 1891 und die der Verordnung entgegenstehenden Vorschriften des Kommunalabgabengesetzes vom 14. Juli 1893, mithin nur die in diesen beiden Gesetzen ausgesprochene Be-

stätigung der Befreiung aufgehoben. Aber der Wille des Gesetzgebers von 1923 ist offensichtlich auf ihre Beseitigung gegangen, und dieser Wille ist auch mit hinreichender Deutlichkeit aus der Verordnung erkennbar. Einer der Gründe, vielleicht der Hauptgrund für die Befreiung von der Gewerbesteuer war bei Erlaß des Eisenbahngesetzes die dort in § 38 Abs. 1 vorbehaltene Belastung der Eisenbahngesellschaften mit der — erst durch die Gesetze vom 30. Mai 1853 und 16. März 1867 geregelten — sog. Eisenbahnabgabe. Dieser Zusammenhang zwischen der Eisenbahnabgabe und der Gewerbesteuerfreiheit läßt es, wie das Preußische Oberverwaltungsgericht (OVG. Bd. 80 S. 21) zutreffend angenommen hat, als ausgeschlossen erscheinen, daß der Gesetzgeber von 1923 die Gewerbesteuerfreiheit der Eisenbahngesellschaften hätte aufrechterhalten wollen, während er durch Aufhebung der Gesetze von 1853 und 1867 (Art. II Nr. 4 GewStVo.) die Eisenbahnabgabe beseitigte. Vielmehr hat er offenbar durch die Aufhebung des § 4 Nr. 6 des Gewerbesteuergesetzes vom 24. Juni 1891 und des § 28 Abs. 3 KommAbgG. und durch die Nichtaufnahme der Gesellschaften unter die Zahl derer, welche Steuerfreiheit beanspruchen können (§ 3 GewStVo.), die Gesellschaften der Gewerbesteuer unterwerfen wollen und nur deshalb die Eisenbahnabgabe beseitigt.

6. Diese Unterwerfung der Eisenbahngesellschaften unter die durch die Gewerbesteuerverordnung vom 23. November 1923 geschaffene und durch deren spätere Neufassungen aufrechterhaltene Gemeindegewerbesteuer war nach § 49 EisenbahnG. zulässig, weil darin ausdrücklich vorbehalten worden war, „die im gegenwärtigen Gesetze gegebenen Bestimmungen durch allgemeine Anordnungen ... zu ergänzen und abzuändern ..." (so auch das Preußische Oberverwaltungsgericht in der in Sachen der Klägerin ergangenen Entscheidung vom 8. November 1927). Diese Vorschrift macht, wie ebenfalls das Oberverwaltungsgericht annimmt, die Gültigkeit der das Gesetz oder die Konzessionsurkunden abändernden Bestimmungen nicht von der im Schlußsatz des § 49 zugesicherten Geldentschädigung abhängig, sondern gibt nur im Falle der an sich unbeschränkt zulässigen Abänderungen den betroffenen Gesellschaften einen Entschädigungsanspruch. Daß etwa auch die Bestimmung des § 49 EisenbahnG. aufgehoben worden sei, nimmt das Oberverwaltungsgericht nicht an. Es läßt nur, weil für seine Entscheidung unerheblich,

dahingestellt, ob die Vorschrift des § 49 über Gewährung einer angemessenen Geldentschädigung dadurch erfüllt worden ist, daß gleichzeitig mit der Abschaffung der Gewerbesteuerfreiheit die Eisenbahnabgabe aufgehoben worden ist.

Nicht als richtig anerkannt werden kann die Ansicht der Revision, der Wille des Gesetzgebers von 1923 sei dahin gegangen, durch Aufhebung des § 38 Abs. 2 EisenbG. auch den Entschädigungsanspruch des § 49 das. zu beseitigen, soweit er sich auf eine neue gesetzliche Regelung der Gewerbesteuer erstreckt. Jedenfalls ist ein solcher Wille aus der Verordnung nicht erkennbar, sondern nur der Wille, es solle die Entschädigungsverpflichtung aus § 49 als durch die Abschaffung der Eisenbahnabgabe erfüllt angesehen werden.

7. Aber auch wenn in der Verordnung von 1923 der Wille des Gesetzgebers zu finden wäre, den § 49 EisenbG. aufzuheben, soweit er den Staat bei Abschaffung der Gewerbesteuerfreiheit entschädigungspflichtig macht, oder ihn dahin abzuändern, daß als angemessene Entschädigung die Aufhebung der Eisenbahnabgabe gelten solle, wäre insoweit die Verordnung wegen Verletzung des Art. 153 RVerf. ungültig. Die Entziehung des Entschädigungsanspruchs oder seine Beschränkung unter das Maß einer angemessenen Entschädigung ist ein Eingriff des Staates in bestehende Vermögensrechte der Klägerin und damit nach allgemeiner, auch in der Rechtsprechung des Reichsgerichts anerkannter Auffassung eine Enteignung nach Art. 153 RVerf. Sie kann nach Abs. 2 des Art. 153 nur „zum Wohle der Allgemeinheit" vorgenommen werden. Ob diese Voraussetzung überhaupt vorliegt oder ob es sich nicht nur um eine Entziehung eines Vermögensrechts im rein fiskalischen Interesse des Staates handelt, kann dahingestellt bleiben. Denn auf jeden Fall muß der allgemeine Rechtsgrundsatz Anwendung finden, daß der Staat wohlerworbene Rechte von Privatpersonen auch im Gesetzgebungsweg ohne Entschädigung nicht aufheben oder beschränken darf. Dieser Grundsatz ist aus Art. 153 RVerf. auch für solche Fälle ohne weiteres zu entnehmen, in denen eine Enteignung nicht im Interesse des gemeinen Wohls stattfindet (vgl. WarnRspr. 1923 Nr. 184). Allerdings kann durch besondere Gesetzesanordnung die Entschädigungspflicht ausgeschlossen werden. Das ist aber in entsprechender Anwendung des Art. 153 Abs. 2 Satz 2 RVerf. auch hier nur noch durch Reichsgesetz möglich.

Der Annahme einer Enteignung oder der Anwendung des vorerwähnten, dem Art. 153 RVerf. entsprechenden allgemeinen Rechtsgrundsatzes steht nicht die Auffassung entgegen, daß eine Enteignung einen Einzeleingriff in Rechte bestimmter Personen oder doch eines bestimmt begrenzten Personenkreises voraussetzt (vgl. RGZ. Bd. 116 S. 271, 273, Bd. 128 S. 171, Bd. 129 S. 144 und Bd. 133 S. 125; Entsch. des Staatsgerichtshofs RGZ. Bd. 124 Anh. S. 33). Denn bei den preußischen Eisenbahngesellschaften, die bis zur Verordnung vom 23. November 1923 von der Gewerbesteuer befreit gewesen sind, handelt es sich um einen bestimmt begrenzten Kreis von juristischen Personen.

Der Beklagte kann sich gegenüber dem Klaganspruch nicht auf seine Finanzhoheit berufen. Allerdings ist das Recht zur Erhebung der öffentlichen Abgaben ein Ausfluß der Finanzhoheit des Staates. Es steht deshalb grundsätzlich in der Macht des Staates, eine einmal gesetzlich bestimmte Befreiung von einer Steuer durch ein späteres Gesetz ohne Entschädigung aufzuheben (vgl. RGZ. Bd. 111 S. 139). Daher wäre der Preußische Staat auch befugt gewesen, den § 38 Abs. 2 EisenbG. ohne Entschädigung für die betroffenen Eisenbahngesellschaften aufzuheben, wenn nicht die in § 49 das. bestimmte Entschädigungspflicht bestände. Die Entziehung des Privilegs auf „eine angemessene Geldentschädigung", das § 49 den unter das Eisenbahngesetz fallenden Eisenbahngesellschaften gewährt, ist aber keine Auferlegung einer öffentlichen Abgabe. Das Privileg war für die Klägerin ein, wenn auch auf öffentlichrechtlicher Grundlage entstandenes, subjektives Privatrecht. Der preußische Gesetzgeber hat sich weder vorbehalten, dies Privileg (das Recht auf angemessene Entschädigung) durch Gesetz ohne Entschädigung zu entziehen, noch auch, die Höhe der angemessenen Entschädigung durch Gesetz zu bestimmen. Seit dem Inkrafttreten der Reichsverfassung vom 11. August 1919 steht deshalb das Privileg der Klägerin unter dem Schutz des Art. 153 RVerf. Das heißt: da kein Reichsgesetz etwas anderes bestimmt, könnte das Privileg der Klägerin nur gegen angemessene Entschädigung entzogen werden. Wäre in der Gewerbesteuerverordnung vom 23. November 1923 eine entschädigungslose Entziehung gewollt, so wäre sie rechtsunwirksam. Unwirksam ist aber ebenso die dort gewollte Abgeltung des Entschädigungsanspruchs durch die Befreiung von der Eisenbahnabgabe, da diese Abgabe nach den Feststellungen des Berufungsgerichts für die hier allein in Betracht kommenden Jahre 1924 bis 1928 von der Klägerin auch dann nicht zu entrichten gewesen wäre, wenn die Abgabe nicht durch Gesetz aufgehoben worden wäre.

Die Frage, in welcher Weise die Klägerin angemessen entschädigt werden muß, ist unbedenklich dahin zu beantworten, daß der Beklagte ihr bei Aufhebung der Gewerbesteuerfreiheit im Jahre 1923 eine den damaligen Verhältnissen angemessene Entschädigung in Geld zu gewähren hatte. Bei ihrer Bemessung ist zu berücksichtigen, daß die Eisenbahnabgabe im Rahmen von § 38 Abs. 1 und § 39 EisenbG. vielleicht hätte erhöht werden können und daß jedenfalls für die Klägerin die dauernde Aufhebung der Eisenbahnabgabe für die Zukunft einen Vorteil bedeutete, auch wenn sie in den Jahren 1924 bis 1928 keinesfalls diese Abgabe zu zahlen gehabt hätte.

Danach hat das Berufungsgericht mit Recht den Klaganspruch dem Grunde nach für gerechtfertigt erklärt. Ob etwa die angemessene Entschädigung grundsätzlich in der Gewährung einer einmaligen Abfindung zu bestehen hätte, kann der Erwägung des Tatrichters überlassen werden. Wenn der Beklagte mit einer fortlaufenden Entschädigung einverstanden ist, so bestehen jedenfalls auch gegen die Zubilligung einer solchen keine rechtlichen Bedenken.

---

27. Wird die Gültigkeit eines privatschriftlichen Testaments, an dem der Erblasser über Mitternacht hinaus geschrieben hat, dadurch in Frage gestellt, daß er den eben abgelaufenen Tag als den der Errichtung angibt?

BGB. § 2231 Nr. 2.

IV. Zivilsenat. Urt. v. 29. Februar 1932 i. S. W. (Kl.) w. B. u. Gen. (Bekl.). IV 244/31.

I. Landgericht I Berlin.
II. Kammergericht daselbst.

Die Frage ist verneint worden aus folgenden

Gründen:

Die Nichtigkeit des Haupttestaments vom 2. August 1928 wie des Nachtrags vom selben Tage will die Klägerin daraus herleiten, daß in ihnen der Tag der Errichtung unrichtig angegeben sei.

Das Reichsgericht hat in ständiger Rechtsprechung angenommen, daß der nach § 2231 Nr. 2 BGB. erforderlichen Angabe des Ortes und des Tages der Errichtung die rechtliche Bedeutung nicht einer Willenserklärung, sondern eines Zeugnisses zukommt, und daß sie deshalb bei Vermeidung der Nichtigkeit des Testaments der Wahrheit entsprechen muß (vgl. die im RGRKomm. Anm. 5 zu § 2231 BGB. angeführten Urteile). Die hier vom Berufungsgericht festgestellte Echtheit der Urkunden begründet aber die Vermutung der Richtigkeit der darin enthaltenen Orts- und Zeitangaben (RGZ. Bd. 64 S. 423; WarnRspr. 1919 Nr. 70). Das Berufungsgericht nimmt also zutreffend an, daß die Klägerin für die Unrichtigkeit der Datierung vom 2. August 1928 beweispflichtig ist. Sie hat nun vorgebracht, der Erblasser müsse bis in den 3. August hinein an den Testamenten geschrieben haben; denn er habe erst nach der gegen $^1/_2$1 Uhr erfolgten Abstellung des Rundfunks erklärt, er sei jetzt mit Schreiben fertig. Das Berufungsgericht hat diese Behauptung für unerheblich angesehen, indem es erwägt, auch bei Unterstellung ihrer Richtigkeit bleibe die Möglichkeit offen, daß die Niederschrift der Testamente vor Mitternacht beendet gewesen sei und daß sich der Erblasser später nur mit ihrer Durchsicht beschäftigt habe. Diese Beurteilung liegt auf tatsächlichem Gebiet und gibt zu rechtlichen Bedenken keinen Anlaß.

Hilfsweise führt das Berufungsgericht aus, daß dem Erfordernis der richtigen Zeitangabe auch dann genügt wäre, wenn der Erblasser noch etwa eine halbe Stunde über Mitternacht hinaus an den Urkunden geschrieben und sie erst am 3. August gegen $^1/_2$1 Uhr fertiggestellt haben sollte. Es kann sich dabei nach Lage der Sache nur um die später verfaßte der beiden Urkunden handeln, die ausdrücklich als „Nachtrag zu meinem heutigen Testament" bezeichnet ist, aber äußerlich eine selbständige letztwillige Verfügung darstellt und allen Erfordernissen einer solchen genügen muß. Auch gegen diese hiernach lediglich den Nachtrag betreffende Beurteilung des Berufungsgerichts sind keine rechtlichen Bedenken zu erheben. In einer Reihe von Entscheidungen, die Fälle betreffen, in denen ein privatschriftliches Testament in mehreren zeitlich auseinanderfallenden Absätzen errichtet oder durch einen späteren Zusatz ergänzt oder abgeändert worden ist, hat der Senat ausgesprochen, daß es für die Frage der Richtigkeit der Datierung auf den Zeitpunkt der Fertigstellung des Testaments, regelmäßig also der unterschriftlichen Vollziehung, entscheidend ankommt (RGZ. Bd. 71 S. 302, Bd. 111 S. 262, Bd. 115 S. 112; JW. 1917 S. 925 Nr. 2; WarnRspr. 1919 Nr. 70 u. a.). Hier liegt der Fall insofern anders, als die Errichtungshandlung keine Unterbrechung erfahren, sich aber über Mitternacht hinaus ausgedehnt hat. Wenn der Testator in einem solchen Falle nicht darauf achtet, daß die Mitternacht vorüber ist, und die Urkunde mit dem Datum des eben erst abgelaufenen Tages versieht, so ist diese Zeitangabe zwar ungenau, aber insofern nicht unrichtig, als ja die Errichtungshandlung wenigstens teilweise dem bereits abgelaufenen Tage angehört hat. Eine solche Zeitangabe genügt den vernünftigerweise an ihre Richtigkeit zu stellenden Anforderungen und kann deshalb trotz einer gewissen Ungenauigkeit nicht die Gültigkeit des Testaments in Frage stellen, mag sie am Kopf oder am Ende der Urkunde stehen. Die gegenteilige Ansicht würde auf einen die Bedürfnisse des Lebens aus den Augen verlierenden Formalismus hinauslaufen (ebenso Staudinger-Herzfelder BGB. § 2231 Anm. VC5 Abs. 2; RGRKomm. BGB. § 2231 Anm. 5; KG. in ROLG. Bd. 44 S. 98; anscheinend auch Kipp Erbrecht 8. Bearb. § 13 Anm. 14 und Planck BGB. § 2231 Anm. II 4bα).

---

28. 1. Zur Auslegung einer Vertragsbestimmung, nach der Darlehnsrückzahlungen nach Wahl des Gläubigers entweder in holländischer Währung oder in deutscher Reichswährung zu leisten sind.

2. Fassung der Urteilsformel bei Verurteilung zu einer solchen Leistung.

BGB. §§ 262, 263.

IV. Zivilsenat. Urt. v. 17. März 1932 i. S. Sch. (Bekl.) w. V. Bank (Kl.). IV 391/31.

I. Landgericht I Berlin.
II. Kammergericht daselbst.

Am 28. Juli 1913 schlossen die Parteien zu notariellem Protokoll einen Darlehnsvertrag. In § 1 dieses Vertrags bekannte der Beklagte, von der Klägerin, einer holländischen Bank, ein Darlehen von

100000 M. erhalten zu haben. Nach § 3 Abs. 1 verpflichtete er sich, das Kapital vom 1. August 1913 ab mit jährlich 6 v. H. zu verzinsen. § 3 Abs. 2 bestimmte:

Die Zahlungen sind nach Wahl der Bank entweder in holländischer Währung (die Mark berechnet als 60 holländische Cents) oder in deutscher Reichsmark im Geschäftslokale der Bank im Haag (Holland) zu leisten.

Das Darlehen sollte am 1. Juli 1918 zur Rückzahlung fällig sein (§ 4). Unter gewissen Voraussetzungen sollte die Klägerin jedoch zur vorzeitigen Kündigung berechtigt sein (§ 5). In § 9 unterwarf sich der Beklagte der sofortigen Zwangsvollstreckung aus der Urkunde. Nach § 11 unterwarfen sich die Parteien wegen aller Streitigkeiten aus dem Vertrage der Zuständigkeit des Landgerichts I Berlin sowie den Grundsätzen des deutschen Rechts. Im Jahre 1914 kündigte die Klägerin das Darlehen, ließ sich eine vollstreckbare Ausfertigung der Vertragsurkunde erteilen und versuchte in der Folgezeit wiederholt Zwangsvollstreckungen gegen den Beklagten. Am 10. April 1930 wurde der Klägerin auf ihren Antrag eine neue Vollstreckungsklausel in Höhe eines Teilbetrags von 1200 holländischen Gulden erteilt. Diese wurde aber auf Einwendung des Beklagten für unzulässig erklärt.

Mit der Klage verlangt die Klägerin Zahlung von 1200 holländischen Gulden oder des Betrages, der erforderlich ist, um 1200 holländische Gulden am Zahlungstag anzuschaffen, nebst Zinsen. Der Beklagte will die Klage abgewiesen haben. Widerklagend verlangt er für einen Kapitalteilbetrag von 6000 holländischen Gulden die Feststellung, daß die Klägerin aus dem notariellen Vertrag vom 28. Juli 1913 keinen Anspruch gegen ihn auf Bezahlung in holländischen Gulden habe.

Das Landgericht wies die Klage ab und erkannte nach dem Widerklagantrag. Das Kammergericht entschied umgekehrt. Die Revision des Beklagten führte zur Aufhebung und Zurückverweisung.

Gründe:

... Den § 3 Abs. 2 des Vertrags vom 28. Juli 1913 legt das Kammergericht dahin aus, daß er nicht bloß auf die Zinszahlungen, sondern auch auf die Kapitalrückzahlungen zu beziehen sei. Das ihr hiernach zustehende Wahlrecht — so wird ausgeführt — habe die Klägerin durch ihre Briefe vom 31. Juli 1926 und 24. Januar 1928 sowie durch die Erhebung der auf Guldenzahlung gerichteten Klage ausgeübt. Daß die Klägerin bereits im Jahre 1914 durch Kündigung die Forderung in Papiermark fällig gemacht und eine ebenfalls für eine Wahlerklärung verwendbare Handlung, nämlich die Erteilung des Vollstreckungsauftrags in Mark, vorgenommen habe, könne an diesem Ergebnis nichts ändern. Eine damals vorgenommene Wahl habe sich auf eine jetzt nicht mehr bestehende Währung bezogen, sei also heute gegenstandslos geworden. Der Klägerin stehe hiernach ein Guldenanspruch zu.

Der Angriff, den die Revision gegen die Auslegung des § 3 Abs. 2 des Vertrags durch das Berufungsgericht erhebt, kann keinen Erfolg haben. Es trifft nicht zu, daß § 3 Abs. 2 das Wahlrecht der Klägerin ausdrücklich auf die Zahlung von Zinsen beschränke, sodaß die Auslegung des Kammergerichts, wie die Revision offenbar geltend machen will, gegen den klaren Wortlaut des Vertrags verstoße. Die Bestimmung war vielmehr, wie das Berufungsgericht mit Recht angenommen hat, der Auslegung fähig. Die von ihm vorgenommene Auslegung ist möglich und daher für das Revisionsgericht bindend.

Im übrigen aber ist das angefochtene Urteil nicht frei von Rechtsirrtum. Das Kammergericht geht davon aus, daß durch den Vertrag vom 28. Juli 1913 ein Wahlschuldverhältnis gemäß §§ 262flg. BGB. begründet worden sei. Diese Annahme hätte jedoch einer näheren Begründung bedurft. Es ist zwar möglich, daß die Bestimmung in § 3 Abs. 2 des Vertrags von den Parteien im Sinne einer wahlweisen (alternativen) Währungsklausel gemeint war, also dahin, daß von vornherein zwei Leistungen, nämlich nach Wahl des Gläubigers entweder ein Betrag von 100000 M. oder der entsprechende Guldenbetrag (die Mark berechnet als 60 holländische Cents) geschuldet sein sollten. In diesem Fall läge allerdings ein Wahlschuldverhältnis vor. Denkbar ist aber auch, daß es sich nach dem Willen der Parteien bei der Bestimmung in § 3 Abs. 2 lediglich um eine facultas alternativa (Ersetzungsbefugnis) des Gläubigers handeln sollte, derart, daß zwar zunächst nur eine Leistung, nämlich ein Betrag von 100000 M. geschuldet wurde, der Klägerin aber das Recht zustehen sollte, statt der Zahlung des Markbetrags Zahlung in holländischer Währung zu verlangen. In diesem Rechtszuge kann zu der Frage keine abschliezende Stellung genommen werden, da ihre Beantwortung wesentlich von der an Hand der Vertragsurkunde vorzunehmenden Ermittlung des Parteiwillens abhängt.

Läge eine Ersetzungsbefugnis des Gläubigers vor, so würde die Vorschrift des § 263 BGB. keine Anwendung finden (WarnRspr. 1916 Nr. 158). Es wäre daher nicht ausgeschlossen, daß der Darlehnsgläubiger später Zahlungen in holländischer Währung verlangen kann, auch wenn er früher Zahlungen in deutscher Währung gefordert oder angenommen hat. Für die Frage, ob dies zulässig ist, kommt es lediglich auf den Parteiwillen und die besondere Gestaltung des Rechtsverhältnisses an.

Beim Vorliegen eines Wahlschuldverhältnisses würde noch zu prüfen sein, ob nicht die nachgiebige Vorschrift des § 263 BGB. durch Vereinbarung der Parteien außer Wirksamkeit gesetzt worden ist (vgl. WarnRspr. 1923/24 Nr. 63). Wäre § 263 gleichwohl anwendbar, so würde es noch näherer Feststellungen bedürfen, ob und in welcher Weise bereits vor Eintritt des Währungsverfalls eine Wahlerklärung der Klägerin abgegeben worden war dahin, daß sie Zahlung in Mark verlange. Die bisherigen Darlegungen des Kammergerichts reichen hierfür nicht aus. Die Kündigung des Kapitals enthält für sich allein noch nicht notwendig eine Wahlerklärung. Ob in dem Betreiben der Zwangsvollstreckung wegen eines Markbetrags eine Wahlerklärung gefunden werden kann, läßt sich nur auf Grund der näheren Umstände zutreffend beurteilen. Rechtsirrig ist jedenfalls, wie der Revision zuzugeben ist, der Ausspruch des Kammergerichts, daß eine bereits im Jahre 1914 erfolgte Wahlerklärung der Klägerin heute gegenstandslos geworden sei, weil sie sich auf eine jetzt nicht mehr bestehende Währung bezogen habe. Die frühere deutsche Währung ist nicht ersatzlos untergegangen, sondern durch die neue Reichswährung ersetzt worden. Für die Umrechnung gilt § 5 Abs. 2 des Münzgesetzes vom 30. August 1924 (RGBl. II S. 254). Danach ist, sofern eine Schuld in Mark bisheriger Währung gezahlt werden kann, der Schuldner berechtigt, die Zahlung in gesetzlichen Zahlungsmitteln in der Weise zu leisten, daß eine Billion Mark einer Reichsmark gleichgesetzt werden. Wenn daher ein Wahlschuldverhältnis vorlag und wenn die Forderung auf Grund einer bereits im Jahre 1914 erfolgten Wahlerklärung der Klägerin zu einer Markforderung geworden war, so unterlag diese Forderung den Wandlungen der deutschen Währung, da die Parteien nach der ausdrücklichen Bestimmung in § 11 des Vertrags vom 28. Juli 1913 ihre Vertragsbeziehungen den Grundsätzen des deutschen Rechts unterworfen hatten. Die Frage, ob die Klägerin Aufwertung ihrer Markforderung verlangen könnte, liegt auf einem anderen Gebiet.

Eine Stellungnahme zu der Frage, ob ein Wahlschuldverhältnis oder eine bloße Ersetzungsbefugnis des Gläubigers vorliegt, würde sich erübrigen, wenn etwa der Vertrag seinem ganzen Inhalt nach in der Weise auszulegen wäre, daß die Klägerin in der jeweiligen Reichswährung so viel solle fordern können, als zur Deckung ihrer Forderung in Guldenwährung nötig ist, oder daß sie berechtigt sei, für 100 M. 60 holländische Gulden zu verlangen. Solche Vertragsauslegungen lagen dem Urteil des VI. Zivilsenats des Reichsgerichts vom 11. Dezember 1919 (teilweise abgedr. JW. 1920 S. 373 Nr. 2) und dem Urteil desselben Senats vom 20. Dezember 1921 (WarnRspr. 1921 Nr. 134) zugrunde.

Das Berufungsurteil entbehrt nach alledem einer erschöpfenden rechtlichen und tatsächlichen Würdigung des Streitstoffs. Seine Ausführungen vermögen die Entscheidung, daß die Klägerin Zahlung in holländischen Gulden fordern könne, noch nicht zu tragen. Aus diesem Grunde mußte es aufgehoben und die Sache zur anderweiten Verhandlung und Entscheidung an das Berufungsgericht zurückverwiesen werden...

Die Revision macht noch geltend, daß, da die Klägerin Zahlung von holländischen Gulden verlange, die Verurteilung nur zur Zahlung von holländischen Gulden habe ausgesprochen und der Beklagte auch nicht hilfsweise dazu habe verurteilt werden können, den Betrag — gemeint ist: den Reichsmarkbetrag — zu zahlen, der erforderlich sei, um den Guldenbetrag am Zahlungstag anzuschaffen. Diese Bemängelung ist unbegründet. An sich könnte die Klägerin nach § 3 Abs. 2 des Vertrags Zahlung in ihrem Geschäftslokal im Haag (Holland) verlangen. Von diesem Recht hat sie in der Klage keinen Gebrauch gemacht, sondern sich auf das Verlangen nach Zahlung im Inland beschränkt. Nach § 244 Abs. 1 BGB. kann, wenn eine in ausländischer Währung ausgedrückte Geldschuld im Inland zu zahlen ist, die Zahlung in Reichswährung erfolgen, es sei denn, daß Zahlung in ausländischer Währung ausdrücklich bedungen ist. Ob diese Vorschrift hier anwendbar wäre, kann auf sich beruhen, denn die Klägerin gesteht dem Beklagten in ihrem Klagantrag ein Wahlrecht dahin zu, die Zahlung entweder in Gulden oder in Reichswährung zu leisten. Der Beklagte wird hierdurch nicht beschwert, sondern begünstigt. Die Fassung der Formel des Berufungsurteils, die dem Klagantrag entspricht, unterliegt daher keinen Bedenken. Im übrigen ist auch bei einem lediglich auf ausländische Währung lautenden Schuldtitel im Zweifel anzunehmen, daß er nicht auf Verschaffung ausländischer Geldsorten — die Vollstreckung eines solchen Schuldtitels wäre zur Zeit nach § 10 der Siebenten Verordnung zur Durchführung der Verordnung des Reichspräsidenten über die Devisenbewirtschaftung vom 10. November 1931 (RGBl. I S. 673) nur mit Genehmigung der Stelle für Devisenbewirtschaftung zulässig —, sondern auf Zahlung eines in ausländischer Währung ausgedrückten Geldbetrags in Reichswährung gerichtet ist (vgl. RGZ. Bd. 106 S. 74; Stein-Jonas ZPO. Vorbem. I 1 vor § 803; Planck BGB. § 244 Anm. 1).

---

29. Ist in der vertraglichen Einräumung einer „Option" auf Erfindungen und Schutzrechte ein aufschiebend bedingter Vertrag oder ein bloßes Angebot zu finden?

BGB. § 158. Preuß. Stempelsteuergesetz v. 27. Oktober 1924 § 3, Tarifstelle 7.

VII. Zivilsenat. Urt. v. 15. April 1932 i. S. Preuß. Staat (Bekl.) w. A. E. G. AG. (Kl.). VII 2/32.

I. Landgericht I Berlin.
II. Kammergericht daselbst.

Die Klägerin hat mit Hans B. am 9. September 1929 einen Vertrag geschlossen, in dem dieser zunächst erklärt, „über die Erfindung und Patente des Herrn Oswald Bü. gemäß Anlage betreffend eine Kinomaschine mit optischem Ausgleich in Deutschland und anderen Staaten frei verfügen" zu können. In § 1 heißt es dann: „B. räumt der A. E. G. zunächst eine Option auf die vertraglichen Erfindungen und Schutzrechte auf die Dauer von sechs Monaten ein.

Diese Optionszeit soll der A. E. G. ermöglichen, die vertraglichen Erfindungen und Schutzrechte zu prüfen und die Eignung der Kinomaschine für Massenfabrikation zu untersuchen". Die weiteren Absätze des § 1 regeln das Verhältnis zwischen den Vertragsteilen während der Optionszeit. Sodann bestimmt § 2: „Wenn sich die A. E. G. bis zum Ablauf der Optionszeit entschließt, die Option auszuüben, so erwirbt sie hierdurch eine ausschließliche Fabrikations- und Lieferungslizenz für Deutschland, Danzig ...". Die übrigen Vertragsbestimmungen betreffen das Verhältnis zwischen den Vertragsteilen nach Ausübung der Option.

Die Klägerin hat die Option nicht ausgeübt. Gleichwohl hat das Finanzamt den vollen Stempel für einen bedingten Kaufvertrag nach Tarifst. 7 Abs. 1 in Verbindung mit § 3 Abs. 2 des preußischen Stempelsteuergesetzes sowie die durch die Verhandlungen entstandenen Kosten von der Klägerin eingezogen. Diese ist der Ansicht, daß es sich nur um ein Vertragsangebot handle, das sie nicht angenommen habe. Sie verlangt deshalb mit der Klage die Rückzahlung zuviel erhobener Stempelsteuer in Höhe von 1065,46 RM. samt Zinsen.

Das Landgericht hat die Klage abgewiesen; das Kammergericht hat ihr entsprochen. Die Revision des Beklagten wurde zurückgewiesen.

Gründe:

Der Berufungsrichter nimmt auf Grund der Urkunde vom 9. September 1929 an, die Vertragsteile hätten keinen bedingten Kaufvertrag über die Erfindungen oder Lizenzen abgeschlossen. Der erste Teil des Vertrags handle davon, was zwischen den Parteien gelten solle, solange die Klägerin die ihr von B. zur Prüfung überlassenen Modelle untersuche. Diese nichts über einen Kauf enthaltenden Vertragsbestimmungen hätten das „zunächst bestehende Vertragsverhältnis" regeln sollen. Erst der mit § 2 beginnende Teil des Vertrags enthalte Bestimmungen darüber, was nach Erwerb der Lizenzen durch die Klägerin gelten solle. Aus den Worten „Wenn sich die A. E. G. entschließt, die Option auszuüben" gehe eindeutig hervor, daß die Klägerin in ihren Entschließungen völlig frei sein solle und daß den §§ 2flg. des Vertrags nicht die Bedeutung bereits abgeschlossener, wenn auch aufschiebend bedingter Bindungen zukomme. Der erklärte Wille der Vertragsparteien sei vielmehr dahin gegangen, zunächst ein gegenwärtiges Optionsverhältnis zu regeln, und es der Klägerin zu überlassen, ob sie ein darüber hinausgehendes Vertragsangebot des B. in späterer Zeit annehmen oder ablehnen wolle. Eine rechtliche Verpflichtung der Klägerin, ihre Entschließungen vom Ergebnis der in § 1 des Vertrags erwähnten Prüfung abhängig zu machen, könne auch nicht aus ihrem Ablehnungsschreiben vom 24. Juni 1930 gefolgert werden, in dem sie nach Untersuchung und Prüfung der Modelle ihre Ablehnung sachlich begründe. Der Berufungsrichter meint daher, der Kaufstempel sei zu Unrecht erhoben worden, und hält demgemäß den Rückforderungsanspruch der Klägerin für gerechtfertigt.

Der Revision des Beklagten war der Erfolg zu versagen. Wenn der Berufungsrichter — im Gegensatz zum Landgericht — den streitigen Vertrag nicht als festgeschlossenen, lediglich durch die Optionserklärung bedingten Lizenzvertrag ansieht, so kann dem aus Rechtsgründen nicht entgegengetreten werden. Der Ausdruck „Option" ist mehrdeutig. Es kann sich bei einer Option darum handeln, daß ein aufschiebend bedingter Vertrag abgeschlossen ist, und der eine Teil durch ein von seinem Willen abhängiges Tun, nicht durch sein bloßes Wollen die Bedingung erfüllt. Es kann aber auch dem Optionsberechtigten gegenüber nur ein reines Angebot erklärt sein und von seinem völlig freien Willen abhängen, ob er das Angebot annimmt oder nicht. Was die Parteien im einzelnen Fall beabsichtigt haben, ist Tatfrage. In dem RGZ. Bd. 34 S. 302 entschiedenen Fall war festgestellt worden, daß nicht die freie Willkür entscheiden, sondern objektive Gründe und die bei der Probe gemachten Erfahrungen für die Entschließung des Optionsberechtigten maßgebend sein sollten. Ähnliche Feststellungen waren in den vom Reichsgericht am 15. Dezember 1898 (JW. 1899 S. 84 Nr. 31), 13. Juli 1900 (JW. 1900 S. 668 Nr. 28) und 20. Oktober 1903 (Zentralblatt der Abgaben-Gesetzgebung und Verwaltung in Preußen 1904 S. 19) entschiedenen Fällen getroffen worden. Immer sollte die Entscheidung des Berechtigten geleitet sein durch das Ergebnis von Prüfungen und Erfahrungen; daher wurden mit Recht aufschiebend bedingte Kaufverträge angenommen. Im vorliegenden Falle hat aber der Berufungsrichter festgestellt, daß die Klägerin in ihren Entschließungen völlig frei sein sollte, und daß sie diese nicht vom Ergebnis einer Prüfung abhängig zu machen brauchte. Sie konnte die Güte der Erfindungen voll anerkennen und durfte dennoch, sogar ohne Angabe von Gründen, erklären, daß sie die Option nicht ausüben wolle. Auch dabei mußte sich ihr Vertragsgegner bescheiden. Bei einer solchen Sachlage ist noch kein Vertrag geschlossen, auch kein bedingter. Das Zustandekommen des Vertrags hängt nicht von einem Tun der Klägerin ab, sondern von ihrer reinen Willkür. Wer sich aber nur für den Fall verpflichtet, daß er wollen wird, verpflichtet sich tatsächlich noch nicht (RGZ. Bd. 131 S. 24 [26]; vgl. auch das. S. 310)...

---

30. Vermindert sich die Bereicherung, die bei einem nichtigen Darlehnsvertrag durch den Empfang des Geldes entstanden ist, um die vom Empfänger gezahlten vermeintlichen Darlehnszinsen?
BGB. § 818 Abs. 1.

IV. Zivilsenat. Urt. v. 21. April 1932 i. S. Stadtgemeinde W. (Bekl.) w. W.er Bank, eingetr. Gen. mbH. (Kl.). IV 124/31.

I. Landgericht Altona.
I. Oberlandesgericht Kiel.

Die verklagte Stadtgemeinde hat von der Klägerin eine Reihe von Geldbeträgen auf Grund von Darlehnsvereinbarungen erhalten, die wegen Verstoßes gegen zwingende Vorschriften der maßgebenden Städteordnung nichtig waren. Die Klägerin fordert die Herausgabe des hingegebenen Geldes unter dem Gesichtspunkt der ungerechtfertigten Bereicherung, lehnt es aber ab, hierauf die in der Zwischenzeit empfangenen Zinsen anzurechnen. Das Berufungsgericht hat die Abzugsfähigkeit dieser Zinsen verneint. Das Reichsgericht hat sie bejaht aus folgenden

Gründen:

... Der Auffassung des Berufungsrichters kann insofern nicht beigetreten werden, als er gegenüber dem Bereicherungsanspruch die Abzugsfähigkeit der in der Zwischenzeit gezahlten vermeintlichen Darlehnszinsen verneint hat. Für einen Teil des Betrages, so führt er aus, sei in den Zinszahlungen ein Ausgleich für die gezogenen Nutzungen insofern zu finden, als sich das in die städtischen Betriebswerke gesteckte Geld mindestens in Höhe der gezahlten Zinsbeträge verzinst habe. Ob die darin liegende, aus der allgemeinen Erfahrung hergeleitete tatsächliche Feststellung ausreicht, um eine rechtlich einwandfreie Grundlage zu bieten, kann auf sich beruhen. Denn jedenfalls kann nicht der aus ihr gezogenen rechtlichen Folgerung beigetreten werden. Das der Beklagten gegebene Geld ist nicht als solches den Werken zugeflossen, sondern lediglich verwandt worden zur Bezahlung der Kosten ihrer Herstellung. Nicht das hingegebene Geld, sondern der mit ihm errichtete oder vervollkommnete Betrieb hat die etwa erzielten Nutzungen abgeworfen. Gegenstand der Bereicherung war aber nur die Geldsumme. Er hat sich durch deren Verwendung nicht geändert.

Nicht haltbar ist ferner die für den ganzen Betrag angestellte Erwägung des Berufungsgerichts, die Stadt habe Nutzungen von dem empfangenen Geld in Höhe der Vertragszinsen gezogen, da sie sonst das Geld von anderer Seite hätte aufnehmen und in gleicher Höhe verzinsen müssen, diese Zinsen also erspart hätte. Ersparte Zinsen sind keine Nutzungen im Sinne des Bürgerlichen Gesetzbuches, auch nicht, soweit dieses Zinsen als Vorteile bezeichnet, welche der Gebrauch der Sache gewährt (§§ 100, 818 Abs. 1).

Von einem Ausgleich ersparter Zinsen durch die tatsächlich gezahlten könnte nur dann die Rede sein, wenn sich die Bereicherung als Folge der Hingabe des Geldes nicht in dem entsprechenden Vermögenszuwachs erschöpft hätte, sondern wenn diesem eine weitere, fortschreitende Vermögensvermehrung in Höhe der fortlaufend ersparten Zinsbeträge hinzugetreten wäre. Dieser Gesichtspunkt ist indes als dem Bereicherungsrecht des Bürgerlichen Gesetzbuches fremd abzulehnen. Nach ihm soll nur ein Ausgleich der ohne Rechtsgrund eingetretenen objektiven Vermögensverschiebung stattfinden. Nutzungen sollen nur dann herausgegeben werden, wenn sie tatsächlich gezogen worden sind. Die abweichende Meinung würde im vorliegenden Falle nur auf eine Billigkeitserwägung hinauslaufen, für welche die Regeln des Bereicherungsrechts keinen Raum bieten. Daß sie auch dem allgemeinen Rechtsempfinden grundsätzlich fremd ist, kann schon daraus entnommen werden, daß sie einen aus Bereicherung herzuleitenden Anspruch auf Entrichtung von Zinsen zur Folge haben müßte, daß ein solcher aber weder hier noch, soweit ersichtlich, in anderen Rechtsstreitigkeiten jemals erhoben worden ist. . .

31. 1. Zur Anwendung des Gesetzes betr. die Abzahlungsgeschäfte vom 16. Mai 1894 (RGBl. S. 450).

2. Kann der Abzahlungskäufer, der dem Verkäufer zahlungshalber sein Akzept über den Kaufpreis gegeben hat, die Einwendungen aus dem Abzahlungsgeschäft auch dem Geldgeber des Verkäufers entgegensetzen, wenn er die Ansprüche aus dem an ihn indossierten Wechsel geltend macht?

AbzG. §§ 1, 4. WO. Art. 82.

II. Zivilsenat. Urt. v. 22. April 1932 i. S. P. (Bekl.) w. Firma B. & K. (Kl.). II 23/32.

I. Landgericht Stuttgart.

Durch Vertrag vom 28. August 1931 kaufte der Beklagte von der Firma K. & Co. in L. ein Konzertinstrument für elektrische Schallplattenwiedergabe und Radioempfang mit Automatenvorrichtung zum Einwurf von Zehnpfennigstücken für 6200 RM. Er gab über den Kaufpreis der Verkäuferin sein am 8. Dezember 1931 fälliges Akzept und verpflichtete sich, von drei zu drei Monaten „die Einnahme des Apparates" abzuzahlen und der genannten Firma gleichzeitig über den jeweils ungetilgten Rest des Preises ein Verlängerungsakzept zu übersenden; eine bestimmte Zeit für die Abzahlung der Kaufschuld war im übrigen nicht vereinbart. Bei Nichteinhaltung einer dieser Verpflichtungen sollte der volle Kaufpreisrest sofort fällig sein. Bis zu seiner Begleichung behielt sich die Verkäuferin das Eigentum an dem Instrument vor. Dieses ist am 8. September 1931 beim Beklagten aufgestellt worden, womit die vorgesehenen Fristen zu laufen begannen. Die Firma K. & Co. indossierte den von ihr als Ausstellerin gezeichneten, mit dem Akzept des Beklagten versehenen Wechsel an die Klägerin weiter. Diese ließ ihn bei Verfall mangels Zahlung protestieren.

Die Klägerin klagt im Wechselprozeß auf Zahlung der Wechselsumme mit Nebenkosten. Der Beklagte macht geltend, der Vertrag vom 28. August 1931 verstoße als Knebelvertrag gegen die guten Sitten; überdies sei die Klage mangels Vorliegens der Voraussetzungen des § 4 Abs. 2 AbzG. unbegründet. Die Klägerin, die den Klagwechsel in Kenntnis dieser Einwendungen erworben habe, müsse sie gegen sich gelten lassen.

Das Landgericht hat den Beklagten antragsgemäß unter Vorbehalt der Rechte verurteilt. Die von ihm unmittelbar eingelegte Revision führte zur Klagabweisung.

Gründe:

Die Ausführungen des Landgerichts zur Frage der Nichtigkeit des Vertrages wegen Verstoßes gegen § 138 BGB. sind von der Revision nicht angefochten worden und sind auch rechtlich nicht zu beanstanden, da von einer durch den Vertrag bedingten Knebelung des Beklagten in seiner wirtschaftlichen Bewegungsfreiheit keine Rede sein kann. Dagegen kann dem Vorderrichter nicht darin beigetreten werden, daß die Anwendung des Abzahlungsgesetzes für den Streitfall ausscheide. Der Beklagte ist nicht im Handelsregister eingetragen (§ 8 AbzG.). Zweifelsfrei stellt sich ferner trotz der von der Klägerin vor dem Revisionsgericht vertretenen gegenteiligen Meinung das abgeschlossene Geschäft als Kaufvertrag dar. Das ergibt eindeutig der Wortlaut der Vertragsurkunde, in der das Geschäft nicht nur als Kauf bezeichnet, sondern auch die gesetzlichen Merkmale eines solchen klar zum Ausdruck gebracht sind. Denn danach war die Veräußerung des Konzertinstruments an den Beklagten gegen Entgelt Zweck und Inhalt des Vertrags, wenn auch zunächst unter Eigentumsvorbehalt der Verkäuferin bis zur Begleichung des Preises. Keine Rede kann deshalb sein von einem gesellschaftlichen Verhältnis zwischen der Firma K. & Co. und dem Beklagten für die Verwertung des Werkes, bei dem nur für den Fall des Verzugs des Beklagten mit der Vertragserfüllung ein Kaufvertrag aufschiebend bedingt im Hintergrund stünde.

Unzutreffend ist auch die Meinung des Landgerichts, die Hingabe des Wechsels stehe der Annahme eines Abzahlungsgeschäfts entgegen. Das angefochtene Urteil sagt selbst, daß die Hingabe zahlungshalber geschehen sei. Daraus ergibt sich ohne weiteres, daß die Kaufpreisforderung der Verkäuferin nicht dadurch erloschen ist, daß sie den Klagwechsel gegen Empfang des Gegenwertes an die Klägerin weiterbegeben hat, wenn der Wechsel, wie im Streitfall, zu Protest ging, und somit die Ausstellerin der Klägerin regreßpflichtig wurde. Die Hingabe des Wechsels durch den Beklagten hat daher, worauf die Revision mit Recht hinweist, an sich nichts an der Vereinbarung geändert, daß die Tilgung des Kaufpreises aus den Einnahmen des Instruments zu erfolgen habe. Diese Vereinbarung war aber eine dem § 1 AbzG. entsprechende Abzahlungsverpflichtung. Hierzu war nicht mehr erforderlich als die Abrede, daß der Kaufpreis in Teilzahlungen zu berichtigen sei. Eine solche liegt im Streitfall vor. Die Raten sind durch die Vereinbarung, daß die Einnahme des Werkes von drei zu drei Monaten abzuzahlen sei, als nach dem Kalender regelmäßig wiederkehrende bestimmt. Daß sie nicht von vornherein ziffermäßig festgelegt sind, gibt dem vorliegenden Geschäft eine besondere Eigenart, ist aber ohne Belang, da die Höhe der Raten am Verfalltag jeweils durch den Vierteljahrseinwurf bestimmbar und bestimmt ist. Der Fall liegt auch nicht so, daß etwa die Einnahme des Werkes von vornherein Eigentum der Verkäuferin wurde und blieb. Vielmehr hatte der Beklagte nach seiner eigenen Darstellung den Schlüssel zum Werk und konnte und durfte die eingeworfenen Geldstücke beliebig an sich nehmen; seine Verpflichtung ging also dahin, den Kaufpreis aus den von ihm erzielten, zum Bestandteil seines Vermögens gewordenen Einnahmen zu begleichen.

Liegt aber ein Abzahlungsgeschäft im Sinne des Gesetzes vor, so folgt daraus nach der zwingenden Vorschrift seines § 4 Abs. 2, daß für den Fall der Nichterfüllung der dem Käufer obliegenden Verpflichtungen die Abrede einer „kassatorischen" Klausel rechtsgültig nur unter den dort bestimmten gesetzlichen Voraussetzungen getroffen werden kann, der Käufer also mit mindestens zwei aufeinanderfolgenden Teilzahlungen von mindestens der Höhe des zehnten Teils des Kaufpreises im Verzuge sein muß, wenn Fälligkeit der ganzen Restschuld eintreten soll. Die Klägerin macht den Klagwechsel geltend, weil der Beklagte nach Ablauf des ersten Vierteljahres weder die Einnahme des Apparats abgeführt noch das bedungene Verlängerungsakzept eingesandt habe. Sie beruft sich auf die Abrede, daß jede Säumnis des Beklagten in der Erfüllung einer seiner Verbindlichkeiten die Verwirkung des Teilzahlungsrechts zur Folge habe, und stützt sich zur Begründung der Gültigkeit dieser Klausel darauf, daß der auf den Schutz des wirtschaftlich Schwachen abzielende rechtspolitische Gedanke des § 4 Abs. 2 AbzG. in einem Fall wie dem vorliegenden völlig ausscheide. Denn der Beklagte brauche ja nur die im Instrument vorgefundene, seine wirtschaftliche Lebensmöglichkeit in keiner Weise berührende Einnahme zusammen mit dem entsprechenden Verlängerungsakzept abzuliefern. Diese Erwägung geht völlig vorbei an der gerade in der Vereinbarung der wechselmäßigen Verpflichtung des Beklagten für ihn begründeten, außerordentlichen wirtschaftlichen Gefährdung. Die Kaufpreisforderung war naturgemäß dem Betrage nach auf allmähliche Tilgung zugeschnitten und deshalb wesentlich höher als ein Barverkaufspreis. Durch den Besitz des Wechsels erlangte die Verkäuferin die Möglichkeit, bei seinem Verfall die gesamte Forderung in voller Höhe unter Entziehung der für die Bemessung der Kaufsumme maßgebenden Kreditgewährung vorzeitig auf einmal im Wechselverfahren geltend zu machen, ohne dabei andere als die rein wechselmäßigen Voraussetzungen ihres Anspruchs dartun zu müssen. Der Beklagte hätte demgegenüber nachzuweisen, daß er seinen Vertragsobliegenheiten nachgekommen sei, also nicht nur den Verlängerungswechsel pünktlich eingesandt, sondern auch die volle Vierteljahrseinnahme des Werkes abgeliefert habe. Im Wechselprozeß würde ihm aber der letztere Beweis überhaupt unmöglich sein. Das Ergebnis ist also, daß die den Schutz des Käufers bezweckende Regelung des § 4 Abs. 2 AbzG. durch die Wechselhingabe gerade ins Gegenteil verkehrt würde. Die Lage des Käufers würde noch ungünstiger werden, wenn der Wechsel durch Weitergabe in die Hand eines gutgläubigen Erwerbers gelangte, demgegenüber der Einwand des Abzahlungsgeschäfts überhaupt nicht geltend gemacht werden kann. Hiernach kann kein Zweifel bestehen, daß auch bei der besonderen Gestaltung des Abzahlungsgeschäfts im vorliegenden Fall wegen der darin für den Käufer liegenden, hohen Gefährlichkeit an der Vorschrift des § 4 Abs. 2 AbzG. festgehalten werden muß, die dem Verkäufer die Vorteile der Verfallklausel nur beim Vorliegen der dort bestimmten, von ihm zu beweisenden Voraussetzungen zuspricht.

Demgemäß ist nicht nur die in dem streitigen Vertrag enthaltene Verfallklausel, sondern wegen Verstoßes gegen § 4 Abs. 2 AbzG. auch die Abrede nach § 134 BGB. nichtig, daß der Käufer über den Preis des Werkes ein Akzept zu geben habe. Ein Bedürfnis, den Vertrag im ganzen für nichtig zu erklären, besteht nicht, sondern es haben lediglich an die Stelle seiner nichtigen Teile die Vorschriften des Abzahlungsgesetzes zu treten (vgl. RGZ. Bd. 64 S. 92; Rühl Eigentumsvorbehalt und Abzahlungsgeschäfte S. 248). Die Verkäuferin kann freilich bei der Fassung des Vertrages nicht nachweisen, wann der Käufer mit dem zehnten Teile des Preises im Rückstande ist, da sie die Höhe der Vierteljahrseinnahme des Apparates nicht kennt. Sie muß eben ihren Zahlungsbedingungen eine andere Gestalt geben, um die Klarstellung des Sachverhalts in dieser Richtung zu ermöglichen.

Zu prüfen bleibt hiernach nur noch, ob auch gegen die Klägerin, an welche die Firma K. & Co. den Wechsel begeben hat, diejenigen Einwendungen gegen den Klagwechsel durchgreifen, welche der Verkäuferin auf Grund des Abzahlungsgesetzes entgegengehalten werden können. Diese Frage ist unbedenklich zu bejahen, und zwar auch dann, wenn die dem Wechselakzept zugrunde liegende Kaufpreisforderung an die Klägerin nicht abgetreten sein sollte (RGZ. Bd. 83 S. 97). In den Vordrucken für die Abzahlungsverträge der Firma K. & Co. steht die Klägerin als Zahlstelle für den Wechsel angegeben; in der Bestätigung über den Empfang des Instruments, die gleichfalls vorgedruckt ist, hat sich der Beklagte verpflichtet, den Einwurf und das jeweilige Verlängerungsakzept nach dem ihm mit der Rechnung zugegangenen Anweisungsvordruck der Verkäuferin an die Klägerin als deren Bankhaus einzusenden. Die Verkäuferin hat ihm am 4. Dezember 1931 geschrieben, daß sie das Akzept an ihr Bankhaus zur Verwertung weitergegeben habe. Diese Umstände lassen keinen Zweifel darüber, daß die Verkäuferin die mit ihren Abzahlungsverträgen erlangten Wechsel ständig an die Klägerin weitergibt, die der Firma K. & Co. durch Diskontierung dieser Papiere die Mittel zum Betrieb ihres Abzahlungsunternehmens verschafft. Die Klägerin, die den Abzahlungsbetrieb der genannten Firma kennt, beschafft also das Geld für diesen Geschäftsbetrieb und benutzt ihn zur Erzielung eigenen Gewinns, indem sie sich in der geschilderten Weise daran beteiligt. Somit ist in Wirklichkeit das von der Firma K. & Co. mit dem Beklagten geschlossene Geschäft ein gemeinsames Geschäft der Klägerin und der Firma. Deshalb muß sich jene bei Geltendmachung des Klagwechsels gemäß Art. 82 WO. auch die dem Geschäft entgegenstehenden Einwendungen entgegensetzen lassen (vgl. Rühl a. a. O. S. 295).

32. 1. Zur Anwendung von Art. 13 Abs. 1 Satz 1 EG. z. BGB.
2. Ist eine Ehescheidung, die im Jahre 1924 in der Russischen Sozialistischen Föderativen Sowjet-Republik vor dem Standesbeamten erklärt worden ist, im Deutschen Reich als gültig anzuerkennen?

BGB. §§ 1326, 1564. ZPO. §§ 328, 629, 632.

VII. Zivilsenat. Urt. v. 22. April 1932 i. S. Ehem. M. (Bekl.) w. Ehefr. M. (Kl.). VII 215/31.

I. Landgericht Breslau.
II. Oberlandesgericht daselbst.

Der Beklagte, der die deutsche Reichsangehörigkeit besitzt, hatte am 7. Januar 1918 in der Stadt S. (Rußland) mit Ludmilla Semenjowna K. die Ehe geschlossen. Am 12. November 1924 wurde vor dem russischen Standesbeamten in der Stadt N. (Bezirk des Schwarzen Meeres) die Scheidung dieser Ehe vollzogen und beurkundet. Sodann ging der Beklagte am 5. Juni 1925 vor dem russischen Standesbeamten in N. die Ehe mit der Klägerin ein, die bis dahin Bürgerin der Russischen Sozialistischen Föderativen Sowjet-Republik war. Die Eheleute zogen im Jahre 1926 von Rußland nach Deutschland; seit dem Dezember 1927 leben sie getrennt. Der Mann hat im Juni 1929 eine Klage auf Herstellung der häuslichen Gemeinschaft anhängig gemacht; das Landgericht Breslau hat den Rechtsstreit bis zur Entscheidung über die hier vorliegende Nichtigkeitsklage der Frau ausgesetzt. Diese Klage wurde im November 1929 eingereicht. Sie wird darauf gestützt, daß die erste Ehe des Beklagten nicht rechtswirksam geschieden worden und daß deshalb seine zweite Ehe nichtig sei.

Das Landgericht erklärte die Ehe der Parteien für nichtig. Die Berufung des Beklagten wurde vom Oberlandesgericht zurückgewiesen. Auch seine Revision blieb erfolglos.

Gründe:

1. Der Beklagte hat gegenüber der Nichtigkeitsklage zunächst den Einwand erhoben, nach dem maßgebenden Art. 13 Abs. 1 Satz 1 EG. z. BGB. dürfe die Klägerin zur Begründung der Ehenichtigkeit nur solche Gründe vorbringen, die nach ihrem russischen Heimatrecht von Erheblichkeit seien; dies sei aber nicht der Fall bei ihrer Be-

hauptung, die nach russischem Recht sicherlich gesetzmäßige Scheidung seiner Ehe mit Ludmilla Semenjowna K. sei rechtsunwirksam. Er stützt sich für diese Ansicht auf Rosenberg Ehescheidung und Eheanfechtung 2. Aufl. S. 110/111 sowie auf Staudinger-Raape BGB. 9. Aufl. Bd. VI Teil 2 Bemerkung A I 5 zu EG. Art. 13 (S. 233) und Bemerkung B II 2 zu EG. Art. 17 (S. 371). Der Berufungsrichter lehnt — mindestens für den hier zur Erörterung stehenden Fall — jene Meinung ab und faßt seine Auffassung von der Bedeutung des Art. 13 Abs. 1 Satz 1 EG. z. BGB. bei Anwendung auf den vorliegenden Tatbestand dahin zusammen: die zwischen dem Deutschen (Beklagten) und der Russin (Klägerin) in Rußland geschlossene Ehe ist nur dann gültig, wenn sie sowohl nach deutschem als auch nach russischem Recht Gültigkeit hat, und die Nichtigkeitsklage der Frau ist daher schon dann begründet, wenn lediglich nach deutschem Recht die Nichtigkeit der Ehe bei dem feststehenden Sachverhalt zu bejahen ist.

Dieser Standpunkt wird von der Revision bekämpft; er ist aber zu billigen. Der Wortlaut der angeführten Vorschrift des Einführungsgesetzes bietet der Gegenmeinung keine Stütze. Zwar ist es richtig, daß die gesetzlichen Bestimmungen über die Eingehung der Ehe nach Art. 13 EG. z. BGB. auch die Nichtigkeits- und Anfechtungsgründe umfassen, obgleich das Bürgerliche Gesetzbuch selbst die „Eingehung der Ehe" und die „Nichtigkeit und Anfechtbarkeit der Ehe" getrennt behandelt (2. und 3. Titel des 1. Abschnitts des 4. Buches). Von dieser Auffassung ist offenbar auch der IV. Zivilsenat des Reichsgerichts in seinem Urteil vom 15. Februar 1912 (RGZ. Bd. 78 S. 234) ausgegangen, in dem er feststellte, daß nach Art. 13 EG. die Ehe der damaligen Parteien nur dann als gültig anzusehen war, wenn sie nach dem für einen jeden der Verlobten maßgebenden Recht eingegangen werden durfte (ähnlich für das alte Recht RGZ. Bd. 42 S. 339). Art. 13 gibt aber dem Richter nur die Anweisung, nach welchen Gesetzen er die Beurteilung vorzunehmen hat; dagegen ist dem Artikel keine Anordnung in der Richtung zu entnehmen, daß die beteiligten Ehegatten irgendwie beschränkt sein sollen in dem, was sie dem Gericht vortragen dürfen. Dies würde auch in Widerspruch treten zu den auf Wahrheitsermittlung von Amts wegen abgestellten Grundsätzen über das Verfahren in Ehesachen, insbesondere bei Rechtsstreitigkeiten wegen

Nichtigkeit der Ehe (§ 617 Abs. 3, § 622 Abs. 2 ZPO.). Zudem ist zu beachten, daß nach § 632 ZPO. die Nichtigkeitsklage auch vom Staatsanwalt sowie in dem hier gegebenen Falle des § 1326 BGB. von dem erhoben werden kann, mit dem die frühere Ehe geschlossen war; es ist nicht einzusehen, weshalb einer der Ehegatten gegenüber diesen außenstehenden Beteiligten, zu denen unter den Voraussetzungen des 2. Satzes von § 632 Abs. 1 ZPO. noch weitere Personen hinzukommen können, in den Möglichkeiten seines rechtlichen Vorbringens beschränkt sein sollte. Ferner ist auch § 629 Abs. 1 ZPO. heranzuziehen, wonach im Regelfall das auf eine Nichtigkeitsklage oder eine Anfechtungsklage ergehende Urteil für und gegen alle wirken soll. Auch hieraus läßt sich die Absicht des Gesetzgebers erkennen, eine erschöpfende richterliche Würdigung der sämtlichen Tatumstände herbeizuführen, die in Betracht kommen können für die Frage, ob die Ehe nichtig ist. Hätte man im Widerspruch zu allen diesen, mit den Vorschriften des sachlichen Eherechts aufs engste zusammenhängenden Verfahrensnormen eine Beschränkung der Ehegatten auf solche Gründe aufstellen wollen, die nach dem Heimatrecht eines jeden die Nichtigkeit oder Anfechtbarkeit der Ehe rechtfertigen können, dann hätte es einer ausdrücklichen Anordnung im Gesetz bedurft. Hierzu tritt noch die allgemeine Erwägung, daß gerade bei der Nichtigkeitsklage die Klarstellung aller in Betracht kommenden Umstände im wohlverstandenen Interesse beider Eheleute liegt und daß daher eine Beschränkung des nichtdeutschen Eheteils in den Möglichkeiten seines Vorbringens vor Gericht auch den deutschen Eheteil benachteiligen würde. Wollte man der Gegenmeinung zustimmen, so wäre man zur Annahme der Möglichkeit einer nur relativen Nichtigkeit der Ehe genötigt, die dem deutschen Eherecht durchaus fremd ist.

Die Ansicht von Rosenberg a. a. O., die dieser übrigens nur nebenher in dem mit „Die Ehescheidung von Ausländern in Deutschland" (S. 106) überschriebenen Abschnitt ausgeführt hat, ist sonach abzulehnen, soweit der vorliegende Fall Anlaß gibt, zu ihr Stellung zu nehmen. Ob Staudinger-Raape a. a. O. die gleiche Meinung wie Rosenberg vertreten will, kann zweifelhaft sein. Mit Rücksicht auf die vom Vorderrichter angezogene Stelle (Bemerkung A, II 3a zu EG. z. BGB. Art. 13, S. 235) darf angenommen werden, daß mindestens im Fall eines sog. Doppelverbots, das sich in gleicher

Weise gegen beide Verlobte richtet, auch Staudinger-Raape eine andere Würdigung für erforderlich hält. Unzweifelhaft handelt es sich bei dem Verbot der Eheschließung von seiten einer Person, die mit einem Dritten in gültiger Ehe lebt, und mit dieser Person um ein derartiges Doppelverbot.

2. Ist sonach die Klägerin mit dem aus § 1326 BGB. hergeleiteten Einwand gegen die Gültigkeit ihrer Ehe mit dem Beklagten zu hören, so ist nunmehr die für den Rechtsstreit entscheidende Frage dahin zu stellen, ob die am 12. November 1924 in N. vollzogene Scheidung der ersten Ehe des Beklagten vom deutschen Richter anerkannt werden muß. Denn die in der Vorinstanz außerdem noch streitig gewesene Frage, ob diese Ehe am 7. Januar 1918 rechtsgültig geschlossen worden war, hat das Oberlandesgericht in bejahendem Sinn entschieden, ohne daß dabei ein Irrtum über deutsches Recht zutage träte; insofern erhebt auch die Revision keinen Angriff. Sie wendet sich aber gegen die weiteren Erwägungen des Vorderrichters. Dieser legt dar, das Reichsgericht (IV. Zivilsenat) habe in RGZ. Bd. 121 S. 24 zwar angenommen, der Scheidungsausspruch eines russischen Gerichts auf Grund des beiderseitigen Einverständnisses der Ehegatten sei als ein Urteil dieses Gerichts und die Ehe somit als durch ein solches Urteil geschieden anzusehen, gegen dessen Anerkennung durch die deutschen Gerichte nach § 328 ZPO. keine grundsätzlichen Bedenken zu erheben seien; das Reichsgericht habe aber damals die weitere Frage offen gelassen, wie eine Scheidung zu beurteilen wäre, die nur beim russischen Standesbeamten erklärt worden ist. Der Berufungsrichter entscheidet diese Frage dahin, daß dann die Ehe vom Standpunkt des deutschen Rechts nicht als wirksam geschieden angesehen werden könne. Die Revision verlangt Nachprüfung, indem sie Verletzung des § 328 ZPO. rügt.

Jedoch ist auch hier die Auffassung des Berufungsrichters zu billigen. Seine tatsächlichen Feststellungen beruhen auf der „Bescheinigung über Auflösung der Ehe", welche die „Schwarzmeer-Bezirksabteilung für Beurkundung von Standesamtsakten" in N. unter dem 12. Mai 1930 ausgestellt hat. Nach ihnen kann zunächst kein Zweifel darüber obwalten, daß nur eine Scheidung durch Erklärung vor dem Standesbeamten in Frage steht. Der entscheidende Satz der Urkunde lautet in der von dem beeideten Dolmetscher angefertigten Übersetzung: „Die Ehe ist nach Anzeige (Antrag) beider

Ehegatten aufgelöst (in beiderseitigem Einverständnis)". Offensichtlich ist nur auf Grund dieser Unterlage am 12. November 1924 die Scheidung der Ehe des Beklagten mit Ludmilla Semenjowna K. in die Standesamtsakten der genannten sowjetrussischen Behörde eingetragen worden. Schon hieraus ergibt sich, daß es nicht auf die von der Revision aus §§ 286, 139 ZPO. erhobene Verfahrensrüge ankommen kann. In der Klagebeantwortung hatte zwar der Beklagte behauptet, seine erste Ehefrau habe mit einem Tschekisten die Ehe gebrochen, und für den Ehebruch sowie dafür, daß sie bei der Scheidung deswegen zeugenschaftlich gehört worden seien, zwei Personen als Zeugen benannt. Dieses Vorbringen ist aber offenbar überholt worden durch die spätere Beibringung der Urkunde vom 12. Mai 1930. Nach deren Inhalt, der allein maßgebend ist, muß es als ausgeschlossen gelten, daß etwa die Scheidung der ersten Ehe des Beklagten auf Grund einer Untersuchung und Feststellung des behaupteten Ehebruchs der Frau ausgesprochen worden sei. Wenn damals eine Erörterung jenes Ehebruchs stattgefunden haben sollte, so hat sie keinesfalls mit der Auflösung der Ehe in Zusammenhang gestanden, sondern sie hat sich vermutlich auf die Regelung der Angelegenheiten der beiden Kinder bezogen, die aus der Ehe hervorgegangen waren.

Sonach handelt es sich darum, ob eine Ehescheidung in Deutschland Anerkennung beanspruchen kann, die in Sowjetrußland nach der dort im Jahre 1924 geltenden (seit dem 1. Januar 1927 geänderten) Gesetzgebung von deutschen Ehegatten durch eine im Einverständnis abgegebene Erklärung vor dem Standesbeamten vollzogen und von diesem sodann in die Standesamtsakten eingetragen worden ist. Die Frage ist zu verneinen. Daß hier Art. 13 Abs. 1 Satz 1 EG. z. BGB. anzuwenden ist, kann keinem Zweifel unterliegen. Die Vorschrift ist nach ihrer im Eingang erörterten Tragweite auf alle Tatumstände zu erstrecken, die in Beziehung zu der Frage stehen, ob die Ehe der Prozeßparteien gültig oder nichtig ist. Der Beklagte war auch zur Zeit der Ehescheidung in R. deutscher Reichsangehöriger, und seine erste Frau war es durch die Eheschließung mit ihm ebenfalls geworden; letzterer Umstand ist ohne ausschlaggebende Bedeutung. Es ist also deutsches Recht anzuwenden, wie in RGZ. Bd. 121 S. 24 auch der IV. Zivilsenat bei einem insoweit gleichliegenden Sachverhalt angenommen hat. Art. 17 EG. z. BGB. kann nicht in Betracht kommen, da dort nur Vorschriften für den hier nicht gegebenen Fall aufgestellt sind, daß das deutsche Gericht zum Zweck der Scheidung einer Ehe angerufen wird.

Zutreffend weist der Berufungsrichter auf § 1564 Satz 2 BGB. hin, wo der Grundsatz ausgesprochen ist: „Die Scheidung erfolgt durch Urteil". Unter dem Urteil kann hier nur die Entscheidung einer richterlichen Behörde verstanden werden, die auf Grund einer Prüfung des ihr unterbreiteten Sachverhalts in der Weise ergeht, daß die Behörde für den Ausspruch der Scheidung ihrerseits die Verantwortung übernimmt. Das letzte Erfordernis müßte auch dann aufrechterhalten werden, wenn man etwa die Anforderung preisgeben wollte, daß die Behörde eine richterliche sein müsse. Der Begriff des „Urteils" in § 328 ZPO. kann auch nicht anders aufgefaßt werden, mindestens soweit eine Ehescheidung in Betracht kommt. Der Rechtsvorgang vom 12. November 1924, den der Beklagte als Scheidung seiner ersten Ehe aufgefaßt wissen will, genügt aber jenen Mindesterfordernissen nicht. Der russische Standesbeamte ist danach nur zur Entgegennahme der auf Scheidung gerichteten Erklärung der Eheleute und zu deren Eintragung in die Standesamtsakten tätig geworden, ohne sonst den Sachverhalt irgendwie zu prüfen und ohne seinerseits einen Ausspruch zu tun, der eine Entscheidung enthielte, und dafür eine Verantwortung zu übernehmen. Die Erteilung der Bescheinigung über die Auflösung der Ehe stellt selbstverständlich keine Entscheidung der Behörde dar.

Diese Auffassung wird auch vom Schrifttum geteilt. Außer den Schriften, auf die sich der Vorderrichter gestützt hat — Bergmann Internationales Ehe- und Kindschaftsrecht 1926 Bd. 1 S. 38; Rosenberg a. a. O. S. 126 und 182 — sei noch hingewiesen auf: Stein-Jonas Zivilprozeßordnung 14. Aufl. Anm. III 2 und VII 2 zu § 328 ZPO.; Freund in JW. 1928 S. 880; Magnus Tabellen zum Internationalen Recht 1. Heft (Zivilprozeßrecht) 2. Aufl. S. 125 Sp. VI B.

Hiernach ist in Übereinstimmung mit dem Berufungsrichter anzunehmen, daß die Ehe des Beklagten mit Ludmilla Semenjowna K. nicht gültig geschieden worden ist, sondern noch zu Recht besteht, und daß demnach seine später mit der Klägerin geschlossene Ehe nach § 1326 BGB. nichtig ist. Die Klägerin ist auch, wie schon erörtert, berechtigt, diese Rechtsfolge mit der Nichtigkeitsklage vor den deutschen Gerichten geltend zu machen.

33. Kann sich der Erwerber eines Grundstücks auf den öffentlichen Glauben des Grundbuchs berufen, wenn der Eigentumserwerb die Bedeutung einer Vorwegnahme der Erbfolge hat, ohne doch eine Vermögensübernahme nach § 419 BGB. zu sein?

BGB. § 892.

V. Zivilsenat. Urt. v. 23. April 1932 i. S. O. u. Gen. (Bekl.) w. St. (Kl.). V 325/31.

I. Landgericht Köln.
II. Oberlandesgericht daselbst.

Für die Klägerin stand seit 1914 auf einem Grundstück eine Höchstbetragshypothek von 31000 M. eingetragen, die zur Sicherung ihrer Kaufpreisforderung von gleicher Höhe aus dem Verkauf des belasteten Grundstücks an ihre Tochter, die verstorbene Frau des Erstbeklagten, bestellt war. Das Kaufgeld wurde am 18. Januar 1923 gezahlt, die Hypothek darauf gelöscht. Als die Tochter der Klägerin starb, wurde sie vom Erstbeklagten beerbt. Dieser übertrug das Grundstück laut Vertrag vom 29. September 1924 seinem Sohn, dem Zweitbeklagten, der am 5. Juni 1925 als Eigentümer im Grundbuch eingetragen wurde. Nach rechtzeitiger Anmeldung zur Aufwertung begehrt die Klägerin Feststellung der Aufwertungspflicht gegen den Erstbeklagten als persönlichen und gegen den Zweitbeklagten als dinglichen Schuldner. Die Beklagten wandten ein, die Klägerin habe auf ihr Aufwertungsrecht verzichtet. Der Zweitbeklagte berief sich auch darauf, daß ihm der öffentliche Glaube des Grundbuchs zur Seite stehe, da ihm zur Zeit seines Erwerbs eine Absicht seines Vaters, Aufwertungsgläubiger durch die Übertragung zu beeinträchtigen, nicht bekannt gewesen sei (§ 22 Abs. 1 AufwG.).

Die Beklagten sind in den Vorinstanzen unterlegen. Ihre Revision blieb ohne Erfolg.

Gründe:

I. Die durch die Höchstbetragshypothek gesicherte Restkaufgeldforderung ist in der Rückwirkungszeit beglichen, auch sind Forderung und Hypothek rechtzeitig zur Aufwertung angemeldet worden. Somit liegen die Voraussetzungen der Aufwertung nach den §§ 15, 16, 10 Nr. 5 AufwG. vor. Den Einwand der Beklagten, daß die Klägerin auf ihr Aufwertungsrecht verzichtet habe, hält das Berufungsgericht für unbegründet, weil ein solcher Verzicht nicht erwiesen und nicht erweisbar sei... (Die hiergegen erhobenen Revisionsangriffe werden zurückgewiesen.)

II. Für die dingliche Aufwertungspflicht des Zweitbeklagten kommt noch seine Verteidigung durch Berufung auf den öffentlichen Glauben des Grundbuchs in Betracht (§§ 20, 22 AufwG.; § 892 BGB.). Er hat das Eigentum an dem Grundstück, in welchem das väterliche Fuhrgeschäft betrieben wurde, durch seine Eintragung im Grundbuch am 5. Juni 1925 erlangt, also zu einer Zeit, als die Hypothek der Klägerin nach der am 18. Januar 1923 geschehenen Rückzahlung in Papiermark bereits gelöscht war. Diesem Erwerb lag der mit dem Erstbeklagten geschlossene Vertrag vom 29. September 1924 zugrunde. Der Erstbeklagte war Eigentümer des Grundstücks als Erbe seiner Ende August 1924 verstorbenen Frau geworden. Mit ihr hatte er ein gemeinschaftliches Testament des Inhalts errichtet, daß sich die Ehegatten gegenseitig zu Erben einsetzten und die Kinder nach dem Tode des Letztversterbenden Erben werden sollten, daß aber der Überlebende frei über den Nachlaß des Erstversterbenden verfügen und frei über die Teilung des Nachlasses unter den Kindern bestimmen dürfe. Im Vertrage vom 29. September 1924 hatte der Erstbeklagte erklärt, er übertrage das Grundstück, das er als Vorerbe des Nachlasses seiner Frau bekommen habe, dem Willen seiner verstorbenen Frau entsprechend, auf seinen Sohn J. (den Zweitbeklagten). Dem Vater war der lebenslängliche Nießbrauch eingeräumt worden. Als Gegenleistung für die Übertragung war ein vom Übernehmer zu zahlender Betrag von 31000 GM. vereinbart, fällig ein Jahr nach dem Tode des Vaters und bis dahin unverzinslich. Von dieser Summe sollte der Zweitbeklagte noch kürzen dürfen, was er etwa auf eine das Grundstück belastende Höchstbetragshypothek werde zahlen müssen.

Das Berufungsgericht verneint die Anwendbarkeit des § 892 BGB. auf solchen Eigentumserwerb des Zweitbeklagten, weil damit für dieses Grundstück die Erbfolge vorweggenommen und zugleich der Auseinandersetzung unter den Nacherben vorgegriffen worden sei. Es führt aus, für die Ausschaltung des öffentlichen Glaubens des Grundbuchs im Fall einer Vorwegnahme der Erbfolge könne es keinen Unterschied machen, ob die Erbfolgeregelung das ganze

Vermögen des Erblassers oder einen Bruchteil oder nur eines von mehreren Grundstücken ergreife.

Dieser Rechtsstandpunkt des Oberlandesgerichts ist zu billigen. Das Reichsgericht hat ausgesprochen, für den durch § 892 BGB. beabsichtigten Schutz des Rechtsverkehrs bestehe kein Bedürfnis, und es sei daher für die rechtsvernichtende Wirkung des öffentlichen Glaubens des Grundbuchs kein Raum in Fällen, wo die Eigentumsübertragung unter Lebenden sowohl nach ihrer tatsächlichen Gestaltung wie auch nach dem Willen der Vertragsbeteiligten die Bedeutung einer Vorwegnahme der Erbfolge habe (RGZ. Bd. 123 S. 52; AufwRspr. Bd. 4 S. 199 = SeuffArch. Bd. 83 Nr. 65). In den bisher entschiedenen Fällen kamen Vermögensübertragungen im Sinne von § 419 BGB. in Frage. Hier dagegen handelt es sich um ein einzelnes Vermögensstück, wobei zu unterstellen ist, daß der übertragende Vater noch weitere erhebliche Vermögensstücke besaß. Aber auch in den früheren Fällen ergab nicht § 419 BGB. den ausschlaggebenden Gesichtspunkt, sondern die Gleichstellung mit den Fällen wirklicher Erbfolge. Der Erbe, der auf Grund eines Erbauseinandersetzungsvertrags ein Nachlaßgrundstück erwirbt, kann den Schutz des § 892 nicht beanspruchen (vgl. RGZ. Bd. 129 S. 119), weil solchenfalls kein schutzbedürftiger Erwerb im Sinne des § 892 vorliegt. Ebensowenig kann dieser Schutz einem Erwerber zugestanden werden, der eine ihm günstige Vorwegnahme später zu erwartenden Erbgangs mit nachfolgender Erbauseinandersetzung in einer Geschäftsgestaltung genießt, die das unter Lebenden geschlossene Geschäft einem späteren Erbgang gleichwertig und gleichbedeutend erscheinen läßt. Bei solcher Sachlage ist kein Raum für den Zweckgedanken des § 892 BGB., berechtigtes Verkehrsvertrauen zu schützen; denn es tritt dann nicht ein Erwerber neu hinzu, der dem Gegenstand des Rechtsgeschäfts bisher ferngestanden hat und deshalb auf die Richtigkeit des Grundbuchs angewiesen ist. Mit dieser Rechtsauffassung soll keineswegs eine jede von Eltern auf Kinder unter Lebenden stattfindende Übertragung eines Grundstücks, welches das Kind ohne solche möglicherweise in späterer Zeit erben würde, des Schutzes des § 892 entkleidet werden. Das hat vielmehr nur ausnahmsweise dann einzutreten, wenn das Geschäft seiner Gesamtgestaltung nach so deutlich die Züge einer Vorwegnahme der Erbfolge an sich trägt, daß zweifelsfrei eine Anwendung des § 892 seinem Zwecke nach nicht begründet ist.

Nach dem oben wiedergegebenen Inhalt des Vertrags vom 29. September 1924 hat das Oberlandesgericht hier ohne Rechtsirrtum eine solche Sachlage für gegeben erachtet. Zu seiner tatsächlichen Feststellung, daß auch die Vertragsbeteiligten die Übertragung als Vorwegnahme der Erbfolge gedacht und gewollt haben, ist es gleichfalls ohne beachtlichen Rechtsirrtum gelangt. Fraglich ist zwar, ob der Erstbeklagte Vorerbe war und ob die Kinder mit dem Tode der Mutter Nacherbenrechte erworben haben oder ob jener nicht mit dem Tode seiner Frau deren unbeschränkter Erbe geworden war und die Kinder erst mit dem Tode des Vaters für den gesamten Nachlaß dessen Erben sein werden (§ 2269 BGB.). Aber es kommt nicht auf die durch das gemeinschaftliche Testament des Erstbeklagten und seiner Ehefrau geschaffene Rechtslage, sondern auf die tatsächliche Gestaltung und auf die Auffassung der Beteiligten darüber an. Diese gingen erkennbar dahin, daß der Zweitbeklagte das Grundstück nach dem Tode seines Vaters bekommen solle und werde. Das ist durch die spätere Übertragung derart vorweggenommen worden, daß für den Zweitbeklagten bei Lebzeiten des Vaters kein wirtschaftlicher Nutzen, aber auch keine Lasten entstehen, und daß er ein Jahr nach dem Tode des Vaters eine der Bewertung des Grundstücks, abzüglich Hypothekenbelastung, entsprechende Geldsumme für die Erben zu zahlen hat. Hiernach sollte nicht eine praktisch schon bei Lebzeiten des Vaters wirksame Übertragung des Grundstücks stattfinden, sondern eine Sicherstellung des Zweitbeklagten, die ihre tatsächliche Bedeutung erst nach dem Tode des Vaters erlangen wird. Auf dies Geschäft treffen seiner besonderen Gestaltung nach die oben aufgestellten Voraussetzungen zu für die Annahme einer den Schutz des öffentlichen Glaubens des Grundbuchs ausschaltenden Vorwegnahme zukünftiger Erbfolge.

Ohne Grund meint die Revision, diese dingliche Belastung bedeute eine ungerechtfertigte Härte für den Zweitbeklagten, nachdem er das Grundstück im Vertrauen auf den Grundbuchstand als frei von der Hypothek der Klägerin erworben habe; deswegen dürfe der Schutz des öffentlichen Glaubens hier keinesfalls ausgeschaltet werden. Wie schon das Berufungsgericht hervorgehoben hat, steht dem Zweitbeklagten, der rechtzeitig Einspruch gegen das Aufwertungsverlangen eingelegt hat, die Möglichkeit offen, sich vor der Aufwertungsstelle bei deren Entscheidung über die Aufwertungshöhe auf die Härtevorschrift des § 15 AufwG. zu berufen. Weiter eröffnet der Inhalt des Vertrags vom 29. September 1924 eine Auslegungsmöglichkeit dahin, daß diese Hypothekenbelastung, mit der die Vertragschließenden bei seinem Abschluß nicht gerechnet haben, zu einer entsprechenden Herabminderung der nach dem Tode des Vaters an die Erbmasse zu leistenden Zahlung führt, womit dann die Last auf alle Erben gleichmäßig abgewälzt werden würde. Nach alledem war dem Zweitbeklagten der Schutz des öffentlichen Glaubens des Grundbuchs zu versagen.

---

34. Zur Frage der Anfechtbarkeit von Honorarzahlungen an eine mit der „Sanierung" eines notleidenden Unternehmens beauftragte Vertrauensperson.

KO. § 30 Nr. 1, §§ 33, 55.

VII. Zivilsenat. Urt. v. 26. April 1932 i. S. N. R. AG. (Bekl.) w. He. als Verwalter im Konkurs über das Vermögen der Firma H. & Co. (Kl.). VII 3/32.

I. Landgericht Stade.
II. Oberlandesgericht Celle.

Die Firma H. & Co. befand sich im Frühjahr 1929 in Zahlungsschwierigkeiten. Da sie ihren fälligen Verpflichtungen nicht voll nachkommen konnte, beauftragte sie durch Vertrag vom 2. Juli 1929 die verklagte Aktiengesellschaft, einen außergerichtlichen Vergleich mit den Gläubigern abzuschließen und gegebenenfalls die Übernahme der Firma durch eine andere zu bewirken. Nachdem der Beklagten ein Versuch in letzterer Richtung mißlungen und sodann ein „Status" für den 30. Juni 1929 aufgestellt worden war, der die Überschuldung von H. & Co. ergab, rief sie die Hauptgläubiger zu einer Versammlung am 16. Juli 1929 zusammen. In dieser wurden die Verhältnisse der Firma dargelegt und ein Vergleich zu 65% angeboten; es wurde ein Gläubigerausschuß gebildet, und man beschloß, das gesamte Vermögen der Firma auf die Beklagte als Treuhänderin zu übertragen. Sie bekam sämtliche Außenstände abgetreten und erhielt weitgehende Vollmacht, besonders auch zur Verfügung über den Grundbesitz und über Geld und Bankguthaben. In der Folgezeit wurden die begonnenen Arbeiten der Firma H. & Co. weitergeführt, namentlich angefangene Bauten fertiggestellt; Arbeiter und Angestellte erhielten ihre fälligen Löhne und Gehälter weiter ausgezahlt. Die umfangreiche Tätigkeit der Beklagten führte jedoch nicht zum Erfolge, sodaß ihr Auftrag am 30. Oktober 1929 beendet wurde. Für ihre Tätigkeit erhielt sie insgesamt 11000 RM., von denen sie 5000 RM. als vom Gläubigerausschuß bewilligte Abschlagszahlung am 31. August 1929 aus dem Vermögen der Firma entnommen hatte, während sie weitere 6000 RM. bei der Rückgabe des ihr übertragenen Vermögens Ende Oktober 1929 einbehielt. Die Firma H. & Co. betraute danach den Kläger mit weiteren Stützungsversuchen. Auf seinen Antrag wurde am 12. Februar 1930 über ihr Vermögen das Konkursverfahren eröffnet und der Kläger zum Konkursverwalter ernannt.

Mit der Klage hat dieser sowohl den Vertrag vom 2. Juli 1929 als auch die beiden Zahlungen auf Grund des § 30 Nr. 1 KO. angefochten und Zahlung von 11000 RM. samt Zinsen verlangt. Beide Vorinstanzen haben dementsprechend erkannt. Die Revision der Beklagten führte zur Aufhebung und Zurückverweisung.

Gründe:

1. Während das Landgericht die Anfechtung des Vertrages wie der Zahlungen nach den beiden Halbsätzen des § 30 Nr. 1 KO. für begründet erachtet, hat der Berufungsrichter seine Entscheidung nur auf die Anfechtbarkeit der Zahlungen, und zwar nach dem zweiten Halbsatz gestützt. Zur Begründung dieser Ansicht hat er im einzelnen ausgeführt: Eine Zahlungseinstellung der Gemeinschuldnerin habe bereits am 2., spätestens am 16. Juli 1929 vorgelegen, und die Beklagte habe davon schon damals, also längst vor der ersten Zahlung gewußt; die Zahlungseinstellung sei auch nach Beendigung ihrer Tätigkeit nicht wieder weggefallen, sondern habe bis zur Konkurseröffnung fortgedauert und zu dieser geführt. Durch die Zahlung der 11000 RM. sei die Konkursmasse verringert worden, da die Firma H. & Co. dafür keine zur Befriedigung der Gläubiger verwendbaren Gegenwerte erhalten habe. Die ganze Tätigkeit der Beklagten für die Gemeinschuldnerin beruhe, trotz ihr etwa später erteilter Einzelanweisungen, auf dem Vertrage vom 2. Juli 1929, und schon durch dessen Abschluß sei der Anspruch der Beklagten auf

Vergütung entstanden, sodaß auch der im August 1929 bewilligte „Kostenvorschuß" eine Abschlagszahlung, nicht eine Zug- um Zugleistung bedeute; auch gehöre dieser Anspruch nicht etwa zu den nach § 61 Nr. 1 KO. bevorzugten Konkursforderungen. Der Beklagten sei also eine ihr gegenüber den anderen Gläubigern nicht zustehende Befriedigung gewährt worden. Endlich komme auch keine nach § 38 KO. zu berücksichtigende Bereicherung der Konkursmasse durch Ersparnis von Aufwendungen für eine ähnliche Tätigkeit von anderer Seite in Frage.

Die Revision hat zunächst Einwendungen hinsichtlich der Zahlungseinstellung erhoben, und zwar besonders in der Richtung, daß die im Juli 1929 etwa vorhanden gewesene Zahlungseinstellung nicht dieselbe gewesen sei, die dann zum Konkurse geführt habe; denn während und auf Grund der Tätigkeit der Beklagten seien die Zahlungen wieder aufgenommen worden, und infolge der von den Gläubigern gemäß der Verhandlung vom 16. Juli 1929 allgemein erteilten Stundung seien keine Zahlungsanforderungen mehr an die Gemeinschuldnerin herangetreten, sodaß keine Nichterfüllung von Verbindlichkeiten aus Mangel an Mitteln mehr in Frage gekommen sei.

Diese Einwendungen sind jedoch nicht stichhaltig. Daß mindestens am 16. Juli 1929 eine nach außen hinreichend in die Erscheinung getretene Zahlungseinstellung vorlag, hat der Vorderrichter in Übereinstimmung mit der Rechtsprechung des Reichsgerichts einwandfrei dargetan. Den Bericht der Beklagten vom 2. August 1929 über ihre Maßnahmen „seit Zahlungseinstellung" hat er dabei nur als Beweisanzeichen verwertet, was entgegen der Ausführung der Revision rechtlich unbedenklich war. Es ist aber auch nicht richtig, daß diese Zahlungseinstellung nachträglich wieder beseitigt und erst eine erneute anderweite Zahlungseinstellung für die Konkurseröffnung ursächlich geworden sei. Zwar sind nach den Urteilsfeststellungen noch nach dem 16. Juli 1929 Zahlungen geleistet worden, jedoch fast nur auf Forderungen, die durch Weiterführung angefangener Bauten entstanden waren, sowie für Löhne und Steuern, während keiner der alten Hauptgläubiger irgendwelche Zahlungen erhalten hat. Die alten Gläubiger, besonders die Hauptgläubiger, haben auch nicht etwa eine wirkliche Stundung gewährt; das Berufungsgericht stellt ausdrücklich fest, daß keine allgemeine Stundung durch die Gläubiger bewilligt sei. Allerdings haben sie von Zwangsvollstreckungen Abstand genommen, weil die Gemeinschuldnerin freiwillig ihr gesamtes Vermögen zur Sicherung und demnächst auch Befriedigung aller Gläubiger nach Höhe der vereinbarten 65% der Beklagten zur Verfügung gestellt und ihr als Treuhänderin übergeben hatte. Ob dies für alle einzelnen Vermögensgegenstände rechtswirksam geschehen war, ist nicht erheblich; jedenfalls gingen alle Beteiligten, die Gemeinschuldnerin, die Gläubiger — zunächst mindestens diejenigen der Versammlung vom 16. Juli 1929 — und die Beklagte als Treuhänderin davon aus, daß dieser die alleinige Verfügungsbefugnis über das Vermögen der Gemeinschuldnerin übertragen und letztere völlig ausgeschaltet worden war. Es liegt also keine unbedingte Stundung auf bestimmte Zeit vor, die das ganze Geschäft der Gemeinschuldnerin auf eine neue Grundlage gestellt und die Zahlungseinstellung völlig behoben hätte. Tatsächlich ist es dann auch infolge und in Fortwirkung der im Juli 1929 eingetretenen Zahlungseinstellung zur Konkurseröffnung gekommen, da alle Versuche, die Firma H. & Co. zu stützen, schließlich fehlschlugen. Ob das erst rund sieben Monate nach der Zahlungseinstellung geschah, ist nicht wesentlich, sieht doch zweifellos die Konkursordnung selbst nach § 33 dies als möglich vor. Die von der Revision angezogene Entscheidung RGZ. Bd. 100 S. 65 steht dem nicht entgegen; denn wie sich insbesondere aus den Urteilen RGZ. Bd. 114 S. 208, 209 und Bd. 127 S. 61 ergibt, die ergänzend zu dieser Entscheidung heranzuziehen sind, beseitigt nicht schon die Stundung als solche die Zahlungseinstellung, sondern erst eine mit Hilfe der Stundung erfolgte allgemeine Wiederaufnahme der Zahlungen, sei es auch zunächst nur von Ratenzahlungen. Daß der bloße Wiederbeginn der Zahlungsfähigkeit infolge Stundung auch ohne allgemeine Wiederaufnahme der Zahlungen die vorher eingetretene Zahlungseinstellung beseitige, kann nicht als zutreffend anerkannt werden; überdies ist es aber im vorliegende Fall, wie schon erwähnt, zu einer wirklichen Stundung gar nicht gekommen.

2. Auch wenn aber bereits am 2. Juli 1929 bei Abschluß des Dienstvertrags auf Geschäftsbesorgung (als solcher stellt sich die Erteilung und die Annahme des Auftrags zur Sanierung eines notleidenden Unternehmens rechtlich dar) eine der Beklagten bekannte Zahlungseinstellung der Firma H. & Co. vorgelegen hat,

die dann auch für die Konkurseröffnung ursächlich gewesen ist, so scheidet doch eine Anfechtung dieses Vertragsschlusses selbst nach § 30 Nr. 1 KO. aus. Denn ganz abgesehen davon, ob nicht eine — für die Anwendung des ersten Halbsatzes das. erforderliche — Benachteiligung der Konkursgläubiger unmittelbar durch die Eingehung dieses Vertrags verneint werden müßte, steht seiner Anfechtbarkeit aus § 30 Nr. 1, und zwar aus beiden Halbsätzen, namentlich der § 33 KO. entgegen, weil der Vertragsschluß länger als sechs Monate vor der Konkurseröffnung liegt.

Es handelt sich also nur um die Anfechtbarkeit der beiden Zahlungen nach § 30 Nr. 1 Halbsatz 2 KO., worüber allein auch das Berufungsgericht eine Entscheidung, und zwar in bejahendem Sinne, getroffen hat. Wenn der Revisionsbeklagte hierzu ausführt, daß insbesondere die schließliche Einbehaltung der 6000 RM. bei Beendigung des Auftrags keine wirkliche Zahlung darstelle — obgleich er selbst von Anfechtung der beiden „Zahlungen" gesprochen hatte — so kann dies auf sich beruhen; denn auch eine Befriedigung der Beklagten, die diese sich selbst durch eigenmächtige einseitige Handlung ohne Zustimmung der Gemeinschuldnerin verschafft hätte, fiele in gleicher Weise unter den zweiten Halbsatz des § 30 Nr. 1 KO.

Gegen die Anwendung dieser Bestimmung auf die beiden „Zahlungen" kämpft nun die Revision aus zwei Gesichtspunkten an: aus dem allgemeineren, daß ein solcher auf Bemühungen um einen konkursabwendenden Ausgleich gerichteter Dienstvertrag, namentlich wenn die Gesamtheit oder doch die große Mehrzahl der Gläubiger damit einverstanden sei, und ebenso auch seine Erfüllung durch Zahlung von Honorar und Erstattung von Auslagen grundsätzlich nicht als gläubigerbenachteiligend angesehen werden könne, und weiter aus dem nur nach Lage des Einzelfalles, aber gerade auch hier einschlagenden Grunde, daß die einzelnen Zahlungen mit Rücksicht auf die Zeit, in der sie geleistet worden seien, und auf die Begleitumstände nicht als Befriedigung eines Konkursgläubigers zu betrachten seien, sondern daß ein „Bargeschäft" in Betracht komme (vgl. zu den beiden Gründen im allgemeinen die Ausführungen von Jaeger KO. 6./7. Aufl. § 30 Anm. 26, 26a, 37; Mentzel KO. 4. Aufl. § 30 Anm. 6; Emmerich Sanierung I S. 130 bis 132).

Jedoch kann zunächst der erste Gesichtspunkt nicht als gerechtfertigt anerkannt werden. Billigkeitserwägungen und mehr oder weniger große wirtschaftliche Bedürfnisse können nicht zu einer Abweichung von der gesetzlichen Regelung führen, solange nicht das Gesetz selbst eine Ausnahme festgesetzt hat. Ob man zur Zeit der gesetzlichen Regelung der Konkursanfechtung außergerichtliche Vergleichsmaßnahmen, namentlich die Beauftragung eines Treuhänders mit der Herbeiführung einer Sanierung schon kannte, ist unerheblich. Die Bestimmung des § 85 der Vergleichsordnung vom 5. Juli 1927, durch welche den Ansprüchen der Vertrauensperson auf Vergütung und Auslagenersatz eine besondere Vorzugsstellung eingeräumt ist, gilt nur für das gerichtliche Vergleichsverfahren und auch nur unter den besonderen Voraussetzungen des § 82 das.; sie kann aber nicht auf außergerichtliche Stützungsversuche entsprechend angewendet werden. Ausschlaggebend gegen eine Anfechtbarkeit kann auch nicht sein, daß ein Vertrag, durch den — wie im vorliegenden Fall nicht zu bezweifeln ist — ernstlich die Aufrechterhaltung einer Firma erstrebt wird, nach Inhalt und Zweck dem gemeinsamen Vorteil aller Gläubiger zu dienen bestimmt sei. Denn ob der Versuch zum Ziel führen wird, ist stets unsicher, und es läßt sich deshalb keineswegs sagen, daß die ganze Unternehmung tatsächlich dem gemeinsamen Wohl aller Gläubiger förderlich sei. Insbesondere vermindern Zahlungen an den Treuhänder das Aktivvermögen des Schuldners, sodaß durch sie, falls es doch zum Konkurs kommt, an sich die Konkursmasse geschmälert wird und damit die Gläubiger benachteiligt werden. Es könnte höchstens in Frage kommen, ob dann, wenn alle Gläubiger der Erteilung des Sanierungsauftrags und vielleicht auch noch der Leistung der Vergütungen zugestimmt haben, eine Anfechtung deshalb ausgeschlossen wäre, weil dann der Konkursverwalter nach Treu und Glauben nicht zu Gunsten derselben Personen die Leistungen rückgängig machen könnte, die vorher damit einverstanden gewesen waren. Aber diese Erwägung trifft keinesfalls zu, wenn nur die Mehrzahl der Gläubiger, wenn auch eine verstärkte Mehrheit gemäß § 63 VerglO. oder § 182 KO., zugestimmt hatte. Denn eine Bindung der Minderheit durch das Verhalten der Mehrheit kann nur in den durch Gesetz bestimmten Fällen Platz greifen und insbesondere auch nicht unter dem Gesichtspunkt einer auftraglosen nützlichen Geschäftsführung der Mehrheit für die Minderheit angenommen werden. Übrigens ist es selbst dann, wenn die Gesamtheit der Gläubiger dem Vertragsschluß und den Zahlungen zugestimmt hat, zweifelhaft, ob damit das Anfechtungsrecht des Konkursverwalters ausgeschlossen wäre; denn bis zur Konkurseröffnung können sehr wohl Änderungen im Bestande der Gläubiger eintreten und neue Gläubiger hinzukommen, und gegenüber diesen neuen Gläubigern könnte der gegen die alten zustimmenden Gläubiger dargelegte Gesichtspunkt nicht in Betracht kommen. Ferner könnte aber eine Anfechtung von Rechtshandlungen auch im Interesse der Massegläubiger geboten sein, und die Entschließungsfreiheit des Konkursverwalters würde dann kaum durch ein früheres Verhalten der Konkursgläubiger, wenn auch ihrer Gesamtheit, beeinträchtigt werden dürfen. Doch braucht zu alledem nicht endgültig Stellung genommen zu werden, da die Zustimmung sämtlicher Gläubiger auch nur zu dem Vertragsschluß vom 2. Juli 1929, geschweige denn zu den beiden „Zahlungen", von der Beklagten nicht dargetan worden ist, die dafür als für eine besondere Sachgestaltung gegenüber den angefochtenen und an sich anfechtbaren Rechtshandlungen beweispflichtig wäre. Ja, die Beklagte hat nicht einmal schlüssige Behauptungen in dieser Beziehung aufgestellt; denn wenn selbst alle Gläubiger von dem Sanierungsauftrag der Gemeinschuldnerin an die Beklagte und der Zustimmung der Hauptgläubiger erfahren haben sollten, so würde ein bloß untätiges (passives) Verhalten der übrigen Gläubiger noch keine Zustimmung bedeuten, da für sie keine Rechtspflicht zu einer Widerspruchserklärung bestand. Mehr als ein stillschweigendes Geschehenlassen der Handlungen der Firma H. & Co. und der Hauptgläubiger, ein Stillhalten, für das die verschiedensten Erwägungen maßgebend sein konnten, hat aber die Beklagte niemals geltend gemacht.

Der andere von der Beklagten gegen die Anfechtbarkeit der beiden „Zahlungen" aus § 30 Nr. 1 Halbsatz 2 KO. geltend gemachte Gesichtspunkt ist auch nicht gerechtfertigt. Zwar entsprechen die Ausführungen an sich dem allgemein anerkannten Rechtsgrundsatz (vgl. Jaeger a. a. O. § 30 Anm. 37; Mentzel a. a. O. § 30 Anm. 6, 9 und 10), daß dann, wenn es sich nicht um die Befriedigung einer bereits zuvor entstandenen Forderung handelt, sondern um eine vor oder gleichzeitig mit dem Erwerb des Gläubigerrechts eingetretene Befriedigung („Bargeschäft" im weiteren Sinne), mithin keine Konkursgläubigerschaft entstanden ist, der zweite Halbsatz des § 30 Nr. 1 keine Anwendung finden kann. Aber die tatsächliche Gestaltung des vorliegenden Falls ist nicht so, daß ein Bargeschäft angenommen werden könnte. Maßgebend ist der Abschluß vom 2. Juli 1929, und es ist namentlich richtig — was auch von der Revision nicht bekämpft wird —, daß nicht etwa Einzelanweisungen an die Beklagte neue Vertragsverhältnisse begründet haben. Auf Grund der Vereinbarung vom 2. Juli 1929 hatte aber die Beklagte bereits die Stellung eines Konkursgläubigers erlangt, wenn ihr auch zunächst nur ein bedingter Anspruch erwachsen war, nämlich auf Honorarzahlung, abhängig von wirklichen Dienstleistungen entsprechend dem Vertrage, die mangels Vereinbarung eines bestimmten Betrags angemessen zu vergüten waren, und auf Ersatz von Auslagen, abhängig von den tatsächlich erfolgenden Aufwendungen. Dann war aber auch die Zahlung der 5000 RM. Ende August 1929 nicht eine Vorschußzahlung, sondern eine Zahlung für bereits geleistete Arbeiten als Teilzahlung auf Grund der Gesamtforderung der Beklagten, wofür das Berufungsgericht mit Recht ihren Bericht vom 2. August 1929 heranzieht; und das gleiche gilt dann auch für die Befriedigung der Beklagten durch Einbehaltung der weiteren 6000 RM. bei Beendigung des Vertragsverhältnisses. Es mag zwar sein, daß nach dem Willen der vertragschließenden Teile und nach der Verkehrsauffassung ein Rechtsgeschäft den Charakter eines Bargeschäfts nicht verliert, wenn zwischen Vertragsschluß und Zahlung nur eine kurze Zeitspanne liegt (vgl. Mentzel a. a. O. S. 190 a. E. der Anm. 6); aber die hier inneliegenden Zeiträume von rund zwei und rund vier Monaten schließen eine solche Annahme aus. Nicht möglich erscheint es auch, ein Bargeschäft unter dem Gesichtspunkt anzunehmen, daß die Beklagte den Auftrag zur Geschäftsbesorgung nur unter der aufschiebenden Bedingung der Vorschußzahlung angenommen hätte (vgl. Jaeger a. a. O. S. 582 Anm. 37 a. E.), oder daß, solange die Tätigkeit des Treuhänders in Anspruch genommen werde, alle Zahlungen deshalb Bargeschäfte wären, weil sie Teilleistungen auf den einheitlichen Anspruch auf Vergütung der einheitlichen weiter fortzusetzenden Tätigkeit darstellten (so Emmerich a. a. O. S. 131). Es fehlt aber endlich auch an jedem tatsächlichen Anhalt dafür, daß die Beklagte bereits durch die vielleicht ziemlich bald nach dem Vertragsschlusse bewirkte — über die Zeit hat das Berufungsurteil noch nichts Näheres festgestellt — und deshalb nach dem Gesagten einer gleichzeitigen Leistung möglicherweise gleichzustellende fiduziarische Vermögensübertragung an sie im voraus in Höhe des ihr schließlich an Honorar und Auslagenerstattung zukommenden Betrags Bezahlung erhalten habe. Denn die Übertragung des Vermögens, besonders auch die etwaige Abtretung der Bankguthaben, geschah zur Sicherung der Gläubiger vor bedenklichen Geschäftsmaßnahmen der Firma H. & Co. und zur späteren möglichst weitgehenden Befriedigung der Gläubiger. Dagegen ist dem festgestellten Sachverhalt in keiner Weise zu entnehmen, daß die Beteiligten damit nebenbei auch bereits eine Vorauszahlung von Vergütung und Auslagen gewollt hätten, was doch immerhin ziemlich fern lag, da sie nichts über eine bestimmte Höhe der Vergütung, mindestens bestimmt nach der Zeit der erforderlich werdenden Tätigkeit, vereinbart hatten.

3. Dagegen lag die Möglichkeit nahe und hätte deshalb vom Berufungsgericht einer Erörterung unterzogen werden müssen, ob nicht mit der fiduziarischen Übertragung des Vermögens der Firma H. & Co. auf die Beklagte die Beteiligten zugleich eine Sicherung der Beklagten wegen ihrer Ansprüche auf Vergütung und Auslagenersatz gewollt haben. War dies der Fall, so wäre der Beklagten im Umfang der wirksamen Sicherungsübereignung für den Konkursfall ein Absonderungsrecht nach Höhe ihrer berechtigten Ansprüche entstanden. Soweit dieses aber unanfechtbar begründet worden war, würden auch die beiden „Zahlungen" nicht der Anfechtung unterliegen, da die Beklagte dann eine gleich hohe Zahlung auch im Konkurs auf Grund ihres Absonderungsrechts hätte verlangen können, sodaß die Konkursgläubiger durch die Zahlungen nicht beeinträchtigt worden wären (vgl. Mentzel a. a. O. § 30 Anm. 9). Freilich bedarf es noch der Klärung der Einzelheiten der Vermögensübertragung, und zwar wegen der übereigneten Gegenstände selbst sowie der Art, der rechtlichen Wirksamkeit und der Zeit der einzelnen Übereignungsakte.

4. Das Berufungsgericht hätte aber ferner auch noch prüfen müssen, ob für die Beklagte, wenn sie nicht die „Zahlungen" erhalten hätte, wegen ihrer Ansprüche auf Vergütung und Auslagenersatz nicht die Möglichkeit einer Aufrechnung gegenüber dem Anspruch der Gemeinschuldnerin gegen sie auf Rückübertragung der ihr übereigneten Vermögenswerte bestanden hätte, und ob eine gleiche Möglichkeit auch gegenüber dem Kläger nach der Konkurseröffnung

gegeben gewesen wäre. Denn dann würde, die Unanfechtbarkeit des Erwerbs der Ansprüche der Beklagten und deren noch nicht klargestellte Berechtigung ihrer Höhe nach vorausgesetzt, durch die „Zahlungen" die Konkursmasse — gerade so wie bei einem Absonderungsrecht nach dem unter 3 Ausgeführten — nicht verringert und die Gläubiger würden daher nicht benachteiligt worden sein. Ob nicht die Prüfung einer Aufrechnungsmöglichkeit um so mehr geboten wäre, wenn — wie der Revisionsbeklagte will — die einseitige Einbehaltung der 6000 RM. nicht als Zahlung anzusehen wäre, kann auf sich beruhen.

Der Kläger verneint die Möglichkeit einer Aufrechnung, weil einem Summenanspruch eine Pflicht zur Rückgabe von Einzelgegenständen gegenübergestanden habe, also die Gleichartigkeit der Ansprüche fehle, und weil ferner § 55 Abs. 1 Nr. 3 KO. eine Aufrechnung ausschließe. Allerdings würde gemäß § 387 BGB., woran hier durch § 54 KO. nichts geändert ist, dem Anspruch der Beklagten auf Zahlung einer Geldsumme auch ein gleichartiger Anspruch auf Rückgewähr eines Geldbetrags gegenüberstehen müssen. Der Anspruch gegen die Beklagte auf Rückübertragung der ihr übereigneten Vermögenswerte ist jedoch wegen deren Verschiedenheit kein großer einheitlicher Anspruch, sondern er setzt sich aus einzelnen Ansprüchen zusammen, und neben Einzelansprüchen wegen bestimmter Gegenstände kann auch eine Forderung auf Zahlung eines Geldbetrags in Betracht kommen. Dann wäre insoweit die Gleichartigkeit gegeben. § 55 Abs. 1 Nr. 3 KO. schlägt aber aus verschiedenen Gründen nicht ein. Die Beklagte hat ihre Forderung, obgleich zunächst als bedingte, bereits durch den Vertragsschluß vom 2. Juli 1929 erworben, sodaß nach dem Schlußsatz der Nr. 3 wiederum § 33 KO. Platz greift. Ferner ist die Beklagte die Rückgabe der Vermögenswerte an die Firma H. & Co. nicht eher schuldig geworden, als sie ihre Forderung gegen diese erworben hat, was Voraussetzung für die Anwendung dieser Vorschrift des § 55 KO. ist (vgl. Mentzel a. a. O. § 55 Anm. 4 Abs. 2). Denn beide Ansprüche sind gleichzeitig als bedingte mit dem Vertragsschlusse vom 2. Juli 1929 entstanden; übrigens ist auch die Fälligkeit, wenn man darauf abstellen wollte, bei der Rückgabepflicht der Beklagten keinesfalls vor der Fälligkeit ihrer Ansprüche eingetreten.

---

35. Kann der Grundstückseigentümer, dessen Räumungsklage gegen den Grundstücksbesitzer wegen eines diesem zustehenden Wohnungsrechts rechtskräftig abgewiesen worden ist, auf Grund desselben Sachverhalts aus dem Gesichtspunkt der ungerechtfertigten Bereicherung auf Zahlung einer Vergütung für die Benutzung des Grundstücks klagen?

ZPO. § 322.

VIII. Zivilsenat. Urt. v. 2. Februar 1931 i. S. Frau Br. (Bekl.) w. Kommanditgesellschaft Br. (Kl.). VIII 548/30.

I. Landgericht Frankfurt a. O.
II. Kammergericht Berlin.

Der Ehemann der Beklagten war Eigentümer eines Hauses in Frankfurt a. O., in dem er seinerzeit mit ihr wohnte. Um die Jahreswende 1922/23 gründete er die klagende Kommanditgesellschaft, deren persönlich haftender Gesellschafter er wurde. Er verpflichtete sich, das Grundstück in sie einzubringen, und ließ es ihr am 29. August 1923 auf. An demselben Tage bestellte er der Beklagten ein lebenslängliches dingliches Wohnungsrecht an dem Grundstück, das mit seinem Tode beginnen sollte. Dieses Recht wurde am 6. September 1923, die Eigentumsänderung am 15. März 1924 in das Grundbuch eingetragen. Bis 1926 blieben die Eheleute in dem Hause wohnen; dann bezog der Ehemann eine andere Wohnung, während die Beklagte die bisherige beibehielt, ohne an die Klägerin eine Vergütung zu zahlen. Nachdem der Ehemann laut Vertrag vom 4. Januar 1927 aus der Gesellschaft ausgeschieden war, hat diese gegen die Beklagte die Räumungsklage erhoben mit der Begründung, daß sie zum Besitz der Werkwohnung, die der Mann aufgegeben habe, nicht mehr berechtigt sei. Diese Klage ist rechtskräftig abgewiesen worden. Das Landgericht als Berufungsgericht erachtete für bewiesen, daß der Ehemann bereits vor der Gesellschaftsgründung und außerdem als persönlich haftender Gesellschafter mündlich der Beklagten ein auch für die Zeit vor seinem Tode geltendes persönliches Wohnungsrecht eingeräumt habe. Nunmehr hat die Gesellschaft gegen die Beklagte die gegenwärtige Klage auf Zahlung einer Vergütung für die Benutzung der Wohnung erhoben. Sie wurde vom Landgericht abgewiesen. Dagegen erklärte das Kammergericht den Klaganspruch für die Zeit bis zum 1. April 1930 dem Grunde nach für gerechtfertigt und stellte für die Folgezeit die Verpflichtung der Beklagten fest, eine Benutzungsentschädigung zu zahlen. Ihre Revision führte zur Wiederherstellung des erstinstanzlichen Urteils.

Gründe.

Das Berufungsgericht hat in erster Reihe untersucht, ob ein persönliches Wohnungsrecht der Beklagten als ein entgeltliches angesehen werden müsse, das etwa auch für die Zeit bis zum Tode ihres Ehemanns, also bis zum Inkrafttreten des dinglichen Wohnungsrechts, formlos verabredet worden sei. In Würdigung der in Betracht kommenden Umstände hat es diese Frage, darüber hinaus aber auch das Zustandekommen einer derartigen formlosen Abrede überhaupt verneint. Zu diesen selbständigen Feststellungen, welche den Ausführungen des rechtskräftigen Urteils in dem früher geführten Räumungsrechtsstreit der Parteien widersprechen, hat sich das Berufungsgericht für berechtigt gehalten, weil jetzt im Gegensatz zu dem im Vorprozeß geltend gemachten Anspruch auf Räumung die Zahlung einer Entschädigung verlangt werde. Die Entscheidung über den dem Räumungsanspruch entgegengehaltenen Einwand des Bestehens eines Wohnungsrechts sei nach § 322 Abs. 1 ZPO. nicht mit in Rechtskraft übergegangen, sodaß dieser auch gegen den Zahlungsanspruch erhobene Einwand erneut und unabhängig von dem früheren Urteil habe geprüft werden müssen. Demnach sei der Anspruch der Klägerin aus § 812 BGB. begründet.

Im Gegensatz hierzu hält jedoch der erkennende Senat die Rechtskraftwirkung für ausschlaggebend zu Ungunsten der Klägerin. Die Bestimmung des § 322 ZPO. soll verhindern, daß aus demselben Tatbestand zwischen denselben Parteien über eine daraus abgeleitete Rechtsfolge durch ein neues Urteil anders entschieden wird, als vorher durch ein älteres rechtskräftiges Urteil entschieden worden ist (JW. 1929 S. 3074 Nr. 13). Es kommt also an auf die Feststellung des Rechtsgrundes als des Grundes des erhobenen Anspruchs, wenn auch nicht als eines von diesem Anspruch gesonderten Rechtsverhältnisses (Stein-Jonas ZPO. § 322 Bemerk. V 1). Der Richter ist demnach nur insoweit durch die rechtskräftige Entscheidung gebunden, als das Vorprozeßurteil eine bestimmte Rechtsfolge aus dem bestimmten Tatbestand bejaht oder verneint hat. Das gilt auch für den Fall, daß das Bestehen oder Nichtbestehen eines Anspruchs lediglich als Voraussetzung eines anderen Anspruchs geltend gemacht wird. Die Voraussetzung eines später erhobenen Anspruchs kann nicht mehr streitig gemacht werden, wenn sie besteht in einem früher rechtskräftig zuerkannten Anspruch oder in dem Nichtvorhandensein eines früher rechtskräftig aberkannten Anspruchs (RGZ. Bd. 50 S. 417; Gruch. Bd. 49 S. 673). Auch wenn sich also die Rechtskraftwirkung nur auf einen Einzelpunkt des neuen Rechtsstreits bezieht, ist der Richter durch sie gebunden (JW. 1921 S. 1245 Nr. 23). Anderseits erstreckt sich die Rechtskraft nicht auf die dem neuen Klaganspruch entgegengesetzten Einwendungen als solche, die nach dem Gesagten nur insoweit nicht mehr zulässig sind, als sie den festgestellten Anspruch betreffen (RGZ. Bd. 110 S. 149).

Das Berufungsgericht verletzt diese Rechtsgrundsätze, wenn es sich zu einer erneuten Prüfung des Vorliegens eines gültigen Wohnungsrechts deshalb für befugt erachtet, weil im Vorprozeß die Räumung verlangt worden sei, hier aber eine angemessene Entschädigung aus § 812 (§ 988) BGB. gefordert werde. Dieser Anspruch auf ungerechtfertigte Bereicherung hat gesetzlich zur Voraussetzung, daß der Besitzer etwas ohne rechtlichen Grund erlangt hat. Schon gegen die auf § 985 BGB. gestützte Räumungsklage hatte sich die Beklagte zur Rechtfertigung ihres Besitzes auf ihr Wohnungsrecht berufen und hat damit die rechtskräftige Abweisung der Klage erreicht. Hierdurch ist zwischen den Parteien unabänderlich verneint, daß die Klägerin von der Beklagten die Räumung der Wohnung verlangen könne. Hieraus folgt zwangsläufig, daß die Beklagte der Klägerin gegenüber zum Besitz der Wohnung berechtigt ist. Dabei ist es für den vorliegenden Fall ohne Bedeutung, ob sich die Rechtskraft auch auf das Bestehen oder das Nichtbestehen des Wohnungsrechts selbst erstreckt. Schon die rechtskräftige Verneinung des Räumungsanspruchs scheidet ohne weiteres mit rechtlicher Bindung für den vorliegenden Prozeß eine der Voraussetzungen einer ungerechtfertigten Bereicherung aus. Das Berufungsgericht hat übersehen, daß es nicht allein auf den geltend gemachten, sich schließlich nur aus dem Klagantrag ergebenden Anspruch ankommt, sondern daß auch der Zusammenhang zwischen dem Antrag und den Klaggründen mitbestimmend sein kann (JW. 1894 S. 140 Nr. 7). Mit Recht hat demnach die Revision ausgeführt, es sei ausgeschlossen, daß jemand einen Anspruch auf Bereicherung wegen Nichtherausgabe habe, wenn ihm ein Anspruch auf Herausgabe nicht zustehe. Diesen Erwägungen stehen die Urteile des Reichsgerichts vom 30. April 1903 VI 450/02 und vom 6. März 1930 VIII 579/29 nicht entgegen. Sie betreffen einen andern Sachverhalt.

Hiernach fehlt es dem Klaganspruch aus § 812 BGB. an der der Klägerin rechtskräftig abgesprochenen Voraussetzung, daß die Beklagte ohne Rechtsgrund besitze.

---

36. Kann Mietwucher vorliegen, wenn der Vermieter (Verpächter) durch den Mietzins (Pachtzins) nicht einmal seine wirtschaftlich gerechtfertigten Gestehungskosten deckt?

MSchG. § 49a.

VIII. Zivilsenat. Urt. v. 18. April 1932 i. S. Hausverein des H. Ruderklubs e. V. (Kl.) w. Eheleute H. (Bekl.). VIII 1/32.

I. Landgericht Heidelberg.
II. Oberlandesgericht Karlsruhe.

Der klagende Hausverein eines Ruderklubs ist Eigentümer eines Gasthauses. Durch Vertrag vom 19. November 1925 hat er das Anwesen für die Zeit vom 1. April 1926 bis zum 31. März 1929 an die Beklagten verpachtet. Das Pachtverhältnis ist bis zum Mai 1930 fortgesetzt worden. Damals haben die Beklagten, denen der Kläger im März 1930 fristlos gekündigt hatte, das Grundstück geräumt. Der Pachtzins betrug nach § 5 des Vertrags 18000 RM. jährlich; davon gingen 2400 RM. für die Benutzung des Klubzimmers durch den Ruderverein ab. Die Beklagten blieben mit der Zahlung der Pacht wie der Nebenleistungen lange im Rückstand. Deshalb hat der Kläger auf Zahlung von 12399 RM. nebst Zinsen Klage erhoben. Die Beklagten haben neben anderen Einwänden den des Raumwuchers erhoben. Das Landgericht hat nach dem Klagantrag erkannt, das Oberlandesgericht dagegen die Klage abgewiesen. Die Revision des Klägers führte zur Aufhebung und Zurückverweisung.

Gründe.

... Wie der Berufungsrichter mit Recht angenommen hat, kommt es für die ganze Zeit, für welche Pachtzahlung verlangt wird, auf die

Angemessenheit des Pachtzinses nach § 49a MSchG. an. Der Revision ist zuzugeben, daß das Berufungsurteil in diesem Punkt Bedenken unterliegt.

In Übereinstimmung mit der Rechtsprechung des Reichsgerichts (RGSt. Bd. 61 S. 130, Bd. 62 S. 228, Bd. 63 S. 415; RGZ. Bd. 120 S. 130, Bd. 122 S. 183, Bd. 134 S. 99; RGUrt. vom 28. Oktober 1930 III 411/29, vom 26. September 1929 VIII 227/29, vom 5. März 1931 VIII 438/30, vom 3. Juni 1931 VIII 125/31, vom 22. Oktober 1931 VIII 79/31 und vom 16. November 1931 VIII 425/31) ist der Berufungsrichter zwar vornehmlich von der Feststellung des objektiven Nutzungswerts ausgegangen. Es ist auch nicht zu beanstanden, wenn er bei der Berechnung dieses Nutzungswerts für die verpachtete Gastwirtschaft (an der Hand des über ihren regelmäßigen Ertrag eingezogenen Gutachtens) den erzielten Umsatz und die in dem Unternehmen objektiv liegenden Gewinnmöglichkeiten beachtet hat (RGZ. Bd. 122 S. 183; vgl. auch die angeführten Urteile vom 28. Oktober 1930, vom 22. Oktober 1931 und vom 16. November 1931). Aber der Kläger hatte geltend gemacht, der von ihm mit den Beklagten vereinbarte Zins rechtfertige sich durch seine Gestehungskosten, insbesondere durch die auf dem Grundstück liegenden Steuerlasten. Diese, verbunden mit der (weniger bedeutenden) Zinslast, den Instandsetzungskosten und Versicherungen, hätten in den Jahren von 1926 bis einschließlich 1929 57232 RM., also wesentlich mehr betragen, als der Berufungsrichter an Pacht für diese vier Jahre für angemessen halte.

Das Landgericht hat bei seiner der Klage stattgebenden Entscheidung diejenigen Steuern von der Berücksichtigung ausgeschieden, deren Beachtung als auf dem Grundstück liegende Last die Beklagten beanstandet hatten, ist aber dennoch zu einem das Anwesen belastenden durchschnittlichen Jahresbetrag von 13046,75 RM. gelangt. Den danach freibleibenden Betrag der Jahrespachtsumme hat das Landgericht als eine ganz unbedeutende Verzinsung des im Grundstück steckenden, nach dem steuerlichen Einheitswert (abzüglich der Hypothek) mit 184825,62 RM. bemessenen Eigenkapitals erachtet und deshalb die Anwendung von § 49a MSchG. abgelehnt. Auch das Berufungsgericht will grundsätzlich die Gestehungskosten berücksichtigen, meint aber, für die Frage der Verzinsung des Eigenkapitals komme der vom Kläger im Jahre 1920 gezahlte Kaufpreis nicht in Betracht. Er falle in die Inflationszeit, sodaß sein wahrer Wert schwer zu ermitteln sei. Die Steuern, die allerdings hoch seien, könnten keine Rolle spielen, da sie in letzter Reihe vom Wert des Hauses abhingen und dieser wiederum vom Ertrag. Letzterer aber sei mit 18000 RM. eben objektiv falsch veranschlagt.

Diese Erwägungen überzeugen rechtlich nicht. In der Rechtsprechung des Reichsgerichts hat es Zweifeln unterlegen, inwieweit ein nach objektiven Gesichtspunkten unangemessener Mietzins dadurch gegenüber § 49a MSchG. gerechtfertigt werden könne, daß nach den Gestehungskosten des Vermieters bei geringerem Zins kein oder nur ein unzureichender Verdienst für ihn bleibe. Während in dem Urteil des 1. Strafsenats vom 11. März 1927 (RGSt. Bd. 61 S. 130) die Meinung zum Ausdruck kam, eine Vergütung könne nach § 49a MSchG. als unangemessen erscheinen, obwohl sie nicht einmal den Aufwand des Vermieters decke, hat das Urteil des III. Zivilsenats vom 7. Februar 1927 (RGZ. Bd. 120 S. 130) hiergegen Bedenken erhoben. Die spätere Rechtsprechung der Strafsenate (RGSt. Bd. 62 S. 228 [237], Bd. 63 S. 166 und S. 415) berücksichtigt dies durch die nunmehrige Fassung, die Aufwendung unwirtschaftlicher und vermeidbarer Gestehungskosten könne nicht dahin führen, einen Mietzins zu rechtfertigen, der nach objektiven Maßstäben unangemessen sei. Diesen Standpunkt teilt auch das schon genannte Urteil des III. Zivilsenats vom 28. Oktober 1930 III 411/29. Von dem hier nicht vorliegenden Fall solchen freiwilligen und unwirtschaftlichen Aufwands abgesehen, bleibt aber für die bei Anwendung von § 49a MSchG. zu beachtenden gesamten Verhältnisse auch das Vorbringen des Vermieters (Verpächters) erheblich, der nach anderen Maßstäben gefundene Zins lasse ihm gar keinen Verdienst, ja decke nicht einmal seine Kosten. Dieses Vorbringen, das sich auf die besonderen Verhältnisse des gerade in Frage kommenden Raums wie des Verpächters stützt, darf trotz des grundsätzlichen Vorrangs des objektiven Nutzungswerts vor den Gestehungskosten nicht unberücksichtigt bleiben, worauf schon das Urteil RGZ. Bd. 120 S. 130 hingewiesen hat. Denn das Wohnungsnotrecht, dem § 49a MSchG. angehört, will auch den Belangen des Vermieters Rechnung tragen, insbesondere seiner Fähigkeit, den Raum zu bewahren und instandzuhalten (vgl. § 2 Abs. 3 des Gesetzes über den Geldentwertungsausgleich bei bebauten Grundstücken vom 1. Juni 1926, RGBl. I S. 251, und die

Vorschriften des Reichsmietengesetzes). Am allerwenigsten kann eine Strafvorschrift wucherrechtlicher Art den Sinn haben, die wirtschaftliche Zwangslage des Vermieters (Verpächters) bei der Vereinbarung des Zinses gänzlich außer Betracht zu lassen. Dazu kommt, daß eine Gestehungskostenrechnung, die dartut, daß der wirtschaftlich handelnde Vermieter (Verpächter) bei einer durch Schätzung des objektiven Nutzungswerts gefundenen angemessenen Miete (Pacht) nicht einmal seine Kosten deckt, in jedem Fall geeignet ist, die Nachprüfung jener Schätzung anzuregen. Das muß aber in wesentlich verstärktem Maße dann gelten, wenn, wie im vorliegenden Fall, der Nutzungswert ausschließlich auf Grund von Schätzungen gewonnen ist, die in allem wesentlichen die Interessenlage des Pächters, den von ihm zu erzielenden Gewinn und sein Auskommen ins Auge fassen. Die Feststellungen des Berufungsrichters ergeben nicht, daß bei den Lasten, insbesondere bei den Steuerlasten, vermeidbare Aufwendungen in Frage kommen. Wenn er meint, die steuerlichen Werte hingen mit der unangemessenen Pacht zusammen und führten deshalb zu übermäßiger Belastung, so ist damit ersichtlich keine tatsächliche Feststellung getroffen. Aus diesem Gesichtspunkt läßt sich deshalb die Berücksichtigung der Steuerlasten nicht ablehnen. Ob sie im übrigen sämtlich mit Recht als Gestehungskosten angesetzt worden sind, ob und inwieweit insbesondere in der Gestehungskostenrechnung die der preußischen Hauszinssteuer entsprechende badische Gebäudesondersteuer neben dem Ertrag des Eigenkapitals Platz finden kann (vgl. RGSt. Bd. 61 S. 145, Bd. 62 S. 226; RGUrt. vom 2. November 1931 VIII 136/31), hat der Berufungsrichter noch nicht geprüft. Ohne rechtfertigenden Grund läßt er in diesem Zusammenhang auch die Frage außer acht, in welchem Maße der Kläger eine Verzinsung des Grundstückswerts abzüglich des in der Hypothekenlast verkörperten fremden Geldes als Eigenkapital in Rechnung stellen darf. In der Rechtsprechung des Reichsgerichts (RGSt. Bd. 62 S. 223; RGUrt. vom 5. Juni 1928 III 416/27 und vom 5. März 1931 VIII 438/30) wird aber anerkannt, daß es bei dem Erwerb eines Grundstücks zu einem durch die Inflationsanschauungen beeinflußten Papiermarkpreis in der Regel nicht unzulässig ist, den jetzigen Grundstückswert, insbesondere den Verkehrswert, der Errechnung des zu verzinsenden Kapitals zugrunde zu legen. Wie diese Verzinsung zu bemessen sei, ist im wesentlichen eine Sache tatrichterlicher Erwägung, bei der auch die persönlichen Umstände berücksichtigt werden können, die der Berufungsrichter hier herangezogen hat. Es ist schließlich Sache tatrichterlichen Ermessens, zu beurteilen, in welchem Grad, über die Deckung der Selbstkosten hinaus, die Darlegung der Gestehungskosten geeignet ist, das aus dem objektiven Nutzungswert gefundene Ergebnis zu berichtigen.

Diese Erwägungen erfordern eine neue Prüfung in der Berufungsinstanz, die die Belange beider Teile ins Auge fassen muß. Im Rahmen der gesamten Verhältnisse ist auch der von der Revision hervorgehobene Umstand nicht von vornherein unbeachtlich, daß die Beklagten, wie der Kläger behauptet, nach Beendigung der ersten Pachtzeit im Jahre 1929 auf Fortsetzung des Verhältnisses ohne Beanstandung des Pachtzinses gedrängt haben sollen (vgl. RGUrt. vom 16. Dezember 1929 VIII 490/29 für den entsprechenden Fall, daß der Mieter unterlassen hat, einen Antrag aus § 1 RMG. zu stellen). Diese Stellungnahme der Beklagten käme allerdings nicht in Betracht, wenn sie damals in einer Notlage gehandelt haben, um nicht die in das Anwesen gesteckten Werte zu verlieren. Rechtlich nicht zu beanstanden ist der von der Revision angegriffene Ansatz eines Arbeitsverdienstes der Pächter für die Errechnung des gewöhnlichen Pachtertrags.

---

37. Zur Auslegung von Goldklauseln bei hypothekarisch gesicherten Forderungen.

BGB. § 1115.

V. Zivilsenat. Urt. v. 30. April 1932 i. S. Witwe N. u. Gen. (Bekl.) w. H. u. Gen. (Kl.). V 319/31.

I. Landgericht I Berlin.
II. Kammergericht daselbst.

Die Kläger sind die Erben der am 12. Januar 1931 verstorbenen Frau H. Die Erstbeklagte ist befreite Vorerbin, der Zweitbeklagte Testamentsvollstrecker, die anderen drei Beklagten sind Nacherben des am 10. März 1914 verstorbenen N.

Frau H. erwarb im April 1896 durch Abtretung vier Darlehnshypotheken von zusammen 160000 M., die auf dem Grundstück des

N. lasteten. In der Abtretungsurkunde vom 1. April 1896 wurden neue Zins- und Zahlungsbedingungen für die Hypothekenschulden vereinbart, darunter die Verpflichtung des Darlehnsschuldners und Grundstückseigentümers N., sowohl die vier Kapitalien als auch die Zinsen in deutschen Goldmünzen zu bezahlen. Bei der Eintragung der Abtretung wurde diese Verpflichtung im Grundbuch vermerkt.

Die Hypotheken waren im Jahre 1917 fällig. In einer notariell beglaubigten Urkunde vom 19. Oktober 1917 vereinbarte die Gläubigerin H. mit der Erstbeklagten und mit M., dem damaligen Testamentsvollstrecker nach N., folgendes: die bisher auf $4^1/_4$% festgesetzten Zinsen sollten vom 1. April 1918 an auf $4^3/_4$% erhöht werden; die Kapitalien sollten von der Schuldnerseite nicht vor dem 1. April 1923 zurückgezahlt werden; auch die Gläubigerin sollte bei pünktlicher Zinszahlung erst zum 1. April 1923 kündigen dürfen; schließlich sollte die Schuldnerin verpflichtet sein, die vier Kapitalien und die Zinsen in Gold deutscher Reichswährung zu bezahlen. Die Erstbeklagte bewilligte und beantragte die Eintragung des weiteren $^1/_2$% Zinsen und der veränderten Rückzahlungsbestimmung; M. schloß sich ihr an und bewilligte und beantragte gleichfalls die Eintragung der veränderten Verzinsungs- und Rückzahlungsbedingungen. Frau H. erklärte, sie nehme die Erstbeklagte als Schuldnerin hinsichtlich der 160000 M. nebst Zinsen an, und bewilligte und beantragte ebenfalls die Eintragung der veränderten Verzinsungs- und Rückzahlungsbedingungen in das Grundbuch. Demnächst wurde bei den Hypotheken eingetragen: „Die Bedingungen sind geändert. Der Zinssatz beträgt vom 1. April 1918 ab $4^3/_4$%. Unter Bezugnahme auf die Bewilligung vom 19. Oktober 1917 eingetragen am 2. November 1917."

Die Beklagten sind bereit, die Hypotheken und die zugrundeliegenden Darlehnsforderungen auf 40000 GM. aufzuwerten, und haben auch die von diesem Betrage nach Aufwertungsrecht zu berechnenden Zinsen entrichtet. Die Kläger wollen sich damit aber nicht begnügen. Sie sind der Meinung, daß die Hypotheken mit einer Goldwertklausel ausgestattet und deshalb nicht dem Aufwertungsgesetz unterworfen, sondern auf 160000 GM. zu bewerten und von diesem Wert mit den vereinbarten $4^3/_4$% zu verzinsen seien. Sie verlangen demgemäß mit der dinglichen und persönlichen Klage die Nachzahlung von zunächst 6100 GM. rückständiger Zinsen. Die Beklagten sind der

Ansicht, daß die am 1. April 1896 und 19. Oktober 1917 vereinbarten Goldklauseln nur Goldmünzklauseln darstellen, und daß deshalb Kapital und Zinsen lediglich nach den Grundsätzen des Aufwertungsrechts zu berechnen seien.

Beide Vorinstanzen haben den Klaganspruch dem Grunde nach für gerechtfertigt erklärt. Die Revision der Beklagten führte zur Abweisung der Klage.

Gründe:

Die Entscheidung des Rechtsstreits hängt von der Beantwortung der Frage ab, ob die Hypotheken der Kläger mit einer Goldwertklausel oder nur mit einer Goldmünzklausel ausgestattet sind. Tragen sie eine Goldwertklausel, so ist die Klage wenigstens als persönliche Schuldklage gerechtfertigt (zur dinglichen Seite vgl. neuerdings Mügel in DJZ. 1929 Sp. 735flg. und Schlegelberger in Gruch. Bd. 71 S. 455flg.). Liegt aber lediglich eine Goldmünzklausel vor, so trifft der Rechtsstandpunkt der Beklagten zu, daß die Hypotheken sowohl nach der dinglichen wie auch nach der persönlichen Seite dem Aufwertungsgesetz unterstehen und daß darüber hinausgehende, auf Wertbeständigkeit der persönlichen und dinglichen Rechte gegründete Ansprüche der Kläger entfallen (Mügel Aufwertungsrecht 5. Aufl. S. 302 unter V; RGZ. Bd. 121 S. 110, Bd. 131 S. 78).

Das Berufungsgericht betrachtet die am 1. April 1896 vereinbarte Goldklausel als eine typische Goldmünzklausel. Dem ist beizutreten. Das Reichsgericht hat in zahlreichen gleichliegenden Fällen diese Auslegung gebilligt (RGZ. Bd. 101 S. 141, Bd. 107 S. 400, Bd. 131 S. 78 u. a.), und zwar ohne Rücksicht darauf, wann solche Klauseln vereinbart waren. Der vereinzelt (insbesondere von Mügel a. a. O. S. 304) vertretenen Auffassung, bei Goldmünzklauseln, die schon vor der Entscheidung des Reichsgerichts vom 22. Januar 1902 (RGZ. Bd. 50 S. 145) ausbedungen sind, sei regelmäßig eine auslegende Umdeutung in Goldwertklauseln möglich, ist die Rechtsprechung des Reichsgerichts in Übereinstimmung mit der herrschenden Ansicht im Schrifttum (Quassowski AufwG. 5. Aufl. S. 49, Schlegelberger-Harmening AufwG. 5. Aufl. S. 165 Anm. 5) ständig entgegengetreten (RGZ. Bd. 121 S. 110, Bd. 131 S. 78; AufwRspr. Bd. 4 S. 185 Nr. 76, Bd. 5 S. 89 Nr. 35). Muß hiernach die Klausel vom 1. April 1896 als reine Goldmünzklausel angesehen werden, so ist sie durch die Verordnung des Bundesrats vom 28. September 1914 (RGBl. S. 417) unverbindlich geworden. Diese Verordnung stand aber einer neuen Vereinbarung der Goldmünzklausel im Jahre 1917 und ihrer Eintragung im Grundbuch nicht entgegen, während Goldwertklauseln nach wie vor nicht in das Grundbuch eingetragen werden durften (Güthe-Triebel GBO. 5. Aufl. Bd. I S. 699flg. Anm. 14; Schlegelberger in Gruch. Bd. 71 S. 451flg.; Schlegelberger-Harmening a. a. O.; Wolff Sachenrecht 8. Aufl. S. 470flg.; RGZ. Bd. 108 S. 176). Es fragt sich somit, ob die am 19. Oktober 1917 vereinbarte und am 2. November 1917 ins Grundbuch eingetragene neue Goldklausel abweichend von der früheren eine (eintragungsunfähige) Goldwertklausel darstellen oder ob sie gleich der früheren, im Jahre 1914 gesetzlich für unverbindlich erklärten Goldklausel lediglich wieder eine (eintragungsfähige) Goldmünzklausel enthalten sollte. Die Antwort kann nur im Wege der Auslegung gewonnen werden. Beide Vorinstanzen glauben den Willen der Vertragschließenden vom Oktober 1917 im Sinne der Vereinbarung einer Goldwertklausel auslegen zu müssen. Damit verstoßen sie aber gegen die Grundsätze der §§ 133, 157 BGB. Das Berufungsgericht verletzt auch, wie die Revision mit Recht rügt, den § 286 ZPO. durch nicht erschöpfende Würdigung des Gesamtergebnisses der Verhandlungen. Eine umfassende Prüfung des Streitstoffs unter Berücksichtigung von Treu und Glauben und der Verkehrssitte führt zu der Auslegung, daß auch im Jahre 1917 keine Goldwertklausel, sondern nur eine Goldmünzklausel vereinbart worden ist.

Das Berufungsgericht geht mit Recht vom Wortlaut der in der Urkunde vom 19. Oktober 1917 niedergelegten Klausel aus. Es erkennt an, daß die — für solche Klauseln wesentliche (RGZ. Bd. 131 S. 78) — Fassung erfahrungsgemäß für eine Goldmünzklausel spricht. Insoweit steht ihm die Rechtsprechung des Reichsgerichts zur Seite, in der die Auslegung ganz ähnlich lautender Klauseln nicht nur aus der Vorkriegszeit, sondern auch aus der Kriegs- und der ersten Nachkriegszeit in demselben Sinne stets gutgeheißen worden ist (RGZ. Bd. 103 S. 384, Bd. 107 S. 370, Bd. 108 S. 176; AufwRspr. Bd. 4 S. 661 Nr. 279). Das Berufungsgericht glaubt aber, daß gerade im vorliegenden Fall besondere Umstände ausnahmsweise eine abweichende Auslegung im Sinne einer Goldwertklausel erforderten. Hier setzt sein Rechtsirrtum ein.

Die Kläger selbst haben zur Rechtfertigung ihrer von den Vorinstanzen gebilligten Rechtsansicht, daß im Oktober 1917 eine Goldwertklausel ausbedungen worden sei, nur folgendes vorgetragen: Angesichts der Ablehnung des deutschen Friedensangebots von Ende 1916, des Eintritts Amerikas in den Weltkrieg und der Reichstagsverhandlungen vom Juli 1917 sei im Oktober 1917 der Pessimismus über den Ausgang des Krieges und das Schicksal der deutschen Währung bereits weit verbreitet gewesen. Die deutsche Mark habe schon damals im Ausland erheblich unter dem Friedenskurs gestanden. Das sei in deutschen Handelskreisen bekannt gewesen. Insbesondere habe der Rechtsberater der Frau H., ihr Schwiegersohn B., der 1916 und 1917 im Ausland Reisen gemacht habe und unter dessen Mitwirkung die Vereinbarung vom 19. Oktober 1917 abgeschlossen worden sei, um den schon eingetretenen Wertverfall des deutschen Geldes gewußt. Gerade deshalb sei die Fassung der Goldklausel vom Jahre 1917 anders gewählt worden als die Fassung vom Jahre 1896. Hätten die Parteien nicht einen erweiterten und verstärkten Gläubigerschutz beabsichtigt, so hätte für sie und den Notar nicht der mindeste Anlaß bestanden, die Fassung der Goldklausel von 1896 zu ändern.

Diesen Ausführungen sind die Beklagten mit folgender Darstellung entgegengetreten: Die allgemeinen Zeitverhältnisse hätten bei der Wahl der Fassung der Goldklausel im Oktober 1917 keine bestimmende Rolle gespielt. Den Vertragschließenden sei es nur darauf angekommen, die alte Klausel vom Jahre 1896 neu zu begründen, die durch die Verordnung vom Jahre 1914 außer Kraft gesetzt gewesen sei. Den rechtlichen Unterschied zwischen einer Goldmünzklausel und einer Goldwertklausel habe damals niemand durchschaut, auch nicht Frau H. und ihr Berater B. Andernfalls hätte B. den Willen, mit der Fassung auch den Inhalt der Klausel zu ändern, deutlich hervortreten und in der Urkunde klar zum Ausdruck bringen lassen. Die neue Fassung der Klausel beruhe lediglich auf der Wahl der Worte durch den mitwirkenden Notar, der niemals eine anerkannt eintragungsunfähige Goldwertklausel gewählt und trotzdem einen Eintragungsantrag dieses Inhalts beglaubigt und dem Grundbuchamt eingereicht hätte.

Das Berufungsgericht meint, zunächst spreche schon der „charakteristische Wechsel der Fassung" des Wortlauts der Goldklausel von 1917 dafür, daß sie mehr bedeuten sollte als die alte Klausel vom Jahre 1896. Auch der Wortlaut der Eintragungsbewilligung und der

Eintragungsanträge in der Urkunde vom 19. Oktober 1917, in denen „von veränderten Verzinsungs- und Rückzahlungsbedingungen" die Rede sei, deute darauf hin, daß die „alte Goldmarkforderung" der Gläubigerin vor dem „Herabsinken zu einer Papiermarkforderung" gesichert und das Risiko eines „etwaigen Währungsverfalls auf die Schuldnerin abgewälzt" werden sollte. Schon diese Betrachtung des Wortlauts der Abreden von 1917 wird dem urkundlichen Inhalt der Vereinbarungen nicht gerecht. Wenn anerkannt ist, daß eine Goldklausel, wie sie in der Urkunde vom 19. Oktober 1917 niedergelegt ist, regelmäßig eine reine Goldmünzklausel darstellt, so ist nicht ersichtlich, warum die Wahl dieser Fassung, die auf einem Zufall oder dem Geschmack des Notars und der Vertragsparteien beruhen kann, als „charakteristisches" Merkmal für den Willen angesehen werden müßte, eine über die Klausel von 1896 hinausgehende Goldwertklausel zu begründen. Unmöglich kann aber aus der Fassung der Eintragungsbewilligung und der Eintragungsanträge etwas für die Ansicht des Berufungsgerichts hergeleitet werden. Die Worte „veränderte Verzinsungs- und Rückzahlungsbedingungen" beziehen sich auf alle neuen Vereinbarungen (Zinserhöhung, hinausgeschobene Fälligkeit, Neubegründung der Goldklausel). Sie gestatten bei unbefangener Betrachtung keinen Rückschluß darauf, daß mit der Goldklausel mehr als die Wiedereinführung der gesetzlich außer Kraft getretenen Klausel vom Jahre 1896 beabsichtigt gewesen sei. Vielleicht könnte der Wortlaut der Eintragungserklärungen sogar gegen die Annahme einer Goldwertklausel verwertet werden. Denn wenn die Gläubigerin H., wie die Kläger behaupten, infolge besonders sachkundiger Beratung schon damals die Entwertung der deutschen Mark durchschaut und den rechtlichen Unterschied zwischen einer Goldmünzklausel und einer Goldwertklausel erkannt hätte, so hätte sie wohl von diesem Standpunkt aus schon im Oktober 1917 im unmittelbaren Anschluß an die Vereinbarung einer Goldwertklausel ihr Gläubigerrecht nicht mehr auf nur 160000 M. beziffern und in der Urkunde davon sprechen dürfen, daß sie die Erstbeklagte „hinsichtlich der 160000 M. nebst Zinsen" als Schuldnerin annehme. Alles in allem genommen bietet also der Wortlaut der Urkunde zum mindesten keinen Anhalt für die vom Berufungsgericht gebilligte Ansicht der Kläger über die Einführung einer Goldwertklausel im Oktober 1917.

Das Berufungsgericht glaubt weiterhin aber auch aus anderen, außerhalb des Wortlauts der Urkunde liegenden Umständen eine Unterlage für seine Auslegung gewinnen zu können. Es führt aus: B., unter dessen Mitwirkung der Vertrag vom 19. Oktober 1917 zustande gekommen, sei über die Kursverschlechterung der deutschen Mark im allgemeinen gut unterrichtet gewesen. Er habe daher durch die Vereinbarung einer wertbeständigen Forderung seine Schwiegermutter möglichst gegen eine Wertverschlechterung der Mark schützen wollen. Die bisherige Klausel habe diesen Zweck nicht mehr erfüllen können. Es habe daher nach einem Ausdruck gesucht werden müssen, der mit hinreichender Deutlichkeit den Willen der Gläubigerin in sich verkörperte, das Risiko der Beschaffung eines dem Goldwert der Forderung entsprechenden Gegenwerts in deutscher Reichswährung auf die Schuldnerin abzuwälzen. Nur so könne die Abänderung der Rückzahlungsbedingungen im Jahre 1917 ihre Erklärung finden. Jedenfalls fehle dafür, daß hierzu das Reichsgesetz vom 4. August 1914 Veranlassung gegeben habe, jeder Anhaltspunkt, zumal da ja anerkanntermaßen Goldklauseln, die in der Zeit nach diesem Gesetz neu vereinbart seien, hiervon überhaupt nicht betroffen worden seien. Ob sich die Schuldnerin bei der Vereinbarung die Erwägungen der Gläubigerin durchweg zu eigen gemacht habe, könne auf sich beruhen bleiben. Soviel habe sie sich immerhin sagen müssen, daß die Abänderung der Rückzahlungsbedingungen nicht den Sinn und die Bedeutung einer Einschränkung der Schuldenhaftung haben könne. Der Hinweis der Beklagten darauf, daß ausdrücklich die Eintragung der neu vereinbarten Goldklausel bewilligt und beantragt worden sei, reiche nicht aus, um den Vertragswillen lediglich im Sinne einer Goldmünzklausel auszulegen. Erfahrungsgemäß habe auch die Goldmünzklausel oft wirtschaftlich dem Zweck dienen sollen, den Gläubiger gegen eine mögliche Entwertung des sonstigen Währungsgeldes zu schützen. Deshalb sei mit dem Hinweis auf die Tatsache der Bewilligung und Beantragung der tatsächlich erfolgten Eintragung der Klausel im Einzelfall für die Auslegung ihres Sinnes und ihrer Bedeutung noch nichts gewonnen. Da die Beklagten sonst nichts vorgebracht hätten, was gegen die Auslegung der Vereinbarung vom Jahre 1917 als einer „Goldmünz- und Goldwertklausel" spräche, so sei diese Auslegung gerechtfertigt.

Auch diese Ausführungen sind rechtlich zu beanstanden. Die Kläger können nur dann mit der Klage Erfolg haben, wenn sie die

Vereinbarung der Goldwertklausel schlüssig dartun, gegen die der Inhalt der Urkunde vom Jahre 1917 erfahrungsgemäß spricht. Dazu reichen aber ihre Behauptungen und die Feststellungen des Berufungsgerichts nicht aus. Aus ihnen mag sich vielleicht ergeben, daß der Gläuberin H. mit einer Goldwertklausel gedient gewesen wäre. Es ergibt sich aber daraus noch nicht, daß die Gläubigerin den klaren Willen gefaßt hätte, an Stelle der früheren Goldmünzklausel eine anders geartete Klausel zu erlangen, daß die Schuldnerin diesen Willen erkannt und sich zu eigen gemacht und daß der so übereinstimmende Wille beider Vertragsteile in der urkundlich getroffenen Vereinbarung erkennbaren Ausdruck gefunden hätte.

Das Reichsgericht hat bei der Würdigung von Goldklauseln ständig betont, daß nicht das einseitige Interesse des Gläubigers an der immerhin ungewöhnlichen und für den Schuldner besonders gefährlichen Goldwertklausel bei der Auslegung den Ausschlag geben darf, sondern daß dabei die Interessen beider Teile gleichmäßig zu berücksichtigen sind, und daß deshalb eine Goldwertklausel nur dann angenommen werden kann, wenn der Wille des Gläubigers, sie zu vereinbaren, deutlich erkennbar in die Erscheinung getreten und vom Schuldner erkannt und angenommen worden ist (RGZ. Bd. 101 S. 141, Bd. 103 S. 384; JW. 1925 S. 1483 Nr. 8; AufwRspr. Bd. 3 S. 452 Nr. 240B). Im vorliegenden Fall fehlt nun schon eine klare Feststellung dahin, daß die Gläubigerin H. im Oktober 1917 aus der wirtschaftlichen Sachkunde ihres Beraters B. zunächst die Rechtserkenntnis geschöpft habe, daß die bloße Erneuerung der früheren Goldmünzklausel ihr künftig nicht mehr genüge, und dann den Willen, sich nunmehr durch eine erweiterte Goldwertklausel zu schützen. Wie fern ihr jene Erkenntnis und dieser Wille gelegen haben muß, zeigt ihr vom Berufungsgericht nicht gewürdigter Brief vom 17. Juli 1923, in dem sie — noch in der Hochinflation — wörtlich schreibt, daß „die Goldklausel bei der Erneuerung der Hypothek am 2. November 1917 wiederum erneuert worden" sei, ohne auch nur andeutungsweise dem Gedanken Ausdruck zu geben, daß über die „Erneuerung" hinaus eine „Erweiterung" oder „Verstärkung" des Klauselinhalts im Sinne der jetzt von den Klägern vertretenen Ansicht vereinbart worden wäre. Auch die Briefe vom 20. März und 9. Oktober 1925 erwähnen diesen Gedanken noch nicht. Erst im Schreiben vom 4. November 1925 taucht er „ergänzend" auf. Muß hiernach bereits der Vertragswille der Gläubigerin, eine Goldwertklausel zu vereinbaren, nach ihren eigenen Kundgebungen ernstlich bezweifelt und jedenfalls als vom Berufungsgericht nicht einwandfrei festgestellt angesehen werden, so fehlt erst recht jeder Anhalt dafür und eine Feststellung dahin, daß die Schuldnerin den etwa so gerichteten inneren Willen der Gläubigerin hätte erkennen können und erkannt hätte und daß jener Wille äußerlich bei der Aufnahme der Urkunde erklärt und in ihr ausgedrückt wäre. Sicherlich wußte und erkannte die Schuldnerin, daß durch die neu vereinbarte Goldklausel ihre Haftung nicht eingeschränkt wurde. Die Feststellung des Berufungsgerichts hierüber ist eine Selbstverständlichkeit, die aber den Schluß auf den Willen der Schuldnerin, sich einer Goldwertklausel zu unterwerfen, noch keineswegs rechtfertigt. Denn auch die erneute Vereinbarung einer reinen Goldmünzklausel würde eine Haftungsbeschränkung gegenüber dem Zustand von 1896 oder gar gegenüber dem Zustand unmittelbar vor dem 19. Oktober 1917 nicht herbeigeführt haben. Und ebensowenig ist einzusehen, warum die anerkannte Rechtstatsache, daß die Kriegsgesetzgebung vom August und September 1914 die spätere Erneuerung von alten, durch die Verordnung vom 28. September 1914 außer Kraft gesetzten Goldmünzklauseln nicht hinderte, zur Erklärung des Zustandekommens der Vereinbarung vom 19. Oktober 1917 im Sinn einer solchen Erneuerung nicht ausreichen sollte. Wenn aber schließlich das Berufungsgericht dem Umstand, daß die Eintragung der vereinbarten Goldklausel in das Grundbuch bewilligt, beantragt und ausgeführt worden ist, keine maßgebliche Bedeutung für die Auslegung glaubt beilegen zu sollen, so setzt es sich in Widerspruch zu den in fester Rechtsprechung des Reichsgerichts entwickelten Rechtsgrundsätzen. Immer wieder ist dort betont worden, daß die im Rechtsverkehr bekannte Nichteintragungsfähigkeit einer Goldwertklausel bei der Auslegung von Goldklauseln, deren Eintragung im Grundbuch vorgesehen ist, entscheidend zu Gunsten der reinen Goldmünzklausel spricht, zumal dann, wenn bei der Wahl der Fassung — wie das unstreitig hier der Fall gewesen ist — ein rechtskundiger Notar mitgewirkt hat (RGZ. Bd. 101 S. 141, Bd. 103 S. 384, Bd. 107 S. 400; JW. 1925 S. 1483 Nr. 8; AufwRspr. Bd. 3 S. 452 Nr. 240B). Auch im Schrifttum ist anerkannt, daß unter diesem rechtlichen Gesichtspunkt die Auslegung im Sinn reiner Goldmünzklauseln grundsätzlich geboten ist bei Goldklauseln, die gleichzeitig für die persönliche Forderung und für das dingliche Hypothekenrecht vereinbart sind (Mügel Aufwertungsrecht S. 303, Quassowski a. a. O. S. 49). In diesem Sinn hat offenbar im vorliegenden Fall zunächst der Notar die Goldklausel aufgefaßt, der bei der Aufnahme der Urkunde vom 19. Oktober 1917 mitwirkte, sie beglaubigte und dem Grundbuchamt einreichte. So hat sie ersichtlich demnächst auch das Grundbuchamt rechtlich beurteilt, das dem Eintragungsantrag stattgab. Wenn aber diese nächstbeteiligten rechtskundigen Stellen in der Urkunde keinen Anhalt für die Vereinbarung einer Goldwertklausel finden konnten, so müssen auch die Kläger sich damit abfinden, daß ihnen entgegengehalten wird, ein etwa vorhandener innerer Wille ihrer Erblasserin, sich eine Goldwertklausel auszubedingen, sei weder der Schuldnerin noch Dritten gegenüber so deutlich erkennbar erklärt worden, daß die vereinbarte Klausel entgegen der Regel ausnahmsweise nicht als reine Goldmünzklausel bewertet werden könnte. Zum mindesten hieran scheitert die Auslegung des Berufungsgerichts und damit die Klage.

---

38. 1. Darf eine Bank eine durch Bürgschaft gesicherte Kreditforderung in die zwischen ihr und dem Kreditschuldner bestehende laufende Rechnung einstellen?

2. Unter welchen Voraussetzungen kann der Bürge verlangen, daß die Leistungen des Hauptschuldners vorzugsweise auf die verbürgte Schuld verrechnet werden?

HGB. §§ 355, 356. BGB. §§ 366, 767.

VIII. Zivilsenat. Urt. v. 18. April 1932 i. S. Vereinsbank G., eingetr. Gen.mbH. (Bekl.) w. Sch. (Kl.). VIII 649/31.

I. Landgericht Guben.
II. Kammergericht Berlin.

Der Kläger hat durch schriftliche Erklärungen vom 30. August 1927 und vom 22. März 1928 für U. die selbstschuldnerische Bürgschaft bei der Beklagten übernommen. In ihrem wesentlichen Teil lauten die Bürgschaftsurkunden folgendermaßen:

Die Vereinsbank G. steht mit U. in Geschäftsverbindung und hat ihm einen Kredit in laufender Rechnung bis zum Betrage von 6000 RM. (in der zweiten Urkunde heißt es: von weiteren 6000 RM.) eingeräumt. Für alle Forderungen, nebst allen Zinsen, Provisionen und Kosten, welche der Vereinsbank aus irgendeinem Rechtsgrunde anläßlich dieser Geschäftsverbindung ausweislich ihrer Bücher bereits erwachsen sind und in Zukunft noch erwachsen werden, übernehme ich die selbstschuldnerische Bürgschaft.

Der Kläger behauptet, die beiden in den Urkunden bezeichneten Kredite habe der Hauptschuldner abgedeckt. Er hat deshalb Klage erhoben auf Feststellung, daß der Beklagten aus seinen Bürgschafterklärungen keine Rechte gegen ihn mehr zustehen, ferner auf Herausgabe der beiden Urkunden.

Die Beklagte will dagegen aus laufender Rechnung noch Forderungen gegen den Hauptschuldner U. besitzen, für die sie den Kläger als Bürgen in Anspruch nimmt. Im Wege der Widerklage hat sie seine Verurteilung zur Zahlung von 16960,31 RM. nebst Zinsen begehrt.

Den Feststellungsantrag des Klägers erklärte das Landgericht für erledigt durch die Widerklage; im übrigen entschied es sachlich gegen ihn. Auf seine Berufung verurteilte das Kammergericht die Beklagte zur Herausgabe der Bürgschaftsurkunden und wies ihre Widerklage ab. Ihre Revision führte zur Aufhebung und Zurückverweisung.

Gründe:

Welche Forderungen in ein Kontokorrent gehören, dafür fehlt es an einer gesetzlichen Regelung. Das Gesetz hat davon abgesehen, eine Normativbestimmung darüber zu geben oder auch nur eine Vermutung dafür aufzustellen. Art und Gegenstand der Geschäftsverbindung sind im einzelnen Fall dafür maßgebend. Danach kommt es für die Frage, ob die Beklagte die durch die Bürgschaft des Klägers gesicherten Schuldforderungen in die laufende Rechnung aufnehmen durfte, darauf an, ob die Aufnahme mit der Art der zwischen der Beklagten und dem Hauptschuldner bestehenden Geschäftsverbindung im Einklang stand. Dies hat das Berufungsgericht nicht verkannt. Es stellt fest, der von der Beklagten vorgelegte Auszug lasse erkennen, daß man in regelmäßigen Zeitabschnitten aus den einzelnen Kredit- und Gegenleistungen ein Gesamtergebnis gebildet habe, das wiederum verzinst worden sei; da die Beklagte Bankgeschäfte betreibe, sei auch ohne weiteres anzunehmen, daß die regelmäßigen Abschlüsse dem Hauptschuldner zur Anerkennung übersandt worden seien. Es ist rechtlich nicht zu beanstanden, wenn das Berufungsgericht daraus folgert, die Aufnahme der verbürgten Kredite in die laufende Rechnung habe dem Willen der Hauptparteien entsprochen.

Wenn es aber auf die Art der zwischen den Hauptparteien bestehenden Geschäftsverbindung, auf den Vertragswillen der Hauptbeteiligten ankommt, so muß der Bürge, der es übernimmt, für eine Bankkreditschuld der vorliegenden Art einzustehen, sofern sonst die — hier unbestreitbaren — Voraussetzungen einer laufenden Rechnung nach § 355 HGB. vorliegen, damit rechnen, daß aus dem Parteiwillen der Hauptbeteiligten am Schuldverhältnis kein rechtliches Hindernis gegen die Aufnahme der verbürgten Kreditforderungen in die laufende Rechnung abgeleitet werden kann. Wenn der Bürge die aus solcher Rechtsgestaltung erwachsenden Folgen ausschließen will, muß er sich über die Art der Geschäftsverbindung und die in dieser Richtung bestehende Willensmeinung der Hauptbeteiligten vergewissern und durch den Inhalt der Bürgschaftsverpflichtung selbst zum Ausdruck bringen, daß er nicht willens sei, für eine „durch Kontokorrentabrede gebundene Forderung" zu bürgen. Unterläßt er es, seinen Willen in dieser Richtung zu äußern, übernimmt er vielmehr ohne ausdrückliche oder stillschweigende Einschränkung die Bürgschaft für eine Kreditschuld des Hauptschuldners unter den bezeichneten Voraussetzungen, so kann er sich nicht darauf berufen, mit der Aufnahme der verbürgten Schuldforderungen der Bank in die laufende Rechnung nicht einverstanden gewesen zu sein. Es kommt also auf den Inhalt der Bürgschaft für die Beantwortung der Frage an, ob der Bürge sich die Aufnahme der verbürgten Kredite in die zur Zeit der Bürgschaftsübernahme bestehende laufende Rechnung gefallen und die daraus entstehenden Rechtsfolgen gegen sich gelten lassen muß.

Das Berufungsgericht hat erwogen, der Kläger habe aus den von ihm unterschriebenen Erklärungen entnehmen müssen, daß die beiden verbürgten Kredite die beiden ersten Kredite gewesen seien, welche die Beklagte dem Hauptschuldner eingeräumt habe; er habe nichts davon gewußt, daß die Beklagte dem Hauptschuldner schon vorher Kredite gewährt habe, daß für diese früheren Kredite schon ein Kontokorrentverhältnis bestanden habe und daß vereinbarungsgemäß auch die durch seine Bürgschaft zu sichernden Kredite unter die Kontokorrentabrede gefallen seien. Nun sei aber eine bestimmte Forderung, nicht eine Kontokorrentforderung verbürgt worden. Durch die einseitig vorgenommene Einstellung der beiden Kredite in die laufende Rechnung könne deshalb die Rechtsstellung des Klägers nicht berührt werden. Daraus ergebe sich, daß die beiden durch die Bürgschaft des Klägers gesicherten Forderungen im Verhältnis zwischen den Parteien ihre Selbständigkeit behalten hätten.

Insoweit danach das Berufungsgericht allein aus der Nichtkenntnis des Klägers ableiten will, die verbürgten Kreditforderungen der Beklagten seien im Verhältnis zu ihm selbständig geblieben und hätten daher nicht in die Rechtswirkungen der laufenden Rechnung einbezogen werden dürfen, kann ihm nicht beigetreten werden. Wie schon hervorgehoben, unterliegt es der — ausdrücklichen oder stillschweigenden — Bestimmung der Hauptbeteiligten, ob die Aufnahme einer Kreditforderung in die laufende Rechnung stattfinden darf oder nicht. Leistet der Bürge die Bürgschaft, ohne sich um die Art der bestehenden Geschäftsverbindung zu kümmern und ohne seinerseits die Aufnahme in eine laufende Rechnung auszuschließen, so kann seine bloße Unkenntnis, sein Irrtum über die Art der Geschäftsverbindung allein ihn nicht berechtigen, der Aufnahme in das Kontokorrent zu widersprechen oder sich sonst den durch diese Aufnahme zwischen den Hauptbeteiligten entstandenen Rechtswirkungen für den Bestand der Kreditforderung zu entziehen. Sollte nur eine Einzelschuld verbürgt werden, ohne daß der Bürge etwas von einem Kontokorrent wußte, so wird hierdurch allein nichts an dem Grundsatz geändert, daß der Bürge für den niedrigsten Zwischensaldo bis zur Höhe der verbürgten Einzelschuld eintreten muß (Staub-Koenige HGB. § 356 Anm. 8 S. 354; Düringer-Hachenburg-Breit HGB. § 356 Anm. 7 S. 668 und Anm. 14 S. 671).

Aber das Berufungsgericht ist weiter der Meinung, nach dem Inhalt der Urkunden habe in dem Kläger der Glaube erweckt werden müssen, daß die Bürgschaft nur für einen ersten und zweiten Kredit habe geleistet werden sollen. Dies habe auch der Beklagten nicht entgehen können. Angesichts der guten Einkommensverhältnisse des Hauptschuldners habe die Übernahme einer solchen Bürgschaft für den Kläger keine Gefahr bedeutet. Der Kläger habe damit rechnen können, daß die durch seine Bürgschaft gesicherten Kredite alsbald aus den Einnahmen des Schuldners abgedeckt werden würden. Auch die Beklagte habe sicherlich damit gerechnet. Bei der Übernahme der Bürgschaft habe der Kläger nicht voraussehen können, daß die Beklagte dem Schuldner in der Folgezeit weitere Kredite und noch dazu in einem solchen Maße gewähren würde, wie es geschehen sei, und daß hierdurch die Lage des Klägers erheblich verschlechtert werden würde. Das Berufungsgericht will aus diesem Grunde im Wege der ergänzenden Vertragsauslegung eine im Bürgschaftsvertrage bestehende Lücke ausfüllen. Es meint, die Parteien würden, wenn sie die spätere Entwicklung hätten voraussehen können, bei der Übernahme der Bürgschaft für diesen Fall Vorsorge getroffen haben. Wenn sie den (offenen) Punkt geregelt hätten und dabei nach Treu und Glauben verfahren wären, würden sie vereinbart haben, daß im Falle der Gewährung weiterer Kredite zunächst die verbürgten Kredite zu begleichen seien; dann würde eine von der Regel des § 366 Abs. 2 BGB. abweichende Vereinbarung getroffen worden sein mit der Folge, daß die Leistungen des Schuldners zunächst auf die durch die Bürgschaft des Klägers gesicherten Kredite verrechnet werden mußten. Bei solcher Verrechnung seien die verbürgten Kredite längst abgetragen.

Auch diesen Ausführungen kann nicht beigetreten werden. Daß der Kläger nicht für den jeweiligen Passivsaldo Bürgschaft übernommen hat, steht fest. Es handelt sich nach der Auffassung des Berufungsgerichts um die Bürgschaft für bestimmte einzelne, in die laufende Rechnung aufgenommene Kreditforderungen. Die Gleichstellung „bestimmter einzelner Kreditforderungen", die verbürgt wären, mit den hier verbürgten Krediten unterliegt zunächst rechtlichen Bedenken. Im übrigen kann nach der Rechtsprechung des Reichsgerichts eine Bürgschaftsverpflichtung für einen einzuräumenden Kredit in doppelter Weise übernommen werden: entweder so, daß nur die Bürgschaftsverpflichtung auf einen bestimmten Betrag beschränkt wird, während der Kredit, wenn auch für ihn dieselbe Höhe angegeben ist, dennoch in Wahrheit nicht nach oben beschränkt, sondern nur nach unten in seinem Mindestbetrage bestimmt sein soll, oder aber so, daß die Kreditforderungen des Gläubigers selbst immer nur die verbürgte Summe betragen und diese nicht übersteigen dürfen. Hat der Gläubiger in dem letzteren Fall dem

Schuldner einen höheren Kredit gewährt, so kommen insoweit seine Forderungen für den Bürgen nicht in Betracht, der Gläubiger ist insoweit Gläubiger desselben Schuldners, aber nicht derselben Forderung. Den Vertrags- und Bürgschaftsgegenstand bestimmen in diesem Fall die Forderungen des Gläubigers in zeitlicher Reihenfolge. War aber bloß die Bürgschaftsverpflichtung nach oben beschränkt, nicht auch das Kreditverhältnis, dem sie zugute kommen sollte, dann bildete die Gesamtheit der dem Gläubiger in diesem Kreditverhältnis erwachsenen Forderungen die einheitliche Schuld, für die zu einem Teilwert der Bürge haftet. Ob die Bürgschaft nach dem Willen der Beteiligten in der einen oder der anderen Weise zu verstehen ist, muß im Streitfall im Wege der Auslegung durch den Tatrichter festgestellt werden (RGZ. Bd. 76 S. 195 [199flg.]; RGUrt. vom 7. Februar 1907 VI 283/06, vom 17. Januar 1910 VI 43/09, abgedr. WarnRspr. 1910 Nr. 115, vom 29. November 1920 VI 375/20, abgedr. LZ. 1921 Sp. 141, und vom 12. Dezember 1921 VI 627/21, abgedr. BankArch. 1921/22 S. 385 Nr. 4).

Aus dem Inhalt der Bürgschaftsurkunden entnimmt das Berufungsgericht, der Kläger habe bei der Übernahme der Bürgschaftsverpflichtungen des Glaubens sein müssen, die Bürgschaft solle nur für einen ersten und einen zweiten Kredit geleistet werden. In den Bürgschaftsurkunden ist jedoch ausdrücklich gesagt, daß die Bürgschaft für alle Forderungen gelte, die der Beklagten aus irgendeinem Rechtsgrund anläßlich der mit dem Hauptschuldner bestehenden Geschäftsverbindung nach ihren Büchern bereits erwachsen seien und in Zukunft noch erwachsen würden, und hinzugefügt, daß sie sich auch auf sämtliche bereits bestehende oder zukünftige Wechselverbindlichkeiten des Hauptschuldners bei der Bank erstrecke. Es ist daher unerfindlich, wie das Berufungsgericht gerade ausschließlich auf Grund der Urkunden, ohne etwelche Begleitumstände, jene Auffassung hat gewinnen können. Es mag dies jedoch dahingestellt bleiben. Denn zur Feststellung eines nach oben beschränkten Kreditverhältnisses im bezeichneten Sinn genügt es rechtlich nicht, daß der Bürge geglaubt hat, seine Bürgschaft beziehe sich nur auf einen ersten und einen zweiten Kredit. Ohne entsprechende Bindung der Beteiligten schließt diese Annahme allein nicht aus, daß dem Hauptschuldner auch noch weitere Kredite eingeräumt werden. Das Berufungsgericht nimmt an, daß gerade in dieser entscheidenden

Beziehung eine Vertragslücke bestehe, ohne jedoch zu prüfen, ob nicht aus dem Inhalt der Vertragsabmachungen und aus den Begleitumständen nach Treu und Glauben gefolgert werden könne, daß der Vertragswille der Parteien eben auf eine Beschränkung der Bürgschaft in dem Sinne gerichtet gewesen sei, weitere Kredite über die in den Urkunden bezeichneten Höchstbeträge dürften dem Hauptschuldner von der Beklagten nicht eingeräumt werden. Wenn der Bürge sichergestellt zu haben wünscht, daß der Hauptschuldner von seinem gesetzlichen Bestimmungsrecht gemäß § 366 BGB. keinen ihm (dem Bürgen) nachteiligen Gebrauch mache, sondern daß durch die Leistungen des Hauptschuldners in erster Reihe die verbürgten Kredite abgedeckt werden, so muß eine entsprechende Abrede als eine für den Inhalt der Bürgschaft wesentliche Bedingung dem Bürgschaftsvertrage beigefügt werden. Eine solche Vertragsklausel kann in ihrer rechtlichen Wirkung gleichbedeutend sein mit der Abmachung, daß dem Hauptschuldner andere Kredite außer den verbürgten nicht gewährt werden sollen. Geschieht dies trotz der getroffenen Abrede, so darf der verbürgte Kredit nicht in eine laufende Rechnung dergestalt aufgenommen werden, daß die Leistungen des Hauptschuldners in der gewöhnlichen zeitlichen Folge auf die verschiedenen ihm zu Lasten gebuchten Leistungen der Bank verrechnet werden und die Bürgschaft als für den jeweiligen Saldo fortbestehend behandelt wird. Jedenfalls setzt aber eine derartige Beschränkung der Bürgschaft voraus eine dahingehende ausdrückliche oder stillschweigende Vereinbarung unter den Beteiligten, mindestens zwischen dem Bürgen und dem Gläubiger. Wird sie nicht getroffen, so kann der Bürge sich nicht darauf berufen, daß nicht bloß die Bürgschaftsverpflichtung nach oben beschränkt sei, sondern daß dasselbe auch für das Kreditverhältnis gelte, dem sie zugute kommen solle; dann folgt aus der so begründeten Vertragslage von selbst, daß der Gläubiger in seinem Recht nicht gehindert ist, den verbürgten Kredit in die laufende Rechnung für die zwischen ihm und dem Hauptschuldner bestehende Geschäftsverbindung aufzunehmen und die Leistungen des Hauptschuldners je nach dem Anfall so zu verbuchen, wie es — mangels einer anderen Bestimmung — im Rahmen einer laufenden Rechnung üblich ist. Es ist aber nicht statthaft, in einem solchen Fall von einer Vertragslücke zu sprechen, deren Ausfüllung dem Tatrichter rechtlich möglich sei. Die Rechtslage ist nicht anders, als sie es regelmäßig da ist, wo es die Parteien versäumen, durch entsprechende Abreden eine Rechtsfolge auszuschließen, die beim Vorliegen eines bestimmten Sachverhalts kraft Gesetzes eintritt. Eine Vertragslücke besteht dann in Wahrheit nicht. Nach der ständigen Rechtsprechung des Reichsgerichts darf die sog. Vertragsergänzung nicht zu einer Erweiterung des Vertragsgegenstandes selbst führen; sie kann vielmehr nur dann eintreten, wenn es sich um einen Punkt handelt, der der Regelung bedurfte, und es muß die Ergänzung in dem Vertragsinhalt auch eine Stütze als Richtlinie finden (RGZ. Bd. 87 S. 211 [213], Bd. 92 S. 318 [320] und S. 417 [421]; RGUrt. vom 29. Januar 1931 VIII 569/30, vom 13. April 1931 VIII 25/31, abgedr. HöchstRspr. 1931 Nr. 1428, vom 23. April 1931 VIII 617/30 und vom 14. Dezember 1931 VIII 542/31). Ohne diese Voraussetzung, für deren Vorliegen aus dem vom Berufungsgericht festgestellten Sachverhalt kein tatsächlicher Anhalt zu gewinnen ist, kann eine richterliche Vertragsergänzung nicht schon um deswillen stattfinden, weil die Vertragsparteien nicht daran gedacht haben, eine den Belangen der einen oder der anderen Partei besser entsprechende Regelung zu treffen.

Der Sachverhalt bedarf demnach einer neuen tatrichterlichen Würdigung in der Richtung, ob nicht gemäß §§ 133, 157 BGB. aus den gesamten Umständen des Falls auf eine Beschränkung des Verbürgungswillens des Klägers in dem erörterten Sinn geschlossen werden kann. Sofern dies nicht der Fall ist, wird dem Vorbringen des Klägers gemäß dann weiter zu prüfen sein, ob die Beklagte durch Arglist oder durch ein sonstiges nach Treu und Glauben der Arglist gleichzustellendes Verhalten bei den Bürgschaftsverhandlungen dem Kläger zu der Annahme Anlaß gegeben hat, daß sie andere Kredite als die verbürgten dem Hauptschuldner nicht gegeben habe und nicht gewähren werde, oder daß sie alle Leistungen des Hauptschuldners in erster Linie auf die verbürgten Kredite verrechnen werde.

---

39. 1. Bedarf der Beschluß der Gesellschafterversammlung einer Gesellschaft mbH. mit Sonderleistungspflichten der Gesellschafter, die satzungsmäßige Dauer der Gesellschaft zu verlängern, der Zustimmung aller Gesellschafter?

2. Kann diese Zustimmung auch noch nachträglich, formlos und durch stillschweigende Handlungen erteilt werden?

3. Über die Rechtsfolgen des Mangels einer Zustimmung aller betroffenen Gesellschafter zu einem solchen Beschluß.

GmbHG. § 53.

II. Zivilsenat. Urt. v. 29. April 1932 i. S. M. (Kl.) w. Zuckerfabrik N. GmbH. (Bekl.). II 368/31.

I. Landgericht Magdeburg.
II. Oberlandesgericht Naumburg a. S.

Die im Jahre 1872 als Aktiengesellschaft gegründete Beklagte ist im Jahre 1893 in eine Gesellschaft mbH. umgewandelt worden. Dabei ist nach § 3 der Satzung die Dauer der Gesellschaft auf unbestimmte Zeit bemessen worden. Diese Bestimmung ist in der Folge verschiedentlich geändert worden, so durch die Gesellschafterversammlung vom 8. Februar 1909 mit folgendem Beschluß:

> Die Dauer der Gesellschaft ist auf die Zeit bis zum 1. Mai 1912 bestimmt.
>
> Falls nicht bis zum 1. Januar 1912 eine Kündigung seitens der Gesellschafter erfolgt, gilt die Gesellschaft auf die Zeit bis zum 1. Mai 1930 verlängert.
>
> Sofern eine Kündigung bis zum 1. Januar 1912 seitens eines Gesellschafters stattfindet, haben die übrigen Gesellschafter die Wahl, die Gesellschaft unter sich fortzusetzen und die ausscheidenden Gesellschafter wegen ihrer Stammeinlage nach dem Buchwert derselben abzufinden — die Abfindung soll jedoch nicht mehr als 2250 M. pro 4500 M. Stammeinlage betragen — oder die Auflösung der Gesellschaft und die Liquidation zu betreiben. Die Entscheidung hierüber trifft die im Laufe des Monats Januar 1912 einzuberufende Gesellschafterversammlung, in der jedoch die ausscheidenden Gesellschafter nicht stimmberechtigt sind.

Durch Beschluß der Gesellschafterversammlung vom 31. Januar 1922 ist sodann die Dauer der Gesellschaft auf die Zeit bis zum 1. Mai 1930 festgesetzt worden. In der Gesellschafterversammlung vom 22. August 1925 ist endlich von den Gesellschaftern, soweit sie anwesend waren, einstimmig beschlossen worden, den § 3 der Satzung dahin zu ändern:

Die Dauer der Gesellschaft ist auf eine bestimmte Zeit nicht beschränkt.

Die sämtlichen Beschlüsse sind im Handelsregister eingetragen worden.

Die verklagte Gesellschaft mbH. ist eine Gesellschaft mit Sonderleistungspflichten der Gesellschafter, nämlich einer Rübenanbau- und einer Rübenlieferungspflicht. Der Vater des Klägers war Gesellschafter der Beklagten seit ihrem Bestehen; er besaß zuletzt sechs Geschäftsanteile zu je 1500 RM. Er gehörte zunächst längere Zeit dem Aufsichtsrat der Beklagten an und wurde dann im Mai 1914 Mitglied der „Geschäftsführung", welchen Posten er bis Mai 1923 bekleidete. Durch notariellen Vertrag vom 6. Juni 1922 veräußerte er seinen Grundbesitz an den Kläger. Die Geschäftsanteile bei der Beklagten erhielt dieser jedoch von seinem Vater erst im Jahre 1926 übertragen; die Übertragung ist von der Gesellschafterversammlung am 2. Juni 1926 satzungsgemäß genehmigt worden. In der Gesellschafterversammlung vom 22. August 1925 war der Vater des Klägers weder selbst zugegen noch vertreten.

Der Kläger steht auf dem Standpunkt, daß der damals gefaßte Beschluß über die Abänderung des § 3 der Satzung ungültig sei, weil er der Zustimmung aller Gesellschafter der Beklagten bedurft habe, es daran aber fehle; sein Vater habe von dem Beschluß keine Kenntnis erhalten; er, der Kläger selbst, habe erst kurz vor der Klagerhebung hiervon erfahren; die Beklagte sei deshalb entsprechend der noch gültigen Satzungsbestimmung vom 31. Januar 1922 seit dem 1. Mai 1930 aufgelöst. Der Kläger begehrt demgemäß mit der Klage Verurteilung der Beklagten zur Anmeldung der Auflösung der Gesellschaft zum Handelsregister auf den 1. Mai 1930, zur Rechnungslegung über den auf seine sechs Geschäftsanteile entfallenden Liquidationserlös und zur Auszahlung des hiernach ermittelten Betrages an ihn.

Das Landgericht und das Oberlandesgericht wiesen die Klage ab. Die Revision des Klägers führte zur Aufhebung und Zurückverweisung.

Aus den Gründen:

1. Der Vorderrichter geht davon aus, daß der Beschluß der Gesellschafterversammlung vom 22. August 1925 über die Verlängerung der damals satzungsgemäß bis zum 1. Mai 1930 bemessenen Dauer der Gesellschaft auf unbestimmte Zeit zu seiner Wirksamkeit

der Zustimmung sämtlicher Gesellschafter bedurft habe. Dem ist beizutreten. Es handelt sich hier um eine Gesellschaft mbH. mit Sonderleistungspflichten. Die Erstreckung dieser Pflichten über den 1. Mai 1930 auf unbestimmte Zeit hinaus bedeutete jedenfalls ihre wesentliche Erweiterung und Vermehrung, wozu eben deshalb gemäß § 53 Abs. 3 GmbHG. die Zustimmung aller Beteiligten erforderlich war (RGZ. Bd. 87 S. 261; JW. 1931 S. 2975 Nr. 16 mit weiteren Nachweisen).

2. Zur Abweisung des Klagbegehrens auf Anmeldung der Auflösung der verklagten Gesellschaft mbH. zum Handelsregister ist der Vorderrichter auf Grund der Erwägung gelangt, daß, selbst wenn der Kläger oder sein Rechtsvorgänger und einige andere Gesellschafter der am 22. August 1925 beschlossenen Verlängerung der satzungsmäßigen Dauer der Gesellschaft mbH. nicht zugestimmt hätten, dieser Beschluß nur „relativ", d. h. nur den nicht zustimmenden Gesellschaftern gegenüber, unwirksam gewesen wäre. Der Berufungsrichter führt hierzu des näheren aus, daß der Beschluß vom 22. August 1925 von der Gesellschafterversammlung einstimmig gefaßt worden sei. Insofern sei also den Erfordernissen des § 53 Abs. 2 GmbHG. und des § 20 Abs. 2 der Satzung genügt worden, wonach zu Abänderungen des Gesellschaftsvertrags eine Mehrheit von dreiviertel der abgegebenen Stimmen erforderlich sei. Ein Beschluß, der dem genüge, darüber hinaus aber der Zustimmung aller Gesellschafter bedürfe, sei, falls es daran fehle, nicht nichtig, sondern nur den Gesellschaftern gegenüber unwirksam, die nicht zustimmten. Das Interesse der nicht zustimmenden Gesellschafter sei dadurch hinreichend gewahrt. Bei einer Verlängerung der Gesellschaft über die vertragsmäßige Dauer hinaus müßten nur die nicht zustimmenden Gesellschafter so gestellt werden, wie wenn die Gesellschaft ihr Ende erreicht hätte; sie könnten also Auszahlung des auf sie entfallenden Liquidationserlöses verlangen. Nur dann habe die fehlende Zustimmung eines oder einiger Gesellschafter die absolute Nichtigkeit des Beschlusses zur Folge, wenn dieser allein für den Fall der Zustimmung aller Gesellschafter „sinnvoll und gewollt" sei, so z. B. bei der Einführung einer Nachschußpflicht. Wenn aber eine Gesellschafterversammlung mit sämtlichen abgegebenen Stimmen die Verlängerung über den satzungsmäßigen Endtermin hinaus beschließe, so könne „man ohne weiteres annehmen", daß die Verlängerung auch für den Fall des

Ausscheidens eines oder einiger Mitglieder „sinnvoll und gewollt" sei. Der Bestand der Gesellschaft werde also keineswegs dadurch in Frage gestellt, daß der Kläger oder auch andere Gesellschafter dem Beschluß vom 22. August 1925 nicht zugestimmt hätten; die nicht zustimmenden Gesellschafter hätten keinen Anspruch auf „Löschung der Gesellschaft" im Handelsregister, sondern nur auf Auskehrung des ihnen gebührenden Liquidationserlöses. Daraus folge, daß das Verlangen des Klägers auf Verurteilung der Beklagten zur Anmeldung ihrer Auflösung zwecks Eintragung in das Handelsregister jedenfalls unbegründet sei.

Dem kann nicht beigetreten werden. Erfordert ein Beschluß nach § 53 Abs. 3 GmbHG. zu seiner Wirksamkeit die Zustimmung aller „beteiligten" Gesellschafter — dies sind hier die sämtlichen Gesellschafter —, so kann allerdings die Zustimmung von den in der Gesellschafterversammlung nicht vertretenen Gesellschaftern auch noch nachträglich erteilt werden (vgl. z. B. JW. 1931 S. 2975 Nr. 16). Bis dahin ist die Wirksamkeit des Beschlusses in der Schwebe. Wird die Zustimmung von einem der Gesellschafter endgültig verweigert, so erhebt sich die Frage, ob der Beschluß damit überhaupt ein für allemal ungültig wird oder wenigstens die zustimmenden Gesellschafter bindet. Es ist nun ohne weiteres zuzugeben, daß gewisse Beschlüsse auch in letzterem Sinn gefaßt sein und mit diesem beschränkten Inhalt unter Hinzutritt der etwa erforderlichen Eintragung im Handelsregister Rechtsgültigkeit erlangen können, so z. B., wenn bei einer Gesellschaft mbH. Sonderleistungspflichten der Gesellschafter neu eingeführt werden sollen, und der Beschluß in dem Sinn gemeint ist, daß jedenfalls die zustimmenden Gesellschafter gebunden sein sollen, gleichviel ob allseitiges Einverständnis erzielt wird oder nicht. Die Sach- und Rechtslage ist dann keine andere, als wenn die Sonderleistungspflichten — was rechtlich unbedenklich zulässig ist — schon von vornherein nur einzelnen bestimmten Gesellschaftern auferlegt worden wären. All dies kann aber nur für den Fall gelten, daß den Rechten und Belangen der nicht zustimmenden Gesellschafter durch eine solche beschränkte Wirksamkeit des Beschlusses kein Eintrag geschieht, mit anderen Worten, daß eine solche Teilwirksamkeit des Beschlusses nicht in ihre gesetzlichen und satzungsmäßigen Rechte eingreift. Das verkennt aber das Berufungsgericht, wenn es darauf abstellt, ob der Beschluß nur für den Fall der Beteiligung aller Gesellschafter „sinnvoll und gewollt" gewesen sei. Gewiß muß der Beschluß, falls er an und für sich auch unter Beschränkung auf die zustimmenden Gesellschafter hätte gefaßt werden können, so auch wenigstens bedingungsweise gewollt und rechtlich möglich sein. Die andere Frage ist aber die, ob ein solcher Wille rechtlich beachtlich ist, und das hängt natürlich wiederum davon ab, ob der Beschluß auch in seiner Beschränkung auf die zustimmenden Gesellschafter etwa die rechtlich geschützten Belange der nicht zustimmenden Gesellschafter verletzt. Letzteres ist aber hier der Fall.

Der Beschluß, die Gesellschaft über die satzungsmäßig festgelegte Dauer hinaus fortzusetzen, greift in das „Sonderrecht" jedes einzelnen Gesellschafters auf Liquidation und Auskehrung der Liquidationsquote nach Ablauf der satzungsmäßigen Dauer ein (vgl. auch Brodmann GmbHG. § 60 Anm. 2d). Gerade auch das „Sonderrecht" auf Liquidation ist rechtlich und wirtschaftlich für die nicht zustimmenden Gesellschafter von erheblichster Bedeutung, und zwar zunächst einmal schon wegen des Verhältnisses der Gesellschaft zu Dritten. Denn ihnen gegenüber besteht die Gesellschaft fort mit der Folge, daß im Außenverhältnis auch die nicht zustimmenden Gesellschafter die Verbindlichkeiten der Gesellschaft gegen sich gelten lassen müssen, die nach Ablauf der zunächst festgesetzten satzungsmäßigen Dauer der Gesellschaft aus der Weiterführung des Unternehmens entstehen. Gewiß mögen die nicht zustimmenden Gesellschafter, soweit das innere Verhältnis der Gesellschafter zueinander in Betracht kommt, der Gesellschaft gegenüber einen Anspruch darauf haben, von den Folgen des Verlängerungsbeschlusses befreit und so gestellt zu werden, wie sie stünden, wenn die Gesellschaft zur satzungsmäßig bestimmten Zeit aufgelöst worden wäre (RGZ. Bd. 81 S. 68). Auf der Hand liegt aber, daß ein solcher Anspruch rechtlich etwas ganz anderes ist als der auf Durchführung der Liquidation nach den gesetzlichen und satzungsmäßigen Bestimmungen und auf Auskehrung des sich dann für den einzelnen Gesellschafter ergebenden Liquidationserlöses.

Zweifellos ist ferner bei Fortbestand der Gesellschaft die Rechtsstellung des abzuschichtenden Gesellschafters auch im inneren Verhältnis gegenüber der Gesellschaft für die Ermittlung seines Abschichtungsguthabens sehr viel ungünstiger als bei der Durchführung der Liquidation nach den gesetzlichen und satzungsmäßigen Vorschriften. In Wirklichkeit läuft denn auch die Auffassung des Berufungsgerichts sachlich auf eine zwangsweise entgeltliche Einziehung des Geschäftsanteils der nicht zustimmenden Gesellschafter hinaus. Eine solche Möglichkeit ist aber in dem Gesellschaftsvertrag der Beklagten eben nicht vorgesehen und hätte rechtswirksam nur unter Beachtung der Vorschrift des § 34 GmbHG. in die Satzung aufgenommen werden können. Ebensowenig ist in der Satzung darüber etwas enthalten, daß die Gesellschafter der Beklagten unter Umständen verpflichtet sein sollten (Sonderleistungspflicht), ihre Geschäftsanteile, sei es entgeltlich, sei es unentgeltlich, an die Beklagte abzutreten. Gewiß war nach § 3 der Satzung in der Fassung vom 8. Februar 1909 die Fortsetzung der Gesellschaft unter Abschichtung der kündigenden Gesellschafter möglich. Gerade diese Klausel ist aber späterhin durch den Beschluß der Gesellschafterversammlung vom 31. Januar 1922 geändert und unter Ablehnung der Verwaltungsanträge die Dauer der Gesellschaft schlechthin auf die Zeit bis zum 1. Mai 1930 beschränkt worden.

Nach alledem ist die Begründung nicht haltbar, mit der das Berufungsgericht zur Abweisung des Klagbegehrens auf Anmeldung der Auflösung zur Eintragung in das Handelsregister gelangt ist. Wäre die Beklagte mit Wirkung zum 1. Mai 1930 aufgelöst, so wäre dieser Teil des Klagbegehrens ohne weiteres begründet (vgl. auch RG. in Holdheims MSchr. 17. Jahrg. 1908 S. 253).

3. Schon hieraus folgt, daß das Urteil auch im übrigen mit der bisherigen Begründung nicht aufrechtzuerhalten ist. Nach der Behauptung des Klägers muß mangels gegenteiliger Feststellung des Vorderrichters für die Revisionsinstanz unterstellt werden, daß noch andere Gesellschafter ihre Zustimmung zur Fortsetzung der Gesellschaft über den 1. Mai 1930 hinaus nicht erteilt hatten. Dann wäre der satzungsändernde Beschluß, wie die Revision in anderem Zusammenhang zutreffend geltend macht, auch den übrigen Gesellschaftern gegenüber eben nicht wirksam geworden. Es käme dann gar nicht entscheidend darauf an, ob der Kläger oder dessen Vater der Verlängerung zugestimmt hatten.

4. Gegenüber den Erwägungen des Vorderrichters, auf Grund deren er weiterhin zu dem Ergebnis gelangt ist, daß der Vater des Klägers der Satzungsänderung zugestimmt habe, rügt die Revision prozeßrechtlich Verletzung des § 286 ZPO., sachlichrechtlich die des § 53 GmbHG. und des § 133 BGB.

Hier ist zunächst dem Berufungsgericht im Ausgangspunkt beizutreten, nämlich darin, daß der Vater des Klägers nicht schon nach § 18 Abs. 9 der Satzung als zustimmend zu behandeln sei. Rechtlich nicht zu beanstanden ist ferner die Ansicht des Berufungsgerichts, daß die zu dem satzungsändernden Beschluß erforderliche Zustimmung der in der Gesellschafterversammlung nicht vertreten gewesenen Gesellschafter auch hinterher und formlos, sowie nicht bloß ausdrücklich, sondern auch durch schlüssige Handlungen habe erfolgen können. Dieser Standpunkt deckt sich mit dem des erkennenden Senats, wie er letztmals in dem Urteil JW. 1931 S. 2975 Nr. 16 vertreten worden ist. Daran ist auch gegenüber den Ausführungen der Revision festzuhalten. Die Satzung der Beklagten selbst enthält kein Wort darüber, daß etwa eine solche Zustimmung rechtswirksam nur unter Beachtung einer bestimmten Form und nur ausdrücklich erklärt werden könne. Gewiß ist richtig, daß von dem hier eingenommenen Standpunkt aus die Frage der Rechtswirksamkeit des Beschlusses über die Verlängerung der Dauer der Gesellschaft eine gewisse Zeit hindurch in der Schwebe bleiben kann. Der Beklagten standen jedoch zahlreiche Möglichkeiten offen, dieser Ungewißheit so oder so baldigst ein Ende zu machen; sie brauchte z. B. nur die in der Gesellschafterversammlung nicht vertretenen Gesellschafter zur Erklärung über ihre Zustimmung binnen bestimmter Frist aufzufordern. Im übrigen ist die Rechtsunsicherheit in solchen Fällen nicht größer, als wenn es sich darum handelt, ob ein Beschluß überhaupt der Zustimmung aller beteiligten Gesellschafter bedarf oder ob er etwa gegen zwingendes Recht verstößt und deshalb absolut und unheilbar nichtig ist. Von der sachlichrechtlichen Frage, ob die Zustimmung formlos und auch durch schlüssige Handlungen rechtswirksam erteilt werden kann, zu unterscheiden ist die formalrechtliche, ob der Registerrichter die Eintragung solcher Beschlüsse in das Handelsregister von dem Nachweis der erfolgten Zustimmung der beteiligten Gesellschafter in öffentlich beglaubigter Form abhängig machen kann. Diese Frage, die unbedenklich zu bejahen ist, hat aber mit den sachlichrechtlichen Voraussetzungen der Wirksamkeit der Zustimmung nichts zu tun. Zu Unrecht hält aber der Vorderrichter die Zustimmung des Vaters des Klägers zu dem Verlängerungsbeschluß für dargetan ... (Wird näher ausgeführt.)

40. 1. Wann endet im Fall der Anordnung des Ruhens des Verfahrens die Verjährungsunterbrechung durch Klagerhebung?
2. Von wann ab beginnt in solchem Fall die neue Verjährung zu laufen?

BGB. § 202 Abs. 1, § 211 Abs. 2. ZPO. §§ 251, 251a.

II. Zivilsenat. Urt. v. 29. April 1932 i. S. M.er Gewerbebank, eingetr. Gen. mbH. (Kl.) w. B. (Bekl.). II 478/31.

I. Landgericht Mannheim, Kammer für Handelssachen.
II. Oberlandesgericht Karlsruhe.

Die Klägerin ist Inhaberin von insgesamt acht Wechseln über zusammen 21200 RM., die sämtlich vom Beklagten teils als Aussteller, teils als Indossant gezeichnet sind. Sie hat ihre Ansprüche aus diesen Wechseln gegen den Beklagten und andere Beteiligte zunächst in vier getrennten Prozessen verfolgt. In allen stand am 21. März 1929 Termin zur mündlichen Verhandlung an, in dem nur der Prozeßbevollmächtigte der Klägerin erschien, der Beklagte aber nicht vertreten war. Auf den Antrag des Vertreters der Klägerin verkündete das Gericht in allen vier Sachen den Beschluß: „Das Ruhen des Verfahrens wird angeordnet". Im Dezember 1930 beantragte der Beklagte in den vier Wechselprozessen einen neuen Termin, zu dem er die Klägerin lud. Demnächst wurden die vier Sachen zum Zweck einheitlicher Verhandlung und Entscheidung verbunden. Der Beklagte machte nunmehr geltend, daß die Wechselansprüche sämtlich verjährt seien.

Die Klägerin unterlag in allen drei Rechtszügen.

Gründe:

Das Berufungsgericht geht davon aus, daß durch die Klagerhebung die dreimonatige Verjährung der geltend gemachten Wechselregreßansprüche unterbrochen worden sei (Art. 78 Nr. 1 WO., § 209 BGB.), und prüft dann, welche Bedeutung es habe, daß das Landgericht durch die Beschlüsse vom 21. März 1929 das Ruhen des Verfahrens angeordnet hatte. Wenn in § 211 Abs. 2 BGB. davon die Rede ist, daß der Prozeß infolge einer Vereinbarung oder dadurch in Stillstand gerät, daß er nicht betrieben wird, so scheint diese Vorschrift heute ihrem Wortlaut nach nicht mehr anwendbar, seitdem die Verordnung über das Verfahren in bürgerlichen Rechtsstreitigkeiten vom 13. Februar 1924 (RGBl. I S. 135) den § 251 ZPO. dahin abgeändert hat, daß das Ruhen des Verfahrens durch Gerichtsbeschluß angeordnet wird. Das Berufungsgericht ist der Ansicht, hierdurch sei die Möglichkeit eines auf Vereinbarung zurückgehenden Stillstandes des Prozesses ausgeschaltet; geblieben aber sei die Möglichkeit, daß ein Prozeß durch tatsächliches Nichtbetreiben in Stillstand gerate. Dieser zweite Fall liege hier vor. Gemäß § 251 Abs. 2 ZPO. n. F. hätten die Parteien nach Ablauf von drei Monaten seit der Anordnung des Ruhens das Gericht ohne dessen Mitwirkung wieder anrufen und zur Fortsetzung der mündlichen Verhandlung laden können. Vom 21. Juni 1929 an seien sie wieder uneingeschränkt Herren des Verfahrens gewesen. Wenn dann noch weiter Stillstand geherrscht habe, so rühre dies ausschließlich daher, daß der Prozeß eben nicht weiter betrieben worden sei. Mit dem genannten Zeitpunkt sei somit die Verjährung von neuem in Gang gesetzt und deshalb im Dezember 1930 längst abgelaufen gewesen, als der Beklagte Terminsbestimmung beantragt habe.

Das angefochtene Urteil glaubt also einen Unterschied machen zu können zwischen dem Stillstand des Prozesses kraft Vereinbarung und dem Stillstand kraft tatsächlichen Nichtbetreibens, während in Wirklichkeit seit der Verordnung vom 13. Februar 1924 (§§ 251, 251a Abs. 2 ZPO.) der Stillstand allgemein nicht mehr dem Parteibelieben überlassen bleiben soll. Vor allem aber läßt das Berufungsgericht eine Äußerung darüber vermissen, ob es eine Beendigung der Verjährungsunterbrechung durch die Beschlüsse vom 21. März 1929 annimmt. Nur dann aber, wenn diese Annahme zutrifft, ist sein Urteil haltbar. Nach § 217 BGB. kann eine neue Verjährung erst nach Beendigung der Unterbrechung beginnen; nach § 211 Abs. 2 das. endigt die durch Klagerhebung erfolgte Unterbrechung mit der letzten Prozeßhandlung der Parteien oder des Gerichts. Da die Unterlassung eines rechtlich möglichen Weiterbetreibens in der Zeit zwischen dem 21. Juni 1929 und der Ladung vom Dezember 1930 keine Prozeßhandlung darstellt, so kommen nur die Beschlüsse vom 21. März 1929 als letzte Prozeßhandlung in Betracht. Würde dadurch die Unterbrechung der Verjährung nicht beendigt sein, so hätte sie noch im Dezember 1930 fortgedauert, sodaß die Verjährungseinrede unbegründet wäre.

Es kann aber keinem Zweifel unterliegen, daß die Anordnung der Verfahrensruhe der Unterbrechung der Verjährung ein Ziel setzt. Die Anspruchsverjährung dient dem öffentlichen Interesse; oberste Richtschnur ist daher, daß die Verjährung durch Rechtsgeschäft weder ausgeschlossen noch erschwert werden kann (§ 225 BGB.). Dieser Erfolg soll auch nicht auf dem Umweg erreicht werden, daß ein Prozeß begonnen, aber liegen gelassen wird (§ 211 Abs. 2 das.). Abgesehen vom Mahnverfahren, so heißt es in den Motiven zum BGB. Bd. 1 S. 332, enthält die Zivilprozeßordnung „keine Vorschrift, nach welcher die Wirkungen der Rechtshängigkeit infolge der Untätigkeit der Parteien aufhören. Die Rechtshängigkeit besteht in der Regel nach fort, bis der Rechtsstreit erledigt ist. Der materiellrechtlichen Frage nach der Dauer der Unterbrechung der Verjährung bei Stillstand des Rechtsstreits wird durch diesen prozessualen Grundsatz selbstverständlich nicht vorgegriffen. Das Prozeßrecht kann guten Grund haben, den Fortgang des Rechtsstreits vom Willen der Parteien abhängig zu machen; das bürgerliche Recht muß im Auge behalten, daß die Verjährung, soweit möglich, dem Parteiwillen entzogen wird". Offenbar muß es von diesem Standpunkt aus gleichgültig sein, ob die Untätigkeit der Parteien den Stillstand des Prozesses unmittelbar oder durch einen auf ihr beruhenden Gerichtsbeschluß herbeiführt. Auch im zweiten Fall ist schließlich der übereinstimmende Antrag der Parteien (§ 251 ZPO.) oder ihr tatsächliches Nichtverhandeln (§ 251a ZPO.) der Grund des Stillstandes, dem das bürgerliche Recht mit der Vorschrift begegnet, daß nunmehr die Verjährungsunterbrechung aufhört. In diesem Sinn hat sich denn auch die überwiegende Zahl der Schriftsteller ausgesprochen, so Oertmann BGB. § 211 Anm. 2a; Enneccerus-Nipperdey Allgem. Teil § 216 IV A 3; Stein-Jonas ZPO. § 251 Bemerk. IV Abs. 2. Anderer Meinung ist, soweit ersichtlich, nur Rosenberg Lehrbuch des Deutschen Zivilprozeßrechts 3. Aufl. S. 440. Das Urteil RGZ. Bd. 128 S. 191 [196], auf das er sich beruft, äußert sich in Wahrheit über diesen Punkt nicht und hatte auch keine Veranlassung dazu, da in dem dort zur Entscheidung stehenden Fall ein Beschluß auf Verfahrensruhe nicht ergangen war.

Ist also durch die Beschlüsse vom 21. März 1929 die Unterbrechung der Verjährung beendet worden, so brauchte der Lauf der neuen Wechselverjährungsfrist doch keineswegs, wie die Revisionsbegründung meint, von der Anordnung des Ruhens an zu beginnen. Im Gegenteil konnte hier eine neue Verjährung nicht sofort anfangen, weil auch im Fall des § 251a Abs. 2 ZPO., um den es sich hier handelt, die Vorschrift des § 251 Abs. 2 gilt, das Verfahren also vor Ablauf von drei Monaten nach der Anordnung des Ruhens nur mit Zustimmung des Gerichts aufgenommen werden konnte. Durch diese Sperrfrist wird eine Hemmung der Verjährung begründet, die der in § 202 Abs. 1 BGB. vorgesehenen entspricht. Nach dieser Vorschrift wird die Verjährung dadurch gehemmt, daß der Verpflichtete vorübergehend zur Verweigerung der Leistung berechtigt ist. Das bedeutet: eine Hemmung muß überall da angenommen werden, wo dem Berechtigten vorübergehend durch ein rechtliches Hindernis die Geltendmachung seines Anspruchs unmöglich gemacht wird. Daß alle derartigen Fälle durch die Vorschrift des § 202 Abs. 1 mitgetroffen werden sollten, sprechen die Protokolle der Kommission für die zweite Lesung des Bürgerlichen Gesetzbuchs Bd. 1 S. 217 ausdrücklich aus (vgl. auch RGZ. Bd. 80 S. 216, Bd. 94 S. 180; Enneccerus-Nipperdey a. a. O. § 215 Anm. 5). Es ist auch nichts Außergewöhnliches und verstößt nicht gegen das Gesetz, daß sich die neue Verjährung nicht unmittelbar an die Beendigung der Unterbrechung anschließt. Allerdings ist die hemmende Sperrfrist des § 251 Abs. 2 ZPO. nicht schlechthin auf drei Monate zu bemessen. Das Gericht kann einer vorzeitigen Aufnahme zustimmen. Kann nach den Umständen mit Sicherheit auf seine Zustimmung gerechnet werden, so wird auch schon ein Teil der Frist als Zeit willkürlichen Stillstands zu behandeln sein (vgl. dazu RGZ. Bd. 72 S. 187). Ob die Umstände auch hier derart lagen, braucht jedoch nicht geprüft zu werden. Jedenfalls spätestens mit Ablauf der drei Monate seit Anordnung der Verfahrensruhe war der Zeitpunkt gekommen, in dem die Klägerin nicht mehr gehindert war, ihre Ansprüche zu verfolgen, in dem deshalb der weitere Stillstand des Prozesses lediglich den Parteien zur Last fällt. Zutreffend haben deshalb die Vorinstanzen angenommen, daß spätestens vom 21. Juni 1929 ab eine neue Verjährung zu laufen begann, daß somit zur Zeit der Aufnahme des Rechtsstreits die mit der Klage verfolgten Wechselregreßansprüche auf alle Fälle verjährt waren.

41. Kann der Versicherungsnehmer eine Verzinsung der Entschädigungssumme, die ihm nach der Verordnung über die Aufwertung von Versicherungsansprüchen vom 22. Mai 1926 zu gewähren ist, auch für die Zeit vor dem Inkrafttreten dieser Verordnung verlangen?

Verordnung über die Aufwertung von Versicherungsansprüchen vom 22. Mai 1926 (RGBl. I S. 249) Art. 3, 5. BGB. §§ 288, 291.

VII. Zivilsenat. Urt. v. 29. April 1932 in den verb. Sachen Off. Handelsgesellschaft K. (Kl.) w. A. Versicherungs-AG. (Bekl.). VII 310/31 und 311/31.

I. Landgericht Köln.
II. Oberlandesgericht daselbst.

Die Klägerin hatte im September 1915 mit den ihr übertragenen Arbeiten zum Bau einer Brücke über die Oder begonnen. Sie nahm bei der Beklagten Versicherungsschutz zum Gesamtbetrage von 151700 M. für diejenigen Schäden, die dem Montagegerüst und der Eisenkonstruktion infolge Anfahrens durch Wasserfahrzeuge etwa zustoßen würden. Am 7. Oktober 1915 ereignete sich ein derartiger Unfall, welcher der Klägerin nach ihrer Behauptung einen jene Summe erreichenden Schaden zufügte. Sie erhob im Juli 1916 Klage auf Zahlung der Versicherungsentschädigung nebst Zinsen seit dem 1. August 1916. Nach dem Inkrafttreten der Verordnung über die Aufwertung von Versicherungsansprüchen vom 22. Mai 1926 ermäßigte sie ihre Forderung auf die Hälfte, indem sie sich den Vorschriften der Verordnung (Art. 3) anpaßte. Das Verfahren über den Grund des Anspruchs fand seinen Abschluß durch ein Urteil des erkennenden Senats vom 29. November 1927 (VII) VI 252/27. Danach wurde der Entschädigungsanspruch rechtskräftig festgestellt, jedoch mit einstweiligem Ausschluß der Zinsenforderung.

Im Betragsverfahren erließ das Landgericht zunächst ein Teilurteil vom 15. Mai 1930, wodurch es die Beklagte zur Zahlung der von der Klägerin noch in Höhe von 75850 RM. geforderten Hauptsumme nebst 5% Zinsen seit dem 1. Dezember 1923 (dem Zeitpunkt der Wiederbefestigung der deutschen Währung) verurteilte, während es den Anspruch auf fünfprozentige Zinsen für die Zeit vom 1. August 1916 bis 30. November 1923 abwies. Dieses Teilurteil wurde von beiden Parteien angefochten. Durch Urteil vom 10. Juni 1931 verurteilte das Oberlandesgericht die Beklagte zur Zahlung von 75850 RM. mit 5% Zinsen erst seit dem 25. Mai 1926 (Tag des Inkrafttretens der Verordnung vom 22. Mai 1926); der Zinsanspruch der Klägerin für die Zeit vor diesem Tage wurde abgewiesen.

Inzwischen hatte nach weiterer Beweisaufnahme das Landgericht am 22. Januar 1931 ein Schlußurteil erlassen, wodurch der Klägerin unter Abweisung weitergehender Zinsansprüche gewisse nach verschiedenen, zwischen 19% und 4% liegenden Zinssätzen abgestufte Mehrzinsen von der Hauptsumme zugesprochen wurden, und zwar für die Zeit seit dem 1. Juli 1924. Die Beklagte legte auch gegen dieses Urteil Berufung ein mit dem Antrag auf völlige Abweisung der hier in Rede stehenden Zinsansprüche. Das Oberlandesgericht gab durch ein weiteres Urteil vom 10. Juni 1931 dem Rechtsmittel insoweit statt, daß es die für die Zeit vor dem 25. Mai 1926 zuerkannten Zinsen wegfallen ließ.

Gegen beide Urteile des Oberlandesgerichts wurde von der Klägerin wie auch von der Beklagten Revision eingelegt. Das Revisionsgericht beschloß, die beiden Sachen zur gemeinsamen Verhandlung und Entscheidung zu verbinden, und erkannte wegen der Hauptsumme auf Zurückweisung des Rechtsmittels der Beklagten, wegen der Zinsansprüche aber auf Aufhebung und Zurückverweisung.

Aus den Gründen:

Die Revision der Klägerin gegen das erste Berufungsurteil hat es zu tun mit der Abweisung fünfprozentiger Zinsen auf die ihr in Höhe von 75850 RM. zuerkannte Entschädigungssumme für die Zeit vom 1. August 1916 bis zum 24. Mai 1926. Das Oberlandesgericht begründet seine Entscheidung insoweit wie folgt: Mit Mügel Das gesamte Aufwertungsrecht 5. Aufl. S. 1231 und Berliner-Pfaffenberger Aufwertung von Versicherungsansprüchen Teil II S. 70, 86 sei — entgegen dem Standpunkt von Quassowski Aufwertungsgesetz 4. Aufl. S. 704 (5. Aufl. S. 802) — anzunehmen, daß der in Art. 3 Abs. 2, 3 der Verordnung über die Aufwertung von Versicherungsansprüchen vom 22. Mai 1926 festgesetzte Aufwertungssatz von 50 v. H. nicht nur eine gleichmäßige Verteilung des Aufwertungsschadens auf Versicherer und Versicherte bedeute, sondern daß die Verordnung alle von ihr betroffenen Versicherungsverträge endgültig und erschöpfend regeln wolle mit der Wirkung, daß auch aus sonstigen rechtlichen Gesichtspunkten wie Verzug, Prozeßzinsen und dergl. keine weiteren Ansprüche erhoben werden könnten. Zum gleichen Ergebnis müsse es führen, wenn man mit dem Oberlandesgericht Düsseldorf (AufwRspr. Bd. 2 S. 191) annehmen wolle, daß der Aufwertungsanspruch erst mit dem Inkrafttreten der Verordnung (25. Mai 1926) fällig geworden sei.

Die Revision bekämpft diese Auffassung. Sie führt aus, Art. 3 Vo. vom 22. Mai 1926 bestimme nur einen Aufwertungssatz, der hier der Klägerin auch zugesprochen worden sei, schließe aber die Geltendmachung von Nebenansprüchen nicht aus, die dem Aufwertungsberechtigten aus irgendwelchen Rechtsgründen zuständen; die vom Berufungsgericht vorgenommene Einschränkung sei weder aus dem Wortlaut noch aus dem Zweck der Verordnung zu rechtfertigen.

Der Ansicht der Revision ist beizupflichten. Die vom Vorderrichter angeführten Schriftsteller geben keine nähere Begründung für die Meinungen, die sie äußern. Wenn Berliner-Pfaffenberger a. a. O. S. 70 (Anm. 6 Abs. 2 zu Art. 3 Vo. vom 22. Mai 1926) anführen, in Artikel 3 werde stets nur von der „Entschädigungssumme" ausgegangen und schon hieraus sei zu entnehmen, daß sich die Aufwertung nur auf die Hauptsumme erstrecke und eine Aufwertung etwaiger Zinsen nicht in Frage komme, so ist dies nicht überzeugend. Der Gebrauch des Wortes „Entschädigungssumme" enthält keine Hindeutung darauf, daß eine Verzinsung dieser Summe etwa ausgeschlossen sein sollte. Vielmehr ist der Revision darin beizustimmen, daß der Wortlaut der in Betracht kommenden Vorschriften die Meinung des Berufungsgerichts nicht zu stützen vermag. Im übrigen ist die grundsätzliche Erwägung in den Vordergrund zu stellen, daß jede ausdehnende Auslegung von Aufwertungsvorschriften, welche Änderungen des geltenden bürgerlichen Rechts mit sich bringen, unstatthaft ist (vgl. RGZ. Bd. 110 S. 135). Hätte die Verordnung nicht mit ihrer besonderen Regelung der Aufwertung von Versicherungsansprüchen eingegriffen, so wäre für jene Rechtsbeziehungen § 242 BGB. maßgebend und Zinsansprüche nach § 288 oder nach § 291 das. wären keineswegs ausgeschlossen. Das Aufwertungsgesetz trifft besondere Anordnungen, soweit es in die Zinsverpflichtungen eingreifen will (§ 28). Die Verordnung vom 22. Mai 1926 will das Rechtsgebiet der Aufwertung von Versicherungsansprüchen — von den §§ 59 bis 61 AufwG. abgesehen — selbständig regeln und erklärt nur an einzelnen Stellen Vorschriften des Aufwertungsgesetzes für anwendbar (Art. 2 Abs. 1 Satz 3, Art. 3 Abs. 3, Art. 4 Satz 2 und 5, Art. 11 der Verordnung). Wenn über Unverzinslichkeit des Aufwertungsbetrages und Erlaß rückständiger Zinsen dem § 28 Abs. 1 Satz 1, 2 AufwG. entsprechende Bestimmungen hätten getroffen werden sollen, so hätte das in Art. 3 Vo. durch Verweisung auf § 28 AufwG. oder in anderer Weise zum Ausdruck gebracht werden müssen. Da dies unterblieben ist, geht es nicht an, im Wege der Auslegung der Verordnung dem Versicherungsnehmer weitere Einschränkungen der Gläubigerrechte aufzubürden, die ihm nach den allgemeinen Vorschriften des bürgerlichen Rechts zustehen.

Daran kann auch Art. 5 Abs. 2 Vo. vom 22. Mai 1926 nichts ändern. Die Vorschrift leidet hier keine unmittelbare Anwendung; denn der Fall, daß nach Art. 5 Abs. 1 das. keine Aufwertung stattfände, ist nicht gegeben. Ob aus ihr ein über ihr Anwendungsgebiet hinausreichender allgemeiner Grundsatz zu entnehmen wäre, mag dahinstehen. Jedenfalls würde sich ein derartiger Grundsatz darin erschöpfen, daß insoweit, als die Verordnung vom 22. Mai 1926 keine Aufwertung der Versicherungsansprüche zuläßt, eine solche auch aus keinem anderen Rechtsgrund — von Ansprüchen wegen arglistiger Täuschung abgesehen — verlangt werden kann. Davon würde aber das Verlangen nach Verzinsung der Entschädigungssumme nicht betroffen; denn insoweit ist, wie gezeigt, der Verordnung ein Verbot der Aufwertung nicht zu entnehmen. Übrigens hat der erkennende Senat in RGZ. Bd. 122 S. 46 sowie im Urteil vom 26. Februar 1929 VII 453/28 den Art. 5 Abs. 2 Vo. bereits dahin ausgelegt, daß dadurch Ansprüche auf Ersatz von Verzugsschäden, die nicht auf der Geldentwertung beruhen, nicht ausgeschlossen werden.

Mit dem vom Vorderrichter verwerteten Urteil des Oberlandesgerichts Düsseldorf vom 31. Dezember 1926 (a. a. O. S. 187) hat sich der Senat schon in RGZ. Bd. 122 S. 46 auseinandergesetzt. Fehl geht die am Schluß des Düsseldorfer Urteils (a. a. O. S. 191) unter Berufung auf Berliner-Pfaffenberger (a. a. O. Anm. 5 zu Art. 5 Vo.) kundgegebene Ansicht, dem Versicherungsnehmer könnten Zinsen erst seit dem 25. Mai 1926 zugesprochen werden, weil der Aufwertungsanspruch erst mit dem an diesem Tag erfolgten Inkrafttreten der Verordnung fällig geworden sei. Zwar konnte der Anspruch auf den in Art. 3 Vo. festgesetzten Aufwertungsbetrag nicht vor dem Inkrafttreten der Verordnung entstehen. Der Aufwertungsanspruch ist aber, wie das Reichsgericht häufig — so auch im Urteil vom 29. November 1927 in diesem Rechtsstreit (Grundverfahren) — ausgesprochen hat, seinem rechtlichen Wesen nach kein anderer Anspruch als der aus dem ursprünglichen Rechtsverhältnis herzuleitende. Mithin kann die im Mai 1926 geschehene Regelung der Aufwertung der Versicherungsansprüche nichts daran ändern, daß diese schon nach dem Eintritt des Versicherungsfalls, entsprechend den jeweiligen Bestimmungen der Versicherungsverträge, fällig geworden waren. Auch aus diesem Gesichtspunkt läßt sich sonach eine Zinspflicht des Versicherers nicht verneinen.

Demnach ist, im Gegensatz zur Auffassung des Berufungsrichters, grundsätzlich die Annahme gerechtfertigt, daß die Klägerin Verzinsung ihrer Entschädigungsforderung, sei es in Gestalt von Verzugszinsen (§ 288 BGB.), sei es in Gestalt von Prozeßzinsen (§ 291 das.), verlangen kann, und zwar auch schon für die Zeit vor dem Inkrafttreten der Verordnung vom 22. Mai 1926. Mithin ist der Revision der Klägerin stattzugeben. Der von ihr beanspruchte Zinsfuß von 5% würde sich rechtfertigen, weil ein zweiseitiges Handelsgeschäft vorliegt (§ 288 Abs. 1 Satz 2, § 291 Satz 2 BGB. in Verbindung mit § 352 Abs. 1 Satz 1 HGB.). Da jedoch wegen des Beginns der Zinspflicht der Beklagten noch Feststellungen zu treffen sein werden, so ist die Sache zur Erörterung hierüber an die Vorinstanz zurückzuverweisen ...

Die Revision der Klägerin gegen das zweite Urteil des Oberlandesgerichts muß aus denselben Erwägungen durchdringen, wie ihre Revision in der anderen Sache. Da es sich hier um Verzugsschaden handelt, welcher der Klägerin dadurch entstanden sein soll, daß sie für Bankkredite Mehrzinsen zahlen mußte, so schlägt die Erwägung in RGZ. Bd. 122 S. 46 (2. Absatz) unmittelbar ein. Wegen der Aufwendung von Mehrzinsen durch die Klägerin sind noch tatsächliche Erörterungen nötig; denn der Berufungsrichter hat seine bisherigen Feststellungen auf die Zeit seit dem 25. Mai 1926 beschränkt...

42. Steht es der Zahlung des Stempels gleich, wenn von mehreren gesamtschuldnerisch zur Zahlung Verpflichteten der eine auf Grund besonderer, nur gerade bei ihm vorliegender Umstände von der Zahlung befreit ist?

Preußisches Stempelsteuergesetz vom 27. Oktober 1924 § 13 Abs. 1c, Tarifstelle 1 Abs. 6 und 7, Tarifstelle 14 III Abs. 1 und 2. Finanzausgleichsgesetz in der Fassung der Bekanntmachung vom 27. April 1926 (RGBl. I S. 203) § 2 Abs. 1.

VII. Zivilsenat. Urt. v. 6. Mai 1932 i. S. Preuß. Staat (Bekl.) w. H. B. AG. (Kl.). VII 468/31.

I. Landgericht Dortmund.

Die Klägerin hat im Frühjahr 1929 in New York eine Anleihe von 10000000 Dollar aufgenommen und dafür mit behördlicher Genehmigung auf den Inhaber lautende, vom 1. Januar 1929 ab mit 6 v. H. jährlich verzinsliche Teilschuldverschreibungen ausgegeben. Die Kapitalverkehrsteuer ist dafür entrichtet worden. In einem mit der N. C. Bank in New York als der Treuhänderin der Schuldverschreibungsinhaber abgeschlossenen Treuhandvertrag hat sich die Klägerin verpflichtet, zur Sicherung von Kapital und Zinsen im Grundbuch ihrer Grundstücke eine Gesamtgrundschuld von 51702000 Feingoldmark für die Treuhänderin eintragen zu lassen. Sie hat in diesem Vertrag auch zugesichert, daß ihre Tochtergewerkschaft V.-L. im Grundbuch ihrer Grundstücke dieselbe Grundschuld eintragen lassen werde. Die Eintragung einer mit 10 v. H. jährlich zu verzinsenden Gesamtgrundschuld von 51702000 Feingoldmark ist am 20. Februar 1929 von der Klägerin und der V.-L. beantragt worden. Die Grundschuld ist auch eingetragen worden. Sie sichert außer den 10000000 Dollar = 42000000 RM. noch 5000000 RM. Wandelanleihe-Schuldverschreibungen aus dem Jahre 1924, für welche ebenfalls die Wertpapiersteuer bezahlt worden ist. Der überschießende Betrag von 4702000 RM. sollte zur Sicherung der Zinsen bis 1949 und der im Rückzahlungsfall zu entrichtenden Prämie von anfänglich 3 v. H. über pari dienen. Das Amtsgericht in D. hat für den Eintragungsantrag nach Tarifst. 14 III Abs. 1 des preußischen Stempelsteuergesetzes einen Stempel in Höhe von 1/6 v. H. des Kapitalbetrages erfordert. Die Klägerin hat am

4. April 1930 86170 RM. Stempelsteuer nebst Portokosten und Verzugszinsen gezahlt. Mit der Klage verlangt sie Rückzahlung. Das Landgericht hat ihr 82603,85 RM. nebst Zinsen zugesprochen, im übrigen die Klage abgewiesen. Die vom Beklagten unmittelbar eingelegte Revision führte zur Aufhebung und Zurückverweisung.

Gründe:

1. Die Verurteilung des Beklagten beruht auf der Annahme des Landgerichts, daß für die Anträge auf Eintragung der Grundschuld in Höhe von 47000000 Feingoldmark ein Stempel nach Tarifst. 14 III Abs. 1 StStG. nicht in Frage komme, weder soweit die Klägerin selbst noch soweit ihre Tochtergewerkschaft V.-L. einen Antrag gestellt hat. Die Revision bekämpft im wesentlichen nur den Teil der Entscheidung des Landgerichts, welcher sich auf die V.-L. bezieht. Einige Angriffe richten sich jedoch auch gegen den übrigen Teil der Urteilsgründe; sie vermögen allerdings nicht durchzudringen. Insoweit führt die Revision zunächst aus, daß die Befreiungsvorschrift der Tarifst. 14 III Abs. 2 StStG. in Verbindung mit Tarifst. 1 Abs. 6 das. schon deshalb nicht anwendbar sei, weil die persönlich und dinglich Berechtigten nicht dieselben Personen seien; persönlich berechtigt seien die Inhaber der Schuldverschreibungen, dinglich berechtigt sei die N. C. Bank in New York. Es ist für diesen Angriff unwesentlich, daß nicht die von der Revision angeführte Befreiungsvorschrift eingreift, sondern daß, wie der Vorderrichter im Anschluß an die beiden Entscheidungen RGZ. Bd. 131 S. 289 und S. 296 zutreffend darlegt, der § 2 Abs. 1 des Finanzausgleichsgesetzes (in der Fassung der Bekanntmachung vom 27. April 1926) das Erheben des Landesstempels ausschließt. Wenn der Revision nämlich grundsätzlich zugestimmt werden müßte, würde man bei der Verschiedenheit der berechtigten Personen auch davon nicht sprechen können, daß derselbe schon vom Reich besteuerte Rechtsvorgang vom verklagten Staat mit einer gleichartigen Landessteuer belegt werden solle. Es ist indessen bereits in RGZ. Bd. 131 S. 299 unter Nr. 4 ausgeführt worden, daß es genügt, wenn der dinglich Berechtigte der Treuhänder der persönlichen Gläubiger ist und ihm nur in dieser Eigenschaft das dingliche Recht zusteht. Auch die von der Revision erwähnte Möglichkeit, daß der Anleihevertrag später geändert werden könnte, rechtfertigt keine abweichende Beurteilung. Zugrunde zu

legen bleibt immer die gegenwärtige Sach- und Rechtslage. Ebenso verfehlt ist endlich der von der Revision noch gemachte Versuch, die Fälle, wo für die persönliche Schuldverbindlichkeit eine Grundschuld eingetragen wird, anders zu behandeln als diejenigen, in welchen eine Hypothek eingetragen wird. Das Stempelsteuergesetz macht diesen Unterschied gerade nicht (vgl. RGZ. Bd. 131 S. 298flg.).

2. Begründet sind aber die Angriffe, welche gegen den Ausspruch des Landgerichts erhoben werden, daß auch der Eintragungsantrag der V.-L. nicht stempelpflichtig sei. Diese Annahme beruht nicht darauf, daß bei der V.-L. selbst die Voraussetzungen einer Befreiung gegeben wären. Sie hat zwar auch den Eintragungsantrag gestellt, kann aber auf keine Urkunde verweisen, in der sie die persönliche Schuldverbindlichkeit übernommen und für welche sie den Schuldverschreibungsstempel Preußens oder die Wertpapiersteuer des Reichs bezahlt hätte. Das Landgericht hat sogar ausdrücklich festgestellt, daß die V.-L. weder auf Grund der Teilschuldverschreibungen noch auf Grund des Treuhandvertrages haftet, daß sie an diesen Verträgen überhaupt nicht beteiligt gewesen ist. Mit Recht hat auch der Vorderrichter keinen Wert darauf gelegt, daß enge wirtschaftliche Beziehungen zwischen der V.-L. und der Klägerin bestehen. Die Gewerkschaft V.-L. bleibt trotzdem eine eigene Rechtspersönlichkeit, ihre Handlungen sind nicht Handlungen der Klägerin, und ebensowenig ist das Umgekehrte der Fall.

3. Richtig mag sein — und das leugnet auch die Revision nicht —, daß der Stempel nur einmal zu erheben ist, wenn mehrere Personen zum Grundbuch verschiedener Grundstücke die Eintragung einer Gesamtgrundschuld beantragen. Bezahlt in derartigen Fällen ein Verpflichteter den Stempel, so befreit er die übrigen. Über diesen Satz geht das Landgericht aber hinaus, wenn es annimmt, der Zahlung des Stempels durch einen Verpflichteten stehe es gleich, wenn ein Verpflichteter von der Zahlung des Stempels befreit sei. Eine solche Erweiterung des an sich richtigen Satzes wird von dem ihm zugrunde liegenden Gedanken nicht getragen. Dieser geht dahin, daß der Staat von mehreren Personen die volle Steuer verlangen kann, im ganzen aber nur den einmaligen Betrag, und daß deshalb die übrigen Verpflichteten befreit sind, wenn ein Verpflichteter das Ganze bezahlt hat. Der Gedanke versagt, wenn ein Verpflichteter auf Grund besonderer, nur gerade bei ihm gegebener Umstände be-

freit ist, denn dann hat der Staat die Steuer eben noch nicht bekommen, und er kann sich an die übrigen Verpflichteten halten. So liegt die Sache hier. Die Klägerin und die B.-L. haben je einen Eintragungsantrag gestellt. Die Klägerin hat in besonderen Urkunden, den Teilschuldverschreibungen, die persönliche Verpflichtung übernommen, zu deren Sicherheit die Eintragung beantragt wurde, und sie hat für diese Urkunden die Wertpapiersteuer des Reichs bezahlt. Deshalb braucht sie den Schuldverschreibungsstempel Preußens in keiner Form mehr zu bezahlen, auch nicht in Form der nach Tarifst. 14 III StStG. auf den Eintragungsantrag gelegten Steuer. Alles das berührt die Gewerkschaft B.-L. nicht, wie oben bereits dargelegt ist. Auch von einer Doppelbesteuerung ist keine Rede. Besteuert wird mit der Wertpapiersteuer des Reichs die Klägerin, mit dem Schuldverschreibungsstempel Preußens die B.-L.; besteuert ist einmal die Übernahme der persönlichen Schuldverbindlichkeit, im anderen Fall der Eintragungsantrag. Nach der persönlichen wie nach der sachlichen Seite sind es andere Rechtsvorgänge, welche von den beiden Steuern betroffen werden.

4. Das Landgericht hat sich auch noch auf Tarifst. 14 III Abs. 2 in Verbindung mit Tarifst. 1 Abs. 7 StStG. berufen. An der zuletzt genannten Stelle heißt es:

> Betrifft der Antrag eine Hypothek oder Grundschuld, für welche mehrere Grundstücke haften, so wird die Abgabe nur einmal erhoben.

Der hier gemeinte Antrag ist der auf Eintragung einer Abtretung, der Satz soll aber nach Tarifst. 14 III Abs. 2 auch für den Antrag auf Eintragung der Hypothek oder der Grundschuld selbst gelten. Der Vorderrichter bemerkt dazu, das Gesetz mache keinen Unterschied, ob die mit der Gesamthypothek oder der Gesamtgrundschuld belasteten Grundstücke im Eigentum einer oder mehrerer Personen stehen. Dabei übersieht er, daß auch die oben wiedergegebene Vorschrift die Abgabe als einmal erhoben, d. h. einmal bezahlt, voraussetzt und daß das hier nicht zutrifft. Außerdem handelt es sich, wenn zwei Personen selbständig denselben Antrag stellen, schon wegen der Verschiedenheit der Personen nicht um einen, sondern um zwei Anträge. Aus der wiedergegebenen Gesetzesstelle kann also nichts zu Gunsten der B.-L. hergeleitet werden.

5. Die Gründe, aus denen das Landgericht eine Freiheit auch der Gewerkschaft B.-L. von der auf ihren Eintragungsantrag ge-

legten Stempelsteuer annimmt, versagen also sämtlich. Geprüft muß aber noch werden, ob die Klägerin für die an sich von der V.-L. geschuldete Steuer haftet. Das Landgericht rechnet insoweit mit einer Anwendbarkeit des § 13 Abs. 1c StStG. Es steht aber noch nicht fest, ob die Klägerin und die V.-L. ihre Eintragungsanträge in derselben Urkunde gestellt haben und ob die Klägerin Inhaberin oder Vorzeigerin dieser Urkunde oder auch derjenigen Urkunde ist, in welcher etwa die V.-L. ihren Eintragungsantrag gesondert gestellt hat. Sollten der oder die Anträge zu notariellem Protokoll aufgenommen worden sein, so käme auch noch das Bedenken in Betracht, welches sich aus RGZ. Bd. 85 S. 264 ergibt, und das der erkennende Senat in seinem Urteil vom 6. Mai 1932 VII 446/31 wiederum als durchgreifend anerkannt hat. Der Beklagte hat sich übrigens nicht nur auf § 13 Abs. 1c StStG. berufen, sondern auch behauptet, daß die Klägerin für sämtliche Kosten aufkommen wollte, die durch die Eintragung der Grundschuld entständen. Wenn das bedeuten soll, daß insoweit ein Abkommen unter den Prozeßparteien getroffen worden sei, so könnte das gegebenenfalls erheblich sein.

---

43. Liegt ein Verstoß gegen § 565 Abs. 2 ZPO. vor, wenn sich das Berufungsgericht bei seiner anderweiten Entscheidung nicht gebunden hält an die vom Revisionsgericht den Prozeßhandlungen einer Partei gegebene Auslegung, auf Grund deren das erste Berufungsurteil aufgehoben wurde?

VII. Zivilsenat. Urt. v. 22. April 1932 i. S. Haftpflichtversicherungs-Anstalt B. (Bekl.) w. F. (Kl.). VII 321/31.

I. Landgericht Hamburg.
II. Oberlandesgericht daselbst.

Das Berufungsgericht hatte in seinem früheren Urteil zu Gunsten des Klägers hauptsächlich einen Schriftsatz der Beklagten verwertet und besonders mit Rücksicht auf einen darin enthaltenen Satz das Zustandekommen eines bedingten Versicherungsvertrags zwischen den Parteien angenommen. Auf die Revision der Beklagten hatte das Revisionsgericht dieses Urteil aufgehoben und die Sache an die Vorinstanz zurückverwiesen, weil unzulässigerweise nur der eine Satz des Schriftsatzes beachtet, nicht aber sein gesamter Inhalt sowie der eines anderen Schriftsatzes der Beklagten berücksichtigt worden sei. In seinem neuen Urteil hat das Berufungsgericht im ersten Teil seiner Gründe ausgeführt, daß die Auffassung des Revisionsurteils von den Schriftsätzen der Beklagten, besonders den beiden genannten, unzutreffend sei.

Wegen dieser Stellungnahme ist das Berufungsurteil wiederum auf die Revision der Beklagten aufgehoben worden.

Aus den Gründen:

Die Ausführungen des neuen Berufungsurteils zu dem vorbezeichneten Streitpunkt stellen, wie die Revision mit Recht geltend macht, einen Verstoß gegen § 565 Abs. 2 ZPO. dar. Das Reichsgericht hat in ständiger Rechtsprechung (vgl. z. B. RGZ. Bd. 86 S. 380, Bd. 107 S. 344, Bd. 134 S. 132) angenommen, daß die Auslegung von Prozeßhandlungen der Parteien der freien Nachprüfung in der Revisionsinstanz unterliegt und daß dies besonders auch für Erklärungen gilt, die in vorbereitenden Schriftsätzen enthalten sind. Dann muß aber folgerichtig die Auslegung, die das Revisionsgericht in Abweichung vom Berufungsgericht einer Prozeßhandlung gegeben hat, als rechtliche Beurteilung im Sinne des § 565 Abs. 2 ZPO. angesehen werden, an die das Berufungsgericht für seine neue Entscheidung gebunden ist, wenn die Auslegung der Aufhebung des ersten Berufungsurteils zugrunde lag.

Nun spricht zwar das angefochtene Urteil am Schluß des ersten Abschnitts aus, das bisher Ausgeführte sei für die Findung des Urteils, wie weiter darzulegen sei, ohne wesentliche Bedeutung. Hiernach könnte es fraglich sein, ob das Urteil auf dem Verstoß gegen § 565 ZPO. beruht. Dies ist aber doch anzunehmen... (Wird ausgeführt.)

---

44. 1. Ist ein Wechsel gültig, der an Order lautet, aber keinen Remittenten angibt? Kann die im Wechseltext fehlende Bezeichnung des Remittenten aus den sonstigen Wechselerklärungen ergänzt werden?

2. Zur Frage der Umdeutung nichtiger Wechselerklärungen in andere rechtsgeschäftliche Verpflichtungserklärungen.

WO. Art. 4 Nr. 3. BGB. § 140.

II. Zivilsenat. Urt. v. 13. Mai 1932 i. S. Bankhaus Sch.-N. & Sohn Kommanditgesellschaft (Kl.) w. G. u. Gen. (Bekl.). II 464/31.

I. Landgericht I Berlin, Kammer für Handelssachen.
II. Kammergericht daselbst.

Die Beklagten haben einen vom 14. Juni 1928 datierten, auf sie gezogenen, bei Sicht zahlbaren Wechsel über 20000 RM. angenommen. Im Text des Wechsels fehlte hinter den Worten „an die Order" die Bezeichnung des Remittenten. Der Wechsel ist am 14. Juni 1930 für die Rechtsvorgängerin der Klägerin mangels Zahlung protestiert worden. Gegenüber der Klage auf Zahlung der Wechselsumme nebst Zinsen und Protestkosten wendeten die Beklagten ein, daß der Klagwechsel wegen Formmangels nichtig sei; in zweiter Linie behaupteten sie Zahlung.

Das Landgericht wies die Klage ab; es sah den Klagwechsel zwar als rechtsgültig an, erachtete aber den Zahlungseinwand für begründet. In der mündlichen Verhandlung vor dem Berufungsgericht ergänzte der Prozeßbevollmächtigte der Klägerin den Klagwechsel dahin, daß er in die Lücke hinter den Worten „an die Order" das Wort: „eigene" einfügte. Das Kammergericht wies die Berufung der Klägerin zurück. Ihre Revision blieb erfolglos.

Gründe:

Die erste Hauptfrage, ob der Klagwechsel in seiner ursprünglichen Form gültig ist, wird vom Berufungsgericht im Gegensatz zum ersten Richter verneint. Während das Landgericht aus der Verbindung von Wechselsatz und erstem Indossament im Wege der Auslegung den Schluß zieht, daß der Klagwechsel als Wechsel an eigene Order anzusehen sei, lehnt das Kammergericht eine solche Folgerung ab; es legt dabei im Anschluß an RGZ. Bd. 130 S. 82 entscheidendes Gewicht darauf, daß auf dem Klagwechsel zwischen den Wechselstempelmarken und dem Giro der Ausstellerin ein beträchtlicher Zwischenraum vorhanden sei, in den noch ein weiteres Giro eines anderen Remittenten hätte eingerückt werden können. Darüber hinaus aber ist das Kammergericht der Meinung, daß es gegenüber der ausdrücklichen Bestimmung des Art. 4 Nr. 3 WO. überhaupt unzulässig sei, den fehlenden Namen des Remittenten im Wege der Auslegung des sonstigen Inhalts der Urkunde zu ergänzen.

Ob der letzteren Auffassung unbedingt und schlechthin beizupflichten ist, oder ob im einzelnen Fall doch die Möglichkeit besteht, die fehlende Bezeichnung des Remittenten durch Auslegung zu ersetzen, braucht hier nicht erörtert zu werden. Grundsätzlich ist jedenfalls ein Wechsel, dem eines der wesentlichen Erfordernisse des Art. 4 WO. mangelt, als Fehlwechsel ungültig. Die Ergänzung eines solchen Erfordernisses aus dem sonstigen Inhalt der Urkunde ist dann unbedingt ausgeschlossen, wenn die übrigen auf der Wechselurkunde befindlichen Erklärungen nach Wortlaut oder Form auch noch eine andere Auslegung gestatten. Im vorliegenden Fall zwingt aber das Giro der Ausstellerin keineswegs zu der Annahme, daß der Wechsel an eigene Order gestellt werden sollte. Vielmehr weist — ebenso wie in dem RGZ. Bd. 130 S. 82 entschiedenen Fall — auch hier der Klagwechsel vor dem Giro der Wechselausstellerin eine Lücke auf. Es ist deshalb die Möglichkeit zum mindesten nicht von der Hand zu weisen, daß der Wechsel nicht an die eigene Order der Ausstellerin, sondern an fremde Order lauten sollte, und daß der Zwischenraum zwischen den Wechselstempelmarken und dem Giro der Ausstellerin bestimmt war, das Giro des Remittenten aufzunehmen. Unter diesen Umständen ist eine Ergänzung des Remittentenvermerks aus dem ersten Indossament nicht zulässig, sondern der Klagwechsel muß mit dem Vorderrichter wegen Fehlens eines wesentlichen Erfordernisses als rechtsunwirksam angesehen werden.

Verneint wird vom Berufungsgericht auch die weitere Frage, ob der Klagwechsel dadurch gültig und wirksam geworden ist, daß der Prozeßbevollmächtigte der Klägerin in der Berufungsinstanz die Angabe des Remittenten ergänzt hat. Aus tatsächlichen Erwägungen heraus gelangt der Vorderrichter zu der Ansicht, daß die Beteiligten die Begebung eines Blankowechsels nicht gewollt haben und daß auch sonst der Klägerin keine allgemeine Ermächtigung erteilt worden sei, den Wechsel zu vervollständigen. Gegen diese Feststellung erhebt die Revision keinen Angriff. Die Revisionsbegründung trägt im Gegenteil selbst vor, man sei sich des fehlenden Remittentenvermerks nicht bewußt gewesen. War die Klägerin aber nicht vertraglich zur Ergänzung des Wechsels ermächtigt, so konnte die von ihrem Prozeßbevollmächtigten einseitig vorgenommene Vervollständigung der Urkunde nicht die Rechtswirkungen eines gültigen Wechsels begründen.

Es bleibt deshalb nur noch zu erörtern, ob die als Wechsel unwirksame Urkunde vom 14. Juni 1928 den Erfordernissen eines anderen Rechtsgeschäfts genügt und deshalb nach § 140 BGB. einen Anspruch gegen die Beklagten gewährt. Das Berufungsgericht verneint auch diese Frage; hiergegen wenden sich in der Hauptsache die

Angriffe der Revision, die die Klagurkunde als kaufmännischen Verpflichtungsschein oder als Schuldanerkenntnis aufrechterhalten will. Daß an sich ein wegen Formmangels ungültiger Wechsel den Anforderungen eines Schuldanerkenntnisses oder eines kaufmännischen Verpflichtungsscheins genügen kann, ist in Rechtsprechung und Schrifttum anerkannt. Jedoch wird dies regelmäßig nur bei Urkunden der Fall sein, die als eigene Wechsel gedacht waren. Für den Fall des gezogenen Wechsels, wie er hier vorliegt, hat der Senat bereits in dem Urteil vom 8. Oktober 1929 (JW. 1930 S. 1376 Nr. 1) ausgesprochen, daß aus der Akzeptunterschrift weder ein Schuldversprechen noch eine sonstige Verpflichtungserklärung zu entnehmen ist, weil das Akzept nicht irgendeine Erklärung des Akzeptanten deckt. Daß das Akzept trotzdem als Annahme und als Verpflichtung des Bezogenen zur Zahlung der Wechselsumme gilt, ist eine Sonderbestimmung des Art. 21 WO., die aber nur für rechtswirksame Wechsel Geltung hat. Für andere Fälle ist der einfachen Namensunterschrift der Beklagten eine Willenserklärung nicht zu entnehmen. In dem Akzept kann somit weder ein Schuldanerkenntnis noch ein Verpflichtungsschein gesehen werden.

In Betracht käme höchstens noch, ob die Klagurkunde den Erfordernissen einer kaufmännischen Anweisung entspricht, sofern auch der Erstbeklagte als Kaufmann anzusehen ist. Allein für die Anweisung ist es wesentlich, daß darin der Empfänger der dem Bezogenen aufgegebenen Leistung benannt ist. Daran fehlt es bei dem Klagwechsel in seiner ursprünglichen Form, da eben die Bezeichnung des Remittenten ausgelassen war. Derselbe Mangel, der der Klagurkunde die Wechselkraft vorenthielt, macht sie auch als kaufmännische Anweisung unwirksam. Und ebensowenig, wie die ohne vertragliche Vollmacht vorgenommene Vervollständigung der Urkunde eine Wechselverbindlichkeit der Beklagten begründete, konnte sie die Verpflichtung aus einer Anweisung schaffen, wobei die Streitfrage unerörtert bleiben darf, ob eine Anweisung an eigene Order zulässig ist. Die Ansicht der Revisionsbegründung, daß die objektiven Voraussetzungen eines anderen Verpflichtungsscheins im vorliegenden Fall gegeben seien, trifft somit nicht zu.

45. 1. Zum Begriff des öffentlichen Interesses im Sinne von Art. 109 EG. z. BGB.

2. Ermächtigen Art. 57 und Art. 59 EG. z. BGB. die Landesgesetzgebung auch zu Vorschriften über den Abbau und die Aufhebung des Sonderrechts der landesherrlichen Familien und der Fideikommisse und zu Sondervorschriften über die Form der hierbei vorkommenden Eigentumsübertragungen?

3. Zum Wesen des Eigentums der landesherrlichen Familie an den Domänen nach gemeinem deutschen Privatfürstenrecht.

RVerf. Art. 109 Abs. 1.

VII. Zivilsenat. Urt. v. 27. Mai 1932 i. S. Land Lippe (Bekl.) w. Leopold IV. Fürst zur Lippe (Kl.). VII 445/31.

I. Landgericht Detmold.
II. Oberlandesgericht Celle.

Der Kläger, der letzte regierende Fürst zur Lippe, entsagte dem Thron am 12. November 1918 aus Anlaß der allgemeinen Staatsumwälzung in Deutschland. Der zunächst die Staatsgewalt ergreifende „Lippische Volks- und Soldatenrat" nahm die Einkünfte des Domaniums von diesem Tage ab für das Land in Anspruch und griff auch anderweit mehrfach in dessen Besitz und Verwaltung ein. Nach Zusammentritt des verfassunggebenden Landtags fanden zwischen diesem und Vertretern des Klägers Verhandlungen über die Regelung der Verhältnisse des Domaniums statt, die zur Aufstellung eines Vertragsentwurfs führten, dann aber daran scheiterten, daß die Vertreter des Klägers in einem Telegramm vom 16. Juli 1919 erklärten, dieser könne nicht mit Verbindlichkeit für die Agnaten seines Hauses unterzeichnen. Der Landtag verabschiedete darauf am folgenden Tage in allen drei Lesungen das Gesetz über die Regelung der Rechtsverhältnisse des Domaniums vom 17. Juli 1919 (Landes-Verordnungen Bd. 26 S. 975), in dessen § 1 die Anordnungen des Volks- und Soldatenrats über das Domanium bestätigt wurden und in dessen § 2 ausgesprochen wurde, daß das gesamte Domanium, nachdem der vormals regierende Fürst den Genuß und die Verwaltung für sich und sein Haus verloren habe, mit Wirkung vom 12. November 1918 ab Staatseigentum sei. Später kam auf Grund weiterer Verhandlungen der „Domanialvertrag" vom 31. Oktober 1919 zustande. Nach dessen § 2 ging das gesamte Domanium mit Ausnahme gewisser im § 3 bezeichneter Bestandteile, die Fideikommiß des vormals regierenden fürstlichen Hauses bleiben und als solches in der Verwaltung und Nutznießung seines Hauptes stehen sollten, mit Wirkung vom 12. November 1918 in das Eigentum des Freistaats Lippe über, während der Kläger laut § 1, abgesehen von jenem Fideikommiß, auf alle Rechte bezüglich des Domaniums für sich und sein Haus verzichtete. Durch das Gesetz über die Regelung der Rechtsverhältnisse des Domaniums und der Lehen vom 24. Dezember 1919 (LV. Bd. 26 S. 1065) wurde dieser Vertrag (a. a. O. S. 1067) als Bestandteil des Gesetzes vom Landtag angenommen und genehmigt und wurde mit Wirkung vom Tage der Verkündung ab das Gesetz vom 17. Juli 1919 aufgehoben.

Mit der im Februar 1928 erhobenen Klage machte der Kläger geltend, durch die Gesetze vom 17. Juli und 24. Dezember 1919, die im ausschließlich finanziellen Interesse des verklagten Landes erlassen worden seien, sei das bis dahin dem fürstlichen Hause gehörende und von ihm als dessen Haupt verwaltete und genutzte Domanialvermögen unzulässigerweise ohne Entschädigung enteignet worden, der Domanialvertrag aber sei von ihm aus Irrtum über die Rechtslage und unter widerrechtlichem Zwang, zudem ohne die Zustimmung der Agnaten abgeschlossen, seinem Inhalt nach sittenwidrig und wegen Mangels der für die Veräußerung von Grundstücken und für die Übernahme der Verpflichtung dazu vorgeschriebenen Formen nichtig. Er beantragte deshalb, den Beklagten zur Herausgabe von zwei der zahlreichen auf Grund jener Gesetze auf den Namen des Landes (Forstverwaltung) umgeschriebenen Grundstücke des Domaniums an ihn oder die fürstliche Familie und zur Einwilligung in eine entsprechende Grundbuchberichtigung zu verurteilen. Die Klage wurde vom Landgericht abgewiesen. In der Berufungsinstanz beantragte der Kläger in erster Linie die Feststellung der Rechtsunwirksamkeit der zu Gunsten des Landes bewirkten Eigentumseintragung und des Fortbestehens seines persönlichen Eigentums oder doch des fideikommissarischen Eigentums der fürstlichen Familie sowie vorsorglich, für den Fall der Abweisung dieses Antrags und des Antrags auf Herausgabe und Berichtigung, die Rückgängigmachung der Eigentumsübertragung. Das Oberlandesgericht änderte die Entscheidung des

Landgerichts dahin ab, daß es den Beklagten verurteilte, der Umschreibung der Grundstücke auf „das fürstliche Haus Lippe" zuzustimmen, und nur im übrigen die Klage abwies.

Die von beiden Seiten eingelegten Revisionen führten zur Aufhebung und Zurückverweisung.

Aus den Gründen:

1. Die Eigentumsverhältnisse an den lippischen Domänen haben seit der Staatsumwälzung schon einmal den Gegenstand von Entscheidungen des Berufungsgerichts und des erkennenden Senats gebildet. Damals hatten die Mitglieder der Biesterfeld-Weißenfeldschen Nebenlinie des Lippischen Fürstenhauses gegen den jetzigen Kläger sowie den jetzigen Beklagten auf Zahlung einer durch Verträge ihrer Rechtsvorgänger mit den regierenden Fürsten im 18. Jahrhundert, zum Teil unter Bürgschaft der Landstände, bedungenen jährlichen Rente von 13800 Reichstalern geklagt. Das Berufungsgericht hatte mit Urteil vom 5. Januar 1921 die Klage gegen den Fürsten abgewiesen, gegen das Land aber zugesprochen, weil der Fürst schon nach der Entwicklung der Verhältnisse in der zweiten Hälfte des vorigen Jahrhunderts nur noch die Stellung eines Inhabers und Nießbrauchers des die Rente schuldenden Domaniums gehabt, das Eigentum dagegen dem Staat zugestanden und nach dem lippischen Gesetz vom 12. Juli 1912 (LV. Bd. 25 S. 823) der Fürst kraft eigenen Rechts nur noch die Verwaltung zu führen gehabt, die Nutzungen aber bloß noch zum Teil im eigenen Interesse, im übrigen für Rechnung und unter Aufsicht des Staates bezogen habe; jedenfalls sei aber vermöge des Thronverzichts des Fürsten das volle Eigentum dem Staat zugefallen, weil das Domänenvermögen ein Zubehör der Landeshoheit sei. Diese Entscheidung hat der erkennende Senat mit Urteil vom 18. November 1921 VII 57/21 (teilweise veröffentlicht in RGZ. Bd. 103 S. 200) bestätigt, indem er gegenüber dem Einwand der Revision, daß Darlegungen über den Eigentumserwerb des Staates zu vermissen seien, darauf hinwies, daß bei Rechtsverhältnissen, die wie das Domanium auf dem Grenzgebiet des privaten und des öffentlichen Rechts erwachsen sind, die Staatsentwicklung einen großen Einfluß auf die Rechtsentwicklung auszuüben vermag. Er fügte zwar bei, die Erwägung des Berufungsgerichts über die Einwirkung des Thronverzichts auf die Eigentumsverhältnisse habe nur die Bedeutung eines Hilfsgrundes und brauche deshalb nicht nachgeprüft

zu werden, sprach aber weiterhin aus, die Pflicht des Fürsten zur Zahlung der Rente sei dadurch erloschen, daß alle für seine Rechtsstellung als Rentenschuldner wesentlichen Rechtsbeziehungen zum Domanium, nämlich Besitz, Verwaltung und Nießbrauch, durch den Thronverzicht untergegangen seien, und zwar gemäß dem späteren, gesetzlich bestätigten Domanialvertrage vom 31. Oktober 1919 rechtlich endgültig.

Bei der Beurteilung des gegenwärtigen Rechtsstreits geht das Berufungsgericht von jener vom Reichsgericht gebilligten Auffassung bewußt ab. Es führt aus, die weitgehenden Rechte, die dem Staat in der zweiten Hälfte des vorigen Jahrhunderts, besonders durch die Verordnung vom 24. Juni 1868 (LV. Bd. 15 S. 63) und das Gesetz vom 10. Februar 1869 (das. S. 177) sowie später namentlich durch das Gesetz vom 12. Juli 1912 am Domänenvermögen eingeräumt worden seien, dürften nicht dazu führen, das Eigentum dem fürstlichen Hause abzusprechen, dessen Haupte die überwiegenden Befugnisse verblieben seien, namentlich das Recht der Verwaltung und der Initiative zu Verfügungen. Auch vermöchten jene weitgehenden Rechte des Staates nicht die Annahme zu rechtfertigen, daß am Domanium nur öffentlich-rechtliches (publizistisches) Eigentum bestehe; denn seine Verhältnisse würden nicht nur durch öffentlich-rechtliche, sondern auch durch privatrechtliche Verhältnisse bestimmt, und öffentlich-rechtliches Eigentum sei höchstens an Gegenständen anzuerkennen, die — wie z. B. die öffentlichen Wege — dem privaten Rechts- und Geschäftsverkehr tatsächlich entzogen seien. Die Staatsumwälzung sodann habe die Frage nicht berührt, wem das privatrechtliche Eigentum am Domanium zustehe, sondern nur die öffentlich-rechtlichen Verhältnisse im Lande umgestaltet; das sei dem Kläger gegenüber durch den Lippischen Volks- und Soldatenrat zum Ausdruck gebracht worden. Dieser habe einstimmig den vom Kläger bei seinem Thronverzicht ausgesprochenen Vorbehalt angenommen, daß ihm die Sicherheit seines Privateigentums verbürgt werde und daß ihm die nach seiner Ansicht zustehenden bürgerlich-rechtlichen Ansprüche an die Rentkammer verblieben. Diese Körperschaft sei zwar von der Ansicht ausgegangen, daß das Eigentum am Domanium infolge der Staatsumwälzung dem Staat zustehe, und habe auf Grund dieser Ansicht tief in dessen Verwaltung und Vermögensbestand eingegriffen, habe aber die Eigentumsverhältnisse nicht ändern wollen, sondern zur Entscheidung über die bürgerlich-rechtlichen Ansprüche des Fürsten den Rechtsweg oder einen Vergleich in Aussicht genommen. Das Gesetz vom 17. Juli 1919 habe gleichfalls nur zur Klärung der Rechtsfrage aussprechen sollen, was nach Ansicht des Landtags bereits Rechtens war; es habe auch, wenn es etwa eine Übertragung des Domänenvermögens vom fürstlichen Hause auf den Staat habe herbeiführen sollen, diese Wirkung nicht erzielen können, weil es nur im fiskalischen Interesse und zu dem Zweck erlassen worden sei, auf den Kläger und die Agnaten seines Hauses in solchem Interesse einen Druck zur Annahme des vom Beklagten gewünschten Vergleichs auszuüben, und weil Art. 109 EG. z. BGB. den Landesgesetzen nur die Regelung im öffentlichen Interesse liegender Enteignungen gestatte, also ein weitergehendes als das bloß fiskalische Interesse erfordere. Aus den Artikeln 57, 59 EG. z. BGB. lasse sich — so legt der Berufungsrichter weiter dar — eine Befugnis der Landesgesetzgebung zum Erlasse jenes Gesetzes gleichfalls nicht herleiten, weil sie die Länder nur zur Erhaltung und näheren Ordnung der darin bezeichneten Sonderrechtsverhältnisse, nicht zur Wegnahme von Eigentum ermächtigten. Der Domanialvertrag endlich und das Gesetz vom 24. Dezember 1919 seien rechtsunwirksam, weil der Vertrag der für die Veräußerung von Grundstücken und für die Übernahme der Verpflichtung dazu reichsrechtlich vorgeschriebenen Formen entbehre, die Landesgesetzgebung von deren Einhaltung nicht befreien könne und die Art. 57, 59 a. a. O. auch kein Landesgesetz dieses Inhalts vorsähen. Wenn aber hiernach das Domänenvermögen nach wie vor Fideikommißgut des fürstlichen Hauses sei, so sei doch dem Haupte dieses Hauses die Verwaltung und Nutznießung seinerzeit nur mit Rücksicht darauf zugestanden worden, daß es die höchste staatsrechtliche Stellung im Lande einnehme. Mit dem Zurücktreten des Klägers aus dieser Stellung in die eines Privatmannes sei hierin eine so wesentliche Änderung eingetreten, daß sie nicht ohne Einfluß auf jene Befugnisse und das damit verbundene Recht zum Besitz habe bleiben können. Zudem sei durch Anordnungen des Volks- und Soldatenrates und durch das Gesetz vom 17. Juli 1919 die fürstliche Rentkammer zu einer Staatsbehörde gemacht worden. Es fehle daher dem Fürsten an einem mit der Eigenschaft einer öffentlichen Behörde ausgestatteten Organ, wie es zur Verwaltung eines so großen

Besitzes erforderlich und schon bei den früheren Regelungen als unentbehrlich erachtet worden sei, jetzt aber von ihm ohne Zustimmung des Staates nicht eingerichtet werden könne. Das Verlangen des Klägers nach Herausgabe der ihm im Domanialvertrage nicht überlassenen Teile des Domanialvermögens würde deshalb, solange nicht eine Vereinbarung über die Verwaltung zustandegekommen sei, Treu und Glauben widersprechen, wogegen er die Berichtigung des Grundbuchs für diese Teile des Grundbesitzes mit Recht beanspruche; an einer alsbaldigen Feststellung seines Eigentums oder des Eigentums des fürstlichen Hauses habe er kein rechtliches Interesse.

2. Von diesen Ausführungen werden jedenfalls diejenigen über die Ungültigkeit der Gesetze vom 17. Juli und 24. Dezember 1919 von der Revision des Beklagten mit Recht beanstandet. Zu seiner Auffassung, daß das Gesetz vom 17. Juli 1919 allein aus fiskalischem Interesse und zu dem Zweck erlassen worden sei, um auf den Kläger und die Agnaten im fiskalischen Interesse behufs Annahme des vom Beklagten gewünschten Vergleichs zu drücken, gelangt der Berufungsrichter allerdings auf Grund von Erwägungen, die sich größtenteils der Nachprüfung durch das Revisionsgericht entziehen, weil sie die tatsächliche Würdigung des Inhalts der gesetzgeberischen Verhandlungen und die Auslegung der Vorschriften jenes nicht revisiblen Gesetzes betreffen. Insbesondere ist der Nachprüfung entzogen die Feststellung, daß der bei den Landtagsverhandlungen hervorgehobene Gesichtspunkt, es müßten geordnete Verhältnisse geschaffen und zur Vermeidung einer herrenlosen Verwaltung und wegen der allgemeinen Interessen des Landes der Weg der Gesetzgebung beschritten werden, bei dem den Übergang des Domänenvermögens auf den Staat aussprechenden § 2 des Gesetzes keine Rolle gespielt habe, sondern nur für die übrigen, die Verwaltung regelnden und die Anordnungen des Volks- und Soldatenrats bestätigenden Bestimmungen des Gesetzes maßgebend gewesen sei. Aber an anderer Stelle lehnt das Berufungsgericht den Herausgabeanspruch des Klägers deshalb ab, weil es diesem infolge jener Neuregelung der Verwaltung des Domänenvermögens, insbesondere der Erklärung der Rentkammer zur Staatsbehörde und ihrer Beamten zu Staatsbeamten, an der Hilfe einer öffentlichen Behörde fehle, deren Bestand für die frühere gesetzliche Regelung der Beziehungen des

Klägers und seines Hauses zum Domanium von ausschlaggebender Bedeutung gewesen sei, und weil es deshalb einer Ordnung der Beziehungen der Parteien zum Domanium bedürfe, bevor der Kläger dessen Herausgabe fordern könne. Der Vorderrichter hält also eine Verwirklichung des nach seiner Meinung dem fürstlichen Hause zustehenden Eigentums gerade in der wichtigsten Beziehung, nämlich wegen des Besitzes, im Hinblick auf die in den §§ 4 bis 6 des Gesetzes vom 17. Juli 1919 getroffene Neuregelung der Verwaltungsverhältnisse, die nach seinen soeben erwähnten Ausführungen aus Rücksichten des öffentlichen Interesses beschlossen wurde, nicht für angängig, bevor eine Vereinbarung über die Eigentums- und Verwaltungsverhältnisse zustandegekommen ist. Nun bezweckte aber jenes Gesetz nach der Feststellung des Berufungsgerichts gerade, das Zustandekommen einer solchen Vereinbarung herbeizuführen, nachdem der Kläger erklärt hatte, daß er den ihm vorgelegten Entwurf zwar selbst unterzeichnet habe, aber die Zustimmung der Agnaten seines Hauses dazu nicht habe erreichen können. Und daß dieser Entwurf etwa seinem Inhalt nach nicht als sachgemäße Neuordnung habe angesehen werden können, ist angesichts der Billigung des Klägers selbst nicht ohne weiteres anzunehmen. Wenn das Berufungsgericht trotzdem ausspricht, die Bestimmung über den Übergang des Domanialvermögens auf den Freistaat sei nicht im öffentlichen, sondern allein aus fiskalischem Interesse und zum Zweck der Herbeiführung eines im rein fiskalischen Interesse liegenden Vertragsschlusses getroffen worden, so lassen sich diese verschiedenartigen Feststellungen und Ausführungen kaum anders als unter der Annahme miteinander vereinbaren, daß der Vorderrichter den Begriff des öffentlichen Interesses im Sinne des Art. 109 EG. z. BGB. verkennt. Er übersieht allem Anschein nach, daß ein öffentliches Interesse auch in der Verhütung einer Beunruhigung weiter Kreise der Bevölkerung und in der Vermeidung einer Verwirrung der allgemeinen Rechtsbegriffe gefunden werden kann, die notwendigerweise entsteht, wenn ein Grundbesitz, der einen beträchtlichen Teil des Staatsgebiets — nach einer Äußerung des Abgeordneten Drake auf S. 593 der vom Berufungsgericht in Bezug genommenen Landtagsverhandlungen ein Sechstel seines Gebietsumfanges — umfaßt, längere Zeit hindurch in ungeklärter Eigentumslage verbleibt und von einer Staatsbehörde verwaltet wird gegen den Willen der früheren Besitzer, die sich noch als Eigentümer betrachten. Dieser Zustand wäre aber eingetreten, wenn der Gesetzgeber des Landes Lippe sich auf die auch nach Ansicht des Berufungsgerichts im öffentlichen Interesse erlassenen Vorschriften der §§ 4 bis 6 des Gesetzes über die Verwaltung des Domänenvermögens beschränkt, von einer Regelung der Eigentumsverhältnisse aber abgesehen hätte. Daß diese bei richtiger Auffassung als Rücksichten des öffentlichen Interesses anzuerkennenden Gesichtspunkte bei der Regelung der Eigentumsfrage durch den Landtag am 17. Juli 1919 mitbestimmend gewesen sind, liegt um so näher, als das Berufungsgericht selbst die Äußerung des Vertreters des Landespräsidiums mitteilt, daß das Land sich vor weiteren Unannehmlichkeiten schützen müsse, und feststellt, daß bei den weiteren Verhandlungen auf die Unzuträglichkeiten des Zwischenzustandes hingewiesen worden ist, die man zwar „vornehmlich", aber immerhin nicht ausschließlich in der Leistung der Personalausgaben der Domänenverwaltung durch das Land erblickt habe.

Da hiernach mit der Möglichkeit zu rechnen ist, daß der Vorderrichter zur Ungültigerklärung des Gesetzes vom 17. Juli 1919 durch eine rechtsirrige Auslegung des Art. 109 EG. z. BGB. bewogen worden ist, muß sein Urteil aufgehoben und die Sache zu anderweiter Verhandlung und Entscheidung an das Berufungsgericht zurückverwiesen werden. . .

3. Von Rechtsirrtum beeinflußt sind ferner die Ausführungen, mit denen das Berufungsgericht die Rechtswirksamkeit des Domanialvertrags vom 31. Oktober 1919 und des Landesgesetzes vom 24. Dezember 1919 verneint hat. Allerdings kann dem Beklagten nicht beigetreten werden, wenn er in seiner Revision die Unterlassung einer Prüfung darüber beanstandet, ob der Kläger nicht nach gemeinem deutschen Privatfürstenrecht von der Einhaltung der Förmlichkeiten entbunden war, die das Bürgerliche Gesetzbuch für die Übertragung von Grundstücken und für die Eingehung der Verpflichtung dazu vorschreibt. Das Berufungsgericht gelangt zu der Annahme, daß im vorliegenden Fall die Vorschriften der §§ 313, 873 und 925 BGB. hätten beobachtet werden müssen, auf Grund einer eingehenden Erörterung darüber, daß die zwei streitigen Grundstücke und bei weitem die meisten anderen Domänengrundstücke in das Grundbuch eingetragen gewesen seien

und daß deshalb die auf Grund der Art. 127, 189 EG. z. BGB. erlassenen lippischen Vorschriften über die Übertragung des Eigentums an nicht eingetragenen Grundstücken nicht Platz griffen. Diese Ausführungen können nach ihrem Zusammenhang nur dahin verstanden werden, daß andere landesgesetzliche Vorschriften, die eine Befreiung von den Förmlichkeiten der §§ 313, 873, 925 BGB. begründet hätten, insbesondere landesgesetzliche Vorschriften über eine allgemeine Befreiung des Domänengrundbesitzes von diesen Förmlichkeiten, zur Zeit des Abschlusses des Domanialvertrags nicht bestanden, und in diesem Sinne müssen die Ausführungen auch auf die Hausgesetze des lippischen Fürstenhauses um so mehr mitbezogen werden, als das Vorhandensein eines Hausgesetzes solchen Inhalts im Verlauf des Rechtsstreits nie behauptet worden ist. Bestand aber keine derartige landes- oder hausgesetzliche Sondervorschrift, so galten für die Übertragung des Domänenbesitzes und die Übernahme der Verpflichtung dazu nach Art. 57 EG. z. BGB. vom Inkrafttreten des Bürgerlichen Gesetzbuches ab dessen allgemeine Bestimmungen, nicht die Vorschriften des früheren lippischen Rechts oder des gemeinen Privatfürstenrechts (vgl. Enneccerus-Nipperdey Lehrbuch des Bürgerlichen Rechts 13. Bearbeitung Bd. 1 S. 37).

Rechtsirrig ist es aber, wenn das Berufungsgericht den Gedanken, daß das Gesetz vom 24. Dezember 1919 eine durch Art. 57 oder Art. 59 EG. z. BGB. zugelassene landesgesetzliche Regelung der Eigentumsverhältnisse am Fideikommiß des ehemals landesfürstlichen Hauses darstelle, deshalb abweist, weil diese reichsrechtlichen Vorschriften die Landesgesetzgebung nur ermächtigt hätten, Bestimmungen zur Erhaltung der Fideikommisse im Besitz der mit ihnen ausgestatteten Familien und zur Ordnung der damit zusammenhängenden Rechtsverhältnisse zu treffen, nicht aber dazu, diesen Familien ihr Eigentum zu nehmen und es an den Staat zu bringen. Weder Art. 57 noch Art. 59 geben nach ihrem Wortlaut einen Anhalt für die Auslegung, daß die Landesgesetzgebung sich bei der Regelung der Verhältnisse der Fideikommisse, sei es der landesherrlichen, sei es sonstiger Familien, auf Maßnahmen zur Erhaltung und Ordnung dieser Besitzform zu beschränken habe und zu einem Abbau dieser schon zur Zeit der Erlassung des Bürgerlichen Gesetzbuches aus wirtschaftlichen und politischen Gesichtspunkten viel angefochtenen Einrichtung nicht befugt sein solle. Die Vorschrift des Art. 59 ist auch von anderen Ländern, insbesondere von Preußen mit der Verordnung vom 10. März 1919 (GS. S. 39), als ausreichende Grundlage zu landesgesetzlichen Maßnahmen zur Aufhebung der Fideikommisse angesehen worden. Eine Maßnahme, durch die eine mit weitgehenden Befugnissen und Ansprüchen des Staates belastete Fideikommißmasse zwischen dem Staat und den anderen bisherigen Fideikommißberechtigten aufgeteilt wird, fällt durchaus in den Rahmen einer zum Abbau des Fideikommisses dienenden Auseinandersetzung, selbst wenn — wie im hier streitigen Fall — der Anteil des Staates erheblich größer ausfällt als der der anderen Berechtigten und zwischen diesen eine Unterverteilung vorerst nicht stattfindet. Als eine „Wegnahme" läßt sich diese Maßnahme schon deshalb nicht bezeichnen, weil sie auf Grund eines mit dem Haupt der fideikommißberechtigten Familie geschlossenen Vertrages erfolgt ist. Aus diesem Grunde können gegen sie auch weder aus Art. 109 EG. z. BGB. noch aus Art. 153 RVerf. Bedenken erhoben werden.

Die Anwendbarkeit des Art. 57 EG. z. BGB. läßt sich vielleicht aus dem Gesichtspunkt in Frage stellen, daß diese Vorschrift durch die Beseitigung der Landesherrlichkeit zur Zeit der Erlassung des Gesetzes vom 17. Juli 1919 für Lippe gegenstandslos gewesen sei. Zweifelhaft kann sein, ob der Vorbehalt durch jenen Vorgang in der Tat jede Bedeutung verloren hatte und nicht vielmehr noch für Maßnahmen der Landesgesetzgebung weitergalt und auch heute noch gilt, die infolge des Aufhörens der Landesherrlichkeit erforderlich wurden und werden, um Verhältnisse, die mit Rücksicht auf die frühere staatsrechtliche Stellung der Familie und ihres Hauptes in einer besonderen Weise geordnet waren, den Vorschriften des allgemeinen Privatrechts anzupassen. Einer Stellungnahme zu diesen Bedenken bedarf es aber nicht. Denn wenn Art. 57 EG. z. BGB. mit der Aufhebung der Landesherrlichkeit völlig unanwendbar geworden sein sollte, so würde auch jeder Grund wegfallen, das Fideikommiß der ehemals landesherrlichen Familie anderen als den für die übrigen Familienfideikommisse geltenden Vorschriften zu unterwerfen; es würde somit Art. 59 a. a. O. Platz greifen, aus dem sich die Gesetzes Ermächtigung für die Landesgesetzgebung zur Erlassung des vom 24. Dezember 1919 gleichfalls ergibt.

Dieses Gesetz läßt sich auch nicht etwa als ein Ausnahmegesetz auf Grund des Art. 109 Abs. 1 RVerf. beanstanden, selbst wenn man darin eine Anweisung für den Gesetzgeber, nicht etwa nur für die Anwendung des Gesetzes findet. Das Fideikommiß des fürstlichen Hauses stellte sich in seiner durch staatsrechtliche Rücksichten weitgehend beeinflußten rechtlichen Ordnung als ein in Lippe offenbar einzigartiger Tatbestand dar, für den demgemäß nach jenem Verfassungsgrundsatz eine besondere, von der Behandlung anderer Fideikommisse abweichende Regelung zulässig, ja wegen der Tragweite jener staatsrechtlich bedingten und nunmehr grundlos gewordenen Besonderheiten kaum zu umgehen war.

Daß die durch Art. 59 EG. z. BGB. dem Landesgesetzgeber erteilte Ermächtigung ebenso wie die in den Art. 62 und 113 das. gegebene auch die Befugnis umfaßt, im Bereich des ihm vorbehaltenen Rechtsgebiets die Förmlichkeiten der Eigentumsübertragung und der dazu verpflichtenden Verträge abweichend von den Vorschriften der §§ 313, 925 BGB. zu regeln, kann keinen begründeten Zweifeln begegnen.

Auch die rechtsirrige Auslegung der Art. 57 und 59 EG. z. BGB. muß hiernach zur Aufhebung des Berufungsurteils führen, weil die Verneinung der Gültigkeit des Gesetzes vom 24. Dezember 1919 und des Domanialvertrags auf ihr beruht. In der Sache selbst kann jedoch aus diesem Gesichtspunkt nicht entschieden werden, weil die Feststellungen des Berufungsgerichts keine Stellungnahme zu den gegen den Vertrag erhobenen Einwänden des Irrtums, des Zwanges und der Sittenwidrigkeit ermöglichen. Das Berufungsgericht wird in der erneuten Verhandlung diese Einwände zu klären haben, falls es nicht schon ohne Rücksicht auf die Gültigkeit des Gesetzes vom 24. Dezember 1919 zur Abweisung der Klage gelangt. Die Beschränkung der Wirksamkeit dieses Gesetzes auf das lippische Staatsgebiet steht seiner entscheidenden Anwendung im vorliegenden Rechtsstreit nicht entgegen, da er nur lippische Grundstücke betrifft.

4. Die Stellungnahme des Berufungsgerichts zu der Frage, ob beim Eintritt der Staatsumwälzung privatrechtliches Eigentum am Domänenvermögen bestanden und wem es zugestanden habe, entzieht sich im wesentlichen der Nachprüfung durch das Revisionsgericht, weil sie in der Hauptsache auf dem nicht revisiblen lippischen Landesrecht beruht. Eine Verkennung des reichsrechtlichen Eigen-

tumsbegriffs kann darin nicht gefunden werden, daß das Berufungsgericht trotz der großen Tragweite der zu Gunsten des Landes bestehenden Lasten und Verfügungsbeschränkungen privatrechtliches Eigentum des fürstlichen Hauses angenommen hat. Im übrigen begründet die Verletzung im Bürgerlichen Gesetzbuch ausgesprochener allgemeiner Rechtsgedanken und allgemeiner Sätze der Rechtswissenschaft, die nur zur Ergänzung von Sätzen des Landesrechts dienen, die Revision nicht, wenn diese landesrechtlichen Sätze der Nachprüfung durch das Revisionsgericht entzogen sind (vgl. RGZ. Bd. 109 S. 8). Das Berufungsgericht wird jedoch bei der Erörterung der Frage, ob es an der von seinem Urteil vom 5. Januar 1921 abweichenden Auffassung über das Eigentum am Domänenvermögen auch nach erneuter Prüfung festhalten will, einen wichtigen Gesichtspunkt nicht außer acht lassen dürfen, dessen Berücksichtigung im Berufungsurteil nicht völlig zweifelfrei zu erkennen ist. Nach gemeinem deutschen Privatfürstenrecht gehörte das Domänenvermögen (Kammergut) im Unterschied von den ein reines Privateigentum darstellenden Schatull- oder Kabinettsgütern schon zur Zeit des alten Deutschen Reichs den landesfürstlichen Familien nur als Zubehör der Landeshoheit, sodaß es ihnen im Zweifel nur so lange zustand, als sie die Herrschaft im Staat innehatten (vgl. Rehm Modernes Fürstenrecht S. 325/326, S. 328; Reyscher Die Rechte des Staates an den Domänen und Kammergütern S. 140; Lade Hausverfassung, Fürstenrecht und Hausvermögen S. 98; Meyer Lehrbuch des Deutschen Staatsrechts 7. Aufl. S. 320, 321). Daß in Lippe durch die nach Vereinbarung mit dem Landtag erlassene Verordnung vom 24. Juni 1868 und die folgenden Domänengesetze eine abweichende Regelung getroffen und das Eigentum dem Fürstenhause unabhängig von der Landeshoheit zugewiesen worden wäre, ist im Berufungsurteil nicht ausdrücklich ausgesprochen, obgleich die Erwähnung, daß Genuß und Verwaltung „dem je regierenden Fürsten" mit Rücksicht auf diese seine staatsrechtliche Stellung vorbehalten war und daß das Domäneneigentum „zur Aufrechterhaltung der Würde des fürstlichen Hauses" dienen sollte, an der das Land wegen jener staatsrechtlichen Beziehungen Interesse nahm, zu einer Äußerung hierüber Anlaß geben konnte. Immerhin scheint das Berufungsgericht mit seiner wiederholten Betonung, daß dem fürstlichen Hause wirkliches privatrechtliches Eigentum zugestanden habe, und mit seiner Ablehnung eines öffentlich-rechtlichen Eigentums sowie eines besonders gearteten deutschrechtlichen Verhältnisses ein vom Bestehen der Landesherrlichkeit unabhängiges Eigentum des Fürstenhauses am Domänenvermögen als Ergebnis der lippischen Rechtsentwicklung anerkennen zu wollen, wiewohl das Fehlen einer jene Besonderheit des Domäneneigentums in Betracht ziehenden Begründung und die Bemerkung, daß öffentlichrechtliches Eigentum höchstens an dem Gemeingebrauch unterliegenden Sachen in Frage komme, auch hierüber Zweifel aufkommen lassen könnten.

Jedenfalls wird der Berufungsrichter, wenn er bei der erneuten Prüfung nicht schon auf Grund des Gesetzes vom 17. Juli oder des vom 24. Dezember 1919 zur Abweisung der Klage gelangt, den früheren Rechtszustand namentlich auch aus dem Gesichtspunkt würdigen müssen, ob durch die lippische Gesetzgebung, abweichend vom gemeinen deutschen Privatfürstenrecht, dem fürstlichen Hause ein von der Landeshoheit des Familienhauptes unabhängiges Domäneneigentum gewährt worden war. Sollte das Berufungsgericht zur Verneinung dieser Frage kommen, so würde auch die Frage, welchen Einfluß die Staatsumwälzung und der Thronverzicht auf die Eigentumsverhältnisse ausgeübt haben, von einem wesentlich anderen Standpunkt als dem der angefochtenen Entscheidung zu beurteilen sein, zumal da dann der vom Kläger beim Thronverzicht gemachte Vorbehalt und die Einverständniserklärung des Volks- und Soldatenrats vielleicht nicht auf das Domäneneigentum zu beziehen sein würden.

5. Anderseits läßt sich in dem Fall, daß die erneute Verhandlung wiederum zur Anerkennung des Eigentums des fürstlichen Hauses führt, die Abweisung des Feststellungsantrags des Klägers und seines Anspruchs auf Herausgabe der streitigen Grundstücke nicht aufrechterhalten .... (Wird näher ausgeführt.)

---

46. Steht dem Mieter das Kündigungsrecht nach der Notverordnung vom 8. Dezember 1931 auch dann zu, wenn er in dem langfristig geschlossenen Mietvertrage darauf verzichtet hat, von einer durch gesetzliche Bestimmungen ermöglichten Änderung der Vertragsbedingungen Gebrauch zu machen?

Vierte Notverordnung des Reichspräsidenten zur Sicherung von Wirtschaft und Finanzen usw. vom 8. Dezember 1931, Zweiter Teil

Kap. III (außerordentliche Kündigung von Mietverträgen) § 1 (RGBl. I S. 699, 708).

VIII. Zivilsenat. Urt. v. 23. Mai 1932 i. S. 1. Witwe H. u. Gen., 2. J. H. (Kl.) w. D. Bank (Bekl.). VIII 108/32.

I. Landgericht Darmstadt.

Die Rechtsvorgängerin der Beklagten hat am 14. April 1920 und am 19. April 1921 mit dem Zweitkläger und dem Erblasser der Erstkläger zwei Mietverträge über deren Anwesen in D. geschlossen. Die Mietzeit wurde bis zum 30. Juni 1940 mit weiterem Optionsrecht der Bank bestimmt; der Mietzins wurde gestaffelt und war alle fünf Jahre ansteigend. In § 9 des Vertrags von 1921 ist mit Wirkung auch für den von 1920 bestimmt:

> Die Mieterin erklärt ausdrücklich, daß die vorstehenden Vertragsbedingungen, insbesondere diejenigen über den Mietpreis, für die ganze Dauer der Mietzeit für sie maßgebend sind. Sollte durch gesetzliche oder sonstige Bestimmung eine Herabsetzung des Mietpreises oder eine Änderung der Vertragsbedingungen ermöglicht werden, so verzichtet die Mieterin, soweit zulässig, auf das Recht, hiervon Gebrauch zu machen.

Am 4. Januar 1932 hat die Beklagte, gestützt auf die Vierte Notverordnung vom 8. Dezember 1931, Zweiter Teil Kap. III § 1, das Mietverhältnis zum 31. März 1932 gekündigt. Die Kläger berufen sich auf die angeführte Vertragsbestimmung und haben auf Feststellung geklagt, daß das Mietverhältnis durch die Kündigung nicht aufgehoben werde, sondern bis zum 30. Juni 1940 weiterbestehe.

Das Landgericht wies die Klage ab. Die unmittelbar eingelegte Revision der Kläger blieb erfolglos.

Gründe:

Das Landgericht führt aus, nach dem Zweck der Verordnung habe die Verleihung eines außerordentlichen Kündigungsrechts an den Mieter notwendig zwingenden Charakter auch gegenüber dem vorliegenden Vorausverzicht, den es allerdings mit den Klägern auf das Kündigungsrecht bezieht. Die Revision will das nicht gelten lassen. Sie meint, als Ausnahmevorschrift sei diese Bestimmung der Vierten Notverordnung einschränkend auszulegen; weder in der Notverordnung selbst noch in der zu ihrer Durchführung und Ergänzung erlassenen Verordnung über die außerordentliche Mietkündigung vom 23. Dezember 1931 (RGBl. I S. 796) sei der zwingende Charakter der Vorschrift zum Ausdruck gebracht, während für die Zinssenkung die ebenfalls am 23. Dezember 1931 erlassene Erste Durchführungs- und Ergänzungsverordnung über Zinssenkung auf dem Kapitalmarkt (RGBl. I S. 793) in Art. 4 Abs. 1a ausdrücklich auch eine Vereinbarung für ungültig erkläre, wonach für den Fall einer gesetzlichen Zinsherabsetzung auf diese verzichtet werde. Diese Erwägungen und die weiteren, die von der Revision aus der sachlichen Sondereigenschaft dieses Vertragsverhältnisses hergeleitet werden, scheitern am Inhalt und an der vom Landgericht zutreffend gewürdigten Zielsetzung der zur Beurteilung stehenden Notvorschrift.

Kap. III § 1 des hier in Betracht kommenden Teils der Notverordnung gewährt das Kündigungsrecht, „auch wenn eine solche Kündigung nach Gesetz oder Vertrag nicht zulässig wäre", wählt also eine Ausdrucksform, die umfassend Hinderungen durch andere Gesetze und durch den — vor dem 15. Juli 1931 gebildeten — Parteiwillen ausschaltet. Trotz der auch im Wohnungsnotrecht vielfach verschiedenen Behandlung von gewerblichen Räumen und des Wohnraums in seinen Gruppen hält sich hier der Gesetzgeber an eine unterschiedslose und unbedingte Regelung, von der er nur in § 1 Satz 2 und § 2 sowie in den Art. 8 und 9 Abs. 2 der Verordnung vom 23. Dezember 1931 wenige und genau umschriebene Ausnahmen macht.

Erklärend hebt Ministerialrat Dr. Brandis in JW. 1931 S. 3628 und JW. 1932 S. 21 hervor, daß der Zweck der Verordnung, zahlreiche Volksgenossen vor dem wirtschaftlichen Zusammenbruch zu bewahren, es nicht zuließ, die einzelnen Fälle individuell zu behandeln, sondern zwang, das Kündigungsrecht allgemein und mit möglichst geringen Einschränkungen zu gewähren. In gleichem Sinn nimmt Ministerialrat Ebel im Deutschen Wohnungsarchiv 1932 Sp. 59 Stellung. Der Gesetzesinhalt selbst, die Anschauung der Zeitumstände bei Erlassung der Notverordnung, die genannten Aufsätze und vielfach übereinstimmende Äußerungen im sonstigen Schrifttum (vgl. Hertel Der Abbau der Wohnungszwangswirtschaft im Reich und Preußen S. 37; Ebel-Lilienthal Mietsenkung, Kündigung S. 14; Gramse

Mietrecht nach der NotVo. Kap. III § 1; Kiefersauer Grundstücksmiete Nachtrag 1 S. 56; Lilienthal Grundeigentum 1931 S. 14 und 35; Schuftan im Deutschen Wohnungsarchiv 1932 Sp. 63) stellen klar, daß die Notverordnung einer unvorhergesehenen, seit Mitte Juli 1931 dringend und offenbar gewordenen wirtschaftlichen Bedrängnis weitester Kreise Rechnung tragen und, wie das Landgericht zutreffend sagt, die Mieter von der Fessel langfristiger Mietverträge befreien sollte, weil diese unter anderen wirtschaftlichen Umständen geschlossen worden waren. Folgerecht versagt das Kündigungsrecht da, wo der Mietvertrag seit dem Hervortreten der Gefahr, dem 15. Juli 1931, geschlossen oder trotz der Möglichkeit seiner Lösung aufrechterhalten worden ist. Steht danach zur Beurteilung eine gesetzliche Anerkennung des Behelfs der veränderten Umstände in einem Sonderfall und in gesetzlich bestimmten Grenzen mit Rücksicht auf dringende Belange der allgemeinen Volkswirtschaft, so kann es nicht im Sinn der Vorschrift liegen, vor Abreden, wie der vorliegenden, halt zu machen, die Jahre vorher ohne mögliche Voraussicht der eingetretenen Lage getroffen worden waren. Das gilt um so mehr, als auch ohne klare oder doch so zu deutende Abrede des Vorausverzichts die außerordentliche Kündigung regelmäßig dem Vertragswillen der Parteien gerade zuwiderlaufen wird. Kein Wert ist deshalb darauf zu legen, ob der Mieter mit einer Vertragsbestimmung wie der zu beurteilenden oder, was dem schließlich gleichstehen müßte, nach dem Vertragssinn ein weitergehendes Risiko übernommen hat, als es bei langfristiger Vertragsbindung ohnehin erhellt. Inwieweit die Gefahrübernahme dem Mieter entgegenstehen soll, gerade das hat der Gesetzgeber erwogen und durch die Vorschriften des § 1 a. a. O. geordnet. Im übrigen aber geht diese einmalige, für einen Ausnahmezustand bestimmte Regel hinweg über den Parteiwillen auch für die Gefahrverteilung. Dieser Tragweite der Kündigungsbestimmung weiteren Ausdruck zu geben, als geschehen ist, bestand kein Anlaß, auch nicht in den Vorschriften des bisherigen Mietnotrechts, insbesondere in § 49 MSchG. und § 19 RMG. Die andersartige Aufgabe dieser Vorschriften, für ein laufendes Mietverhältnis gegenüber künftigen Parteivereinbarungen zwingendes Recht zu setzen, konnte nicht als Muster dienen für die Fassung eines nachträglich wohl verzichtbaren, einmaligen und außerordentlichen Behelfs gegen bestehendes Recht.

Daß es auch auf die sachliche Eigenart des Mietverhältnisses in dieser Hinsicht nicht ankommt, ist damit schon gesagt. Gerade die von der Revision hierzu herangezogenen Gründe, welche die Kündbarkeit als die Kläger besonders beschwerend erscheinen lassen können, die Umgestaltung des Mietraums durch den Mieter, hat der Gesetzgeber bei Erlassung der Verordnung vom 23. Dezember 1931 berücksichtigt. Der Preußische Landesverband der Haus- und Grundbesitzervereine hat in einer Eingabe an das Preußische Ministerium für Volkswohlfahrt (Grundeigentum 1931 S. 1439, 1440) die Anerkennung derartiger Fälle als Ausnahmen gefordert. Die zur Durchführung der außerordentlichen Mietkündigung ergangene Verordnung hat aber solchen Erwägungen nur insoweit Rechnung getragen, als Art. 3 den Mieter, der die außerordentliche Kündigung erklärt, zur Wiederherstellung des früheren Zustandes verpflichtet, ohne indes sein Kündigungsrecht einzuschränken. Der Beweiskraft entbehrt schließlich der Hinweis der Revision auf die besondere Nichtigerklärung des Vorausverzichts in Art. 4 Abs. 1a der Ersten Durchführungs- und Ergänzungsverordnung über Zinssenkung auf dem Kapitalmarkt vom 23. Dezember 1931. Es handelt sich dort um ein rechtlich und wirtschaftlich von dem des Mietrechts wesentlich verschiedenes Gebiet. Das Gesetzgebungswerk dieser und jener Durchführungsverordnung bildet kein einheitliches System. Für beide aber galt es, Maßregeln für dringende Not unter Beachtung der in jedem Bereich besonders beachtlichen Umstände alsbald ins Werk zu setzen. Es liegt nahe, daß angesichts der Raumnot und der bisherigen Richtung der Mietgesetzgebung auf dem Gebiet des Wohnungsrechts nicht mit Vereinbarungen gerechnet worden ist, die ein Eingreifen des Gesetzgebers voraussetzten, das den Mietern die Kündbarkeit der Verträge einräumte. Im Gebiet des Kapitalzinsrechts lagen andere Verhältnisse vor. Mit Verzichtsklauseln der in Betracht gezogenen Art war nach der Verkehrsgewohnheit zu rechnen (Münzer in JW. 1932 S. 297), und zwar um so mehr, als schon die Erfahrungen des Aufwertungsrechts Klauseln mit dem Verzicht auf die Rechte aus künftiger Gesetzgebung gezeitigt hatten (vgl. RGZ. Bd. 117 S. 226, Bd. 123 S. 224).

---

47. Wann kann eine Gemeinde, die an der See Einrichtungen für die Bequemlichkeit und Sicherheit der Badenden getroffen hat, wegen Verletzung der Verkehrssicherungspflicht für Unfallschäden in Anspruch genommen werden?

BGB. § 823.

IX. Zivilsenat. Urt. v. 13. April 1932 i. S. Gemeinde Insel B. (Bekl.) w. H. u. Gen. (Kl.). IX 19/32.

I. Landgericht Aurich.
II. Oberlandesgericht Celle.

Am 6. August 1929 vormittags sind die Eltern der Kläger bei der Insel B. während des Badens in der Nordsee ertrunken. Die Kläger sind der Auffassung, daß die verklagte Inselgemeinde den Tod ihrer Eltern verschuldet habe. Sie habe es unterlassen, die Badegäste zu warnen oder ihnen das Baden zu verbieten, nachdem Sturzflut (Springflut) geherrscht und Sogströmung Gefahr gebracht habe. Auch habe sie keinerlei Vorkehrungen am Strand und im Wasser getroffen, durch welche die Rettung gefährdeter Badegäste gewährleistet worden sei. Dazu sei sie aus dem Rechtsgrund des Vertrages und, weil sie einen Badebetrieb eröffnet habe, verpflichtet gewesen, zumal da sie von den Besuchern der Insel Kurtaxe erhoben habe. Die Kläger machen die Beklagte für allen Schaden verantwortlich, der ihnen durch den Tod ihrer Eltern entstanden sei und noch entstehen werde.

Das Landgericht und das Oberlandesgericht gaben der Klage statt. Die Revision der Beklagten wurde zurückgewiesen.

Gründe:

1. Den Feststellungen des Berufungsgerichts ist zu entnehmen:

a) Die verklagte Gemeinde hatte an dem Badestrand, an dem allgemein und insbesondere zur Zeit des Unfalls von 100 bis 150 Personen gebadet wurde, Einrichtungen getroffen, die erkennbar der Fürsorge der Beklagten für die Badegäste dienten. So hatte sie Pfähle im Wasser angebracht und damit einen Raum zum Baden abgegrenzt. Ferner hielt sie 20 Badekabinen und ein Badehaus mit etwa 25 Zellen, deren Benutzung in das Belieben der Badegäste gestellt war. Auch hatte sie einen Mast mit einer Flagge angebracht. Durch das Hochziehen der Flagge zeigte sie jeweils an, daß gebadet werden dürfe, während sie durch deren Niederholen ein Verbot des Badens erkennbar machte. Rettungsgeräte (Rettungsgürtel mit Leinen) waren von ihr bereitgestellt, Aufsichtspersonal (ein Badewärter und eine Badefrau) angestellt. Die Beklagte hatte schließlich auch Baderegeln an die Badegäste verteilt, die von der Badeverwaltung — vom Berufungsgericht als Organ der Gemeinde bezeichnet — verfaßt waren. Diese Regeln wiesen darauf hin, daß jeder leichtsinnig Badende sich in die eigene größte Gefahr begebe. In ihnen waren auch Anweisungen für das Baden gegeben, die in diesem Zusammenhang die Bedeutung hatten, daß bei ihrer Einhaltung die Gefahr wesentlich verringert sei. Das galt insbesondere von der Anweisung, es dürfe nur während der Badezeit — die durch Hochziehen der Flagge angezeigt werde — gebadet werden; man solle nur bis an die Hüften ins Wasser gehen und das Schwimmen überhaupt unterlassen; man solle den Anordnungen der Badefrau folgen. Für den Besuch der Insel hatte die verklagte Gemeinde unter Hinweis auf das Baden an diesem Teil des Inselstrandes in der Öffentlichkeit geworben. Von den Besuchern der Insel erhob sie während der Sommer-Badezeit eine verschieden abgestufte Kurtaxe.

b) An dem Badestrand treten Unterwasserströmungen (der „Sog") auf, deren Natur und Entstehung das Berufungsgericht dahingestellt läßt. Ihre Wirkung besteht darin, daß die von ihnen erfaßten Personen in das offene Meer hinausgezogen werden, wogegen der einzelne machtlos ist. Hoher Seegang am Unfalltage vergrößerte die Gefahr dieses Sogs. Auf einer anderen nahen Insel wurde am gleichen Tage vor dem Baden gewarnt; am Badestrand der Beklagten war die Flagge hochgeblieben.

c) Die Eltern der Kläger badeten gleich 100 bis 150 weiteren Badegästen in dem durch Pfähle abgegrenzten, für das Baden von der Beklagten freigegebenen Raum. Das Berufungsgericht hält nicht für bewiesen, daß die Mutter der Kläger tiefer als bis zu den Hüften ins Wasser gegangen sei; von dem Vater hat die Beklagte das nicht einmal behauptet. Die Mutter der Kläger wurde von dem Sog fortgezogen; sie rief ihren in der Nähe badenden Ehemann zu Hilfe; er kam zu ihr, faßte sie an, konnte aber sie und sich nicht halten; er wurde zusammen mit ihr und einem zu Hilfe eilenden weiteren Badegast von der Unterwasserströmung erfaßt und ins offene Meer hinausgetrieben; alle drei ertranken.

2. Die Verantwortlichkeit der Beklagten für diesen Unfall, soweit er die Eltern der Kläger betrifft, hat das Berufungsgericht, unter Ablehnung des Rechtsgrundes des Vertrages aus der Verletzung der Verpflichtung der Beklagten entnommen, alles zu tun, was in ihren Kräften stand, um für die Sicherheit der Badegäste zu sorgen. Die Organe der Beklagten, Gemeinde- und Badeverwaltung, hätten die Erfüllung dieser Pflicht versäumt. Die Verpflichtung selbst leitet das Oberlandesgericht aus der Bereitstellung der Einrichtungen sowie aus den Anordnungen und Bekanntmachungen her, die vorher im einzelnen dargelegt worden sind...

3. Nicht zu beanstanden ist vor allem der Grundgedanke des angefochtenen Urteils, die Beklagte habe durch die von ihr geschaffenen Einrichtungen einen Verkehr für Badegäste eröffnet. Es kommt dabei nicht darauf an, ob der Badestrand der Beklagten gehörte oder nicht, oder ob sie sonst ein Recht an ihm oder auf seine Benützung besaß. Denn jedenfalls unterstand er ihrer Verfügung insoweit, als sie darauf jene Einrichtungen getroffen hatte. Durch die Gesamtheit dieser Einrichtungen und Anordnungen aber hatte sie den Strand dem Badebetrieb in der von ihr gewollten und geregelten Form gewidmet und den Badegästen erkennbar gemacht, es werde eine Fürsorge für sie ausgeübt, und zwar nicht bloß für ihre Bequemlichkeit, sondern gerade auch für ihre Sicherheit. Es steht im Einklang mit der ständigen Rechtsprechung des Reichsgerichts, wenn das Berufungsgericht in der Gesamtheit jener Einrichtungen, Regelungen und Anordnungen die Eröffnung eines besonders gearteten Verkehrs, eines Badebetriebes, durch die Beklagte sieht, welche ihr die Pflicht auferlegte, für die Sicherheit der Badegäste, zu denen die Eltern der Kläger gehörten, nach Kräften zu sorgen. Mit Recht hat das Berufungsgericht aus den getroffenen Feststellungen nicht entnommen, die Beklagte habe bloß einen schon vorher bestehenden Badebetrieb durch ihre Maßnahmen eingeschränkt (so will die Revision die Vorkehrungen der Beklagten verstanden wissen). Nach der festgestellten Sachlage hat sie vielmehr mit der Ausgestaltung des möglicherweise auch vorher irgendwie vorhandenen Betriebes durch die von ihr getroffenen Einrichtungen und Anordnungen ihrerseits den Betrieb „eröffnet", d. h. in dem erwähnten Umfang nunmehr von sich aus geordnet und überwacht und damit insoweit eine Fürsorgepflicht übernommen...

Die Revision verkennt in ihren weiteren Ausführungen, daß das Berufungsgericht die Gesamtheit der Unterlassungen beanstandet und als ursächlich für das Unglück bezeichnet. Im einzelnen werden die Erwägungen des Urteils darüber, daß die Pfähle jedenfalls hätten mit Tauen verbunden sein sollen, durch den Angriff der Revision nicht berührt; sie würden die Entscheidung schon allein tragen. Ersichtlich will das Berufungsgericht aber weiter sagen, eine bessere Aufsicht, die möglich und Pflicht gewesen wäre, hätte eine rechtzeitige Warnung vor dem Sog gewährleistet; denn dann hätte es nicht vorkommen können, daß sich die wenigen zur Verfügung stehenden Personen durch andere, gegenüber der Gefahr für Leib und Leben der Badegäste nebensächliche Beschäftigungen von der Beobachtung dieser gefährlichen Strömung und damit von einer rechtzeitigen Warnung der Badegäste hätten abhalten lassen. Das Berufungsgericht sieht mit Recht eine schuldhafte Pflichtverletzung der Beklagten vor allem darin, daß sie nichts getan hat, ihre Badegäste rechtzeitig vor dem Eintreten der tückischen und gefährlichen Sogwirkung zu warnen. Das Auftreten des Sogs an diesem Strand und seine Wirkung waren der Beklagten nach der Feststellung des Berufungsgerichts bekannt; es wäre ihr, so nimmt es ohne Rechtsirrtum an, möglich und zuzumuten gewesen, Vorkehrungen zu treffen, daß sie von dem Eintreten dieser gefährlichen Strömung jeweils rechtzeitig Kenntnis erlangte und dann die Badegäste sofort warnte. Darin ist mit dem Berufungsgericht das Hauptverschulden der Beklagten zu finden...

4. Die Revision hat zur Prüfung anheimgegeben, ob nicht die Kläger beweispflichtig dafür seien, daß ihre Mutter in den Sog geraten sei, obwohl sie die gegebenen Bestimmungen eingehalten habe. Für eine Abweichung von den Regeln der Beweislast liegt aber nichts vor. Wenn die Revision weiter meint, „bei einem solchen Sturm" habe die Mutter der Kläger auch nicht bis zur Hüfthöhe ins Wasser gehen dürfen, so entspricht diese Bezeichnung der Wetterlage nicht den Feststellungen des Berufungsgerichts. Die Revision übersieht auch hier, daß die Badeflagge hochgeblieben war, und daß 100 bis 150 Personen badeten; warum die Mutter der Kläger dann nicht innerhalb des abgegrenzten Raumes bis zu den Hüften hätte ins Wasser gehen dürfen, ist nicht ersichtlich.

Wenn die Revision endlich meint, die Unzulänglichkeit der Schutz- und Rettungsvorkehrungen sei den Eltern der Kläger ja ersichtlich gewesen, so gilt dies jedenfalls gerade nicht von der unzureichenden Gestaltung des Aufsichtsdienstes mit der Folge, daß vor dem Eintritt der Sogwirkung nicht gewarnt wurde. Gerade dieser Mangel an Vorsorge konnte den Badenden schwerlich erkennbar sein. Auf ihn führt aber das Berufungsgericht den Unfall wesentlich mit zurück.

Mit Recht hat sonach das Berufungsgericht der Beklagten pflichtwidrige schuldhafte Unterlassung der Sorge für die Sicherheit der Badegäste vorgeworfen. Auch die Ursächlichkeit dieses schuldhaften Verhaltens für den Unfall, aus dem die Kläger ihre Ansprüche herleiten, ist vom Berufungsgericht in rechtlich einwandfreien Darlegungen bejaht worden.

---

48. 1. Zur Auslegung von Grundbucheintragungen.
2. Kann bei der Eintragung einer verzinslichen Grundschuld im Grundbuch mangels eines sonstigen Vermerks der Eintragungstag als Angabe des Verzinsungsbeginns gelten?

BGB. § 1115 Abs. 1, § 1192.

V. Zivilsenat. Urt. v. 23. April 1932 i. S. S. (Kl.) w. M. (Bekl.). V 3/32.

I. Landgericht III Berlin.
II. Kammergericht daselbst.

Im Grundbuch der Stadt Ch. war bei dem Grundstück des Beklagten in Abteilung III unter Nr. 35 eingetragen:

150000 RM. Grundschuld mit 12 vom Hundert jährlich verzinslich, für Dr. W. in B. Unter Bezugnahme auf die Bewilligung vom 6./8. Mai 1930 eingetragen am 13. Mai 1930.

Durch Abtretungserklärungen vom 27. Mai und vom 4. Juni 1930 ist die Grundschuld „nebst den Zinsen vom 13. Mai 1930 an" vom Gläubiger W. an einen Kaufmann B. und von diesem an den Kläger abgetreten worden. Nach der Eintragungsbewilligung des Beklagten vom 6. Mai 1930 sollte die Grundschuld am 15. Mai 1935 rückzahlbar und mit 12% jährlich in halbjährlichen Teilen nachträglich zu verzinsen sein; der Beginn des Zinsenlaufs war in der Urkunde nicht ausdrücklich angegeben. In der zweiten im Grundbuch in Bezug genommenen Urkunde vom 8. Mai 1930 hatte der Beklagte die ursprüngliche Eintragungsbewilligung, wie folgt, ergänzt:

> Falls die Zinsen nicht rechtzeitig, d. h. innerhalb 14 Tagen nach Fälligkeit, gezahlt werden, soll die Grundschuld fällig sein...

Der Beklagte hat Zinsen nicht gezahlt. Nach Ansicht des Klägers soll deshalb das Kapital der Grundschuld vorzeitig fällig geworden sein. Seine Klage auf Zahlung eines Teilbetrags des Grundschuldkapitals wurde in beiden Vorinstanzen abgewiesen. Die Revision führte zur Aufhebung und Zurückverweisung aus folgenden

Gründen:

Das Berufungsgericht ist davon ausgegangen, es sei Voraussetzung für den vom Kläger darzulegenden Eintritt vorzeitiger Fälligkeit des sonst erst am 15. Mai 1935 zahlbaren Grundschuldkapitals, daß der Beklagte überhaupt Zinsen der Grundschuld schulde. Es hat dann weiter ausgeführt: Der Beginn der Verzinsung einer durch Hypothek gesicherten Forderung sei wesentlich für den Umfang der Belastung des Grundstücks durch die Zinsen. Er bedürfe daher der Eintragung im Grundbuch, wobei freilich eine Bezugnahme auf die Eintragungsbewilligung zulässig und eine kalendermäßige Bezeichnung nicht notwendig, vielmehr jede Angabe genügend sei, woraus der Zeitbeginn zweifelsfrei hervorgehe. Das gleiche müsse auch für die Grundschuld gelten. Im vorliegenden Fall fehle die Angabe des Anfangspunkts der Verzinsung der eingetragenen Grundschuld. Daher sei die Zinseintragung nichtig, der verklagte Grundstückseigentümer schulde keine Grundschuldzinsen.

Hierbei hat das Berufungsgericht nicht näher untersucht, ob es wirklich zutrifft, daß die Angabe des Anfangs der Verzinsung in der Eintragung fehlt, sondern es nimmt ohne besondere Prüfung stillschweigend an, daß der Verzinsungsbeginn durch besondere Bezeichnung eines Zeitpunkts ausdrücklich angegeben werden müsse. Diese Annahme, auf der seine weitere Schlußfolgerung aufgebaut ist, enthält einen Rechtsirrtum. Denn den Inhalt einer Grundbucheintragung bildet nicht lediglich der Wortlaut oder der Wortsinn des Eintragungsvermerks und gegebenenfalls der dabei in Bezug genommenen Eintragungsbewilligung, sondern es sind auch Eintragungen im Grundbuch der Feststellung ihrer Bedeutung durch Auslegung zugänglich (oben S. 80). Es mußte also geprüft werden, ob sich nicht die vermißte Angabe des Verzinsungsbeginns im Wege der Auslegung aus der Eintragung entnehmen lasse. Das Revisionsgericht ist in der Lage, diese vom Berufungsrichter unterlassene Prüfung selbst nachzuholen. Denn ebenso wie Entscheidungen der Gerichte und Verwaltungsbehörden (RGZ. Bd. 58 S. 243, Bd. 74 S. 205, Bd. 102 S. 3) unterliegen der Auslegung durch das Revisionsgericht auch die Eintragungen, die vom Grundbuchamt im Grundbuch zur Kenntnisnahme für jedermann vorgenommen sind, der ein berechtigtes Interesse an der Kenntnis darzulegen vermag.

Bei dieser Auslegung mußten freilich — im Gegensatz zur Ansicht der Revision — der Brief des Rechtsanwalts N. an Dr. W. vom 6. Juni 1930 und die dienstliche Äußerung des Notars S. vom 8. Dezember 1930 unberücksichtigt bleiben. Denn bei der Bestimmung des Grundbuchs zur Unterrichtung der durch den Umfang des rechtlichen Interesses begrenzten Öffentlichkeit kann zur Auslegung des Inhalts einer Grundbucheintragung nichts herangezogen werden, was außerhalb der Eintragung liegt und nicht allgemein bekannt sein kann (vgl. RG. in LZ. 1927 Sp. 1540 Nr. 7). Zulässig und geboten ist es aber, zur Erkenntnis des Sinns einer Grundbucheintragung — nicht anders als bei Auslegung anderer amtlicher Äußerungen oder privater Willenserklärungen — zu berücksichtigen, was sich der unbefangenen Auffassung eines jeden als nächstliegende Bedeutung der Eintragung darstellt. Von dieser nächstliegenden Bedeutung ist auszugehen, und sie ist als maßgebend anzusehen, solange sich nicht ein Bedenken gegen sie ergibt. Das einem jeden Nächstliegende bedarf keiner Hervorhebung durch einen besonderen Ausdruck; einer besonderen ausdrücklichen Klarstellung bedarf es nur, wenn im Einzelfall nicht das Nächstliegende, sondern etwas anderes gelten soll (vgl. auch hierzu oben S. 80).

Bei der Eintragung der Grundschuld des Klägers ist es nun keineswegs das Nächstliegende, daß über den Beginn der Verzinsung nichts vermerkt sein sollte. Die ständige Rechtsprechung des Kammergerichts, welche die Eintragung des Verzinsungsbeginns schlechthin erfordert, spricht dagegen, daß das Grundbuchamt diese Eintragung unterlassen habe. Und auch wenn dieser Rechtsprechung, der sich der Berufungsrichter anschließt, nicht beizutreten sein sollte, wäre es nicht naheliegend, sondern auffallend, daß die Eintragung der Grundschuld mit Bezug auf den Anfang der Verzinsung eine Unvollständigkeit bei Bezeichnung des Umfangs der Grundstücksbelastung enthalten sollte. Am nächsten liegt vielmehr bei der hier auszulegenden Eintragung für den Beginn des Zinsenlaufs die Bedeutung, daß dieser Beginn mangels einer ausdrücklichen anderen Angabe mit dem Eintragungstag zusammenfalle.

Allerdings ist es keineswegs notwendig, daß sich die Zeitpunkte von Verzinsungsbeginn und Eintragung decken. Es ist zulässig, den Anfang der Grundschuldverzinsung auf einen vor der Eintragung liegenden Zeitpunkt festzusetzen. In einer solchen Zurückdatierung des Beginns der Verzinsungspflicht vor den Zeitpunkt der Entstehung der Hauptschuld liegt jedoch etwas Ungewöhnliches. Daher bedarf es eines besonderen Ausdrucks in der Eintragung der Grundschuld, wenn eine solche Zurückdatierung erfolgen soll. Anderseits ist es möglich, den Anfang der Grundschuldverzinsung auf einen nach der Eintragung liegenden Zeitpunkt hinauszurücken. Aber auch eine solche Gestaltung der Grundschuld, die sich in diesem Fall als zunächst unverzinslich, erst später verzinslich darstellt, ist nicht die nächstliegende natürliche Form einer verzinslichen Grundschuld und bedarf daher, wenn sie geschaffen werden soll, ebenfalls eines besonderen Ausdrucks in der Eintragung. Dagegen weist der Mangel jeder besonderen Angabe eines Anfangspunkts der Verzinsung mit ausreichender Deutlichkeit darauf hin, daß die Zinsen von demselben Tag an laufen sollen, an welchem auch die Hauptschuld in Erscheinung tritt, also vom Tage der Eintragung in das Grundbuch an. Weder aus dem Inhalt der Eintragung oder der darin in Bezug genommenen Eintragungsbewilligung noch aus allgemein bekannten Erfahrungstatsachen ergibt sich ein Gegengrund gegen diese Auslegung. In diesem Sinn ist daher die vorliegende Eintragung zu verstehen.

Nicht zutreffend ist es, wenn das Berufungsgericht ein Hindernis für diese Auslegung darin findet, daß häufig Grundschulden zur Sicherung persönlicher Forderungen der Grundschuldgläubiger verwendet werden, wobei der Beginn der im Einzelfall gesicherten persönlichen Forderung nicht ohne weiteres mit dem Zeitpunkt der Eintragung der Grundschuld zusammenfallen mag. Denn ein solcher Verwendungszweck läßt den Bestand und den Inhalt der Grundschuld unberührt (vgl. RGZ. Bd. 78 S. 60).

Mit dem so gewonnenen Ergebnis, daß eine ausreichende Angabe des Anfangs der Zinspflicht in der Grundbucheintragung enthalten ist, entfällt die Grundlage für alle Folgerungen, die das Berufungsgericht aus dem vermeintlichen Mangel der Eintragung gezogen hat. Es kann daher unentschieden bleiben, ob nicht etwa im Gegensatz zu der auch im Schrifttum überwiegend vertretenen Ansicht des Berufungsgerichts die Angabe des Verzinsungsbeginns im Grundbuch überhaupt entbehrlich ist, wie in einer älteren Entscheidung des erkennenden Senats (RGZ. Bd. 62 S. 375 [379]) beiläufig für eine verzinsliche Hypothek angenommen worden ist. Es bedarf auch keiner Entscheidung darüber, ob die hier in Betracht kommenden Verhältnisse bei Hypotheken und Grundschulden gleich liegen... Aus der bestehenden Grundbucheintragung ergibt sich bei richtiger Auslegung in Verbindung mit den vorgelegten Urkunden über die Abtretung der Grundschuld, daß der Beklagte dem Kläger Grundschuldzinsen seit dem Eintragungstage halbjährlich nachträglich zu zahlen hatte, erstmals also am 13. November 1930, dann am 13. Mai und am 13. November 1931. Die Klage erweist sich daher im Gegensatz zur Auffassung des Berufungsrichters als begründet, sofern ihr nicht der Beklagte einen Einwand auf Grund seines vom Berufungsrichter bisher nicht geprüften weiteren Vorbringens entgegenhalten kann...

---

49. 1. Zur Frage der Sittenwidrigkeit von Kartellverträgen mit langfristiger Bindung.

2. Wann ist eine bürgerlich-rechtliche Gesellschaft auf bestimmte Zeit eingegangen?

3. Inwieweit kann der Mehrheit der Mitglieder einer bürgerlich-rechtlichen Gesellschaft oder einem ihrer Organe die Beschlußfassung über solche Fragen übertragen werden, die nicht in den Bereich der gewöhnlichen Geschäftsführung fallen?

4. Kann eine bürgerlich-rechtliche Gesellschaft Mitglied einer anderen ebensolchen Gesellschaft werden?

5. Wie steht es in solchem Fall mit dem Kündigungsrecht der einzelnen Gesellschafter der beigetretenen Gesellschaft gegenüber der Ober-Gesellschaft?

6. Bildet bei der bürgerlich-rechtlichen Gesellschaft Interessenwiderstreit einen Grund zur Ausschließung vom Stimmrecht?

BGB. §§ 138, 705, 709, 723.

II. Zivilsenat. Urt. v. 3. Mai 1932 i. S. Zuckerfabrik E., F., St. & Co. (Kl.) w. 1. die in der Rohzuckervereinigung Holland, 2. die in der Vereinigung mitteldeutscher Rohzuckerfabriken zusammengeschlossenen Fabriken (Bekl.). II 438/31.

I. Landgericht Dessau.

Die Klägerin, die Rohzucker aus Rüben herstellt, hat im Februar 1922 mit sieben anderen Rohzuckerfabriken eine Gesellschaft mbH. unter der Firma „Zuckerfabrik Holland GmbH." gegründet, welche die Fabrikliegenschaften und -einrichtungen der Zuckerfabrik Holland Aktiengesellschaft in K. zur Benutzung als Raffinerieanlage vom 1. September 1922 bis 31. August 1952 mit der Möglichkeit weiterer Verlängerung des Vertrages pachtete. Durch Vertrag vom 14. September 1923 errichteten dieselben acht Zuckerfabriken und eine weitere Zuckerfabrik eine Gesellschaft bürgerlichen Rechts, die Rohzuckervereinigung Holland (im folgenden „Holland-Vereinigung" genannt). Die außer der Klägerin in ihr zusammengeschlossenen Zuckerfabriken sind die Erstbeklagten. Diese Vereinigung trat alsbald gemäß ihrem Gesellschaftsvertrag „korporativ" ein bei der gleichfalls eine Gesellschaft bürgerlichen Rechts darstellenden Vereinigung mitteldeutscher Rohzuckerfabriken (im folgenden „Vemiro" genannt), deren Mitglieder die Zweitbeklagten sind. Dabei wurden letzterer sämtliche Geschäftsanteile der Holland GmbH. abgetreten. Die Mitglieder der Holland-Vereinigung wurden dadurch verpflichtet, ihren gesamten Rohzucker zur Fertigverarbeitung ausschließlich den der Vemiro angeschlossenen Raffinerien zuzuführen. Die Dauer der Vemiro war nach ihrer Satzung bis zum 30. September 1932 mit weiterer Verlängerung von fünf zu fünf Jahren vorgesehen, falls nicht ein Mitglied mindestens ein Jahr zuvor kündigte. Sie wurde durch Beschluß der Mitgliederversammlung vom 16. Juli 1929 bis zum 30. September 1937 mit entsprechender Verlängerungsklausel erstreckt. Dafür stimmte auch der als Vertreter der Holland-Vereinigung anwesende Generaldirektor L., und zwar auf Grund eines im Ausschuß dieser Vereinigung gegen die Stimmen der Klägerin zustande gekommenen Beschlusses. Im Oktober 1929 kündigte die Klägerin nach § 8 der Kartellverordnung vom 2. November 1923 (RGBl. I S. 1067) aus wichtigen Gründen ihre Mitgliedschaft bei beiden Vereinigungen. Sie wiederholte diese Kündigung am 27. Januar 1931 auf Grund von § 723 Abs. 1 Satz 1 BGB. Das Verfahren vor dem Kartellgericht endete mit einem Vergleich. Nach diesem sollte die nach den bisherigen Verträgen bestehende „korporative“ Mitgliedschaft der Holland-Vereinigung bei der Vemiro durch die Einzelmitgliedschaft der Holland-Gesellschafter ersetzt werden. Ferner trat die Klägerin sowohl der umorganisierten Holland-Vereinigung als auch — bis zum 30. September 1932 — der Vemiro als Mitglied bei. Endlich sollte über die Frage, ob die Klägerin nach diesem Termin noch als Mitglied der Vemiro anzusehen sei, in einem beim Landgericht Dessau anhängig zu machenden Rechtsstreit, dem gegenwärtigen, entschieden werden. Dieser Rechtsstreit sollte insbesondere auch die Fragen zum Gegenstand haben, ob der Vertrag vom 14. September 1923 unwirksam oder von der Klägerin nach § 723 Abs. 1 Satz 1 BGB. rechtmäßig gekündigt worden sei, ob für sie der Beschluß des Holland-Ausschusses und die Stimmabgabe von L. für die Verlängerung der Dauer der Vemiro unverbindlich gewesen sei.

Die Klägerin hält den Vertrag vom 14. September 1923 als Knebelvertrag für sittenwidrig, glaubt aber mindestens nach § 723 BGB. zur jederzeitigen Kündigung ihrer Mitgliedschaft bei der Holland-Vereinigung berechtigt zu sein. Der Ausschußbeschluß und die Abstimmung von L. seien für sie nicht bindend. Sie beantragt mit der Klage, festzustellen, daß sie nicht über den 30. September 1932 hinaus Mitglied der Vemiro sei oder werden müsse, fürsorglich, daß sie nicht verpflichtet sei, vom 1. Oktober 1932 an ihren Rohzucker zur Verarbeitung weiter an die Zweitbeklagten oder die angeschlossenen Raffinerien zu geben.

Dem Antrage der Beklagten gemäß hat das Landgericht die Klage abgewiesen. Auf die unmittelbar eingelegte Revision der Klägerin wurde das landgerichtliche Urteil aufgehoben und die erste von ihr begehrte Feststellung getroffen.

Gründe:

Das Landgericht, das der Klägerin beiden Gruppen von Beklagten gegenüber für ihren Klagantrag das Feststellungsinteresse zuspricht, weist die von ihr gegen den Vertrag vom 14. September 1923, den sog. Holland-Vertrag, aus dem Gesichtspunkt der Sittenwidrigkeit erhobenen Bedenken als unbegründet zurück. Es versagt ihr auch das Recht zur jederzeitigen Vertragskündigung nach § 723 Abs. 1 Satz 1 BGB. Denn wenn auch die Kündigungsbeschränkung in § 6 Satz 1 des Holland-Vertrages als unzulässig zu betrachten sei, so sei doch jedenfalls eine Mindestdauer der Holland-Vereinigung bis zum Ablauf des zwischen der Holland GmbH. und der Holland AG. geschlossenen Pachtvertrages, d. i. bis zum 31. August 1952, als vereinbart anzunehmen. Mindestens sei die Kündigung bis dahin als ausgeschlossen anzusehen. Der Beschluß der Mitgliederversammlung der Vemiro vom 16. Juli 1929 auf Verlängerung bis zum 30. September 1937 sei schon deshalb unerheblich, weil die Dauer der Vemiro nach § 11 Abs. 1 ihrer Satzung von selbst bis zu dem genannten Termin verlängert worden sei. Eine Kündigung durch die allein dazu befugte Holland-Vereinigung zum 30. September 1932 sei nicht erfolgt. Die Kündigung der Klägerin selbst sei aber unbeachtlich, da sie nicht Mitglied der Vemiro geworden sei. Hiernach sei die Klägerin im Rahmen der Verpflichtungen der Holland-Vereinigung weiter bei der Vemiro gebunden, ihr Feststellungsbegehren mithin unbegründet.

Die Angriffe der Revision gegen diese Ausführungen sind begründet. Daß der Klage gegen die Erstbeklagten nicht von vornherein das Feststellungsinteresse mangelt, obwohl die begehrte Feststellung an sich nur die Mitgliedschaft der Klägerin bei der Vemiro betrifft, nimmt allerdings die Vorinstanz zutreffend an. Einmal ist ja die Holland-Vereinigung, deren Mitglieder die Erstbeklagten sind, ohnehin bereits unter den Zweitbeklagten, den Mitgliedern der Vemiro, mitenthalten, also schon dadurch zur Klage passiv legitimiert. Im übrigen beruht aber auch das Verhältnis der Klägerin zur Vemiro auf ihrer Zugehörigkeit zur Holland-Vereinigung, sodaß die Klägerin ebenso wie sämtliche Mitglieder der Holland-Vereinigung ein rechtliches Interesse an der Feststellung haben, ob die Klägerin noch nach dem 30. September 1932 auf Grund des Beitritts der Holland-Vereinigung zur Vemiro gleich den anderen Holland-Mitgliedern mitberechtigt und mitverpflichtet bleibt.

Zu Unrecht bemängelt die Revision auch die Auffassung des angefochtenen Urteils, daß der Gesellschaftsvertrag der Holland-Vereinigung vom 14. September 1923 keine Merkmale von Sittenwidrigkeit erkennen lasse. Zwar weist sie zutreffend darauf hin, daß die Annahme eines Knebelungsvertrages nicht das Bewußtsein des einen Teils von der Sittenwidrigkeit der Tatumstände voraussetze, und daß ebensowenig eine Schädigung anderer Personen damit verbunden zu sein brauche. Das ist aber auch vom angefochtenen Urteil gar nicht gesagt worden. Es fordert nur — und zwar durchaus zutreffend — das Bewußtsein der Tatumstände, welche die Handlung zu einer sittenwidrigen stempeln, und bemerkt von der Schädigung lediglich, daß die Gefahr einer solchen im allgemeinen noch hinzutreten werde. Die Revision will allerdings die Sittenwidrigkeit schon allein daraus entnehmen, daß es sich um einen Kartellvertrag von dreißigjähriger Dauer handle, der die Wirtschaftsfreiheit der Mitglieder dadurch unzulässig beschränke, daß diese verpflichtet seien, ihre Gesamterzeugung an Rohzucker der Vemiro zur Verwertung zu überlassen. Es ist jedoch, wie schon die Vorinstanz darlegt, nicht ersichtlich, daß dadurch notwendig die Klägerin, wie das zur Annahme eines Knebelungsvertrages erforderlich wäre, gänzlich ihrer wirtschaftlichen Freiheit und Unabhängigkeit beraubt worden wäre. Ganz abgesehen davon, daß ihr das Recht blieb, sich aus wichtigen Gründen aus dem Vertragsverhältnis zu lösen, ließ dieses den Fortbestand der Klägerin als selbständige Firma und ihre freie Entschließung in ihrer Erzeugertätigkeit unberührt. Darin, daß die Vemiro ihren Rohzucker zur Fertigverarbeitung übernahm, lag an sich noch nicht eine den guten Sitten widerstreitende Fesselung der Klägerin, und sonstige Gründe für eine solche sind weder vom Vorderrichter festgestellt worden noch aus den Darlegungen der Revision zu ersehen.

Das angefochtene Urteil geht aber insofern von einer grundsätzlich irrtümlichen Betrachtung des Streitfalls aus, als es die entscheidende Frage des Prozesses, ob die Klägerin aus der Vemiro loszukommen vermag, allein auf die Prüfung der Lösbarkeit des Verhältnisses der Klägerin zur Holland-Vereinigung abstellt. Das Landgericht gelangt dazu aus der Erwägung heraus, daß nicht die Klägerin, sondern nur die Holland-Vereinigung als Ganzes als Mitglied der Vemiro anzusehen sei, und begründet das mit der den Einzelwillen nach außen ausschaltenden Gebundenheit der Mitglieder einer bürgerlich-rechtlichen, auf dem Gesamthandsgedanken beruhenden Gesellschaft. Die Revision rügt das mit Recht als rechtsirrig. Zwar ist die rechtliche Möglichkeit, daß eine bürgerlich-rechtliche Gesellschaft einer anderen als Mitglied beitritt, nicht in Zweifel zu ziehen (vgl. Staudinger-Geiler BGB. 9. Aufl. Bd. II 3 § 705

Anm. III 4 S. 1224). Es werden aber die Mitglieder der ersten Gesellschaft als solche Mitglieder der zweiten, allerdings als gesellschafterlich verbundene Personeneinheit mit der Folge, daß ihnen im allgemeinen die gesellschaftlichen Rechte in dieser gesamthänderischen Gebundenheit zustehen. Das folgt daraus, daß die bürgerliche Gesellschaft lediglich einen vertraglichen Zusammenschluß ihrer Mitglieder zur Erfüllung bestimmter Zwecke darstellt, der weder durch die gesamthänderische Gestaltung der Vermögensangelegenheiten noch durch die Beschränkung des Einzelwillens der Mitglieder eine Loslösung von deren Persönlichkeit bedingt. Ergibt sich hieraus, daß die Klägerin selbst als Mitglied der Vemiro zu gelten hat, so ist in erster Linie für den Rechtsstreit wesentlich, nicht ob die Klägerin ihr Mitgliedverhältnis bei der Holland-Vereinigung, sondern ob sie das bei der Vemiro zu lösen vermag und mit Recht gekündigt hat. Dies aber muß aus folgenden Erwägungen bejaht werden:

Die Vemiro stellt nach § 11 Abs. 1 ihrer Satzung eine auf bestimmte Zeit eingegangene Gesellschaft dar. Ihre Dauer ist zunächst bis zum 30. September 1932 begrenzt. Durch die weitere Bestimmung, daß sie über diesen Zeitpunkt hinaus auf je fünf Jahre als verlängert gelte, wenn nicht ein Mitglied mindestens ein Jahr vorher seinen Austritt zu diesem Termin ankündigte, wurde sie nicht zu einer auf unbestimmte Zeit laufenden Gesellschaft nach § 723 Abs. 1 Satz 1 BGB. Das Wesen einer auf bestimmte Zeit eingegangenen Gesellschaft besteht darin, daß der Vertrag das einzelne Mitglied nur auf beschränkte Dauer an das Gesellschaftsverhältnis bindet, während der Fall des § 723 Abs. 1 Satz 1 allein dann vorliegt, wenn dem Mitglied das Kündigungsrecht auf ungewisse Zeit genommen, es also auf unabsehbare Dauer an die Gesellschaft gefesselt ist. Dieser Grundsatz ist vom erkennenden Senat bereits in RGZ. Bd. 82 S. 395 ausgesprochen und auch späterhin (vgl. Urt. vom 21. Juni 1928 II 42/28) festgehalten worden. Er entspricht dem Standpunkt der Rechtslehre (vgl. Staudinger-Geiler a. a. O. Anh. z. Titel 14 Anm. C IV 4bb S. 1389). Nicht beigetreten werden kann hiernach der Meinung der Revision, die Klägerin könne überhaupt, weil auf unbestimmte Zeit gebunden, ihre gesellschaftlichen Beziehungen jederzeit durch Kündigung nach § 723 Abs. 1 Satz 1 BGB. lösen, auf welche Vorschrift nach dem Vergleich vor dem Kartellgericht die gegenwärtige Klage jedenfalls mit gestützt werden dürfe. Damit ist freilich nicht die Berechtigung der Klägerin verneint, ihre Mitgliedschaft bei der Vemiro gemäß § 723 Abs. 1 Satz 2 a. a. O. und § 8 KartellVo. aus wichtigem Grunde fristlos zu beenden. Dieses Recht muß vielmehr jedem Mitglied einer bürgerlich-rechtlichen Gesellschaft, die als solche einer anderen beigetreten ist, schon im Hinblick auf § 723 Abs. 3 BGB. vorbehalten bleiben, weil sonst im Gegensatz zu dieser zwingenden Vorschrift die Bindung des einzelnen unzulässig verschärft sein würde. Insoweit hätte also der Charakter der Gesellschaft als eines nach außen hin einheitlich auftretenden Willensträgers jedenfalls zurückzutreten hinter die Sonderbelange der Mitglieder, die auch allein — also ohne Rücksicht auf die Gesamtbelange der Gesellschaft — den Maßstab für die Beurteilung der Wichtigkeit des Kündigungsgrundes zu bilden hätten. Im Streitfall kommt auf die bereits vor dem Kartellgericht erörterte Frage, ob der Klägerin ein wichtiger Grund zur Lösung ihrer Mitgliedschaft bei der Vemiro zur Seite steht, nach dem vor ihm geschlossenen Vergleich nichts an. Weiter unten wird aber in anderem Zusammenhang nochmals auf den Punkt zurückzukommen sein.

Für die Beendigung der Mitgliedschaft der Klägerin bei der Vemiro sind hiernach wegen ihrer Zugehörigkeit zur Holland-Vereinigung in erster Linie diejenigen Grundsätze maßgebend, die für die Dauer der Zugehörigkeit der Holland-Vereinigung zur Vemiro zu gelten haben. Diese Zugehörigkeit endet an sich nach § 11 Abs. 1 Satz 1 der Vemiro-Satzung, wie bereits erwähnt, am 30. September 1932, gilt aber als auf fünf Jahre verlängert, wenn die Holland-Vereinigung nicht ein Jahr zuvor ihren Austritt für diesen Termin angekündigt hat. Die Entscheidung über die Fortsetzung der Mitgliedschaft bei der Vemiro war innerhalb der Holland-Vereinigung eine Angelegenheit, die die Grundlage der nach § 1 Abs. 1 ihrer Satzung eigens zum Zweck des Eintritts ihrer Mitglieder in die Vemiro gegründeten Holland-Vereinigung und damit die Frage ihres Bestandes überhaupt betraf. Sie stellte demgemäß keinen Gegenstand der gewöhnlichen Geschäftsführung der Gesellschaft dar und fiel also an sich weder in die Zuständigkeit des nach § 4 der Holland-Satzung bestellten Geschäftsführers noch in die des nach § 3 die Geschäftsführung überwachenden Ausschusses. Denn diese Bestimmungen enthalten — für sich allein betrachtet — keine Erweiterung der gesetzlichen Geschäftsführungs- und Vertretungsbefugnis nach den §§ 709 flg.

BGB. Hieraus folgt, daß die Entschließung über die Aufrechterhaltung der Mitgliedschaft bei der Bemiro über den 30. September 1932 hinaus an und für sich der Gesamtheit der Holland-Gesellschafter zustand und der Einstimmigkeit sämtlicher Mitglieder bedurfte. Denn abgesehen von etwaigen gegenteiligen Bestimmungen des Gesellschaftsvertrages kann für die Willensbildung der Gesellschaft des bürgerlichen Rechts der Grundsatz der Mehrheitsherrschaft nicht anerkannt werden (vgl. RGZ. Bd. 114 S. 393; Urt. des erkennenden Senats vom 24. November 1931 II 105/31; Staudinger-Geiler a. a. O. § 709 Anm. I 2b S. 1247, § 714 Anm. II 5 S. 1264; Enneccerus-Lehmann Lehrbuch des bürgerlichen Rechts Bd. 2: Recht der Schuldverhältnisse 11. Bearbeit. § 175 II 4 S. 571). Eine gegenteilige Bestimmung ist allerdings im Gesellschaftsvertrag der Holland-Vereinigung enthalten, sofern dort in § 6 Satz 3, 4 gesagt ist, daß der Beschluß, durch den die Vereinigung ihre Beteiligung bei der Bemiro beendet, einer Mehrheit von $^3/_4$ der abgegebenen Stimmen bedarf und der Beschluß von dem in § 3 bestellten Ausschuß zu fassen ist. Grundsätzliche Bedenken bestehen an sich nicht gegen die rechtliche Möglichkeit, der Mehrheit der Gesellschafter oder einem Organ der Gesellschaft die Beschlußfassung über solche Fragen zu übertragen, die nicht in den Bereich der gewöhnlichen Geschäftsführung fallen, sondern die Grundlagen der Gesellschaft betreffen. Nur darf dadurch nicht die Befugnis des einzelnen Gesellschafters beeinträchtigt werden, seine Mitgliedschaft jederzeit aus wichtigem Grunde zu kündigen (vgl. Staudinger-Geiler a. a. O. § 709 Anm. III S. 1251, § 710 Anm. 4 S. 1255; Loebinger in DJZ. 1911 Sp. 150). Die Mehrheitsherrschaft darf keine dem Gesetz widerstreitende Gebundenheit des Gesellschafters im Gefolge haben. Diese sich aus § 723 BGB. ergebenden Gesichtspunkte erfahren keine Änderung dadurch, daß die Bemiro ein Kartell darstellt (vgl. RGZ. Bd. 113 S. 321) und mithin unter die Kartellverordnung fällt. Denn auch in ihrem § 8 ist dem Kartellmitglied beim Vorliegen wichtiger Gründe die Möglichkeit der sofortigen Kündigung gegeben, und die Rechtsprechung des Kartellgerichts trägt bei Prüfung der Wichtigkeit durchaus auch den Sonderbelangen der einzelnen Mitglieder und damit zugleich privatwirtschaftlichen Gesichtspunkten Rechnung. Nach ihr ist auch kein Anhalt dafür gegeben, daß das Kartellgericht dann, wenn eine bürgerlich-rechtliche Gesellschaft Mitglied des Kartells ist, ihren einzelnen Mitgliedern das Kündigungsrecht versagen und es nur der Gesellschaft als solcher zubilligen, auch die Wichtigkeit des Grundes nur aus den Gesamtbelangen der Gesellschaft heraus beurteilen würde (vgl. z. B. Sammlung der Entscheidungen und Gutachten d. Kartellger. 1924 Nr. 3, 5, 33). Sonach besteht auch vom kartellrechtlichen Gesichtspunkt aus nicht die Gefahr einer gesetzwidrigen Bindung der Klägerin durch die Anerkennung des Mehrheitsgrundsatzes für den von der Holland-Vereinigung über Fortdauer ihrer Mitgliedschaft bei der Vemiro zu fassenden Beschluß. Die Bestimmung in § 6 Satz 3 der Holland-Satzung wäre deshalb an sich nicht zu beanstanden.

Die Sachlage wird aber dadurch völlig verändert, daß Satz 4 des § 6 die Entschließung über die Fortsetzung der Mitgliedschaft in die Hände des Ausschusses der Holland-Vereinigung legt, und daß in diesen nach § 3 Abs. 3 der Satzung ein Beauftragter der Vemiro abgeordnet werden kann, der Sitz und Stimme im Ausschuß hat. Daß dieser Beauftragte auch bei dem nach § 6 Satz 3 zu fassenden Beschluß Stimmrecht hat, ergibt der zweifelsfreie Wortlaut der Bestimmung. Zum Vergleich sei auf Satz 1 und 2 des § 6 verwiesen, wonach im Fall der Beendigung der Holland-Beteiligung bei der Vemiro der Ausschuß der Gesellschafter mit Mehrheit das Fortbestehen der Holland-Vereinigung beschließen kann. Folgerichtig scheidet für diesen Beschluß das Stimmrecht des Vemiro-Beauftragten aus, da ja die Mitgliedschaft bei der Vemiro erledigt ist. Wenn hingegen über den Austritt der Holland-Vereinigung aus der Vemiro abgestimmt werden soll, und diese Entscheidung in die Hände des in § 3 bestellten Ausschusses gelegt ist, so ist damit klargestellt, daß dann in diesem Ausschuß, dessen Zusammensetzung mangels gegenteiliger Vorschriften der Satzung stets nur eine und dieselbe sein kann, das Stimmrecht des ihm angehörenden Vemiro-Beauftragten mit zum Zuge kommen soll. Auf diese Tatsache ist bereits in der Klage hingewiesen worden, und ein Anhalt für eine gegenteilige Auslegung ist im Prozeß nach keiner Richtung hervorgetreten. Wenn die Beklagten geltend machen, daß ein solches Mitstimmen der Vemiro bei der fraglichen Entscheidung gegen anerkannte Grundsätze des sonstigen Gesellschaftsrechts verstoßen würde und danach vernünftigerweise nicht gewollt sein könne, so steht dem, abgesehen von dem bereits erwähnten unzweideutigen Wortlaut der fraglichen Satzungsbestimmung, die Erwägung entgegen, daß die Vemiro an der Ausübung ihres Stimmrechts bei der Beschlußfassung über den Austritt der Holland-Vereinigung allerdings ein starkes eigenes Interesse hat, insofern sie dadurch die Möglichkeit hat, bei der Entscheidung ihre eigenen Belange maßgebend in die Wagschale zu werfen. Es ist auch nicht behauptet worden, daß in Wirklichkeit in einem anderen als dem hier vertretenen Sinne verfahren worden sei. Dann kann es aber keinem Zweifel unterliegen, daß die Bestimmung in § 6 Satz 3, 4 der Holland-Satzung gegen zwingende rechtliche Grundsätze verstößt. Da der Beauftragte der Vemiro im Ausschuß der Holland-Vereinigung bei der fraglichen Entscheidung natürlich die Belange der Vemiro zu vertreten hat, die Frage der Fortbeteiligung der Holland-Vereinigung an der Vemiro für die Holland-Mitglieder aber ausschließlich vom Standpunkt ihrer eigenen Belange aus zu beantworten ist, so liegt offensichtlich der Fall eines Interessenwiderstreits vor, der den Ausschluß des Vemiro-Stimmrechts bei der Abstimmung im Holland-Ausschuß gebieterisch erheischt. Aus den Stimmenthaltungsvorschriften in § 34 BGB., § 252 Abs. 3 HGB., § 47 Abs. 4 GmbHG., § 43 Abs. 3 GenG., die den Interessenwiderstreit bei der Entlastung von Mitgliedern juristischer Personen oder bei der Vornahme eines Rechtsgeschäfts mit ihnen betreffen, ergibt sich ein Rechtsgrundsatz, der auf die insoweit völlig gleichgearteten Verhältnisse der bürgerlich-rechtlichen Gesellschaft auszudehnen ist, obwohl für diese eine entsprechende Gesetzesvorschrift fehlt (vgl. RG. in LZ. 1907 Sp. 738 Nr. 3; Staudinger-Geiler a. a. O. § 709 Anm. IV 3 S. 1252; Herzfelder Stimmrecht und Interessenkollision S. 58flg.). Eine Bestimmung wie die in Satz 3, 4 des § 6 des Gesellschaftsvertrages der Holland-Vereinigung, die das Stimmrecht des Vemiro-Vertreters im Ausschuß der Holland-Vereinigung bei der Abstimmung über den Austritt aus der Vemiro nicht ausschließt, obwohl hierbei der Fall des Interessenwiderstreits offen zutage liegt, verstößt hiernach gegen ein gesetzliches Verbot und ist demzufolge nach § 134 BGB. nichtig. Sie ist auch sittenwidrig. Davon freilich, daß deswegen der ganze Gesellschaftsvertrag der Holland-Vereinigung der Nichtigkeit verfallen sei, kann keine Rede sein, sondern es tritt mit dem Wegfall der erwähnten Satzungsvorschrift an ihre Stelle einfach die gesetzliche Regelung. Diese geht, wie bereits oben dargelegt, dahin, daß eine Fortbeteiligung der Holland-Vereinigung an der Vemiro über den 30. September 1932 hinaus Einstimmigkeit der Holland-Gesellschafter derart voraussetzt, daß keiner von ihnen mindestens ein Jahr zuvor seinen Austritt angekündigt haben darf, die Kündigung eines einzelnen also ausreicht, um zum angegebenen Termin die Mitgliedschaft der Vereinigung bei der Vemiro zu beenden.

Aus dem Gesagten folgt zunächst, daß die auf Grund eines Mehrheitsbeschlusses des Holland-Ausschusses in der Mitgliederversammlung der Vemiro vom 16. Juli 1929 vom Vertreter der Holland-Vereinigung, Generaldirektor L., zu Gunsten der Verlängerung der Vemiro bis zum 30. September 1937 abgegebene Stimme keine Bindung der Klägerin hat schaffen können. Denn die Vertretungsmacht von L. umfaßte nicht die Befugnis zu dieser aus dem Rahmen der Geschäftsführung herausfallenden Erklärung (§ 714 BGB.). Überdies hat er gleichzeitig in der Versammlung der Vemiro den Widerspruch der Klägerin gegen die Verlängerung bekannt gegeben. Schon mit dieser Bekanntgabe war eine Kündigung ihrer Beteiligung an der Vemiro für deren satzungsmäßigen Endtermin zum Ausdruck gebracht, wobei es angesichts dieser vor der Vollversammlung der Vemiro abgegebenen Erklärung der Einhaltung der in der Vemiro-Satzung vorgeschriebenen Form des eingeschriebenen Briefes nicht bedurfte (vgl. WarnRspr. 1927 Nr. 50). Die Kündigung der Klägerin ist zudem fristzeitig wiederholt worden: einmal durch ihre Kündigung der Vemiro- und Holland-Mitgliedschaft nach § 8 KartellVo. im Oktober 1929, die, wenn auch auf wichtige Gründe gestützt, jedenfalls die Kündigung für den Fall des Versagens dieser Begründung auf den ersten zulässigen satzungsmäßigen Termin in sich schloß, ferner durch das im Zusammenhang mit dem Vergleich vor dem Kartellgericht erlassene weitere Kündigungsschreiben vom 27. Januar 1931, endlich durch die im März 1931 eingereichte, gleichfalls als Kündigung anzusehende Klage. Liegt hiernach eine dem § 11 Satz 2 der Vemiro-Satzung entsprechende Austrittsankündigung der Klägerin für den 30. September 1932 vor, so ergibt sich daraus, daß an diesem Tage die Holland-Vereinigung und mit ihr die Klägerin aufhört, Mitglied der Vemiro zu sein. Der Hauptfeststellungsantrag der Klägerin ist demnach begründet. Die Rechtsfolgen dieses Ergebnisses auf den Bestand der Holland-Vereinigung bedürfen in dem gegenwärtigen Rechtsstreit ebensowenig der Erörterung wie die Abwicklung der zwischen der Vemiro und der Holland-Vereinigung begründeten Vermögensbeziehungen.

50. 1. Unter welchen Voraussetzungen kann ein Kreditgeber, dessen Schuldner einem anderen eine übermäßige und undurchsichtige Sicherung gewährt hatte, bei deren Kenntnis er ihm den Kredit nicht eingeräumt haben würde, von dem anderen Kreditgeber Ersatz des ihm durch die Kredithingabe erwachsenen Schadens verlangen?

2. Umfaßt die Ersatzpflicht des früheren Sicherungsnehmers den vollen Schaden des späteren Kreditgebers, der ihm durch seine Unkenntnis von der Sicherung entstanden ist, oder muß sich dieser mit dem Ersatz des Ausfalls begnügen, den er infolge der Weggabe der Sicherheit aus dem Vermögen des Schuldners erleidet?

BGB. § 826.

IX. Zivilsenat. Urt. v. 9. April 1932 i. S. Landkreis Ha. (Bekl.) w. Sch. (Kl.). IX 74/31.

I. Landgericht Halberstadt.
II. Oberlandesgericht Naumburg a. S.

Die Klägerin lieferte der Firma Fr., einer Aktiengesellschaft, seit Jahren die Blechdosen für ihre Würstchenfabrik. Hieraus war ihr bis zum 15. August 1928 eine Forderung von 13857,98 RM. erwachsen. An diesem Tage wurde über das Vermögen ihrer Schuldnerin das Konkursverfahren eröffnet. Hierin ist die Forderung der Klägerin festgestellt worden. Da nur eine ganz geringe Konkursdividende zu erwarten ist, wird die Klägerin fast mit dem ganzen Betrag ausfallen. Für diesen Verlust will sie den Beklagten verantwortlich machen. Sie stützt ihre zunächst auf einen Teilbetrag beschränkte Klage auf folgenden Sachverhalt:

Die Kreissparkasse des Beklagten hat der Firma Fr. seit 1924 allmählich steigende Kredite gewährt, die bis zur Konkurseröffnung auf ungefähr 1000000 RM. angewachsen waren. Hierfür hat sie sich von ihr umfangreiche Sicherheiten geben lassen. So wurde ihr schon am 28. Mai 1924 eine Sicherungshypothek von 300000 GM. an dem Grundbesitz der Firma in W. bestellt und etwas später eine auf deren Sägewerk in H. eingetragene Sicherungshypothek von 105000 RM. abgetreten sowie 51% der Aktien der Gesellschaft verpfändet und am 5. Juli 1924 das Fabrikinventar zur Sicherung übereignet. Nachdem die Firma ihr ferner gemäß ihren notariellen Erklärungen vom 24. April und 23. Mai 1925 einen Teil ihres gegenwärtigen und künftigen Warenlagers sicherungshalber übertragen hatte, schloß sie am 15. Januar 1927 mit der Sparkasse einen notariellen Vertrag, worin sie ihr zum gleichen Zweck „sämtliche Roh-, Halb- und Fertigfabrikate" sowie das Vieh „übereignete", insbesondere auch die Gegenstände, welche sich in den Gebäuden und Räumen in der Fabrik in W., in dem Sägewerk in H., in den Verkaufsstellen in Ha. sowie in den Konsignationslagern der Vertreter und auf den Lagerplätzen der Firma „befinden und jeweils vorhanden sind, auch das gekaufte Holz in den Wäldern", und ihr sämtliche Forderungen übertrug. Den Besitz und Verkauf der übereigneten Waren überließ die Sparkasse dabei der Firma zu ordnungsmäßiger Durchführung ihres Geschäfts mit der Berechtigung, die Verkäufe in eignem Namen zu tätigen, wogegen sie den Erlös jeweils an die Sparkasse abführen oder, wenn sie ihn zum Ankauf weiterer Gegenstände verwenden würde, diese in das Eigentum der Sparkasse bringen sollte. Eine etwaige Verarbeitung der Waren und des Viehs sollte im Auftrag der Sparkasse geschehen, sodaß diese als Hersteller anzusehen sei und an den Erzeugnissen das Eigentum erwerbe. Die Ab- und Zugänge an Waren verpflichtete sich die Firma der Sparkasse allmonatlich zu melden, auch einem zu bestellenden Treuhänder oder einem anderen Vertreter der Sparkasse jederzeit den Zutritt zu den Lagerräumen zur Nachprüfung und Bestandsaufnahme zu gestatten. Neu hinzukommende Kundenforderungen versprach die Firma allmonatlich durch entsprechende Bucheintragungen ausdrücklich abzutreten und auch im übrigen das Sicherungsgut in ihren Büchern ausdrücklich als Eigentum der Sparkasse zu bezeichnen. Schließlich sollte die Sparkasse befugt sein, jederzeit beim Eintreten eines nach ihrem Ermessen wichtigen Grundes die Herausgabe der Waren an sich selbst zu verlangen und sich durch einen von ihr selbst vorzunehmenden Verkauf daraus bis zur Höhe ihrer Forderungen zu befriedigen, sofern die Firma ihren Verpflichtungen nicht nachkommen würde.

Die Klägerin meint, die von der Sparkasse und der Firma Fr. geschlossenen Sicherungsverträge verstießen gegen die guten Sitten, weil sie die Firma der wirtschaftlichen Selbständigkeit beraubt hätten und weil durch ihre Geheimhaltung die übrigen Gläubiger über die wahre Vermögenslage der Firma getäuscht worden seien. Sie behauptet, sie hätte bei Kenntnis des Sachverhalts an die Firma nicht auf Kredit geliefert. Ihren Anspruch glaubt sie daher aus § 826 BGB., § 419 BGB. und aus dem Gesichtspunkt der Geschäftsübernahme herleiten zu können.

Der Beklagte hat um Klagabweisung gebeten, weil die Klägerin die Sicherungsverträge wenigstens ihrem Hauptinhalt nach mindestens schon ein halbes Jahr vor der Konkurseröffnung gekannt habe, die Verträge in Wirklichkeit auch gar nicht durchgeführt worden seien, sondern das gesamte Vermögen der Firma Fr. ohne Rücksicht auf sie in die Konkursmasse gekommen sei, sodaß von einer Schädigung der Klägerin durch das Vorgehen der Sparkasse keine Rede sein könne und auch die anderen rechtlichen Erwägungen nicht zuträfen.

Die Vorinstanzen gaben der Klage statt. Die Revision des Beklagten führte zur Aufhebung und Zurückverweisung.

Gründe:

... Das Berufungsgericht beurteilt die Vermögenslage der Firma Fr. nach dem Abschluß der Verträge mit der Sparkasse vom 24. April und 23. Mai 1925 und vom 15. Januar 1927 dahin: Das gesamte Vermögen der Firma mit Ausnahme der Grundstücke, der Hälfte der Aktien und des in den Wäldern lagernden Holzes habe der Kreissparkasse gehört. Die Grundstücke in Ha., die einen Grundvermögenssteuerwert von insgesamt 167700 GM. hätten, seien mit einer Sicherungshypothek zu Gunsten der Sparkasse von 300000 GM. belastet gewesen, während auf dem Grundbesitz in H., dessen Grundvermögenssteuerwert 24790 RM. betrage, eine Hypothek von 105000 GM. zu ihren Gunsten geruht habe. Ebenso sei die reichliche Hälfte der Aktien der Firma an den Beklagten verpfändet gewesen. Der Erlös aus den Warenverkäufen habe zwar der Firma gehört, sei jedoch zur Weiterführung des Geschäftsbetriebs und damit auch zur Anschaffung von Rohmaterialien verwendet worden; diese aber seien mit der Anschaffung in das Eigentum der Kreissparkasse übergegangen.

Das Berufungsgericht meint: Mit Rücksicht auf diese Vermögenslage der Firma, ihre starke Verschuldung gegenüber der Sparkasse und die außerordentlich weitgehenden vertraglichen Überwachungs-, Aufsichts- und Befriedigungsrechte der Sparkasse sei die Feststellung gerechtfertigt, daß diese sich zum Herrn der Firma gemacht habe. Die Firma habe nur noch für die Kreissparkasse gearbeitet, sodaß sie sich in einem Zustand der tatsächlichen Schuldknechtschaft befunden habe, der ihr jede wirtschaftliche Freiheit genommen habe. Schon deshalb seien die Sicherungsverträge unsittlich.

Das Berufungsgericht führt weiter aus: Durch die Geheimhaltung der Sicherungsverträge seien aber auch andere Gläubiger der Firma über deren Vermögenslage getäuscht worden. Sie hätten ihr den Bar- oder Warenkredit in dem Glauben gegeben, daß sie wirtschaftlich selbständig sei. In Wahrheit seien aber die von den anderen Gläubigern gegebenen Vermögenswerte nicht in das Vermögen der Firma geflossen, sondern einzig und allein dem gesicherten Gläubiger, also der Kreissparkasse, zustatten gekommen. Diesen Irrtum der Lieferanten über die Kreditwürdigkeit der Firma habe sich die Sparkasse in der Weise zu Nutzen gemacht, daß sie ihre wiederholte Hilfeleistung lediglich auf Kosten anderer bewerkstelligt habe. Das vertrage sich nicht mit den Anschauungen eines redlichen Geschäftsmannes und aller billig und gerecht Denkenden. Ob die Sparkasse durch ihre Kreditgewährung im öffentlichen Interesse die Stillegung der Firma habe verhüten wollen, um die Arbeitslosigkeit nicht noch zu vergrößern, sei dem gegenüber unerheblich, zumal da sie dieses Ziel ohne die Sicherungsverträge hätte erreichen können. Die Sicherungsverträge verstießen mithin insgesamt gegen die guten Sitten.

Das Berufungsgericht sagt schließlich noch: Die Sparkasse habe durch dieses gegen die guten Sitten verstoßende Vorgehen auch die Klägerin vorsätzlich geschädigt. Daß diese tatsächlich einen Schaden mindestens in Höhe der Klagsumme habe, ergebe sich daraus, daß sie im Konkurs der Firma Fr. fast mit ihrer ganzen Forderung ausfallen werde. Aus dem Schreiben des Rechtsanwalts H., des Vertreters der Sparkasse, an die Klägerin vom 24. März 1928 sei ferner zu entnehmen, daß jene damit gerechnet habe, andere Gläubiger würden der Firma Kredit gewähren; die Kreissparkasse habe daher das Bewußtsein der Möglichkeit der Schädigung anderer Gläubiger gehabt, diese Schädigung für den Fall ihres Eintrittes gebilligt und das in ihren Willen aufgenommen. Der Ausfall der Klägerin im Konkurs der Firma sei auch durch die Sparkasse verursacht worden. Diese habe sich insgeheim durch die Verträge eine gesicherte Stellung verschafft, obschon eine Offenbarung ihres Vorgehens nach der Anschauung billig Denkender geboten gewesen wäre. Hätte die

Sparkasse diese moralische Verpflichtung erfüllt, so würde sich die Klägerin gehütet haben, der Firma Waren auf Kredit zu geben, und wäre also hiervor und damit vor Schaden bewahrt geblieben. Allerdings habe zur Zeit des Abschlusses des letzten als unsittlich angesprochenen Sicherungsvertrages vom 15. Januar 1927 bereits eine Warenforderung der Klägerin bestanden, aber diese hätte damals noch verwirklicht werden können, da die Firma bis Ende 1926 ihre Verpflichtungen stets pünktlich erfüllt habe und nach Behauptung des Beklagten sogar noch im Mai 1928 eine Durchsetzung der Forderungen der Klägerin möglich gewesen wäre. Nicht das Vertrauen der Klägerin, die Firma werde mit fremder Hilfe wieder wirtschaftlich gesunden, sondern das Verhalten der Sparkasse sei daher Ursache des Schadens gewesen. Auf die vom Beklagten geltend gemachte Kenntnis der Klägerin von den Sicherungsverträgen komme es für die Frage des ursächlichen Zusammenhangs überhaupt nicht an. Ebensowenig sei es dafür von Erheblichkeit, ob die Sparkasse die ihr vertraglich eingeräumten Sicherheiten in Anspruch genommen habe oder ob diese in die Konkursmasse gefallen seien. Denn wären die Sicherungsverträge offengelegt worden, so würde die Klägerin entweder gar nicht oder nur gegen Barzahlung oder Sicherheiten an die Firma geliefert haben. Sie wäre also am Konkurs überhaupt nicht beteiligt und nicht auf die Konkursmasse angewiesen gewesen, sodaß für sie die Größe der Konkursmasse gar nicht hätte von Bedeutung sein können.

Auch die Einrede aus § 254 BGB., die der Beklagte mit Berufung darauf erhoben hat, daß die Klägerin von den Sicherungsverträgen Kenntnis gehabt und damit bewußt die Gefahr des Verlustes auf sich genommen oder doch in Rechnung gestellt habe, hält das Oberlandesgericht für unbegründet. Um auf diese Weise den Ausschluß des Ersatzanspruches herbeizuführen, genüge es nicht, wenn die Klägerin Kenntnis von dem Bestehen der Sicherungsverträge gehabt habe, sondern sei es erforderlich, daß sie den Inhalt der Verträge gekannt habe und sich damit deren knebelnder Wirkung bewußt gewesen sei. Nun sei zwar anzunehmen, daß die Klägerin gegen Ende Mai 1928 von der Sicherstellung der Kreissparkasse durch Hypotheken und durch Übereignung der Außenstände und des Warenlagers erfahren habe. Aber das habe nicht hingereicht, ihr eine Kenntnis von der tatsächlichen Wirkung der Verträge zu vermitteln, welche Kenntnis allein ihr schaden könnte. Zudem hätte aber selbst ein derartiges Wissen von der einschneidenden Wirkung der Verträge um jene Zeit wegen der starken Verschuldung der Firma und der bald darauf erfolgten Konkurseröffnung nicht mehr den Eintritt des Schadens verhindern können. Auch habe die Klägerin im Jahre 1928 darauf gehalten, daß die Firma durch Einlösung ihrer Akzepte, Hingabe von Kundenwechseln oder Barzahlungen ihren Verpflichtungen nachgekommen sei. Daraus, daß sie die gegebenen Kredite im Jahre 1928 nicht sofort zurückgezogen habe, könnte ihr selbst dann kein Vorwurf gemacht werden, wenn sie die Verträge genau gekannt und ein solches Vorgehen Erfolg versprochen hätte. Denn es seien damals Stützungsverhandlungen im Gange gewesen, wobei die Sparkasse die Klägerin sogar zur Stundung ihrer Forderungen aufgefordert habe. Gerade die von der Sparkasse in Aussicht gestellte Hilfe habe bei der Klägerin mit Recht die Meinung aufkommen lassen können, daß der Versuch, die Firma zu halten, Erfolg haben und sie schon auf diesem Wege vor Schaden bewahrt bleiben würde. Eine Kenntnis der Klägerin von dem Inhalt der Sicherungsverträge lasse sich aber auch nicht feststellen. Über die Verschuldung der Firma bei der Sparkasse habe die Klägerin allerdings Bescheid gewußt. Darum habe sie aber, wenn sie auch auf die zwischen der Firma und der Sparkasse bestehenden Verträge hingewiesen worden sei, noch nicht damit zu rechnen brauchen, daß Sicherungsverträge mit knebelnder Wirkung bestanden hätten. Vorgelegt worden seien die Verträge dem Bevollmächtigten der Klägerin erst nach der Konkurseröffnung. Der ihr hierzu noch zugeschobene Eid sei unerheblich, da er trotz ausdrücklichen richterlichen Hinweises auf die Kenntnis von dem Bestehen der Verträge beschränkt und nicht auf die Kenntnis von ihrem Inhalt erstreckt worden sei.

Das Berufungsgericht kommt hiernach zu dem Ergebnis, daß der Klägerin ein Schadensersatzanspruch aus § 826 BGB. zustehe. Er sei nach § 249 das. darauf gerichtet, sie so zu stellen, wie sie stände, wenn der fragliche Sicherungsvertrag zwischen der Beklagten und der Firma nicht geschlossen worden wäre und wenn die Klägerin entweder gar nicht oder nur gegen Barzahlung oder Sicherung an die Firma geliefert hätte, also wie wenn ihre Forderung in Höhe von 13857,98 RM. voll befriedigt worden wäre.

Diese Urteilsbegründung gibt, wie die Revision mit Recht rügt, in mehrfacher Hinsicht Anlaß zu rechtlichen Bedenken. Das Berufungsgericht hat nicht genügend beachtet, daß das Vorgehen eines Gläubigers, der sich von seinem Schuldner Sicherheiten geben läßt, aus den verschiedenartigsten Gründen gegen die guten Sitten verstoßen kann, und daß die Rechtsfolgen, die sich daraus nach den §§ 826, 249 BGB. ergeben, keineswegs überall die gleichen sind. Indem es die einzelnen in Betracht kommenden Gesichtspunkte nicht auseinander gehalten hat, hat es sich in Denkwidersprüche verwickelt, die seinen Ausführungen in wesentlichen Teilen die Schlüssigkeit nehmen.

Nur solche Tatbestände kommen hier in Betracht, die das Vorgehen eines Sicherungsnehmers zu einer Sittenwidrigkeit gegenüber anderen Gläubigern seines Schuldners machen und darum für sie nach § 826 BGB. Schadensersatzansprüche gegen jenen begründen können. Dagegen scheidet das Vorliegen eines Sittenverstoßes dem Schuldner selbst gegenüber im gegenwärtigen Fall — anders als bei § 138 BGB. — aus. Als Tatbestände der bezeichneten Art waren insbesondere folgende als möglicherweise vorliegend zu berücksichtigen:

1. Um sich selber aus den erlangten Sicherheiten oder dem sonstigen Vermögen des Schuldners ungehindert befriedigen zu können, hält der Sicherungsnehmer den Schuldner zum Nachteil anderer Gläubiger von dem durch die Verhältnisse gebotenen alsbaldigen Antrag auf Konkurseröffnung ab, z. B. durch gleichzeitige Gewährung eines für die Gesundung des Schuldners offenbar unzulänglichen und nur zur Verlängerung seines wirtschaftlichen Todeskampfs geeigneten neuen Kredites (Konkursverschleppung).

2. Der Schuldner wird von dem Sicherungsnehmer aus gleichen eigensüchtigen Beweggründen in seinen Mitteln und seiner Bewegungsfreiheit so eingeengt und allmählich derart ausgesogen, daß sein Geschäft zugrundegehen muß, und er zum Schaden der anderen Gläubiger dem Konkurs zugetrieben wird (Aussaugung).

3. Der Sicherungsnehmer erniedrigt den Schuldner zu seinem bloßen Strohmann, der nur noch nach außen hin als Inhaber des Geschäfts erscheint, ihm gegenüber aber in Wirklichkeit nur noch die Stellung eines abhängigen Verwalters hat, und zwar so, daß der ganze Gewinn des Geschäfts dem Sicherungsnehmer zufließt, ein etwaiger Verlust aber von ihm nicht getragen und jede Haftung für die Geschäftsschulden auch bei fehlender sonstiger Deckung von ihm

abgelehnt wird (stille Geschäftsinhaberschaft; vgl. RGUrt. vom 13. Mai 1931 IX 38/31).

4. Der Sicherungsnehmer bestimmt — allein oder in Zusammenwirken mit dem Schuldner als dessen Anstifter, Mittäter oder Gehilfe — Dritte zur Kreditgewährung an diesen, indem sie arglistig darüber getäuscht werden, daß der Schuldner durch die hergegebenen Sicherheiten kreditunwürdig geworden ist (Kreditbetrug).

5. Die ausbedungene Sicherung bringt durch ihren Umfang und ihre Undurchsichtigkeit die von dem Sicherungsnehmer bewußt in den Kauf genommene, nicht ganz fernliegende (vgl. dazu RGUrt. vom 17. Januar 1931 IX 335/30, abgedr. LZ. 1931 Sp. 694 Nr. 4) Gefahr mit sich, daß spätere, nichts ahnende Kreditgeber zu Schaden kommen, ohne daß doch von einem betrügerischen Vorgehen des Sicherungsnehmers ihnen gegenüber die Rede sein könnte (Gläubigergefährdung).

Als von der unerlaubten Handlung betroffen kommen in den drei ersten Fällen auch Altgläubiger in Betracht, während solchen in den beiden letzten nur insofern Schadensersatzansprüche erwachsen können, als sie durch die Undurchsichtigkeit der Sachlage von der rechtzeitigen Beitreibung ihrer Forderungen abgehalten werden. Während in den beiden ersten Fällen eine etwaige Kenntnis des Geschädigten von der Sachlage bei seiner Kreditgewährung nur die Grundlage für den Einwand mitwirkenden Verschuldens geben kann, gehört seine Unkenntnis davon in den beiden letzten Fällen zum Klaggrund. Dabei liegt indes nur beim Kreditbetrug die unerlaubte Handlung in der Täuschung selber, sodaß die dadurch begründete Schadensersatzpflicht auf Herstellung des Zustands geht, der bestehen würde, wenn der Geschädigte nicht in einen solchen Irrtum versetzt oder nicht darin gelassen worden wäre (Vertrauensschaden). Dagegen muß sich bei der Gläubigergefährdung der Geschädigte damit begnügen, daß er so gestellt wird, wie wenn der Schuldner die Sicherheit nicht weggegeben hätte. In der Tat fehlt es hier, wo kein betrügerisches Handeln des Sicherungsnehmers vorliegt, an einem durchschlagenden Grund, der es rechtfertigen könnte, auf seine Kosten dem anderen Kreditgeber einen Anspruch darauf einzuräumen, besser gestellt zu werden, als es der Vorstellung entspricht, die er selbst bei der Kreditgewährung an den Schuldner von dessen Verhältnissen gehabt hat oder sich bei rechter Überlegung und Erkundigung hätte bilden können. Handelt es sich doch insoweit nur um die Folgen eines von ihm bewußt übernommenen oder doch für ihn erkennbaren Wagnisses. Auch daß der Sicherungsnehmer zu seinen Gunsten den Zustand herstelle, der bestehen würde, wenn jener nicht bloß die Sicherheit nicht genommen, sondern auch dem Schuldner den dafür eingeräumten Kredit versagt hätte, kann der spätere Kreditgeber hier nicht verlangen. Denn insoweit war das Vorgehen des Sicherungsnehmers nicht sittenwidrig. Daß dieser das eine nicht ohne das andere getan hätte, genügt nicht, ihn für die Folgen auch des erlaubten Teiles seines Verhaltens einem dadurch Geschädigten gegenüber verantwortlich zu machen. Der Tatbestand der unerlaubten Handlung, die den Grund der Ersatzpflicht bildet, umfaßt die vorsätzliche Schädigung des Vermögens des späteren Kreditgebers durch die übermäßige und undurchsichtige Sicherung und nur diese Schädigung, und die Ersatzpflicht erstreckt sich bloß auf die weiteren Wirkungen dieser Vermögensverletzung, nicht aber auch auf Schäden, die durch eine mit der Gläubigergefährdung verbundene, selbst nicht verwerfliche Handlung entstanden sind. Anderseits kann aber entsprechend auch der Sicherungsnehmer nicht einwenden, daß sich der geschädigte spätere Kreditgeber den zu ersetzenden Ausfall um den Betrag kürzen lassen müsse, um den das zu seiner Deckung verfügbare Vermögen des Schuldners durch die ihm vom Sicherungsnehmer zugeflossenen Mittel größer gewesen sei; in der Tat würde das bedeuten, daß ihm die Vorteile der sittenwidrigen Sicherung auf einem Umweg in weitem Umfange dennoch gewahrt blieben. Inwieweit der Sicherungsnehmer fordern kann, daß sich der Geschädigte auf seinen Schaden einen anderen, über die bloße Deckung für seine Leistungen an den Schuldner hinausgehenden Nutzen anrechnen lasse, der ihm infolge der mit der Sicherung verbundenen Kreditgewährung an den Schuldner zugeflossen ist, wie z. B. einen Gewinn aus der Lieferung von Waren an den Schuldner, die dieser ohne jenen Kredit nicht bezogen hätte, bestimmt sich nach der Eigenart des Falls gemäß den Grundsätzen der Vorteilsausgleichung. Tatbestand und Rechtsfolge der Gläubigergefährdung lassen sich hiernach dahin zusammenfassen: Erleidet ein Kreditgeber wegen einer übermäßigen und undurchsichtigen Sicherung, die sein Schuldner einem anderen gewährt hat, und bei deren Kenntnis er diesem den Kredit nicht gegeben oder belassen hätte, einen Ausfall, so kann er seinen Schaden von dem anderen ersetzt verlangen, sofern dieser eine solche Folge der Sicherung bei deren Ausbedingung als eine nicht bloß ganz fernliegende Möglichkeit vorausgesehen und in den Kauf genommen hat. Der Schadensersatzanspruch ähnelt also hier in gewissen Beziehungen dem Anfechtungsrecht wegen Gläubigerbenachteiligung, wie denn auch die ihm zugrundeliegende unlautere Handlungsweise des Sicherungsnehmers mit dem Anfechtungstatbestand, besonders auch hinsichtlich der Gründe und des Grades ihrer Verwerflichkeit, auf einer Linie liegt, im Gegensatz zu dem als ein schwerer Verstoß anzusehenden Tatbestand des Kreditbetruges. In entsprechender Weise ist der Anspruch des Geschädigten in den drei erstangeführten Fällen inhaltlich dahin zu bestimmen, daß er auf Herstellung des Zustandes gerichtet ist, der bestehen würde, wenn der Sicherungsnehmer bei seinem Vorgehen gerade das und nur das vermieden hätte, was sein Verhalten sittenwidrig gemacht hat. Möglich ist es natürlich auch, daß die Handlungsweise des Sicherungsnehmers gleichzeitig aus mehreren der bezeichneten Gesichtspunkte als Sittenverstoß erscheint. Insbesondere wird ein Kreditbetrug regelmäßig zugleich den Tatbestand der Gläubigergefährdung erfüllen, sodaß der Geschädigte zwischen den beiden inhaltlich verschiedenen Ersatzansprüchen die Wahl hat. Nicht selten ferner werden Gläubigergefährdung und Konkursverschleppung miteinander verbunden sein, in welchem Fall Entsprechendes gilt. Gleichwohl dürfen die verschiedenen Gesichtspunkte bei der rechtlichen Würdigung eines gegebenen Sachverhalts nicht miteinander vermengt, sondern müssen ihrer abweichenden rechtlichen Folgen halber streng auseinander gehalten werden. Dabei ist jede einzelne Sicherungsmaßnahme nach ihren Zeitumständen zu beurteilen. Es ist also zwar bei der Würdigung der späteren Maßnahmen die durch die früheren geschaffene Lage von Schuldner und Sicherungsnehmer zu berücksichtigen. Dagegen sind für die Wertung der früheren die späteren nur insoweit heranzuziehen, als sie damals schon beabsichtigt waren oder doch vorausgesehen wurden.

Das Berufungsgericht nimmt nun einerseits an, daß der Beklagte zur Offenbarung der erhaltenen Sicherheiten verpflichtet gewesen sei, und erblickt in der durch die Verletzung dieser Pflicht bewußt herbeigeführten Täuschung der Klägerin über die Kreditwürdigkeit der Firma Fr. einen zum Schadensersatz verpflichtenden Verstoß gegen die guten Sitten. Im Einklang hiermit legt es seiner

Entscheidung die Annahme zugrunde, daß der zu leistende Schadensersatz auf die Herstellung des Zustandes gehe, der bestehen würde, wenn die Klägerin von dem Inhalt der Sicherungsverträge Kenntnis gehabt hätte. Weil nach seinen Feststellungen die Klägerin dann Lieferungen auf Kredit an die Firma Fr. überhaupt nicht oder nur gegen ausreichende Sicherstellung gemacht hätte, gelangt es zu dem Ergebnis, daß der Beklagte ihr den vollen ungedeckten Rechnungsbetrag zu erstatten habe. Damit ist indes unvereinbar, wenn es anderseits die Einlassung des Beklagten, daß die Klägerin von den Sicherungen schon mindestens ein halbes Jahr vor der Konkurseröffnung Kenntnis erlangt, gleichwohl aber weiter an die Firma auf Kredit geliefert habe, damit zurückweist, daß es hierauf für den ursächlichen Zusammenhang zwischen dem Sittenverstoß des Beklagten und dem Schaden der Klägerin nicht ankomme, sondern daß eine solche Kenntnis der Klägerin die grundsätzliche Berechtigung des Schadensersatzanspruchs nicht berühre und höchstens den Einwand mitwirkenden Verschuldens begründen könne. Das Reichsgerichtsurteil vom 11. Oktober 1930 IX 74/30 (abgedr. WarnRspr. 1931 Nr. 17), auf welches sich das Berufungsgericht hierfür beruft, betrifft einen ganz andersartigen Fall, nämlich einen Fall, wie er oben unter 2 gekennzeichnet ist, bei dem die Täuschung des Gläubigers nicht zum Klaggrund gehört. Das Urteil läßt sich deshalb zur Stützung dieses auch schon in sich widerspruchsvollen Gedankenganges des Vorderrichters nicht heranziehen.

An anderer Stelle hat das Berufungsgericht allerdings ausgeführt, der Beklagte habe bereits durch den Abschluß der Sicherungsverträge gegen die guten Sitten verstoßen, weil er sich damit zum Herrn der Firma Fr. gemacht, ihr jede wirtschaftliche Freiheit genommen und sie in einen Zustand tatsächlicher Schuldknechtschaft gebracht habe. Vielleicht liegt hier eine Verwechslung mit den Voraussetzungen der Sittenwidrigkeit eines Sicherungsvertrags im Verhältnis zum Schuldner vor, welche die Rechte der Gläubiger nur aus dem Gesichtspunkt des § 138 BGB. berühren, aber keinen Schadensersatzanspruch für sie begründen könnte. Möglicherweise aber hat das Berufungsgericht damit auch das Vorliegen des oben unter 2 oder des unter 3 gekennzeichneten Tatbestandes bejahen wollen. Hierzu würden seine Feststellungen indes nicht ausreichen. Die Überwachungs- und Aufsichtsrechte, welche die Sparkasse sich ausbedungen hatte, beeinträchtigten die wirtschaftliche Freiheit der Firma überhaupt nicht. Auch das ihr eingeräumte Befriedigungsrecht ging nicht über das bei solchen Sicherungsübereignungen übliche und erlaubte Maß hinaus. Der Firma sind aber nicht nur alle ihr in der Folgezeit erwachsenen Forderungen, sondern auch die gesamten Erlöse aus ihren Warenverkäufen im Rahmen des ordnungsmäßigen Fortbetriebes ihres Geschäfts belassen worden, sodaß nicht ersichtlich ist, inwiefern ihr die Mittel zur Deckung ihrer laufenden Verbindlichkeiten entzogen gewesen wären. Der Beklagte hat schließlich auch, ohne daß das Berufungsgericht dies als unrichtig festgestellt hätte, behauptet, daß die Sparkasse tatsächlich trotz der Sicherungsverträge keinen Pfennig auf ihre Forderungen erhalten, dem Geschäft also überhaupt nichts entzogen habe.

Die Ausführungen des Berufungsgerichts müssen ferner Zweifel daran erwecken, ob es sich darüber klar gewesen ist, daß von einer allgemeinen Pflicht des Sicherungsnehmers zur Offenbarung der empfangenen Sicherungen gegenüber allen für eine spätere Kreditinanspruchnahme durch den Schuldner in Betracht kommenden Personen keine Rede sein kann, selbst bei einem großen Umfang dieser Sicherungen. Sie wäre zudem, wie die Revision mit Recht geltend macht, praktisch überhaupt nicht ausführbar. Eine solche Aufklärungspflicht kann immer nur dem einzelnen gegenüber aus den zwischen ihm und dem Sicherungsnehmer bestehenden besonderen Umständen und Beziehungen hergeleitet werden. Nur beim Bestehen einer solchen Pflicht aber kann in dem bloßen Verschweigen der Sicherungsverträge ein betrügerisches Vorgehen in dem oben unter 4 erörterten Sinn gefunden werden (vgl. RGUrt. vom 12. Mai 1915 VI 670/14), während ohne sie unter solchen Umständen höchstens der Tatbestand einer Gläubigergefährdung (oben unter 5) gegeben sein kann. Die Schaffung eines für spätere Kreditgeber gefährlichen Zustands allein erzeugt eine solche Verpflichtung noch nicht. Nur in uneigentlichem und übertragenem Sinn kann schon wegen der Herbeiführung eines solchen Zustandes von einer Aufklärungspflicht des Sicherungsnehmers gesprochen werden, insofern nämlich, als jener durch rechtzeitige Warnung der für eine neue Kreditgewährung in Betracht kommenden Personen unter Umständen deren wirkliche Schädigung durch die ihnen unbekannte Sicherung verhüten und damit einen Ersatzanspruch abwenden kann. Dabei handelt es sich aber immer nur um den Anspruch auf Ersatz eben dieses durch das Bestehen der Sicherung drohenden Schadens. Nicht aber bringt die Nichtaufklärung hier auch eine Haftung für solche Schäden mit sich, die zwar bei einer Warnung des Kreditgebers diesem ebenfalls erspart geblieben wären, jedoch andere Ursachen als das Bestehen der Sicherung haben. Hierunter fallen namentlich solche Schäden, die sich als Folgen sonstiger, dem Betroffenen bekannt oder für ihn erkennbar gewesener Gefahren darstellen. Denn hier bestand eben keine wirkliche Rechtspflicht zur Aufklärung dieses Kreditgebers. Das unerlaubte Handeln lag daher nicht in dem Unterlassen einer Warnung, sondern allein in dem Abschluß der andere Gläubiger gefährdenden Sicherungsverträge und in der hierdurch vorsätzlich herbeigeführten Vermögensbeschädigung.

Auch der Schuldner selbst ist keineswegs immer und gegenüber jedem um Kredit Angesprochenen zur Offenlegung seiner Verhältnisse gehalten, sondern eine solche Aufklärung seines Gegners ist ihm im allgemeinen nur dann zuzumuten, wenn er Sicherheiten in ganz ungewöhnlichem Umfang gegeben hat, mit deren Möglichkeit jener nicht zu rechnen braucht, oder wenn der Schuldner erkennt, daß jener sein Vermögen für unbelastet hält und nur deshalb zur Kreditgewährung bereit ist. Das Bestehen einer derartigen Pflicht für ihn hängt also von den Zeitverhältnissen und den Umständen des Einzelfalls ab. Ein Mitwirken des Sicherungsnehmers bei einem Kreditbetrug des Schuldners endlich liegt nicht etwa schon darin, daß er sich die von diesem verheimlichten Sicherheiten hat gewähren lassen, selbst wenn er dabei mit der Möglichkeit eines solchen verwerflichen Handelns des Schuldners gerechnet hat. Es kann nur in einer Anstiftung des Schuldners zu jener arglistigen Täuschung seiner späteren Kreditgeber oder in dessen Unterstützung hierbei durch Handlungen gefunden werden, die über die bloße Ausbedingung und Annahme der Sicherungen hinausgegangen sind, wie z. B. durch falsche Auskunft (vgl. RGUrt. vom 10. Mai 1911 VI 838/10, vom 10. Juni 1929 VI 648/28 und vom 21. November 1929 VI 155/29). Fehlen solche Handlungen des Sicherungsnehmers, so kann seine Haftung wegen Gläubigergefährdung (oben 5) in Frage kommen, aber nicht wegen Kreditbetrugs (oben 4).

Nicht einwandfrei erscheinen schließlich auch die weiteren Erwägungen, aus denen das Berufungsgericht das Vorbringen des Beklagten für nicht durchschlagend erachtet hat, die Klägerin habe seit mindestens einem halben Jahr Kenntnis von den der Sparkasse gewährten Sicherungen gehabt. Wenn die Klägerin, wie es in dem Schreiben ihres Direktors Sch. vom 25. Mai 1928 heißt, um jene Zeit gewußt hat, daß die Sparkasse sich „sämtliche Bürgschaften und Sicherheiten, die es überhaupt gibt," hatte gewähren lassen, so ist nicht einzusehen, worin ihre vom Berufungsgericht für nicht widerlegt erachtete Unkenntnis von „der knebelnden Wirkung" der Sicherungsverträge bestanden haben soll; es hätte zum mindesten näherer Darlegung bedurft, was das Berufungsgericht hierbei im Auge gehabt und aus welchen Gründen es die Unkenntnis gerade dieser Punkte für entscheidend gehalten hat. Im übrigen muß auch diese Wendung das Bedenken erregen, ob nicht das Berufungsgericht verkannt hat, daß es nicht darauf ankommt, ob die Verträge gegenüber der Firma Fr. gegen die guten Sitten verstießen, sondern darauf, ob ein sittenwidriges Verhalten gegenüber der Klägerin vorlag. Wenn das Oberlandesgericht schließlich gemeint hat, ein Vorgehen zur Zeit der Erlangung jener Kenntnis würde der Klägerin nichts genutzt haben, so hat es, worauf die Revision zutreffend hinweist, nicht berücksichtigt, daß nach der unwiderlegten Angabe des Beklagten damals noch allein über eine Viertelmillion Mark guter Außenstände vorhanden gewesen sein und diesen Außenstände in nur etwa der halben Höhe gegenübergestanden haben sollen.

Der Hauptfehler des angefochtenen Urteils liegt aber, wie der Revision zuzugeben ist, darin: das Berufungsgericht hat nicht erkannt, daß der Inhalt der Schadensersatzpflicht je nach den Umständen, in denen die Unsittlichkeit des Vorgehens des Sicherungnehmers begründet ist, verschieden ist, und daß deswegen die Berufung des Beklagten darauf keineswegs schlechthin unbeachtlich ist, er habe aus den Sicherungsverträgen für sich keinen Nutzen gezogen und sie insbesondere auch in dem Konkurs der Firma Fr. nicht geltend gemacht.

---

51. 1. Kann eine unzulässige Auszahlung von Gesellschaftsvermögen an Gesellschafter einer Gesellschaft mbH. dann vorliegen, wenn Gesellschaftsgrundstücke mit einer Hypothek belastet werden zur Sicherung der Kaufpreisforderung, die Gesellschaftern gegen einen anderen Gesellschafter aus dem Verkauf von Geschäftsanteilen zusteht?

2. Ist es von Bedeutung, wenn demnächst in der Zwangsversteigerung der belasteten Grundstücke die für die Gesellschafter bestellte Hypothek ausfällt?

GmbHG. §§ 30, 31.

II. Zivilsenat. Urt. v. 22. April 1932 i. S. Kommanditgesellschaft D. & Co. (Kl.) w. R. (Bekl.). II 349/31.

I. Landgericht Wuppertal, Kammer für Handelssachen W.-Barmen.
II. Oberlandesgericht Düsseldorf.

Der Kaufmann H., dessen Ehefrau, der Beklagte E. R. und seine vier Geschwister sowie der Kaufmann B. waren die Gesellschafter der M.er Handelsgesellschaft Kalk- und Mergelwerke Gesellschaft mbH. (M.er Handelsgesellschaft mbH.). Den Geschwistern R. waren ihre Geschäftsanteile von ihrem Vater O. R. schenkungsweise übertragen worden. Dieser hatte sich aber an den Geschäftsanteilen den lebenslänglichen Nießbrauch und das alleinige Vertretungsrecht bei Beschlußfassungen der Gesellschaft vorbehalten. Durch notarielle Urkunde vom 5. April 1927 machte H. den Geschwistern R. und ihrem Vater ein Vertragsangebot. Danach sollten die Geschwister R. ihre Geschäftsanteile mit allen Rechten und Pflichten seit dem Tag der Annahme des Vertragsantrags an H. abtreten. O. R. sollte sich damit einverstanden erklären und auf das Nießbrauchs- und Vertretungsrecht verzichten. Nach § 2 betrug der Kaufpreis für die Anteile insgesamt 45000 RM.; davon stand einem jeden der fünf Geschwister R. ein Betrag von 9000 RM. zu. Der Kaufpreis war in Jahresraten von je 10000 RM., zuletzt von 5000 RM. zu bezahlen. Die im Angebot näher festgesetzten Zinsen sollten an O. R. gezahlt werden. Nach § 4 hatte H. von einer zu seinen Gunsten auf dem Grundbesitz der obengenannten Gesellschaft mbH. in S. eingetragenen Hypothek von 70000 GM. einen Teilbetrag von 40000 GM. mit Vorrang vor dem Rest an die Firma R. L. in H. abzutreten zur Sicherung aller Forderungen und Ansprüche, welche ihr gegen die M.er Handelsgesellschaft mbH. zustanden oder noch erwuchsen. Nach dem Vertragsangebot verpflichtete sich H. auch, die Verbindlichkeiten der Gesellschaft gegenüber der Firma R. L. bis längstens 1. Juli 1928 zu tilgen und innerhalb dieser Zeit von der Gläubigerin löschungsfähige Quittung zu beschaffen, auch, soweit die Hypothek noch bestand, selbst löschungsfähige Quittung zu erteilen. Gleichzeitig erklärte H., dafür einzustehen, daß die M.er Handelsgesellschaft mbH. den Geschwistern R. und dem O. R. gegenüber mit ihrem Grundbesitz in S. „die dingliche Gesamthaftung" für den Kaufpreis von 45000 RM. übernehme und auf dem genannten Grundbesitz für jedes der Geschwister R. eine Hypothek von 9000 RM. — unter sich zu gleichem Range — sowie das Nießbrauchsrecht an den Hypotheken zu Gunsten des O. R. im Grundbuch eintragen lasse. O. R. nahm das Vertragsangebot im eigenen Namen und in Vollmacht seiner fünf Kinder durch notarielle Urkunde vom 7. April 1927 an. Die Hypotheken und der Nießbrauch wurden auf Grund der Bewilligung vom 7. Juni am 23. August 1927 in das Grundbuch eingetragen. Durch notarielle Urkunde vom 7. Mai 1928 traten die Verkäufer der Geschäftsanteile ihre Ansprüche auf den Kaufpreis und die zu deren Sicherung eingetragenen Hypotheken an die E.er Kalk- und Mergelwerke Gesellschaft mbH. in E. ab.

Die Klägerin ist Gläubigerin der M.er Handelsgesellschaft mbH. Sie erwirkte am 18. Februar 1930 wegen einer Forderung von 30000 RM. einen Pfändungs- und Überweisungsbeschluß, durch den die angeblichen Forderungen ihrer Schuldnerin gegen den Beklagten gepfändet und ihr zur Einziehung überwiesen wurden. Auf Grund dieses Beschlusses beantragte sie, ihn zur Zahlung von 9000 RM. nebst Zinsen zu verurteilen. Sie macht geltend, auf den Kaufpreis der Geschäftsanteile der Geschwister R. seien an O. R. 10000 RM. Kapital und 2700 RM. Zinsen gezahlt worden. Die E.er Kalk- und Mergelwerke Gesellschaft mbH. habe nach der Abtretung der Hypotheken die belasteten Grundstücke in der Zwangsversteigerung erworben. Mit den abgetretenen Hypotheken sei sie ausgefallen. Die M.er Handelsgesellschaft mbH. und H. seien 1929 in Vermögensverfall geraten. Durch die Hypothekbestellung für den Beklagten und seine Geschwister und durch die geleisteten Zahlungen, die aus dem Vermögen der M.er Handelsgesellschaft mbH. erfolgt seien, sei zur Erhaltung des Stammkapitals dieser Gesellschaft erforderliches Vermögen entgegen der Vorschrift des § 30 GmbHG. ausgezahlt worden. Diese Leistungen seien nach § 31 das. der Gesellschaft zu erstatten. Der Erstattungsanspruch sei der Klägerin überwiesen worden.

Der Beklagte behauptet, an ihn sei nichts gezahlt worden, die

Zahlungen seien nur an seinen Vater O. R. gegangen. Die hypothekarische Belastung stelle keine Leistung gemäß § 30 GmbHG. dar. Das Stammkapital sei durch die Zahlungen nicht berührt worden, da die Gesellschaft dafür Ersatzansprüche gegen H. erlangt habe; dieser sei wiederum Gläubiger der Gesellschaft gewesen, seine Forderungen an die Gesellschaft seien durch die geleisteten Zahlungen getilgt worden.

Die Klägerin erwidert, daß die Grundstücke infolge der Belastung zur Zwangsversteigerung gekommen seien. Durch den Erwerb der Grundstücke in der Zwangsversteigerung habe die E.er Kalk- und Mergelwerke Gesellschaft mbH. Vermögen der M.er Handelsgesellschaft mbH. erlangt. Ungeachtet des späteren Ausfalls der Hypothek habe der Beklagte von der erstgenannten Gesellschaft 9000 RM. erhalten. H. sei nach den Vereinbarungen über die Zahlung durch die M.er Handelsgesellschaft mbH. nur mit einem Teil der Zinsbeträge belastet worden. Eine Verrechnung mit der Forderung des H. an die Gesellschaft sei nicht in Frage gekommen, weil seine Forderung nicht fällig gewesen sei.

Das Landgericht und das Oberlandesgericht wiesen die Klage ab. Die Revision der Klägerin führte zur Aufhebung und Zurückverweisung.

Gründe:

... Für die Frage, ob die Leistungen gegen § 30 GmbHG. verstoßen, welche auf den Kaufpreis für die von den Geschwistern R. verkauften Geschäftsanteile bewirkt worden sind, kommt es nicht darauf an, ob nach dem Vertrag vom 5./7. April 1927 H. zahlen sollte, sondern darauf, ob die Leistungen aus dem Vermögen der M.er Handelsgesellschaft mbH. entnommen sind, und ob diese Leistungen tatsächlich eine Auszahlung des zur Erhaltung des Stammkapitals erforderlichen Vermögens der Gesellschaft an die Gesellschafter darstellen.

Es ist rechtsirrtümlich, wenn das Berufungsgericht in der Hypothekbestellung deshalb keine „Auszahlung" nach §§ 30, 31 GmbHG. findet, weil es sich um eine Hypothek für eine fremde Schuld handle ... Es bestand zwar keinerlei Verpflichtung der M.er Handelsgesellschaft mbH. dem Beklagten gegenüber, zu seinen Gunsten eine Sicherheit zu leisten. Auch der zu sichernde Anspruch beruhte auf der Gesellschafterstellung des Beklagten und dem Übergang dieser Stellung auf H. Es entspricht aber der bisherigen Rechtsprechung, daß gegen § 30 GmbHG. auch die Übernahme der Verpflichtung verstoßen kann, eine der Gesellschaft an sich fremde Verbindlichkeit zu erfüllen, so z. B. die aus Erwerb von Geschäftsanteilen des einen Gesellschafters durch den anderen entstandene Kaufpreisschuld (vgl. RGZ. Bd. 80 S. 148, Bd. 133 S. 393). In der zweiten Entscheidung ist der Sinn und Zweck des § 30 GmbHG. dahin gekennzeichnet, daß eine nicht durch entsprechende Gegenleistung ausgeglichene Leistung der Gesellschaft dann nicht bewirkt werden dürfe, wenn sie auf Kosten des Stammkapitals gehe, und wenn der Leistungsempfänger bei Begründung der Verpflichtung der Gesellschaft zu den Gesellschaftern gehöre. Das Leistungsversprechen der Gesellschaft sei dann nur unter dem Vorbehalt wirksam, daß im Zeitpunkt seiner Erfüllung das Stammkapital hierdurch nicht verkürzt werde, gleichviel ob der Versprechensempfänger noch Gesellschafter sei oder nicht. Für die Anwendung des § 30 GmbHG. sei aber kein Raum, wenn und soweit der Gesellschaft vor, bei oder nach Eingehung der Leistungspflicht eine vollwertige Gegenleistung zugeflossen sei. An diesen Grundsätzen ist festzuhalten.

Es ist auch nicht zu bezweifeln, daß die Bestellung einer Hypothek zu Gunsten eines Gesellschafters eine „Auszahlung" nach §§ 30, 31 GmbHG. darstellt. § 30 enthält seinem Sinn nach nicht nur ein Verbot der Barzahlung, sondern gilt für die Herausgabe von Vermögenswerten jeder Art und in jeder rechtlichen Form, überhaupt für jede das Stammkapital vermindernde Leistung. Dazu gehört auch die Einräumung einer Sicherungshypothek durch die Gesellschaft mbH. für eine Kaufpreisforderung, die einem Gesellschafter aus dem Verkauf seines Geschäftsanteils an einen anderen Gesellschafter zusteht (vgl. Scholz GmbHG. § 30 Anm. 2b). Unrichtig ist die Annahme des Berufungsgerichts, da die Hypothek bei der Zwangsversteigerung ausgefallen, sei tatsächlich aus dem Vermögen der nur dinglich haftenden Gesellschaft nichts an einen anderen, geschweige denn an einen Gesellschafter gelangt. Aus dem Umstand, daß die Hypothek bei der Versteigerung ausgefallen ist, folgt nicht zwingend ihre Wertlosigkeit. Namentlich dann, wenn der formell ausgefallene Gläubiger das Grundstück selbst ersteigert, hat er sich häufig wirtschaftlich den für ihn in der Hypothek liegenden Wert gerettet. Von dieser auf allgemeiner Lebenserfahrung beruhenden Erwägung aus bestimmt auch die Vierte Notverordnung des Reichspräsidenten zur Sicherung von Wirtschaft und Finanzen usw. vom 8. Dezember 1931 Dritter

Teil (Maßnahmen auf dem Gebiete der Zwangsvollstreckung) I (Mindestgebot) § 3 (RGBl. I S. 699, 710), daß die Forderung des ausgefallenen Hypothekengläubigers, der das Grundstück erworben hat, unter den dort angegebenen Voraussetzungen erlischt. Es war deshalb der Wert des belasteten Grundstücks im Zeitpunkt der Zwangsversteigerung zu ermitteln. In diesem Zusammenhang konnte auch die Behauptung der Klägerin von Bedeutung sein, daß die E.er Gesellschaft mbH. dem Beklagten trotz des Ausfalls der Hypothek das Abtretungsentgelt in voller Höhe von 9000 RM. ausgezahlt habe. Der M.er Handelsgesellschaft mbH. wurden Werte entzogen, wenn durch die Bestellung und Abtretung der Hypotheken an andere die Zwangsversteigerung der belasteten Grundstücke herbeigeführt wurde. Es widerspricht allgemeiner Erfahrung, wenn das Berufungsgericht annimmt, daß zur Zeit der Bestellung der Hypotheken mit der Zwangsvollstreckung nicht zu rechnen war. Wenn sie auch nur zur Sicherung gegeben wurden, so liegt es doch schon im Wesen der Sicherheitsleistung, daß die Sicherheit in Anspruch genommen werden kann, gerade um der Befriedigung zu dienen. Wenn nun die M.er Gesellschaft mbH. Zahlungen auf den Kaufpreis geleistet hat, so kann mangels Vorliegens einer anderen Verpflichtung der Gesellschaft dem Beklagten gegenüber nur angenommen werden, daß sie damit ihre Verpflichtung aus der Hypothekbestellung erfüllt hat. Ob der Beklagte zur Zeit der Zahlung noch Gesellschafter war, ist unerheblich, da es nur darauf ankommt, ob er bei Begründung der Verpflichtung, also im Zeitpunkt der Hypothekbewilligung, noch Gesellschafter war.

Nach Ansicht des Berufungsgerichts muß berücksichtigt werden, daß H. nicht nur Gesellschafter und Geschäftsführer, sondern auch Gläubiger der M.er Handelsgesellschaft mbH. war. Im Vertrag mit den Geschwistern R. sei H. weiter verpflichtet worden, Verbindlichkeiten der M.er Handelsgesellschaft mbH. gegenüber der offenen Handelsgesellschaft R. L. in H. zu tilgen und die dieser Firma von H. abgetretene Teilhypothek von 40000 RM. zur Löschung zu bringen. Hierdurch habe also nach dem Willen der Vertragsparteien H. weitere Forderungen gegen die M.er Handelsgesellschaft mbH. erlangt. Wenn in diesem Zusammenhang dann H. die Gesellschaft zur hypothekarischen Sicherung der Geschwister R. veranlaßt habe, so könne darin kein Verstoß gegen § 30 GmbHG. gefunden werden, selbst wenn, was zu Gunsten der Klägerin unterstellt werde, das Stammkapital bereits angegriffen worden sei.

Diese Erwägungen des Berufungsgerichts könnten von Bedeutung sein für die Frage, ob die M.er Handelsgesellschaft mbH. für die von ihr übernommenen Leistungen durch Gegenleistungen vollwertigen Ersatz erhalten hat, oder ob sie gleichwertige Gegenforderungen an H. hatte. Jedoch reichen hier die tatsächlichen Feststellungen nicht aus... (Wird näher dargelegt.)

Dem Berufungsgericht ist auch nicht darin beizutreten, daß die M.er Handelsgesellschaft mbH. die Erstattung nur von H. fordern dürfe, wenn eine unzulässige Auszahlung vorlag. Denn die unzulässige Zahlung geschah zur Erfüllung eines Anspruchs des Beklagten. Hat dieser aber die Leistung empfangen, so ist er auch erstattungspflichtig. Soweit die Zahlungen an O. R. gegangen sind, bedarf es noch der Aufklärung, ob der Beklagte sie für sich gelten lassen muß, etwa deshalb, weil O. R. nach dem zwischen ihm und seinen Kindern bestehenden Rechtsverhältnis, insbesondere auf Grund behaupteter Vollmacht, berechtigt war, das Geld für den Beklagten einzuziehen...

Hiernach war das angefochtene Urteil aufzuheben und die Sache an die Vorinstanz zurückzuverweisen. Ergibt sich bei der weiteren Verhandlung, daß eine Auszahlung nach § 30 GmbHG. vorliegt, so ist ferner zu prüfen, ob durch die Erfüllung (d. h. die Versteigerung des Grundstücks oder die Barzahlung) im Augenblick ihrer Vornahme das Stammkapital in unzulässiger Weise verkürzt worden ist. Denn auf diesen Zeitpunkt kommt es für die Verkürzung des Stammkapitals nach der Rechtsprechung an (vgl. RGZ. Bd. 133 S. 395).

---

52. 1. Zur Frage der notwendigen Streitgenossenschaft zwischen der offenen Handelsgesellschaft und ihren Gesellschaftern.

2. Erstreckt sich die von einer offenen Handelsgesellschaft als Vermieterin übernommene Verpflichtung, dem Mieter auf dem Mietgrundstück Wettbewerb fernzuhalten, auf die Gesellschafter persönlich?

ZPO. § 62. HGB. § 128. BGB. § 242.

VIII. Zivilsenat. Urt. v. 2. Mai 1932 i. S. Off. Handelsgesellschaft M. & D. u. Gen. (Bekl.) w. D.A.P.G. AG. (Kl.). VIII 104/32.

I. Landgericht Stuttgart.
II. Oberlandesgericht daselbst.

Die Erstbeklagte, eine offene Handelsgesellschaft, deren Gesellschafter die beiden anderen Beklagten sind, ist Eigentümerin eines in St. an der Schl.straße belegenen Grundstücks und des Trennstücks 4311/1, das an der H.Straße liegt. Von diesem Trennstück hat die Erstbeklagte durch schriftlichen Vertrag vom 29. Oktober 1929 an die klagende Aktiengesellschaft eine Fläche zur Straße hin in der Größe von 220 qm zum Betrieb einer von der Klägerin zu errichtenden, von ihr dann auch errichteten und betriebenen Tankstelle bis zum 15. Juni 1943 vermietet. In dem Vertrage bewilligte die Erstbeklagte der Klägerin die Eintragung einer beschränkten persönlichen Dienstbarkeit auf dem Gesamtgrundstück des Inhalts, daß auf dem (ganzen) Grundstück weder die Errichtung noch der Betrieb einer Tankstelle für Autobetriebstoffe und Öle noch der Handel mit diesen Stoffen in anderer Form zugelassen werden dürfe, mit Ausnahme der Tankstelle der Klägerin und ihrer Rechtsnachfolger. Am 21. Mai 1930 haben der Zweit- und der Drittbeklagte ein anderes an der H.straße belegenes Grundstück mit dem Trennstück 4312/1, das unmittelbar an das Trennstück 4311/1, den für die Tankstelle vermieteten Platz, anstößt, zum Erwerb je zur Hälfte — nicht als Gesellschafter der Erstbeklagten — gekauft und übergeben erhalten. Sie beabsichtigen, hier eine Tankstelle für ein anderes Öl- und Betriebstoff-Erzeugnis zu errichten, und haben Vorarbeiten dazu ausgeführt.

Die Klägerin hat, zunächst nur gegen die Erstbeklagte, dann auch gegen die beiden Gesellschafter klagend, verlangt, daß sie es bei Vermeidung von Geld- und Haftstrafen unterlassen, auf dem neu erworbenen Grundstück und der Parzelle 4312/1 eine Tankstelle für Autobetriebstoffe und Öle zu errichten und betreiben zu lassen.

Das Landgericht wies die Klage in vollem Umfang ab. Das Oberlandesgericht wies die Berufung der Klägerin gegenüber der Erstbeklagten zurück, verurteilte aber die beiden anderen Beklagten zu der beantragten Unterlassung. Gegen dieses Urteil legten der Zweit- und der Drittbeklagte Revision behufs Wiederherstellung des ersten Urteils, die Klägerin gegenüber der Erstbeklagten Anschlußrevision mit dem Ziel der Klage ein. Die Revision wurde zurückgewiesen, die Anschlußrevision als unzulässig verworfen.

Gründe:

1. Die Klägerin hat ihr Rechtsmittel nach Ablauf der Revisionsfrist als unselbständige Anschlußrevision eingelegt. Da der Gegner dieses Rechtsmittels, die Erstbeklagte, ihrerseits keine Revision eingelegt hat und als Partei, die im zweiten Rechtszug obgesiegt hatte, nicht einlegen konnte, hängt die Zulässigkeit der Anschlußrevision davon ab, ob die Revision der beiden anderen Beklagten, der Streitgenossen der Erstbeklagten in der Vorinstanz, Anhalt für die Anschließung gibt. Das ist nicht der Fall. Auch bei der Annahme, die Erstbeklagte sei notwendige Streitgenossin der anderen Beklagten gewesen, würde das Rechtsmittel dieser beiden Beklagten die neue Instanz nicht für und darum auch nicht gegen die Erstbeklagte haben eröffnen können, weil für diese mangels Beschwer ein Rechtsmittel gar nicht statthaft sein konnte (RGZ. Bd. 46 S. 415/417). Zudem standen die Beklagten miteinander nicht in notwendiger Streitgenossenschaft. Diese besteht zwar im Regelfall zwischen der offenen Handelsgesellschaft und ihren Gesellschaftern, wenn die Gesellschafter aus einer Gesellschaftsschuld mit der Gesellschaft in Anspruch genommen werden (RGZ. Bd. 34 S. 365, Bd. 123 S. 151; JW. 1925 S. 756 Nr. 2; HöchstRspr. 1930 Nr. 808). Indes macht die Rechtsprechung (vgl. auch JW. 1912 S. 147 Nr. 27) den Vorbehalt, daß die Verteidigung der Beklagten gleichmäßig sei, sodaß die Voraussetzung des § 62 ZPO., die notwendige Einheitlichkeit in der Entscheidung, nicht durch das Auseinanderfallen der Verteidigung ausgeschaltet werde. Ebenso muß aber eine Ausnahme von der notwendigen Streitgenossenschaft anerkannt werden, wenn schon die Klagbegründung Umstände enthält, die zwar gegenüber allen geltend gemacht sein mögen, die aber doch eine verschiedene Beurteilung der Klage gegenüber der Gesellschaft und den Gesellschaftern als möglich erscheinen lassen. Das ist hier der Fall. Nach dem schließlichen Klagvortrag hat nicht die Erstbeklagte das Nachbargrundstück gekauft und schickt sich an, dort Wettbewerb gegen die Klägerin zu treiben, sondern die beiden anderen Beklagten tun dies außerhalb des Gesellschaftsverhältnisses. Damit war, gleichviel wie die Entscheidung richtig zu fällen ist, die durch das Urteil des Oberlandesgerichts verwirklichte Möglichkeit abweichender Beurteilung gegenüber der Erstbeklagten

und ihren Gesellschaftern eröffnet. Somit findet die Anschlußrevision der Klägerin gegenüber der Erstbeklagten an dem Rechtsmittel der anderen Beklagten keinen Halt und ist deshalb als unzulässig zu verwerfen.

2. Zur Revision der beiden anderen Beklagten nimmt der Berufungsrichter stillschweigend an, die Wettbewerbsbeschränkung, die den Inhalt der durch den Vertrag vom 29. Oktober 1929 bewilligten Dienstbarkeit bilde, sei gleichzeitig Gegenstand einer von der Erstbeklagten schuldrechtlich übernommenen Verpflichtung. Er kommt zu dem Ergebnis, das Wettbewerbsverbot erstrecke sich auch auf den Wettbewerb, der von dem unmittelbar angrenzenden Grundstück ausgehe, und zwar indem er sowohl die gesetzlichen Vermieterpflichten nach den §§ 535, 536 BGB. heranzieht, die Mietsache zum vertraglichen Gebrauch tauglich zu gewähren, als auch auf Grund einer ergänzenden Vertragsauslegung. Da die Klägerin nach dem Vertragsinhalt den größten Wert auf ein strenges Wettbewerbsverbot für das vermietete Grundstück ohne Beschränkung auf ihren eigenen Betriebstoff gelegt habe, und da der Wettbewerb auf dem Nachbargrundstück für sie dieselben schädlichen Folgen habe, so folge daraus die schuldrechtliche Pflicht, „daß der Zweit- und der Drittbeklagte auf dem neuen Grundstück keine Konkurrenz eröffnen". Ihre Unterlassungspflicht ergebe sich aus § 128 HGB., wonach diese beiden Beklagten für die Verbindlichkeiten der Erstbeklagten persönlich als Gesamtschuldner hafteten.

Die Revision rügt, daß der Berufungsrichter die gesetzlichen Grenzen der Verpflichtung des Vermieters, dem Mieter Wettbewerb fernzuhalten, verkannt, und daß er die Schranken der ergänzenden Vertragsauslegung nicht eingehalten habe. Neben diesen Fragen bedarf aber noch die weitere der Prüfung, ob die verklagten Gesellschafter kraft ihrer Haftung aus § 128 HGB. durch die den Wettbewerb angehende Verpflichtung der verklagten Handelsgesellschaft in Maßnahmen beschränkt werden konnten, die ihr außerhalb der Gesellschaft stehendes Vermögen betrafen.

Die Klägerin bezeichnet das Haftungsverhältnis der Gesellschafter aus Schulden der Gesellschaft mit der Formel, die Gesellschafter seien die Gesellschaft selbst, die Handlungen der Gesellschafter seien Handlungen der Gesellschaft. Das entspricht jedoch für die zu entscheidende Frage in dieser Allgemeinheit nicht der Rechtsprechung des Reichsgerichts und der Ordnung des Gesetzes. Die offene Handelsgesellschaft ist zwar keine juristische Person, sondern eine Zusammenfassung der Gesellschafter, aber doch nach § 124 HGB. Trägerin des vom Privatvermögen der Gesellschafter gesonderten Gesellschaftsvermögens und als solche mit wichtigen Eigenrechten ausgestattet (RGZ. Bd. 102 S. 301 [302], Bd. 118 S. 295 [298]). Dem entspricht auch die Behandlung von Gesellschaftsverbindlichkeiten. „Der Vertrag, welchen eine offene Handelsgesellschaft als Vertreterin einer bestimmten Vermögensmasse abschließt, ist ein anderer Vertrag als der der Teilhaber." Das Urteil des Reichsgerichts in JW. 1900 S. 253 Nr. 8, dem die Wendung entnommen ist, entscheidet, von diesem Grundsatz ausgehend: habe die Gesellschaft sich verpflichtet, gewisse Verträge nicht ohne Zuziehung des Klägers abzuschließen, so folge daraus nicht, daß das Verbot auch jeden Gesellschafter für seine Person betreffe. Im gleichen Sinn verlangt ein in Holdheims MSchr. 14. Jahrg. 1905 S. 51 abgedrucktes Urteil des Reichsgerichts eine Trennung von Handlungen und Unterlassungen der Gesellschaft und der Gesellschafter und spricht aus, die Abrede einer Vertragsstrafe mit der offenen Handelsgesellschaft für den Fall, daß sie mit Unterschreitung von Mindestpreisen liefere, berechtige den Verband nicht, gegen ein Mitglied der Gesellschaft die Vertragsstrafe festzusetzen, daß solche Lieferungen unter Preis selbst vornehme. Den gleichen Standpunkt nimmt das Urteil des Reichsgerichts in JW. 1902 S. 78 Nr. 10 für die Frage ein, ob ein Vertrag, der die Gesellschaft verpflichtet, allen Stoff gewisser Art von einer bestimmten Stelle zu beziehen, auch den Gesellschafter binde, und spricht dabei aus, eine Vertragsverletzung des Gesellschafters komme nur in Frage, wenn eine Vertragsverletzung der Gesellschaft vorliege. Im wesentlichen entspricht dem Standpunkt dieser Entscheidung auch das Urteil des RG. in LZ. 1908 Sp. 60 Nr. 12.

Von diesem Ausgangspunkt her kann es Bedenken unterliegen, mit einer im Schrifttum vertretenen Meinung (vgl. Schwarz HGB. § 128 Anm. 2; im Ergebnis anscheinend auch Düringer-Hachenburg HGB. § 128 Anm. 2) zu folgern, es werde dem Willen der Vertragschließenden entsprechen, daß die offene Handelsgesellschaft durch den Abschluß die Pflicht übernehme, für die Unterlassung des Wettbewerbs auch durch ihre gegenwärtigen und jeweiligen Mitglieder zu sorgen. Demgegenüber wäre zu erwägen, daß die offene Handelsgesellschaft über die außergesellschaftlichen Belange ihrer Mitglieder nicht verfügen kann, und daß in diesem Fall die durch § 128 HGB. vermittelte Haftung aller Gesellschafter für ein außergesellschaftliches Handeln ihres (vielleicht nicht vertretungsberechtigten) Gesellschafters den Gefahrenkreis wesentlich erweitern würde, in den jemand regelmäßig durch das Eingehen einer offenen Handelsgesellschaft eintritt.

Aus dem angefochtenen Urteil ist jedenfalls, zumal bei seiner ablehnenden Stellungnahme zu der gegen die Erstbeklagte gerichteten Klage, nicht zu entnehmen, daß der Berufungsrichter die von der Gesellschaft übernommene Verpflichtung als vertragliche so weit erstrecken will. Läge im Berufungsurteil diese Meinung, so müßte der Revision zugegeben werden, daß der Berufungsrichter die Grenzen der ergänzenden Auslegung überschreite. Denn mit Recht weist die Revision darauf hin, daß die Ergänzung in dem Vertragsinhalt eine Stütze als Richtlinie finden muß (RGZ. Bd. 92 S. 318 [320] u. S. 417 [421]) und nicht zu einer Erweiterung des Vertragsgegenstands führen darf (RGZ. Bd. 87 S. 211). Es könnten deshalb rechtliche Anstände dagegen bestehen, die Verpflichtung der Gesellschafter zur Unterlassung von Wettbewerb inhaltlich so anzusehen, als hätten sich die Gesellschafter persönlich entsprechend verpflichtet, während doch die Gesellschaft ihre Teilhaber nur im gesellschaftlichen Bereich bindet. Indes bedarf es keiner abschließenden Stellungnahme zu dieser Frage.

Das Urteil des erkennenden Senats in RGZ. Bd. 131 S. 274 hat darauf hingewiesen, daß, auch abgesehen von dem Inhalt der durch den Mietvertrag ins Auge gefaßten Verpflichtung, eine im Lauf des Mietverhältnisses auftretende Gestaltung, wie sie etwa in dem RGZ. Bd. 119 S. 353 entschiedenen Fall vorlag, ein Handeln des Vermieters nach § 242 BGB. als vertragswidrig erscheinen lassen kann, durch das er auch außerhalb des Mietgrundstücks das Erwachsen von Wettbewerb für den Mieter zuläßt oder, was hier in Frage kommt, herbeiführt. Das würde für den vorliegenden Fall zunächst die Erstbeklagte angehen, wenn sie (ohne rechtfertigenden Grund) dem Wettbewerb auf dem Nachbargrundstück Wege bereitet hätte. Es ist aber nicht zu verkennen, daß § 242 BGB. auch das Schuldverhältnis derer beherrscht, die keine im Ursprung eigene Verpflichtung zu erfüllen haben, sondern als Garanten, als Bürgen oder wie hier (weitergehend) als Gesellschafter einer offenen Handelsgesellschaft für deren Verpflichtung einzutreten haben. Für die Frage, ob die Gesellschafter in einem Fall wie dem vorliegenden durch Maßnahmen in ihrem außergesellschaftlichen Bereich ihre Haftpflicht verletzen, ist zwar die grundsätzliche Freiheit in Wahrnehmung ihrer Privatbelange zu beachten. Auf der andern Seite ist indes zu erwägen, ob es mit einer vertragstreuen Sorge für die Erfüllung der Gesellschaftsschuld vereinbar ist, das Vertragsziel der Gegenpartei des gesellschaftlichen Vertrages durch solche Maßnahmen zu vernichten. Von diesem Standpunkt aus, dem die vorbezeichnete Rechtsprechung nicht entgegensteht, sprechen durchgreifende Erwägungen für die Berufungsentscheidung. Von dem in RGZ. Bd. 131 S. 274 behandelten Fall und von dem im Urteil des erkennenden Senats vom 18. Februar 1932 VIII 537/31 in gleichem Sinn entschiedenen hebt sich der jetzt zu beurteilende dadurch ab, daß es damals an einer Wettbewerbsklausel fehlte. Die Ausführungen jener Urteile, soweit sie nach der Gesetzeslage und nach der Verkehrsauffassung eine Pflicht des Vermieters zum Hintanhalten von Wettbewerb mangels einer Abrede verneinen, schlagen für den vorliegenden Fall also nicht ein. Für die hier getroffene Abmachung hat der Berufungsrichter ohne Rechtsfehler angenommen, im Sinn der Beteiligten mache es keinen entscheidenden Unterschied, ob der Wettbewerb für andere Autobetriebstoffe und Öle als diejenigen der Klägerin zugelassen werde; es komme nach dem Schutzzweck des Vertrages auch nicht ausschlaggebend darauf an, ob eine fremde Tankstelle unmittelbar auf dem vermieteten Grundstück oder eine Reihe von Metern entfernt auf dem Nachbargrundstück aufgemacht werde. Wenn der Berufungsrichter von dieser Überlegung aus den Wettbewerb als dem Zweck des Vertrages zuwiderlaufend ansieht, so ist ihm, zunächst abgesehen von der Abgrenzung der zur Unterlassung verpflichteten Personen, nicht entgegenzutreten. Die Lage ist insoweit rechtlich nicht wesentlich anders als die des Falles RGZ. Bd. 119 S. 353. Auch der Umstand, daß bei der Lage der Grundstücke an der Ausfallstraße einer Großstadt die Errichtung von Tankstellen, auch von mehreren nebeneinander, gewöhnlich ist und den Wettbewerb durch Dritte als eine naheliegende Möglichkeit erscheinen lassen mußte, rechtfertigt es nicht, daß der Vermieter die Gefahr für den Betrieb seinerseits verwirklicht, während er sich durch Annahme einer Wettbewerbsklausel das Interesse des

Mieters (im Gegensatz zu der Lage des Falls RGZ. Bd. 131 S. 274) weitgehend zu eigen gemacht hat.

Für die Beurteilung gegenüber den verklagten Gesellschaftern, deren Verpflichtung sich nach dem Vorangestellten von der Verbindlichkeit des Vermieters rechtlich unterscheidet, fallen diese Umstände gleichfalls ins Gewicht. Es kann dahinstehen, ob sie den Ausschlag geben würden, wenn der außergesellschaftliche Interessenkreis der beiden Beklagten, von dem aus der Wettbewerb droht, der Sache nach von ihren gesellschaftlichen Belangen merklich geschieden wäre. Das kann aber keineswegs anerkannt werden, wenn die beiden einzigen Teilhaber der offenen Handelsgesellschaft — wie hier — wiederum in gemeinsamer Wahrnehmung ihrer Belange das Nachbargrundstück erwerben und dort Wettbewerb eröffnen, wenn sie also, lediglich die Rechtsform ändernd, als Miteigentümer je zur Hälfte statt als Gesellschafter auftreten. Schon dieser Umstand genügt, um die Vereitlung der die Gesellschaft verpflichtenden Wettbewerbsklausel durch das außergesellschaftliche Vorgehen der Gesellschafter als einen Verstoß gegen Treu und Glauben und gegen die aus § 128 HGB., § 242 BGB. erwachsene Pflicht zu kennzeichnen, für die Erfüllung der Gesellschaftsschuld durch die Gesellschaft einzutreten.

---

53. Hat das von rechts kommende Fahrzeug auch dann die Vorfahrt, wenn von zwei sich auf demselben Verkehrsweg begegnenden Fahrzeugen das eine in einen Seitenweg nach links einbiegen und hierbei die Fahrbahn des anderen kreuzen will?

Verordnung über Kraftfahrzeugverkehr vom 16. März 1928 (RGBl. I S. 91) § 24.[1])

VI. Zivilsenat. Urt. v. 12. Mai 1932 i. S. B.K.A. AG. u. Gen. (Bekl.) w. W. (Kl.). VI 528/31.

I. Landgericht II Berlin.
II. Kammergericht daselbst.

---

[1]) Durch § 24 Abs. 4 der Neufassung der Kraftfahrzeugverordnung vom 10. Mai 1932 (RGBl. I S. 201) ist das Vorfahrtsrecht für den Fall, daß ein Fahrzeug die Fahrt eines anderen, ihm auf demselben Verkehrsweg begegnenden Fahrzeuges kreuzen will, dahin geregelt worden, daß das seine Fahrtrichtung beibehaltende Fahrzeug die Vorfahrt hat. D. E.

Am 15. Mai 1930 fuhr der Kläger mit seinem Motorrad die B. Straße in T. in südlicher Richtung entlang. Als er sich der Kreuzung der B. Straße mit der K. A. Straße näherte, kam auf der B. Straße aus der entgegengesetzten Richtung der von dem Zweitbeklagten gesteuerte Kraftwagen der Erstbeklagten heran. Der Zweitbeklagte bog nach links in die K. A. Straße ein. Hierbei kam es zu einem Zusammenstoß zwischen dem Kraftwagen und dem Motorrad des Klägers. Dieses wurde beschädigt, der Kläger erlitt erhebliche Verletzungen.

Der Kläger nimmt wegen des ihm entstandenen Schadens die Erstbeklagte als Halterin und den Zweitbeklagten als Führer des Kraftwagens in Anspruch. Das Landgericht hat sich auf den Standpunkt gestellt, daß der Schadensersatzanspruch des Klägers zu $^4/_5$ dem Grunde nach gerechtfertigt sei, und hat die Beklagten unter Abweisung der weitergehenden Klage zur Zahlung von 1012,32 RM., zur Begleichung einer Arztrechnung und den Zweitbeklagten zur Zahlung eines Schmerzensgeldes von 2000 RM. verurteilt. Das Kammergericht hat die Berufung der Beklagten zurückgewiesen. Ihre Revision blieb ohne Erfolg.

Aus den Gründen:

Den Ausführungen, mit denen das Berufungsgericht darlegt, daß der Zweitbeklagte den Kläger habe vorbeilassen müssen, bevor er in die K. A. Straße einbog, ist zwar nicht in der Begründung, wohl aber im Ergebnis zuzustimmen. Das Berufungsgericht meint, von einer Verletzung des Vorfahrtsrechts könne keine Rede sein, wenn sich zwei Fahrzeuge auf demselben Verkehrsweg entgegenkämen. Das ist so allgemein nicht richtig. § 24 KFVo. regelt das Vorfahrtsrecht zunächst für den Fall, daß die Fahrbahn eines sich auf einem Hauptverkehrsweg bewegenden Fahrzeugs von der Fahrtrichtung eines aus einem Seitenweg kommenden Fahrzeugs geschnitten wird. Ein derartiger Fall war hier nicht gegeben. Denn das Motorrad des Klägers und der Kraftwagen der Beklagten kamen sich auf demselben Verkehrsweg, der B. Straße in T., entgegen. Aber die Regelung des Vorfahrtsrechts in § 24 KFVo. beschränkt sich nicht auf den Fall der Kreuzung der Fahrbahn eines Fahrzeugs auf dem Hauptverkehrsweg durch die Fahrbahn eines aus einem Seitenweg kommenden Fahrzeugs. Sie enthält darüber hinaus die allgemeine Regel, daß in allen sonstigen Fällen dem von rechts kommenden

Fahrzeug das Vorfahrtsrecht zusteht. Diese ergänzende Regel ist im Streitfall anzuwenden. Der Zweitbeklagte wollte mit seinem Kraftwagen, mit dem er bis dahin auf der rechten Seite der B. Straße entlang gefahren war, nach links in die K. A. Straße einbiegen. Er mußte hierbei die Fahrbahn des Klägers kreuzen, und zwar so, daß das Fahrzeug des Klägers bei dieser Begegnung das von rechts kommende war. Daraus folgt, daß dem Kläger nach § 24 Halbsatz 2 KFVo. das Vorfahrtsrecht zustand. Der erste Strafsenat des Reichsgerichts hat in seinem Urteil vom 4. Oktober 1929 (RGSt. Bd. 63 S. 263) mit Recht die Auffassung vertreten, daß § 24 KFVo. auf Fälle der vorliegenden Art anzuwenden ist. Er führt hierzu aus, man möge bei Erlaß der Bestimmung des § 24 Halbsatz 2 KFVo. in erster Linie an den Fall gedacht haben, daß zwei nach ihrem Verkehr gleichwertige Straßen aufeinandertreffen und ein Fahrzeug aus der einen Straße in die andere einbiege oder die andere kreuze; die Vorschrift regle aber sowohl ihrem Wortlaut als auch ihrer Zweckbestimmung nach ebenso die Fälle, in denen ein sich auf einem Hauptverkehrsweg bewegendes Fahrzeug in einen Seitenweg einbiegen und hierbei die Fahrtrichtung eines von rechts kommenden Fahrzeugs schneiden wolle. Dem ist zuzustimmen. § 24 KFVo. bietet keinen Anhalt für die Auffassung, daß das Vorfahrtsrecht des von rechts kommenden Fahrzeugs nur dann zu gelten hätte, wenn das kreuzende Fahrzeug aus einem Seitenweg herankommt. Das Vorfahrtsrecht ist vielmehr auch dann gegeben, wenn die in § 24 Halbsatz 2 KFVo. vorgesehene Verkehrslage dadurch hergestellt wird, daß ein auf derselben Straße entgegenkommendes Fahrzeug nach links einbiegen und dabei die Fahrbahn des auf dem gleichen Verkehrsweg weiterfahrenden Fahrzeugs kreuzen will. Soweit in früheren Entscheidungen des Senats (RGUrt. vom 23. April 1931 VI 570/30 und vom 8. Oktober 1931 VI 188/31) eine abweichende Rechtsansicht zum Ausdruck gekommen ist, wird sie nicht aufrechterhalten.

---

54. 1. Unterliegt ein Zwischenurteil des Berufungsgerichts, das die Wiedereinsetzung gegen die Versäumung der Einspruchsfrist erteilt, der Anfechtung mit der Revision gegen das Endurteil?

2. Über die Unzulässigkeit von nachfristlichen Ergänzungen und Erläuterungen zum Wiedereinsetzungsantrag.

3. Kann die besondere Art der mehrfachen schuldhaften Verursachung auch dann zur samtverbindlichen Verpflichtung mehrerer Ausgleichsverpflichteter gegenüber einem Ausgleichsberechtigten führen, wenn der letztere bei der nach § 254 BGB. erfolgenden Ausgleichung den Verpflichteten gegenüber nicht völlig freigestellt wird?

ZPO. §§ 233, 236, 548. BGB. §§ 426, 823, 831, 840.

IX. Zivilsenat. Urt. v. 23. April 1932 i. S. Berliner Straßenbahn-Betriebs-GmbH. (Kl.) w. M. u. Gen. (Bekl.). IX 355/31.

I. Landgericht I Berlin.
II. Kammergericht daselbst.

Ein Straßenbahnzug der Klägerin überholte an einer Kurve das mit Obst und Gemüse beladene Fuhrwerk des Erstbeklagten, das von seinem Kutscher, dem Zweitbeklagten gelenkt wurde. Dabei stieß ein über das Fuhrwerk seitlich hinausragendes Querbrett, das sich während der Fahrt verschoben hatte, in das Fenster eines Anhängewagens des Straßenbahnzuges. Ein Fahrgast der Klägerin wurde dadurch erheblich verletzt. Die Klägerin hat ihn schadlos gehalten und verlangt nunmehr von den beiden Beklagten als Gesamtschuldnern Ausgleich ihrer Leistungen, weil beide ein ursächliches Verschulden an dem Unfall treffe. Sie hat gegen beide Beklagte Versäumnisurteil nach ihrem Klagantrag erwirkt. Beide haben dagegen Einspruch eingelegt. Der Erstbeklagte, der die Einspruchsfrist versäumt hatte, hat auch Wiedereinsetzung in den vorigen Stand gegen diese Versäumung beantragt. Sein Antrag wurde vom Landgericht durch Urteil zurückgewiesen. Dieses wurde vom Kammergericht durch Zwischenurteil aufgehoben; dem Erstbeklagten wurde die beantragte Wiedereinsetzung bewilligt. Das Landgericht gab sodann der Klage gegen den Zweitbeklagten zur Hälfte der Ansprüche der Klägerin statt; ihre weitergehenden Ansprüche gegen diesen Beklagten und die gegen den Erstbeklagten gerichtete Klage wies es ab. Auf die Berufung der Klägerin verurteilte das Kammergericht unter Aufhebung des Versäumnisurteils beide Beklagte als Gesamtschuldner zur Zahlung der Hälfte der geforderten Beträge und wies die Klägerin mit ihren Mehransprüchen ab. Die Revisionen der Klägerin und der beiden Beklagten wurden zurückgewiesen.

Gründe:

A. Zur Revision der Klägerin:

I. 1. Das Berufungsgericht konnte zu einer sachlichen Entscheidung gegenüber dem Erstbeklagten nur kommen, weil es ihm durch Zwischenurteil die Wiedereinsetzung in den vorigen Stand gegen die Versäumung der Einspruchsfrist bewilligt hatte. Die Revision der Klägerin greift diese Entscheidung auf Grund des § 548 ZPO. wegen Verletzung der §§ 233, 236 ZPO. an. Ihr Angriff nötigt zunächst zur Beantwortung der Frage, ob ein solches Zwischenurteil der Nachprüfung in der Revisionsinstanz unterliegt. Diese Frage ist, soweit ersichtlich, bisher vom Reichsgericht noch nicht ausdrücklich entschieden worden; sie ist zu bejahen.

Grundsätzlich unterliegen der Beurteilung des Revisionsgerichts auch diejenigen Entscheidungen, die dem Endurteil vorausgegangen sind (§ 548 ZPO.); daß dazu Zwischenurteile nach § 303 ZPO. gehören, bedarf keiner Erörterung. Eine Ausnahme erleidet jener Grundsatz bei solchen Entscheidungen, die „nach den Vorschriften der Gesetze unanfechtbar", und, wie zu ergänzen ist, bei solchen, die nach gesetzlicher Vorschrift selbständig anfechtbar sind. In beiden Fällen müssen besondere Vorschriften die Ausnahme begründen, oder sie müßte sich aus dem inneren Aufbau der Prozeßordnung herleiten lassen. Weder Gründe der einen noch der anderen Art sprechen dafür, daß ein nach § 303 ZPO. erlassenes Zwischenurteil der Nachprüfung mit dem Endurteil nach § 548 ZPO. entzogen sein sollte. Eine ausdrückliche gesetzliche Vorschrift fehlt; auch der innere Aufbau der Prozeßordnung gibt keine Anhaltspunkte für eine solche Annahme. Daß ein Zwischenurteil eines Oberlandesgerichts, durch welches die Wiedereinsetzung in den vorigen Stand gegen die Versäumung der Frist zum Einspruch gegen ein Versäumnisurteil gewährt wurde, nicht der selbständigen Anfechtung durch die Revision unterliegt, hat der IV. Zivilsenat des Reichsgerichts bereits in RGZ. Bd. 12 S. 373 entschieden. Seinen Ausführungen ist beizutreten. Der IV. Zivilsenat hat daraus auch die Folgerung gezogen, ein solches Zwischenurteil unterliege der Revision (nur) unter der Voraussetzung, daß der Rechtsstreit anderweit zur Verhandlung und Entscheidung in zweiter Instanz, und zwar zur Abgabe eines Endurteils, gelange, und daß der Gegner des Wiedereingesetzten über das Endurteil in einer die Zuständigkeit des Revisionsgerichts begründenden Weise Beschwerde führe. Zwar beruhte jenes Urteil nicht auf dieser Rechtsausführung; es ist ihr aber beizutreten. Diesem Ergebnis stehen auch nicht entgegen einige Urteile und Beschlüsse des Reichsgerichts, in denen die Gewährung der Wiedereinsetzung durch Beschluß für unwiderruflich erklärt wurde. So hat der VII. Zivilsenat in einem Beschluß vom 24. Januar 1922 VII 423/21 (JW. 1922 S. 1392 Nr. 8) die Wiedereinsetzung gegen die Versäumung der Berufungsfrist für unwiderruflich erklärt, obgleich sie durch einen Beschluß erteilt worden war, der unter mehrfachen Verstößen gegen die Prozeßordnung zustande gekommen war. Und der I. Zivilsenat hat in einem Urteil vom 3. März 1928 I 237/27 (LZ. 1928 Sp. 757 Nr. 27) ausgesprochen, gegen einen Beschluß, der die Wiedereinsetzung gegen die Versäumung der Berufungsfrist erteile, gebe es kein Rechtsmittel; er sei nicht mit dem in der Sache selbst ergehenden Urteil, gleich als gehöre er zu diesem, nachträglich anfechtbar und könne vom Revisionsgericht nicht nachgeprüft werden. Der VIII. Zivilsenat hat die gleiche Frage in seinem Beschluß vom 16. April 1931 VIII B 11/31 (JW. 1931 S. 1759 Nr. 5 Schlußsatz) dahingestellt gelassen. Es kann offen bleiben, ob den Entscheidungen, die den Wiedereinsetzungsbeschluß für nicht nachprüfbar erklären, beizutreten wäre. Denn daß grundsätzlich Entscheidungen, die eine Wiedereinsetzung gewähren, etwa wegen dieses ihres Inhalts unanfechtbar sein sollten, ist nirgends ausgesprochen. Es ist auch kein durchgreifender innerer Grund dafür ersichtlich. Übrigens ist es im vorliegenden Fall nicht etwa in das Ermessen des Berufungsgerichts gestellt gewesen, ob die Entscheidung über die Wiedereinsetzung durch Urteil oder durch Beschluß zu erfolgen hatte, sodaß etwa „die zufällige Aufnahme in das Urteil den Antragsteller schädigen" konnte (so Baumbach ZPO. 6. Aufl. § 238 Anm. 5). Es handelte sich um den Einspruch gegen ein Versäumnisurteil. Deshalb fanden gemäß § 238 Abs. 2 ZPO. auf die Entscheidung über die Wiedereinsetzung und auf die Anfechtung dieser Entscheidung die Vorschriften Anwendung, welche für den Einspruch selbst galten. Es mußte also über den Antrag auf Wiedereinsetzung auch dann auf Grund mündlicher Verhandlung durch Urteil entschieden werden, wenn, wie hier, die Verhandlung und Entscheidung auf den Wiedereinsetzungsantrag beschränkt worden war. Und zwar mußte durch Endurteil entschieden werden, wenn das Gesuch zurückgewiesen wurde, dagegen durch Zwischenurteil oder im Endurteil, wenn ihm stattgegeben wurde. Durch Beschluß durfte nicht darüber entschieden werden.

Dies Ergebnis steht in Einklang mit dem Grundsatz, daß alle Entscheidungen, die auf Grund einer mündlichen Verhandlung durch Urteil ergehen, im Rahmen des § 548 ZPO. der Nachprüfung unterworfen sein sollen, soweit sie nicht der selbständigen Anfechtung unterliegen; daß letzteres nicht der Fall ist, steht außer Zweifel. Denn die mündliche Verhandlung selbst und damit auch Urteile, die auf eine solche hin ergehen, bilden mit der Schlußentscheidung eine Einheit. Das Zwischenurteil des Kammergerichts unterliegt hiernach, da die Zulässigkeit der Revision gegen das ihm folgende Endurteil außer Zweifel steht, gemäß § 548 ZPO. der Nachprüfung durch das Revisionsgericht.

2. Die Angriffe der Revision gegen dieses Zwischenurteil nötigen zunächst zur Darstellung der prozessualen Vorgänge, die ihm zugrundeliegen.

Gegen beide Beklagte ist am 4. April 1927 Versäumnisurteil des Landgerichts ergangen. Es ist dem Erstbeklagten am 21. April 1927 persönlich zugestellt worden. Durch einen am 17. Juni 1927 bei dem Landgericht eingegangenen Schriftsatz vom 16. Juni 1927 hat dieser Beklagte Einspruch dagegen eingelegt und mit der Behauptung, er habe von der Zustellung des Versäumnisurteils ohne sein Verschulden keine Kenntnis erlangt, die Wiedereinsetzung gegen die Versäumung der Einspruchsfrist beantragt; dabei hat er eigene eidesstattliche Versicherungen sowie solche seiner Frau und seiner Tochter und Urkunden zur Glaubhaftmachung seiner tatsächlichen Behauptungen vorgelegt. In einem weiteren Schriftsatz vom 30. Juni 1927 hat er seine Angaben ergänzt und u. a. noch eine von ihm selbst abgegebene eidesstattliche Versicherung vorgelegt; weitere Ausführungen brachte er in einem Schriftsatz vom 9. Juli 1927; dort bot er auch für verschiedene seiner tatsächlichen Behauptungen Beweise an. Das Landgericht verhandelte am 11. Juli 1927 über seinen Antrag unter Beschränkung der Verhandlung und Entscheidung auf diesen und ordnete Beweiserhebung über die tatsächlichen Behauptungen des Antragstellers an. Nachdem noch weitere Urkunden vorgelegt worden waren, erhob es durch einen beauftragten Richter die angeordneten Beweise durch Vernehmung mehrerer Zeugen, darunter der Frau und der Tochter des Antragstellers; die Parteien wechselten nach Beendigung dieser „Beweisaufnahme" noch Schriftsätze; am 31. Oktober 1927 wurde zwischen der Klägerin und dem Zweitbeklagten zur Hauptsache, zwischen ihr und dem Erstbeklagten unter Beschränkung auf den Wiedereinsetzungsantrag neuerdings mündlich verhandelt; dann erließ das Landgericht gegen den Zweitbeklagten Urteil zur Sache selbst, gegen den Erstbeklagten zum Wiedereinsetzungsantrag, den es zurückwies.

Das Kammergericht hob diese Entscheidung mit dem (gemäß § 548 ZPO.) mitangefochtenen Zwischenurteil auf und gewährte dem Erstbeklagten die Wiedereinsetzung gegen die Versäumung der Einspruchsfrist. Es beanstandet zunächst das Beweisverfahren des Landgerichts als unzulässig und erwägt weiter: Bei der Prüfung des Wiedereinsetzungsantrags dürften nur solche Tatsachen und Beweismittel zugrunde gelegt werden, die in dem bestimmenden Schriftsatz des § 236 ZPO. oder in einem innerhalb der Fristen der §§ 234, 235 a. a. O. nachgereichten Schriftsatz enthalten seien. Das Landgericht habe seiner „Beweiswürdigung" den gesamten bis zum Schluß der mündlichen Verhandlung (31. Oktober 1927) vorliegenden Stoff zugrunde gelegt. Das könne jedenfalls dann nicht mehr beanstandet werden, wenn man einen Verzicht der Parteien auf die Einhaltung der Form des Wiedereinsetzungsantrags und der Bestimmung des § 294 Abs. 2 ZPO. nach § 295 ZPO. für zulässig halte; eine Rüge hätten die Parteien nicht erhoben. Es erscheine aber in jedem Fall bedenklich, eine nun einmal vorliegende Beweisaufnahme nicht zu verwerten, wenn sich aus ihr die Unrichtigkeit der vorgelegten eidesstattlichen Versicherungen ergäbe. Doch brauche zu diesen zweifelhaften Fragen nicht Stellung genommen zu werden, weil die sämtlichen vom Erstbeklagten vorgetragenen Tatsachen ein „einheitliches Gesamtbild" ergäben, das von vornherein erkennbar gewesen und nur durch Einzelheiten ergänzt worden sei. Es könne dem Antragsteller nicht verwehrt werden, auf die Stellungnahme seines Gegners zu den vom Antragsteller zunächst vorgebrachten Tatsachen hin im Wege der Erwiderung ergänzende nähere Aufklärungen über einzelne besonders angegriffene Punkte zu bringen. Das Kammergericht habe jedenfalls die von dem Antragsteller mit seinem Antrag vorgelegten eidesstattlichen Versicherungen des Erstbeklagten, seiner Frau und seiner Tochter und auch noch seine vor der (ersten) mündlichen Verhandlung vorgelegte weitere eidesstattliche Versicherung verwerten dürfen. Das Ergebnis der Beweisaufnahme habe der Senat nur zur Frage der ordnungsmäßigen Zustellung des Versäumnisurteils (und zwar insoweit gegen den Antragsteller) verwertet, im übrigen aber aus der Beweisaufnahme nichts entnommen, was die Verwertung der eidesstattlichen Versicherungen als Glaubhaftmachungsmittel ausschließen würde... (Es wird dann ausgeführt, der Erstbeklagte habe von der Zustellung des Versäumnisurteils ohne sein Verschulden keine Kenntnis erlangt; ein Verschulden von Frau und Tochter belaste ihn nicht, da sie nicht seine Vertreter gewesen seien.)

Die Revision der Klägerin beanstandet u. a., daß das Berufungsgericht zur Begründung der Wiedereinsetzung auch denjenigen Sachverhalt herangezogen habe, der nicht im Wiedereinsetzungsgesuch des Erstbeklagten geltend gemacht worden, sondern erst später in der Verhandlung hervorgetreten sei. Ihre Rüge kann keinen Erfolg haben.

Auf die Einhaltung der Vorschriften der §§ 233flg. ZPO., insbesondere der des § 236, kann nicht wirksam verzichtet werden (§ 295 Abs. 2 das.; vgl. RGZ. Bd. 16 S. 368 [369], Bd. 131 S. 261). Das Landgericht hatte über den Wiedereinsetzungsantrag am 11. Juli und am 31. Oktober 1927 mündlich verhandelt. Dazwischen hatte ein „Beweisverfahren" stattgefunden. Das war unzulässig (§ 294 Abs. 2 ZPO.). Gleichwohl konnte dadurch für den Antragsteller die Möglichkeit eröffnet worden sein, Glaubhaftmachungsmittel, die er fristgemäß nur zu bezeichnen brauchte (RGZ. Bd. 78 S. 124/125; RG. in BayRpflZ. 1925 S. 132), noch bis zum Schluß der (letzten) mündlichen Verhandlung, also bis zum 31. Oktober 1927, beizubringen. Ob dem Erstbeklagten eine solche Befugnis durch das prozeßordnungswidrige Verfahren des Landgerichts entstanden ist, und ob man sagen kann, er habe von dieser Befugnis in der Beweisaufnahme Gebrauch gemacht, kann jedoch dahingestellt bleiben. Denn entgegen der Annahme der Revision der Klägerin hat sich das Kammergericht in der Tat auf die Würdigung derjenigen tatsächlichen Behauptungen und Glaubhaftmachungsmittel beschränkt, die jedenfalls innerhalb der Frist des § 234 ZPO. in der Form des § 236 das. angegeben und beigebracht worden waren. Es kommt deshalb auch nicht darauf an, ob den Ausführungen des Kammergerichts beizupflichten wäre, wonach „Ergänzungen und nähere Aufklärungen einzelner Punkte" als Erwiderung auf gegnerische Angriffe zulässig sein müßten, wenn nur der gesamte zur Begründung des Antrags vorgebrachte Tatsachenstoff eine bestimmte Richtung verfolge, die durch spätere Nachträge bloß noch ausgestaltet, vervollständigt werde. In solcher Allgemeinheit sind nämlich diese Ausführungen des Kammergerichts bedenklich und widersprechen möglicherweise den Grundsätzen, die das Reichsgericht in RGZ. Bd. 31 S. 402 und — ausführlicher — in dem Urteil des IV. Zivilsenats vom 2. Dezember 1920 IV 303/20 niedergelegt hat. Danach muß gefordert werden, daß alle tatsächlichen Angaben fristgemäß vorgebracht werden, deren Anführung notwendig ist, um den Wiedereinsetzungsantrag gerechtfertigt erscheinen zu lassen. Zu diesen gehören aber, so führt das letztere Urteil weiter aus, auch diejenigen, die den bisherigen Wiedereinsetzungsgrund in wesentlicher Beziehung ergänzen sollen. Abgesehen davon jedoch, daß die Ausführungen des Berufungsgerichts die Annahme zulassen, es erachte jene verspätet vorgebrachten tatsächlichen Angaben nicht als „notwendige", „wesentliche" Ergänzungen, beruht die Entscheidung des Kammergerichts jedenfalls nicht auf einer solchen etwa zu weitgehenden Auffassung, sondern sie ist ersichtlich nur auf die Würdigung der fristgemäß aufgestellten tatsächlichen Behauptungen und vorgelegten Glaubhaftmachungsmittel gegründet. Die Revision hat auch die Angabe unterlassen, inwieweit im einzelnen das Zwischenurteil des Berufungsgerichts auf der Berücksichtigung verspäteten Vorbringens oder verspäteter Glaubhaftmachungsmittel beruhen soll.

Die Würdigung sowohl des tatsächlichen Vorbringens des Antragstellers wie insbesondere der Glaubhaftmachungsmittel durch das Berufungsgericht ist der Nachprüfung in der Revisionsinstanz entzogen (RGZ. Bd. 7 S. 326, Bd. 50 S. 360 mit Anführungen, Bd. 78 S. 124; RG. in JW. 1896 S. 33 Nr. 17; Sydow-Busch-Krantz ZPO. § 294 Anm. 1). Denn das Reichsgericht wird auf Grund des § 548 ZPO. auch insoweit als reine Revisionsinstanz tätig im Gegensatz zu den Fällen von § 567 Abs. 3 Satz 2, § 519 Abs. 2 Halbsatz 2 ZPO., wo es als Beschwerdeinstanz zugleich Tatrichter ist. Auch gehört die Zulässigkeit des Einspruchs nicht zu den Prozeßgrundlagen, deren Vorhandensein in der Revisionsinstanz stets von Amts wegen, erforderlichenfalls unter eigener Tatsachenermittlung, zu prüfen ist.

Deshalb ist, für das Revisionsgericht bindend, als glaubhaft gemacht zu erachten, daß der Erstbeklagte von der Zustellung des Versäumnisurteils vor dem 14. Juni 1927 keine Kenntnis erlangt hat. Wenn das Kammergericht weiter annimmt, es treffe ihn an der Nichtkenntnis kein Verschulden, so ist darin kein Rechtsfehler zu sehen; jene Beurteilung beruht im wesentlichen auf den in tatsächlicher Hinsicht dem Berufungsgericht glaubhaft gemachten Verhältnissen und der Einrichtung des Geschäftsbetriebs dieses Beklagten. Aus ähnlichen Erwägungen kann rechtlich nicht beanstandet werden, daß das Berufungsgericht Frau und Tochter dieses Beklagten nicht als Vertreter nach § 232 Abs. 2 ZPO. betrachtet. Zwar ist es nicht richtig, wenn es von „besonderen" Vertretern im Sinne dieser Vorschrift spricht; denn sie hat nicht bloß eine „besondere", sondern gerade auch eine allgemeine Vertretung im Auge. Aber das Kammergericht will ersichtlich den Mangel sowohl einer besonderen wie auch einer allgemeinen Vollmacht annehmen, durch welche Frau und Tochter über die Erledigung des geschäftlichen Briefwechsels und der Buchführung hinaus zur Vertretung des Erstbeklagten bestellt worden wären.

II. Das Kammergericht hat den Ausgleich zwischen den Gesamtschuldnern in dem Verhältnis vorgenommen, daß die Klägerin und die beiden Beklagten je für die Hälfte des Schadens aufzukommen haben. Hierzu ist das Kammergericht auf Grund von Erwägungen gelangt, die sich im wesentlichen wie folgt zusammenfassen lassen:

Sowohl den Straßenbahnführer wie den Zweitbeklagten treffe ein Verschulden; das Verschulden jedes von beiden habe in gleicher Weise den Schaden verursacht. Dasjenige des ersteren bestehe darin, daß er, obwohl er den vorschriftswidrigen Zustand der Ladung des Fuhrwerks erkannt gehabt habe, bei dessen Überholung durch den Straßenbahnzug nicht ganz langsam und mit äußerster Sorgfalt weitergefahren sei und nicht von dem Befahren der Rechtskurve so lange Abstand genommen habe, bis das Fuhrwerk sich vom Gleise so weit entfernt gehabt hätte, daß eine Berührung mit dem Straßenbahnzug ausgeschlossen gewesen wäre. Dadurch sei die von der Klägerin zu vertretende Betriebsgefahr des Straßenbahnzuges erhöht worden. Das Verschulden des Zweitbeklagten bestehe darin, daß er, obwohl der Fahrdamm neben den Gleisen genügenden Raum geboten habe, die Schienen befahren, das Straßenbahngleis nicht auf die Zeichen des Straßenbahnführers hin freigegeben, sondern zu spät verlassen habe, auch dann ungeachtet der Gleiskrümmung nicht genügend nach rechts gefahren sei. Die Schadensersatzpflicht des Erstbeklagten ergebe sich aus § 831 BGB., weil er den dort ihm eröffneten Entlastungsbeweis nicht erbracht habe; denn er habe zur Ladung seines Wagens nicht, wie er das hätte tun sollen, Bretter, die mit Holzquerleisten versehen waren, verwendet, sondern solche ohne Querleisten. Dadurch hätten sich die Bretter verschoben und hätten seitlich herausgestanden, was nicht möglich gewesen wäre, wenn ordnungsmäßig mit Querleisten versehene Bretter verwendet worden wären. Ein mitwirkendes Verschulden des verletzten Fahrgastes sei nicht erwiesen. Das erhebliche Verschulden des Zweitbeklagten sei dem Verschulden des Straßenbahnführers gleichzubewerten, durch das die Betriebsgefahr des Bahnzuges erhöht worden sei. Da „das Maß der Ursächlichkeit auf beiden Seiten gleichzuwerten sei", hätten die Beklagten „nach § 840 BGB. als Gesamtschuldner" nur für die Hälfte des Schadens aufzukommen.

Die von der Revision dagegen erhobenen Angriffe sind nicht begründet... (Es folgt zunächst die Abweisung mehrerer hier nicht interessierender Revisionsangriffe.)

Die Revision meint weiter, das Vertragsverhältnis der Klägerin zu ihrem Fahrgast habe nicht zur Folge, daß der Wagenführer den beiden Beklagten gegenüber als Erfüllungsgehilfe anzusehen wäre; die beiden Parteien (richtig: die drei Parteien) stünden nicht im Vertragsverhältnis zueinander. Aber die Heranziehung des § 278 BGB. bei der Ausgleichung nach § 426 das. entspricht der ständigen Rechtsprechung des Reichsgerichts und auch der Rechtslehre (vgl. RGRKomm. BGB. § 426 Anm. 1 vorletzter Absatz S. 636; RG. in Gruch. Bd. 59 S. 354). Im übrigen kommt es im vorliegenden Fall auf die Heranziehung des § 278 BGB. gar nicht an, da die Klägerin für das Verschulden ihres Wagenführers schon auf Grund des Reichshaftpflichtgesetzes auch bei der inneren Abwägung nach den §§ 426, 254 BGB. einzustehen hat (vgl. RGZ. Bd. 93 S. 98).

Ferner rügt die Revision unter Bezugnahme auf das Urteil des VI. Zivilsenats vom 19. Juni 1911 VI 383/10 (JW. 1911 S. 753 Nr. 8), der eingeklagte Anspruch habe unter dem Gesichtspunkt gewürdigt werden müssen, ob der Zweitbeklagte der Klägerin auf Grund des § 316 StGB. in Verb. mit § 823 Abs. 2 BGB. unmittelbar hafte, und dann hätte geprüft werden müssen, ob diesem Anspruch gegenüber der Einwand des eigenen Verschuldens des Straßenbahnführers überhaupt in Betracht komme. Diese Würdigung hätte aber auch dann zu keinem anderen Ergebnis führen können, wenn nach § 823 Abs. 2 BGB. mit § 316 StGB. eine unmittelbare Schädigung der Klägerin durch den Zweitbeklagten angenommen werden könnte, welche der Erstbeklagte nach § 831 BGB. zu vertreten hätte. Denn auch dann griffe Platz die Abwägung aus § 254 BGB. unter Berücksichtigung des von der Klägerin hier ebenfalls zu vertretenden (§ 278 BGB.) Verschuldens ihres Erfüllungsgehilfen als Ursache der Verletzung ihres Fahrgastes und der von ihr zu vertretenden erhöhten Betriebsgefahr. Es ist jedenfalls kein Grund ersichtlich, weshalb § 254 BGB. hier nicht anwendbar sein oder einen andern Inhalt haben sollte. Es kann auf das oben angeführte Urteil bei Gruch. Bd. 59 S. 354 (356) bezuggenommen werden.

B. Auch die Revision der beiden Beklagten kann keinen Erfolg haben. Nicht von ihr gerügt ist die Festsetzung gesamtschuldnerischer Haftung der beiden Beklagten gegenüber dem Ausgleichs- (Ersatz-) Anspruch der Klägerin. Sie könnte zu rechtlichen Bedenken Anlaß geben, deren Prüfung, weil sie auf sachlichrechtlichem Gebiet liegt, dem Revisionsgericht auch ohne Rüge offensteht. Das Kammergericht führt hierzu aus: Die Regel des § 426 BGB., die Verteilung der Haftung auf die Verpflichteten zu gleichen Teilen, werde im vorliegenden Fall infolge der sinngemäßen Anwendung des § 254 BGB. dadurch ersetzt, daß das Maß der anteiligen Haftung durch das Maß der Verursachung des Unfalls bestimmt werde. Die Ausgleichung könne auch zu einer völligen Freistellung der Klägerin und dadurch zu einer gesamtschuldnerischen Haftung der beiden Beklagten führen, sodaß die Anträge der Klägerin schlüssig seien.

Das Kammergericht hat aber nicht dieser mit der Rechtsprechung in Einklang stehenden Erkenntnis gemäß entschieden. Denn es kommt nicht etwa zu dem Ergebnis, daß die Anwendung des § 254 BGB. zu einer völligen Freistellung der Klägerin und dadurch zu einer gesamtschuldnerischen Haftung der beiden Beklagten führe (vgl. RGZ. Bd. 92 S. 146), sondern sagt, das erhebliche Verschulden des Zweitbeklagten an dem Zusammenstoß sei dem Verschulden des Straßenbahnführers, durch welches die Betriebsgefahr des Bahnzuges erhöht worden sei, gleich zu bewerten. Da das Maß der Ursächlichkeit auf beiden Seiten gleichzuachten sei, hätten die Beklagten nach § 840 BGB. als Gesamtschuldner nur für die Hälfte des Schadens aufzukommen.

Zwar sind die Ausführungen des Berufungsgerichts über die Haftung des Erstbeklagten so zu verstehen: auch sein Verschulden aus § 831 BGB. sei — gleich dem des Zweitbeklagten aus § 823 BGB. — der durch das Verschulden des Straßenbahnführers erhöhten Betriebsgefahr der Straßenbahn als gleichwertig gegenüberzustellen. Aber auch dann ist nicht ohne weiteres ersichtlich, wie denn das Kammergericht trotzdem zur Festsetzung der gesamtschuldnerischen Haftung der beiden Beklagten der Klägerin gegenüber gelangt ist; denn, wovon es selbst ausgeht, dem Ausgleichsberechtigten haften die mehreren Ausgleichsverpflichteten an sich nicht als Gesamtschuldner (vgl. RGRKomm. § 426 Anm. 1 S. 636 unten; RGZ. Bd. 84 S. 415 u. 432, Bd. 87 S. 67; JW. 1914 S. 922 Nr. 7; RG. im Recht 1915 Nr. 1759). Wohl aber hafteten alle drei Parteien gemäß § 840 BGB. dem Verletzten als Gesamtschuldner. Die Heranziehung des § 840 Abs. 1 BGB. am Schluß der Ausführungen des Kammergerichts läßt die Möglichkeit offen, es habe die Samtverbindlichkeit der Ausgleichsverpflichtung aus dieser Vorschrift gefolgert; das wäre ein Rechtsirrtum, da § 840 BGB. nichts mit der Ausgleichung zu tun hat. Die Rechtslage war vielmehr so, daß, von § 254 BGB. abgesehen, nach § 426 BGB. die drei Gesamtschuldner im Innenverhältnis an sich zu gleichen Teilen verpflichtet waren. Diese Anteilsbemessung konnte aber durch die im Rahmen des § 426 zulässige Anwendung des § 254 BGB. geändert werden und ist vom Berufungsgericht in einer rechtlich nicht zu beanstandenden Anwendung dieser Bestimmung zunächst dahin geändert worden, daß die Klägerin von den beiden Beklagten nicht je ein Drittel, sondern im Ganzen die Hälfte des von ihr ersetzten Schadens sollte erstattet verlangen können. Damit war aber noch nichts darüber gesagt, ob sie diese Hälfte von den beiden Beklagten als Gesamtschuldnern verlangen kann. Die Frage der Höhe des Anteils, der jeden Ausgleichspflichtigen wegen § 254 BGB. abweichend von § 426 BGB. trifft, hat mit der Frage zunächst nichts zu tun, ob die Ausgleichsverpflichteten dem Ausgleichsberechtigten für ihre Quoten gesamtschuldnerisch haften. Ein solcher Anspruch besteht vielmehr an sich nicht, im Gegenteil, er widerspricht der Natur des Ausgleichsanspruchs als solchen (so übereinstimmend alle Kommentare zum BGB.; RG. in JW. 1914 S. 922 Nr. 7 und im

Recht 1915 Nr. 1759; RGZ. Bd. 84 S. 415 [432], Bd. 92 S. 146). Eine gesamtschuldnerische Haftung der Ausgleichsverpflichteten wurde bisher nur dann anerkannt, wenn die Anwendung des § 254 BGB. zu einem völligen Ausscheiden eines Haftpflichtigen führte (RGZ. Bd. 84 a. a. O., Bd. 87 S. 64, Bd. 92 a. a. O.), weil dann sachlich nicht mehr der Ausgleichsanspruch, sondern ein anders gearteter Ersatzanspruch in Frage stand. Deshalb muß geprüft werden, ob auch eine Anwendung des § 254 BGB., welche nicht ein völliges Ausscheiden eines Gesamtschuldners aus der Haftung im Innenverhältnis, sondern eine anderweite Verteilung rechtfertigt, unter besonderen Umständen dahin führen kann, daß mehrere Ausgleichsverpflichtete einem Ausgleichsberechtigten als Gesamtschuldner verbunden sind. Eine solche Gesamtverbindlichkeit könnte dann allerdings nicht aus der Rechtsnatur des Anspruchs insofern hergeleitet werden, als er nicht mehr ein Ausgleichs-, sondern ein Ersatzanspruch (aus der unerlaubten Handlung) sei; daß dem Ausgleichsanspruch als solchem die gesamtverbindliche Haftung der Verpflichteten fremd ist, wurde bereits gesagt. Sie könnte sich aber aus der sonstigen Natur der Sachlage ergeben insofern, als nicht § 254 BGB. gegenüber § 426 BGB., sondern umgekehrt § 426 gegenüber § 254 als Ergänzungsvorschrift anzusehen, in erster Linie aber Art und Umfang des geschuldeten Ausgleichs aus der die Verpflichtung zur Leistung bestimmenden Vorschrift des § 254 BGB. zu entnehmen ist. So hat das Kammergericht auch „das Maß der anteiligen Haftung durch das Maß der Verursachung bestimmen" wollen. Und dieses so zu bestimmende Maß brauchte nicht unbedingt anteilig beschränkt zu bleiben, sondern es konnte unter besonderen Umständen die Gesamtverbindlichkeit in sich schließen. Die aus § 254 BGB. sich ergebende Natur der Sachlage ist nun hier so geartet, daß die vom Kammergericht getroffene Entscheidung im Ergebnis keinen rechtlichen Bedenken unterliegt. Denn es stehen in Wahrheit nicht drei, sondern zwei Ausgleichungsparteien einander gegenüber: die Klägerin mit ihrer erhöhten Betriebsgefahr und ihrer auch bei der Ausgleichung nach dem oben hierzu Gesagten zu berücksichtigenden Haftung aus § 278 BGB. einerseits, das Verschulden des Zweitbeklagten anderseits. Das Verschulden des Erstbeklagten aus § 831 BGB. wird dagegen hier ursächlich nur durch das Verschulden des Zweitbeklagten: Geschäftsherr und Verrichtungsgehilfe bilden hier der Klägerin gegenüber eine einheitliche Gruppe. Den Verrichtungsgehilfen trifft ein selbständiges Verschulden, das aber hier ohne das des Geschäftsherrn nicht ursächlich geworden wäre, wie umgekehrt das Verschulden (§ 831 BGB.) des Geschäftsherrn (hier) nicht ohne das des Verrichtungsgehilfen wirksam geworden wäre. Diese besonderen Umstände rechtfertigen die vom Berufungsgericht im Rahmen des durch § 254 erweiterten § 426 BGB. getroffene Regelung. Es steht nichts im Wege, unter solch besonders gearteten Verhältnissen dem Tatrichter nach § 254 BGB. die Möglichkeit zu geben, festzustellen, daß mehrere Ausgleichsverpflichtete auch dem nicht völlig befreiten Ausgleichsberechtigten für den ihm zu leistenden Ersatz samtverbindlich haften.

---

55. 1. Welchen Zusammenhang mit dem Vergleich muß ein Abkommen mit einem einzelnen Gläubiger haben, damit es unter § 5 Abs. 3 VerglO. fällt?

2. Zum Begriff der „Bevorzugung" in § 5 Abs. 3 und zu dem des „besonderen Vorteils" in § 96 VerglO.

VIII. Zivilsenat. Urt. v. 23. Mai 1932 i. S. St. (Bekl.) w. V. Kredit-Versich.-AG. (Kl.). VIII 60/32.

I. Landgericht Hamburg.
II. Oberlandesgericht daselbst.

Die Klägerin war Gläubigerin der offenen Handelsgesellschaft H. & V. in H., als diese im November 1929 ihre Zahlungen einstellte. Mit letzterer gründete der Beklagte im Dezember 1929 die H. & V. GmbH. mit 50000 RM. Stammkapital, an dem der Beklagte mit 30000 RM. Bareinlage beteiligt war, während die offene Handelsgesellschaft auf den andern Geschäftsanteil von 20000 RM. ihre Exportagentur-Verträge einbringen sollte. Im Januar 1930 wurde das Vergleichsverfahren über die offene Handelsgesellschaft H. & V. eingeleitet. Der am 3. Mai 1930 von der Schuldnerin gemachte Vergleichsvorschlag wurde schließlich angenommen und am 30. Juni 1930 gerichtlich bestätigt. In diesem Vergleich nahm die Beteiligung der Schuldnerin an der neu gegründeten H. & V. GmbH. eine Sonderstellung ein. Während im übrigen das gesamte Vermögen der Schuldnerin und ihrer Tochtergesellschaften zu Geld gemacht und durch einen

Treuhänder verteilt werden sollte, übernahm der Treuhänder für die Gläubiger den Gesellschaftsanteil der offenen Handelsgesellschaft an der GmbH. und erhielt dazu von dem Geschäftsanteil des Beklagten weitere 5500 RM. Er sollte die auf diese Anteile entfallenden Gewinne einziehen und an die Gläubiger verteilen.

Wegen der für die Annahme des Vergleichs bedeutsamen Zustimmung der Klägerin haben Verhandlungen zwischen ihr, der offenen Handelsgesellschaft und dem Beklagten stattgefunden. Sie führten zu einem Abkommen vom 25. Mai 1930, wonach sich der Beklagte verpflichtete, innerhalb dreier Monate an die Klägerin 25000 RM. zu zahlen. Sie übertrug hierfür an ihn „ihre sämtlichen Rechte an der H. & V. Lebensmittel-Gesellschaft für Export mbH.".

Auf Zahlung der 25000 RM. mit Zinsen hat die Klägerin den Beklagten in Anspruch genommen. Der Beklagte hat Nichtigkeit des Abkommens wegen Stimmenkaufs nach § 96 der Vergleichsordnung vom 5. Juli 1927 (RGBl. I S. 139) eingewendet. Das Landgericht verurteilte ihn indes nach dem Klagantrag. Das Oberlandesgericht wies die Berufung des Beklagten zurück. Seine Revision führte zur Aufhebung und Zurückverweisung.

Gründe:

Der Berufungsrichter stellt dahin, ob der vom Beklagten nach dem Abkommen vom 25. Mai 1930 zu zahlende Betrag (im Vergleich mit dem, was die anderen Gläubiger nach dem damaligen Vorschlag erhalten sollten) hoch oder niedrig war und ob darin ein „besonderer Vorteil" für die Klägerin zu erblicken sei. Er nimmt bezug auf Behauptungen des Beklagten, in denen der Gang der Verhandlungen dargestellt ist, die zu dem Abkommen der Parteien geführt haben. Danach unterstellt er, bei den Verhandlungen möge die Klägerin zunächst wesentlich höhere Forderungen gestellt, sie möge auch bei der schließlichen Annahme des Angebots von 25000 RM. durch den Beklagten ausdrücklich ihre nunmehrige Zustimmung zu dem Vergleich erklärt haben. Das Zahlungsversprechen sei indessen nur der Beweggrund der Klägerin gewesen, für den Vergleichsvorschlag zu stimmen, aber nicht, worauf es ankomme, die Gegenleistung.

Die Revision macht mit Recht geltend, der Berufungsrichter habe außer acht gelassen, ob abgesehen von der Anwendbarkeit des

§ 96 VerglO. das streitige Abkommen nicht schon nach § 5 Abs. 3 das. nichtig sei. Unbedenklich liegt die Voraussetzung dieser Vorschrift vor, daß es sich um ein Abkommen („anderer Personen") mit einem einzelnen Gläubiger handelt, das abseits steht von der Sonderberücksichtigung einzelner in der Öffentlichkeit des Vergleichsverfahrens, wie nach § 5 Abs. 2 VerglO. eine Gläubigermehrheit sie zulassen kann. Die Klägerin meint, durch die Feststellungen des Berufungsrichters sei aber ausgeschlossen, daß ihre Bevorzugung, falls sie als solche anzuerkennen sein solle, für die Zustimmung zu dem Vergleichsvorschlag gewährt worden sei. Eine derartige Beziehung des Vorzugs zu der Zustimmung müsse aber nach § 5 Abs. 3 VerglO. erfordert werden; nach dieser Vorschrift könne nicht ein Abkommen nichtig sein, durch das ein Gläubiger mit einem Dritten eine Abmachung über eine vorteilhafte Anlage der zu erwartenden Vergleichsquote treffe oder eine nicht in Geld bestehende Vergleichsquote im voraus verwerte.

Die Vorschrift des § 5 Abs. 3 VerglO. entspricht nur insofern nicht der gleichartigen Bestimmung des § 181 Satz 3 KO., als die Nichtigkeit eines bevorzugenden Sonderabkommens nach § 5 VerglO. nicht davon abhängig ist, daß sich die Vereinbarung die Bevorzugung zum Ziel setzt. Beiden Vorschriften bleibt aber gemeinsam, daß die Abmachung neben dem Vergleich gelten soll, also in Verbindung mit dem Zwangsvergleich und in Beziehung zu ihm stehen muß (RGZ. Bd. 28 S. 96/99, Bd. 61 S. 296/298). Sicherlich mögen Vorausverfügungen über die Vergleichsquote dieser Beziehung zum Abschluß entbehren können, hinter der die Gefahr der Vergleichsbeeinflussung steht. Zu einer näheren Abgrenzung der notwendigen Beziehung gibt die Lage dieses Falls aber keinen Anlaß. Denn unbedenklich ergeben die Feststellungen des Berufungsrichters, daß die Verhandlungen des hier klagenden Gläubigers und der Abschluß des streitigen Abkommens eine Einflußnahme auf das Zustandekommen des Vergleichs mindestens auch zum Gegenstand hatten. Diese Beziehung der Abmachung zu dem Vergleich genügt aber nach § 5 VerglO. (wie nach § 181 KO.) jedenfalls, um die Abmachung als Sonderabkommen neben dem Vergleich erscheinen zu lassen. Die Anwendbarkeit des § 5 VerglO. hängt deshalb nur von der vom Berufungsrichter nicht behandelten Frage ab, ob durch das Abkommen vom 25. Mai 1930 die Klägerin bevorzugt worden ist. Schon aus diesen Gesichtspunkten kann das angefochtene Urteil keinen Bestand haben.

Rechtlichen Bedenken unterliegt aber auch der Grund, aus dem der Berufungsrichter die Anwendbarkeit von § 96 VerglO. abgelehnt hat: für die Zustimmung der Klägerin zu dem Vergleich sei das Zahlungsversprechen des Beklagten zwar Beweggrund, aber nicht Gegenleistung gewesen. Der Revision ist schon zuzugeben, daß diese Wendung des Berufungsurteils kaum vereinbar ist mit der Darstellung der Verhandlungen und des schließlichen Zustandekommens der Abmachung der Parteien in einem Schriftsatz des Beklagten, einer Darstellung, deren Richtigkeit der Berufungsrichter unterstellt, wenn er ihren Inhalt auch nur in Kürze und ohne Hervorhebung des dort sachlich und ausdrücklich betonten Verhandlungsziels wiedergibt, die Klägerin für den Zwangsvergleich zu gewinnen. Im übrigen ist es aber auch nach dem Sinn der Strafbestimmung des § 96 VerglO. ohne Belang, ob in der Abmachung eine Leistung, die nach der Feststellung des Berufungsrichters für die Entscheidung der Klägerin über den Beitritt zum Vergleich ausschlaggebend war und sein sollte, im Sinn des Leistungsaustausches bei einem gegenseitigen Vertrag der Zustimmung gegenübergestellt war. Es genügt, daß nach der Willenseinigung der Parteien ein „besonderer Vorteil" „für" die Zustimmung (nicht ohne Rücksicht auf diese Zustimmung) versprochen worden ist, wobei es nichts verschlägt, daß die Vergütung (der besondere Vorteil) zugleich eine andere Leistung, hier das Überlassen der Beteiligung an der Gesellschaft mbH., abgilt (RG. in LZ. 1914 Sp. 1053). Ungeeignet, der Anwendung des § 96 VerglO. entgegenzustehen, ist ferner die Erwägung des Berufungsrichters, das Verhalten der Klägerin sei von (berechtigten) wirtschaftlichen Überlegungen bestimmt worden. Berechtigte Belange, nicht mit dem Vergleichsteil abgefunden zu werden, sind für Zwangsvergleichsverfahren nicht selten anzuerkennen. § 5 Abs. 2 VerglO. wie § 181 Satz 2 KO. lassen auch Raum zur Berücksichtigung solcher Sonderstellungen durch die Gläubigerschaft selbst in dem der Gesamtheit offenen Vergleich. Die Beachtlichkeit der Belange rechtfertigt aber weder eine Bevorzugung des Gläubigers durch Sonderabkommen (RGZ. Bd. 28 S. 96, Bd. 72 S. 46) noch gar ein Sonderabkommen, das die Gewährung des Vorzugs von der bejahenden Ausübung des Stimmrechts über den Vergleichsschluß abhängig macht. Sonach kommt es für die

Anwendung des § 96 VerglO. nach den vorliegenden tatsächlichen Feststellungen allein auf die Frage an, die der Berufungsrichter unentschieden läßt, ob der Klägerin mit der Zusage der 25000 RM. statt der Konsortialbeteiligung an der Gesellschaft mbH. „ein besonderer Vorteil" versprochen worden ist.

Die Revision meint, diese Frage, ebenso wie die, ob im Sinn von § 5 VerglO. die Klägerin bevorzugt worden ist, lasse sich schon nach den Feststellungen des Berufungsrichters bejahen, ihre Prüfung müsse also zur Klagabweisung in diesem Rechtszug führen. Dem ist nicht beizustimmen. Die Bevorzugung der Klägerin ebensowohl wie der hier in Frage stehende besondere Vorteil wirtschaftlicher Art sind nach dem Verhältnis der Klägerin zu den anderen Gläubigern zu messen. Für § 5 Abs. 3 VerglO. ergibt sich das ohne weiteres aus dem Zusammenhang der Bestimmungen des § 5, die insgesamt den Grundsatz des Gleichstands der Gläubiger wahren. Aber auch für § 96 VerglO. kann die Besonderheit des Vorteils, um den es sich handelt, nach keinem anderen Maßstab gemessen werden (RG. in LZ. 1914 Sp. 1053; Jaeger KO. § 243 Anm. 6; Mentzel KO. § 243; Kiesow VerglO. § 96 Anm. III; Cahn VerglO. § 96; Leipz. Komm. z. StGB. § 243 KO. Anm. 3; Olshausen StGB. § 243 KO. Anm. 6; Frank StGB. § 243 KO. Anm. II). Für das in Frage stehende Abkommen, in dem ein Ausschnitt aus dem gewöhnlichen Anteil eines Vergleichsgläubigers dem Zahlungsversprechen gegenübersteht, trifft das mit der Vergleichung der beiden Leistungen zusammen. Allein darin, daß ein Gläubiger nicht dasselbe erhält wie alle anderen, liegt nicht schlechthin ein Vorzug oder ein besonderer Vorteil (vgl. RGUrt. vom 19. Juni 1916 VI 141/16: erhöhte Sicherung eines Gläubigers, der anderseits Stundung bewilligt, verstößt nicht notwendig gegen § 181 KO.); er liegt auch nicht darin, daß nach der besonderen Lage der Klägerin die ihr zufließende Abfindung gerade für sie vorteilhafter war als die Beteiligung am Gewinn der H. & V. GmbH.

Deshalb ist nach den vorliegenden Feststellungen nicht jetzt schon auszuschließen, daß die im Vergleich gewählte Art der Vergütung, weil sie den Fachbelangen des Großteils der Gläubiger angepaßt war, den andersartigen Interessen und der Lage der Klägerin zur Zeit des Vergleichsschlusses so wenig gemäß war, daß dem Wert nach eine Gleichstellung erst durch das streitige Abkommen erzielt wurde. Es liegt nicht im Sinn der Vergleichsordnung, durch die Anforderung starrer Gleichmäßigkeit das Zustandekommen eines Vergleichs zu erschweren, der sich, wie der zu beurteilende, der Eigenart der Masse anpaßt. Kommt es also auf eine objektive Wert-Veranschlagung an, so wird anderseits aber auch anzunehmen sein, daß der Begriff der Bevorzugung und des besonderen Vorteils nicht eng umgrenzt werden darf, wenn das Ziel des Gesetzes (§ 5 Abs. 1 und 2 VerglO.) erreicht werden soll, eine sachlich ungleiche Behandlung der Gläubiger möglichst in die Hand der Gläubigerschaft selbst zu legen (RGZ. Bd. 28 S. 96). Insbesondere ist deshalb zu beachten, ob die zugesagte Geldvergütung nicht zum mindesten für einen Teil der anderen Gläubiger ebenso wie für die Klägerin der vergleichsmäßigen Beteiligung nach damaliger Beurteilung vorzuziehen war, wie denn überhaupt der besondere Geschäftswert einer Barzahlung, wie sie versprochen wurde, ins Gewicht fallen muß.

---

56. 1. Ist es für den Tatbestand der von einem Sicherungsnehmer gegenüber anderen Gläubigern begangenen Kredittäuschung von Bedeutung, ob der Sicherungsnehmer den Schuldner geknebelt hat?

2. Wird die Annahme, daß eine Bank durch das Hinnehmen von Sicherungen andere Gläubiger sittenwidrig geschädigt habe, dadurch ausgeschlossen, daß sich die Bank hat leiten lassen von der Sorge für die Sicherung der ihr anvertrauten fremden Gelder oder durch die Belange der im Betrieb des Schuldners beschäftigten Angestellten und Arbeiter?

3. Welche Bedeutung hat es für die Beurteilung der Handlungsweise eines sich sichernden Gläubigers, daß der Schuldner auch anderen Gläubigern Sicherungen gegeben hat?

BGB. § 826.

IX. Zivilsenat. Urt. v. 9. April 1932 i. S. Firma S. u. Gen. (Kl.) w. S. Bank u. Gen. (Bekl.). IX 372/30.

I. Landgericht Dresden.
II. Oberlandesgericht daselbst.

Die klagenden zehn Firmen haben der Firma W. K. Textilwerke (im folgenden WKT. genannt), deren alleiniger Inhaber K. war, Rohbaumwolle für ihre Spinnereien geliefert, und zwar insbesondere in der zweiten Hälfte des Jahres 1925 auch auf Kredit. Am 30. November 1925 hat K. seine Zahlungen eingestellt. Am 6. Februar 1926 ist das Geschäftsaufsichtsverfahren, am 23. März 1926 das Konkursverfahren über sein Vermögen eröffnet worden. Die Klägerinnen und andere ungedeckte Gläubiger werden in dem Konkursverfahren große Ausfälle erleiden, da der größte Teil der Aktivmasse den Banken, welche dem K. Kredit gewährt haben, hauptsächlich den beiden verklagten Banken, verpfändet oder zur Sicherheit übereignet worden ist; die Sicherungsnehmer beanspruchen abgesonderte Befriedigung. Die Klägerinnen nehmen die beiden verklagten Banken und den mitverklagten Direktor der Zweigniederlassung der Zweitbeklagten in C. auf Schadensersatz in Anspruch mit der Behauptung: Die Beklagten hätten in bewußtem und gewolltem Zusammenwirken den K. in eine vollkommene Abhängigkeit von sich gebracht. Während er in Wahrheit durch die Übereignung oder Verpfändung fast seines ganzen Vermögens an die beiden verklagten Banken aller Mittel entledigt gewesen sei, welche anderen Gläubigern als Grundlage ihm gewährter Kredite hätten dienen können, sei er nach außen immer noch als der reiche Großindustrielle aufgetreten, der er bis in das Jahr 1924 auch gewesen sei. Zu diesem die Gläubiger über seine völlige Kreditunwürdigkeit täuschenden Auftreten des K. im geschäftlichen Verkehr hätten die Beklagten ihm in bewußtem und gewolltem Zusammenwirken Beihilfe geleistet, indem sie ihm die Mittel dafür zur Verfügung gestellt, sein gesamtes Vermögen aber an sich gerissen und dies nach außen hin verheimlicht hätten.

Das Landgericht erklärte die Schadensersatzansprüche der Klägerinnen gegen die drei Beklagten als Gesamtschuldner dem Grunde nach für gerechtfertigt. Das Oberlandesgericht wies durch Teilurteil die Klage gegen die Erstbeklagte ab. Die Revision der Klägerinnen führte zur Aufhebung und Zurückverweisung.

Aus den Gründen:

1. Das Berufungsgericht meint, es könne nicht davon gesprochen werden, daß die Erstbeklagte den K. ganz und gar in ihre Gewalt gebracht habe (Knebelung), denn sie habe noch nicht ein Drittel des Gesamtvermögens der WKT. als Sicherheit in der Hand gehabt; bei der „Kredittäuschung" aber müsse der Täter den Schuldner derart in seine Gewalt und dessen Vermögenswerte in solchem Umfang

an sich gebracht haben, daß er ihn im wesentlichen allen Vermögens entkleidet habe, das zur Befriedigung anderer Gläubiger hätte dienen können. Ein Verstoß gegen die guten Sitten liege auch deshalb nicht vor, weil besondere Veranstaltungen zur Geheimhaltung der Sicherungsmaßnahmen nicht getroffen worden seien. Daß die Drittschuldner der abgetretenen Forderungen nicht benachrichtigt worden seien, sei keine zu mißbilligende Geheimhaltung, sondern entspreche allgemeiner Übung der Banken gerade gegenüber den Kunden, denen sie Vertrauen schenkten.

Für den Tatbestand einer Kredittäuschung ist es nicht erforderlich, daß besondere Veranstaltungen zur Geheimhaltung unternommen worden sind, zumal wenn die Geheimhaltung der Natur der Sache nach eine Selbstverständlichkeit war (WarnRspr. 1929 Nr. 74). Bei der Kredittäuschung braucht der Täter den Schuldner auch nicht in seine Gewalt gebracht, ihn nicht geknebelt zu haben. Zwar werden in vielen Fällen Kredittäuschung und Knebelung Hand in Hand gehen. Aber ein notwendiges Merkmal der Kredittäuschung ist die Knebelung nicht. Auch bei Hingabe von Geldmitteln an den Schuldner kann ohne jede Knebelung eine Kredittäuschung begangen werden, wenn der Geldgeber — allein oder im Zusammenwirken mit dem Schuldner als dessen Anstifter, Mittäter oder Gehilfe — gerade dadurch andere zur Kreditgewährung bestimmt, daß er unter eigener Sicherung einem kreditunwürdig gewordenen Schuldner Kredit gewährt, während jene arglistig darüber getäuscht werden, daß der Schuldner durch die hingegebenen Sicherheiten kreditunwürdig geworden ist. Darauf, ob die Erstbeklagte den K. geknebelt hat, kommt es also für die Frage, ob sie sich den Klägerinnen gegenüber der Kredittäuschung schuldig gemacht hat, entscheidend überhaupt nicht an. Selbst sehr scharfe Knebelung eines Schuldners braucht seine gegenwärtigen und künftigen Gläubiger weder zu schädigen noch auch nur zu gefährden. Nur wenn die Maßnahmen, die eine sittenwidrige Knebelung des Schuldners bedeuten, zugleich seinen Gläubigern die Mittel entziehen, die zu ihrer Befriedigung hätten dienen können, kann in den Maßnahmen unter Umständen eine unerlaubte Handlung gegen die Gläubiger gefunden und von diesen daraus ein Schadensersatzanspruch gegen den Sicherungsnehmer hergeleitet werden. Die Knebelung des Schuldners für sich allein kann nur die Folge haben, daß die die Knebelung enthaltenden Rechtsgeschäfte wegen Verstoßes gegen § 138 BGB. nichtig sind. Sie kann aber keine Schadensersatzansprüche der Gläubiger begründen.

2. Das Verhalten der Erstbeklagten gegenüber K. in der Zeit vom April bis zum 10. August 1925 würdigt das Berufungsgericht dahin: Sie sei seit April 1925 jeglicher Kontoüberziehung des K. energisch entgegengetreten und habe beharrlich an dem Grundsatz festgehalten, keine neuen Kredite ohne neue Deckung zu geben. Hiernach habe sie nicht gegen die guten Sitten verstoßen, sondern nur die stete pflichtmäßige Sorgfalt gezeigt, die ihr anvertrauten fremden Gelder möglichst vollkommen zu sichern.

Dies Streben der Erstbeklagten nach möglichst großer Sicherung der ihr anvertrauten fremden Gelder vermochte jedoch nicht einer Kredittäuschung der Gläubiger der WKT. ihre Sittenwidrigkeit zu nehmen. Wenn, wie zu unterstellen ist, die WKT. nicht mehr kreditwürdig waren, sondern ihr Zusammenbruch nicht mehr aufzuhalten war, und die Erstbeklagte dies erkannt hat, dann konnte sie mit der Hereinnahme weiterer Sicherungen auch in Verbindung mit der Hingabe weiterer Kredite oder der Gewährung weiterer Stundungen gegen die guten Sitten verstoßen. Denn der Erfolg ihrer Kreditgewährung war dann — für sie erkennbar — nicht der, die kreditunwürdigen WKT. wieder kreditwürdig zu machen, sondern nur der, daß ihnen in jedem einzelnen Fall über die augenblickliche Geldverlegenheit hinweggeholfen und dadurch verhindert wurde, daß ihre Kreditunwürdigkeit der beteiligten Geschäftswelt, insbesondere ihren Baumwollieferanten, offenbar oder das Konkursverfahren unvermeidlich wurde.

Die Handlungsweise der Erstbeklagten in der Zeit nach dem 10. August 1925 beurteilt das Berufungsgericht dahin: Ihr Bestreben, gelegentlich der Einlösung eines Schecks über 41000 RM. eine Verringerung des von ihr gewährten Kredits durch die Abtretung von Außenständen durchzudrücken, sei um so weniger zu mißbilligen, als K. selbst die Abdeckung seines Kredits um eine beträchtliche Summe in absehbarer Zeit in Aussicht gestellt habe. Die Abtretung vom 11. August 1925 habe zu einer übermäßigen Unterwerfung des K. unter die Botmäßigkeit der Erstbeklagten nicht geführt; er sei dadurch auch seiner Kreditwürdigkeit gegenüber anderen Gläubigern nicht übermäßig beraubt worden. So wenig es ein Verstoß gegen die guten Sitten gewesen wäre, wenn die Erstbeklagte damals durch teilweise Kündigung und durch Verwertung der in ihren Händen befindlichen Vermögensstücke eine Verringerung der Schulden der WKT. durchgesetzt hätte, so wenig könne in der milderen Form der Hereinnahme von Abtretungen ein solcher Verstoß erblickt werden. Überdies habe auch die Erstbeklagte ihr Vorgehen später ganz wesentlich abgemildert und dem K. großes Entgegenkommen bewiesen.

Bei dieser Beurteilung begeht das Berufungsgericht den Fehler, daß es dabei die Handlungsweise der Erstbeklagten zwar im Verhältnis zu ihren Einlegern und im Verhältnis zu K. betrachtet, aber nicht im Verhältnis zu den Gläubigern der WKT., insbesondere den Rohstofflieferanten. Es war zu prüfen, ob nicht gerade das „milde" Vorgehen gegen K., die „Abmilderung" der zunächst ausbedungenen Maßregeln den ungedeckten Gläubigern gegenüber insofern sittenwidrig war, als die Einlösung des Schecks dem Schuldner erst die Möglichkeit gab, seinen Lieferanten gegenüber den Anschein der Kreditwürdigkeit aufrechtzuerhalten. Es mußte weiter geprüft werden, ob nicht der Vertreter der Erstbeklagten, als er die Vorlegung des ungedeckten Schecks über 41000 RM. benutzte, um „das Deckungsverhältnis in Ordnung zu bringen", nämlich eine Abdeckung des Kredits zu erzwingen und dadurch die Stellung der Erstbeklagten zu verbessern, darauf ausgegangen ist, den ungedeckten Kredit zu beseitigen, um bei einem erwarteten baldigen Zusammenbruch der WKT. nur gedeckte Forderungen zu haben. Dabei mußte auch das für die Revisionsinstanz als richtig zu unterstellende Ergebnis berücksichtigt werden, zu dem die Kreditpolitik der Erstbeklagten gegenüber den WKT. geführt hat, daß nämlich infolge der Abtretung vom 11. August 1925 die Erstbeklagte von den WKT. noch in der Zeit bis zum 30. November 1925 gegen Aufgabe von nur 21000 RM. Sicherheiten 317000 RM. gezahlt erhalten, also in dieser Zeit 296000 RM. aus den WKT. herausgezogen hat.

Es mag sein, daß die Erstbeklagte bei der Stützung der WKT. durch weitere Kredite zugleich auf die Belange der sächsischen Industrie und der zahlreichen in den Betrieben der WKT. beschäftigten Arbeiter und Angestellten Rücksicht genommen hat, und daß man ihr bei rücksichtslosem Vorgehen Vorwürfe gemacht hätte. Gleichwohl können derartige Beweggründe einem Verhalten, das eine Kredittäuschung enthält, nicht den Makel der Sittenwidrigkeit nehmen. Wollte die Erstbeklagte sich von solchen Rücksichten leiten lassen, dann mußte sie dem Schuldner in einer Weise helfen, die eine Schädigung der anderen Gläubiger nicht erwarten ließ, durfte aber nicht die Stützung des Unternehmens dazu benutzen, auf Kosten anderer die eigenen Forderungen beizutreiben oder zu sichern.

Das Berufungsgericht verkennt auch das Wesen der Kredittäuschung im Sinn des § 826 BGB., wenn es Gewicht darauf legt, daß die Erstbeklagte durch die bis in den März 1926 hinein fortgesetzte Hereinnahme weiterer Abtretungen gegen Freigabe eines Teils der ihr gebührenden Eingänge ihren guten Glauben bewiesen habe. Denn auf ihren guten Glauben kommt es nicht an. Der Täter braucht im Falle des § 826 nicht die Sittenwidrigkeit seines Tuns zu erkennen, wenn er nur die tatsächlichen Umstände kennt, welche sein Handeln sittlich verwerflich machen (vgl. RGRKomm. Erl. 2 zu § 826 BGB. und die dort angezogenen Entscheidungen des Reichsgerichts).

3. Ob die Erstbeklagte mit der Zweitbeklagten in Mittäterschaft zusammengewirkt hat, bedarf keiner Erörterung. Nur insofern ist das Verhältnis des Schuldners zur Zweitbeklagten von Bedeutung für die Frage, ob sich die Erstbeklagte den Klägerinnen gegenüber eines Verstoßes gegen § 826 BGB. schuldig gemacht hat, als durch die Rechtsbeziehungen zwischen der Zweitbeklagten und dem Schuldner dessen wirtschaftliche Lage bedingt wurde. Wäre das Verhältnis zu der Zweitbeklagten und zu anderen Banken ganz außer Betracht zu lassen, dann hätten sich die Sicherungsmaßnahmen zu Gunsten der Erstbeklagten bei einem Aktivvermögen des Schuldners von rund 5 Millionen RM. in zulässigen Grenzen gehalten. Wenn aber die Erstbeklagte wußte, daß der Schuldner außer mit ihr auch mit der Zweitbeklagten oder mit anderen Banken in Geschäftsverbindung stand und auch für die dort erhaltenen Kredite Sicherungen gegeben hatte, dann mußte sie bei Prüfung der Frage, ob ihre eigenen Sicherungen nicht den ungedeckten Gläubigern Schaden zufügen würden, auch die der Zweitbeklagten und anderen Banken gegebenen Sicherungen mit in Betracht ziehen. Und selbst wenn die Erstbeklagte über die Höhe dieser Sicherungen nicht genau unterrichtet war, mußte sie sich danach erkundigen. Unterließ sie solche Erkundigungen, obwohl die ihr bekannte Sachlage ihr die Vermutung aufdrängte, daß der Schuldner auch anderen Gläubigern schon erhebliche Sicherungen gegeben habe, dann handelte sie grob leichtfertig und damit

sittenwidrig, wenn sie sich der Erkenntnis verschloß, daß durch ihre Sicherungsmaßnahmen in Verbindung mit denen anderer Sicherungsnehmer die ungesicherten Gläubiger geschädigt werden würden.

---

57. Muß die Partei, welche von einer Zeugenvernehmung nicht oder nicht rechtzeitig benachrichtigt worden ist, zur Begründung ihrer darauf gestützten Rüge beweisen, daß der Zeuge anders ausgesagt hätte, wenn sie zugegen gewesen wäre und Fragen hätte stellen können?

ZPO. §§ 286, 357, 397.

VII. Zivilsenat. Urt. v. 24. Mai 1932 i. S. Ehemann S. (Bekl.) w. Ehefrau S. (Kl.). VII 450/31.

I. Landgericht Beuthen O./S.
II. Oberlandesgericht Breslau.

Aus den Gründen:

Der Beklagte hat die Ehe deshalb angefochten, weil die Klägerin vor der Ehe mit anderen Männern geschlechtlich verkehrt habe. Er will das erst im Laufe des Rechtsstreits erfahren haben. Im zweiten Rechtszug hatte der Beklagte namentlich behauptet, daß die Klägerin vor der Ehe von einem gewissen M. geschwängert worden sei, sich die Frucht aber durch die Hebamme G. in K. habe abtreiben lassen. Auf Antrag des Beklagten ist die G. durch das polnische Gericht in K. als Zeugin vernommen worden. Dieses Gericht war zwar ersucht worden, gemäß Art. 14 Abs. 2 des deutsch-polnischen Vertrags über den Rechtsverkehr vom 19. März 1925 (RGBl. II S. 139) dem Prozeßgericht Ort und Zeit der Zeugenvernehmung mitzuteilen; es hat das aber gleichwohl unterlassen. Deshalb konnten auch die Parteien von dem Beweisaufnahmetermin nicht benachrichtigt werden. Dadurch ist das ihnen durch die §§ 357, 397 ZPO. gewährleistete Recht vereitelt worden, der Zeugenvernehmung beizuwohnen und Fragen an den Zeugen zu richten. Der Beklagte hatte diesen Verfahrensmangel schon vor dem Berufungsgericht gerügt und die nochmalige Vernehmung der Zeugin G. beantragt mit dem Bemerken, daß er bei Kenntnis des Termins einen Rechtsanwalt zugezogen hätte, und daß dadurch voraussichtlich ein anderes Ergebnis erzielt worden wäre als das bisherige, dem Beklagten ungünstige. Das Oberlandesgericht hat die erneute Vernehmung der G. abgelehnt, weil die Erklärung des Beklagten zu unbestimmt sei und daraus nicht ersehen werden könne, inwiefern besonderes Befragen der Zeugin zu einem anderen Beweisergebnis geführt hätte. Die Revision findet in der so begründeten Ablehnung einen Verstoß gegen § 286 ZPO., weil das Berufungsurteil jetzt auf einer Zeugenaussage beruhe, die unter Verletzung gesetzlicher Vorschriften zustandegekommen sei. Dieselbe Ansicht hat das Reichsgericht in RGZ. Bd. 118 S. 384 vertreten. Es nimmt dort an, daß eine Verletzung der §§ 357, 397 ZPO. für sich allein überhaupt nicht die Revision begründe, sondern immer erst noch § 286 ZPO. herangezogen werden müsse. Diese Frage war damals erheblich, weil zu der Zeit, als das Urteil erging, Verstöße gegen § 286 ZPO. nicht gerügt werden durften. Jene Vorschrift ist inzwischen wieder beseitigt worden, und deshalb ist es heute unerheblich, ob man annimmt, daß der Angriff der Revision unmittelbar auf die §§ 357, 397 ZPO. gestützt werde oder auf sie im Zusammenhalt mit § 286 das. Jedenfalls ist der Angriff begründet. Gerade in derjenigen Entscheidung des Reichsgerichts (RGZ. Bd. 100 S. 174), auf welche das Berufungsgericht verweist, wird ausgesprochen, daß die Vernehmung eines Zeugen oder Sachverständigen regelmäßig dem Gesetz nicht genügt, wenn die Parteien nicht rechtzeitig von dem Termin benachrichtigt worden waren; habe die Partei den Termin nicht wahrnehmen können, so sei die Beweisaufnahme ungültig und dürfe dann im Urteil nicht verwertet werden. Wenn das Reichsgericht a. a. O. doch dazu gelangt ist, die erhobene Rüge abzulehnen, so liegt das daran, daß das Oberlandesgericht ohne Rechtsverstoß festgestellt hatte, die Parteien seien rechtzeitig vom Beweistermin benachrichtigt worden. Dies ist der Grund, auf welchem die damalige Entscheidung beruht. Das Reichsgericht (III. Zivilsenat) hat dann aber in weiteren Erörterungen auch noch einen Hilfsgrund des Oberlandesgerichts gebilligt (a. a. O. S. 175). Der damalige Berufungsrichter hatte die Fragen, welche der Beschwerdeführer nach seiner Behauptung dem Zeugen hatte vorlegen wollen, im einzelnen geprüft und war dabei zu der vollen Überzeugung gekommen, daß jene Fragen nicht geeignet gewesen seien, eine Berichtigung des beanstandeten Zeugnisses in seinen wesentlichen

Punkten herbeizuführen; deshalb sei das Zeugnis nach den besonderen Umständen des Falls trotz etwa verspäteter Terminsnachricht dennoch verwertbar gewesen. Selbst auf diese Sätze der besprochenen Entscheidung kann sich aber das jetzt angefochtene Urteil nicht mit Grund berufen. Es hat keineswegs für erwiesen erachtet, daß die Fragen des Beklagten die Zeugin G. zu keiner anderen Aussage veranlaßt hätten als der abgegebenen, sondern es hält nur nicht für dargetan, daß die Zeugin bei Wahrnehmung des Termins durch den Beklagten möglicherweise wirklich eine andere Aussage gemacht hätte. Damit werden aber an die Rüge des Beklagten zu hohe Anforderungen gestellt. Er braucht nur nachzuweisen, daß die Zeugenvernehmung gesetzwidrig vor sich gegangen ist, dann muß sie — mindestens regelmäßig — als ungültig und unverwertbar angesehen werden. Eine weitere Beweislast darf der die Rüge erhebenden Partei nicht auferlegt werden. Das hat aber das Oberlandesgericht getan, und das kann nicht gebilligt werden. Die Möglichkeit, daß im einzelnen Fall die Fruchtlosigkeit einer erneuten Vernehmung im bejahenden Sinne festgestellt werden könnte, mag dabei offenbleiben. Von ihr hat aber das Oberlandesgericht keinen Gebrauch gemacht. Deshalb kommt es auch auf die von der Revision zutreffend nur hilfsweise erhobene Rüge aus § 139 ZPO. nicht an. Die Revision meint nämlich, daß das Berufungsgericht äußerstenfalls den Beklagten hätte auffordern müssen, die Fragen mitzuteilen, welche er der Zeugin vorlegen wollte. Diese Rüge käme nur in Betracht, wenn das Oberlandesgericht seinerseits bereits festgestellt hätte, daß die etwaigen Fragen des Beklagten die Zeugin zu keiner Änderung ihrer Aussage hätten veranlassen können. Das ist aber gerade nicht festgestellt worden...

---

58. Gehören zu den bisherigen Dienstbezügen eines in den Dienst der Reichsanstalt für Arbeitsvermittlung und Arbeitslosenversicherung übernommenen Beamten eines Arbeitsnachweisamts auch seine Ansprüche auf eine ruhegehaltsfähige Zulage und auf künftige Dienstalterszulagen?

Gesetz über Arbeitsvermittlung und Arbeitslosenversicherung vom 16. Juli 1927 (RGBl. I S. 187) — AVAVG. — § 226 Abs. 1.

III. Zivilsenat. Urt. v. 27. Mai 1932 i. S. Reichsanstalt für Arbeitsvermittlung und Arbeitslosenversicherung (Bekl.) w. G. (Kl.). III 198/31.

I. Landgericht I Berlin.
II. Kammergericht daselbst.

Der Kläger war früher Direktor des städtischen Arbeitsnachweisamts in E. und als solcher mit einem auf den 1. April 1920 festgesetzten Besoldungsdienstalter in die Gruppe A 2b der preußischen Besoldungsordnung vom 17. Dezember 1927 eingereiht. Er erhielt in dieser Stellung mit Rücksicht auf die Eigenschaft als Amtsvorsteher außer den sonstigen seiner Einreihung entsprechenden Dienstbezügen eine ruhegehaltsfähige Zulage von jährlich 600 RM. Auf seinen Antrag wurde der Kläger nach § 225 AVAVG. in den Dienst der verklagten Reichsanstalt für Arbeitsvermittlung und Arbeitslosenversicherung übernommen und daselbst vom 1. März 1929 ab zunächst kommissarisch, dann endgültig mit dem Vorsitz des Arbeitsamts in G. betraut. Gleichzeitig reihte ihn die Beklagte in eine Planstelle der Gruppe M ihrer Dienstordnung ein und setzte seine Besoldung nach Gruppe A 2c der Reichsbesoldungsordnung vom 16. Dezember 1927 fest unter Zugrundelegung eines Dienstalters vom 1. April 1920. Sein Antrag, ihm die bisherigen Dienstbezüge weiter zu gewähren, hatte nur den Erfolg, daß sein Besoldungsdienstalter anderweitig auf den 1. April 1918 festgesetzt wurde. Dagegen lehnte der Präsident der Reichsanstalt durch Bescheid vom 24. März 1930 die Gewährung einer ruhegehaltsfähigen Zulage von jährlich 600 RM. und die Einreihung in eine Planstelle der nächsthöheren Gehaltsgruppe A 2b der Reichsbesoldungsordnung (= Gruppe N der Dienstordnung) endgültig ab.

Der Kläger behauptet, die ihm durch die Beklagte zuteil gewordene Besoldungsfestsetzung verstoße gegen § 226 AVAVG., wonach er ein Recht auf seine bisherigen Dienstbezüge habe. Dieses Recht sei ihm durch die Vordatierung seines Besoldungsdienstalters keineswegs gewährleistet. Zwar habe er zur Zeit bei der Beklagten zahlenmäßig dasselbe Einkommen wie bei der Stadt E. Da aber die Endgehälter in seiner bisherigen Gruppe A 2b der preußischen Besoldungsordnung bei Einbeziehung der ruhegehaltsfähigen Zulage von jährlich 600 RM. höher seien als in seiner jetzigen Gruppe A 2c der Reichsbesoldungsordnung, werde er bereits im Jahre 1932 ein um 100 RM. geringeres jährliches Grundgehalt haben, als er es beim Verbleiben im Dienst der Stadt E. erhalten haben würde. Der Unterschied im Grundgehalt werde in den folgenden Jahren immer stärker wirken und bis zum Jahre 1940 auf 600 RM. steigen. Dementsprechend begehrt der Kläger die Feststellung, daß die Beklagte verpflichtet sei, ihn für die Dauer seines Amts als Vorsitzender des Arbeitsamts G. in der Höhe zu besolden, die sich bei Zugrundelegung der für die Gruppe A 2b der preußischen Besoldungsordnung vom 17. Dezember 1927 vorgeschriebenen Grundgehälter zuzüglich einer ruhegehaltsfähigen Zulage von 600 RM jährlich nach Maßgabe der Dienstaltersstufe jeweils ergebe.

Beide Vorinstanzen haben der Klage stattgegeben. Die Revision der Beklagten wurde zurückgewiesen.

Gründe:

Das Berufungsgericht erachtet das Klagbegehren für begründet, indem es im wesentlichen ausführt: Die dem Klaganspruch entgegengehaltene Auffassung der Beklagten, daß den übernommenen Beamten die Dienstbezüge usw. nur in der Höhe zuständen, die sie im Zeitpunkt der Übernahme gehabt hätten, nicht aber in der Höhe, die sich auf Grund ihrer früheren Stellung erst in einem späteren Zeitpunkt ergebe, widerspreche sowohl dem Wortlaut wie dem Zweck des § 226 Abs. 1 Satz 2 AVAVG. Danach habe den im Kommunaldienst bei den Arbeitsnachweisämtern tätig gewesenen Beamten ein Anreiz gegeben werden sollen, aus ihrem bisherigen Dienst in den Dienst der Beklagten überzutreten. Man habe ihnen den Übertritt dadurch erleichtern wollen, daß sie genau so gestellt werden sollten, wie sie gestanden hätten, wenn sie in ihrer bisherigen Stellung verblieben wären, und zwar mit allen Wirkungen für die Zukunft, soweit es sich um schon erworbene Ansprüche und nicht um Anwartschaften oder Beförderungsaussichten handelte. Dieser Zweck wäre nicht erreicht worden, wenn der Standpunkt der Beklagten zuträfe. Hätten die fraglichen Beamten es bei der Übernahme durch die Beklagte in den Kauf nehmen müssen, ihre wohlerworbenen Rechte auf ein bestimmtes Diensteinkommen aufzugeben und sich in Zukunft mit geringeren Dienstbezügen zu begnügen, als sie solche beim Verbleiben in ihrem bisherigen Amt erhalten haben würden, so wären sie, selbst wenn sich die Verschlechterung ihrer Bezüge noch nicht beim Übertritt zur Reichsanstalt, sondern erst zu einem späteren Zeitpunkt fühlbar machte, schwerlich zu einem Übertritt zu bewegen gewesen. Ebensowenig rechtfertige die Entstehungsgeschichte des Gesetzes, auf die sich die Beklagte berufe, eine andere Beurteilung. Da nun der Kläger in seinem Amt bei der Stadt E. auf Grund seiner Einreihung in die Gruppe A 2b der preußischen Besoldungsordnung einen Anspruch auf eine künftige bessere Besoldung gehabt habe, als die Beklagte sie ihm durch die Einreihung in die Gruppe A 2c der Reichsbesoldungsordnung in Zukunft gewähre, sei seinem Klagbegehren zu entsprechen.

Die Revision bekämpft diese Ausführungen mit der Rüge einer Verletzung des § 226 AVAVG. Ihr muß indessen ein Erfolg versagt bleiben.

Der § 226 AVAVG., um dessen Auslegung die Parteien streiten, gehört ebenso wie der mit ihm zusammenhängende § 225 und der § 228 a. a. O. zu dem die Überschrift „Übergangsbestimmungen" tragenden 8. Abschnitt des Gesetzes. Mit der rechtlichen Bedeutung und Tragweite dieser Bestimmungen, namentlich ihres § 228, hat sich — abgesehen von einem hier nicht in Betracht kommenden Urteil des erkennenden Senats vom 27. Februar 1931 III 113/30, welches Ansprüche von Hinterbliebenen eines zur widerruflichen kommissarischen Beschäftigung bei der Beklagten tätig gewesenen Stadtsekretärs betraf — insbesondere das Reichsarbeitsgericht aus Anlaß von Ansprüchen in die Reichsanstalt übernommener Zeitangestellter und Arbeiter beschäftigt. Es hat dazu in zahlreichen Entscheidungen grundsätzlich ausgesprochen, daß die aus einem Arbeitsnachweisamt in den Dienst der Reichsanstalt übernommenen Personen im Hinblick auf ihre ganze bis dahin ausgeübte Tätigkeit, und zwar in der Gesamtheit des Gewährten und zu Gewährenden, durch die Übernahme nicht schlechtergestellt oder zurückgesetzt werden sollten, daß ihr Dienstverhältnis als solches nicht ungünstiger gestaltet werden sollte (vgl. RAG. Bd. 6 S. 355 [361], Bd. 7 S. 163 [165]; RAG.-Urt. vom 28. November 1930 RAG. 567/30 und 581/30 sowie vom 11. März 1931 RAG. 437/30). Zu den Rechten, welche die übernommenen Personen bereits in ihrem früheren Dienstverhältnis erworben hatten, gehörten — so hat das Reichsarbeitsgericht weiter entschieden — auch Anwartschaften; träten Angestellte oder Arbeiter mit einem derartigen Besitzstand ausgestattet in den Dienst der

Reichsanstalt über, so falle die daraus entstehende Verpflichtung des bisherigen Dienstberechtigten in den Kreis der der Reichsanstalt vom Tag der Übernahme ab ihnen gegenüber nach § 228 AVAVG. obliegenden Pflichten (vgl. RAG. Bd. 8 S. 45 [49], Bd. 9 S. 350 [353]; RAGUrt. vom 11. März 1931 RAG 491/30, vom 1. April 1931 RAG 583/30 und vom 9. Januar 1932 RAG 290/31). Was hier von Zeitangestellten und Arbeitern gesagt ist, hat das Reichsarbeitsgericht auf die in § 225 Abs. 5 AVAVG. aufgeführten Dauerangestellten entsprechend angewendet (RAG. Bd. 7 S. 326 und Bd. 9 S. 262). Es gilt, wie die Revision insoweit zutreffend betont, an sich auch für übernommene Beamte, jedoch mit der Einschränkung, daß dabei die Sondervorschrift des § 226 Abs. 1 a. a. O. und die Rechtsstellung der Beamten als solche zu beachten sind. Denn es leuchtet ohne weiteres ein, daß übernommene Arbeiter und Zeitangestellte, deren rechtliche Beziehungen zu der Reichsanstalt dem Privatrecht unterstehen, wenngleich sie nach außen hin in gewissem Sinn eine öffentlichrechtliche Stellung einnehmen (RAG. Bd. 9 S. 266), beim Mangel einer dahingehenden gesetzlichen Vorschrift den übernommenen Beamten nicht gleichgestellt werden können. Für die übernommenen Dauerangestellten aber hat das Reichsarbeitsgericht dies in RAG. Bd. 7 S. 329 bereits ausdrücklich hervorgehoben, indem es ihnen nur eine beamtenähnliche, nicht eine beamtengleiche Stellung einräumt, und dem ist beizutreten.

Geht man hiervon aus, und prüft man daraufhin den lediglich die übernommenen Beamten behandelnden § 226 AVAVG., so gelangt man bei einer sowohl die gesetzliche Regel des § 133 BGB. wie die oben wiedergegebenen Grundsätze des Reichsarbeitsgerichts berücksichtigenden Auslegung entgegen der Meinung der Revision zu keinem anderen Ergebnis als das Berufungsgericht. Es ist der Revision zuzugeben, daß der § 226 Abs. 1 ebenso wie der vom Reichsarbeitsgericht angewandte Absatz 5 dieses Paragraphen und § 228 zu den „Übergangsbestimmungen" gehört und daß die Beklagte, wie das Reichsarbeitsgericht ebenfalls entschieden hat, nach § 39 AVAVG. gehalten ist, das Personalrecht ihrer Angehörigen einheitlich zu gestalten (RAG. Bd. 9 S. 359 [365]). Es trifft ferner zu, daß nach § 226 Abs. 1 Satz 1 AVAVG. den übernommenen Beamten Dienstbezüge regelmäßig innerhalb der Grenzen zu gewähren sind, die für vergleichbare Reichsbeamte gelten, und daß auch die Dienstordnung regelmäßig die Dienstbezüge unter Berücksichtigung der Verhältnisse der Reichsbeamten festzusetzen hat (§ 39 Abs. 1 Satz 2 a. a. O.). Die Revision übersieht indessen, daß sowohl § 39 in seinem Abs. 1 Satz 3 als auch § 226 in Abs. 1 Satz 2 Ausnahmen zu Gunsten der übernommenen Beamten zulassen. § 226 Abs. 1 Satz 2 Halbsatz 1 AVAVG. insbesondere enthält eine Sondervorschrift, die schon nach ihrem Wortlaut weiter geht als § 228 und der gegenüber — zumal in Verbindung mit dem die wohlerworbenen Rechte der Beamten schützenden Art. 129 Abs. 1 Satz 3 RVerf. — selbst der Vereinheitlichungsgedanke zurücktreten muß. Wenn es darin heißt, daß „der Beamte für seine Person seine bisherigen Dienstbezüge behält", sofern die ihm nach Satz 1 (und gemäß § 39 Abs. 1 Satz 2 auch nach der Dienstordnung) zustehenden Dienstbezüge „geringer" sind „als seine bisherigen Dienstbezüge", so sind unter den letzteren Bezügen nicht nur die dem übernommenen Beamten von seiner früheren Dienstbehörde zuletzt ziffermäßig gewährten Bezüge zu verstehen, sondern alle die Beträge, auf die er in seiner bisherigen Dienststellung ein Recht erworben hatte. Ein Rechtsanspruch aber stand dem Kläger in seiner Eigenschaft als Direktor des städtischen Arbeitsnachweisamts gemäß § 43 in Verbindung mit § 2 Abs. 2 des preußischen Besoldungsgesetzes vom 17. Dezember 1927 (GS. S. 223) nicht nur auf die ruhegehaltsfähige Zulage von 600 RM., sondern auch auf die ihm erst künftig anfallenden Dienstalterszulagen zu. Sein Klagbegehren erscheint mithin begründet. Daran vermag des weiteren der Umstand nichts zu ändern, daß § 226 ebenso wie § 228 AVAVG. eine „Übergangsbestimmung" ist; denn es bedarf keiner Erörterung, daß sein Verlangen hinfällig wird, sobald die Gesamtheit seiner Dienstbezüge nicht mehr „geringer" ist als die von ihm bis zum Tag der Übernahme bei seiner früheren Dienstbehörde erworbenen Ansprüche einschließlich der darauf beruhenden künftigen Wirkungen im ganzen zahlenmäßig ausmachen. Daß endlich auch die Zweite Notverordnung des Reichspräsidenten zur Sicherung von Wirtschaft und Finanzen vom 5. Juni 1931, Zweiter Teil Kap. I (Gehaltskürzung), § 7 Abs. 2 (RGBl. I S. 279, 282) der Beklagten im vorliegenden Fall nicht zur Seite steht, bestätigt die Revision selbst, indem sie darauf hinweist, daß nach Abs. 3 das. „wohlerworbene Rechte" unberührt bleiben müssen. Um ein wohlerworbenes Recht des in den Dienst der Beklagten übernommenen Beamten handelt es sich aber gerade hier.

---

59. 1. Setzt § 12 Abs. 1 Satz 1 der preußischen Gebührenordnung für Notare vom 28. Oktober 1922 (GS. S. 404) voraus, daß der Notar in der Absicht in Anspruch genommen ist, ein bestimmtes Geschäft durch ihn beurkunden zu lassen?

2. Zur Auslegung von § 12 Abs. 1 Satz 2 und § 16 daselbst.

III. Zivilsenat. Urt. v. 24. Mai 1932 i. S. M. (Kl.) w. Th. (Bekl.). III 292/31.

I. Landgericht Duisburg.
II. Oberlandesgericht Düsseldorf.

Der Kläger hat mit dem verstorbenen Justizrat S. und dem Justizrat Sch. in D. die Berufstätigkeit als Rechtsanwalt und Notar gemeinsam ausgeübt. Auf Grund von Abtretungserklärungen der Witwe S. und des Justizrats Sch. macht der Kläger im gegenwärtigen Rechtsstreit einen Gebührenanspruch geltend, der durch die Tätigkeit des Justizrats S. als Notar entstanden sein soll.

Notar S., der bereits im Jahre 1907 ein von ihm amtlich verwahrtes Testament des Beklagten beurkundet hatte, regte am 17. April 1926 in einem nicht mehr vorhandenen Brief bei dem Beklagten an, das nach seiner Ansicht veraltete Testament durch ein neues zu ersetzen. Mit Schreiben vom 19. April 1926 antwortete der Beklagte, er habe in der Testamentsangelegenheit Herrn Dr. H., den er zum Testamentsvollstrecker bestimmt habe, gebeten, mit dem Notar Rücksprache zu nehmen. Der Kläger sieht in diesem Brief eine Bevollmächtigung des H., der auch sonst der Bevollmächtigte des Beklagten gewesen sei, mit dem Notar zu verhandeln. Des weiteren will der Kläger dieses Schreiben dahin ausgelegt wissen, daß es die Aufforderung an den Notar enthalte, nach näherer Besprechung einen Testamentsentwurf anzufertigen. Es kam auch in der Folgezeit zu schriftlichen und mündlichen Verhandlungen zwischen Notar S. und H. Der Notar sandte mehrfach Richtlinien über das zu errichtende Testament an H. und nahm auf Grund weiterer Besprechungen Änderungen an den Vorschlägen vor, legte schließlich auch dem Beklagten selbst einen Testamentsentwurf vor, der dessen Beifall fand. Zur Beurkundung eines Testaments kam es jedoch nicht, da keine Einigung über die Gebühren des Notars erzielt wurde.

Der Kläger verlangt die gesetzlichen Gebühren für einen auf Erfordern gefertigten Testamentsentwurf. Der Beklagte bestreitet den Klaganspruch nach Grund und Höhe. Namentlich stellt er in Abrede, selbst oder durch H. dem Notar irgendeinen Auftrag zur Fertigung eines Testamentsentwurfs erteilt zu haben.

Das Landgericht wies die Klage ab. Die Berufung des Klägers wurde zurückgewiesen. Seine Revision führte zur Aufhebung und Zurückverweisung.

Aus den Gründen:

Begründet erscheint die allgemeine Rüge der Verletzung des materiellen Rechts insoweit, als damit die Nichtanwendung des § 12 Abs. 1 Satz 1 Pr. NotGebO. beanstandet wird. Satz 2 das. scheidet ohne weiteres aus, nachdem der Berufungsrichter festgestellt hat, daß die Voraussetzungen des § 9 das. nicht gegeben sind, weil weder der ursprüngliche Auftrag auf die Fertigung eines Testamentsentwurfs gegangen war, noch die schließlich erfolgte Fertigung eines dem § 9 genügenden Testamentsentwurfs auf Erfordern des Beklagten oder seines Bevollmächtigten stattgefunden hat. Es mag nun dahinstehen, ob der im Schrifttum bestrittenen, aber überwiegend bejahten Annahme beizutreten ist, daß § 52 des preußischen Gerichtskostengesetzes vom 28. Oktober 1922 (GS. S. 363) auch auf die Notare Anwendung zu finden hat. Denn darüber herrscht kein Streit, daß § 52 nur da einschlägt, wo es sich um die Beurkundung einer rechtsgeschäftlichen Erklärung handelt, und wo eine solche Beurkundung beantragt war. Das war aber nach den vorliegend getroffenen Feststellungen nicht der Fall. Das Berufungsurteil stellt im Gegenteil fest, der Brief vom 19. April 1926 habe in keiner Weise erkennen lassen, welche Absichten der Beklagte verfolgte, und ob er sich auf Grund der vom Notar noch zu machenden Vorschläge überhaupt dazu entschließen werde, ein Testament zu errichten, sondern gerade auch die Frage habe auf Grund der Anregung des Notars besprochen werden sollen, ob es sich für den Beklagten empfehle, das alte Testament durch Errichtung eines neuen zu ändern oder aufzuheben. Wenn aber weiter der Berufungsrichter aus § 12 Abs. 1 Satz 1 Pr. NotGebO. als Voraussetzung seiner Anwendbarkeit folgern will,

„daß der Notar als Urkundsperson in der Absicht in Anspruch genommen wird, ein bestimmtes Geschäft beurkunden zu lassen", so kann dem nicht beigetreten werden. Mit dieser einschränkenden Auslegung trägt der Berufungsrichter etwas in das Gesetz hinein, was nicht darin liegt. Bereits in einer früheren Entscheidung (RGUrt. vom 3. Juni 1930 III 319/29, teilw. abgedr. JW. 1930 S. 3307 Nr. 4, WarnRspr. 1931 Nr. 14 und HöchstRspr. 1930 Nr. 1669) hat der Senat ausgesprochen, die bloße Absicht, den später abzuschließenden Vertrag zuletzt vom Notar beurkunden zu lassen, schließe nicht aus, daß die Beteiligten zunächst einen bloßen Vertragsentwurf vom Notar anfertigen ließen, möglicherweise z. B. um sich erst an der Hand des Entwurfs über den endgültigen Abschluß einig zu werden. In jenem Rechtsstreit sollte nach der Annahme des Berufungsgerichts der Umstand, daß von vornherein eine Beurkundungsabsicht bestand, der Entstehung eines Gebührenanspruchs nach § 12 Abs. 1 Satz 2 in Verbindung mit § 9 Pr. NotGebO. hindernd im Wege stehen. Im vorliegenden Fall will das Berufungsgericht eine Gebühr aus § 12 Abs. 1 Satz 1 gerade um deswillen versagen, weil keine Beurkundungsabsicht bestanden habe. Die eine wie die andere Ansicht erscheint rechtlich gleich verfehlt. Von einer Absicht, ein bestimmtes Geschäft irgendwelcher Art zu beurkunden, ist in § 12 Abs. 1 Satz 1 mit keinem Wort die Rede; die Gesetzesbestimmung spricht nur von „allen Fällen, in welchen seine (des Notars) Tätigkeit in Anspruch genommen ist und stattgefunden hat, ohne daß das bezweckte Geschäft durch ihn vollzogen ist." Diese Fassung ist so allgemein, daß sie mit Ausnahme der Beurkundung rechtsgeschäftlicher Erklärungen und der Fertigung eines Entwurfs zu solchen alle anderen Geschäfte in sich begreift, die zur Berufstätigkeit des Notars gehören. Damit stimmt auch das Schrifttum überein.

Auf § 16 Pr. NotGebO. hat der Kläger nach der Feststellung des Berufungsgerichts den Klaganspruch nicht gestützt. Der Berufungsrichter gibt jedoch vorsorglich eine Begründung für die Nichtanwendbarkeit dieser Gesetzesbestimmung, die gleichfalls von Rechtsirrtum beeinflußt ist, und auf die daher eingegangen werden muß. Er sagt, § 16 a. a. O. setze ein selbständiges Geschäft voraus, für das eine Gebühr nicht bestimmt sei; auf eine bloß vorbereitende Tätigkeit, die nur dazu dienen solle, ein vom Notar selbst angeregtes Geschäft zu ermöglichen, und die mit diesem in notwendigem Zusammenhang stehe, könne sie nicht angewendet werden. Hierbei wird die vom Berufungsgericht selbst getroffene Feststellung übersehen, daß der Beklagte mit dem Brief vom 19. April 1926 gerade eine Besprechung der Frage bezweckte, ob sich die Änderung oder Ergänzung des älteren Testaments oder seine Aufhebung durch ein neues empfehle. Diese Feststellung legte die Annahme nahe, daß es sich für den Beklagten zunächst lediglich um Besprechungen gehandelt hat, um eine Ratserteilung durch Notar S., die sehr wohl ein selbständiges Geschäft, ein sog. Hauptgeschäft, sein kann, namentlich dann, wenn weder die Beurkundung einer letztwilligen Verfügung noch auch die Fertigung eines Entwurfs zu einer solchen bereits ins Auge gefaßt ist. Nur wenn eine dahingehende Absicht bereits besteht, kann die Ratserteilung als eine bloß vorbereitende Tätigkeit zu einem anderen gebührenpflichtigen Hauptgeschäft angesehen werden, während sie ohne das Vorhandensein einer solchen Absicht selbst ein Hauptgeschäft sein kann. Einer solchen Prüfung, die auch für die Anwendung und Auslegung des § 12 Abs. 1 Satz 1 Pr. NotGebO. von Bedeutung ist, hat sich das Berufungsgericht bisher nicht unterzogen. Auch dieser Mangel muß zur Aufhebung des angefochtenen Urteils führen.

---

60. Können Reichsbeamte im ordentlichen Rechtsweg auf Zahlung desjenigen Gehaltsteils klagen, welcher als Reichshilfe der Personen des öffentlichen Dienstes einbehalten worden ist?

RAbgO. § 227.[1]) Notverordnung des Reichspräsidenten zur Behebung finanzieller, wirtschaftlicher und sozialer Notstände vom 26. Juli 1930 (RGBl. I S. 311) Abschnitt I Titel 1 und 2 (Reichshilfe der Personen des öffentlichen Dienstes). RVerf. Art. 129 Abs. 1 Satz 4.

III. Zivilsenat. Urt. v. 27. Mai 1932 i. S. B. (Kl.) w. Deutsches Reich (Bekl.). III 277/31.

I. Landgericht I Berlin.
II. Kammergericht daselbst.

Der Kläger, der zuletzt beim Reichsmonopolamt tätig war, ist als Regierungsrat in den einstweiligen Ruhestand versetzt worden.

---

[1]) § 242 der Neufassung der Reichsabgabenordnung vom 22. Mai 1931 (RGBl. I S. 161). D. E.

In den Monaten September und Oktober 1930 wurden ihm auf Grund der Notverordnung des Reichspräsidenten vom 26. Juli 1930 von seinem Wartegeld je 12,35 RM. als Reichshilfe der Personen des öffentlichen Dienstes einbehalten. Unter Berücksichtigung des regelmäßigen Steuerabzugs hat er in den beiden Monaten im ganzen 22,60 RM. weniger erhalten als vorher. Er hat auf Zahlung dieses Betrages nebst Zinsen Klage erhoben, indem er geltend macht, daß die Reichshilfe zu Unrecht einbehalten worden sei. Die Verordnung vom 26. Juli 1930 sei rechtsunwirksam, da bei ihrem Erlaß die Voraussetzungen des Art. 48 Abs. 2 RVerf. nicht vorgelegen hätten, auch ihr Inhalt dessen Grenzen überschreite. Sie greife unzulässigerweise in die durch Art. 129 Abs. 1 Satz 3 RVerf. geschützten wohlerworbenen Beamtenrechte ein und widerspreche den Grundsätzen des Art. 134 RVerf.

Der Beklagte hat zunächst die Einrede der Unzulässigkeit des Rechtswegs erhoben. Es handle sich, so meint er, um eine Steuersache, für die nach § 227 RAbgO. der Rechtsweg ausgeschlossen sei. Im übrigen hat er die Rechtsgültigkeit der Verordnung vom 26. Juli 1930 verteidigt.

Die Vorinstanzen haben die Klage abgewiesen. Die Revision des Klägers blieb erfolglos.

Gründe:

Das Landgericht hat die Klage als sachlich unbegründet abgewiesen. Dagegen hat das Kammergericht die Zulässigkeit des Rechtswegs verneint und daher die Klagabweisung bestätigt, ohne den Klaganspruch selbst auf seine Berechtigung zu prüfen. Dem ist beizupflichten.

Die Höhe des dem Kläger gebührenden Wartegeldes steht fest. Streitig ist zwischen den Parteien nur, ob der Beklagte nach der Verordnung des Reichspräsidenten vom 26. Juli 1930 verpflichtet und demgemäß dem Kläger gegenüber auch berechtigt war, $2^1/_2\%$ davon (Abschnitt I § 5 der Verordnung) einzubehalten und an das Finanzamt abzuführen (§ 6 das.). Seinem sachlichen Gehalt nach, auf den es für die Frage der Zulässigkeit oder Unzulässigkeit des Rechtswegs ankommt, betrifft der gegenwärtige Rechtsstreit also nicht einen vermögensrechtlichen Anspruch des Klägers aus seinem Beamtenverhältnis, sondern einen vom Deutschen Reich (vgl. § 9 a. a. O.) erhobenen Steueranspruch.

Unrichtig ist die Meinung des Klägers, die durch Abschnitt I Titel 1 und 2 der Verordnung vom 26. Juli 1930 angeordnete Reichshilfe der Personen des öffentlichen Dienstes sei in Wirklichkeit ein Gehaltsabzug. Ihr Steuercharakter ergibt sich schon aus der äußeren Regelung, welche die Verordnung getroffen hat. Diese Regelung knüpft an das Einkommensteuergesetz an, und zwar sowohl bei der Bezeichnung der zur Reichshilfe heranzuziehenden Personen (Abschnitt I §§ 2, 4 der Verordnung) als auch bei der Festsetzung der Bemessungsgrundlage für sie (§§ 2, 3 Nr. 1 das.). Nach dem Vorbild des Steuerabzugs vom Arbeitslohn (Einkommensteuergesetz vom 10. August 1925, RGBl. I S. 189, §§ 69, 77, 78) wird die Reichshilfe dadurch erhoben, daß der Arbeitgeber unter eigener Haftung die auf die Reichshilfe entfallenden Beträge der Dienstbezüge einbehält und an das Finanzamt abführt (Abschnitt I § 6 der Verordnung). Ganz allgemein finden aber auch auf die Reichshilfe die Vorschriften der Reichsabgabenordnung Anwendung (§ 8 Abs. 1 das.). Die sachliche Bestimmung der Reichshilfe — sie fließt ausschließlich dem Reiche zu (§ 9 das.) — macht es gleichfalls unmöglich, in ihr einen Gehaltsabzug zu sehen. Dabei muß man von dem beim Kläger allerdings gegebenen besonderen Fall absehen, daß der Steuergläubiger, das Reich, zugleich als Dienstherr Schuldner der Bezüge des reichshilfepflichtigen Beamten ist. Die Beamten der Länder, Gemeinden und sonstigen öffentlichen Körperschaften müssen ebenfalls die Reichshilfe entrichten. Dies bedeutet aber bei ihnen keine Erleichterung der Personallasten ihrer Dienstherren. Die Länder usw. zahlen die gleichen Besoldungen und Versorgungsbezüge wie bisher, nur führen sie einen Teil davon nicht an die Beamten, sondern für sie an das Reich ab. Hier tritt der Steuercharakter der Reichshilfe ganz unzweideutig in Erscheinung. Bei den Reichsbeamten kann sie dann aber nichts anderes bedeuten. Das Zusammenfallen des Steuerberechtigten und des zur Gehaltszahlung Verpflichteten ist in diesem Zusammenhang ein Zufall, der die Rechtsnatur der Reichshilfe, auch soweit sie Reichsbeamten auferlegt ist, nicht berührt. Dabei ist noch darauf hinzuweisen, daß Reichshilfe ja nicht bloß von Beamten, bei denen allein sie überhaupt Gehaltsabzug sein könnte, erhoben wird, sondern daß ihr auch gewisse Angestellte und ferner Aufsichtsratsmitglieder unterliegen (Abschnitt I § 2 der Verordnung).

Ist die Reichshilfe aber eine Steuer, so ist ein Streit um sie eine

Steuersache, für die nach § 227 RAbgO. der Rechtsweg vor den ordentlichen Gerichten ausgeschlossen ist. Diese Vorschrift ist nicht etwa, wie der Kläger meint, bei der Reichshilfe mit Art. 129 Abs. 1 Satz 4 RVerf. unvereinbar. Denn die Reichsverfassung eröffnet den Beamten den Rechtsweg nur für die vermögensrechtlichen Ansprüche aus ihrem Dienstverhältnis. Dagegen bezieht sich die genannte Verfassungsvorschrift nicht auf die Besteuerung der Beamtendiensteinkünfte. Soweit diese in Frage kommt, genießen die Beamten nur denselben Rechtsschutz wie alle anderen Staatsbürger. Sie finden ihn bei den Finanzbehörden und Finanzgerichten, die gegebenenfalls prüfen müssen, ob eine Steuer in die verfassungsrechtlich geschützten wohlerworbenen Rechte der Beamten eingreift. Diese Frage hat denn auch der Reichsfinanzhof gerade hinsichtlich der Reichshilfe untersucht, er hat sie aber verneinend beantwortet (RFH. Bd. 27 S. 321 und Bd. 28 S. 208).

Art. 134 RVerf. vermag die Klage gleichfalls nicht zu stützen. Gegen den oben näher begründeten Charakter der Reichshilfe als Steuer spricht er nicht. Ob aus ihm die Verfassungswidrigkeit dieser Steuer herzuleiten ist, können aber, wie sich aus dem bereits Gesagten ergibt, die ordentlichen Gerichte in diesem Rechtsstreit nicht nachprüfen.

Es muß sonach bei der Abweisung der Klage wegen Unzulässigkeit des Rechtswegs verbleiben, ohne daß in eine Prüfung der Verfassungsmäßigkeit der Verordnung vom 26. Juli 1930 eingetreten werden kann.

---

61. Über die Rechtslage im Fall der Vollverschmelzung zweier Aktiengesellschaften mit Sonderleistungspflichten der Aktionäre.

HGB. §§ 276, 306.

II. Zivilsenat. Urt. v. 27. Mai 1932 i. S. Zuckerfabrik N. AG. (Kl.) w. F. (Bekl.). II 332/31.

I. Landgericht Halberstadt.
II. Oberlandesgericht Naumburg a. S.

Der Beklagte war mit vier Aktien über je 500 RM. Aktionär der Zuckerfabrik B., Aktiengesellschaft in B.; die Aktien waren Namensaktien, ihre Veräußerung an die Genehmigung der Gesellschaft geknüpft. Die Dauer der Gesellschaft war satzungsgemäß nicht auf eine bestimmte Zeit beschränkt. Den Aktionären lagen nach der Satzung gewisse Sonderleistungen ob, nämlich eine Rübenanbau- und eine Rübenlieferungspflicht. Im Fall der Nichterfüllung der einen oder anderen dieser Verpflichtungen waren Vertragsstrafen vorgesehen. Am 8. Mai 1929 haben der Vorstand der Zuckerfabrik V. AG. und der Vorstand der Zuckerfabrik O. AG. vorbehaltlich der Genehmigung der beiderseitigen Generalversammlungen in notarieller Urkunde einen Vertrag abgeschlossen, nach dem die letztere Gesellschaft das Vermögen der ersteren als Ganzes unter Ausschluß der Liquidation übernehmen und ihr dafür aus einer noch zu beschließenden Kapitalerhöhung einen bestimmten Betrag in Aktien gewähren sollte; im einzelnen war unter anderem vorgesehen, daß die Zuckerfabrik O. AG. zunächst ihr Grundkapital von 417600 RM. auf 222000 RM. herabsetzen und es sodann wieder um 263000 RM. erhöhen sollte, eingeteilt in 495 Vorzugsaktien und 31 Stammaktien über je 500 RM.; diese so geschaffenen jungen Aktien sollten an die V. AG. fallen, und zwar die Vorzugsaktien dergestalt, daß für jede V.-Aktie eine dieser Vorzugsaktien gegeben wurde. Der Verschmelzungsvertrag war ferner von der Erfüllung verschiedener Bedingungen abhängig gemacht, so unter anderem davon, daß die Zuckerfabrik O. AG. ihre Satzung entsprechend einem dem Verschmelzungsvertrag angeschlossenen Entwurf ändere; nach diesem Satzungsentwurf mußte die Zuckerfabrik O. AG. ihre Firma in „Zuckerfabrik N. AG." ändern; den Aktionären sollten wiederum Sonderleistungen obliegen, nämlich ebenfalls eine Rübenanbau- und Rübenlieferungspflicht; wegen Nichterfüllung dieser Pflichten sollten Vertragsstrafen verhängt werden können. Ebenfalls noch am 8. Mai 1929 fanden Generalversammlungen der beiden Gesellschaften statt. Diejenige der Zuckerfabrik O. AG. hieß einstimmig den Verschmelzungsvertrag gut, beschloß ferner auch die Kapitalherabsetzung und Wiedererhöhung und die vorgesehenen Satzungsänderungen. In der Generalversammlung der V.AG. stimmten von 395 Aktionären 316 dem Verschmelzungsvertrag zu. Nach dem Generalversammlungsprotokoll erklärte der Bevollmächtigte eines Aktionärs, daß er für die Fusion stimme, und zwar ohne jede Bedingung, daß er aber der Meinung sei, sein Vollmachtgeber sei trotzdem nicht zur Rübenlieferung an die Klägerin verpflichtet; gleiche

Erklärungen gaben fünf weitere Aktionäre ab, darunter der Beklagte; eine Anzahl anderer Aktionäre stimmte gegen die Verschmelzung. Die Verschmelzungs- und Anhangsbeschlüsse wie auch ihre Durchführung sind in der Folge im Handelsregister eingetragen worden.

Der Beklagte bestreitet aus einer Reihe von Gründen der Klägerin gegenüber seine Rübenlieferungspflicht und hat ihr auch nichts geliefert. Sie hat deshalb Klage erhoben mit dem Antrag, den Beklagten zur Zahlung einer Vertragsstrafe wegen Nichterfüllung der Rübenlieferungspflicht im Jahr 1929 und zur Lieferung von mindestens je 1600 Ztr. Rüben in den Jahren 1930 bis 1933 zu verurteilen.

Das Landgericht verurteilte durch Teilurteil den Beklagten, seine ganze Rübenernte in den Jahren 1930 bis 1933 an die Klägerin zu liefern, und zwar mindestens 1600 Ztr. reine Rüben im Jahr. Das Oberlandesgericht wies dagegen die Klage ab, soweit im Teilurteil darüber erkannt war. Die Revision der Klägerin führte zur Wiederherstellung des erstinstanzlichen Urteils.

Gründe:

... Mit Recht hat der Vorderrichter die Rechtswirksamkeit der Vollverschmelzung beider Aktiengesellschaften bejaht und die dagegen vom Beklagten erhobenen Bedenken zurückgewiesen. Mit der Eintragung der Beschlüsse im Handelsregister ist der Beklagte ohne weiteres auch Aktionär der Klägerin geworden, und zwar nach dem im Verschmelzungsvertrag festgesetzten Beteiligungsverhältnis; ob er seine bisherigen V.-Aktien zum Umtausch eingereicht hat oder ob er sich geweigert hat und noch weigert, dies zu tun, ist hierfür völlig unerheblich. Auch eine Kraftloserklärung dieser Aktienurkunden würde daran nichts ändern. Rechtlich bedenkenfrei sind ferner die Erwägungen des Vorderrichters, auf Grund deren er zur Verneinung eines außerordentlichen Kündigungsrechts des Beklagten für die Sonderleistungspflichten sowie zur Zurückweisung des Einwands arglistigen Handelns der Klägerin gelangt ist.

Das zwischen den Aktionären und der Aktiengesellschaft bestehende Sonderleistungsverhältnis ist gesellschaftsrechtlicher Natur. Die daraus für die Aktiengesellschaft fließenden Rechte sind deshalb nach § 399 BGB. (s. auch § 717 BGB.) nicht abtretbar. Für den Fall der Vollverschmelzung (der liquidationslosen oder eigentlichen Fusion) von Aktiengesellschaften mit Sonderleistungspflichten der Aktionäre ist aber nicht § 399 BGB., auch nicht in Verbindung mit § 412 das., anwendbar (a. M. Staudinger-Werner BGB. § 412 Anm. 1 Abs. 2). Hier entscheidet vielmehr § 306 Abs. 1 HGB. in Verbindung mit § 304 Abs. 5 das., wonach mit der Eintragung der Fusionsbeschlüsse im Handelsregister eine Gesamtrechtsnachfolge ähnlich wie beim Erbfall eintritt. Bei der Gesamtrechtsnachfolge gelten aber für die Frage des Übergangs oder des Erlöschens bisher bestehender Rechtsverhältnisse ganz andere Grundsätze als im Fall der Sonderrechtsnachfolge. Nur solche Rechtsverhältnisse erlöschen, die ihrer Natur nach oder kraft bestehender gesetzlicher Vorschrift nicht auf den Gesamtrechtsnachfolger übergehen. Dabei kann hier unerörtert bleiben, ob, wenn kraft ausdrücklicher gesetzlicher Vorschrift ein Rechtsverhältnis mit dem Tod des bisherigen Rechtsträgers endigt, dasselbe ohne weiteres auch im Fall der Vollverschmelzung gilt. Es besteht keine gesetzliche Bestimmung, daß bei Aktiengesellschaften mit Sonderleistungen der Aktionäre das Sonderleistungsverhältnis mit der Vollverschmelzung endigt. Ein solches Ergebnis läßt sich auch nicht daraus herleiten, daß die aufgenommene Gesellschaft sich auflöst und untergeht. Das hieße eben das Wesen der Gesamtrechtsnachfolge verkennen. Aus der Natur des Sonderleistungsverhältnisses, wie es hier in Frage steht, läßt sich ebenfalls kein durchschlagendes Bedenken gegen die rechtliche Möglichkeit einer Rechtsnachfolge der aufnehmenden Gesellschaft in das Sonderverhältnis herleiten. Das Recht auf die Sonderleistungen gehört unbedenklich zum Vermögen der aufgenommenen Gesellschaft. Daß die Sonderleistungen keine unentgeltlichen sind, ändert daran und an der gesellschaftsrechtlichen Natur des Verhältnisses nichts, steht insbesondere der Möglichkeit einer Gesamtrechtsnachfolge nicht im Wege; auch im Fall der Erbfolge kann sich z. B. der Vertragsgegner des Erblassers seiner Vertragspflichten dem Erben gegenüber nicht durch den bloßen Hinweis darauf entledigen, daß ihm in dessen Person ein anderer Schuldner aufgezwungen würde. Wenn sich ferner zwei Versicherungsaktiengesellschaften im Wege der Vollfusion verschmelzen, werden die Dinge nicht selten so liegen, daß sowohl bei der aufgenommenen wie bei der aufnehmenden Gesellschaft nur 25% der Einlage eingezahlt sind (s. auch § 278 Abs. 1 Satz 2, § 305 Abs. 1 HGB.). Die Einlagerückstände bei der aufgenommenen Gesellschaft sind Bestandteil des Gesellschaftsvermögens und gehen mit diesem auf die aufnehmende Gesellschaft über. Werden dann später weitere Teile der Einlage eingefordert, so muß diese gesellschafterliche Leistung auch von den früheren Aktionären der aufgenommenen Gesellschaft gemacht werden. Die Sonderleistungen, um die es sich bei der Verschmelzung von Zuckerfabrik-Aktiengesellschaften handelt, insbesondere die Rübenanbau- und Rübenlieferungspflicht, sind freilich keine Geld-, sondern Naturalleistungen und haben als solche ihre Besonderheiten. Der Inhalt der Sonderleistung wird durch die örtliche Lage der Fabrik und zahlreiche technische Einzelheiten bestimmt. Deshalb ist es unabweislich, daß die Naturalleistungspflichten der aufgenommenen Aktionäre in der Satzung der übernehmenden Gesellschaft neu geregelt und an die veränderte Sachlage angepaßt werden.

Dabei muß als erste und oberste Richtschnur der Grundsatz gelten, daß die Pflichten nicht ohne Zustimmung der betroffenen Aktionäre erhöht und erschwert werden dürfen. An diesem Satz, der in § 276 HGB. nur einen unvollkommenen Ausdruck gefunden hat und für die gewöhnlichen Fälle der Satzungsänderung erst durch die Rechtsprechung klar herausgearbeitet worden ist (s. zuletzt RGZ. Bd. 121 S. 238 [242]) — der Entwurf eines Gesetzes über Aktiengesellschaften usw. von 1931 beläßt es in seinem § 144 bei der bisherigen unzulänglichen Fassung —, muß auch für den Fall der Vollverschmelzung festgehalten werden. Allein gerade in Fällen dieser Art darf jener Grundsatz nicht überspannt werden. Es muß vielmehr der Eigenart dieses Rechtsvorgangs und den Verhältnissen Rechnung getragen werden. Zweierlei muß beachtet werden. Einmal bringt es die Art der in Rede stehenden Naturalleistungen mit sich, daß sie schon bei der einzelnen Aktiengesellschaft, z. B. wegen der Verschiedenheit der Entfernung von der Fabrik oder der Beschaffenheit des Bodens, das eine Mitglied stärker belasten als das andere. Werden Änderungen auf Grund von Verschmelzungen vorgenommen, so wird es sich kaum vermeiden lassen, daß auch dadurch wieder die Mitglieder ungleich belastet werden. Das muß bei der rechtlichen Würdigung beachtet werden. Während sonst ein Eingriff in Sonderrechte gegenüber jedem von der Zustimmung aller betroffenen Mitglieder abhängt und eine die einzelnen unterscheidende Behandlung nur stattfinden darf, wenn sie in dem Änderungsbeschluß vorgesehen ist (vgl. auch das Urteil des erkennenden Senats S. 185 dieses Bandes), muß hier grundsätzlich jeder Aktionär für sich beurteilt werden, und zwar so, daß sich keiner seinen Naturalleistungen schon um deswillen entziehen kann, weil ein anderer, sei es auch mit Recht, der Änderung widersprochen hat. Sodann aber muß bedacht werden, daß ein Haften am Buchstaben der Satzung überhaupt unzulässig ist. Der erkennende Senat hat ferner zu § 3 Abs. 2, § 53 Abs. 3 GmbHG. entschieden — und gleiches gilt auch für die Sonderleistungen des § 212 HGB. —, daß solche in der Satzung selbst nicht nach allen Richtungen hin genau bestimmt zu sein brauchen (RGZ. Bd. 87 S. 261); sind sie dies aber, so liegt doch eine gewisse Biegsamkeit und Abänderlichkeit im Wesen der Sache selbst begründet. Dabei wird nicht selten die eine Änderung an und für sich gesehen dem Aktionär zum Nachteil, die andere zum Vorteil gereichen. Hier wäre eine Einzelbetrachtung rechtlich verfehlt. Nur wenn sich in einem Punkt eine Benachteiligung ergibt, die so schwer wiegt, daß sie durch die neuen Vergünstigungen nicht wettgemacht wird, behält es insoweit bei der Regelung sein Bewenden, wie sie für die alte, durch die Verschmelzung erloschene Aktiengesellschaft gegolten hatte. Eine völlige Befreiung aber von der Naturalleistungspflicht kann erst verlangt werden, wenn ein solches Zurückgreifen auf die frühere Satzung unmöglich ist oder von der übernehmenden Gesellschaft endgültig verweigert wird.

Der Anwendung der vorstehend entwickelten Grundsätze auf den vorliegenden Fall steht auch die Satzung der V. AG. nicht im Wege. Nach ihrem § 2 war die Dauer der Gesellschaft und auch die der Sonderleistungspflichten der Aktionäre nicht auf eine bestimmte Zeit beschränkt. Auch darüber ist in dieser Satzung nichts enthalten, daß die Sonderleistungspflichten etwa bei einer Vollverschmelzung erlöschen sollten. Daß dies von Gesetzes wegen nicht der Fall ist, hat schon der Vorderrichter mit Recht angenommen (s. auch Brodmann Aktienrecht Anm. 1b zu § 306 HGB., S. 532).

Hat man aber bei Prüfung des Klagbegehrens, soweit es in die Revisionsinstanz erwachsen ist, die soeben erörterten Gesichtspunkte zugrunde zu legen, so schlägt die Verteidigung des Beklagten nicht durch. Die gegenteilige Ansicht des Vorderrichters ist rechtsirrtümlich. Es handelt sich für die Revisionsinstanz nur darum, ob der Beklagte verpflichtet ist, die von ihm in den Jahren 1930, 1931, 1932, 1933 geernteten Zuckerrüben an die Klägerin zu liefern, und zwar mindestens 1600 Ztr. reine Rüben im Jahr. Die Anbau- und Lieferungspflicht ist gegenständlich und umfänglich dieselbe geblieben (s. §§ 12, 13 der V. AG.-Satzung und §§ 6, 9 der Satzung der Klägerin). Insofern hat auch der Vorderrichter keine Bedenken. Wohl aber findet er eine Erschwerung der Rübenlieferungspflicht darin, daß die Rüben jetzt in der von den Äckern des Beklagten weiter entfernt liegenden Fabrik der Klägerin in O. verarbeitet werden müßten, während er bisher seine Rüben in dem nähergelegenen V. abzuliefern gehabt habe. Indessen hat sich gerade daran nichts geändert. Denn nach wie vor braucht der Beklagte die Rüben nur bis V. zu befördern; dort werden sie ihm wie seither auch abgenommen und „prozentiert". Mit der Weiterbeförderung hat er sich nicht zu befassen; er für seine Person hat dafür auch keine Frachtkosten zu tragen. Gewiß sieht § 12 Abs. 2 der Satzung der Klägerin die Möglichkeit einer Änderung der Satzungsbestimmungen über die Frachtkosten der Rüben und über die Rückfracht für die Rückstände vor, wenn sich die Inhaber der bei der Verschmelzung auf die alten V.-Aktionäre entfallenen Aktien in besonderer Versammlung mit Dreiviertelmehrheit damit einverstanden erklären. Allein ein solcher Beschluß ist bislang nicht gefaßt und, wenn er gefaßt würde, wäre er im Hinblick auf den Rechtszustand vor der Verschmelzung für den Beklagten nicht, jedenfalls nicht ohne weiteres verbindlich. Würde die Klägerin unter Berufung auf einen solchen Beschluß vom Beklagten Ablieferung der Rüben in O. oder Tragung der Frachtkosten von V. bis dorthin verlangen und auf diesem Verlangen schlechtweg beharren, so wäre eine neue Lage geschaffen, die allerdings dazu führen könnte, daß der Beklagte deshalb seiner Sonderleistungspflicht ledig würde. Von alledem ist aber zurzeit keine Rede. Die übrigen Punkte, in denen der Vorderrichter eine Erschwerung der Sonderleistungspflichten des Beklagten sieht, sind für die Entscheidung über den jetzt allein vorliegenden Lieferungsanspruch überhaupt ohne Belang; soweit sie je unter Beachtung der oben erörterten Grundsätze eine ohne Zustimmung des Beklagten rechtlich unwirksame Erschwerung der Sonderleistungspflichten enthalten sollten, müßte es eben ihm gegenüber bei der früheren Regelung in der V.-Satzung sein Bewenden haben. Gerade dies hat der Vorderrichter, wie die Revision zutreffend darlegt, verkannt.

Nach dem Ausgeführten ist der Lieferungsanspruch der Klägerin begründet.

62. Wann kann der Patentinhaber, der eine ausschließliche Lizenz erteilt hat, von dem Patentverletzer Schadensersatz fordern?

PatG. §§ 6, 35.

I. Zivilsenat. Urt. v. 28. Mai 1932 i. S. Firma Ph. GmbH. u. Gen. (Bekl.) w. K. (Kl.). I 310/31.

I. Landgericht I Berlin.
II. Kammergericht daselbst.

Der Kläger als Inhaber eines deutschen Reichspatents verlangt von den Beklagten Schadensersatz wegen Patentverletzung. Die Beklagten sind im ersten und zweiten Rechtszuge zur Leistung von Schadensersatz verurteilt worden. Ihre Revision hatte nur teilweise Erfolg.

Aus den Gründen:

... Die Revision der Beklagten vertritt die schon in den beiden ersten Rechtszügen verfochtene Meinung, daß der Kläger als nur mittelbar Geschädigter Schadensersatzansprüche gegen die Beklagten für diejenige Zeit nicht erheben könne, für die er das ausschließliche Recht zur Benutzung seines Patents durch Lizenzvertrag auf einen Dritten übertragen gehabt habe. Daß es sich bei den Verträgen mit M. und mit Kö. um solche über Erteilung einer ausschließlichen Lizenz handelt, ist von keiner Seite bezweifelt worden. Der Ansicht der Revision kann aber nicht beigetreten werden. Nach dem Vertrage mit M. sollte der Kläger außer einer Barabfindung von 125000 M. und einer Anzahlung von 75000 M. auf die sonstigen Vergütungen eine Lizenzabgabe vom Umsatz in Höhe von 5% vom reinen Rechnungswert jeder von M. gelieferten vollständigen Regneranlage oder Teilen dazu einschließlich der dazu gehörigen Stammleitung, Pumpen, Armaturen und Zubehör außer Motoren, aber einschließlich etwaiger von Landwirten zu entrichtender Lizenz- oder Mietbeträge erhalten. Kö. sollte an ihn als Entschädigung zahlen: 5% der Rechnungs-Endbeträge (ausschließlich der Beträge für Fracht, Verpackung und Montage) für alle während der Vertragsdauer verkauften Regneranlagen, deren Teile und Zubehör einschließlich Pumpen, Antriebsmaschinen und sog. Stammleitungen und bis zum 1. Juli 1926 zusätzlich 2½% als Entschädigung für die Kosten der Mitarbeit bei Einführung in das Regner-Geschäft. In solchen Fällen ist der

Patentinhaber geschädigt, wenn anzunehmen ist, daß die vom Patentverletzer unter Verletzung des Patents hergestellten Anlagen ohne die Patentverletzung vom Lizenznehmer hergestellt worden wären und der Lizenznehmer dafür dem Patentinhaber die vereinbarte Vergütung gezahlt hätte. Und zwar ist der Patentinhaber dann unmittelbar verletzt. Denn die Lizenzbeträge, die er in diesem Fall infolge der Handlungen der Patentverletzer eingebüßt hat, stellen sich als ihm entgangener Gewinn dar. Insoweit ist er ganz allein geschädigt und kommt eine Schädigung des Lizenznehmers nicht in Frage. Letzterer kann zwar ebenfalls gegen den Patentverletzer Schadensersatzansprüche erheben, aber nur in Höhe des ihm erwachsenen Schadens. Diesen Schaden kann er nur unter Abzug der Entschädigung berechnen, die er seinerseits dem Patentinhaber zu zahlen gehabt hätte, wenn er selbst die vom Patentverletzer hergestellte Anlage ausgeführt haben würde. Es fehlt an jedem Rechtsgrunde, der ihn berechtigen könnte, den dem Patentinhaber entgangenen Gewinn vom Patentverletzer ersetzt zu verlangen. Die abweichende Ansicht der Revision verkennt, daß der Patentinhaber dadurch, daß er eine ausschließliche Lizenz erteilt, sich seines Patentrechts nicht völlig entäußert, sondern Inhaber dieses Rechts bleibt, und daß daher eine Verletzung des Patents ihn neben dem Lizenznehmer trifft. Die Ansicht des Kammergerichts ist daher durchaus zutreffend. Sie findet auch im Schrifttum Billigung, insbesondere von Kent PatG. § 35 Anm. 58flg. Bd. II S. 405, offenbar auch von Isay PatG. 4. Aufl. § 35 Anm. 19, 5. Aufl. § 35 Anm. 18, der mit Recht hervorhebt, daß die Rechtslage eine andere ist, wenn der Lizenznehmer den Patentinhaber völlig abgefunden hat; denn dann kann der Patentinhaber durch die patentverletzenden Handlungen nicht geschädigt werden...

---

63. 1. Hat der Gläubiger, der seine Buchhypothek auf Grund einer in der Rückwirkungszeit geleisteten Zahlung abgetreten hat, gegen den Erwerber, auf den die Hypothek erst nach dem 13. Februar 1924 im Grundbuch umgeschrieben worden ist, auch dann einen Ausgleichsanspruch, wenn die Abtretungsurkunde erst nach Inkrafttreten der Dritten Steuernotverordnung ausgestellt wurde?

2. Kann nach der Zwangsversteigerung eines Grundstücks der Ersteher gegenüber einem Pfändungsgläubiger, der zwischen Zuschlag und Verteilungstermin den Anspruch eines Hypothekengläubigers auf Befriedigung aus dem Erlös gepfändet hat und dem die Forderung aus dem die Hypothek deckenden Bargebot übertragen wurde, aufrechnen mit einer ihm gegen den früheren Hypothekengläubiger zustehenden persönlichen Forderung, die schon zur Zeit der Pfändung bestand?

BGB. §§ 242, 392. AufwG. §§ 2, 17. ZVG. § 118.

V. Zivilsenat. Urt. v. 28. Mai 1932 i. S. Bü. (Kl.) w. Bu. (Bekl.). V 56/32.

I. Landgericht Hamburg.

Auf einem Grundstück, das der Beklagte durch Zuschlagsbeschluß vom 25. Juni 1928 in der Zwangsversteigerung erworben hat, war für die Sparkasse H. eine Buchhypothek von 38400 M. eingetragen gewesen. Diese Hypothek hatte Bo. am 28. Dezember 1922 für den Nennbetrag gekauft; die Abtretung an ihn war jedoch erst am 20. Dezember 1924 im Grundbuch eingetragen worden auf Grund einer am 8. November 1924 ausgestellten Abtretungserklärung. Am 6. Oktober 1927 hatte die Sparkasse für sich als frühere Hypothekengläubigerin die Eintragung eines Aufwertungsbetrags von 9600 GM. erwirkt, wobei jedoch mit Rücksicht auf die Abtretung an Bo. alsbald ein Widerspruch von Amts wegen vermerkt worden war. Im Zwangsversteigerungsverfahren wurde auf diese Post bei der Verteilung des Erlöses ihr voller Betrag zugeteilt, und zwar zunächst an Bo. und nach ihm an zwei seiner Gläubiger, die seinen Anspruch auf den Versteigerungserlös gepfändet hatten, darunter an den Kläger in Höhe von 5700 RM. Der Beklagte erhob hiergegen Widerspruch, weil die Sparkasse ihm am Tage des Zuschlags alle ihr aus der Aufwertungshypothek zustehenden Rechte abgetreten habe und Bo. wie sein Pfändungsgläubiger keine Rechte hätten. Da der Beklagte den auf die Hypothek entfallenden Betrag nicht zahlte, übertrug der Verteilungsrichter die Forderung gegen ihn als Ersteher „auf die Berechtigten". Er ließ sodann im Grundbuch eintragen:

5700 RM. Sicherungshypothek, vom 26. November 1928 ab mit jährlich 4% verzinslich, für Bü. (Kläger) einerseits und Bu.

(Beklagten) anderseits. Der Betrag gebührt dem Bu., wenn der von ihm erhobene Widerspruch Erfolg hat, sonst dem Bü.

Der jetzige Beklagte unterlag mit seiner Widerspruchsklage, wonach auf Ersuchen des Zwangsversteigerungsrichters im Grundbuch bei der Sicherungshypothek vermerkt wurde, daß ihm daran keine Rechte mehr zuständen.

Nunmehr begehrt der Kläger, daß der Beklagte ihm 6100 RM. zahle und sich wegen dieser Forderung die Zwangsversteigerung des Grundstücks gefallen lasse. Er fordert 5700 RM. aus der eingetragenen Sicherungshypothek und 400 RM. als Verzugsschaden. Der Beklagte bekämpft die Berechtigung dieses Begehrens und verlangt widerklagend die Einwilligung des Klägers in die Löschung der Sicherungshypothek. Er begründet dies damit, daß sich der Kläger bei Zahlung aus der Hypothek auf seine Kosten ungerechtfertigt bereichern würde, und daß er (Beklagter) seine etwa bestehende Hypothekenschuld getilgt habe durch Aufrechnung mit einem der Sparkasse gegen Bo. zustehenden Ausgleichsanspruch, den die Sparkasse ihm abgetreten habe, und der auch dem Kläger gegenüber aufrechenbar sei. Das Landgericht hat die Klage abgewiesen und nach dem Widerklagantrag erkannt. Die unmittelbar eingelegte Revision des Klägers blieb ohne Erfolg.

Gründe:

Das Landgericht geht mit Recht zu Gunsten des Klägers davon aus, daß er der Berechtigte aus der Sicherungshypothek und der ihr zugrundeliegenden Forderung auf Zahlung des Versteigerungserlöses war. Das ergab sich sachlich daraus, daß der volle, auf die ehemalige Hypothek von 38400 M. entfallende Aufwertungsbetrag dem Bo. gebührte, dessen Anspruch auf den Versteigerungserlös der Kläger später pfändete, und daß die Sparkasse, als deren Rechtsnachfolger der Beklagte auftritt, kein Aufwertungsrecht hatte, weil die am 28. Dezember 1922 vereinbarte Abtretung der Buchhypothek an Bo. erst nach dem 13. Februar 1924 im Grundbuch eingetragen worden war, daher keine Zedentenaufwertung stattfinden konnte (§ 17 AufwG. in Verbindung mit § 2 Abs. 1 Satz 4 das.; RGZ. Bd. 121 S. 263). Das Recht des Klägers steht fest, nachdem der Beklagte mit seiner an die Zwangsversteigerung anknüpfenden Widerspruchsklage rechtskräftig unterlegen ist. Der Kläger war also Gläubiger von Forderung und Hypothek, der Beklagte als Ersteher und

Eigentümer des belasteten Grundstücks persönlicher und dinglicher Schuldner. Der Vorderrichter hält aber doch die Klage auf Zahlung für unbegründet und die Widerklage auf Löschung der Hypothek für berechtigt, weil der Beklagte seine Schuld getilgt habe durch Aufrechnung mit einer für die Sparkasse gegenüber Bo. entstandenen persönlichen Ausgleichsforderung, die dem Beklagten abgetreten sei.

Solche Erledigung der Schuld des Erstehers durch Aufrechnung mit einer ihm gegen den Gläubiger zustehenden Forderung ist unbedenklich zulässig (RGZ. Bd. 72 S. 344, Bd. 84 S. 8). Ohne Rechtsirrtum ist weiter die Annahme des Landgerichts, für die Sparkasse sei auf Grund des § 242 BGB. ein persönlicher Ausgleichsanspruch gegen Bo. entstanden, weil dieser die Hypothek von der Sparkasse für den Wert von etwa 24 GM. (10000 M. waren am 28. Dezember 1922 nach der Aufwertungstabelle gleich 6,34 GM.) erworben hatte, dann aber eine Aufwertung von 9600 GM. erlangte, während die Sparkasse, welche die Hypothekenvaluta vor dem Kriege vollwertig hingegeben hatte, keinerlei Aufwertung erhielt infolge des Umstandes, daß die Abtretung der Buchhypothek erst nach dem 13. Februar 1924 im Grundbuch eingetragen und so erst damals rechtswirksam wurde (vgl. RGZ. Bd. 121 S. 263 [269], Bd. 131 S. 303). Zu Unrecht meint die Revision, für den Ausgleichsanspruch sei in diesem Fall kein Raum, weil die Sparkasse die Abtretung, welche die Umschreibung der Hypothek ermöglichte, erst in der Zeit gegeben habe, wo schon die Dritte Steuernotverordnung in Kraft war, man also schon mit Aufwertung rechnete. Der Ausgleichsanspruch beruht nicht auf dem dinglichen Abtretungsvorgang, sondern auf dem zugrundeliegenden Schuldrechtsgeschäft (§ 242 BGB.). Dessen von der Sparkasse geschuldete Ausführung und die zur Zeit seines Abschlusses herrschenden Währungsverhältnisse bewirkten das auszugleichende Mißverhältnis, daß Bo. für die durch Aufwertung ihm zufließende wertvolle Hypothek einen nur ganz geringen Betrag gezahlt hatte. Es mag sein, daß die Sparkasse infolgedessen im Jahre 1924 ihre Abtretungsleistung von einer Erhöhung der Kaufsumme hätte abhängig machen können. Dies wäre dann gleichfalls auf der Grundlage des § 242 BGB. möglich gewesen und hätte einen späteren Ausgleich unnötig gemacht. Der Umstand, daß die Zedentin damals von solchem Rechtsbehelf keinen Gebrauch gemacht hat, rechtfertigt es aber nicht, ihr den auf gleicher Grundlage beruhenden und das gleiche Ziel verfolgenden Ausgleichsanspruch zu verweigern. Ein Verzicht liegt in der so ausgeführten Abtretung nicht, weil die Sparkasse im Jahre 1924 offensichtlich die Möglichkeit, eine Preiserhöhung zu fordern, nicht erkannt hatte. Aus diesem Ausgleichsanspruch waren 5700 RM. verfügbar zur Verrechnung gegenüber dem Kläger.

Am 25. Juni 1928, dem Tag der Zwangsversteigerung des belasteten Grundstücks, wurde zwischen dem Beklagten und der Sparkasse schriftlich vereinbart, daß diese ihm „alle ihr aus diesen ihren Aufwertungshypotheken zustehenden etwaigen Rechte allen Umfangs" abtrat. Diese Abtretung legt das Landgericht dahin aus, daß sie den Ausgleichsanspruch mitumfaßt habe, auch wenn die Vertragsbeteiligten nicht an ihn gedacht hätten, er ihnen überhaupt unbekannt gewesen sein sollte. Solche Auslegung ist möglich und entspricht der Sachlage. Ein Rechtsirrtum, insbesondere Verletzung von Auslegungsgrundsätzen, ist dabei nicht zu ersehen... Dieser dem Beklagten abgetretene Anspruch der Sparkasse rührte her aus dem am 28. Dezember 1922 zwischen ihr und Bo. geschlossenen Kaufgeschäft über die Hypothek in Verbindung mit der später dem Bo. zuteilgewordenen Aufwertung. Der Anspruch war entstanden, als dem Bo. die Aufwertung zufiel, also mit Inkrafttreten des Aufwertungsgesetzes. Von da ab bestand die Verpflichtung des Bo., diesen Vorteil der Sparkasse gegenüber auszugleichen, weil er ihm ihr gegenüber zu Unrecht zugeflossen war. Daß diese Rechtslage damals von den Beteiligten nicht erkannt worden war, ändert nichts daran. Der Anspruch bestand seit der Abtretung vom 25. Juni 1928 als ein Anspruch, der nach dieser dem Beklagten persönlich gegen Bo. gebührte. Das Landgericht geht nun davon aus, daß der Beklagte mit dieser Forderung aufrechnen könne gegen eine etwaige Forderung des Bo. gegen ihn auf den Versteigerungserlös, und meint, solche Aufrechnung müsse auch zulässig sein gegenüber dem Kläger, weil er als Rechtsnachfolger von Bo. keine günstigere Stellung genießen könne als dieser, und weil die Forderung des Beklagten und die des Bo. sich schon vor Erlaß des vom Kläger erwirkten Pfändungs- und Überweisungsbeschlusses aufrechenbar gegenübergestanden hätten.

Dieser Standpunkt des Landgerichts ist, wenn auch nicht durchweg in der Begründung, so doch im Ergebnis zu billigen. Zwischen dem Beklagten und Bo. hat in Wirklichkeit niemals eine Aufrechnungslage bestanden. Zwar setzte sich in der Zwischenzeit zwischen Versteigerung und Erlösverteilung das infolge des Zuschlags erloschene dingliche Recht des Bo. am Grundstück fort als Recht auf Befriedigung aus dem Erlös (vgl. RGZ. Bd. 125 S. 367, Bd. 127 S. 355). Aber es bestand damals doch kein Forderungsrecht des Bo. gegen den Beklagten als Ersteher, überhaupt keine unmittelbare Beziehung zwischen diesen beiden. Nur der Versteigerungsschuldner hatte eine Forderung auf Zahlung des Erlöses gegen den Ersteher (RGZ. Bd. 64 S. 311). Eine Forderung des Bo. gegen den Beklagten als Ersteher wäre erst und nur dann begründet worden, wenn infolge von Nichtzahlung des Erstehers dem Bo. als hebungsberechtigten Hypothekengläubiger eine Forderung gegen diesen gemäß § 118 ZVG. übertragen worden wäre. Nun zahlte freilich der Beklagte den auf die Hypothek des Bo. entfallenden Erlösteil nicht, aber zur Begründung einer Forderung für diesen kam es gleichwohl nicht; denn die Forderung gegen den Ersteher wurde anstatt auf ihn auf den Kläger übertragen, weil dieser durch Beschluß vom 10. November 1928 den Erlösanspruch des Bo. gepfändet und sich zur Einziehung hatte überweisen lassen. Es tritt damit die Frage auf, ob die Aufrechnung mit der gegen Bo. bestehenden Forderung des Beklagten zulässig war gegenüber dem Kläger, der als Pfändungsgläubiger seine Rechtsstellung auf der des Bo. aufbaute. Das ist zu bejahen. Sachlich steht der Pfändungsgläubiger im Recht an Stelle des Pfandschuldners. Deshalb ist die Anschauung gerechtfertigt, daß er nicht mehr Rechte haben könne als dieser, und daß er sich insbesondere eine Aufrechnung ebenso gefallen lassen müsse, wie dieser es müßte, wenn die Pfändung nicht vorläge. Daher rührt die Bestimmung des § 392 BGB., daß eine Forderungsbeschlagnahme eine sonst zulässige Aufrechnung mit einer dem Schuldner bereits zustehenden Forderung regelmäßig nicht hindert. Die begrifflichen Besonderheiten des Zwangsversteigerungsrechts bringen es mit sich, daß die Pfändung des Klägers hier noch nicht eine Forderung seines Schuldners Bo. gegen den Beklagten erfaßte, sondern ein anders geartetes Recht, den Anspruch auf Auszahlung des auf die Hypothek entfallenden Erlöses, sodaß § 392 BGB. nicht unmittelbar anwendbar ist. Dieses Recht ist dann aber doch in ein Forderungsrecht gegen den Beklagten übergegangen, gegen das in der Person des Bo. die Aufrechnung mit der Forderung des Beklagten zulässig gewesen wäre. In Anwendung des in § 392 BGB. enthaltenen Rechtsgedankens muß diese Aufrechnung auch für zulässig erachtet werden im Verhältnis des Beklagten zum Kläger als Pfändungsgläubiger. Die diesem gegen den Beklagten auf Grund von § 118 ZVG. zugewiesene Forderung, für die dann gemäß § 128 das. die Hypothek bestellt wurde, ist zwar rechtlich in seiner Person neu entstanden. Sie steht aber doch in nahem Zusammenhang mit dem früheren Hypothekenrecht und dem Erlösanspruch des Bo. (vgl. RGZ. Bd. 127 S. 356). Die Berücksichtigung dieses Zusammenhangs rechtfertigt die Zulassung der Aufrechnung dem Kläger gegenüber, wie sie ohne die Pfändung gegen Bo. möglich gewesen wäre. Die Aufrechnung hat die der Sicherungshypothek zugrundeliegende Ersteherschuld des Beklagten getilgt. Die Hypothek ist damit zur Eigentümergrundschuld des Beklagten geworden, über die er durch Löschung verfügen kann.

---

64. Sind unter dem Ausdruck: „andere lästige Veräußerungsgeschäfte enthaltende Verträge" in Tarifstelle 7 des preußischen Stempelsteuergesetzes vom 27. Oktober 1924 nur gegenseitige Verträge zu verstehen?

VII. Zivilsenat. Urt. v. 3. Juni 1932 i. S. Preuß. Staat (Bekl.) w. K. (Kl.). VII 23/32.

I. Landgericht Breslau.
II. Oberlandesgericht daselbst.

Der Rittergutsbesitzer Benno Ka. und die Witwe Selma Ka. waren in Zahlungsschwierigkeiten geraten. Nachdem der Antrag auf Einleitung eines Vergleichsverfahrens gestellt worden war, schlossen sie zur Verhütung der bevorzugten Befriedigung einzelner ihrer Gläubiger und solcher der Firma Louis Ka. in B., deren alleinige Inhaber sie waren, mit dem Bankdirektor F. einen am 7. Mai 1930 schriftlich niedergelegten Vertrag, in dem sie dem F. als Treuhänder das tote und lebende Inventar des Ritterguts M. übereigneten und einige im Vertrag bezeichnete Forderungen im Gesamtwert von 15000 RM. übertrugen. Weiter wurde vereinbart, die Veräußerer sollten die in M. befindlichen Sachen für F. verwahren und bis auf Widerruf ermächtigt sein, die Sachen kommissionsweise zu verkaufen; den Erlös sollten sie an den Generaldirektor H. in B. oder die Vertrauensperson in dem Vergleichsverfahren abliefern.

Das Finanzamt forderte für die Urkunde nach Tarifst. 7 Abs. 1 zu b des preußischen Stempelsteuergesetzes eine Stempelabgabe von $^2/_3$ v. H. (709 RM.), da es sich um ein lästiges Veräußerungsgeschäft handle. Der Betrag wurde gezahlt. Der Kläger, auf den nach gerichtlich bestätigtem Vergleich das ganze Vermögen der vorgenannten Firma und durch Abtretung auch der Anspruch auf Rückerstattung des zuviel Gezahlten übergegangen ist, meint, es sei nur der Vertragstempel nach Tarifst. 18 Nr. 2 StStG. mit 3 RM. und der Abtretungsstempel nach Tarifst. 1 das. mit 15 RM. zu erheben gewesen. Er fordert deshalb 691 RM. nebst Zinsen zurück. Die Vorinstanzen haben der Klage stattgegeben. Die Revision des Beklagten wurde zurückgewiesen.

Aus den Gründen:

Das Oberlandesgericht legt die Tarifstelle 7 Abs. 1 StStG. dahin aus, daß unter dem Ausdruck: „andere lästige Veräußerungsgeschäfte enthaltende Verträge" gegenseitige Verträge auf Veräußerung zu verstehen seien. Die Revision hält das für unrichtig und bringt eine Reihe von Gründen vor, die nach ihrer Meinung dahin führen müssen, den erwähnten Ausdruck über gegenseitige Verträge hinausgreifen zu lassen, insbesondere auch einseitige Verträge darunter zu verstehen. Ihre Erwägungen sind aber nicht stichhaltig, die Gründe für die Auffassung des Berufungsgerichts wiegen weit schwerer.

Die Tarifstelle 7 umfaßt: „Kauf- und Tauschverträge und andere lästige Veräußerungsgeschäfte enthaltende Verträge einschließlich der gerichtlichen Zwangsversteigerungen." Die Revision meint, aus dem Worte „einschließlich" ergebe sich, daß das Gesetz unter den „anderen lästige Veräußerungsgeschäfte enthaltenden Verträgen" auch andere als gegenseitige Verträge verstehe. Diese Schlußfolgerung ist unrichtig und beruht außerdem auf einer unbewiesenen Voraussetzung. Sie ist nur dann möglich, wenn das Gesetz die Zwangsversteigerung nicht als einen Kauf, d. h. einen Zwangskauf, auffaßt. Es ist aber keineswegs sicher, ob es nicht doch von dieser Auffassung ausgeht. Jetzt kann man vielleicht die Meinung als herrschend bezeichnen, daß die Zwangsversteigerung ein Staatsakt sei (Jäckel-Güthe ZVG.

6. Aufl. § 81 Nr. 7 S. 376; Reinhard ZVG. § 82 I S. 465). Als aber im Jahre 1895 die „anderen lästige Veräußerungsgeschäfte enthaltenden Verträge einschließlich der Zwangsversteigerungen" neu in das Gesetz eingeführt wurden, war die Rechtsnatur der Zwangsversteigerung sehr bestritten. Namhafte Schriftsteller hielten sie für einen Staatsakt (Krech-Fischer Preuß. ZVG. 3. Aufl. 1894 Einl. § 7 S. 22 flg.), andere hielten sie, wenn überhaupt für einen Vertrag, so für einen solchen eigener Art (Dernburg Preuß. Privatrecht 5. Aufl. 1894 Bd. 1 S. 865 flg., insbes. S. 867 Anm. 18). Im Gebiet des Allgemeinen Landrechts hielten die meisten Schriftsteller im Hinblick auf § 340 ALR. I 11 an der Auffassung eines Zwangskaufes fest (Jäckel Preuß. ZVG. 3. Aufl. S. 325; Koch ALR. 8. Aufl. § 340 I 11 Anm. 41, Bd. 1 S. 800). Wenn aber das Gesetz davon ausginge, die Zwangsversteigerung sei ein Staatsakt, so bewiese die Beweisführung der Revision mehr als sie beweisen soll; also beweist sie das, was sie beweisen soll, gerade nicht. Wäre die Zwangsversteigerung ein Staatsakt, so wäre sie nicht nur kein gegenseitiger Vertrag, sondern überhaupt kein Vertrag. Wenn man das Wort „einschließlich" wörtlich auslegt, müßte also in dem Vorgehenden schon etwas Weiteres als Verträge überhaupt enthalten sein; das widerspricht aber dem Wortlaut der Tarifstelle. Es ergibt sich daraus, daß das Wort „einschließlich" unscharf ist und nur eine Form der Anknüpfung darstellt. Das Gesetz mag zum Streit über die Rechtsnatur der Zwangsversteigerung keine Stellung haben nehmen wollen und hat zur Ausschließung von Zweifeln die Zwangsversteigerung besonders erwähnt.

Die Revision meint weiter, der Oberbegriff für alle unter die Tarifst. 7 StStG. fallenden Rechtsakte sei der des lästigen Geschäfts; dieser umfasse aber nicht nur gegenseitige Verträge. Daß es dazu nicht paßt, wenn die Revision nach ihren vorangegangenen Ausführungen annimmt, das Gesetz verstehe unter „Zwangsversteigerung" einen Staatsakt, sei nur nebenbei bemerkt. Auf keinen Fall schließt eine Einreihung der Rechtsvorgänge der Tarifst. 7 unter den Begriff „lästige Geschäfte" eine Eingruppierung dieser Rechtsvorgänge — sei es allein, sei es mit anderen zusammen — unter einen anderen Oberbegriff aus, etwa unter den des gegenseitigen Vertrages, wobei von der Zwangsversteigerung abgesehen werden mag, sofern man sie nicht als Zwangskauf auffaßt.

Die Revision verweist endlich auf die Tarifst. 14 I Abs. 2 zu a StStG., wo von „zweiseitigen Verträgen" die Rede ist, ein Ausdruck, unter dem die gemeine Meinung gegenseitige Verträge im Sinne des Bürgerlichen Gesetzbuchs versteht (Heinitz StStG. 3. Aufl. S. 613; Hummel-Specht StStG. S. 1057). Sie meint, da dieser Ausdruck in der Tarifst. 7 nicht wiederkehre, müsse hier auch etwas anderes als gegenseitige Verträge gemeint sein. Diese Beweisführung setzt voraus, daß das preußische Stempelsteuergesetz auch in seiner zivilrechtlichen Ausdrucksweise derart scharf gefeilt wäre wie das Bürgerliche Gesetzbuch und seine Nebengesetze. Sicher ist das keineswegs, denn das Stempelsteuergesetz brauchte nur steuerrechtliche Tatbestände festzustellen, wenn es dazu auch Begriffe aus dem Zivilrecht verwandte. Das Bürgerliche Gesetzbuch aber hat zivilrechtliche Tatbestände abzugrenzen; da muß die Sprechweise notgedrungen zivilrechtlich scharf sein. Wie sich oben an dem Ausdruck „einschließlich" sogar unmittelbar gezeigt hat, ist die Ausdrucksweise des Stempelsteuergesetzes nicht überall unbedingt scharf. Zudem umfaßt die Tarifstelle 7, soweit sie sich überhaupt auf Verträge bezieht, keineswegs alle gegenseitigen Verträge, sondern nur diejenigen, die lästige Veräußerungsgeschäfte enthalten. Bei der sprachlichen Festlegung des engeren Begriffs kann ein anderer Ausdruck für den gegenseitigen Vertrag untergelaufen sein, ohne daß etwas anderes gemeint wäre. Möglicherweise wurde der Ausdruck absichtlich gewählt, um die Anknüpfung der Zwangsversteigerung natürlicher zu gestalten.

Der Auslegung des Berufungsgerichts stehen aber durchschlagende Beweisgründe zur Seite. Bis zum Jahre 1895 enthielt die entsprechende Tarifstelle nur Kauf-, Tausch- und Lieferungsverträge sowie Verträge über Hingabe an Zahlungsstatt; erst das Gesetz vom 31. Juli 1895 (GS. S. 413) brachte die oben angegebene Fassung. In der Begründung des Entwurfs (Drucksache Nr. 35 des Hauses der Abgeordneten 18. Legislaturperiode 2. Session 1895 S. 43) heißt es zu der entsprechenden Tarifstelle (32):

> Da es in steuerlicher Hinsicht keinen Unterschied machen kann, ob das Entgelt für die Veräußerung einer Sache in einer bestimmten Summe Geldes oder in irgendeiner anderen Leistung besteht, so liegt es in der Absicht des Entwurfes, gleichmäßig alle Geschäfte, durch welche unbewegliche oder bewegliche Sachen gegen eine

Leistung irgendwelcher Art veräußert werden, dem Wertstempel zu unterwerfen.

Kauf- und Tauschverträge sind die Urbilder des gegenseitigen Vertrages. Stellt ein Gesetz eine andere Vertragsgruppe neben diese Urbilder, nicht ihnen gegenüber, so liegt der Gedanke nahe, auch diese Gruppe solle nur gegenseitige Verträge umfassen. Soll sich die andere Gruppe auf Verträge über Veräußerungen beschränken, ja auf Verträge über lästige Veräußerungen, so liegt der Gedanke noch näher. Wird aber die Vertragsgruppe durch das Wort „andere" mit den Urbildern des gegenseitigen Vertrages, dem Kaufvertrag und dem Tauschvertrag, verbunden, so bedürfte es einer ausdrücklichen Bestimmung des Gesetzes, wenn man unter dieser Gruppe nicht nur gegenseitige Verträge begreifen sollte. Dazu kommt, daß dann, wenn man der Auslegung des Berufungsgerichts folgt, der Ausdruck der Tarifstelle sich an die Sprechweise in den damaligen drei großen Rechtsgebieten Preußens anschließt. Im Gebiet des Allgemeinen Landrechts verstand die Rechtsprechung in Anlehnung an § 7 ALR. I 5 unter „lästigen Verträgen" gegenseitige Verträge (RGZ. Bd. 47 S. 303 [304]), im Gebiet des gemeinen Rechts galten als „onerose Verträge" solche, bei denen man eine Zuwendung durch eine Gegenleistung erkaufen mußte (Dernburg Pandekten 5. Aufl. Bd. 1 S. 220, 8. Aufl. Bd. 1 S. 162/163), und im Gebiet des Code Civil war ein contrat à titre onéreux ein solcher, bei dem beide Teile eine Verpflichtung übernahmen (Art. 1106).

Berechnet wird der Stempel bei Kauf- und Lieferungsverträgen vom Kauf- oder Lieferungspreis (gegebenenfalls unter Hinzurechnung gewisser Beträge), bei anderen Verträgen vom Gesamtwert der Gegenleistungen (gegebenenfalls wieder unter Hinzurechnung gewisser Beträge) oder, wenn der Wert der Gegenleistung nicht aus dem Vertrage hervorgeht, von dem Wert des veräußerten Gegenstandes. Daraus ergibt sich, daß in den Fällen, die unter die Tarifstelle fallen, stets eine Gegenleistung in Frage stehen muß. Bei der Zwangsversteigerung haben als solche das Meistgebot und die bestehenbleibenden Rechte zu gelten.

Beabsichtigt war also, der Tarifstelle — außer der Zwangsversteigerung, falls sie kein Zwangskauf ist — nur gegenseitige Verträge zu unterstellen. Der Wortlaut des Gesetzes spricht ebenfalls entscheidend für diese Auslegung; der Beweisgrund aus dem Fehlen des Ausdrucks „zweiseitiger Vertrag" hat den Gegengründen gegenüber kein Gewicht. Es muß also bei der bisherigen Auslegung des Reichsgerichts bleiben, die seit Anbeginn der Geltung der neuen Bestimmung ständig dahin ging, daß die Tarifstelle 7 (früher 32) außer der Zwangsversteigerung nur gegenseitige Verträge umfasse (RGZ. Bd. 47 S. 303 [305], Bd. 60 S. 238, Bd. 83 S. 50, Bd. 127 S. 23; JW. 1900 S. 162 Nr. 32 und S. 680 Nr. 56); dies um so mehr, als auch die Erläuterungswerke zum Stempelsteuergesetz denselben Standpunkt einnehmen (Heinitz 3. Aufl. S. 429; Hummel-Specht S. 744flg.; Messerschmidt-Kollat 5. Aufl. S. 247; Deiter 6. Aufl. S. 114; Wenz S. 186; Loeck-Eiffler 10. Aufl. S. 152). Wenn die Revision darauf hinweist, daß Loeck-Eiffler a. a. O. von wohltätigen und freigebigen Verträgen als dem Gegensatz von Verträgen sprechen, die lästige Veräußerungsgeschäfte enthalten, und wenn sie daraus Schlußfolgerungen ziehen will, so ist das nicht möglich; es ergibt sich nämlich aus den weiteren Ausführungen des erwähnten Werkes, daß es unter wohltätigen und freigebigen Verträgen den reinen (kontradiktorischen) Gegensatz zu gegenseitigen Verträgen versteht. . .

---

65. 1. Sind preußische Studienassessoren lebenslänglich angestellte Beamte?

2. Können sie wegen eines Dienstvergehens ohne förmliches Disziplinarverfahren entlassen werden?

Preuß. Disziplinargesetz vom 21. Juli 1852 (GS. S. 465) § 83.

III. Zivilsenat. Urt. v. 24. Mai 1932 i. S. Preuß. Staat (Bekl.) w. R. (Kl.). III 231/31.

I. Landgericht I Berlin.
II. Kammergericht daselbst.

Der Kläger war durch Erlaß des Preußischen Ministers für Wissenschaft, Kunst und Volksbildung vom 11. März 1929 in die Anwärterliste für Studienassessoren, Jahrgang 1929, aufgenommen worden. In der Folgezeit wurde er bei einer staatlichen Schule beschäftigt. Seine dortige Unterrichtstätigkeit wurde beanstandet. Am 23. August 1929 hat ihn deshalb das Provinzialschulkollegium mit Rückwirkung vom 15. August ab aus dem höheren Schuldienst entlassen und in der Anwärterliste gestrichen. Seine Beschwerde an den Minister wurde am 21. Januar 1930 zurückgewiesen. Der Kläger ist der Ansicht, daß er durch die Aufnahme in die Anwärterliste lebenslänglich angestellter Beamter geworden sei und nur im Wege förmlichen Disziplinarverfahrens entlassen werden könne. Mit der im Juli 1930 erhobenen Klage fordert er die Zahlung seiner Dienstbezüge für die Zeit vom 1. September 1929 bis 30. April 1930 nebst Zinsen. Der verklagte Preußische Staat vertritt dagegen die Rechtswirksamkeit der Entlassung des Klägers.

Das Landgericht wies die Klage ab, das Kammergericht gab ihr, vom Zinsanspruch abgesehen, statt. Die Revision des Beklagten blieb erfolglos.

Gründe:

Der Beklagte stützt seine Ansicht, daß er den Kläger ohne förmliches Disziplinarverfahren aus dem Staatsdienst habe entlassen können, auf § 21 der Ordnung der Anwärter für das Lehramt an höheren Schulen in Preußen — AnwO. — vom 24. April 1924 (Zentralblatt für die gesamte Unterrichts-Verwaltung in Preußen S. 157). Die Vorschrift lautet:

(1) Ohne Antrag wird ein Studienassessor aus dem öffentlichen höheren Schuldienst im Disziplinarwege gemäß § 83 des Disziplinargesetzes vom 21. Juli 1852 von dem Provinzialschulkollegium entlassen.

(2) Die disziplinarische Entlassung (Abs. 1) soll nur ausgesprochen werden, nachdem dem beschuldigten Studienassessor angemessene Gelegenheit zu mündlicher und schriftlicher Rechtfertigung und zur Angabe entlastender Beweismittel gegeben und die erforderlichen Beweise erhoben sind. Die Entlassungsverfügung ist mit Gründen zu versehen. Gegen die Entlassung ist binnen vier Wochen Beschwerde an den Minister zulässig.

(3) Die Entlassung ist insbesondere zu verfügen, wenn ein in die Anwärterliste aufgenommener Studienassessor ohne ausreichenden Grund sich weigert, eine ihm von dem Provinzialschulkollegium aufgetragene Beschäftigung anzunehmen (§ 10 Abs. 1), oder wenn er ohne ausreichenden Grund eine planmäßige Anstellung als Studienrat oder die Wahl zum Studienrat an einer nichtstaatlichen öffentlichen höheren Lehranstalt ablehnt.

Mit Recht hat das Kammergericht angenommen, daß diese Vorschrift allein die Abstandnahme vom ordentlichen Disziplinarverfahren nicht zu rechtfertigen vermöge. Sie enthält keinen allgemeinen Ausspruch, daß ein Studienassessor jederzeit entlassen werden kann, sondern regelt seine Entlassung nur für den Fall, daß er sich ein Dienstvergehen zuschulden kommen läßt. Denn allein von der disziplinarischen Entlassung, die regelmäßig nur im förmlichen Disziplinarverfahren und nur wegen Dienstvergehen erfolgen kann, ist die Rede. Von dieser Regel will § 21 Abs. 1 die Studienassessoren ausnehmen: sie sollen aus dem öffentlichen höheren Schuldienst vom Provinzialschulkollegium im Disziplinarweg gemäß § 83 DiszG., also ohne förmliches Disziplinarverfahren, entlassen werden können. Die angeführte Gesetzesstelle läßt jedoch die Abstandnahme vom förmlichen Disziplinarverfahren bei unfreiwilliger Dienstentlassung nur zu bei den auf Probe, auf Kündigung oder sonst auf Widerruf angestellten Beamten. Nur dann also, wenn der Kläger zu diesen sog. Kündigungsbeamten gehörte, wäre die ihm erklärte Dienstentlassung rechtswirksam (vgl. auch Art. 129 Abs. 2 RVerf. und Art. 79 Abs. 1 PrVerf.). Zu diesen Beamten zählen aber nach der Rechtsprechung des Reichsgerichts (Urt. vom 18. April 1901 IV 37/01, abgedr. Gruch. Bd. 45 S. 924) nur solche, denen das Dienstverhältnis frei gekündigt werden kann, nicht auch solche, bei denen der Widerruf ihrer Anstellung oder die Möglichkeit der Kündigung auf die Fälle mangelhafter Dienstführung oder hervorgetretener Dienstunwürdigkeit beschränkt ist. Wenn also, wie der Beklagte selbst zugeben muß, § 21 AnwO. einen auf Disziplinarfälle beschränkten Kündigungsvorbehalt ausspricht, so genügt dies nicht zu der Annahme, daß die Studienassessoren Kündigungsbeamte nach § 83 DiszG. seien. Die Entlassung eines Beamten wegen Verletzung seiner Dienstpflichten ist, wie bereits die angeführte Entscheidung hervorgehoben hat, stets und mit innerer Notwendigkeit eine disziplinare Maßregel, deren Verhängung wegen ihrer öffentlichrechtlichen Natur nach der ausdrücklichen Vorschrift der §§ 11, 22 DiszG. ausschließlich der vorgesetzten Disziplinarbehörde auf Grund eines förmlichen Verfahrens zusteht. Wird dagegen nur zu dem Zweck der freie Widerruf der Anstellung vorbehalten oder die Aufkündigung des Dienstes bedungen, um dem Dienstverhältnis den Charakter des Festen und Dauernden zu nehmen, und von einem solchen Vorbehalt Gebrauch gemacht, so fehlt dieser Maßnahme grundsätzlich der Charakter einer Strafe. Deshalb steht sie einer Entfernung aus dem Amt wegen pflichtwidrigen Verhaltens nach § 16 Abs. 1 Nr. 2 DiszG. nicht gleich. Daß die Ausbedingung eines Widerrufs oder Kündigungsrechts auf seiten des Anstellenden dem Beweggrund entsprungen sein kann, um auf diese Weise den Beamten nötigenfalls auch ohne ein förmliches Disziplinarverfahren wegen begangener Dienstvergehen aus dem Amt entfernen zu können, ist zuzugeben. Daraus folgt aber nicht, daß sich der anstellende Teil nun auch ausdrücklich und eingestandenermaßen die Befugnis vorbehalten darf, an Stelle der Disziplinarbehörde im Fall einer Dienstwidrigkeit des Beamten dessen Entlassung zu verfügen. Einen solchen Eingriff in die öffentlichrechtlichen Befugnisse der Disziplinarbehörde erlaubt das Gesetz nicht. Die Rechtswirksamkeit der vom Provinzialschulkollegium verfügten Entlassung des Klägers läßt sich also auf § 21 AnwO. nicht stützen.

Der Beklagte hat nun versucht, aus anderen Bestimmungen der Anwärterordnung abzuleiten, daß die Studienassessoren nur auf Widerruf angestellt würden, daß sie also im Sinn von § 83 DiszG. zu den Kündigungsbeamten gehörten. Er bezieht sich auf § 2 Abs. 5 AnwO., wonach dem Studienassessor bei Übermittlung seiner Ernennungsurkunde schriftlich zu eröffnen ist, daß durch die Ernennung ein Recht oder eine Anwartschaft auf Beschäftigung im öffentlichen höheren Schuldienst, auf Aufnahme in die Anwärterliste oder auf Anstellung nicht begründet wird. Er meint, und die Revision wiederholt das, darin liege der Vorbehalt des Widerrufs der Ernennung. Denn eine feste Anstellung trete erst mit der Ernennung zum Studienrat ein; der einmal bei der Ernennung zum Studienassessor gemachte Vorbehalt gelte auch bei der Aufnahme in die Anwärterliste weiter; an ihm werde durch die Aufnahme in die Anwärterliste nichts geändert; er werde insbesondere damit nicht zurückgenommen.

Das Berufungsgericht hat demgegenüber darauf verwiesen, daß der Studienassessor mit der Eintragung in die Anwärterliste nach § 9 Abs. 2 AnwO. Stellenanwärter im Sinne der §§ 11 flg. des preußischen Beamten-Diensteinkommen-Gesetzes vom 17. Dezember 1920 (GS. 1921 S. 135; vgl. auch § 17 Abs. 1 des preußischen Besoldungsgesetzes vom 17. Dezember 1927 GS. S. 223) werde und damit endgültig in den Staatsdienst übernommen sei. Damit verkennt es jedoch die Tragweite der Eintragung in die Anwärterliste. Sie besitzt hauptsächlich vermögensrechtliche Bedeutung. Der in die Anwärterliste eingetragene Studienassessor ist Stellenanwärter im Sinn von § 15 BesG. mit Anspruch auf fortlaufende Vergütung (§ 11 Abs. 1 AnwO.). Außerdem werden an den öffentlichen höheren Lehranstalten grundsätzlich nur die in die Anwärterliste aufgenommenen Studienassessoren als Studienräte planmäßig angestellt oder bestätigt (§ 18 Abs. 1 AnwO.). Die anderen Studienassessoren werden nur ausnahmsweise zu Studienräten befördert (§ 18 Abs. 5). Nach Abs. 2 das. soll die Anwärterdienstzeit, nämlich die Zeit, die zwischen dem Tag der Aufnahme des Studienassessors in die Anwärterliste und dem Tag der planmäßigen Anstellung liegt, fünf Jahre nicht übersteigen. Der Anwärter kann also damit rechnen, in fünf Jahren angestellt zu werden; ein Rechtsanspruch darauf ist ihm jedoch nicht eingeräumt. Er ist also „nichtplanmäßig" angestellter Staatsbeamter. Aber für den nicht in die Anwärterliste eingetragenen Studienassessor gilt insoweit nichts anderes. Nach § 9 Abs. 1 AnwO. sind sämtliche Studienassessoren unmittelbare Staatsbeamte, also, wie das Kammergericht zutreffend ausführt, auch als solche angestellt; sie sind sämtlich nichtplanmäßige Staatsbeamte. An dieser ihrer Rechtsstellung wird durch die Eintragung in die Anwärterliste nichts geändert, und demgemäß wird auch in § 21 AnwO., wie überhaupt in ihrem Abschnitt VI, zwischen den beiden Arten von Studienassessoren nicht unterschieden. § 21 gilt mithin für alle Studienassessoren, einerlei, ob sie in die Anwärterliste eingetragen sind oder nicht. Aus der Eintragung in die Anwärterliste lassen sich also keine Folgerungen auf die Unkündbarkeit ziehen. Insoweit geht das Berufungsgericht von einem unrichtigen Gesichtspunkt aus. Aber im übrigen ist seinen Ausführungen durchaus beizupflichten. Sie tragen die Entscheidung.

Nach dem schon erwähnten § 2 Abs. 5 AnwO. ist dem Studienassessor bei Übermittlung der Ernennungsurkunde schriftlich zu eröffnen, daß durch die Ernennung (zum Studienassessor) ein Recht oder eine Anwartschaft auf Beschäftigung im öffentlichen höheren Schuldienst, auf Aufnahme in die Anwärterliste oder auf Anstellung nicht begründet wird. Dem Beklagten ist darin beizupflichten, daß hier unter „Anstellung" die planmäßige Anstellung als Studienrat oder die Wahl zum Studienrat an einer nicht staatlichen öffentlichen höheren Lehranstalt und ihre Bestätigung (vgl. § 21 Abs. 3, § 18 Abs. 1

AnwO.) zu verstehen ist. Der Beklagte meint nun, darin liege erst die feste, unwiderrufliche Anstellung, sie fehle den Studienassessoren. Er ist also der Auffassung, daß nur die mit einer Planstelle beliehenen Beamten auf Lebenszeit angestellt seien, die nichtplanmäßigen dagegen grundsätzlich ohne weiteres wieder entlassen werden könnten, also als Kündigungsbeamte nach § 83 DiszG. zu gelten hätten.

Diese auf allgemeinen Erwägungen beruhende Meinung ist, ganz abgesehen davon, daß der Begriff der „festen" Anstellung der Anwärterordnung unbekannt ist, nicht zu billigen; sie widerspricht der ständigen Rechtsprechung des Reichsgerichts (vgl. RGZ. Bd. 121 S. 353). Daß nichtplanmäßige Beamte nicht ohne weiteres Kündigungsbeamte im Sinne des § 83 DiszG. sind, kommt auch in den §§ 15 und 16 der preußischen Personal-Abbau-Verordnung vom 8. Februar 1924 (GS. S. 73) zum Ausdruck, Bestimmungen, auf die der Minister für Wissenschaft, Kunst und Volksbildung in seinem Erlaß über die Einführung, Erläuterung und Ergänzung der Anwärterordnung vom 24. April 1924 (Zentralblatt S. 152) zu § 8 unter Nr. 8 Abs. 2 selbst verweist. Dort sind den auf Probe, auf Kündigung oder auf Widerruf angestellten Beamten die nichtplanmäßigen Beamten an die Seite gestellt. Ihre Erwähnung wäre überflüssig gewesen, wenn sie ohne weiteres zu den Kündigungsbeamten gehörten. Auch damit wird die Auffassung bestätigt, die das Reichsgericht a. a. O. S. 355 und in den dort angeführten früheren Entscheidungen ausgesprochen hat: die Begriffe „lebenslängliche" Anstellung und „nichtplanmäßige" Anstellung schließen einander nicht aus. Die Ansicht, jeder außerplanmäßige Beamte sei auf Widerruf oder auf Kündigung angestellt, beruht auf Rechtsirrtum.

Die Anstellung der Beamten erfolgt nach Art. 129 Abs. 1 Satz 1 RVerf. auf Lebenszeit, soweit nicht durch Gesetz etwas anderes bestimmt ist. Demgemäß bestimmt § 2 RBG., daß es zur Anstellung eines Reichsbeamten auf Kündigung oder auf Widerruf eines ausdrücklichen Vorbehalts bedarf, sodaß ohne einen solchen Vorbehalt die Anstellung als auf Lebenszeit erfolgt zu gelten hat. Auch für das preußische Recht gilt, wie bereits in dem erwähnten Urteil vom 18. April 1901 unter Bezugnahme auf §§ 169, 170 ALR. II 6 sowie in RGZ. a. a. O. S. 355/356 dargelegt worden ist, die Regel der lebenslänglichen Anstellung der Beamten; Ausnahmen bedürfen der besonderen Rechtfertigung. Nach den vom Reichsgericht stets festgehaltenen Grundsätzen muß der allgemeine Vorbehalt des Widerrufs oder der Kündbarkeit klar hervortreten und verdient nur dann Beachtung, wenn er dem einzelnen Beamten gegenüber bestimmt und zweifelsfrei bei oder vor der Anstellung, sonst aber wenigstens durch allgemeine Vorschrift ausgesprochen worden ist. Unklarheiten gehen zu Lasten des anstellenden Dienstherrn. Demgemäß kann auch ein nichtplanmäßiger Beamter nur dann als Kündigungsbeamter gelten, wenn ihm gegenüber diese Voraussetzungen erfüllt sind. Die Außerplanmäßigkeit für sich allein hat zwar vermögensrechtliche Verschiedenheiten im Gefolge; über die Dauer des Beamtenverhältnisses, die Art seiner Lösbarkeit sagt sie nichts. Der Vorbehalt der Widerruflichkeit der Anstellung als Studienassessor, der hiernach erforderlich wäre, ist aber dem mehrerwähnten § 2 Abs. 5 AnwO. nicht zu entnehmen. Nach dem ganzen Zusammenhang kann das dort gebrauchte Wort „Anstellung", wie dargelegt, nur auf die Ernennung zum Studienrat oder die Bestätigung als solcher bezogen werden. Welche Rechte und Pflichten bis zu dieser Zeit die Studienassessoren haben, ist erst im Abschnitt IV der Anwärterordnung (§§ 9 flg.) gesagt. Indes auch dort ist keine Bestimmung enthalten, wonach der Studienassessor jederzeit wieder entlassen werden kann. Daraus aber, daß der Studienassessor keinen Rechtsanspruch auf Anstellung als Studienrat hat, folgt noch nicht, daß er jederzeit entlassen werden kann.

Der Beklagte hat sich schließlich auf die Entstehungsgeschichte der Anwärterordnung berufen und auf die frühere Ordnung betr. die Verhältnisse der anstellungsfähigen Kandidaten für das Lehramt an höheren Schulen vom 15. Mai 1905 (Zentralblatt S. 410) Nr. II Abs. 8 verwiesen. Danach konnten Kandidaten, welche sich so tadelhaft führten, daß sie zur Belassung im höheren Schuldienst nicht würdig waren, ohne förmliches Verfahren in der Kandidatenliste gestrichen und damit aus dem höheren Schuldienst entlassen werden. Indessen erübrigt sich ein Eingehen auf diese Bestimmung schon um deswillen, weil sie in die jetzige Anwärterordnung nicht aufgenommen und daher nach der Einleitung des Erlasses des Ministers für Wissenschaft, Kunst und Volksbildung vom 24. April 1924 mit dem 1. April 1924 außer Kraft getreten ist.

Hiernach fehlte bei der Anstellung des Klägers als Studienassessor eine allgemeine Vorschrift, aus der er auf ihre Widerruflichkeit hätte schließen müssen. Die Unterrichtsverwaltung hat sich auch, wie sie zugibt, ihm gegenüber den Widerruf nicht besonders vorbehalten. Daraus folgt, daß der Kläger auf Lebenszeit angestellt worden ist und seine Entlassung ohne förmliches Disziplinarverfahren unzulässig war.

---

66. Haftet für die privatrechtlichen Verwaltungsschulden eines Landkreises, dessen Gebiet durch die Teilung Oberschlesiens zu mehr als der Hälfte an Polen gefallen ist, der bei Preußen verbliebene Restkreis?

Versailler Vertrag Art. 88, 256.

III. Zivilsenat. Urt. v. 24. Mai 1932 i. S. Landkreis Guttentag (Kl.) w. P. (Bekl.). III 286/31.

I. Landgericht Oppeln.
II. Oberlandesgericht Breslau.

Der Landkreis Lublinitz fiel bei der Teilung Oberschlesiens zu etwa zwei Dritteln an Polen. Dem bei Preußen verbliebenen Restkreis wurden durch das preußische Gesetz über die Neuordnung der kommunalen Verfassung und Verwaltung von Gemeinden und Kreisen in der Provinz Oberschlesien vom 5. Januar 1927 (GS. S. 1) einige Bezirke anderer, gleichfalls durch die Teilung zerstückelter Kreise zugeschlagen. Er erhielt den Namen: Landkreis Guttentag. Dieser klagt nunmehr gegen den verklagten Rechtsanwalt auf Schadensersatz auf Grund folgenden Sachverhalts:

Der Häuer L. aus Königshütte ist am 30. Juni 1917 an Trichinose gestorben. Seine Hinterbliebenen führten den Tod auf den Genuß von Schweinefleisch zurück, das L. von der Verwaltung der Königsgrube erhalten hatte, und das an die Königsgrube wieder von dem Kreiskommunalverband Lublinitz aus dem dortigen Kreisschlachthaus geliefert worden war. Die Hinterbliebenen nahmen den Kreiskommunalverband Lublinitz in Anspruch. Durch Urteil des Landgerichts vom 12. April 1922 wurde der Klaganspruch dem Grunde nach für gerechtfertigt erklärt; damals war Prozeßbevollmächtigter des Kreiskommunalverbandes der Rechtsanwalt M. Die Berufung des Beklagten wurde durch Versäumnisurteil des Oberlandesgerichts vom 22. Juni 1925 zurückgewiesen; dies Urteil ist rechtskräftig geworden. Durch Schriftsatz vom 21. Dezember 1925 wurde nunmehr der Restkreis des Kreiskommunalverbandes Lublinitz, vertreten durch den Kreistag, dieser in der laufenden Verwaltung vertreten durch den Landrat als Vorsitzenden des Kreisausschusses, und zwar den Landrat in Guttentag, zur Verhandlung über die Höhe geladen. Als Vertreter des damaligen Beklagten trat der jetzt verklagte Rechtsanwalt P. auf. Der damalige Beklagte erhob den Einwand der mangelnden Passivlegitimation, und das Landgericht wies auf Grund dieses Einwandes die Klage ab. Die damaligen Kläger legten Berufung ein. Die Berufungsschrift vom 24. Januar 1927 und der Schriftsatz vom 7. Februar 1927 wurden dem jetzigen Beklagten am 11. April 1927 zugestellt. Ein weiterer Schriftsatz vom 15. Februar 1927, der die Berufungsbegründung enthielt, wurde ihm am 1. März 1927 gleichzeitig mit der Ladung zum Verhandlungstermin vom 2. Mai 1927 zugestellt. Der damalige Beklagte war in diesem Verhandlungstermin nicht vertreten. Es erging daher am 12. Mai 1927 Versäumnisurteil dahin, daß das klagabweisende Urteil abgeändert und die Klaganspruche gegenüber dem Restkreis des Kreiskommunalverbandes Lublinitz, jetzt Kreis Guttentag, dem Grunde nach für gerechtfertigt erklärt wurden. Auch dies Versäumnisurteil wurde rechtskräftig. Daraufhin hat das Landgericht nach Beweisaufnahme durch Urteil vom 11. Oktober 1928 den Restkreis des Kreiskommunalverbandes Lublinitz, nunmehr Kreis Guttentag, den jetzigen Kläger, verurteilt, an die Hinterbliebenen des L. eine Rente zu zahlen. Dies Urteil ist ebenfalls rechtskräftig geworden.

Der Kläger nimmt jetzt den Beklagten wegen Rechtsanwaltsverschuldens in Anspruch. Der Beklagte hatte nämlich zwar den Kreis Guttentag benachrichtigt, daß ihm die Berufungsschrift vom 24. Januar 1927 zugestellt worden sei; er hat ihm dann aber keine weiteren Nachrichten gegeben. Infolgedessen ist der Kreis Guttentag in dem Verhandlungstermin vor dem Oberlandesgericht am 2. Mai 1927 nicht vertreten worden. Der Beklagte hat weiter den Kreis Guttentag weder von der Zustellung des Versäumnisurteils benachrichtigt noch selbst für Einlegung des Einspruchs gesorgt; deshalb ist das Versäumnisurteil rechtskräftig geworden. Der Kläger macht geltend, daß er in dem Vorprozeß über den Grund des Anspruchs nur infolge des schuldhaften Verhaltens des Beklagten unterlegen sei. Denn er sei nicht passiv legitimiert gewesen, da die Schulden des Kreises

Lublinitz nicht auf ihn übergegangen seien. Der Anspruch gegen ihn sei auch sonst nicht begründet und außerdem verjährt gewesen. Bei ordnungsmäßiger Wahrnehmung seiner Rechte durch den jetzigen Beklagten würde es mithin zu einer endgültigen Abweisung der Ansprüche der Hinterbliebenen des L. gekommen sein. Der Kläger hat beantragt, den Beklagten zu verurteilen, ihn von seinen durch das Urteil des Landgerichts vom 11. Oktober 1928 festgestellten Verbindlichkeiten zu befreien.

Das Landgericht gab der Klage statt, das Oberlandesgericht wies sie ab. Die Revision des Klägers führte zur Aufhebung und Zurückverweisung.

Gründe:

Der Berufungsrichter hat die Klage abgewiesen, weil das die Passivlegitimation des Klägers bejahende Versäumnisurteil vom 12. Mai 1927 sachlich zu Recht ergangen, der Vorprozeß also richtig entschieden sei. Das grobe Verschulden des Beklagten, das zur Nichtvertretung des heutigen Klägers im Verhandlungstermin vom 2. Mai 1927 und zur Unterlassung eines Einspruchs gegen das Versäumnisurteil geführt habe, sei somit für den Schaden des Klägers nicht ursächlich. Im Hauptstreitpunkt der Parteien nimmt das Oberlandesgericht die Passivlegitimation des heutigen Klägers für den Vorprozeß als gegeben an. Zwar liege keine Wesenseinheit des Kreises Guttentag mit dem Kreise Lublinitz vor; denn der jetzige Kreis Guttentag umfasse nur Teile des früheren Kreises Lublinitz und außerdem, wenn auch nur in geringem Umfang, Bezirke aus anderen preußischen Kreisen. Gesetzlich oder durch sonstige Vorschriften sei die Rechtsnachfolge nicht geregelt. Die Entscheidung könne auch nicht darauf abgestellt werden, zu welchem Teil der Ort gehört habe, wo die Kreisverwaltung früher geführt worden sei, und wo sich das Schlachthaus befunden habe. Die Rechtsnachfolge des Klägers sei aber aus allgemeinen Erwägungen abzuleiten. Der jetzige Kreis Guttentag umfasse einen erheblichen Teil des alten Kreises und mit verschwindenden Ausnahmen nur diesen Teil. Hiernach könne man den Kläger nur als Rechtsnachfolger des alten Kreises Lublinitz erachten, unbeschadet der Frage, ob etwa auch ein polnischer Kreis Rechtsnachfolger geworden sei. Gegebenenfalls sei gegen die Möglichkeit von Ausgleichsansprüchen nichts einzuwenden. . .

Die Entscheidung des Rechtsstreites hängt davon ab, ob der Kläger für die Schadensersatzansprüche der Erben L. als Rechtsnachfolger des alten Kreises Lublinitz anzusehen ist. In dieser Beziehung kann weder dem Standpunkt des Berufungsrichters noch demjenigen der Revision, die jede Haftung des Klägers für Schulden des Kreises Lublinitz ablehnt, beigetreten werden, sondern es ist eine anteilige Haftung des Klägers als gegeben zu erachten.

Vergeblich macht die Revision geltend, daß der alte Kreis Lublinitz durch seine Zerreißung untergegangen sei, und daß eine Nachfolge in öffentliche Rechtsverhältnisse nur durch besondere gesetzliche Bestimmungen begründet oder auf Grund gesetzlicher Ermächtigung von der Verwaltung angeordnet werden könne. Es ist zwar richtig, was auch der Berufungsrichter nicht verkennt, daß durch die Zerreißung und Abtretung des größten Teils des Kreises Lublinitz dieser frühere preußische Kreis als öffentlichrechtlicher Verband zu bestehen aufgehört hat und seine Rechtspersönlichkeit erloschen ist (RGZ. Bd. 110 S. 315). Damit konnten jedoch nur diejenigen Rechte und Pflichten untergehen, die an den Bestand des Kreises als solchen, an die Fortdauer seiner Rechtspersönlichkeit gebunden waren. Hierunter fielen aber keineswegs privatrechtliche Verwaltungsschulden wie die aus den §§ 31, 831, 823 BGB. hergeleiteten Schadensersatzansprüche der Erben L. Ebensowenig wie etwa im öffentlichen Eigentum des früheren Kreises stehende Sachen herrenlos wurden, ebensowenig konnten durch seine Zerreißung und das damit verbundene Aufhören seiner Rechtspersönlichkeit privatrechtliche Ansprüche Dritter ohne weiteres untergehen. Dementsprechend ist es auch für die privatrechtlichen Verpflichtungen eines Staates als allgemeiner staatsrechtlicher Grundsatz anerkannt, daß sie bei eintretendem Wechsel der staatlichen Herrschaft auf den Rechtsnachfolger übergehen (vgl. auch RGZ. Bd. 113 S. 281). Die nicht an die Person der untergehenden Verbandspersönlichkeit geknüpften und daher an sich weiterbestehenden Rechte und Pflichten bilden eine körperliche Verlassenschaft, für die sich die Rechtsnachfolge entweder nach besonderen gesetzlichen Bestimmungen oder nach völkerrechtlichen Verträgen oder endlich nach allgemeinen Rechtsgrundsätzen regelt, wie sie insbesondere auch in der Rechtsübung des Völkerrechts bei der sog. Staatensukzession zum Ausdruck gekommen sind.

Zwar hat der erkennende Senat in seinem Urteil vom 13. April

1923 III 525/22 (abgedr. LZ. 1923 Sp. 561) die Haftung des bei Preußen verbliebenen Restteils der Provinz Posen für den Anspruch eines Beamten verneint, der früher im Dienst des Provinzialverbandes der Provinz Posen stand. Er hat damals angenommen, daß nur durch die Gesetzgebung die Frage gelöst werden könne, inwieweit die bei Preußen verbliebene Restprovinz für die Verbindlichkeiten des früheren Provinzialverbandes einzustehen habe. Gegenüber dem vorliegenden Rechtsstreit besteht jedoch eine grundlegende Verschiedenheit. Denn in jenem Fall handelte es sich um einen öffentlich-rechtlichen Beamtengehaltsanspruch, der auf Sondergesetzen der untergegangenen Provinz Posen beruhte, dessen rechtliche Voraussetzungen sich somit von der einer privatrechtlichen Verwaltungsschuld grundsätzlich unterschieden. Den Untergang einer Schuld der letzteren Art anzunehmen, würde aber, wie ausgeführt, mit allgemeinen Rechtsgrundsätzen unvereinbar sein.

Zutreffend hat der Berufungsrichter angenommen, daß die Rechtsnachfolge für den zerschlagenen früheren Kreis Lublinitz weder im Wege der Gesetzgebung noch in dem des völkerrechtlichen Vertrags geregelt worden ist. Die einschlägigen Vorschriften des Versailler Vertrags in Art. 256 und des Deutsch-polnischen Abkommens über Oberschlesien vom 15. Mai 1922 (Reichsgesetz vom 11. Juni 1922 RGBl. II S. 237, insbesondere Teil I Titel II Art. 4 § 1), ferner die auf Grund des preußischen Gesetzes über eine vorläufige Regelung der Verwaltung in den zum oberschlesischen Abstimmungsgebiete gehörigen Kommunalverbänden vom 27. Juli 1922 (GS. S. 198) durch Erlaß des Preußischen Ministers des Innern vom 27. Juli 1922 (MinBl. f. d. Preuß. inn. Verw. Sp. 797) vorgenommene vorläufige Ordnung der Verwaltung in Oberschlesien und schließlich das preußische Gesetz über die Neuordnung der kommunalen Verfassung und Verwaltung von Gemeinden und Kreisen in der Provinz Oberschlesien vom 5. Januar 1927 (§ 3) treffen keinerlei Bestimmungen über die Rechtsnachfolge und die Hinterlassenschaft der durch die politische Zerreißung untergegangenen Kreise. Hierüber ist auch kein völkerrechtliches Abkommen geschlossen worden, wie es z. B. über die Teilung des Oberschlesischen Knappschaftsvereins (Gesetz vom 22. Februar 1923 RGBl. II S. 132; vgl. dazu RGZ. Bd. 113 S. 83) und für die Sparkassen (Gesetz über das deutsch-polnische Sparkassenabkommen vom 17. Juli 1929 RGBl. II S. 609) zustande gekommen ist. Ebensowenig greifen allgemeine gesetzliche Bestimmungen ein. § 5 der Kreisordnung für die östlichen Provinzen vom 19. März 1881 (GS. S. 179) gilt nur bei Veränderung der Kreisgrenzen (§ 3 das.). § 2 des Zuständigkeitsgesetzes vom 1. August 1883 (GS. S. 237) regelt lediglich die Frage der Auseinandersetzung der beteiligten Kreise.

Keinesfalls kann, wie die Revision meint, aus dem Schweigen des preußischen Gesetzes vom 5. Januar 1927 gefolgert werden, eine Rechtsnachfolge des deutschen Restkreises Lublinitz, der nach Aufnahme von unbedeutenden Teilen anderer preußischer Kreise durch § 3 das. den heutigen Namen des Klägers erhalten hat, sei gesetzlich ausgeschlossen worden. Vielmehr spricht die Fassung des Gesetzes: „Der Restkreis Lublinitz erhält die Bezeichnung Kreis Guttentag" dafür, daß Rechte und Verbindlichkeiten des Restkreises ohne weiteres auch diejenigen des Klägers wurden. Der Restkreis Lublinitz besaß auch eigene Verbandspersönlichkeit, was die Revision zwar bestreitet, was sich aber ohne weiteres aus den preußischen Gesetzen vom 27. Juli 1922 und 5. Januar 1927 ergibt. Seine Rechtsnachfolgerschaft muß sich also nach allgemeinen Rechtsgrundsätzen richten. Solche sind im Schrifttum für den Fall des Erlöschens von öffentlich-rechtlichen Verbandspersönlichkeiten anerkannt und haben insbesondere auch in der völkerrechtlichen Übung bei der Zerstückelung von Kommunalkörpern infolge von Gebietsabtretungen ihren Niederschlag gefunden (vgl. dazu z. B. Gierke Die Genossenschaftstheorie und die Deutsche Rechtsprechung S. 856/857, 866; Huber Die Staatensuccession S. 110flg. [114]). Da immerhin etwa ein Drittel des alten zerschlagenen Kreises bei Deutschland verblieben ist, so kann trotz Abtretung des Hauptorts mit den Organen der Zentralverwaltung nicht von einem Übergang der früheren Verbandspersönlichkeit als solcher auf den Polnischen Staat gesprochen werden. Es handelte sich ferner um eine allgemeine Verwaltungsschuld, die in dem angeblichen Verschulden der am Kreisschlachthaus Bediensteten ihren Rechtsgrund hatte, und die somit nicht ihrer Natur nach in einem bestimmten Gebietsteil des alten Kreises wurzelte. Deshalb kommt auch nicht etwa aus diesem Rechtsgrund die alleinige Haftung eines bestimmten Gebietsteils in Frage.

Auch für eine Gesamthaftung öffentlicher Verbände, die aus einzelnen zerschlagenen Gebietsteilen gebildet worden sind, fehlt es an einer genügenden Rechtsgrundlage. Diese könnte außerdem unter

Umständen — etwa beim Übergang unbedeutender Gebietsteile — zu sehr unbilligen Ergebnissen führen, für den ein etwaiger Ausgleichsanspruch keinen genügenden Ersatz böte. Vielmehr kann als die nächstliegende Lösung nur eine Rechtsnachfolge in verhältnismäßige Teile der Schulden in Frage kommen (vgl. auch Gierke a. a. O. S. 866; Huber a. a. O. S. 111 zu Note 286, S. 114 Nr. 161). Die Schadensersatzansprüche der Erben L. stellten, wie ausgeführt, eine allgemeine Verwaltungsschuld des alten Kreises Lublinitz dar; sie lasteten somit auf dem ganzen Gebiet als solchem. Indem nun bei der Zerschlagung dieses Gebiets gewisse Gebietsteile bei dem Restkreis verblieben, traf sie anteilig auch ein entsprechender Teil der allgemeinen Verwaltungsschulden, soweit sie den sachlichrechtlichen Bestand des früheren Kreises in sich aufnahmen (vgl. auch Urteil des Oberappellationsgerichts Kassel vom 22. November 1864 über den Untergang der Stadt- und Landjudenschaft des Hochstiftes Fulda in SeuffArch. Bd. 19 Nr. 12).

Das angefochtene Urteil geht sonach ohne genügende Rechtsgrundlage aus von einer Rechtsnachfolge des Klägers in die gesamte Schuld des Kreises Lublinitz gegenüber den Erben L. Es unterliegt daher der Aufhebung. Der Vorderrichter wird in tatrichterlicher Beurteilung zu prüfen haben, in welchem Umfang die Schuld des alten Kreises Lublinitz auf den Restkreis übergegangen ist. Dabei kann von vornherein eine Haftung des Klägers nur zu einem kleineren Teil in Frage kommen, da der Polnische Staat etwa zwei Drittel des Kreisgebiets, den Verwaltungssitz und nach der unwidersprochen gebliebenen Behauptung des Klägers das Verwaltungsvermögen erhalten hat. Für den Verteilungsmaßstab können außer dem Größenverhältnis der Gebietsteile im übrigen noch ihre Steuerkraft, der etwaige Übergang werbender Anlagen und ähnliche Gesichtspunkte von Bedeutung sein...

---

67. 1. Kann die mit dem Führerschein ausgestattete Tochter des Kraftwagenhalters, welche neben einem angestellten Kraftwagenführer den Wagen nach ihrer Wahl gelegentlich auf kurzen Fahrten steuert, als Bevollmächtigte des Betriebsunternehmers angesehen werden?

2. Zur Bindung der ordentlichen Gerichte an die Entscheidungen der Behörden der Unfallversicherung.

Reichsversicherungsordnung Drittes Buch, Neufassung vom 9. Januar 1926 (RGBl. I S. 9) §§ 898, 899, 901, 903.

VI. Zivilsenat. Urt. vom 30. Mai 1932 i. S. K. (Kl.) w. Frau Schl. (Bekl.). VI 102/32.

I. Landgericht München II.
II. Oberlandesgericht daselbst.

Der Kläger war als Kraftwagenführer bei Dr. Pl. in R. angestellt. Dessen erwachsene Tochter K., spätere Ehefrau Schl., die Beklagte, besaß ebenfalls den Führerschein und steuerte gelegentlich den Personenkraftwagen ihres Vaters. Auf seine Anordnung fuhr aber regelmäßig der Kläger zur Unterstützung mit. Am Spätabend des 19. Mai 1928 fuhr die damals noch unverheiratete Beklagte mit ihrer Mutter im Kraftwagen des Vaters von M. nach R. zurück. Die Beklagte steuerte, der Kläger saß neben ihr. Nach seiner Behauptung fuhr sie trotz des herrschenden Regenwetters mit sehr hoher Geschwindigkeit. Der Wagen geriet in einer Wegekrümmung von der glatten Straße ab in den Graben und fuhr gegen eine Telegraphenstange. Hierbei wurde der Kläger erheblich verletzt. Die Beklagte ist wegen dieser fahrlässigen Körperverletzung rechtskräftig zu Geldstrafe verurteilt worden. Der Unfall ist als Betriebsunfall angesehen worden, und die zuständige Berufsgenossenschaft, deren Mitglied der Vater der Beklagten als Halter des Kraftwagens ist, hat dem Kläger für die erste Zeit eine Vollrente, für später Teilrenten bewilligt. Im Berufungsverfahren vor dem Oberversicherungsamt hat die Berufsgenossenschaft die Teilrenten für gewisse Zeiten erhöht, wobei sich der Kläger unter Vorbehalt seiner Ansprüche gegen die Beklagte beruhigt hat.

Mit der Klage fordert der Kläger seinen Verdienstausfall, soweit er durch die Leistungen der Unfallversicherung nicht gedeckt worden sei; außerdem begehrt er Schmerzensgeld. Die Beklagte macht geltend, sie hafte als Bevollmächtigte des Unternehmers nach den §§ 898, 899 RVO. nur für den nicht vorliegenden Fall, daß sie den Unfall vorsätzlich herbeigeführt hätte. Der Kläger bestreitet, daß die

Beklagte als Bevollmächtigte im Sinne dieser Vorschriften gelten könne.

Die Revision des in den beiden ersten Rechtszügen abgewiesenen Klägers führte zur Aufhebung des Urteils und zur Zurückverweisung.

Gründe:

1. Ohne Rechtsirrtum nimmt das Oberlandesgericht an, durch das Verfahren vor den Versicherungsbehörden sei mit bindender Wirkung für die ordentlichen Gerichte (§ 901 RVO.) festgestellt worden, daß der Kläger im Betriebe des Pl. einen entschädigungspflichtigen Unfall erlitten habe. Soweit die Revision das in Zweifel zieht, ist sie nicht begründet. Denn schon durch Bescheid der zuständigen Berufsgenossenschaft vom 6. April 1929 ist dem Kläger eine Rente zugebilligt und damit ein Betriebsunfall maßgeblich anerkannt worden (RGZ. Bd. 93 S. 323). Dieser Bescheid, der entgegen der Meinung der Revision auch den Betrag der Rente festsetzt, ist in seinem Ausspruch über das Vorliegen eines Betriebsunfalls unangefochten geblieben, da der Kläger nur mit dem Ziel einer Erhöhung seiner Entschädigung Berufung eingelegt hatte. Zuzugeben ist dagegen der Revision, daß sich das Verfahren zur Feststellung der reichsgesetzlichen Unfallentschädigung nicht erstreckt hat auf die Frage, ob dem Kläger nach bürgerlichem Recht der mit der jetzigen Klage erhobene Schadensersatzanspruch gegen die Beklagte zusteht. Das hat das Oberlandesgericht auch nicht angenommen. Eines Vorbehalts des Klägers im Berufungsverfahren vor dem Oberversicherungsamt bedurfte es daher nicht. Unerheblich ist deshalb, ob dieses Verfahren durch Zurücknahme der Berufung oder, wie die Revision meint, durch Vergleich (§§ 1666, 1679 RVO.) sein Ende gefunden hat. Denn jedenfalls ist ein Betriebsunfall rechtskräftig festgestellt, sodaß jetzt zu entscheiden ist, ob beim Vorliegen eines Betriebsunfalls der gegen die Beklagte erhobene Schadensersatzanspruch kraft Gesetzes ausgeschlossen ist.

2. Wäre die Beklagte als Bevollmächtigte des Betriebsunternehmers nach § 899 RVO. anzusehen, so würde sie auf Schadensersatz dem Kläger nur haften, wenn strafgerichtlich festgestellt worden wäre — § 900 RVO. kommt nicht in Betracht —, daß sie den Unfall vorsätzlich herbeigeführt habe. Da diese Voraussetzung fehlt, hängt die Entscheidung davon ab, ob die Beklagte als Be-

vollmächtigte zu gelten hat. Mit Recht wendet sich die Revision gegen die Ausführungen des Berufungsgerichts, mit denen es diese Frage bejaht.

In erster Reihe meint das Oberlandesgericht, mit der Anerkennung einer Entschädigungspflicht durch die Berufsgenossenschaft sei zugleich rechtskräftig entschieden, daß die Beklagte zur Zeit des Unfalls Bevollmächtigte des Unternehmers gewesen sei. In den am 6. April und am 6. Dezember 1929 ergangenen Beschlüssen der Genossenschaft für die Reichsunfallversicherung der Fahrzeug- und Reittierhaltungen (§ 537 Nr. 7 RVO.), welcher Pl. angehört, ist die Tätigkeit der Beklagten überhaupt nicht erwähnt. Es heißt dort jedesmal im Eingang: „In der Unfallversicherungssache des am 19. Mai 1928 in der Fahrzeug-Haltung des Gutsbesitzers Dr. Pl. verletzten Kraftwagenführers K. . . ." Damit ist, und zwar insoweit für die Gerichte bindend, festgestellt, daß Pl. der Unternehmer war, in dessen Betrieb der Kläger verunglückt ist (RGZ. Bd. 92 S. 296, Bd. 93 S. 323, Bd. 111 S. 159). Dieser hatte am Unfalltag den Wagen nach M. gesteuert; Insassen waren die Ehefrau und die Tochter des Unternehmers, welche ein Konzert besuchen wollten. Nach dessen Beendigung holte der Kläger die beiden mit dem Kraftwagen ab. Dann hat jedoch die Tochter, die Beklagte, welche damals etwa seit einem halben Jahr im Besitz des Führerscheins war, den Wagen heimwärts gesteuert, während der Kläger rechts neben ihr sitzend an der Fahrt teilnahm. Richtig ist, daß die Beklagte als Tochter des Unternehmers zu diesem in einem nahen Angehörigkeitsverhältnis stand und insofern „keine betriebsfremde Person" war, wie es im angefochtenen Urteil heißt. Diese Umstände genügten vollkommen, um einen Betriebsunfall anzunehmen, und die Berufsgenossenschaft hatte keine erkennbare Veranlassung, im Rentenfestsetzungsverfahren sich mit der Frage zu beschäftigen, welche Stellung die Beklagte, abgesehen von ihrer Eigenschaft als Tochter, sonst noch im Betrieb ihres Vaters einnahm. Danach ist die Annahme des Berufungsgerichts unhaltbar, es sei in dem Verfahren nach der Reichsversicherungsordnung entschieden, daß die Beklagte Bevollmächtigte des Unternehmers gewesen sei. Wäre die Berufsgenossenschaft gleichwohl dieser Auffassung gewesen, so könnte es sich nur um einen nicht einmal ausgesprochenen Entscheidungsgrund handeln. Nach § 901 RVO. sind aber die Gerichte nur an die Entscheidung, daß ein entschädigungspflichtiger Unfall vorliege, nicht aber an die tatsächlichen Unterlagen gebunden, welche zu dieser Entscheidung geführt haben (RGZ. Bd. 102 S. 131). Es liegt insofern rechtsähnlich wie bei der Rechtskraft eines im bürgerlichen Rechtsstreit ergangenen Urteils, die sich ebenfalls nicht auf die Entscheidungsgründe erstreckt (§ 322 ZPO. und Sydow-Busch-Krantz Anm. 3 dazu).

3. Das Berufungsgericht spricht sich hilfsweise jedoch auch selbst dahin aus, daß die Beklagte als die Bevollmächtigte des Unternehmers anzusehen sei, und zwar im wesentlichen mit folgender Begründung: Es entspreche der Lebenserfahrung, daß der Vater als Halter eines Personenkraftwagens die Benutzung und Führung seines Wagens von Zeit zu Zeit seinen erwachsenen Kindern überlasse, wenn sie nach Bestehen der amtlichen Fahrprüfung den Führerschein erhalten hätten. Nach dem Ergebnis der Beweisaufnahme sei anzunehmen, daß die Beklagte bei der Fahrt am 19. Mai 1928 ermächtigt gewesen sei, dem Kläger Weisungen zu erteilen und statt seiner den Wagen selbst zu steuern.

Hiernach wurde der Beklagten wesentlich in ihrer Eigenschaft als Tochter des Halters und Betriebsunternehmers der Wagen bisweilen zur Benutzung freigegeben, wobei anscheinend zu jeder einzelnen Fahrt die Erlaubnis des Vaters eingeholt werden mußte. Bei solchen Fahrten stand es im Belieben der Beklagten, ob und inwieweit sie den Wagen auf Grund ihres Führerscheins selbst steuern oder dies dem Kläger überlassen wollte. Ob sich dessen Tätigkeit in der Pflege und Führung des Personenkraftwagens erschöpfte oder ob ihm noch häusliche Dienste oblagen (§ 546 RVO.), ist nicht festgestellt. Auch ohnedies nahm der Kläger insoweit eine rechtsähnliche Stellung ein wie ein Hausangestellter, als er Familienangehörige des Unternehmers ohne dessen Teilnahme zu fahren hatte. Denn dann ergab sich ohne weiteres und ohne besondere Ermächtigung durch den Halter, daß der Kläger Weisungen der erwachsenen, an der Fahrt teilnehmenden Angehörigen des Halters Folge zu leisten hatte. Im vorliegenden Fall hat der Kläger die Ehefrau und die Tochter des Unternehmers zu einem Konzert nach M. gefahren. Nach der Lebensauffassung liegt es danach nahe und das Berufungsgericht hätte prüfen müssen, ob nicht die Mutter — statt der verklagten Tochter — über die Ausführung der Fahrt im einzelnen zu bestimmen und dem Kläger die entscheidenden Anweisungen zu geben hatte. Soweit die Beklagte den Wagen auf einer kurzen Fahrt steuerte, übernahm sie damit nicht nur die technische Bedienung der Maschine, sondern namentlich die eigene Verantwortung für die verkehrssichere Führung des Wagens in der Hinsicht, daß Gefahren für die beförderten Personen und andere Wegebenutzer vermieden wurden.

Aus allen diesen Umständen kann aber nicht hergeleitet werden, daß die Beklagte als Bevollmächtigte des Unternehmers im Sinn des § 899 RVO. anzusehen sei. Der Wortlaut dieser Vorschrift und die Zusammenfassung von „Bevollmächtigten oder Repräsentanten des Unternehmers" weist auf eine allgemeinere Befugnis zur Vertretung des Unternehmers hin. Allerdings wird es, abweichend von der weitergehenden Stellung eines Repräsentanten, genügen, wenn sich die Vertretungsbefugnis des Bevollmächtigten, insbesondere bei größeren Betrieben, auf gewisse Gattungen von Geschäften oder auf räumlich abgegrenzte Teile des Unternehmens beschränkt. Auch wird nicht zu erfordern sein, daß die Vertretung vornehmlich Rechtsgeschäfte betrifft, welche für den Unternehmer mit Außenstehenden abzuschließen sind, zumal da kaum vorstellbar ist, daß durch Geschäftsabschlüsse oder durch das Verhandeln darüber unmittelbar Betriebsunfälle entstehen können. Vielmehr ist das entscheidende Gewicht darauf zu legen, daß der Bevollmächtigte im Rahmen des Betriebes selbständig für den Unternehmer, sei es auch unter dessen Oberaufsicht, zu handeln befugt ist. Das zeigt sich noch deutlicher, wenn man die Vorschrift des § 903 RVO. zur Erläuterung heranzieht. Dort heißt es im Abs. 1 und Abs. 4 daß „Unternehmer oder ihnen nach § 899 Gleichgestellte" den Berufsgenossenschaften und den ferner genannten Krankenkassen und Fürsorgestellen die infolge des Unfalls nach Gesetz oder Satzung gemachten Aufwendungen zu erstatten haben, wenn sie den Unfall vorsätzlich oder mit Vernachlässigung der ihnen obliegenden Amts-, Berufs- oder Gewerbepflicht fahrlässig herbeigeführt haben. Diese Vorschrift setzt danach voraus, daß die Bevollmächtigten — ebenso wie die Repräsentanten des Unternehmers sowie Betriebs- und Arbeiteraufseher — eine mit einem gewissen Pflichtenkreis verbundene Stellung im Betrieb einnehmen. Die Vorschriften der §§ 899 und 898 sind aber mit § 903 nicht nur äußerlich verbunden insofern, als § 903 auf § 899 verweist, sondern aus dem Aufbau der gesetzlichen Unfallversicherung ist zu entnehmen, daß beide Vorschriften in einem engen inneren Zusammenhang stehen. Sieht man von § 903 ab, so würde es unsozial und vom Standpunkt des Gesetzes unverständlich sein, warum gerade die in § 899 genannten Gruppen, welche eine gehobene Stellung im Unternehmen bekleiden, gegen die Ansprüche der Versicherten auf Ersatz des vollen Schadens unter dem Gesichtspunkt der unerlaubten Handlung oder anderer gesetzlicher Vorschriften bei fahrlässiger Herbeiführung eines Unfalls geschützt sein sollen, während den übrigen Arbeitern dieser Vorzug nicht eingeräumt worden ist. Die Entlastung der Bevollmächtigten und der übrigen im § 899 Genannten von den Schadensersatzansprüchen der Versicherten läßt sich nur dadurch erklären und rechtfertigen, daß eben jene — nicht aber die sonstigen im Betrieb beschäftigten Personen — unter den Voraussetzungen des § 903 mittelbar die Aufwendungen der Berufsgenossenschaft für den einzelnen Unfall zu tragen haben.

Für diese Auffassung spricht auch die Entstehungsgeschichte des ersten Unfallversicherungsgesetzes vom 6. Juli 1884 (RGBl. S. 69), welches in den §§ 95, 96 (im Entwurf §§ 92, 93) für die hier in Betracht kommenden Fragen mit den §§ 898, 899 der jetzigen Reichsversicherungsordnung sachlich übereinstimmende Vorschriften getroffen hatte. Die Entlastung, welche § 898 RVO. zu Gunsten der Betriebsunternehmer gegenüber Schadensersatzansprüchen der Versicherten verordnet, ist eine Gegenleistung dafür, daß sie die Lasten der Unfallversicherung allein zu tragen haben, während anderseits die Versicherten über die allgemeinen Vorschriften hinaus nach der Reichsversicherungsordnung eine, wenngleich begrenzte, Entschädigung auch dann erhalten, wenn sie den Unfall durch eigenes Verschulden herbeigeführt haben (Amtl. Begründung zu den §§ 92 bis 95 des Entw. zum UnfallversG., ReichstDrucks. 5. Legislaturper. IV. Session Nr. 4 S. 81; Komm. von Mitgl. des ReichsversAmts Erl. 1 zu § 898 RVO.; HöchstRspr. 1929 Nr. 1092). Nun haften zwar nach den §§ 731 flg. RVO. die Bevollmächtigten oder Repräsentanten des Unternehmers sowie die Betriebs- und Arbeiteraufseher als solche nicht für die Kosten der Unfallversicherung. Wohl aber trifft sie der in § 903 RVO. geregelte Rückgriff. Hierzu heißt es in der bei der weiteren Beratung in diesem Punkt nicht beanstandeten amtlichen Begründung (a. a. O. S. 82):

Außer dem Betriebsunternehmer kommen aber in gleicher Weise (für die Regreßpflicht) die Bevollmächtigten und Repräsentanten desselben, die Betriebs- und Arbeiteraufseher in Betracht. In den Beratungen des preußischen Volkswirtschaftsrats wurde mit Recht hervorgehoben, daß diese einerseits nicht schlechter gestellt werden dürften als der Betriebsunternehmer, und daß der Unternehmer anderseits keine persönliche, wenn auch nur moralische Verantwortlichkeit für deren Handlungen weiter übernehmen könne, als daß er mit seinen Berufsgenossen seine Arbeiter gegen alle Unfälle versichere. Der Entwurf behandelt daher die Unternehmer und deren Bevollmächtigte usw., zu denen namentlich auch die Betriebsbeamten in staatlichen und anderen Werken gehören, völlig auf gleichem Fuße, er läßt ferner alle diese Personen nur für ihre eigenen Handlungen haften, indem jegliche Haftpflicht des Betriebsunternehmers für seine Bevollmächtigten beseitigt wird.

Hiernach bezwecken die Vorschriften einmal, die Unternehmer von dem Rückgriffsanspruch der entschädigungspflichtigen Körperschaften zu befreien, wenn die Bevollmächtigten usw. im Sinn des Gesetzes den Unfall allein verschuldet haben und deshalb haften sollen. Und anderseits sollen die bezeichneten Personen als Gegenwert für diese gesetzliche Haftung — mag sie im Einzelfall wirksam werden oder nicht — gegen die Schadensersatzansprüche der Versicherten ebenso geschützt werden wie die Unternehmer selbst. Der Schutz gegen diese Ansprüche nach § 899 (§ 898) RVO. und die Rückgriffshaftung der Bevollmächtigten nach § 903 daf. stehen somit nach der Entstehungsgeschichte und dem Aufbau des Gesetzes im Verhältnis gegenseitiger Abhängigkeit. Eine Grundlage für die Haftung ist aber nur gegeben, wenn dem Bevollmächtigten bestimmte Pflichten im Betrieb obliegen, bei deren Vernachlässigung er haftbar gemacht werden könnte. Es wird daher zur Erfüllung des Begriffs eines Bevollmächtigten im Sinn der §§ 899, 903 RVO. zu erfordern sein, daß der Berechtigung, den Unternehmer im Betrieb in gewissem Umfang zu vertreten, die Pflicht entspricht, insoweit für ihn auch tätig zu werden. In der Regel wird es sich um einen höheren Betriebsangestellten handeln (RGZ. Bd. 96 S. 135), wenn auch die Stellung des Bevollmächtigten im einzelnen Fall, namentlich mit Rücksicht auf die Größe des Betriebs, sehr verschiedenartig sein kann.

Das Berufungsgericht wird unter Beachtung dieser Gesichtspunkte erneut zu prüfen haben, ob die Beklagte als Bevollmächtigte im Betrieb ihres Vaters angesehen werden kann. Bisher fehlt es an einem Anhalt dafür, daß sie einen fest umrissenen Wirkungskreis in diesem Betrieb besorgt habe, daß ihr etwa die selbständige Überwachung des Kraftwagens und des Klägers auch außerhalb der von ihr unternommenen Fahrten übertragen gewesen sei, oder daß sie über die jeweilige Verwendung des Wagens zu befinden gehabt habe. In der Gestattung und der bloß freiwilligen Übernahme einzelner kurzer Ausfahrten kann eine Bevollmächtigung im Sinn des Gesetzes nicht gefunden werden. Gehört die Beklagte nicht zu den im § 899 RVO. bezeichneten Personen, so kann sie als unbeteiligte Dritte vom Kläger an sich aus unerlaubter Handlung in Anspruch genommen werden.

---

68. 1. Inwieweit enthält die Ankündigung eines eingeschränkten Revisionsantrags eine endgültige Beschränkung des Rechtsmittels?

2. Zur Anwendung des § 2111 BGB.

3. Enthält der vom Vorerben gestellte Antrag auf Zwangsversteigerung eines mit einer Nachlaßhypothek belasteten Grundstücks eine Verfügung über die Hypothek?

ZPO. §§ 514, 566. BGB. §§ 2111, 2113, 2114, 2134.

IV. Zivilsenat. Urt. v. 26. Mai 1932 i. S. N. u. Gen. (Kl.) w. Witwe N. (Bekl.). IV 388/31.

I. Landgericht Koblenz.
II. Oberlandesgericht Köln.

Die beiden Kläger sind die Söhne erster Ehe des am 23. Juni 1922 verstorbenen Winzers Johann Josef N. Dieser hatte mit seiner ersten Ehefrau, der Mutter der Kläger, ein gemeinschaftliches Testament errichtet, worin sie gegenseitig den Überlebenden zum Vorerben ihres Nachlasses einsetzten. Nach dem im Jahre 1903 erfolgten Tode der Mutter der Kläger betrieb deren Vater auf Grund eines Erbscheins, der ihn als alleinigen Erben seiner Frau auswies, im Jahre 1906 die Zwangsvollstreckung aus einer zum Nachlaß der Mutter gehörigen Hypothek von 20000 M. in die belasteten Grundstücke und erhielt in der Zwangsversteigerung den Zuschlag auf ein Gebot von 7000 M. Der Steigpreis wurde in Höhe von 6921,86 M. auf die zur Auszahlung zu bringende Hypothek verrechnet. Später wurde der Erbschein als unrichtig eingezogen und dem Vater ein neuer Erbschein erteilt, wonach er Vorerbe und die Kläger Nacherben sind. Im Jahre 1907 heiratete der Vater der Kläger die Beklagte. Die von ihm erstandenen Grundstücke ließ er im Jahre 1920 auf den Namen der Beklagten eintragen und vereinbarte mit ihr in einem am 21. September 1921 geschlossenen Ehevertrag, daß sie zu ihrem Vorbehaltsgut gehören sollten. Nach dem Tode ihres Vaters erhoben die Kläger als Nacherben ihrer Mutter Klage gegen die Beklagte und begehrten von ihr die Herausgabe der ihr übertragenen Grundstücke, hilfsweise die Zahlung von 25000 RM. Ferner haben sie mit der Klage, die insoweit ursprünglich auch gegen die minderjährige, aus der Ehe ihres Vaters mit der Beklagten stammende Maria N. gerichtet war, Zahlung von 1335,91 RM. als Anteil an dem Erlös einiger von ihrem Vater an die Reichsbahn verkaufter Weinberggrundstücke gefordert.

Das Landgericht verurteilte die Beklagte, an die Kläger 6921,86 RM. nebst Zinsen zu zahlen, wies aber im übrigen die Klage ab. Das Oberlandesgericht änderte dies Urteil auf die Berufung der Beklagten unter Zurückweisung der Anschlußberufung der Kläger dahin ab, daß die Beklagte nur 1568,78 RM. nebst Zinsen zu zahlen habe. Die Revision der Kläger hatte keinen Erfolg.

Gründe:

Mit ihren in der Revisionsschrift angekündigten Anträgen verfolgten die Kläger Zahlungsansprüche in Höhe von insgesamt 6021,03 RM., nämlich 667,95 RM. als die die Beklagte treffende Hälfte der für die Weinberge nachgeforderten 1335,91 RM. und 5353,08 RM. als Wertersatz für die der Beklagten übertragenen Grundstücke. Dem war die Erklärung hinzugefügt: „Hierauf beschränkt sich die Revision der Kläger. Der Anspruch auf Übereignung von Grundstücken wird nicht weiter verfolgt." Mit ihren jetzigen, aus der Revisionsbegründungsschrift verlesenen Anträgen begehren die Kläger in erster Linie die Verurteilung der Beklagten zur Übertragung von zwei ideellen Fünfteln des bezeichneten Grundbesitzes, hilfsweise die Verurteilung der Beklagten zur Zahlung von 6431,22 RM. als Wertersatz für diesen Grundbesitz. Den Anspruch auf Zahlung von 667,95 RM. — die Hälfte der Nachforderung für die Weinberge — verfolgen die Kläger demnach nicht mehr.

Einer sachlichen Prüfung kann im gegenwärtigen Rechtszug nur noch der Zahlungsanspruch unterzogen werden. Der Geltendmachung des auf Übertragung von zwei ideellen Fünfteln des Grundbesitzes gerichteten Anspruchs steht die Rechtskraft des die Kläger mit diesem Anspruch abweisenden Berufungsurteils entgegen. Mit ihrer in der Revisionsschrift enthaltenen Erklärung haben sie den Umfang des Rechtsmittels endgültig und unzweideutig auf die Zahlungsansprüche beschränkt. Darin lag ein Verzicht auf das Rechtsmittel für den Anspruch auf Übereignung von Grundstücken (§§ 566, 514 ZPO.; vgl. RG. in JW. 1927 S. 845 Nr. 10 u. 1930 S. 3549 Nr. 8; WarnRspr. 1931 Nr. 139). Insoweit ist das Berufungsurteil daher rechtskräftig geworden. Dagegen kann der Erklärung der Kläger nicht entnommen werden, daß sie auch die einzelnen Zahlungsansprüche endgültig auf die in der Revisionsschrift angegebenen Beträge hätten beschränken wollen. Die Erhöhung des auf Werterſatz für die Grundstücke gerichteten Anspruchs von 5353,08 RM. auf 6431,22 RM., womit die Revisionssumme gegeben, ist daher zulässig.

Den Anspruch auf Ersatz des Wertes der Grundstücke hat das Berufungsgericht für unbegründet erachtet. Der Vater der Kläger sei, da die Voraussetzungen des § 2111 BGB. nicht gegeben gewesen seien, auf Grund des Zuschlags uneingeschränkter Eigentümer der Grundstücke geworden. Er habe daher bei der Übertragung an die Beklagte nicht als Nichtberechtigter im Sinn des § 816 Abs. 1 Satz 2 BGB. gehandelt. Auch ein Ersatzanspruch der Kläger nach den §§ 2130, 2131 BGB. sei nicht begründet. Der Vater der Kläger habe im Glauben, allein verfügungsberechtigt zu sein, das Zwangsvollstreckungsverfahren betrieben, als handle es sich um eine eigene Angelegenheit. Wenn er die nach seiner Meinung zu seinem eigenen Vermögen gehörige Hypothek möglichst niedrig ausgeboten habe, um das Haus billig zu ersteigern, so könne ihm daraus kein Vorwurf gemacht werden. Ein Ersatzanspruch stehe den Klägern nur nach § 2134 BGB. insoweit zu, als ihr Vater mit der zum Bestandteil der Erbschaft gewordenen Forderung aus dem Erlös den an sich aus seinem eigenen Vermögen zu deckenden Steigpreis getilgt habe, also in Höhe von 6921,86 RM., abzüglich 107,85 RM. Kosten der dinglichen Rechtsverfolgung, die der Vater aus seinem Vermögen vorgelegt habe, und 538,90 RM. Zinsen, die nach den §§ 2111, 2112, 2114 BGB. seiner freien Verfügung unterlegen hätten. Wegen des sonach auf die Hypothek entfallenen Steigerlöses von 6275,11 RM. könne die Beklagte von den Klägern nur in Höhe ihres Erbteils, also zu $1/4$ = 1568,78 RM. in Anspruch genommen werden.

Die Revision meint demgegenüber, daß die Beklagte nach § 816 Abs. 2 BGB. den Wert der Grundstücke ersetzen müsse, da sie kein Recht auf die zu ihren Gunsten getroffene Verfügung gehabt habe und der Vater der Kläger verpflichtet gewesen sei, diesen das Grundstück herauszugeben, jedenfalls deshalb, weil er um den ganzen Grundbesitz auf Kosten der Kläger bereichert gewesen sei. In Höhe von 5000 RM. sei die Beklagte auch als Erbin ihres Ehemannes — des Vaters der Kläger — zahlungspflichtig, und zwar nicht nur aus dem Gesichtspunkt des § 2134, sondern auch aus dem der grundlosen Bereicherung nach § 812 und dem der Schadensersatzpflicht nach den §§ 2130, 2131 BGB. Da die Hypothek der Kläger 20000 RM. wert gewesen sei, so ergebe sich für die Beklagte, auch wenn sie als Erbin nur zu $1/4$ hafte, doch immer noch eine Haftung in Höhe von 5000 RM. Bei dem Betreiben der Zwangsversteigerung habe der Vater der Kläger es an der Sorgfalt fehlen lassen, zu der er als Vorerbe den Klägern als Nacherben gegenüber verpflichtet gewesen sei. Ihm falle grobe Fahrlässigkeit zur Last; denn er habe gewußt, daß er nur Vorerbe sei, und er habe bei nur geringer Aufmerksamkeit erkennen müssen, daß der ihm zunächst erteilte Erbschein auf einem offenbaren Versehen beruhte.

Die Revision kann keinen Erfolg haben.

Zutreffend geht das Berufungsgericht davon aus, daß die Kläger zwar Nacherben ihrer Mutter sind (§§ 2104, 2106 BGB.), daß jedoch die Grundstücke uneingeschränktes Eigentum ihres Vaters geworden sind. Bestandteil der Erbschaft wären sie nur dann geworden, wenn einer der Fälle des § 2111 BGB. vorgelegen hätte. Das ist vom Berufungsgericht mit Recht verneint worden. „Auf Grund eines zur Erbschaft gehörenden Rechts" ist der Erwerb nicht gemacht worden. Die Tatsache, daß die Zwangsversteigerung wegen eines dinglichen Rechts stattfindet, ist zwar von Einfluß auf die Festsetzung des geringsten Gebots und der Versteigerungsbedingungen. Das ändert aber nichts daran, daß der Erwerb durch den Ersteher lediglich auf dem Zuschlag beruht. Dieser Erwerb ist ursprünglich, nicht abgeleitet. Er gründet sich insbesondere nicht auf Rechte, die vor dem Zuschlag am Grundstück bestanden. Eine abweichende Beurteilung ist auch nicht für den hier gegebenen Fall gerechtfertigt, daß der die Zwangsversteigerung betreibende Hypothekengläubiger Ersteher des Grundstücks ist. Daß der Erwerb nicht „als Ersatz für die Zerstörung, Beschädigung oder Entziehung eines Erbschaftsgegenstandes" geschehen ist, bedarf keiner Ausführung und wird auch von den Klägern selbst nicht geltend gemacht. Schließlich liegt auch kein Erwerb „durch Rechtsgeschäft mit Mitteln der Erbschaft" vor, da der Erwerb durch den Zuschlag kein rechtsgeschäftlicher ist. Eine ausdehnende Auslegung der Vorschrift des § 2111 ist, wie der VII. Zivilsenat in dem Urteil vom 20. April 1928 (HöchstRspr. 1928 Nr. 1592) ausgesprochen hat, nicht angängig, da es sich bei ihr um eine auf Zweckmäßigkeitsgründen beruhende Ausnahmevorschrift handelt. Dem tritt der erkennende Senat bei. Erstreckte sich hiernach die durch die Nacherbeinsetzung begründete Anwartschaft der Kläger nicht auf die vom Vorerben durch Zuschlag erworbenen Grundstücke, so fehlt es an jeder Grundlage für ihre auf die §§ 812, 816 BGB. gestützten Ansprüche.

Das Berufungsgericht erörtert sodann noch, ob etwa die Vorschrift des § 2113 BGB. den Klägern zustatten kommen kann. Danach sind Verfügungen des Vorerben über ein zur Erbschaft gehörendes Recht an einem Grundstück im Falle des Eintritts der Nacherbfolge insoweit unwirksam, als sie das Recht des Nacherben vereiteln oder beeinträchtigen würden. Eine Verfügung über die Hypothek von 20000 RM. sieht das Berufungsgericht in dem Antrag auf Einleitung der Zwangsversteigerung des Grundstücks, da das dingliche Recht durch das Zwangsversteigerungsverfahren nach den Grundsätzen über die Bildung des geringsten Gebots zum Erlöschen gebracht werde. Das Berufungsgericht meint jedoch, daß diese Verfügung im Wege der Zwangsvollstreckung trotz des § 2113 voll wirksam sei, da eine an sich sachlich unberechtigte Zwangsvollstreckung, wenn nur formgültig durchgeführt, mangels Rüge durch einen Berechtigten vollgültig sei. Ob die letzte Erwägung ausreichend wäre, auch Bereicherungs- oder Schadensersatzansprüche des Berechtigten auszuschließen, kann auf sich beruhen; denn die Annahme des Berufungsgerichts, daß eine Verfügung über die Hypothek vorliege, ist unzutreffend. Der Antrag auf Anordnung der Zwangsversteigerung wegen einer auf dem Grundstück lastenden Hypothek führt zwar zum Erlöschen des dinglichen Rechts; er ist aber deswegen nicht selbst eine Verfügung über dieses Recht. Es verhält sich damit ähnlich wie mit dem Antrag auf Zwangsversteigerung eines im Miteigentum stehenden Grundstücks zwecks Aufhebung der Gemeinschaft. Auch dieser Antrag führt zur Veräußerung des Grundstücks. Wäre er aus diesem Grund als eine Verfügung über das Grundstück nach § 1821 Abs. 1 Nr. 1 BGB. anzusehen, so hätte es der Vorschrift des § 181 Abs. 2 Satz 2 ZVG. nicht bedurft, nach welcher der Antrag vom Vormund eines Miteigentümers nur mit Genehmigung des Vormundschaftsgerichts gestellt werden kann. Diese Vorschrift beruht auf der Erwägung, daß der Antrag auf Teilungsversteigerung, wenn er auch nicht eine Veräußerung enthalte, doch zu einer solchen führe, und es daher jedenfalls sachlich gerechtfertigt sei, ihn wie eine Veräußerung zu behandeln und demgemäß an die Genehmigung des Vormundschaftsgerichts zu binden (Prot. Bd. IV S. 795). Der Antrag auf Zwangsversteigerung eines Grundstücks wegen einer auf ihm lastenden Hypothek ist an sich nur ein Akt der dem Vorerben zustehenden Verwaltung des Nachlasses. Er fällt unter den Begriff der „Einziehung" der Hypothekenforderung nach § 2114 Satz 1 BGB. Nur hätte nach Satz 2 dieser Vorschrift das Kapital, falls nicht die Einwilligung der Nacherben zur Zahlung an den Vorerben beigebracht wurde, für den Vorerben und die Nacherben hinterlegt werden müssen. Statt dessen hat der Vater der Kläger die zum Nachlaß gehörende Forderung auf Auszahlung des Erlöses zur Aufrechnung gegen die Forderung auf Zahlung des Steigpreises verwendet, die aus seinem Eigenvermögen zu berichtigen gewesen wäre. Insoweit ergibt sich nach der zutreffenden Annahme des Berufungsgerichts die Ersatzpflicht des Vorerben und nunmehr seiner Erben aus § 2134 BGB.

Die Revision wendet sich sodann noch dagegen, daß das Berufungsgericht eine Haftung des Vorerben nach den §§ 2130, 2131 BGB. verneint hat, und zwar meint sie, der Vater der Kläger habe es bei dem Betreiben der Zwangsvollstreckung an der erforderlichen Sorgfalt fehlen lassen. Dieser Vorwurf scheitert schon daran, daß nach der Feststellung des Berufungsgerichts der Vater der Kläger, ebenso wie anscheinend der Nachlaßrichter, damals der Meinung gewesen ist, er sei beim Fehlen einer Nacherbeinsetzung tatsächlich Alleinerbe oder richtiger unbeschränkter Erbe geworden. Mit dieser

Feststellung setzt sich die Revision in Widerspruch, wenn sie vorbringt, der Vater der Kläger habe gewußt, daß er nur Vorerbe sei, und er habe bei nur geringer Aufmerksamkeit erkennen müssen, daß der ihm zunächst erteilte Erbschein auf einem offenbaren Versehen beruhe. Hielt sich aber jener ohne Fahrlässigkeit für den unbeschränkten Erben, so kann ihm, wie das Berufungsgericht weiter ohne Rechtsirrtum ausführt, kein Vorwurf daraus gemacht werden, daß er die Hypothek möglichst niedrig ausbot, um das Grundstück billig zu ersteigern und dadurch die Versteigerungskosten herabzudrücken. . .

---

69. Beeinflußt das „Schmieren" von Angestellten auch die Gültigkeit der dadurch erwirkten Bestellung?

BGB. § 138 Abs. 1.

V. Zivilsenat. Urt. v. 1. Juni 1932 i. S. S. (Bekl.) w. R. & H. GmbH. (Kl.). V 63/32.

I. Landgericht II Berlin.
II. Kammergericht daselbst.

Die Klägerin nimmt den Beklagten als Besteller aus zwei ihr angeblich durch seinen Bevollmächtigten, den Architekten L., erteilten, dann aber zurückgenommen Aufträgen zur Ausführung von Heizungsanlagen in Anspruch. Ihrem Antrag gemäß verurteilte das Landgericht den Beklagten zur Zahlung von 8833,66 RM. nebst Zinsen. Die Berufung des Beklagten wurde zurückgewiesen. Seine Revision führte zur Aufhebung und Zurückverweisung.

Aus den Gründen:

. . . Ein zweiter Revisionsangriff richtet sich gegen die Behandlung, die in dem angefochtenen Urteil der Einwand des Beklagten gefunden hat, daß die streitigen Bestellungen von der Klägerin durch „Schmierung" des Bruders des Beklagten und des ihm unterstellten L. erwirkt und aus diesem Grunde nach § 138 Abs. 1 BGB. nichtig seien. Insoweit hält allerdings die Begründung des Berufungsurteils der rechtlichen Nachprüfung nicht stand. Dem Vorbringen des Beklagten wird der Vorderrichter nicht gerecht, wenn er in seinen Entscheidungsgründen lediglich von einer Einwendung des Beklagten dahin spricht, daß durch die von ihm behaupteten Schmiergeldverabkommen eine Überteuerung der ihm in Rechnung gesetzten Preise eingetreten sei. Denn der Beklagte hatte aus den behaupteten Abmachungen ausdrücklich die Nichtigkeit auch der klagbegründenden Verträge selbst hergeleitet. In der Rechtsprechung des Reichsgerichts (vgl. besonders Recht 1923 Nr. 853 = M. u. W. 1923 S. 101; WarnRspr. 1928 Nr. 35 mit weiteren Nachweisen; SeuffArch. Bd. 79 Nr. 138, Bd. 83 Nr. 194; auch RGZ. Bd. 130 S. 131 [142], Bd. 132 S. 131, Bd. 134 S. 43 [56]) ist anerkannt, daß Vereinbarungen, welche Angestellte, Bevollmächtigte oder sonstige Vertreter einer Partei im Einverständnis mit dem Vertragsgegner zum eigenen Vorteil hinter dem Rücken des Geschäftsherrn und zu dessen Schaden treffen, nicht nur selbst als gegen die guten Sitten verstoßend nichtig sind, sondern auch das Hauptgeschäft als sittenwidrig erwirkt nach § 138 Abs. 1 BGB. nichtig machen können. Das Sittenwidrige liegt solchenfalls, wie schon der II. Zivilsenat in dem bei WarnRspr. a. a. O. abgedruckten Urteil ausgeführt hat, darin, daß sich der Angestellte in der ihm möglichen Einwirkung auf den Vertragsschluß oder, wenn es sich um einen Willensvertreter handelt, dieser Vertreter in seiner Willensentschließung für den Vertretenen durch eine zu diesem Zweck gemachte oder zugesagte Zuwendung der Gegenseite gegen den Willen und zum Schaden des Geschäftsherrn beeinflussen läßt, während dafür nach dem bestehenden Vertrauensverhältnis ausschließlich dessen Vorteil bestimmend sein darf. Der eigennützige Vertrauensmißbrauch auf der einen, seine Ausnutzung zum Nachteil des Vertragsgegners von der anderen Seite begründen die Nichtigkeit des so herbeigeführten Vertragsabschlusses nach § 138 Abs. 1 BGB. Da es ferner nach der Lebenserfahrung die Regel, der typische Geschehensablauf ist, daß heimliche Zuwendungen an Angestellte der Gegenseite, namentlich an ihre Willensvertreter, die Vertragsbedingungen zu Ungunsten des Geschäftsherrn beeinflussen, so wird es durch die Anwendung der Grundsätze vom Beweis des ersten Anscheins gerechtfertigt, daß regelmäßig nicht der getäuschte Geschäftsherr seine Benachteiligung zu beweisen hat, sondern daß dem Vertragsgegner der Nachweis obliegt, seine Schmiergelder oder sonstigen Zuwendungen an Angestellte oder Vertreter der Gegenseite seien ohne eine dem Geschäftsherrn nachteilige Einwirkung auf den Inhalt des abgeschlossenen Vertrags geblieben. Dabei wird regelmäßig ein allgemeiner Beweis der Üblichkeit des Vertragsinhalts, namentlich der Angemessenheit der vereinbarten Preise nicht genügen, sondern der Nachweis zu erfordern sein, daß nach den besonderen Umständen des Falls auch ohne das „Schmieren" der Vertragsschluß überhaupt und unter denselben Bedingungen, wie geschehen, zustande gekommen sein würde. Auch dafür, daß das Schmieren ohne sein Wissen und gegen seinen Willen geschah, wird aus demselben Grunde nicht vom Geschäftsherrn besonderer Beweis zu erfordern, sondern vom Gegner die Ausnahme zu erweisen sein. Dafür wird jedoch nicht der Nachweis bestimmter Kenntnis des Geschäftsherrn von solchen Zuwendungen im Einzelfall zu erfordern sein. Nach den Umständen des Falls kann die Feststellung genügen, daß er mit einem Schmieren seiner Angestellten oder Vertreter rechnete und zutreffendenfalls damit einverstanden war.

Von vorstehenden Grundsätzen aus wird das Berufungsgericht die mit noch unerledigten Beweisangeboten vertretene Behauptung des Beklagten neu zu prüfen haben, daß sich die Klägerin die der Klagforderung zugrundeliegenden Bestellungen durch Zusage von Schmiergeldern an seinen Bruder erwirkt habe. Auf die Beteiligung des L. an diesen Schmiergeldern nach einem zwischen ihm und dem Bruder des Beklagten getroffenen Abkommen hatte dieser schon in der Klagbeantwortung die nach seiner Darstellung übereilte Auftragserteilung an die Klägerin zurückgeführt.

---

70. 1. Unterliegen im Fall des Art. 27 EG.z.BGB. die Feststellungen des Berufungsgerichts über den Inhalt des ausländischen Rechts der Nachprüfung durch das Revisionsgericht?

2. Sind die deutschen Gerichte für die Scheidung von Ehen nordamerikanischer Staatsangehöriger zuständig?

3. Welches Recht ist dabei anzuwenden?

EG.z.BGB. Art. 17, 27. ZPO. §§ 549, 606.

IV. Zivilsenat. Urt. v. 2. Juni 1932 i. S. Ehefr. C. (Kl.) w. Ehem. C. (Bekl.). IV 103/32.

I. Landgericht Hamburg.
II. Oberlandesgericht daselbst.

Die Parteien haben am 22. Januar 1909 in Chicago die Ehe geschlossen. Sie sind nordamerikanische Staatsangehörige. Der Beklagte hatte seit seiner Geburt und auch noch zur Zeit der Eheschließung in St. Louis im Staate Missouri seinen Wohnsitz, den die Klägerin fortan mit ihm teilte. Im Jahre 1921 siedelten die Parteien nach Deutschland über. Nachdem sie sich im Jahre 1924 wiederum mehrere Monate in St. Louis aufgehalten hatten, waren sie seit November 1924 bis zur Klagerhebung in Hamburg wohnhaft. Die Klägerin hat Scheidung wegen schuldhaft vom Beklagten herbeigeführter Zerrüttung der Ehe und wegen Ehebruchs des Beklagten mit Frau L. begehrt. Der Beklagte hat Widerklage auf Scheidung erhoben, weil die Klägerin mehrfach, u. a. mit einem gewissen G., die Ehe gebrochen und durch grobe Beschimpfungen, Zanksucht, Vernachlässigung des Hausstands und Mißhandlungen die Ehe schuldhaft zerrüttet habe.

Das Landgericht hat die Ehe der Parteien aus Verschulden beider Ehegatten geschieden. Nur die Klägerin hat Berufung eingelegt, die vom Oberlandesgericht zurückgewiesen wurde. Ihre Revision hatte keinen Erfolg.

Gründe:

Die Revision ist nach § 549 Abs. 1 ZPO. zulässig. Es handelt sich im vorliegenden Fall um die Prüfung der Voraussetzungen der Anwendbarkeit der deutschen Gesetze. Gerügt wird von der Revision, das Berufungsgericht habe den Art. 27 EG.z.BGB. unrichtig angewendet, indem es die nach dieser Vorschrift gebotene Feststellung des Inhalts der ausländischen Rückverweisungsbestimmungen in unzureichender Weise vorgenommen habe. Der Inhalt des ausländischen Rechts ist hier lediglich eine Vorfrage für die dem Art. 27 a. a. O. zu entnehmende Entscheidung über die Anwendbarkeit der deutschen Gesetze. In einem solchen Fall sind die Feststellungen des Berufungsgerichts über den Inhalt des ausländischen Rechts ebenso wie im Fall des § 328 Abs. 1 Nr. 5 ZPO. (RGZ. Bd. 115 S. 105) der Nachprüfung in der Revisionsinstanz unterworfen (so auch Staudinger-Raape EG. z. BGB. Einl. zu Art. 7—32 unter K II 4b S. 47flg.).

Die Zuständigkeit des deutschen Gerichts hält das Berufungsgericht nach § 606 Abs. 4 ZPO. für gegeben, weil, wie es feststellt, die Gerichte der Vereinigten Staaten von Amerika durchweg den Grundsatz anerkennen, daß die am ehelichen Wohnsitz befindlichen Gerichte für Ehesachen einschließlich Scheidungsklagen zuständig sind, und weil die von solchen Gerichten ausgesprochenen Scheidungen dort anerkannt werden. Die Frage, wo sich der eheliche Wohnsitz befindet, ist für § 606 Abs. 4 nach amerikanischem Recht zu entscheiden (Urteil des VIII. Zivilsenats vom 21. November 1929 RGZ. Bd. 126 S. 353, ausführlicher abgedruckt JW. 1930 S. 1309 Nr. 11). Darüber hat sich das Berufungsgericht nicht ausdrücklich ausgesprochen. Es will sich jedoch ersichtlich auch insoweit das von ihm in bezug genommene Gutachten der Leiterin der Amerika-Bibliothek in Hamburg vom 25. Januar 1932 zu eigen machen, aus dem sich ergibt, daß nach amerikanischem Recht die Frage, ob ein Domizil im Sinne dieses Rechts in dem Lande vorliegt, in dem die Klage erhoben ist, nach der lex fori zu entscheiden ist. Maßgebend ist also letztlich der Wohnsitz-Begriff des deutschen Rechts. Gegen die Annahme des Berufungsgerichts, daß die Parteien zur Zeit der Klagerhebung ihren Wohnsitz im Sinn des deutschen Rechts in Hamburg hatten, bestehen keine Bedenken. Auch ist dafür keinerlei Anhalt gegeben, daß etwa von den Parteien der Wohnsitz in Deutschland in fraudem legis begründet worden sei, um die Zuständigkeit der deutschen Gerichte für die Scheidungsklage herbeizuführen (vgl. Rosenberg Ehescheidung und Eheanfechtung S. 169). Die Zuständigkeit des deutschen Gerichts für den Ehestreit der Parteien ist hiernach vom Berufungsgericht ohne Rechtsirrtum bejaht worden.

In sachlichrechtlicher Beziehung seien, so führt das Berufungsgericht weiter aus, die deutschen Gesetze über die Ehescheidung anzuwenden. Zwar sei nach Art. 17 EG.z.BGB. an sich das Recht des Staates Missouri maßgebend, dem nach der Feststellung des Berufungsgerichts beide Parteien angehören. Das nordamerikanische internationale Privatrecht aber, das nicht gesetzlich geregelt, sondern durch die Entscheidungen der amerikanischen Gerichte ausgebildet sei und als common law in allen Bundesstaaten gelte, gründe sich, insbesondere auch beim Scheidungsrecht, auf das Domizilprinzip. Aus Art. 27 EG.z.BGB. ergebe sich daher die Anwendbarkeit der deutschen Gesetze. Nach § 1565 BGB. sei die Widerklage wegen Ehebruchs der Klägerin mit G. begründet.

Die Revision wendet ein: Nach fester Rechtsprechung sei die Verweisung deutschen Rechts auf fremdes Recht stets eine Gesamtverweisung auf alle seine Rechtsnormen, also einschließlich seiner Kollisionsnormen. Art. 27 EG.z.BGB. dürfe daher nur dann angewandt werden, wenn festgestellt sei, daß die auf deutsches inneres Recht verweisende Kollisionsnorm des ausländischen Rechts nicht ihrerseits durch Rückverweisungsbestimmungen eingeschränkt werde. Die zur Anwendung des Art. 27 erforderliche Feststellung, daß das ausländische Recht auf deutsches Recht verweise, setze daher immer zunächst eine Prüfung voraus, ob das ausländische Recht seinerseits Rückverweisungsbestimmungen enthalte. Enthalte es, wie z. B. das französische Recht, Rückverweisungsbestimmungen, durch die der zur Entscheidung berufene fremde Richter genötigt würde, auf Grund der Bestimmungen des deutschen internationalen Privatrechts sein Recht anzuwenden, so liege die Voraussetzung des Art. 27 nicht vor. Bei richtiger Anwendung des Art. 27 hätte der Berufungsrichter daher weiter noch prüfen müssen, ob das Recht des Staates Missouri Rückverweisungsbestimmungen enthalte. Hierzu hätte er von den ihm zugänglichen Erkenntnisquellen Gebrauch machen müssen. Daß die Rückverweisungsbestimmungen des Staates Missouri solche seien, wie die von Melchior in JW. 1931 S. 703 angeführten des französischen Rechts, d. h. daß sie den Richter des Staates Missouri auf Grund des Art. 17 EG.z.BGB. unter Nichtberücksichtigung des Art. 27 das. zur Anwendung seines Rechts geführt hätten, sei für die Revisionsinstanz anzunehmen. Daß bei Anwendung des Rechts des Staates Missouri die Ehe nicht geschieden werden könne, unterstelle auch das Berufungsgericht. Gerügt werde die Verletzung des Art. 27 EG.z.BGB. und des § 293 ZPO.

Die Revision will also behaupten, daß das internationale Privatrecht des Staates Missouri, ebenso wie — nach Melchior a. a. O. — das französische, nur unvollständig das deutsche internationale Privatrecht berücksichtige, nämlich ohne die Bestimmungen des Art. 27 EG.z. BGB. über die Rückverweisung. Daraus würde sich folgende Rechtslage ergeben: Das deutsche internationale Privatrecht verweist in Art. 17 EG.z.BGB. auf das amerikanische Recht einschließlich seiner Kollisionsnormen. Dieses verweist zurück auf das deutsche Recht als lex domicilii einschließlich der Kollisionsnorm des Art. 17, aber unter Ausschluß derjenigen des Art. 27. Daher ist im Ergebnis das innere Recht des Staates Missouri anzuwenden, das auch der Richter dieses Staates anwenden würde.

Richtig ist zunächst, daß nach der Rechtsprechung des Reichsgerichts der deutsche Richter, wenn er zur Anwendung fremden Rechts berufen wird, dieses fremde Recht grundsätzlich in vollem Umfang, mithin nicht bloß seine Sachnormen, sondern auch seine Kollisionsvorschriften anzuwenden hat (vgl. u. a. RGZ. Bd. 78 S. 234 und die dort angeführten weiteren Urteile, ferner Bd. 91 S. 41). Für den deutschen Richter ist danach auch eine Rückverweisung des nach seinen Kollisionsvorschriften an sich anzuwendenden fremden Rechts auf das deutsche Recht bindend. Vom Standpunkt der Revision aus würde es sich jedoch darum handeln, ob auch das amerikanische Recht eine solche Rückverweisung — den sog. Renvoi — als wirksam anerkennt. Dies wäre zu verneinen, wenn die auf ausländisches Recht verweisenden Kollisionsnormen des amerikanischen Rechts nur als Sachnormverweisungen, nicht als Gesamtverweisungen aufzufassen wären. Wären die Kollisionsvorschriften des amerikanischen Rechts nur Sachnormverweisungen, so könnte die von der Revision aufgeworfene Frage gar nicht entstehen. Ob das amerikanische internationale Privatrecht die Rückverweisung anerkennt, ist umstritten. Wenn sich die Revision für ihren Standpunkt auf die Abhandlung von Potu La question du renvoi en droit international bezieht, so stellt demgegenüber Lorenzen im Journal du droit international privé 1911 S. 21 fest: „Aux Etats-Unis nous n'avons pu trouver aucune décision qui eût pour objet la question du renvoi", und S. 23: „En resumé, aucun jugement américain n'adopte formellement doctrine du renvoi". Auch die Entscheidung des Surrogates Court of New York in der Sache Tallmadge enthält nach W. Lewald (JW. 1931 S. 118) die grundsätzliche Verwerfung des Renvoi-Grundsatzes. Ebenso sprechen Staudinger-Raape EG.z.BGB. Art. 27 unter G III 8 S. 760 von einer „leidlich sicheren nordamerikanischen Praxis" im Sinn des Widerstands gegen den Renvoi. In dem Urteil des Landgerichts III Berlin vom 24. April 1928 (JW. 1928 S. 3128 Nr. 1) ist freilich ausgesprochen, daß sich die amerikanischen Gerichte die sog. Theorie der Rückverweisung zu eigen gemacht hätten, und daß, wenn nach deutschem Recht das Recht des Heimatstaats — im dort gegebenen Fall das Recht des Staates New York — zur Anwendung gelange, das Recht des Staates New York auf das Recht des ehelichen Wohnsitzes „zurückverweise". Hierzu ist jedoch zu bemerken, daß vom Standpunkt des amerikanischen Richters aus nicht die Verweisung seines Rechts auf die lex domicilii, sondern die Vorschrift des Art. 17 Abs. 1 EG.z.BGB. eine Rückverweisung darstellt.

Der Frage, ob das amerikanische internationale Privatrecht die — von seinem Standpunkt aus — in Art. 17 Abs. 1 EG.z.BGB. enthaltene Rückverweisung als wirksam anerkennt, braucht jedoch nicht weiter nachgegangen zu werden. Maßgebend ist für den deutschen Richter die Vorschrift des Art. 27 EG.z.BGB., wonach die deutschen Gesetze Anwendung finden, wenn sie nach dem Recht eines fremden Staates anzuwenden sind, dessen Gesetze — u. a. in Art. 17 Abs. 1 das. — für maßgebend erklärt worden sind. Die Bedeutung dieser Vorschrift liegt, wie der Senat bereits in RGZ. Bd. 78 S. 237 ausgesprochen hat, darin, daß sie den deutschen Richter an das sachliche deutsche Recht gebunden erklärt, wenn das betreffende ausländische Recht auf deutsches Recht zurückverweist, ohne daß weiter zu prüfen ist, ob ihn etwa Kollisionsnormen des deutschen Rechts von neuem auf fremdes Recht verweisen. Wollte man die Rückverweisung des fremden Rechts auf das deutsche Recht als eine solche auch auf das deutsche internationale Privatrecht auffassen, so könnte eine endlose Hin- und Herverweisung die Folge sein. Die Rückverweisung des ausländischen Rechts auf die deutschen Gesetze ist also nach Art. 27 als Sachnormrückverweisung, nicht als Rückverweisung auch auf die Vorschriften des deutschen internationalen Privatrechts aufzufassen (ebenso Enneccerus-Nipperdey Bd. I § 60 unter III, 2; Planck EG. z. BGB. Art. 27 Anm. 3b; OLG. Kiel in JW. 1932 S. 599 Nr. 1; ferner W. Lewald in JW. 1931 S. 118 gegen Melchior in der Festgabe für den 24. deutschen Anwaltstag S. 101 flg. und in JW. 1931 S. 703, der, falls das fremde Recht den Renvoi in irgendeiner Weise anerkennt, für die Anwendung des Art. 27 stets festgestellt haben will, ob das Endergebnis des fremden Renvois die Anwendung deutschen inneren Rechts ist). Diese Auslegung des Art. 27 liegt dem Berufungsurteil zugrunde. Sie führt für den hier gegebenen Fall zur ausschließlichen Anwendung des sachlichen deutschen Scheidungsrechts. Die von der Revision gerügte Verletzung des Art. 27 liegt demnach nicht vor. Ebensowenig hatte das Berufungsgericht Veranlassung, über das im Staate Missouri geltende internationale Privatrecht weitere Ermittlungen anzustellen.

In der deutschen Rechtslehre und Rechtsprechung wird dementsprechend auch, soweit ersichtlich, allgemein angenommen, daß für die Ehescheidung von Angehörigen der Vereinigten Staaten, die in Deutschland ihren Wohnsitz haben, die deutschen Gesetze maßgebend sind (vgl. Rosenberg Ehescheidung und Eheanfechtung S. 168flg.; H. Lewald Das deutsche internationale Privatrecht S. 110 und die von ihm angeführten Entscheidungen deutscher Gerichte; Staudinger-Raape EG. z. BGB. Art. 17 unter K 7d S. 432). In dem bereits erwähnten Urteil des VIII. Zivilsenats vom 21. November 1929 ist zur Frage der Anwendbarkeit des sachlichen deutschen Scheidungsrechts nicht abschließend Stellung genommen, weil dort das Berufungsurteil infolge unzureichender Feststellungen nach § 606 Abs. 4 ZPO. aufgehoben werden mußte.

---

71. Zur Frage, wann unrichtige Beurkundung eines Vertrags über Grundstücksübertragung vorliegt.

BGB. § 313. Preuß. Gesetze über den Verkehr mit Grundstücken vom 10. Februar 1923 (GS. S. 25) und vom 20. Juli 1925 (GS. S. 93).

V. Zivilsenat. Urt. v. 11. Juni 1932 i. S. P. (Bekl.) w. R. (Kl.). V 70/32.

I. Landgericht Halle a. S.
II. Oberlandesgericht Naumburg a. S.

Die Parteien streiten über den rechtlichen Bestand einer Grundstücksveräußerung. Auf Grund des notariellen Vertrags vom 7. November 1922 und der Auflassung vom 26. März 1923 ist das streitige Grundstück am 3. April 1923 im Grundbuch vom Kläger auf den Beklagten umgeschrieben worden. Der Kläger behauptet, daß er Eigentümer geblieben und daß das Grundbuch unrichtig geworden sei. Er fordert seine Wiedereintragung als Eigentümer und die Herausgabe des Grundstücks. Der nähere Sachverhalt ist folgender:

In der notariellen Verhandlung vom 7. November 1922 haben sich die Parteien zu einem als Anlage beigefügten, vom 18. Oktober 1922 datierten und mit „Kaufvertrag" überschriebenen privatschriftlichen Vertrage bekannt, wonach der Kläger dem Beklagten das Grundstück für 200000 M. „verkaufte". Auf den Kaufpreis berichtige, heißt es in § 2, der Käufer 66000 M. durch selbstschuldnerische Übernahme der eingetragenen Hypothekenforderung; das Restkaufgeld habe der Käufer durch — näher bezeichnete — Aktien zum Kurswerte von 134000 M. gezahlt, der Kursberechnung liege der Berliner Börsenkurs vom 16./17. Oktober 1922 zugrunde. Nach der Darstellung des Klägers ist der privatschriftliche Vertrag erst kurz vor der notariellen Verhandlung vom 7. November 1922 zu einem Kaufpreis von 300000 M. abgeschlossen und nur deshalb zur Kosten- und Steuerersparnis fälschlich auf den 18. Oktober 1922 zurückdatiert worden, weil an diesem Tage der Kurs der vom Beklagten auf den Kaufpreis in Zahlung gegebenen Aktien um 100000 M. weniger als beim wirklichen Abschluß, nämlich nur etwa 134000 statt 234000 M., betragen habe; der Kaufpreis sei daher falsch beurkundet und das in Wahrheit abgeschlossene Veräußerungsgeschäft habe die nach dem preußischen Grundstücksverkehrsgesetz vom 10. Februar 1923 erforderliche behördliche Genehmigung nicht gefunden. Der Beklagte dagegen führt aus, eine unrichtige Beurkundung liege nicht vor; seine Gegenleistungen seien im Vertrage so angegeben, wie sie vereinbart worden seien.

Das Landgericht wies die Klage ab. Dagegen erkannte das Oberlandesgericht nach den Anträgen des Klägers. Die Revision des Beklagten führte zur Wiederherstellung des ersten Urteils.

Gründe:

(Nach Erwähnung zweier prozessualer Angriffe heißt es):

Eines Eingehens auf diese prozessualen Rügen bedarf es nicht. Denn jedenfalls hält sachlich das angefochtene Urteil den Angriffen der Revision nicht stand. Auf die Vorschrift des § 313 Satz 1 BGB. unmittelbar kann der Kläger seine Ansprüche nicht stützen, weil etwaige Formmängel der Beurkundung des Vertrags durch die nachfolgende Auflassung und Eintragung im Grundbuch nach Satz 2 daselbst geheilt sein würden. Aber mittelbar kommt es auf die Frage der formgültigen Beurkundung doch wieder an, weil es sich um ein vor dem 1. Januar 1923 abgeschlossenes Verpflichtungsgeschäft handelt, dem Auflassung und Umschreibung im Grundbuch erst nach dem 15. Februar 1923 nachgefolgt sind. Läge ein vor dem 1. Januar 1923 rechtswirksam abgeschlossenes Verpflichtungsgeschäft nicht vor, so würde es trotz Auflassung und Umschreibung nach § 15 Satz 2 des preußischen Grundstücksverkehrsgesetzes vom 10. Februar 1923 in Verbindung mit dem Gesetz vom 20. Juli 1925 der behördlichen Genehmigung des wirklich abgeschlossenen Geschäfts bedurft haben, deren Erteilung im entgegengesetzten Fall dahingestellt bleiben könnte. Rechtsirrig nimmt aber das Berufungsgericht an, daß das zwischen den Parteien geschlossene Verpflichtungsgeschäft mangels gehöriger Beurkundung der Rechtswirksamkeit entbehre.

Der Kläger behauptet selbst nicht, daß die in der privatschriftlichen Anlage des notariellen Vertrags gemachten Angaben über die Berichtigung des Kaufpreises in irgendeinem Punkt unrichtig, daß die wirklichen Gegenleistungen des Beklagten für den Erwerb des Grundstücks irgendwie falsch, insbesondere zu gering, angegeben seien, oder daß etwa ein Wahlrecht nicht beurkundet worden sei, das der einen oder der anderen Partei wegen der Gegenleistungen für das Grundstück eingeräumt worden sei. Auch nach der Darstellung des Klägers sollte der Beklagte den Gegenwert des Grundstücks in Höhe von 66000 M. durch Übernahme der eingetragenen Hypothek und im übrigen durch Lieferung von Aktien leisten, die sogar schon übergeben waren, als der privatschriftliche Vertrag niedergeschrieben wurde, wie sein § 2 besagt. Eine Unrichtigkeit der Beurkundung findet der Kläger vielmehr, abgesehen von der falschen Datierung des privatschriftlichen Vertrags, lediglich in der Bezifferung des Kaufpreises auf 200000 statt auf 300000 M. Indessen würde diese Unrichtigkeit, soweit ihr überhaupt nach Lage des Falls für die Rechtswirksamkeit der Veräußerung Bedeutung zukäme, schon aufgewogen werden durch die Hinzufügung, daß der Kursberechnung (auf der diese Preisangabe beruhe) der Berliner Börsenkurs vom 16./17. Oktober 1922 zugrundegelegt sei. Was an Geldwert, auf den allein maßgebenden Tag des notariellen Vertragsschlusses berechnet, mit den vom Beklagten gewährten Aktien in Wahrheit nach dem Vertrag geleistet wurde, ergab ohne weiteres eine Vergleichung des Kurswertes der Aktien vom 16./17. Oktober mit dem vom 7. November 1922, dem Tage der notariellen Beurkundung. Man könnte hiernach wohl von einem Versuch der Irreführung über Kosten- und Steuergefälle durch Unterschiebung eines unzutreffenden Stichtages, nicht aber von einer wirklichen Unrichtigkeit der Beurkundung sprechen, die nach dem Grundstücksverkehrsgesetz erheblich wäre. Denn der Zweck dieses Gesetzes lag in der Verhütung unwirtschaftlicher Verschleuderung deutschen Grundbesitzes unter dem irreführenden Einfluß der Währungsaufblähung; diesem

Zweck sollte die darin vorgeschriebene richtige und vollständige Mitteilung aller getroffenen Vereinbarungen dienen, deren Kenntnis für die zuständige Behörde erforderlich war, um unter dem Gesichtspunkt des Allgemeinwohls die wirtschaftliche Berechtigung der beabsichtigten Veräußerung zu prüfen. Die öffentlichen Belange wurden aber durch die Art der Beurkundung nicht berührt, wenn, ungeachtet einer unzutreffenden Bezifferung des Kaufpreises, das, was der Erwerber an Gegenwert leistete, aus dem Vertrage richtig und zweifelsfrei zu entnehmen war. Dem ist im vorliegenden Fall durch die wahrheitsgetreue Angabe der Vertragsleistungen genügt, während zugleich die Unrichtigkeit der Kaufpreisbezifferung durch die Mitteilung der Grundlage ihrer Entstehung wettgemacht war. Daß auch die falsche Datierung der privatschriftlichen Anlage der notariellen Verhandlung keine im Sinn des § 313 BGB. bedeutungsvolle Unrichtigkeit darstellt, ergibt sich schon daraus, daß nach der offensichtlichen Absicht der Parteien wegen der Vorschrift des § 313 Satz 1 BGB. der privatschriftliche Vertrag durch den notariellen ersetzt werden sollte, womit die Erheblichkeit der Angabe über die Zeit der privatschriftlichen Einigung entfiel, zumal gegenüber der Mitteilung des Zeitpunkts, welcher der Kursberechnung und damit der Kaufpreisbezifferung zugrundelag.

---

72. Hängt bei der Haftpflichtversicherung die Verwirkung des Anspruchs auf Schadloshaltung, die für den Fall der Unterlassung der vertragsmäßigen Anzeige von der Einleitung eines Strafverfahrens vereinbart worden ist, davon ab, ob die Unterlassung die Geltendmachung des Entschädigungsanspruchs des Verletzten gegen den Versicherten erleichtert hat?

VVG. § 32 Satz 2, § 154 Abs. 2.

VII. Zivilsenat. Urt. v. 14. Juni 1932 i. S. K. (Kl.) w. H.-B. Feuerversicherungsgesellschaft AG. (Bekl.). VII 51/32.

I. Landgericht Duisburg.
II. Oberlandesgericht Düsseldorf.

Bei einer Fahrt, die der Kläger am 21. Oktober 1929 in D. mit seinem Personenkraftwagen unternahm und bei der seine Ehefrau lenkte, geriet der Wagen auf den Bürgersteig und verletzte ein elfjähriges Mädchen. Der Kläger ist bei der Beklagten gegen Kraftwagen-Haftpflichtschäden versichert. § 5 Abs. 2 der im Versicherungsschein in Bezug genommenen Allgemeinen Bedingungen enthält die Bestimmung, daß der Versichererin „unverzüglich Anzeige zu erstatten ist, wenn ein Strafverfahren aus einem Ereignis eingeleitet wird, das einen Haftpflichtanspruch zur Folge haben kann." Als aber infolge des Unfalls die Frau des Klägers am 12. November 1929 durch die Polizei vernommen und am 19. März 1930 vom Schöffengericht wegen fahrlässiger Körperverletzung zu 80 RM. Geldstrafe verurteilt wurde, erstattete der Kläger keine Anzeige. Den Unfall selbst hatte er der Beklagten unverzüglich angezeigt und ihr sodann auf einem ihrer Vordrucke am 22. Oktober 1929 die Haftpflicht-Schadensanmeldung erstattet. Auf die Nachricht, daß die Verletzte für eine Klage gegen den Kläger und seine Frau das Armenrecht beantragt hatte, teilte die Beklagte dem Kläger am 26. Mai 1930 mit, daß sie wegen Unterlassung der Anzeige vom Strafverfahren jeden Versicherungsschutz ablehne. Der Kläger und seine Frau ließen hierauf ein Versäumnisurteil gegen sich ergehen und rechtskräftig werden. Er klagte sodann gegen die Beklagte auf Feststellung ihrer Pflicht zur Gewährung des Versicherungsschutzes gegen die Ansprüche der Verletzten und ihres Vaters sowie auf Verurteilung zur Befreiung von allen Schadensersatzverbindlichkeiten gegen diese und zum Ersatz der darauf bereits geleisteten Zahlungen. Der Kläger machte geltend, daß ihm die Unterlassung der Anzeige vom Strafverfahren, nachdem er den Unfall selbst angemeldet habe, nicht als Fahrlässigkeit anzurechnen sei, und daß sie der Beklagten keinen Nachteil gebracht habe, sodaß diese mit der Berufung auf jene Unterlassung gegen Treu und Glauben handle.

Das Landgericht wies die Klage ab. Die Berufung des Klägers wurde vom Oberlandesgericht zurückgewiesen. Auch seine Revision blieb erfolglos.

Gründe:

Das Berufungsgericht stellt fest, daß die Verpflichtung des Versicherten zur Anzeige von der Einleitung eines Strafverfahrens in dem Abschnitt der Allgemeinen Versicherungsbedingungen über „Obliegenheiten im Schadenfall" in einer Weise niedergelegt ist, daß sie dem Kläger nicht entgehen konnte, wenn er die Bedingungen nach dem Unfall auch nur mit geringer Sorgfalt durchgelesen hätte. Da die Unterlassung der Anzeige hiernach auf grober Fahrlässigkeit beruhe, habe der Kläger durch sie den Anspruch auf Befreiung von seiner Haftpflicht verwirkt; darauf, ob der Beklagten durch jene Verletzung seiner vertraglichen Obliegenheit ein Nachteil entstanden sei, komme es nicht an.

Wenn die Revision demgegenüber unter den obwaltenden Umständen in der Annahme einer groben Fahrlässigkeit des Klägers eine Verkennung dieses Rechtsbegriffs finden will, so kann sie hiermit schon deshalb keinen Erfolg haben, weil die Frage, ob eine Fahrlässigkeit als grobe anzusehen ist, nach ständiger Rechtsprechung des Reichsgerichts eine Frage der tatsächlichen Würdigung ist. Die Erwägungen des Berufungsgerichts, daß der Kläger auf die große Bedeutung, welche die Beklagte der Kenntnis von der Einleitung eines Strafverfahrens beilegte, durch eine Frage im Vordruck zur Schadensanmeldung noch besonders hingewiesen, und daß er von der Beklagten in ihren Briefen vom 4. und 13. November 1929 ausdrücklich zur Einsendung aller auf den Schadensfall bezugnehmenden Schriftstücke aufgefordert worden sei, gehören ebenso wie die sonstigen Ausführungen über Umstände, die das Verschulden des Klägers erschweren, jenem Gebiet der tatsächlichen Würdigung an und lassen keinen Rechtsirrtum erkennen.

Die Revision sucht ferner aus § 32 Satz 2 VVG. herzuleiten, daß die Nichterstattung der Anzeige die Verwirkung der Ansprüche des Klägers dann nicht zur Folge habe, wenn sie keinen Einfluß auf die Geltendmachung und den Umfang des Entschädigungsanspruchs des Verletzten ausgeübt habe, was das Berufungsgericht verkenne. Aber § 32 Satz 2 bezieht sich, wie aus dem vorhergehenden Satz des Paragraphen und der Überschrift und dem sonstigen Inhalt des Titels, in dem er steht, hervorgeht, nur auf die Verletzung von Obliegenheiten, die der Versicherungsnehmer zum Zweck der Verminderung der Gefahr oder zum Zweck der Verhütung einer Gefahrerhöhung übernimmt, nicht jedoch auf solche Obliegenheiten, die — wie die hier in Frage stehende Anzeigepflicht — erst nach dem Eintritt des schädigenden Ereignisses, also nach Verwirklichung der Gefahr zu erfüllen sind. Eine Ausdehnung oder entsprechende Anwendung auf Obliegenheiten dieser letzten Art ist auch in den von der Revision angeführten Entscheidungen (RGZ. Bd. 93 S. 209 [215] und Gruch. Bd. 61 S. 810

[815]), die wesentlich verschiedene Tatbestände betreffen, nicht gebilligt worden. Auf Grund dieser Erwägungen hat der Senat in RGZ. Bd. 127 S. 367 ausgesprochen, daß bei einer Schadensversicherung die für den Fall der Verzögerung der Schadensanzeige vereinbarte Befreiung des Versicherers nicht davon abhänge, daß durch die Verzögerung ein Nachteil für diesen entstanden sei. Das gleiche muß gelten für die Folgen der Unterlassung von Anzeigen über den Schadensfall und über die durch diesen veranlaßten Verhandlungen, die dem Haftpflichtversicherten bei Meidung der Anspruchsverwirkung auferlegt worden sind, wenngleich der Versicherungsfall bei der Haftpflichtversicherung nicht schon mit dem schädigenden Ereignis, sondern erst mit der Geltendmachung des Entschädigungsanspruchs des Verletzten eintritt. Im vorliegenden Fall war übrigens der Entschädigungsanspruch gegen den Kläger schon vor der polizeilichen Vernehmung seiner Ehefrau schriftlich geltend gemacht worden. Die vom Kläger in den Vorinstanzen zur Abwehr des Verwirkungseinwands der Beklagten herangezogene Vorschrift des § 154 Abs. 2 VVG. hat auf die vorliegende Streitfrage keinen Bezug, da sie nur die Wirkung von Vereinbarungen über Befreiung des Versicherers durch selbständige Befriedigung oder Anerkennung des Entschädigungsanspruchs von seiten des Versicherten, nicht aber die Tragweite sonstiger Verwirkungsklauseln einschränkt.

Ob der Kläger dem Verwirkungseinwand der Beklagten die Einrede der allgemeinen Arglist entgegenhalten könnte, wenn die Beklagte, trotz der Unterlassung der Anzeige durch den Kläger, auf andere Weise von dem Strafverfahren so rechtzeitig Kenntnis erhalten hätte, daß sie der Frau des Klägers in diesem Verfahren den der Beklagten geeignet erscheinenden Beistand hätte leisten können, braucht hier nicht erörtert zu werden. Denn es ist unstreitig, daß die Beklagte von dem Strafverfahren erst erfahren hat, als die Verletzte nach der Rechtskraft des Strafurteils für die Verfolgung ihrer Ansprüche im Wege des Zivilprozesses das Armenrecht nachsuchte.

---

73. Können die Parteien auf die Einhaltung der Vorschriften über die Formen der Sachanträge im Zivilprozeß verzichten?

ZPO. §§ 295, 297.

VI. Zivilsenat. Urt. v. 16. Juni 1932 i. S. 1. B., 2. H. GmbH. (Bekl.) w. G. (Kl.). VI 66/32.

I. Landgericht Halle a. S.
II. Oberlandesgericht Naumburg a. S.

Ein vom Erstbeklagten gelenkter Kraftomnibus der verklagten Gesellschaft mbH. stieß am 23. Juli 1927 auf einem Bahnübergang mit einer Lokomotive zusammen. Der Kläger, der an der Fahrt gegen Bezahlung des Fahrpreises teilgenommen hatte, erlitt bei dem Zusammenstoß eine schwere Gehirnerschütterung, die ihn nach seiner Behauptung noch jetzt erwerbsunfähig macht. In einem Vorprozeß ist rechtskräftig festgestellt worden, daß die Beklagten als Gesamtschuldner verpflichtet seien, dem Kläger den gesamten Schaden aus dem Unfall zu ersetzen, die Zweitbeklagte jedoch nur, soweit der Schadensersatz auf die Vertragsverletzung gestützt werde. Mit der jetzigen Klage fordert der Kläger den Betrag des Schadens, und zwar außer Ersatz von Sachschaden und Heilungskosten eine im voraus zahlbare Monatsrente von 800 RM. für die Zeit vom 1. August 1927 bis zur Vollendung seines 65. Lebensjahres, die rückständigen Beträge sofort zahlbar.

Das Landgericht hat an rückständigen Unterhaltsrenten bis einschließlich April 1928 und an Sachschaden dem Kläger insgesamt 7160,98 RM. nebst Zinsen, außerdem vom 1. Mai 1928 ab eine Monatsrente von 400 RM. zugesprochen; die weitergehende Klage hat es abgewiesen. Beide Teile haben Berufung eingelegt, mit der die Beklagten die völlige Abweisung der Klage beantragt haben. Der Kläger beantragte, die ihm vom 1. Mai 1928 an zugesprochene Monatsrente auf 800 RM. zu erhöhen. Es heißt dann im Tatbestand bei Wiedergabe der Schlußverhandlung: „Er (Kläger) hat weiter darauf hingewiesen, daß er auch statt einer Rente Schadensersatz durch eine Kapitalabfindung beanspruchen könne, und hat gebeten, diese ihm zuzusprechen. Die Beklagten haben sich hierzu nicht besonders geäußert". Das Oberlandesgericht hat dem Kläger außer den einmaligen Kosten eine Kapitalabfindung von 38000 RM. nebst Zinsen zugesprochen. Die weitergehenden Berufungen und den Mehranspruch des Klägers wurden zurückgewiesen. Mit der Revision greifen die Beklagten das Urteil insoweit an, als auf Zahlung eines Kapitals von 38000 RM nebst Zinsen erkannt worden ist. In diesem

Umfang wurde das Berufungsurteil aufgehoben und die Sache an die Vorinstanz zurückverwiesen.

Aus den Gründen:

Die Revision hält die Zubilligung der Kapitalabfindung von 38000 RM. in erster Reihe aus verfahrensrechtlichen Gründen für unzulässig, weil ein darauf gerichteter schriftlicher Antrag des Klägers nicht vorliege, und weil das Gericht zu Unrecht einen Rügeverzicht der Beklagten angenommen habe. Das Oberlandesgericht sagt hierzu im wesentlichen folgendes: Die Bitte des Klägers, statt auf eine Rente auf eine Kapitalabfindung zu erkennen, sei als ein Antrag aufzufassen. Zwar sei dieser Antrag nur mündlich gestellt, während er zu verlesen oder in bezug zu nehmen gewesen wäre und demnach bei Vermeidung der Nichtberücksichtigung schriftlich hätte festgestellt werden müssen (§ 297 Abs. 1, 4 u. 5 ZPO.). Eine Verletzung dieser Vorschriften sei jedoch nach § 295 ZPO. durch Verzicht der Parteien heilbar. Die Beklagten hätten gewußt, daß kein schriftlicher Antrag vorliege. An der Aussprache zwischen dem Gericht und dem Antragsteller über die Kapitalabfindung hätten sich die Beklagten nicht beteiligt, aber sie hätten dazu Gelegenheit gehabt. In ihrem Stillschweigen sei ein Rügeverzicht zu finden, zumal da sie durch einen in der vorangegangenen Verhandlung vom Gericht gemachten Vergleichsvorschlag über die Leistung einer Kapitalabfindung darauf vorbereitet gewesen seien.

Die Verfahrensrüge der Revision ist begründet. Es steht im Belieben des Klägers, ob er seinen Schadensersatz in der Gestalt einer Geldrente oder durch Kapitalabfindung fordern will; er kann auch in der Form eines Haupt- und eines Hilfsantrags beide Arten der Befriedigung seines Anspruchs zur Entscheidung des Gerichts verstellen. Wird aber lediglich eine Geldrente oder lediglich eine Kapitalforderung im Antrag des Klägers gefordert, so ist das Gericht nicht befugt, an Stelle der vom Kläger gewählten Befriedigungsart von Amts wegen auf die andere zu erkennen (§ 308 ZPO.; RGZ. Bd. 77 S. 213, Bd. 110 S. 150; HöchstRspr. 1931 Nr. 664). Das nimmt der Berufungsrichter auch nicht an. Er meint aber, die mündlich ausgesprochene Bitte des Klägers, statt auf eine Rente auf eine Kapitalforderung zu erkennen, sei als ein Antrag aufzufassen, da sie sonst keinen Zweck gehabt hätte. Schon diese Annahme unterliegt erheblichen Bedenken. Es muß unterstellt werden, daß dem Vertreter des Klägers die Vorschriften des § 297 (vgl. § 527 ZPO.) bekannt waren. Dann liegt es aber nahe, daß der Prozeßbevollmächtigte des Klägers die Besprechung über die Kapitalabfindung nur als eine vorläufige und unverbindliche angesehen und erwartet hat, das Gericht werde, falls es eine Kapitalforderung für zulässig erachte, ihm in einer weiteren Verhandlung Gelegenheit geben, seinen bisher nur auf die Gewährung einer Geldrente gerichteten schriftlichen Antrag, nötigenfalls nach Rücksprache mit seiner Partei, neu zu fassen und zu begründen.

Abgesehen hiervon ist die Ansicht des Berufungsrichters rechtsirrig, daß die Vorschriften des § 297 ZPO., welche allerdings im amtsgerichtlichen Verfahren nicht gelten (§§ 507, 510a ZPO.), durch stillschweigenden Rügeverzicht (§ 295 ZPO.) oder selbst durch übereinstimmenden Willen der Parteien außer Anwendung gesetzt werden könnten. Dem steht die Vorschrift des § 297 Abs. 5 ZPO. entgegen. Diese lautet: „Die Nichtbeachtung dieser Vorschriften hat die Nichtberücksichtigung der Anträge zur Folge". Die Vorschrift wendet sich nach Wortlaut und Sinn vornehmlich an die erkennenden Gerichte. Ihnen ist verboten, Anträge, welche den Vorschriften der Absätze 1 bis 4 des § 297 nicht entsprechen, insbesondere nicht schriftlich dem Gericht überreicht sind, der Entscheidung zugrundezulegen. Sind aber die Gerichte an die Vorschriften des § 297 ZPO. gebunden, so ist die etwa abweichende Meinung der Parteien oder ihrer Vertreter über die rechtliche Bedeutung der Formvorschriften für die Anträge unmaßgeblich. Für die Anwendung des § 295 ZPO. ist danach kein Raum. Es ist aber weiter zu sagen, daß die schon im Wortlaut als Mußvorschriften gekennzeichneten Formen für die Sachanträge in den vor den Kollegialgerichten zu führenden Zivilprozessen derart wesentlich sind, daß auf ihre Beobachtung die Parteien nicht wirksam verzichten können (§ 295 Abs. 2 ZPO.). Wollte man eine freie Umgestaltung des schriftlichen Klagantrags (§ 253 Abs. 2 Nr. 2 ZPO.) durch bloß mündliche Erklärung des Prozeßbevollmächtigten zulassen, so würde es an jeder festen Begrenzung des Rechtsstreits fehlen, wie sie z. B. die Vorschriften der §§ 264, 268, 527 und im Rechtsmittelverfahren die der §§ 519, 519b, 536, 554, 554a, 559 ZPO. zum Ziel haben. Die durch die Zulassung bloß mündlicher Anträge in das Verfahren hineingetragene Unsicherheit tritt besonders hervor, wenn sich ein längerer Rechtsstreit über eine Anzahl zeitlich mehr oder minder weit auseinander liegender mündlicher Verhandlungen erstreckt und in der Besetzung des Gerichts ein Wechsel eintritt oder andere Rechtsanwälte für die Parteien auftreten. In solchen Fällen könnte die Feststellung dessen, was mündlich beantragt worden ist, sowie das Festhalten an dem früheren Antrag auf unüberwindliche Schwierigkeiten stoßen. Auch ohnedies kann man von einem stark beschäftigten Kollegialgericht nicht verlangen und nicht erwarten, daß es in zahlreichen Prozessen die bloß mündlich gestellten Anträge so fest im Gedächtnis behält, daß sie eine sichere Grundlage der Entscheidung bilden. Nach alledem sind die Vorschriften des § 297 ZPO. als zwingend anzusehen. Dieser Standpunkt liegt der ständigen Rechtsprechung des Reichsgerichts zugrunde (RGZ. Bd. 59 S. 397; SeuffArch. Bd. 45 Nr. 280; JW. 1898 S. 601 Nr. 13). In einer Entscheidung des II. Zivilsenats vom 16. Februar 1902 (JW. 1903 S. 48 Nr. 9) ist zwar die Prüfung eines schriftlichen Hilfsantrags, der nach dem Tatbestand unzweifelhaft aufrechterhalten, aber versehentlich nicht verlesen war, zugelassen worden, weil bei richtigem Gebrauch des Fragerechts die Verlesung nachgeholt worden wäre. Ob dieser Entscheidung beizupflichten wäre, bedarf keiner Erörterung, da hier nicht einmal ein schriftlicher Antrag vorliegt. Wie hier sprechen sich auch aus Seuffert Bem. 4 zu § 297 ZPO., Förster-Kann Bem. 4 zu § 297 ZPO. und die früheren Auflagen von Stein. Der in der neuesten Auflage von Stein-Jonas Bem. IV zu § 297 vertretenen Meinung über die Heilbarkeit eines Verstoßes gegen die Grundsätze des § 297 ZPO. ist nicht beizustimmen. Durch die Verordnung über das Verfahren in bürgerlichen Rechtsstreitigkeiten vom 13. Februar 1924 (RGBl. I S. 135) sind die Vorschriften der §§ 295 und 297 ZPO. nicht geändert worden.

---

74. Verletzt der Rundfunkteilnehmer ein Urheberrecht des Tonsetzers, wenn er geschützte Musik durch seinen Lautsprecher zu gewerblichen Zwecken ertönen läßt?

LitUrhG. § 11.

I. Zivilsenat. Urt. v. 11. Juni 1932 i. S. Musikschutzverband (Gema, GDT. u. AKM.) (Bekl.) w. Reichskartell der Musikveranstalter Deutschlands e. V. (Kl.) u. Gen. (RebInt.). I 348/31.

I. Landgericht I Berlin.
II. Kammergericht daselbst.

Die drei verklagten, zu einer Gesellschaft bürgerlichen Rechts zusammengeschlossenen Verbände (hier fortan einheitlich als „der Beklagte" bezeichnet) verwerten die ihnen von ihren Mitgliedern übertragenen musikalischen Aufführungsrechte und Senderechte; sie verwalten nahezu sämtliche Aufführungs- und Senderechte deutscher und ausländischer Tonsetzer, die für den deutschen Musikbedarf in Betracht kommen. Das klagende Reichskartell vertritt die Belange der Musikveranstalter mit Ausnahme der im Bunde der Saal- und Konzertlokal-Inhaber vereinigten; ihm gehören tausende von Lichtspielbühnenbesitzern, Gastwirten usw. an.

Ein Rahmenvertrag vom 7. August 1930 zwischen dem Kläger und dem Beklagten sagt den Mitgliedern des Klägers, soweit sie nach der Art ihrer Betriebe im Tarif berücksichtigt sind, besondere Vorzugsbedingungen beim Abschluß von Einzelverträgen zu. Darüber, wie die gewerbsmäßigen Vorführungen geschützter Rundfunkmusik mittels Lautsprechers behandelt werden sollen, bestimmt der Tarif nichts; er vermerkt nur, daß Lautsprecherübertragungen in andere Räume nach Größe und Charakter der betreffenden Lokale eingeschätzt werden. Der Beklagte hat neuerdings in seinem allgemeinen Tarif Entgeltsätze für Rundfunkmusik-Übertragungen in Gaststätten usw. aufgenommen. Daraufhin ist zwischen ihm und dem Kläger streitig geworden, ob der Beklagte einen Gewinnanteil dafür verlangen darf, wenn in Gaststätten und an anderen Orten urheberrechtlich geschützte Musik durch Lautsprecher zu Gehör gebracht wird. Der Beklagte hat sich in einem Schreiben vom 15. Oktober 1930 dem Kläger gegenüber ausdrücklich des Rechts berühmt, für Rundfunkübertragungen der Musik Tantieme zu fordern.

Mit der vorliegenden Klage begehrt der Kläger die Feststellung, daß dem Beklagten für das Hörbarmachen an sich abgabepflichtiger Rundfunkmusik durch Lautsprecher in gewerblichen Betrieben kein solches Recht zustehe. Er vertritt die Ansicht: Gewerbliche Darbietung von Rundfunkmusik durch Lautsprecher sei weder eine öffentliche Aufführung noch eine gewerbsmäßige Verbreitung des musikalischen Werks. Soweit etwa noch eine Verbreitungshandlung darin gefunden werden könne, sei die ausschließliche Verbreitungsbefugnis des Beklagten dadurch erschöpft, daß er die Befugnis, seine musikalischen

Aufführungsrechte zu benutzen, an die Rundfunk-Gesellschaft übertragen habe. Der Beklagte dagegen will das gewerbsmäßige Hörbarmachen von Rundfunkmusik als eine Verbreitung aufgefaßt sehen, die ihm — kraft Vorbehalts in den Verträgen mit der Reichs-Rundfunk-Gesellschaft — ausschließlich zustehe. Die Reichs-Rundfunk-Gesellschaft und der Bund der Saal- und Konzertlokal-Inhaber sind dem Kläger als Nebenintervenienten beigetreten.

Das Landgericht hat die Klage abgewiesen. Auf Berufung des Klägers hat das Kammergericht abändernd festgestellt, daß der Beklagte nicht berechtigt ist, für das Hörbarmachen von an sich abgabepflichtiger Radiomusik durch Lautsprecher in gewerblichen Betrieben Tantieme zu verlangen.

Die Revision des Beklagten hatte keinen Erfolg.

Gründe:

I. Gegenstand der mit der verneinenden Feststellungsklage begehrten Entscheidung ist nach dem Wortlaut des Antrags „das Hörbarmachen an sich abgabepflichtiger Radiomusik durch Lautsprecher in gewerblichen Betrieben"; der Kläger verlangt, festgestellt zu sehen, daß der Beklagte davon „keine Tantieme" beanspruchen könne. Zur Begrenzung des Gegenstands haben die Parteien, wie das Berufungsurteil vermerkt, in der Verhandlung übereinstimmend erklärt: Übertragung von Bühnen- (Opern-) Aufführungen auf den Rundfunksender und Übertragung von Schallplattenkonzerten bleiben, wenigstens für den vorliegenden Rechtsstreit, außer Betracht. Die Entscheidung beschränkt sich demnach auf die von den Rundfunkgesellschaften selbst aufgeführte, für den Rundfunk bestimmte und durch ihn an die Allgemeinheit geleitete Musik.

1. Landgericht und Kammergericht lehnen die Auffassung des Klägers ab, daß in dem Vertrage vom 7. August 1930 und dem als Anlage beigefügten Tarif ein Verzicht des Beklagten auf Gewinnanteil für gewerbliche Lautsprecherdarbietungen liege... (Wird erörtert.)

2. Das Berufungsurteil bemerkt zur näheren Bestimmung der Entscheidungsgrundlagen, daß das streitige Recht des Beklagten, für die gewerbliche Benutzung von Lautsprechermusik Tantieme zu erheben, nur dann gegeben sein könne, wenn eine solche Benutzung ein Urheberrecht der Komponisten an den durch den Rundfunk dar-

gebotenen Musikstücken verletze. Beide Parteien unterstellen dabei, daß es sich um Musikstücke handle, die urheberrechtlich noch geschützt sind; ferner daß die Runkfunksendung der betreffenden Kompositionen an sich (infolge des Abkommens des Beklagten mit der Rundfunkgesellschaft) erlaubt ist; sodann daß die in Frage kommenden Lautsprecherinhaber von der Reichspost ordnungsmäßig die Genehmigung zum Betrieb einer Rundfunk-Empfangsanlage erhalten haben. Auf Grund der vorgelegten Satzungen, in denen Übertragung der Senderechte von den Mitgliedern an die Schutzverbände ausdrücklich vorgesehen ist, erachtet das Berufungsgericht den Beklagten für befugt, die Rechte, deren er sich berühmt, geltend zu machen. Dies alles unterliegt keinem rechtlichen Bedenken.

II. Zu entscheiden ist hiernach nur die Rechtsfrage: Verletzt der Rundfunkteilnehmer ein Urheberrecht des Tonsetzers, wenn er an sich geschützte Musik durch seinen Lautsprecher zu gewerblichen Zwecken ertönen läßt, besonders durch Aufstellung des Lautsprechers in öffentlichen Lokalen, Gaststätten, Lichtspielhäusern usw.?

A. Das Berufungsgericht untersucht zunächst, welcher urheberrechtliche Tatbestand in der Darbietung geschützter Musik durch den Rundfunk liege.

1. Es lehnt ab, auf die Rundfunkmusik den gesetzlichen Begriff der Vervielfältigung eines Tonwerks (LitUrhG. § 11 Abs. 1) anzuwenden, und erwägt: Früher habe man unter Vervielfältigung die Herstellung eines körperlichen Gegenstands verstanden, der das Werk zum Zweck sinnlicher Wahrnehmung wiedergebe und es derart festlege, daß diese sinnliche Wahrnehmung sich beliebig oft wiederholen könne. Da die Rundfunkübertragung das Geistesgut lediglich für das Gehör aufnehme und wiedergebe, ohne einen sachlichen Niederschlag des Werks zu bilden und zu hinterlassen, könne man sie nicht als Vervielfältigung bezeichnen. Wolle man „Vervielfältigung" im Sinn einer Vervielfachung des Geisteswerkes selbst verstehen, so weiche dies allzu gewaltsam vom gewöhnlichen, auch dem Gesetz zugrundeliegenden Sprachgebrauch ab. — Diese Betrachtung enthält weder einen tatsächlichen noch einen rechtlichen Irrtum. Übrigens würde die Anwendung des Begriffes „Vervielfältigung", wenn angängig, zu keinem anderen Ergebnis führen als die vom Landgericht und vom Kammergericht angenommene der „gewerbsmäßigen Verbreitung" (vgl. zu A 4).

2. Mit Recht lehnt das Berufungsurteil sodann die Vorstellung ab, daß der Rundfunk ein zur mechanischen Wiedergabe für das Gehör dienendes Instrument (LitUrhG. § 2 Abs. 2, § 12 Abs. 2 Nr. 5, § 14 Nr. 4) sei. Der Entstehung der hierher gehörigen Gesetzesbestimmungen entnimmt es, daß damit nur solche Instrumente umfaßt sein sollen, die durch ihre eigene Mechanik Musik zum Ertönen bringen und beliebig wiederholen können, die also die Klangquelle in ihrer Mechanik selbst tragen. Davon kann, wie das Berufungsgericht zutreffend ausführt, bei der Rundfunkanlage nicht gesprochen werden; denn sie dient nur in ähnlicher Weise wie der Fernsprecher (wenn auch auf minder einfachem Wege) als Sender für die außerhalb davon erzeugten Töne.

3. In der rundfunkmäßigen Wiedergabe von Schriftwerken ist zwar kein öffentlicher Vortrag zu sehen (RGZ. Bd. 113 S. 420—423). Daraus folgt jedoch nicht, daß für die rundfunkmäßige Wiedergabe von Werken der Tonkunst die Anwendung des Begriffs „öffentliche Aufführung" (LitUrhG. § 11 Abs. 2) abzulehnen sei. Den Darlegungen des Berufungsgerichts hierüber ist beizutreten. Ein Tonwerk wird aufgeführt, wenn es (wie dies im Senderaum einer Rundfunkgesellschaft geschieht) zu Gehör gebracht wird. Der Vorgang im Senderaum, wo die Musik vor dem zur Weitergabe bestimmten und geeigneten Sender stattfindet, genügt diesem Erfordernis der Aufführung, da die Töne auch tatsächlich zu Gehör kommen oder wenigstens zu Gehör kommen können. Daß die Zuhörer nicht zugegen, sondern räumlich entfernt, auch nicht versammelt, sondern weithin zerstreut sind, ist unerheblich; überdies wirkt die Musik an jeder Empfangsstelle wie unmittelbar gegenwärtig. Ob wirklich zugehört wird, ist ohne Bedeutung. Die Öffentlichkeit der Aufführung ist, wie das Berufungsurteil zutreffend bemerkt, bei der Rundfunkmusik durch ihre bestimmungsmäßige Aufnahme — bei einer unbestimmt großen Menge Menschen — gegeben.

4. Beizutreten ist dem Landgericht und dem Kammergericht ferner darin, daß sie die Rundfunksendung von Werken der Tonkunst — wie die von Schriftwerken — im Sinn des § 11 LitUrhG. der Verbreitung einordnen; keinem Bedenken unterliegt es, daß diese gewerbsmäßig vorgenommen wird. „‚Verbreiten' beschränkt sich nach dem allgemeinen Sprachgebrauch nicht auf solche Fälle, in denen die körperliche Erscheinungsform eines Gedankens oder Geisteswerks zu-

gänglich gemacht wird, sondern hat einen sehr viel weiteren Sinn: den der Übermittlung einer Kenntnis an andere" (RGZ. Bd. 113 S. 418). Werke der Tonkunst können sonach auf zwiefache Weise „verbreitet" werden: 1. durch Inverkehrbringen körperlicher Erscheinungsformen in lesbaren Tonzeichen (Noten) oder 2. durch Hörbarmachen der Töne. Dies zweite geschieht bei der Sendung durch Rundfunk.

Das Berufungsurteil gelangt also für die Sendung von Musik durch den Rundfunk zu dem Ergebnis: Sie stellt eine öffentliche Aufführung und zugleich eine gewerbliche Verbreitung dar.

B. Das Berufungsgericht prüft sodann, ob die Verwendung eines Lautsprechers zu gewerblichen Zwecken eine besondere Handlung darstellt, die trotz der Genehmigung des Beklagten zur „öffentlichen Aufführung" oder „gewerbsmäßigen Verbreitung" der geschützten Musikwerke durch den Rundfunk einen eigenen Eingriff in urheberrechtliche Befugnisse enthält. Es verneint diese Frage.

1. Darüber, was die Inbetriebsetzung des Lautsprechers urheberrechtlich bedeute, führt es aus:

a) Der Inhaber einer Rundfunk-Empfangsanlage könne das ihm Dargebotene nach freier Wahl entweder durch Kopfhörer oder durch Lautsprecher aufnehmen. Beide Empfangsgeräte würden auch in den Verleihungsbedingungen der Reichspost (Anl. zu den Bestimmungen des Reichspostministers über den Rundfunk vom 11. April 1930, Arch. f. FunkR. 1930 S. 270) völlig gleich behandelt. In Art und Zahl der Empfangsgeräte unbeschränkt könne also der Genehmigungsinhaber sowohl mehrere Kopfhörer als mehrere Lautsprecher, die an einer Empfangsanlage angebracht seien, benutzen. Der wesentliche Unterschied beider bestehe bloß in der verschieden starken Wiedergabe der Töne und Geräusche: Die Schwingungen der Kopfhörermembran seien dem menschlichen Ohr nur in unmittelbarer Nähe vernehmbar; dagegen verstärke der Lautsprecher die von der Membran erzeugten Tonwellen so, daß man sie in mehr oder minder großer Entfernung vom Gerät frei im Raum schwingend vernehmen könne. Beide Geräte dienten grundsätzlich gleichmäßig dazu, die Rundfunksendung für den Empfang durchs Ohr lautbar zu machen. Durch die Empfangnahme werde erst der Zweck der vom Urheber genehmigten Rundfunksendung erfüllt. Das bloße Anhören der Sendung sei daher keine urheberrechtlich erhebliche Handlung. Ebenso aber müsse es für urheberrechtlich bedeutungslos erachtet werden, wenn der

Inhaber der Empfangsanlage durch Inbetriebsetzung seines Lautsprechers die Sendung laut werden lasse. Das Wesen der Rundfunkeinrichtung bestehe darin, als neues technisches Mittel Töne (Sprache, Musik, Geräusche) in die Ferne zu übertragen. Sie stehe grundsätzlich auf gleicher Stufe mit dem Fernsprecher. Wie dieser beginne sie mit der Aufnahme der Töne durch eine Membran und endige damit, die Töne durch eine Membran wiederzugeben; nur vollziehe sich beim Fernsprecher die Weitersendung der Töne durch elektrischen Strom in einer Drahtleitung, an deren Ende allein man die Töne abhören könne, — während der Rundfunk die elektrisch umgeformten Töne in die den ganzen Umkreis des Senders erfüllenden Hertzschen Wellen aufnehme und dadurch an jeder beliebigen Stelle des Sendekreises gestatte, sie mittels eines Empfangsgeräts wieder erklingen zu lassen. Somit sei das Tönenlassen der Empfangsanlage nur ein Teil des einheitlichen Rundfunkvorganges, der im Erzeugen der Töne vor dem Mikrophon der Sendestelle anfange und im Wiedererklingen durch die unbestimmt vielen Empfangsgeräte endige. Dieses Ganze des Vorganges erst mache die „öffentliche Aufführung" oder die „gewerbsmäßige Verbreitung" eines Musikstücks aus. Indem der Inhaber eines Empfangsgeräts dieses in Betrieb setze, betätige er sich also nicht selbst als Aufführender oder Verbreiter, sondern als Gehilfe oder Mittäter der aufführenden oder verbreitenden Sendegesellschaft; denn er ermögliche an seiner Empfangsstelle erst das von der Gesellschaft beabsichtigte Wiedererklingenlassen der Töne, das ohne einen in Betrieb gesetzten Empfänger ja gar nicht durchführbar sei. Auch das Ertönenlassen des Lautsprechers vor einer unbestimmten öffentlichen Menschenmenge bilde demnach keinen neuen urheberrechtlich wesentlichen Tatbestand.

b) Aus der behördlichen Einrichtung des Rundfunks, namentlich seinen Verleihungsbedingungen, sei nichts zu entnehmen, was darauf schließen lasse, die unbeschränkte Hörbarmachung eines Lautsprechers vor einer beliebig großen Menschenmenge an einem beliebigen Platz sei untersagt. Verboten sei nach § 1 nur die Errichtung und der Betrieb mehrerer „Empfangsanlagen" (im Gegensatze zu „Geräten") auf Grund einer einzigen Verleihung; und der § 8 Abs. 3 verlange die Zustimmung der Reichs-Rundfunk-Gesellschaft bloß bei „gewerbsmäßiger Verbreitung". Verbote in einzelnen Polizeiverordnungen gegen öffentliches Hörenlassen von Lautsprechern dienten lediglich zur

Aufrechterhaltung der Ordnung und Ruhe; mit der ordnungsmäßigen Benutzung des Rundfunks selbst hätten sie nichts zu schaffen. Das Zuhörenlassen unbestimmt vieler Menschen und das Aufstellen eines Lautsprechers an beliebigem Platze halte sich völlig im Rahmen der Rundfunkeinrichtung, damit aber auch der „öffentlichen Aufführung" oder „Verbreitung" eines rundgefunkten Musikstücks, wie sie von der Sendegesellschaft unter Mitwirkung des Empfängers planmäßig vor sich gehen müsse, und wie sie der Urheber des Stücks (der durch den Beklagten ja die Rundfunksendung genehmigt habe) zu erwarten habe. Der Beklagte billige, indem er die Rundfunkaufführung der bei ihm geschützten Tonwerke genehmige, die funkmäßig hergestellte Aufführung und das Zuhören aller Personen, denen das Zuhören durch betriebene Empfangsgeräte — mindestens im Bereich des Senders — möglich sei; ob es bei einem Empfangsgerät nur eine Person oder mehrere oder viele seien, begründe keinen Unterschied. Zuhörerzahl oder Zuhörerorte zu beschränken, widerspreche der genehmigten Aufführungs- und Verbreitungsart, sei daher urheberrechtlich unmöglich. Stets ergebe sich insgesamt die der Einrichtung entsprechende Verbreitung an eine unbegrenzte Menschenmenge. Die Grenze der urheberrechtlichen Genehmigung liege darin, daß die Verbreitung auf dem Rundfunkweg vor sich zu gehen habe. Abzulehnen sei die Ansicht, daß das fürs Urheberrecht Ausschlaggebende beim Lautsprecher in der besonderen Vorrichtung zum Aussenden besonders weittragender akustischer Wellen, in der Wahl entsprechend starker Lautsprecher und entsprechender Aufstellungsplätze liege. Die Hörweite des Lautsprechers oder seine Aufstellung an einem Ort, der unbestimmt vielen Menschen zugänglich sei, könne die Verbreitungsart des Rundfunks nicht mehr verändern, weil sie schon ihrem Wesen nach ins Allgemeine und Unbegrenzte gehe; die Öffentlichkeit der Aufführung lasse keine Steigerung zu.

2. Die Benutzung des Lautsprechers in gewerblichen Betrieben stelle keinen besonderen Tatbestand dar, der die an sich erlaubte Hörbarmachung der Rundfunkmusik vor einer unbestimmten Menschenmenge urheberrechtlich unerlaubt mache.

a) Da die gewerbsmäßige Verbreitung (und die von ihr mitumfaßte öffentliche Aufführung) eines Musikstücks in der rundfunkmäßigen Wiedergabe einschließlich der Hörbarmachung vor einer beliebig großen Menschenmenge bestehe, so könne die gewerbliche

Ausnutzung des Zuhörenlassens allein nicht nochmals ein Verbreiten oder Aufführen oder eine sonst urheberrechtlich erhebliche Handlung sein. Der Beklagte habe durch sein Abkommen mit der Reichs-Rundfunk-Gesellschaft (oder den einzelnen Sendegesellschaften) darein gewilligt, daß geschützte Tonwerke auf dem Wege des Rundfunks vor einer unbegrenzten öffentlichen oder privaten Menschenmenge erklingen. Diese grundsätzlich grenzenlose Verbreitung und Aufführung bleibe dieselbe, gleichviel ob der einzelne Lautsprecherinhaber daraus einen persönlichen, privaten oder gewerblichen Vorteil ziehe oder nicht. Die gewerbliche Ausnutzung des Lautsprechers liege völlig neben der an sich schon vollendeten und urheberrechtlich erlaubten, weil genehmigten, Verbreitung und Aufführung; an der Erlaubtheit der rundfunkmäßigen Verbreitung und Aufführung könne sie nichts mehr ändern. Erst wenn hinter der beim Lautsprecher und bei dessen Ertönenlassen endigenden Rundfunksendung eine neue Verbreitungs- oder Aufführungstätigkeit einsetze, tauche die Frage nach einer neuen urheberrechtlich wesentlichen Handlung auf.

b) Der Vertrag des Beklagten mit der Reichs-Rundfunk-Gesellschaft vom 13. März 1929 ändere an dieser Rechtslage nichts. Er bestimmt in § 2:

„Der Musikschutzverband behält sich die Verwertung dieser (d. h. der den Rundfunkgesellschaften übertragenen) Aufführungsrechte, soweit sie von den Rundfunkteilnehmern gewerbsmäßig benutzt werden, vor."

Diese Bestimmung aber könne (so fährt das Berufungsurteil fort) gegen die Rundfunkteilnehmer nicht wirken, weil die gewerbsmäßige Benutzung des Rundfunks durch dessen Teilnehmer in der Form gewerblicher Verwertung der Lautsprechermusik kein Recht der von dem Beklagten vertretenen Urheber verletze.

c) Auch der Inhalt der — seit dem 1. Mai 1930 geltenden — Verleihungsbedingungen der Reichspost vom 11. April 1930 stehe dem nicht entgegen. Ihr § 8 Abs. 3 bestimmt:

„Die gewerbsmäßige Verbreitung der Darbietungen der Rundfunkgesellschaften ist nur mit Zustimmung der Reichs-Rundfunk-Gesellschaft m. b. H., Berlin, oder der aussendenden Rundfunkgesellschaft zulässig. Urheberrechtliche Bestimmungen werden hierdurch nicht berührt."

Zwar sei (so nimmt das Berufungsgericht an) zur „gewerbsmäßigen Verbreitung der Darbietungen der Rundfunkgesellschaften" im Sinn dieser Bestimmung das gewerbliche Aufstellen von Lautsprechern an öffentlichen Orten zu rechnen. Daraus allein aber lasse sich kein Untersagungsrecht der Urheber herleiten. Denn die Vorschrift sei zu Gunsten der Sendegesellschaften erlassen, um sie aus wettbewerblichen Gesichtspunkten vor gewerblicher Ausnutzung ihrer Darbietungen zu schützen. Ihnen möge daraus (nach § 328 BGB.) ein unmittelbares Verbotsrecht gegen die „gewerbsmäßige Verbreitung" der Rundfunkdarbietungen erwachsen sein, soweit es ihnen nicht ohnedies schon nach Wettbewerbsrecht zustehe. Den Urhebern der Rundfunkdarbietungen aber entstehe aus der Bestimmung kein neues Recht. Die Verbreitung auf dem Rundfunkwege sei von ihnen genehmigt. Diese genehmigte Verbreitungsart werde durch die gewerbliche Ausnutzung des Anhörens von Rundfunkmusik nicht verändert.

III. Diese Beurteilung der Sache durch das Kammergericht verstößt nicht gegen rechtliche Grundsätze; sie enthält auch in keinem wesentlichen Punkt etwas tatsächlich Unrichtiges. Die von der Revision erhobenen Rügen haben daher keinen Erfolg.

1. Die Revision führt aus, der gewerblich betriebene Lautsprecher müsse schon darum einer urheberrechtlich begründeten Abgabepflicht unterliegen, weil er meistens, zumal in Gaststätten, Warenhäusern, Lichtspielhäusern, die ehemaligen Kapellen lebender Musiker, die „Handmusik", ersetzt habe. Wie für diese Aufführungen „Tantieme" gezahlt worden sei, müsse es gerechterweise jetzt für den „Musiker-Ersatz" des leblosen Lautsprechers geschehen, der die verkehrsmäßige Nachfolge jener Kapellen angetreten habe. Das entspreche dem Grundsatz, daß die ihrem Wesen nach ausschließliche Befugnis des Urhebers (LitUrhG. § 11) in ihrer Anwendung auf das Verkehrsleben danach strebe, dem Urheber tunlichst überall, wo sich aus einem Geisteswerke geldwerter Gewinn ziehen lasse, die Teilnahme daran zu ermöglichen (RGZ. Bd. 128 S. 113, Bd. 134 S. 201); desgleichen dem Grundsatz, daß in Zweifelsfällen angenommen werden müsse, eine Befugnis sei beim Urheber verblieben (RGZ. Bd. 118 S. 285, Bd. 123 S. 319, Bd. 128 S. 103flg., Bd. 130 S. 206, Bd. 134 S. 201). An diesen Grundsätzen ist festzuhalten. Sie rechtfertigen jedoch für den vorliegenden Streitfall nicht die von der Revision gezogene Folgerung. Denn der Beklagte beachtet, indem er den Lautsprecher als den Ersatz lebender Kapellen hinstellt,

nicht den Tatbestand der ganzen Entwicklung, welche dabei stattgefunden hat. An die Stelle der Kapellen lebender Menschen ist in dem Verkehrsbereich, um den es sich hier handelt, nicht der Lautsprecher für sich allein, sondern der Lautsprecher als Empfangsgerät des Rundfunks, also in engster Verbindung mit diesem, getreten. Als Rundfunkteilnehmer aber entrichtet der Lautsprecherbesitzer seine Abgabe. Und die Rundfunkgesellschaft entrichtet ihre Vergütung an den Schutzverband, der die Rechte der Musikurheber wahrnimmt. Dieses Entgelt ist an die Stelle der Vergütung getreten, die früher für die Aufführung durch „Handmusik" zu leisten war. Soweit darin bei gewerblicher Lautsprecherbenutzung kein wirtschaftlich entsprechender Ersatz liegt, muß den Beteiligten überlassen werden, vertraglich einen angemessenen Ausgleich vorzunehmen.

2. Wer das durch Rundfunk gesendete Werk in seinem dem Rundfunk angeschlossenen Lautsprecher ertönen läßt, veranstaltet keine neue selbständige Aufführung, sondern gibt nur die von der Sendegesellschaft veranstaltete, durch den Sender übermittelte öffentliche Aufführung (LitUrhG. § 11 Abs. 2, § 27) mechanisch wieder. Er nimmt auch keine neue selbständige Verbreitung (§ 11 Abs. 1 Satz 1) vor. Denn die Rundfunkgesellschaft gibt im Senderaum vor dem zur Weitergabe bestimmten Sender das Werk in Tönen wieder und sendet Hertzsche Wellen aus. Mit dieser funkmäßigen Wiedergabe wird aber die Verbreitung — die Mitteilung der Kenntnis von Ausdruck (Tönen) und Gedankeninhalt — nicht vollendet, weil das menschliche Ohr die frei im Raum schwingenden Wellen nicht aufnimmt. Um diese Aufnahme zu bewerkstelligen, bedarf es einer Empfangsanlage. Sie vermittelt erst dem Hörer die Wahrnehmung; sie ist unentbehrlich, wenn ihm, dem Zweck der Einrichtung entsprechend, die Kenntnis des gesendeten Werks verschafft werden soll. In der Art der Empfangsanlage hat der Rundfunkteilnehmer freie Wahl, dem jetzigen Stand der technischen Entwicklung gemäß also die Wahl zwischen Kopfhörer und Lautsprecher. Der eine wie der andere gibt das Werk nicht funkmäßig wieder, vollendet aber die mit der Rundfunksendung bezweckte Verbreitung, indem er es als Empfangsgerät an der Empfangsstelle hörbar macht. Dem technischen Hergang nach gehört also das Tönenlassen durch Lautsprecher (wie das durch Kopfhörer) zum Verbreiten, d. h. zur Kenntnisübermittlung oder, was gleichbedeutend ist, zur hörbaren Wiedergabe des Ton-

kunstwerkes durch Rundfunk. Diesem Tatbestand nach ist somit die Benutzung des Lautsprechers weder eine neue noch eine selbständige Verbreitungshandlung.

a) Nicht gangbar ist der von der Revision durch Hinweis auf gewisse technische Anordnungen beim Senden und Empfangen (sog. Rebroadcasting) eingeschlagene Weg, die Lautsprecherdarbietung als neue Verbreitung zu erweisen. Denn die technischen Besonderheiten jener Anordnung fehlen gerade beim Lautsprecher. Bei ihm hat man es nicht mit einer eingefügten neuen Sendestelle, nicht mit zwei selbständigen Fällen funkmäßiger Wiedergabe, sondern nur mit einer einzigen Sendestelle, einer einzigen Empfangsanlage und einer einzigen Wiedergabe zu tun. Es liegt keine neue technische Verwertungstat vor.

b) Auch die von der Revision hervorgehobenen Erwägungen allgemeiner Verkehrsbetrachtung führen nicht zu dem Ergebnis, daß man die gewerbsmäßige Lautsprecherdarbietung eines gesendeten Musikstücks als neue selbständige Verbreitung ansehen müsse. Zwar erweitert der gewerbsmäßige Lautsprecherbetrieb den Kreis der Hörer im einzelnen Fall über den engen Bereich häuslichen Rundfunkempfangs hinaus. Und wenn der Unterschied in Betracht gezogen wird, den die Lautsprecherdarbietungen als Massenerscheinung des heutigen Verkehrs herbeiführen, so ergibt das einen großen Zuwachs der Hörerschaft im ganzen. Mit Recht aber weist das Berufungsgericht darauf hin, daß die Gestattung der Wiedergabe durch Rundfunk ihrem Wesen nach eine Erlaubnis zur Kenntnisübermittlung in unbegrenzte Weite und an eine unbestimmt große Menge von Menschen bedeutet. Dem Kammergericht ist darin beizustimmen, daß eine dergestalt einmal freigegebene Öffentlichkeit durch gewerbsmäßige Lautsprecherdarbietung nicht mehr gesteigert, nicht „noch öffentlicher" gemacht werden kann. Es liegt — wie man in dem umfänglichen Schrifttum verschiedentlich ausgeführt hat — zwar im einzelnen und im ganzen eine Verbreiterung des Hörerkreises, aber keine neue, selbständige Verbreitung des Werkes vor.

c) Dieses Ergebnis ändert sich auch durch die von der Revision ferner betonten wirtschaftlichen und wettbewerblichen Erwägungen nicht. Sie vermögen den Mangel eines gesetzlichen Tatbestandes nicht auszugleichen, der eine neue und, im Verhältnis zur Rundfunksendung im ganzen, selbständige Verbreitungshandlung enthielte.

Dadurch, daß der Lautsprecherbesitzer „gewerbsmäßig", mit dem Zweck eigenen Erwerbes, tätig wird, erfüllt sich ein solcher Tatbestand nicht. Das Verhalten des Rundfunkteilnehmers wird durch dieses Merkmal der Gewerbsmäßigkeit nicht aus dem untrennbaren Zusammenhang mit der Verbreitungshandlung der Sendegesellschaft gelöst.

3. Endlich kann die Revision damit nicht durchdringen, daß der § 2 des Vertrags vom 13. März 1929 (II B 2b) in Verbindung mit § 8 Abs. 3 der Verleihungsbedingungen vom 11. April 1930 (II B 2c) die von dem Beklagten in Anspruch genommene Befugnis rechtfertige. In der Beurteilung beider Bestimmungen ist dem Kammergericht beizutreten; sie läßt keinen Verstoß gegen Auslegungsregeln oder sonstige Rechtsgrundsätze erkennen. Der § 8 der Verleihungsbedingungen sagt zwar (in Satz 2), daß urheberrechtliche Bestimmungen unberührt bleiben, trifft solche aber nicht selbst. Und der Vertrag vom 13. März 1929, in dessen § 2 sich der Musikschutzverband die Verwertung der den Rundfunkgesellschaften übertragenen Aufführungsrechte vorbehält, soweit sie von den Rundfunkteilnehmern gewerbsmäßig benutzt werden, ist zwischen dem jetzigen Beklagten und der Reichs-Rundfunk-Gesellschaft, aber nicht mit dem jetzt klagenden Reichskartell der Musikveranstalter geschlossen. Hier muß ein Rechtsgrundsatz berücksichtigt werden, den auch das Berufungsurteil, wenngleich nicht ausdrücklich, hervorgehoben, doch angedeutet hat: Wenn der Urheber oder der, an den er seine Rechte übertragen hat, das Werk in Ausübung dieser Befugnisse verbreitet und damit in Verkehr bringt, so ist für diese Verbreitung sein Recht erschöpft. Er kann Dritten weder die gewerbsmäßige Ausnutzung ebenderselben Verbreitung untersagen noch (durch Entgeltbestimmung oder dgl.) ihr Recht dazu beschränken (RGZ. Bd. 63 S. 398/9). Gleiche Grundsätze herrschen für den gewerblichen Rechtsschutz (RGZ. Bd. 103 S. 363, Bd. 133 S. 330, Bd. 135 S. 148). Die nämliche Rechtsregel, welche sich im Verkehr mit Vervielfältigungsstücken von Schriftwerken, Tonkunstwerken usw. entwickelt hat, muß für die Verbreitung von Werken durch den Rundfunk gelten. Ist ein Werk berechtigterweise durch Rundfunk gesendet und also verbreitet oder die Sendung vom Berechtigten gestattet worden, so erschöpft sich damit die Verbreitungsbefugnis des Urheberberechtigten für diese Sendung. Er kann durch Vertrag mit der Sendegesellschaft

die Verbreitungsbefugnis und deren Ausübung zwar mit schuldrechtlicher Wirkung für diese Gesellschaft, aber nicht mit dinglicher Wirkung Dritten gegenüber urheberrechtlich regeln. Erst wenn diese Sendung für eine spätere selbständige Darbietung — etwa durch Übertragung auf ein anderes Empfangsgerät und Hörbarmachung von ihm aus — nutzbar gemacht würde, so könnte sich das im urheberrechtlichen Sinn als neuer Verbreitungsvorgang darstellen. Als erfolglos erweist sich infolgedessen auch die Ausführung der Revision, daß der Zweck des Vertrags zwischen dem Beklagten und der Reichs-Rundfunk-Gesellschaft klar erkennbar auf die Gestattung einer funkmäßigen Wiedergabe gegangen sei, von der die gewerbsmäßige Lautsprecherdarbietung habe ausgeschlossen sein sollen. Selbst wenn die Vertragsauslegung an sich zuträfe, so gebräche es jener Ausschließung an der Wirkung gegen Dritte und damit gegen den Kläger. Die von der Revision vertretene rechtliche Folgerung beruht auf der Annahme: Der Wille der Vertragsbeteiligten, daß mit der Gestattung der Rundfunksendung die Befugnis zur gewerbsmäßigen Lautsprecherdarbietung nicht habe mitübertragen werden sollen, sei nicht nur für jeden Dritten erkennbar, sondern nach der Auffassung des redlichen Verkehrs selbstverständlich gewesen. Darum habe die Reichs-Rundfunk-Gesellschaft offensichtlich die Befugnis zur gewerblichen Lautsprecherdarbietung gesendeter Musikwerke weder miterworben noch an Dritte übertragen können, und der Rundfunkteilnehmer, der sich des Lautsprechers gewerbsmäßig für die gesendeten Werke bediene, verletze das Urheberrecht an diesen Werken. Für eine solche Annahme fehlen jedoch die tatsächlichen Grundlagen.

Ist also die Befugnis, deren sich der Beklagte berühmt, nicht dargetan, so muß es bei der vom Berufungsgericht getroffenen Feststellung nach dem Klagantrag bewenden.

---

75. Zur Auslegung des § 117 Abs. 1 ArbGG.

III. Zivilsenat. Urt. v. 3. Juni 1932 i. S. Preuß. Staat (Bekl.) w. R. (Kl.). III 396/31.

I. Landgericht Düsseldorf.
II. Oberlandesgericht daselbst.

Am Tage der Verkündung des Arbeitsgerichtsgesetzes war der Kläger hauptamtlicher Beamter des Gewerbegerichts in So., eines nach § 85 GewGG. zugelassenen Gewerbegerichts, an dessen Stelle mit dem Inkrafttreten des genannten Gesetzes das Arbeitsgericht daselbst getreten ist. Der Kläger behauptet, bei dem Gewerbegericht Sekretär der damaligen Besoldungsgruppe A 6 gewesen zu sein, während der Beklagte nur zugibt, daß der Kläger Assistent gewesen sei. Durch Verfügung des Oberlandesgerichtspräsidenten vom 2. Juli 1927 wurde „der Sekretär R. (Kläger) zum Justizbüroassistenten ernannt"; jedoch wurden ihm die Bezüge der damaligen Gruppe A 6 für seine Person eingeräumt. Auf Grund des preußischen Besoldungsgesetzes vom 17. Dezember 1927 (GS. S. 223) wurde der Kläger mit Wirkung vom 1. Oktober 1927 ab in die neue Besoldungsgruppe A 6 überwiesen; es wurde ihm die Amtsbezeichnung „Justizsekretär" verliehen.

In dem Verfahren des Beklagten sieht der Kläger eine Verletzung des § 117 ArbGG. Er meint, der Beklagte hätte ihn als Sekretär übernehmen müssen; dann wäre er zum 1. Oktober 1927 mindestens in die Gruppe A 4 d (Obersekretäre nach bestandener Sonderprüfung) einzustufen gewesen. Mit der Klage verfolgt er die hieraus abzuleitenden Ansprüche.

Das Landgericht wies die Klage ab, das Oberlandesgericht gab ihr statt. Die Revision des Beklagten wurde zurückgewiesen.

Gründe:

Die Entscheidung des Rechtsstreits hängt zunächst davon ab, ob der Kläger im Zeitpunkt der Verkündung des Arbeitsgerichtsgesetzes eine Sekretärstelle alter Art bekleidet hat — in diesem Fall schlägt der von ihm angerufene § 117 ArbGG. zu seinen Gunsten ein — oder ob er nach den vorangegangenen behördlichen Verfügungen Assistent geblieben war, der nur aus Billigkeitsgründen für seine Person das Gehalt der (alten) Besoldungsgruppe A 6 bezog.

Ursprünglich städtischer Polizeisergeant, wurde der Kläger durch Dienstvertrag vom 13. Dezember 1908 als vereidigter Bürogehilfe bei der Gerichtsschreiberei des Gewerbegerichts in So. angestellt; dabei hatte er gleichzeitig die Geschäfte des Amtsdieners zu übernehmen; die zu erledigenden Arbeiten hatte ihm der Vorsteher der Gerichtsschreiberei zuzuweisen. Mit Wirkung vom 1. April 1920 ab wurde er in die Gruppe A 5 der preußischen Besoldungsordnung vom 17. Dezember 1920 (GS. 1921 S. 135) (Assistentengruppe) versetzt. Seit Kriegsende hat der Kläger ausschließlich Gerichtsschreiberdienste geleistet. — Zum 1. Dezember 1921 trat der Vorsteher der Gerichtsschreiberei, L., in den Ruhestand. Man nahm zunächst an, der zweite Beamte M. werde die Vorsteherstelle, der dritte Beamte W. die Stelle des M., der Kläger die Stelle des W. übertragen erhalten. In einem Erlaß vom 13. Oktober 1922 erklärten sich die zuständigen Minister damit einverstanden, daß dem Kläger die Bezüge der Gehaltsgruppe A 6 von dem Tag an bewilligt würden, an dem ihm „die durch die Beförderung des Sekretärs W. freigewordene Stelle endgültig verliehen" würde. So wurde der Kläger im November 1922 in die Gruppe A 6 eingestuft. Zur Übertragung der Stelle des W. auf den Kläger ist es aber nicht gekommen. Die Vorsteherstelle wurde endgültig unbesetzt gelassen. Doch hat ersichtlich M. die Geschäfte dieser Stelle übernommen; M. wurde als Obersekretär, später „Bürodirektor" nach Gruppe A 9 eingestuft, W. als Sekretär nach Gruppe A 7, der Kläger als Assistent nach Gruppe A 6. Der Regierungspräsident hat den Kläger noch in einem Schreiben vom 12. Juli 1923 als Gewerbegerichts-Assistenten bezeichnet. Dagegen wurde der Kläger in den Haushaltsplänen der Stadt So. fortan unter der Amtsbezeichnung „Sekretär" geführt, ohne daß dies beanstandet wurde. So stand die Sache am Tag der Verkündung des Arbeitsgerichtsgesetzes. Mit dessen Inkrafttreten wurde, wie schon erwähnt, der Kläger („Sekretär R.") zum Justizbüroassistenten ernannt. M. und W. sind in einer ihrer bisherigen Stellung entsprechenden Weise eingestuft worden. Irgendeine Fachprüfung hat keiner der drei Beamten je gemacht.

Der Berufungsrichter hat auf Grund von dienstlichen Äußerungen der Richter, unter denen der Kläger beim Gewerbegericht tätig gewesen ist, und des Justizoberinspektors M. für erwiesen erachtet, daß der Kläger schon vom November 1922 ab in größerem Umfang Tätigkeiten ausgeübt hat, welche Justizsekretäre neuer Art (früher Assistenten) nicht ausüben dürfen, und daß seine frühere Tätigkeit der eines Justizsekretärs alter Art ähnlicher gewesen ist als derjenigen eines Assistenten alter Art. Soweit es sich darum handelt, welche Art von Tätigkeit der Kläger in Wirklichkeit ausgeübt hat, liegt diese Feststellung auf dem Gebiet der tatrichterlichen Würdigung und ist für das Revisionsgericht bindend. Bei der Unterstellung der Tätigkeit des Klägers unter die Beschäftigungen, mit denen die Sekretäre und Assistenten betraut waren, tritt kein Rechtsirrtum zutage. Da, wie der Berufungsrichter wiederholt hervorhebt, bei den Gewerbegerichten keine so eingehenden Vorschriften über die Vorbildung und Tätigkeit der Beamten, über ihre Einstufung und Beförderung sowie über ihre Amtsbezeichnungen bestanden, wie sie für die vergleichbaren Beamten der staatlichen Justizverwaltung erlassen waren, so ergab sich die Möglichkeit gewisser Unstimmigkeiten in der Vergleichung. Insofern § 117 ArbGG. zu einer solchen Vergleichung rechtlich nötigte, wurde es erforderlich, sie in Würdigung der Gesamtsachlage vorzunehmen, wobei naturgemäß dem richterlichen Ermessen ein gewisser Spielraum verblieb. Der Aufgabe solcher Vergleichung hat sich der Berufungsrichter unterzogen; seinem Ergebnis kann vom Rechtsstandpunkt aus nicht entgegengetreten werden. Unbehelflich für den Beklagten ist insbesondere sein Hinweis auf den Dienstvertrag des Klägers von 1908 und auf die darin enthaltene Geschäftsverteilung. Dieser Dienstvertrag war endgültig erledigt, nachdem der Kläger im Zusammenhang mit der Besoldungsordnung von 1920 Beamter geworden, also hoheitsrechtlich, nicht mehr kraft Vertrags angestellt worden war. Die Amtsbezeichnung eines Sekretärs scheint dem Kläger niemals förmlich verliehen worden zu sein. Da aber nach den Feststellungen des Berufungsrichters dem Regierungspräsidenten nur die Bemessung der Geldbezüge der Beamten des Gewerbegerichts zur Genehmigung vorbehalten war, während die Stadtgemeinde im übrigen volle Freiheit in der Gestaltung der Dienststellung der Beamten gehabt hat, so muß dem Umstand, daß die Stadt in ihren der Regierung vorgelegten und von dieser nicht beanstandeten Haushaltsplänen den Kläger als Sekretär geführt hat, größere Bedeutung beigelegt werden, als der Berufungsrichter getan hat.

War demzufolge die dienstliche Stellung, die der Kläger als Beamter des Gewerbegerichts bekleidete, derjenigen eines Justizsekretärs alter Ordnung gleichzubewerten, so ist auch die Schlußforderung des Berufungsrichters berechtigt, daß der Beklagte den Kläger als Justizsekretär alter Ordnung gemäß § 117 ArbGG. zu übernehmen hatte. Das hat der Beklagte nicht getan, indem er den „Sekretär R.“ zum Justizbüroassistenten ernannte. Diese rechtlich bedenkliche Maßnahme hat allerdings anfänglich dem Kläger insofern keinen Schaden gebracht, als der Beklagte ihm für seine Person die Bezüge der Sekretärgruppe zubilligte. Aber der im Juli 1927 begangene Verstoß hat später nachteilige Folgen für den Kläger gehabt, indem er bei der Umstufung anläßlich der Besoldungsneuregelung vom Herbst 1927 schlechter gestellt wurde. Die Revision macht geltend, der Kläger habe zufolge seiner Übernahme gemäß § 117 ArbGG. keinen Anspruch auf spätere Beförderung erworben. Das mag richtig sein; in bezug auf spätere etwaige Beförderungen der Beamten ist der Beklagte nicht mehr durch § 117 gebunden. Aber darum handelt es sich hier nicht. Die Schlechterstellung des Klägers bei der Besoldungsneuordnung war eine zwangsläufige Folge der dem Gesetz nicht entsprechenden Einstufung bei der Übernahme im Juli 1927; diese braucht der Kläger angesichts des § 117 ArbGG. nicht hinzunehmen. Hätte der Beklagte, wie er mußte, den Kläger als Sekretär alter Art übernommen, so wäre dieser von selbst in die Lage versetzt worden, die Ergänzungs- (Sonder-) prüfung zu machen, zu der er jetzt nicht zugelassen worden ist. Daß der Kläger diese Prüfung bestanden haben würde, stellt der Berufungsrichter tatrichterlich fest. Dann stünden ihm seit dem 1. Oktober 1927 die Bezüge der Gruppe A 4 d zu, und zwar ohne Beförderung. Ob der Kläger im Gewerbegerichtsdienst Aussichten auf Beförderung gehabt hätte, ist deshalb ohne Belang. Der Beklagte mußte den Kläger so übernehmen wie dessen Dienststellung im Juli 1927 war; die weiteren Folgen daraus ergaben sich von selbst. Auf der Anwendung des § 162 BGB. beruht das angefochtene Urteil nicht; der Berufungsrichter hat die Anwendbarkeit dieser Vorschrift dahingestellt gelassen. Deshalb ist der Kläger auch nicht etwa auf einen Schadensersatzanspruch angewiesen; er kann vielmehr Erfüllung der gesetzlichen Zusage des § 117 ArbGG. verlangen.

Gegen das Ergebnis des Berufungsrichters besteht allerdings noch das Bedenken, ob sich aus § 117 Abs. 1 ArbGG. ein so weitgehendes Recht ableiten läßt, wie der Kläger will, nämlich das Recht, so gestellt zu werden, wie wenn er die Ergänzungsprüfung bestanden hätte. Der erste Satz des § 117 Abs. 1 gewährt dem Kläger nur die Übernahme in eine Dienststelle gleicher Art. Ein Anspruch auf künftige vollkommene Gleichstellung mit den aus der staatlichen Verwaltung hervorgegangenen Beamten entsprechender Einstufung ist dem Satz 1 das. nach seinem Wortlaut nicht zu entnehmen. Man könnte daher zweifeln, ob die Verwaltung gehalten war, den Kläger ohne weiteres zu der Prüfung zuzulassen, obschon er tatsächlich nicht bis zum 24. April 1923 als Anwärter für die alte Sekretärslaufbahn zugelassen war, wovon die Rundverfügung vom 29. Mai 1928 die Zulassung zur Prüfung abhängig macht. Richtig ist, daß der Kläger unerachtet des § 117 ArbGG. eine rechtliche Anwartschaft auf künftige Beförderung oder auf sonstige Besserstellung insoweit nicht gehabt hat, als diese Maßnahmen Ausfluß staatlichen Hoheitsrechts waren.

Gleichwohl kann auch dieses Bedenken nicht den Ausschlag zu Ungunsten des Klägers geben. Wie ausgeführt, ist ihm bei der Übernahme in den staatlichen Dienst sein volles gesetzliches Recht aus § 117 ArbGG. nun einmal nicht zuteil geworden, indem er statt als Sekretär nur als Justizbüroassistent übernommen worden ist. Daraus darf dem Kläger kein Nachteil entstehen. Ein solcher ist ihm aber insofern erwachsen, als ihm bei richtiger Einstufung auch ohne besondere Meldung Kenntnis von dem Termin der bevorstehenden Prüfung zu geben war. Ersichtlich ist es die Meinung des Berufungsrichters, daß der Kläger dann zu der Prüfung auch zugelassen worden wäre; daß er sie bestanden haben würde, wird ausdrücklich festgestellt. Gegen diese Meinung ist vom Rechtsstandpunkt aus um so weniger etwas zu erinnern, als zur Auslegung des ersten Satzes des § 117 Abs. 1 ArbGG. doch immerhin auch der dritte Satz das. herangezogen werden darf, dessen Inhalt (vgl. namentlich das Wort „Einstufung") erkennen läßt, daß das Gesetz dem zu übernehmenden Beamten die volle Rechtsstellung eines gleichartigen staatlichen Beamten verschaffen und wahren wollte. Dazu konnte der Berufungsrichter ohne Rechtsverstoß auch die Anwartschaft zählen, zur Prüfung aufgefordert zu werden.

---

76. 1. Ist nach § 159 Abs. 2 VVG. zur Abtretung oder Verpfändung der Rechte aus einer Lebensversicherung oder zur sonstigen Verfügung über sie die schriftliche Einwilligung des zu Versichernden erforderlich oder kann dies Erfordernis wenigstens im Versicherungsvertrag festgesetzt werden? Welche Wirkung hat, falls

letzteres geschehen ist, eine ohne schriftliche Einwilligung des Versicherten vorgenommene Abtretung? Tritt Heilung der Unwirksamkeit solcher Abtretung dadurch ein, daß die Versicherungssumme später dem Abtretenden anfällt?

2. Zur Anwendung des § 139 ZPO.

VII. Zivilsenat. Urt. v. 14. Juni 1932 i. S. K. (Kl.) w. Firma Brauhaus W. (Bekl.). VII 43/32.

I. Landgericht Köln.
II. Oberlandesgericht daselbst.

Die Eheleute Gastwirt Franz Josef N. und Sibylle N. in K. hatten bei der Beklagten erhebliche Schulden. Der Ehemann verstarb am 2. Juni 1929. Er war laut Versicherungsschein der B. B. u. P. Lebens-Versicherungs-Aktiengesellschaft vom 4. März 1925 mit 15000 GM., zahlbar bei seinem Tode, spätestens aber am 1. März 1950, versichert. Im Versicherungsschein war bestimmt, daß Bezugsberechtigte sein sollten für den Fall, daß der Versicherte den 1. März 1950 erleben würde, dieser selbst, für seinen früheren Todesfall Sibylle N., und falls auch diese verstorben sein sollte, ihre Tochter Katharina N., jetzt Ehefrau des Klägers. Als Versicherungsnehmer und Prämienzahler war im Versicherungsschein ursprünglich Frau Sibylle N. und später an ihrer Stelle laut Nachtrag vom 15. Dezember 1926 Katharina N. aufgeführt. Für die Versicherung sollten die Allgemeinen Versicherungsbedingungen für die Todesfallversicherung vom Jahre 1924 (AVB.) gelten.

Am 18. Juli 1929 hinterlegte die Versicherungsgesellschaft unter Verzicht auf das Recht der Rücknahme die Versicherungssumme. Die Hinterlegung geschah für den gegebenenfalls gerichtlich festzustellenden Berechtigten, und zwar deshalb, weil die Beklagte nach dem Tode des Franz Josef N. zur Sicherung ihrer eingangs erwähnten Forderungen einen Arrestbefehl in Höhe von 15500 RM. gegen Sibylle N. und Katharina N. erwirkt und auf Grund dieses Titels den Anspruch der Sibylle N. auf Zahlung der Versicherungssumme gepfändet hatte.

Im Oktober 1929 erhob dann der Kläger gegen die Beklagte Klage auf Einwilligung in die Auszahlung der hinterlegten Summe, wobei er seinen Anspruch auf ein angeblich am 4. Dezember 1926 mit Frau Sibylle N. geschlossenes Abkommen stützte. Dieses ist von

Sibylle N. und dem Kläger unterzeichnet und hat im wesentlichen folgenden Wortlaut:

Zession.

Meine Forderung aus dem Versicherungsschein über die Versicherungssumme von 15000 Mark trete ich hiermit an Herrn Josef K., Wirt zu K., ab. Herr K. erhält die Polize ausgehändigt. Ich trete meine Rechte aus dem Versicherungsschein an Herrn K. ab, insbesondere erwirbt derselbe mit dem heutigen Tage das Recht auf die Leistungen aus dem Versicherungsschein, die beim Eintritt des Versicherungsfalles 15000 Goldmark betragen bezw. gemäß Zusatzbedingungen bei Unfall 30000 Goldmark.

Als Gegenleistung verpflichtet Herr K. sich, falls ich ohne Einkommen bin, für meinen Lebensunterhalt zu sorgen, wofür ich mich außerdem noch zu Hilfeleistungen in dem Wirtschaftsbetrieb des Herrn K. verpflichte. Herr K. hat die Prämien fortan zu zahlen und bin ich mit einer Beleihung des Versicherungsscheines seitens des Herrn K. einverstanden...

Die Beklagte, die im Lauf des Rechtsstreits ein rechtskräftiges Urteil wegen der Arrestforderung im Betrage von 12060,20 RM. nebst Zinsen gegen Sibylle N. erwirkt hat, steht auf dem Standpunkt, daß die vom 4. Dezember 1926 datierte „Zession" erst nach dem Tode des Versicherten und nach der Vorpfändung der Versicherungssumme zustande gekommen sei und daher ihre Pfändung nicht berühre.

Der Kläger unterlag in allen drei Rechtszügen.

Gründe:

Der Berufungsrichter läßt dahingestellt, ob die „Zession" am 4. Dezember 1926 vorgenommen ist, wie der Kläger behauptet, oder erst später nach dem Tode des Versicherten und nach der Pfändung durch die Beklagte, wie diese behauptet. Er führt aus, daß eine Fremdversicherung im Sinn von § 159 VVG. vorliege, da die Lebensversicherung von Sibylle N. zu ihren Gunsten für den Fall des Todes ihres Ehemannes genommen worden sei, und daß nach § 159 Abs. 2 Satz 1 VVG. in Verbindung mit § 15 Abs. 2 AVB. nur mit schriftlichem Einverständnis des Versicherten die Versicherung hätte abgetreten oder verpfändet oder sonst über die Rechte aus der Versicherung hätte verfügt werden können. Da der Kläger selbst nicht habe behaupten können, daß der Versicherte sein schriftliches

Einverständnis mit der „Zession" erklärt habe, sei diese unwirksam, möge man in ihr die Bezeichnung des Klägers als Bezugsberechtigten oder die Abtretung der künftigen Forderung auf die Versicherungssumme sehen. Wolle man aber darin lediglich die Abtretung des Bezugsrechts der Sibylle N. finden, so sei diese Abtretung gegenstandslos, da sich das Bezugsrecht nur als eine Anwartschaft oder Erwartung darstelle, die der Verfügung des Bezugsberechtigten nicht unterliege.

In § 159 Abs. 2 Satz 1 VVG. ist bei der Fremdversicherung die schriftliche Einwilligung des zu Versichernden zwingend nur für den Abschluß des Versicherungsvertrages vorgeschrieben. Die Begründung zum Versicherungsvertragsgesetz führt auf S. 156 hierzu aus, die Aussicht auf den lediglich durch den Eintritt des Todes eines anderen bedingten Gewinn könne immerhin den Anreiz zu Handlungen bilden, welche die Verwirklichung des Gewinnes bezweckten. Der Gesetzgeber hat es deshalb für geboten angesehen, jener Gefahr durch besondere Vorschriften entgegenzutreten. Als solche besondere Vorschrift erschien an erster Stelle das Erfordernis der schriftlichen Einwilligung des zu Versichernden zur Gültigkeit des Versicherungsvertrages. Dagegen ist im Gesetz das gleiche Erfordernis nicht auch für die Abtretung oder Verpfändung oder sonstige Verfügung über die Rechte aus der Versicherung aufgestellt worden. Die Allgemeinen Todesfallversicherungs-Bedingungen der in Deutschland arbeitenden Lebensversicherungsgesellschaften (Normativbedingungen) haben es sich jedoch angelegen sein lassen, den Schutz des Versicherten gegen die Gefährdung seines Lebens durch Dritte noch weiter auszudehnen, und deshalb zu jeder späteren Verfügung die nochmalige schriftliche Einwilligung des Versicherten gefordert (vgl. Bruck-Dörstling Das Recht des Lebensversicherungsvertrages S. 238). Demgemäß ist in § 15 Abs. 2 AVB. bestimmt:

> Ist der Verfügungsberechtigte nicht zugleich Versicherter, so kann nur mit schriftlichem Einverständnis des Versicherten die Versicherung abgetreten oder verpfändet oder sonst über die Rechte aus der Versicherung verfügt werden. Die Gesellschaft kann den Nachweis des Einverständnisses verlangen.

Gegen die Gültigkeit dieser Bestimmung können mit Rücksicht auf § 399 BGB., der den Ausschluß der Abtretbarkeit einer Forderung durch Vereinbarung zwischen Gläubiger und Schuldner gestattet, keine rechtlichen Bedenken hergeleitet werden, insbesondere nicht aus § 137 BGB. Der Ausschluß der Abtretung durch Vereinbarung zwischen Gläubiger und Schuldner wird regelmäßig im Interesse des Schuldners vorgenommen. Eine Abrede dieser Art nimmt der Forderung die Eigenschaft der Veräußerungsfähigkeit. Sie bestimmt den Inhalt der Forderung als solchen und fügt ihr nicht ein ihrem Wesen an sich fremdes Veräußerungsverbot hinzu, wie es in § 137 BGB. vorausgesetzt ist. Eine Forderung begründet ein schuldrechtliches Band nur zwischen Gläubiger und Schuldner. Eine dem Schuldner gegenüber unwirksame Abtretung kann daher nicht als ein Vermögensübergang aufgefaßt werden. Daraus folgt, daß die entgegen der Abrede vorgenommene Abtretung keine Gläubigerrechte auf den Zessionar überträgt; diese Rechte bleiben vielmehr bei dem Zedenten. Es kann nun keinen Bedenken unterliegen, daß sich § 399 BGB. nicht bloß auf den Fall bezieht, wo die Abtretung gänzlich ausgeschlossen ist, sondern auch auf den Fall, wo sie an gewisse sachliche Erfordernisse oder an eine Form oder an beides geknüpft ist. Die trotzdem erfolgte Abtretung ist in dem dargelegten Sinn unwirksam, und diese Unwirksamkeit kann hier auch von der Beklagten geltend gemacht werden, welche die Forderung nach dem Todesfall gegen die Zedentin Sibylle N. gepfändet hat. Keiner Erörterung bedarf, ob und auf welche Weise die Unwirksamkeit der Abtretung nachträglich behoben werden kann, insbesondere ob die einseitige Zustimmung des Schuldners genügt oder ob dazu eine Änderung des Schuldverhältnisses durch Vertrag (§ 305 BGB.) notwendig ist. Denn es ist nicht ersichtlich, daß derartige Rechtshandlungen vor der Pfändung oder vor der Vorpfändung stattgefunden hätten, und es könnte nicht anerkannt werden, daß ihnen, falls sie später vorgenommen worden sein sollten, eine Rückwirkung zukäme, wodurch die in der Zwischenzeit erworbenen Rechte Dritter berührt würden (RGZ. Bd. 75 S. 142, Bd. 86 S. 350). An diesem Ergebnis kann sich nichts durch die Bestimmung in § 15 Abs. 2 Satz 2 AVB. ändern, wonach die Gesellschaft den Nachweis des Einverständnisses des Versicherten verlangen kann; denn damit ist nur ein besonderer schuldrechtlicher Anspruch des Versicherers auf Führung dieses Nachweises geschaffen worden.

Eine Verfügung im Sinne des § 15 Abs. 2 Satz 1 AVB. liegt auch in der Bezeichnung eines anderen Bezugsberechtigten, womit der Berufungsrichter bei Auslegung der „Zession" vom 4. Dezember 1926 rechnet. Denn die Bezeichnung eines Bezugsberechtigten bewirkt eine unmittelbare Änderung des Vertragsinhalts, und die gesetzgeberischen Erwägungen zu § 159 Abs. 2 VVG., die von den Normativbedingungen zu Gunsten des Versicherten aufgenommen und fortgeführt und demnächst in § 15 Abs. 2 AVB. übergegangen sind, treffen auch für den Fall zu, daß in der Person des Bezugsberechtigten ein Wechsel eintritt, mag die Bezugsberechtigung unwiderruflich sein oder dem Widerruf unterliegen. Auch zur Bezeichnung eines Bezugsberechtigten bedurfte es also des schriftlichen Einverständnisses des Versicherten. Es braucht deshalb nicht erörtert zu werden, ob diese Bezeichnung, die sinngemäß nur bis zum Eintritt des Versicherungsfalls erfolgen kann, eine empfangsbedürftige Willenserklärung ist, und ob sie darum zu ihrer Wirksamkeit der Versicherungsgesellschaft gegenüber abzugeben war (vgl. RGZ. S. 49 dieses Bandes; Bruck Versicherungsvertragsgesetz 7. Aufl. S. 464).

Die gegenteiligen Ausführungen der Revision sind hiernach abzulehnen. Soweit sie die Anwendung des § 159 Abs. 2 Satz 1 VVG. bekämpfen, kann dahingestellt bleiben, ob die dort vorgeschriebene schriftliche Einwilligung des Versicherten nicht auch auf wesentliche Abänderungen des Versicherungsvertrags zu beziehen ist, und ob die nachträgliche Wegbedingung des die schriftliche Einwilligung für spätere Verfügungen vorschreibenden § 15 Abs. 2 AVB. eine solche wesentliche Vertragsänderung wäre. Denn eine nachträgliche Änderung des Versicherungsvertrags in diesem Punkt ist weder behauptet noch festgestellt worden.

In keinem Fall aber trifft es zu, daß die unwirksame Verfügung der Sibylle N. allein dadurch hätte wirksam werden können, daß ihr nach dem Tod ihres Ehemannes das Recht auf die Versicherungssumme anfiel (RGZ. Bd. 75 S. 142). Selbstverständlich hätte nunmehr Sibylle N. ihren Anspruch auf die angefallene Versicherungssumme durch Vertrag mit dem Kläger an diesen abtreten können. Einer solchen Abtretung hätte das Abtretungsverbot des § 399 BGB. und des § 15 Abs. 2 Satz 1 AVB. nicht mehr entgegengestanden. Sie ist jedoch nicht behauptet. Eine frühere Abtretung aber blieb wegen jenes Verbots unwirksam. Denn es war mit dem Anfall der Versicherungssumme gerade der Fall eingetreten, in welchem das Abtretungsverbot praktisch wirksam werden sollte. Bei einer anderen Auslegung hätte es keinen Sinn.

Ob die nach der Behauptung des Klägers am 4. Dezember 1926 vorgenommene Abtretung etwa sonst Rechtswirkungen zwischen Sibylle N. und dem Kläger erzeugen konnte, und ob sie sich etwa in die Erteilung einer unwiderruflichen Einziehungsvollmacht umdeuten ließe, kann dahingestellt bleiben. Denn diese möglichen Rechtswirkungen gehen die Beklagte nichts an. Sie wirken nicht dinglich.

Es kann sich daher nur noch fragen, ob das Ergebnis, zu dem der Berufungsrichter gelangt, auf verfahrensrechtlich einwandfreier Grundlage gewonnen ist. Die Revision rügt Verletzung des § 139 ZPO. Dabei behauptet sie, eine schriftliche Einverständniserklärung des Versicherten liege tatsächlich vor; der Berufungsrichter hätte dies durch Ausübung des Fragerechts klarstellen müssen. Diese Annahme beruht aber auf einer Überspannung der in § 139 ZPO. verordneten Fragepflicht. Allerdings hat nach dieser Bestimmung der Vorsitzende dahin zu wirken, daß die Parteien über alle erheblichen Tatsachen sich vollständig erklären und sachdienliche Anträge stellen, insbesondere auch ungenügende Angaben der geltend gemachten Tatsachen ergänzen und die Beweismittel bezeichnen. Zu diesem Zweck hat er, soweit erforderlich, das Sach- und Streitverhältnis mit den Parteien nach der tatsächlichen und rechtlichen Seite zu erörtern und Fragen zu stellen. Hier hatte die Beklagte im Schriftsatz vom 26. Oktober 1931 unter Hinweis auf § 15 Abs. 2 Satz 1 AVB. die schriftliche Einwilligung des Versicherten als erforderlich bezeichnet. Auf diesen Schriftsatz hatte der Kläger erwidert, ohne hierauf einzugehen. Der gleiche Hinweis war bereits im Schriftsatz der Beklagten vom 28. Februar 1930 enthalten. Damals hatte der Kläger erwidert: durch den Nachtrag vom 15. Dezember 1926 sei seine Ehefrau Versicherungsnehmerin und Prämienzahlerin geworden; diese Verfügung sei mit der Zustimmung des Ehemanns N. als des Versicherten erfolgt; denn die Versicherungsgesellschaft hätte sonst den Nachtrag nicht genehmigt. Mit keinem Wort hatte der Kläger geltend gemacht, das schriftliche Einverständnis des Franz Josef N. mit der „Zession“ vom 4. Dezember 1926 liege vor. Bei dieser Sachlage und nachdem der Streitpunkt in den Schriftsätzen der Anwälte klar herausgearbeitet worden war, konnte der Kläger nicht erwarten, daß zu diesem Punkt noch Fragen gestellt werden würden. Eine Rechtspflicht des Berufungsrichters hierzu bestand unter solchen Umständen jedenfalls nicht.

77. 1. Zur Auslegung von § 79 Abs. 2 GBO.

2. Ist zur Überführung eines Grundstücks aus dem Vermögen einer offenen Handelsgesellschaft in das Vermögen einer aus denselben Personen bestehenden Gesellschaft des bürgerlichen Rechts die Auflassung erforderlich?

BGB. §§ 873, 925.

V. Zivilsenat. Beschl. v. 4. Juni 1932 in einer Grundbuchsache.
V B 6/32.

I. Amtsgericht (Grundbuchamt) Berlin-Mitte.
II. Landgericht I Berlin.

Der Sachverhalt und die Entscheidung ergeben sich aus den

Gründen:

Als Eigentümerin eines Grundstücks ist seit dem 6. April 1897 die offene Handelsgesellschaft S. A. L. eingetragen. Ihre Gesellschafter sind: Siegfried L. (seit 1885), Erich Bernhard L. (seit März 1923) und Ernst L. (seit 1928). Im Februar 1923 waren Gesellschafter: Siegfried L. und Albert L. Letzterer ist 1925 gestorben und hat seine Witwe Franziska L. geb. M. als befreite Vorerbin hinterlassen.

Im April 1931 haben Siegfried, Ernst und Franziska L. — und zwar Ernst L. namens der offenen Handelsgesellschaft S. A. L. — in grundbuchmäßiger Form bewilligt und beantragt, das Grundbuch dahin zu berichtigen, daß Siegfried und Franziska L. Miteigentümer zur gesamten Hand als Gesellschafter des bürgerlichen Rechts seien. Nach der Darstellung der Antragsteller haben Siegfried und Albert L. am 5. Februar 1923 mündlich vereinbart, daß das Grundstück nicht mehr als Vermögen der offenen Handelsgesellschaft, sondern als Vermögen einer von ihnen gleichzeitig zum Zweck der Verwaltung und Verwertung des Grundstücks neu gegründeten Gesellschaft des bürgerlichen Rechts gelten solle.

Nach einem längeren Vorverfahren hat das Grundbuchamt den Berichtigungsantrag zurückgewiesen mit der Begründung, daß zur Umschreibung des Grundstückseigentums die bisher fehlende Auflassung der offenen Handelsgesellschaft an die Gesellschafter der bürgerlichen Gesellschaft erforderlich sei. Das Landgericht hat, diese Begründung billigend, die Beschwerde der Antragsteller zurückgewiesen. Das Kammergericht möchte der Rechtsansicht der Vorinstanzen beitreten und die weitere Beschwerde der Antragsteller zurückweisen, sieht sich aber daran gehindert durch den Beschluß des Oberlandesgerichts Hamburg vom 2. April 1917 (KGJ. Bd. 53 S. 261) und hat die Sache nach § 79 Abs. 2 GBO., § 28 Abs. 2 FGG. dem Reichsgericht vorgelegt. Im Vorlegungsbeschluß ist ausgeführt:

Das Grundbuch sei nicht unrichtig, sondern es würde unrichtig werden, wenn dem Umschreibungsantrag ohne Auflassung stattgegeben würde. Eine rechtsgeschäftliche Übertragung des Grundstückseigentums (§§ 873, 925 BGB.) setze begrifflich nicht voraus, daß verschiedene Personen als Veräußerer und als Erwerber beteiligt seien. Sie liege vielmehr auch bei Personengleichheit auf beiden Seiten dann vor, wenn hier wie dort eine Gesamthänderschaft ohne eigene Rechtspersönlichkeit stehe und wenn durch die beabsichtigte Veränderung die Beziehungen des einzelnen Beteiligten zum Grundstück ihrer Art nach umgewandelt würden. Nun beständen zwar zwischen einer offenen Handelsgesellschaft und einer Gesellschaft des bürgerlichen Rechts in Ansehung der Rechtsstellung des einzelnen Gesellschafters zum Gesellschaftsvermögen keine grundlegenden Unterschiede. Die Notwendigkeit der Auflassung bei der Überführung eines Grundstücks aus dem Vermögen einer offenen Handelsgesellschaft in das Vermögen einer personengleichen Gesellschaft des bürgerlichen Rechts ergebe sich aber aus der rechtlichen Selbständigkeit der beiden Gesellschaften und ihrer Vermögen im Verhältnis zu den einzelnen Gesellschaftern und deren Vermögen und damit auch im Verhältnis zueinander. Wenn die offene Handelsgesellschaft auch keine juristische Person sei, komme sie einer solchen doch in der rechtlichen Zusammenfassung der Gesellschafter zu einer Einheit recht nahe. Diese ausgeprägte Selbständigkeit sei bei der Überführung eines Gegenstandes, namentlich eines Grundstücks, aus dem Vermögen der offenen Handelsgesellschaft in das Vermögen einer anderen Gesamthänderschaft maßgeblich zu berücksichtigen. Eine derartige Selbständigkeit könne nicht allein durch formlose Vereinbarung der neuen Zweckbestimmung des Grundstücks überwunden werden, sondern rechtfertige juristisch das Verlangen nach einer Auflassung. Zweckmäßigkeitsgründe unterstützten die Rechtserwägungen. Wollte man zwischen personengleichen Gesellschaften die formlose Grundstücksverschiebung zulassen, so könne sich daraus bei nachträglicher verschiedener Entwicklung des Mitgliederbestandes der Gesellschaften leicht eine Unsicherheit der Eigentumsverhältnisse ergeben. Abgesehen vom Unrichtigwerden des Grundbuchs würde es von der nachträglichen Feststellung einer vielleicht weit zurückliegenden mündlichen Abrede abhängen, ob die Gesellschafter der einen oder der anderen Gesellschaft das Eigentum beanspruchen könnten. Auch bestände die Gefahr, daß die Beteiligten zur Umgehung einer notwendigen Auflassung sich auf eine in Wirklichkeit nicht getroffene mündliche Vereinbarung berufen könnten, um so im „Berichtigungswege" eine Eintragung zu erlangen, die das Grundbuch unrichtig machen würde, ohne daß der Grundbuchrichter es verhindern könnte. Solchen Schwierigkeiten und Unzuträglichkeiten habe der Gesetzgeber durch die §§ 873, 925 BGB. gerade begegnen wollen.

Der erkennende Senat ist dem Kammergericht beigetreten.

Die Voraussetzungen des § 79 Abs. 2, 3 GBO. sind erfüllt. Zwar liegt der in dem Hamburger Beschluß vom 2. April 1917 entschiedene Fall tatbestandsmäßig dem jetzt zu entscheidenden insofern nicht gleich, als damals noch in dem Augenblick, in dem die Umschreibung des Grundstückseigentums von der offenen Handelsgesellschaft auf die Mitglieder der Gesellschaft des bürgerlichen Rechts beantragt und vorgenommen wurde, volle Personengleichheit zwischen den beiderseitigen Gesellschaftern bestand. Auch könnten gewisse Wendungen in der Begründung jenes Beschlusses dahin verstanden werden, daß das Oberlandesgericht Hamburg, wenn die Personengleichheit in dem genannten Augenblick bereits gefehlt hätte, wenn also auch damals der jetzt dem Kammergericht unterbreitete Sachverhalt gegeben gewesen wäre, die Auflassung gleichfalls erfordert haben würde. Ob das Kammergericht unter diesen Umständen den gegenwärtigen Fall ohne Widerspruch zu dem Hamburger Beschluß durch Zurückweisung der weiteren Beschwerde selbst hätte entscheiden können, wenn es die Begründung seines Beschlusses nur auf den Einzeltatbestand zugeschnitten und nicht so allgemein gehalten hätte wie die Begründung des Vorlegungsbeschlusses, kann indes dahingestellt bleiben. Denn nach dieser Begründung ist der Rechtsstandpunkt des Kammergerichts grundsätzlich ein anderer als der des Oberlandesgerichts Hamburg. Das Kammergericht fordert auch für den Hamburger Tatbestand die Auflassung, die dort für entbehrlich erklärt worden ist. Diese Feststellung einer grundsätzlichen Meinungsverschiedenheit der beiden

Oberlandesgerichte in derselben, die Auslegung reichsgesetzlicher Vorschriften auf dem Gebiet des materiellen Grundbuchrechts betreffenden Rechtsfrage führt zur Bejahung des Konfliktsfalles im Sinn von § 79 Abs. 2, 3 GBO. Denn seit der in RGZ. Bd. 108 S. 358 veröffentlichten Entscheidung hat der Senat — seine frühere strengere Rechtsprechung mildernd — daran festgehalten, daß für die Konfliktsfrage nicht ins Gewicht fällt, ob nach seiner eigenen Ansicht die Lösung der unter den Oberlandesgerichten streitigen Rechtsfrage zur Erledigung der vorgelegten weiteren Beschwerden unerläßlich ist, sondern daß hier lediglich den Ausschlag gibt die im Vorlegungsbeschluß zum Ausdruck gebrachte Rechtsansicht des vorlegenden Oberlandesgerichts und der von ihm bekundete Wille, mit seiner Rechtsbegründung von der auf weitere Beschwerde ergangenen Entscheidung eines anderen Oberlandesgerichts in derselben Rechtsfrage abzuweichen. Von dieser dem Gesetzeswortlaut und Gesetzeszweck entsprechenden, den praktischen Bedürfnissen des Rechtsverkehrs Rechnung tragenden Auslegung des § 79 GBO. aus ist das Reichsgericht zur Entscheidung auf die gegenwärtig ihm vorgelegte weitere Beschwerde berufen.

In der Behandlung der Frage, ob zur Überführung eines Grundstücks aus dem Vermögen einer offenen Handelsgesellschaft in das Vermögen einer personengleichen Gesellschaft des bürgerlichen Rechts die Auflassung erforderlich ist, gehen die Meinungen in Rechtslehre und Rechtsprechung auseinander. Mit dem Oberlandesgericht Hamburg sehen von einer Auflassung ab: der RGRKomm. zum BGB. 6. Aufl. Bd. III S. 233 Anm. 2 Abs. 2 zu § 925; Staub HGB. 12./13. Aufl. Bd. I S. 607flg. Anm. 31c und d zu § 105; Predari GBO. 2. Aufl. S. 404 zu B; Güthe-Triebel GBO. 5. Aufl. Bd. I S. 529 Anm. 19 zu § 20; Arnheim GBO. 2. Aufl. S. 283; Kaufmann Das Eigentum am Gesellschaftsvermögen S. 75 § 21; auch Planck-Strecker BGB. 4. Aufl. Bd. III 1 S. 327 Anm. 2c (letzter Absatz) zu § 925 scheint dieser als herrschend bezeichneten Meinung zuzustimmen. In Übereinstimmung mit dem Kammergericht halten dagegen die Auflassung für unentbehrlich: Staudinger BGB. 9. Aufl. Bd. III 1 S. 393 Anm. A II 2g zu § 925; Wolff Sachenrecht 8. Aufl. S. 303 § 88 II; Oberneck Reichsgrundbuchrecht 4. Aufl. S. 572 unter 1b; Lehmann Lehrbuch des Handelsrechts 2. Aufl. S. 307 Fußnote 3; Gierke Genossenschaftstheorie S. 513flg.; Wieland Handelsrecht Bd. 1 S. 644 unter 3; Gildemeister in der Zeitschrift f. d. gesamte

Handelsrecht Bd. 54 S. 115. Der erkennende Senat hat sich im Ergebnis dieser strengeren Rechtsanschauung angeschlossen, ohne die Begründungen, mit denen ihre Vertreter im Schrifttum sie verfechten, in allen Einzelheiten zu billigen.

Das Kammergericht hat den für seine Ansicht entscheidenden rechtlichen Gesichtspunkt im Vorlegungsbeschluß klar hervorgehoben. Er liegt in der vom Gesetz anerkannten weitgehenden Verselbständigung des Vermögens der offenen Handelsgesellschaft, die sich insoweit in der Tat einer juristischen Person nähert. Dieser Rechtsgedanke findet seinen Ausdruck namentlich in § 124 Abs. 1 u. 2, § 131 Nr. 3 HGB. und in § 209 KO. Hat der Gesetzgeber das Vermögen der offenen Handelsgesellschaft derart verselbständigt und insbesondere auf dem Gebiet des Grundbuchverkehrs zugelassen, daß die Zugehörigkeit eines Grundstücks zu diesem Vermögen durch Eintragung auf den Namen der offenen Handelsgesellschaft bekundet und dem öffentlichen Glauben des Grundbuchs unterstellt wird, so muß daraus die Rechtsfolgerung gezogen werden, daß ein auf den Namen der offenen Handelsgesellschaft gebuchtes Grundstück rechtsgeschäftlich nicht durch bloße formlose Abrede der Gesellschafter aus dem Gesellschaftsvermögen ausgeschieden und so der Haftung für die Gesellschaftsschulden entrückt werden kann, sondern daß zur Überführung des Grundstücks aus dem Vermögen der offenen Handelsgesellschaft in ein anderes Vermögen, insbesondere dasjenige einer Gesellschaft des bürgerlichen Rechts, die für den rechtsgeschäftlichen dinglichen Übertragungsakt gesetzlich vorgeschriebenen Formen gewahrt werden müssen. Von diesem Grundsatz kann nicht abgewichen werden, weil Personengleichheit zwischen den Gesellschaftern der offenen Handelsgesellschaft und denen der Gesellschaft des bürgerlichen Rechts besteht. Die gedanklich an sich richtige Erwägung, daß bei einer solchen Personengleichheit dieselben natürlichen Personen gesamthänderisch Eigentümer bleiben, muß zurücktreten hinter die bedeutsamere Erwägung, daß diese Personen auf beiden Seiten verschiedene Sondervermögensmassen verkörpern, denen das Gesetz nun einmal eine weitgehende rechtliche Selbständigkeit zuerkennt und deren Schicksale namentlich nach der Seite der Vermögensträger hin jeden Augenblick einen verschiedenen Lauf nehmen können. In Ergänzung dieses leitenden rechtlichen Gesichtspunkts darf auch nicht übersehen werden, daß das Gesamthandeigentum der Gesellschafter einer offenen Handelsgesellschaft und das Gesamthandeigentum derselben Gesellschafter in einer Gesellschaft des bürgerlichen Rechts trotz mancher Ähnlichkeiten in ihrer rechtlichen Gestaltung doch auch beachtliche Unterschiede von Gesetzeswegen aufweisen. Das Gesamthänderrecht des einzelnen Gesellschafters bleibt also beim Übergang des Grundstücks von der offenen Handelsgesellschaft auf die Gesellschaft des bürgerlichen Rechts nicht unverändert. Auch diese Erkenntnis unterstützt jedenfalls in Fällen, wo die beiden Gesellschaften nebeneinander bestehen — der Fall der Umwandlung einer einzelnen Gesellschaft in eine andere Gesellschaftsform unterliegt besonderen Rechtsgrundsätzen —, die hier vertretene Ansicht, daß bei einem derartigen Übergang ein rechtsgeschäftlicher Eigentumswechsel vorliegt, der nur unter Beachtung der Vorschriften der §§ 873, 925 BGB. vor sich gehen kann. Mit Recht hat das Kammergericht schließlich auch auf die Gebote der Rechtssicherheit im Grundbuchverkehr und der Verhütung von unlauteren Machenschaften auf diesem der Durchsichtigkeit und Zuverlässigkeit besonders bedürftigen Gebiet hingewiesen.

Die so gewonnene Entscheidung steht mit dem in JW. 1899 S. 320 Nr. 48 abgedruckten Erkenntnis des III. Zivilsenats schon deshalb nicht in Widerspruch, weil dieses sich noch nicht mit dem jetzt geltenden Recht des Bürgerlichen Gesetzbuchs beschäftigt, sondern vor dessen Inkrafttreten unter anderem Recht ergangen ist. Um aber allen Zweifeln vorzubeugen, nimmt der erkennende Senat keinen Anstand auszusprechen, daß er in Übereinstimmung mit dem Kammergericht nach jetzt geltendem Recht auch beim rechtsgeschäftlichen Übergang eines Grundstücks aus dem Vermögen einer offenen Handelsgesellschaft in das Vermögen einer anderen personengleichen offenen Handelsgesellschaft die Auflassung für erforderlich hält. Diese Ansicht wird auch vom Reichsfinanzhof im Urteil vom 16. Juli 1929 vertreten (Zeitschrift für das Notariat 1930 S. 66).

---

78. 1. Erstreckt sich die Hypothek auf die Miet- oder Pachtzinsforderung auch insoweit, als mit dem Zins die Überlassung von Zubehör des Grundstücks abgegolten wird?

2. Zur Abgrenzung der Vorausverfügung über den Miet- oder Pachtzins von seiner vertraglichen Festsetzung.

BGB. §§ 1123, 1124.

VIII. Zivilsenat. Urt. v. 6. Juni 1932 i. S. R. (Bekl.) w. St. (Kl.). VIII 91/32.

I. Landgericht Hamburg.
II. Oberlandesgericht daselbst.

Der Beklagte hat von der Th. GmbH. das dieser gehörige C. S.-Theater in H. für die Zeit vom 1. Oktober 1930 bis 30. September 1931 „gepachtet" mit dem Recht, bis spätestens 1. April 1931 zu verlangen, daß er das Theater auf ein weiteres Jahr zu den gleichen Bedingungen behalten könne. Zu entrichten hatte er nach § 2 des Vertrags für die pachtweise Überlassung der in § 1 bezeichneten Räume (Theater, Büroräume, Maschinenhaus mit Maschinen und Anlagen) jährlich 12000 GM., für Überlassung des Inventars und der Beleuchtungsgegenstände 12000 GM. sowie für Abgeltung der Einnahmen der Garderobe und des Programmverkaufs jährlich 12500 GM. Ferner heißt es in § 2:

> Die Zahlung dieser insgesamt 36500 GM. ausmachenden Beträge erfolgt in $^1/_4$jährlichen pränumerando-Raten; die am 1. Oktober 1930 und 1. Januar 1931 fällige Rate, sowie 1750 GM. der am 1. April 1931 zu zahlenden Rate von 9125 GM. gelten als beglichen dadurch, daß der Pächter die zur Eröffnung des Theaters notwendigen Renovationen und Reparaturen bezahlt und diejenigen baupolizeilichen Auflagen erfüllt, von deren Ausführung vor der Eröffnung die Baupolizeibehörde die Eröffnung des Theaters abhängig macht . . .
>
> Der Pächter hat weder das Recht, Gegenforderungen an die Verpächterin aufzurechnen oder ihr obliegende Leistungen zurückzuhalten noch ein Pfandrecht oder Rückbehaltungsrecht an dem ihr pachtweise überlassenen Inventar auszuüben.

Über die Instandsetzung des Theaters bestimmt § 16:

> Die Parteien gehen davon aus, daß die von dem Pächter für die Verpächterin auszuführenden Reparaturen, Renovationen und baupolizeilichen Auflagen den Betrag von nicht mehr als 20000 GM. ausmachen. Gibt der Pächter für diese Arbeiten mehr als 20000 GM. aus, so ist ihm dieser Betrag auf die Miete des nächsten Jahres von 36500 GM., falls er das Objekt ein weiteres Jahr pachtet, anzurechnen. Nimmt der Pächter das Objekt nicht ein weiteres Jahr, so erhält er für die Mehrkosten keine Vergütung.

Der Beklagte hat die Instandsetzungsarbeiten ausgeführt, und zwar, wie er behauptet, mit einem Kostenaufwand von 36194,13 RM. Davon sind 18250 RM. gemäß § 2 des Vertrages mit den am 1. Oktober 1930 und 1. Januar 1931 fälligen Zinsraten ausgeglichen worden. Im ersten Kalendervierteljahr 1931 ist die Zwangsverwaltung über das Grundstück angeordnet und der Kläger zum Zwangsverwalter bestellt worden. Ihm gegenüber hat sich der Beklagte vor dem 1. April 1931 bereit erklärt, die Option auszuüben, falls er den 20000 RM. übersteigenden Betrag seiner Aufwendungen (16194,13 RM.) mit der Pacht für das zweite Vertragsjahr verrechnen könne. Das hat der Kläger abgelehnt. Er hat seinerseits klagend vom Beklagten Bezahlung der Pacht für die Kalendervierteljahre April bis Juni 1931 und Juli bis September 1931 verlangt, und zwar mit insgesamt 18250 RM. nebst Zinsen, also ohne Abrechnung der 1750 GM., die nach § 2 des Vertrags aus der am 1. April 1930 fälligen Rate als beglichen gelten sollten.

Das Landgericht erkannte nach dem Klagantrag, das Oberlandesgericht wies die Berufung des Beklagten zurück.

Auf seine Revision wurde seine Verurteilung auf 16500 RM. nebst Zinsen ermäßigt und die Klage in Höhe von 1750 RM. nebst Zinsen abgewiesen.

Gründe:

Mit Recht geht die Revision davon aus, die auf § 152 ZVG. beruhende Verwaltungs- und Klagebefugnis des Zwangsverwalters werde durch den Wirkungsbereich der Beschlagnahme zum Zweck der Zwangsverwaltung (§§ 20, 146, 148 das.) begrenzt. Miet- oder Pachtzinsforderungen würden also nur umfaßt, soweit § 1123 Abs. 1 BGB. sie in sich begreife. Irrig ist es aber, wenn die Revision den Zins insoweit nicht als Miet- oder Pachtzinsforderung im Sinn von § 1123 BGB. gelten lassen will, als er für die Nutzung des Zubehörs gezahlt wird. Das Landgericht, dem sich zu diesem wie zu allen Rechtspunkten der Berufungsrichter lediglich anschließt, hat erwogen: Die Zerlegung des hier in Frage kommenden Zinses in Vergütungen für Räume, Inventar, Garderobe und Programmverkauf sei nur aus steuerlichen Rücksichten vorgenommen. In Wirklichkeit sei ein einheitlicher Betrieb, das C. S.-Theater, „verpachtet"; ebenfalls sei, wie auch die Fassung verschiedener Vertragsvorschriften zeige (§§ 1 und 11), der Sache nach eine einheitliche „Pacht" vereinbart. Der Sinn des § 1123 BGB. sei, den Hypothekengläubigern als Ersatz der ihnen durch die „Verpachtung" entzogenen Gegenstände die entsprechende „Pacht"forderung als Haftungsgegenstand zur Verfügung zu stellen. Deshalb könne der Teilzins, der auf das nach § 1120 BGB. verhaftete Zubehör entfalle, der Haftung nicht entzogen sein. Sei in § 1127 BGB. die Versicherungssumme der Hypothekenhaftung unterworfen, wenn „Gegenstände, die der Hypothek unterliegen", versichert seien, so gestatte das nicht den Schluß, daß die Bezeichnung „das Grundstück" in § 1123 BGB. eine eingeschränktere Bedeutung habe. Die verschiedene Fassung dieser Vorschriften erkläre sich dadurch, daß ein Grundstück mit allem Drum und Dran als Einheit verpachtet zu werden pflege.

Diesen zutreffenden Ausführungen des Landgerichts (vgl. RGRKomm. BGB. § 1123 Anm. 1; Turnau-Förster Sachenrecht BGB. § 1123 Anm. 2; Motive zum Entwurf des Bürgerlichen Gesetzbuchs Bd. 3 S. 658) tritt die Revision ohne Erfolg entgegen. Vom Standpunkt der Vorinstanzen aus vermißt sie eine Vorschrift des Gesetzes darüber, ob die Hypothek sich auch dann auf die volle Miet- oder Pachtzinsforderung erstrecke, wenn dem Eigentümer nicht gehörige, also nach § 1120 BGB. der Hypothek nicht unterliegende Zubehörstücke in die Verpachtung einbegriffen seien. Es bedarf nach Lage des Falls keiner Entscheidung, ob der Gedanke des Haftungsersatzes zu der Folge führen muß, daß der Miet- (Pacht-) Wert solcher Zubehörstücke aus dem verhafteten Zins auszuscheiden ist, oder ob die Einheit der Überlassung eines Grundbesitzes zum Betriebszweck die Mitverwertung untermischter fremder Inventarteile in der Miete oder Pacht aufzehrt. Jedenfalls ist der von der Revision angeregte Zweifel nicht geeignet, die Meinung zu stützen, § 1123 BGB. habe den Miet- oder Pachtzins nur insoweit im Auge, als er für die Benutzung des reinen, inventarlosen Grundstücks ausgeworfen sei. Die wirtschaftliche Unhaltbarkeit dieser Auffassung für Pachtverträge, bei denen die Überlassung der Liegenschaft ohne jedes Zubehör kaum in Frage kommen wird, verkennt auch die Revision nicht; sie meint aber, hier handle es sich um keinen Pachtvertrag, sondern um Miete, weil jedenfalls nach den Behauptungen des Klägers das überlassene Theater in seinem verfallenen Bauzustand nicht spielfertig gewesen sei. Der Entscheidung, ob Pacht oder Miete vorliegt, bedarf es in diesem Fall nicht. Das Gesetz behandelt in den §§ 1123flg. BGB. die Miet- und Pachtzinsforderung gleichmäßig. Die — vollzogene — Vermietung nicht weniger als die Verpachtung nimmt dem Eigentümer und nach den Regeln des bürgerlichen Rechts ebenso den Gläubigern im Fall der Beschlagnahme den geldwerten Besitz und Gebrauch des Grundstücks samt Zubehör (§§ 57, 152 Abs. 2 ZVG.; §§ 571flg. BGB.) und macht es deshalb notwendig, daß der Gegenwert der den Hypothekengläubigern entgehenden Vermögensstellung ihrem Zugriff als Ersatz zur Verfügung steht. Auch bei der Vermietung, zumal eines die Fruchtziehung ermöglichenden Grundbesitzes (eines Fabrikgrundstücks, eines Ladengeschäfts, einer Gastwirtschaft oder wie hier eines Theaters), sieht fernerhin der Verkehr die Überlassung der Räume und des Inventars regelmäßig als einheitliches Geschäft an, und es kommt auch in dieser Hinsicht keineswegs auf den für die Unterscheidung von Miete und Pacht bedeutsamen Unterschied an, ob der Überlassende den Gegenstand (Raum und Inventar) in Fruchtbereitschaft gewährt.

Der Berufungsrichter hat danach den klagenden Zwangsverwalter mit Recht als befugt angesehen, den gesamten Zins, ohne Unterscheidung der Räume und des Zubehörs, für das dritte und vierte Vierteljahr des Vertrags vom Beklagten einzufordern, soweit dieser Anspruch besteht. Somit wird die Frage entscheidend, ob und in welchem Maß der Beklagte der Vertragsklage seine Aufwendungen für Instandsetzung des Theaters entgegenhalten darf.

Dabei ist zunächst zwischen der Anrechnung zu scheiden, die der Beklagte zu einem Betrag von 1750 RM. nach § 2 des Vertrags in Anspruch nimmt, und jener von 16194,13 RM., die er nach dem Vertrag (§§ 2 und 16) gegenüber den eingeforderten Raten des ersten Vertragsjahrs nicht in Ansatz bringen darf, wohl aber hätte anrechnen dürfen, wenn er nach Ausübung der Option die Pacht noch ein Jahr weiter geführt hätte. Zu diesem letzten Punkt behauptet der Beklagte nicht, daß er die Option ausgeübt habe. Er stützt sich aber darauf, daß sich der Kläger nach den Feststellungen des Berufungsrichters ablehnend verhalten hat, als der Beklagte erklärte, er sei bereit zu optieren, falls er die 16194,13 RM. mit der Pacht für das zweite Vertragsjahr verrechnen könne. Die Revision sieht in dieser Stellungnahme des Klägers ein vertragswidriges Verhalten, das dem Beklagten die Ausübung der Option und damit die Abwicklung des Vertrags in einer den Vertragszweck gefährdenden Weise unmöglich gemacht habe. Wäre indes die Stellungnahme des Klägers zur künftigen Abwicklung des Vertrags, falls der Beklagte die Option ausübte, als Vertragsverletzung anzuerkennen, was dahinstehen mag, so könnte, falls auch der ursächliche Zusammenhang bejaht werden müßte, nur ein Anspruch auf Schadensersatz erwachsen. Aber einen solchen hat der Beklagte nicht aufgemacht. Wenn er die Folgerung ziehen will, der Betrag von 16194,13 RM. müsse schon im ersten Vertragsjahr angerechnet werden, so geht er nicht darauf aus, den Vermögensstand herzustellen, der bei Fortsetzung des Vertrags im zweiten Vertragsjahr für ihn bestanden haben würde, sondern auf eine Besserstellung über den Vertrag hinaus. Zudem schließt der Vertrag die Anrechnung gerade jenes Betrags auf die Raten des ersten Vertragsjahrs aus, und es bedarf deshalb des weiteren Hinweises nicht, daß § 2 des Vertrags allgemein die Aufrechnung mit Gegenforderungen gegen die Zinsforderung der „Verpächterin" verwehrt. Es kann schließlich in diesem Punkt den Rechtsstand des Beklagten nicht verstärken, wenn die Revision den Gesichtspunkt der Zurückbehaltung ins Feld führt. Es mag dahinstehen, ob in dem Vortrag des Beklagten bei den Tatsacheninstanzen die Geltendmachung dieses Rechtsbehelfs unter Beachtung des § 139 ZPO. zu finden ist. § 2 schließt auch die Zurückbehaltung von Leistungen aus, die dem Beklagten obliegen. Übrigens müßte für die Zurückbehaltung ebenfalls dargelegt werden, daß ihm ein Schadensersatzanspruch zusteht, wegen dessen zurückbehalten werden kann. Die Verteidigung des Beklagten und damit seine Revision versagt somit jedenfalls zu dem Betrag, der die nach dem Vertrag auf die Aprilrate anrechnungsfähige Summe der Aufwendungen von 1750 RM. übersteigt. Nur in bezug auf diese Teilforderung ist zu prüfen, ob die Bestimmungen der §§ 1123 flg. BGB., §§ 146 flg. ZVG. der insoweit im Vertrag bestimmten Anrechnung der Aufwendungen des Beklagten entgegenstehen.

Zunächst kann die von den Vorinstanzen nicht erwogene und deshalb der Unterlagen entbehrende Frage außer Betracht bleiben, ob die Zwangsverwaltung, die der Kläger führt, von einem Hypothekengläubiger dinglich ausgebracht ist und, falls das nicht zutrifft, ob auch die von einem persönlichen Gläubiger erwirkte Beschlagnahme die Verfügungsmacht der Mietparteien und infolgedessen auch die

Rechtsstellung des Mieters gegenüber dem Zwangsverwalter entsprechend den §§ 1124, 1125 BGB. einschränkt.

Der Berufungsrichter ist im Anschluß an das Urteil des Landgerichts von der Meinung ausgegangen, die in dem Vertrag vorgesehene Verrechnung der Aufwendungen bis zum Betrag von 20000 RM. auf die Mietraten des ersten Vertragsjahrs enthalte eine Vorausverfügung über den Mietzins. Solche Vorausverfügungen seien aber der Zwangsverwaltung gegenüber an die in § 1124 Abs. 2 BGB. bestimmten zeitlichen Grenzen gebunden, und zwar auch da, wo, wie im vorliegenden Fall, die in der Verrechnung liegende Vorausverfügung schon im Mietvertrag, gleichzeitig mit dem Entstehen der Mietzinsforderung begründet ist. Diese Frage, in welchem Sinn § 1124 BGB. den Widerstreit zwischen der vertraglichen Verfügungsmacht der Mietparteien und der Haftung der Mieten im dinglichen Verband schlichtet, läßt die Revision dahinstehen; denn, abgesehen von der Zulässigkeit einer Vorausverfügung durch Verrechnung nach § 1124 BGB., müsse demjenigen, der einen Anspruch aus Verwendungen für das Grundstück verfolge, jedenfalls ein Zurückbehaltungsrecht zugestanden werden. Die Voraussetzungen einer Zurückbehaltung würden aber bei einem im Mietvertrag begründeten Anspruch nach § 273, wenn nicht nach § 320 BGB., in jedem Fall, nicht nur wegen Verwendungen, gegeben sein. Indes, auch abgesehen von den Bedenken, die einer der Aufrechnung gleichkommenden Zurückbehaltung (RGZ. Bd. 83 S. 140, Bd. 85 S. 109) aus § 1125 BGB. entgegenstehen würden, ist schon vorher darauf hingewiesen worden, daß gerade der vorliegende Vertrag die einseitige Zurückbehaltung ebenso wie die einseitige Aufrechnung verwehrt. In diesem Sinn ist also auch die Eigenschaft der Forderung des Beklagten als einer durch Verwendung auf das Grundstück entstandenen nicht von Belang.

Wohl aber beanstandet die Revision unter Heranziehung dieses Umstands mit Grund, daß die Vorinstanzen in der Abrede des § 2 eine Vorausverfügung über den Mietzins gesehen haben. Nach § 152 Abs. 2 ZVG. ist der Miet- (Pacht-) Vertrag, sofern das Grundstück vor der Beschlagnahme dem Mieter (Pächter) überlassen war, auch dem Verwalter gegenüber wirksam. Daraus ist nicht notwendig zu entnehmen, daß eine die Erfüllung durch Zinszahlung angehende Abrede (Vorauszahlung, Verrechnung) den Verwalter weitergehend bindet, als sich das aus den §§ 1123 flg. BGB. ergibt. Aber alle

Abreden, die der Sache nach die Bestimmung des Mietzinses betreffen, mögen sie auch naturgemäß auf dessen Erfüllung einwirken oder selbst mit ihr verknüpft sein, gehören in den vom Verwalter voll zu wahrenden Bereich der Vertragsbedingungen und enthalten keine Verfügung über einen schon vereinbarten Mietzins, dessen Bestehen eben der Begriff der Verfügung voraussetzt. Grundsätzlich geht auch das von dem Berufungsrichter gebilligte Urteil des Landgerichts von einer entsprechenden Unterscheidung aus und kommt zu dem Ergebnis, die Verpächterin habe frei sein wollen von ihrer gesetzlichen Instandsetzungspflicht. Daß der Berufungsrichter in dieser Auslegung unter Heranziehung auch der Vertragsfassung am Wortlaut hafte oder sonst gegen Auslegungsgrundsätze verstoße, ist der Revision nicht zuzugeben. Indes ist auch von dem Ergebnis aus, das der Berufungsrichter mit seiner Auslegung gewinnt, bei richtiger Auffassung des § 1124 BGB. nicht eine Vorausverfügung als gegeben, sondern der Zusammenhang der Abrede mit dem bedingenden Teil des Vertrages als die Vereinbarung beherrschend anzusehen. Entnimmt der Berufungsrichter aus der Abmachung, daß der „Verpächter" von der ihm nach dem Gesetz obliegenden Instandsetzungspflicht befreit sein und daß der „Pächter" durch die von ihm selbst vorgenommenen Arbeiten „erst in die Lage versetzt werden sollte, die zur Zahlung der Pacht notwendigen Einnahmen zu erzielen", so sagt er damit nichts anderes, als daß die dem Pächter nach dem Vertrag zufallende Nutzung zu einem erheblichen Teil nicht aus dem Vermögen des Verpächters, sondern aus dem eigenen des Pächters genommen werden soll. Das ist aber ein Umstand, dem nach dem Grundgedanken des Mietrechts entscheidende Bedeutung für die Bemessung des Zinses zukommt. Daß er seinen Ausdruck der Form nach nicht in der Abrede der Mietfreiheit oder Mietherabsetzung für eine bestimmte Zeit fand, sondern durch seine Fassung der Verrechnung angenähert wurde, erklärt der Berufungsrichter selbst damit, daß der Umfang der Aufwendungen damals noch nicht feststand.

Es kann danach im Sinn von § 1124 BGB. kein ausschlaggebender Wert auf die Form gelegt werden, in welcher die dem Vermieter für sein Gewähren zukommende Reinvergütung schließlich zutage treten sollte. Der enge Zusammenhang der Abrede mit dem Wert der Vertragsleistung des Vermieters kennzeichnet die Abmachung des § 2 als eine wesentlich zur Bemessung des Mietzinses, nicht zu seiner

Begleichung (Verrechnung) gehörende Abrede. Nur diese Auffassung beseitigt auch den Mißstand, den das Landgericht selbst als Folge seiner Entscheidung empfindet, daß nämlich eine vertragsgemäß zur Erhaltung und Erhöhung des Verkehrswerts gemachte und damit der Verbesserung der Realsicherheit dienende Leistung von dem an den Vertrag gebundenen Verwalter außer Betracht gelassen werden dürfe, sodaß der Mieter im Ergebnis die von ihm selbst an Stelle des Vermieters gemachte Leistung (nochmals) entgelten soll.

---

79. Über Begriff, Voraussetzung und Wirkung der Gesellschafter-Erfindung.

I. Zivilsenat. Urt. v. 11. Juni 1932 i. S. R. (Bekl.) w. B., E. & Co. Kommanditgesellschaft (Kl.). I 362/31.

I. Landgericht Hagen, Kammer für Handelssachen.
II. Oberlandesgericht Hamm.

Der Beklagte war vom August 1926 bis Ende 1929 bei der klagenden Firma tätig, zuerst als Prokurist, dann — vom 1. Januar 1928 ab — als persönlich haftender Gesellschafter. Schon als Prokurist war er nach dem Anstellungsvertrag befugt, die Gesellschaft allein zu vertreten. Allerdings war dabei die Möglichkeit vorgesehen gewesen, einen technischen Leiter zu bestellen, und für diesen Fall war vorbehalten, daß der Beklagte die Gesellschaft nur gemeinsam mit diesem technischen Leiter oder einem anderen Prokuristen vertreten solle. Dieser Fall ist aber nicht eingetreten. Die Stellung des Beklagten bei der Klägerin erreichte dadurch ihr Ende, daß er sich, wie diese behauptet, verschiedene Handlungen zum Nachteil der Gesellschaft zuschulden kommen ließ.

Während der Tätigkeit des Beklagten bei der Klägerin ließ diese ein Verfahren und eine Vorrichtung zur Ausübung des Verfahrens beim Reichspatentamt zum Patent anmelden, ferner eine Eventualanmeldung der Vorrichtung als Gebrauchsmuster bewirken. Es handelte sich dabei um folgendes. Die klagende Firma stellt Holzschrauben her. Die neue Erfindung dient dazu, Schwierigkeiten zu beseitigen, die beim Herstellen von Holzschrauben aus besonders widerstandsfähigem Stoff (sog. Deltametall, Selvametall) aufgetreten waren. Die Schutzrechte sollten zunächst auf einen in der Schraubenindustrie unbekannten Namen angemeldet werden, um die Konkurrenz abzulenken. Zu diesem Zweck trat die Klägerin mit dem Kaufmann S. in Verbindung. Dieser hat die Anmeldungen bewirkt. Den Briefwechsel mit ihm ließ der Beklagte als vertretungsberechtigter Mitinhaber der klagenden Gesellschaft durch den Patentanwalt N. führen. S. hat seine Rechte aus den Anmeldungen am 7. Mai 1929 an den Beklagten abgetreten.

Die Klägerin behauptet, daß die Rechte aus den Anmeldungen ihr zuständen, weil es sich um eine Betriebs- oder doch um eine Diensterfindung handle. Die Abtretung vom 7. Mai 1929 habe ihr der Beklagte verheimlicht; sie habe erst Anfang 1930 davon erfahren. Ihre Klage geht auf Feststellung ihrer Rechte an der angemeldeten Erfindung.

Der Beklagte bestritt, daß es sich um eine Betriebs- oder Diensterfindung handle. Die Erfindung rühre ganz allein von ihm her und stamme aus der Zeit seiner früheren Tätigkeit in Schw. Er sei ferner in seiner Stellung bei der Klägerin nur kaufmännischer Leiter gewesen und habe mit technischen Dingen nichts zu tun gehabt, sei also auch nicht verpflichtet gewesen, für die Klägerin Erfindungen zu machen.

Der Beklagte unterlag in allen drei Rechtszügen.

Aus den Gründen:

Den Gegenstand des Rechtsstreits bildet allein die Frage, ob die streitige Erfindung zum Vermögen der Gesellschaft gehört. Ob und welches Auseinandersetzungsguthaben dem Beklagten als ehemaligem Gesellschafter der Klägerin zusteht, darüber ist hier nicht zu entscheiden...

Über die Erfindung trifft der Vorderrichter folgende Feststellungen: Erfinder war der Beklagte; um eine Betriebserfindung handelt es sich nicht; eine Mitwirkung anderer an der Erfindung war nicht festzustellen; Ausprobung der Erfindung im Betrieb der Klägerin und mit deren Mitteln macht die Erfindung noch nicht zur Betriebserfindung. Hiergegen läßt sich rechtlich nichts erinnern. Aber auch als Alleinerfindung des Beklagten sei sie, so führt das Berufungsurteil weiter aus, als Diensterfindung „Eigentum" der Klägerin geworden. Gemacht habe der Beklagte die Erfindung im März/April 1929, möge er immerhin schon früher während seiner Tätigkeit in Schw. die „Idee" seiner Erfindung gehabt haben. Um was es sich hierbei gehandelt habe, zeige seine eidesstattliche Versicherung vom 18. Juni 1930, worin er erkläre, „der Gedanke, daß das Material auf eine rationellere Art müsse verarbeitet werden können als bisher", sei ihm schon früher gekommen. Eine Idee sei noch nicht die Erfindung. Dazu gehöre hier die genaue Festlegung des Hitzegrades bei der Anwärmung des fortlaufenden Drahtes, wofür erst praktische Versuche die nötige Unterlage hätten schaffen müssen. Damals sei der Beklagte alleiniger Geschäftsführer und persönlich haftender, zur Mitarbeit verpflichteter Gesellschafter der klagenden Firma gewesen. Er habe seine ganze Kraft in den Dienst des Unternehmens zu stellen gehabt. Der Betriebsleiter Si., auf den er verweise, sei nicht der im Anstellungsschreiben des Beklagten erwähnte mitzeichnungsberechtigte technische Betriebsleiter gewesen, sondern habe unter dem Beklagten gestanden. Allein auch abgesehen hiervon sei die Erfindung des Beklagten als Diensterfindung anzusehen. Bei Gesellschaftern, die ihre Arbeitskraft zu gemeinsamem Zweck vereinigten, sei eine scharfe Scheidung ihres Pflichtenkreises wie bei Angestellten und Beamten nicht möglich, auch wenn sie untereinander eine gewisse Arbeitsteilung vornähmen. Daher gehörten, wie im patentrechtlichen Schrifttum allgemein angenommen werde, auch die einschlägigen Erfindungen eines im wesentlichen nur kaufmännisch tätigen Gesellschafters der Gesellschaft, zumal im Streitfall, wo dem Beklagten der gesamte Betrieb, auch der technische Teil, unterstanden habe.

Das Oberlandesgericht erörtert dann das Verhalten der Parteien vor und bei der Patentanmeldung und leitet daraus her, daß die Erfindung stets als eine der Gesellschaft zustehende Diensterfindung behandelt worden sei. Die Erfindung sei im Betrieb der Klägerin und auf ihre Kosten ausgeprobt worden. In diesem Sinn habe auch der Beklagte für die Klägerin den Briefwechsel mit dem Patentanwalt N. geführt. So heiße es im Schreiben vom 29. April 1929: „Wir bitten noch um den Text für die notarielle Erklärung, die Herr S. bezüglich unseres Eigentumsrechts wegen des etwaigen Patentes abzugeben hat." Ebenso habe der Beklagte, als er persönlich mit N. verhandelt habe, sich als Direktor der Klägerin vorgestellt und betont, namens der Klägerin zu handeln. Im gleichen Sinn zu bewerten sei das Schreiben des Beklagten an N. vom 19. April 1929, in dem er sage, das Patent solle auf seinen Namen angemeldet werden. Denn diesen Brief habe er an N. „im Anschluß an die soeben mit Ihnen gehabte Unterredung" gerichtet und am Schlusse bemerkt: „so würden wir diesen Weg vorziehen". Das bedeute im Zusammenhang auch nur ein Handeln für die Gesellschaft. Im gleichen Sinn erörtert der Vorderrichter die weiteren Schreiben, insbesondere das vom 2. Mai 1929, worin der Beklagte namens der Gesellschaft Abtretung der Rechte aus den Anmeldungen an ihn selbst fordert. Der Vorderrichter entnimmt aus mehreren Umständen, daß der Beklagte diese Übertragung der Rechte geheim gehalten hat, und er erachtet diese Abtretung nach § 181 BGB. für unwirksam.

Auch diese Ausführungen begegnen keinem rechtlichen Bedenken. Die eigenartige Wirkung der Diensterfindung beruht darin, daß das Recht an solchen Erfindungen unmittelbar in der Person des Dienstherrn entsteht. Die Grundsätze, nach denen eine Diensterfindung anzunehmen ist, stehen in der reichsgerichtlichen Rechtsprechung fest; zu vgl. aus letzter Zeit RGZ. Bd. 127 S. 197, Bd. 131 S. 328. Im vorliegenden Fall handelt es sich allerdings um keine eigentliche Dienst-, sondern um eine Gesellschafter-Erfindung. Aber für diese müssen, wie das Oberlandesgericht in Übereinstimmung mit dem patentrechtlichen Schrifttum annimmt, die Grundsätze der Diensterfindung noch in erhöhtem Maße gelten (so das vom Berufungsgericht bereits angeführte Schrifttum: Kent PatG. Bd. 1 S. 187 Anm. 345 zu § 1; Seligsohn PatG. 6. Aufl. S. 101 Anm. 25 zu § 3; Isay PatG. 5. Aufl. S. 134 Anm. 14 zu Anh. zu §§ 1, 2; außerdem noch Kisch Handb. S. 72 zu III). Die reichsgerichtliche Rechtsprechung hatte, soweit ersichtlich, bisher keine Gelegenheit, hierzu Stellung zu nehmen. Die Entscheidung kann aber gar nicht anders ausfallen. Ebenso wie die Angestellten haben die im Betrieb tätigen Gesellschafter ihre Kraft dem Unternehmen zu widmen. In den beiden Reichsgerichtsentscheidungen ist der Grundsatz anerkannt, daß höhere Angestellte oder Beamte in der Regel die von ihnen erdachten Verbesserungen erfinderischer Art für das Unternehmen machen. Um so mehr muß dieser Grundsatz Geltung beanspruchen für die im Betrieb tätigen Gesellschafter selbst. Im nicht patentrechtlichen Schrifttum wird zum Teil ein abweichender Standpunkt vertreten, übrigens auch nicht genügend scharf unterschieden, ob das Unternehmen unmittelbar das Recht an der Erfindung erwirbt oder nur einen Anspruch auf Übertragung des in der Person des Erfinders entstandenen Rechts. Staudinger (BGB. 9. Aufl. Bd. II 3 S. 1240 § 706 Anm. 3) geht von dem an sich richtigen Grundsatz aus, mehr, als der Gesellschaftszweck es mit sich bringe, könne nicht den Inhalt der Dienste ausmachen. Und er folgert daraus: danach werde sich entscheiden, ob die Gesellschaft Anspruch auf die Erfindung habe. Aber, so fährt er fort, dies sei nur dann zu bejahen, wenn es gerade die Aufgabe der Gesellschaft sei, Erfindungen zu machen. Diese enge Auffassung ist durch nichts begründet, ganz abgesehen davon, daß es Gesellschaften mit dem Gesellschaftszweck, Erfindungen zu machen, schwerlich geben wird. Vielmehr gehört es zu den Aufgaben eines jeden Fabrikunternehmens, seine Herstellungsweisen zu verbessern, zu verbilligen, zu vereinfachen. Alles, was diesem Zweck dient, fällt in den Rahmen der Gesellschaftszwecke, an deren Verwirklichung mitzuhelfen die im Betrieb tätigen Gesellschafter in erster Linie berufen sind. Daher kann auch Düringer-Hachenburg (HGB. § 110 Anm. 4) nicht zugestimmt werden, wenn sie unterscheiden wollen, ob sich die Erfindung bezieht auf die von der Gesellschaft verwendeten Herstellungsmaschinen oder auf Maschinen, welche die Gesellschaft selber herstellt, und wenn sie nur im letzteren Fall die Grundsätze der Dienst- und Gesellschafter-Erfindung angewandt wissen wollen. Nicht billigenswert ist endlich der Standpunkt von Staub-Koenige (HGB. § 111 Anm. 4; ähnlich anscheinend auch Schwarz HGB. § 109 Anm. 4, der sich sowohl auf Staub wie auf Düringer beruft), die darauf abstellen, ob es sich um eine Erhöhung der Einlage des Gesellschafters handelt oder nicht, und hierfür die vertraglichen Abreden entscheiden lassen wollen. Dieser Gesichtspunkt ist anwendbar auf die vom Berufungsgericht gestreifte Frage, wie zu entscheiden wäre, wenn der Beklagte die fertige Erfindung bei seiner Anstellung schon mitgebracht hätte. Nicht brauchbar ist er aber für die Frage, wenn der Gesellschafter die Erfindung erst im Lauf des Gesellschaftsverhältnisses und somit während seiner gesellschaftlichen Leistungspflicht gemacht hat.

Ist hiernach die Annahme des Vorderrichters nicht zu beanstanden, daß die Gesellschaft das Recht an der Erfindung unmittelbar erworben hat, so erwarb sie auch unmittelbar die Rechte aus den Anmeldungen der Schutzrechte (über diese s. Krauße PatG. § 6 Anm. 1a), die S. für sie in verdeckter Stellvertretung vornahm. Und ebensowenig verstößt es gegen Rechtsregeln, wenn das Berufungsgericht der vom Beklagten namens der Gesellschaft angeordneten Abtretung dieser Rechte an ihn selber nach § 181 BGB. die Rechtswirksamkeit versagt. Denn die Bewirkung der Anmeldung durch S. als Anmelder war im Innenverhältnis eine bloße Rechtsform; sachlich war es hier so anzusehen, als sei die Klägerin selbst Anmelderin gewesen und habe der Beklagte als ihr zeichnungsberechtigter Geschäftsführer die Abtretung an sich selbst vorgenommen. Die Revision erhebt hiergegen auch keine Angriffe.

Was die Revision geltend macht, erweist sich nicht als begründet. Sie führt aus, „im Zweifel" müsse man jeden Erfinder, ob Angestellten oder Gesellschafter, als Herrn seiner Erfindung betrachten. Daß dies nicht zutrifft, ist bereits dargelegt. Ebensowenig kann der Revision darin beigestimmt werden, daß die Vorgänge bei der Anmeldung des Patents „unwichtig" seien. Sie haben ihre Bedeutung als Beweisanzeichen und durften daher sehr wohl vom Berufungsgericht herangezogen und gewürdigt werden (vgl. auch Isay PatG. Anh. zu §§ 1, 2 Anm. 9 S. 131; Kisch Handb. S. 71).

Das Hauptgewicht legt die Revision auf drei Umstände, die ihrer Ansicht nach entscheidend gegen die Rechtsauffassung des Oberlandesgerichts sprechen. Sie bringt vor:

Weder der Dienstvertrag noch der Gesellschaftsvertrag habe etwas über Erfindungen der Angestellten oder der Gesellschafter enthalten. Hierauf kommt es indessen nicht an. Allerdings sind die vorher besprochenen Grundsätze über die Dienst- und die Gesellschafter-Erfindung kein zwingendes Recht. Sie beruhen aber auf der Natur dieser Rechtsverhältnisse, finden also gerade immer dann Anwendung, wenn nichts Abweichendes vereinbart worden ist.

Ebensowenig kommt dem zweiten Umstand Bedeutung zu, daß der Beklagte „mit der technischen Betriebsleitung nichts zu tun hatte". Das Berufungsgericht hat diesen Sachverhalt seiner Entscheidung zugrundegelegt, durfte aber mit der herrschenden Anschauung, wie sie bereits erörtert wurde, trotzdem das Vorhandensein einer Gesellschafter-Erfindung annehmen.

Endlich bemängelt die Revision zu Unrecht, daß der Vorderrichter dem Zeitpunkt keine Bedeutung beigelegt habe, zu dem der

Beklagte zuerst auf die „Idee" der Erfindung gekommen sei. Hierzu wird ausgeführt: Der Beklagte habe behauptet, er habe die Erfindung schon von seiner früheren Stellung her mit sich herumgetragen, er habe dann ohne weitere Vorbereitungen und Versuche die Idee während seiner Stellung bei der Klägerin in die Tat umgesetzt. Das Oberlandesgericht bezweifle dies zwar, stelle aber das Gegenteil nicht fest, sondern halte für entscheidend, daß die Erfindung während der Tätigkeit des Beklagten bei der Klägerin erst „vollendet" worden sei. Diese Wendung sei mindestens irreführend, sicher aber nicht durchschlagend. Wenn der Beklagte eine fertige Idee verwirklicht habe, ohne neue Schwierigkeiten überwinden zu müssen, so sei es ohne Belang, daß ihm der Wert seiner längst ausgedachten Erfindung „damals erst bestätigt" worden sei.

Hiermit legt jedoch die Revision ihren Ausführungen einen anderen als den vom Berufungsgericht festgestellten Sachverhalt zugrunde. Das Berufungsgericht spricht zwar von einer „noch nicht ausgewerteten" Erfindung, aber in ganz anderem Zusammenhang. Es sagt, man könne dahingestellt lassen, wie zu entscheiden wäre, wenn der Beklagte mit einer bereits fertigen, aber noch nicht ausgewerteten Erfindung bei der Klägerin eingetreten wäre. Aber daß die Erfindung damals schon fertig gewesen wäre, wird eben nicht festgestellt, sondern das Gegenteil, daß nämlich der Beklagte nur die allgemeine Idee (nicht die „fertige Idee", wie die Revision sagt) gehabt habe, man müsse den Arbeitsstoff rationeller verarbeiten können. Hierfür stützt sich das Berufungsgericht auf die eigene eidesstattliche Versicherung des Beklagten, die er in dem Verfahren gegen S. abgegeben hatte. Die Stelle in der eidesstattlichen Versicherung lautet: „Der Gedanke, daß das erwähnte Material auf eine rationellere Art muß verarbeitet werden können als bisher, kam mir schon früher. Anläßlich einer Anfrage aus Österreich im März oder April 1929 bin ich in meinen Mußestunden und in meiner Privatwohnung dem Problem nachgegangen und habe es glatt und überraschend gelöst." Auf Grund dieser Angaben stellt das Oberlandesgericht fest, daß der Beklagte die Erfindung im März/April 1929 gemacht hat, gleichviel, ob er dabei auf besondere Schwierigkeiten gestoßen ist oder nicht. Diese Feststellung ist rechtlich unbedenklich, liegt im wesentlichen auf tatsächlichem Gebiet und ist verfahrensrechtlich nicht angegriffen. Damit ist aber der Rüge der Boden entzogen...

80. 1. Welchen Inhalt muß die Erklärung der Verpfändung einer Grundschuld haben?

2. Wie kann eine Willenserklärung in zwei Urkunden wirksam abgegeben werden, wenn Schriftform vorgeschrieben ist?

3. Wann ergeben die Umstände eine Bevollmächtigung dessen, der als Stellvertreter handelt?

BGB. §§ 125, 133, 1154, 1274, 1291.

VII. Zivilsenat. Urt. v. 21. Juni 1932 i. S. Stadtgemeinde B. — Sparkasse — (Bekl.) w. N. K. eingetr. Gen. m. b. H. (Kl.). VII 467/31.

I. Landgericht Bonn.
II. Oberlandesgericht Köln.

Die Nord. T.-Gesellschaft, eine Kommanditgesellschaft, der der Rittergutsbesitzer Ri. als persönlich haftender Gesellschafter angehörte, hatte auf ihrem Grundstück in Tr. für sich selbst zwei Grundschulden in Höhe von 700000 GM. und 300000 GM. eintragen lassen. Die Klägerin behauptet, die Nord. T.-Gesellschaft habe Anfang Juli 1924 beide Grundschulden dem am 23. Juni 1924 in das Genossenschaftsregister eingetragenen Kartell l. G. eingetr. Gen. m. b. H. in H. für einen Kredit von 330000 GM. verpfändet, und zwar unter Übergabe der Grundschuldbriefe an Ra. als Beauftragten des Kartells. Der Generaldirektor Th., Vorstandsmitglied des Kartells, hat Mitte Juli 1924 die beiden Grundschuldbriefe nebst einer schriftlichen Verpfändungserklärung der Nord. T.-Gesellschaft vom 11. Juli 1924 der verklagten Sparkasse übergeben und dabei ein Schreiben des Ri. an ihn, ebenfalls vom 11. Juli 1924, vorgelegt, in dem Ri. schrieb, er hoffe, daß die von Th. gewünschte Verpfändungserklärung in der Form richtig sei. Ri. hatte die Verpfändungserklärung mit dem erwähnten Begleitschreiben an Th. gesandt. Dieser hatte schon vorher auf Wechsel, welche die Beklagte akzeptiert und ihm gegeben hatte, erhebliche Beträge bekommen und schuldete ihr aus diesem Geschäft noch 900000 Rentenmark. Die Beklagte hatte weiter der L.-Bank, zu deren Gründung Th. die auf die erwähnten Wechsel erhaltenen Beträge nötig hatte, zur Beschaffung von Geld für die Beklagte Wechsel über 5000000 Rentenmark gegeben und nach Begebung der Hälfte der Wechsel durch die L.-Bank am 5. Juni 1924 einen Vertrag mit Th. als Generaldirektor des Kartells, mit der Bank und deren beiden persönlich haftenden Gesellschaftern über die weitere

Verwertung der Wechsel geschlossen. Th. hatte dabei für das Kartell gegenüber der Beklagten die Bürgschaft für alle Verpflichtungen übernommen, die aus der Hergabe der Wechsel entstehen könnten, und zur Sicherung der Bürgschaft die Beschaffung von mündelsicheren Grundschuldbriefen auf landwirtschaftlichen Grundstücken in der Provinz H. über 5000000 Rentenmark versprochen.

Die Klägerin behauptet: Th. habe gesagt, die Beklagte gebe das Geld, das der Nord. T.-Gesellschaft von dem Kartell als Darlehen versprochen gewesen sei; deshalb habe die Gesellschaft die Grundschulden gleich an die Beklagte verpfänden wollen. Diese habe kein Geld gegeben, denn die Gesellschaft habe von ihr nichts erhalten; die 250000 Rentenmark, die sie bekommen habe, seien von dem Kartell gegeben worden. Die Beklagte müsse also die beiden Grundschuldbriefe herausgeben. Die Verpfändung sei auch nichtig, da die Verpfändungserklärung nicht die zu sichernde Forderung bezeichne. Die Nord. T.-Gesellschaft und das Kartell hätten der Klägerin die Rechte abgetreten, die ihnen gegen die Beklagte zuständen.

Die Beklagte beruft sich auf ihr Pfandrecht. Th. habe ihr die Grundschulden in Ausführung des Abkommens vom 5. Juni 1924 verpfändet. Dieses Abkommen habe er auf Grund einer Generalvollmacht und einer Spezialvollmacht des Kartells geschlossen; auf alle Fälle sei es genehmigt worden. Außerdem macht die Beklagte ein Zurückbehaltungsrecht geltend.

Das Landgericht hat die Klage abgewiesen. Das Oberlandesgericht hat die Beklagte zur Herausgabe der Grundschuldbriefe verurteilt. Die Revision der Beklagten ist zurückgewiesen worden.

Aus den Gründen:

Die Klägerin leitet ihre Ansprüche auf Herausgabe der beiden Grundschuldbriefe von der Nord. T.-Gesellschaft und dem Kartell l. G. ab. Erstere soll die Inhaberin der Grundschulden und damit die Eigentümerin der Grundschuldbriefe (§ 952 BGB.), letzteres Pfandgläubiger wegen der Grundschulden und damit Pfandberechtigter wegen der beiden Briefe sein (§ 952 Abs. 1 Satz 2, Abs. 2 BGB.). Der Anspruch aus dem Recht der Nord. T.-Gesellschaft muß zur Verurteilung führen, es bedarf also keiner Ausführungen zum zweiten Klaggrund.

Das Oberlandesgericht läßt es dahingestellt, ob eine Abtretung der Grundschulden dargetan sei; nach seiner Meinung genügt die Abtretung des Anspruchs auf Herausgabe des Besitzes an den Grundschuldbriefen, die in der Abtretungsurkunde der Nord. T.-Gesellschaft enthalten sei. Die Zulässigkeit einer solchen Abtretung des Herausgabeanspruchs aus dem Eigentum ist nicht unzweifelhaft; sie ist aber hier als die Ermächtigung, im eigenen Namen auf Leistung an die Klägerin zu klagen, aufzufassen und als solche unbedenklich. Da die Beklagte kein von dem Kartell als Pfandgläubiger abgeleitetes Unterbesitzrecht in Anspruch nimmt, kommt § 986 Abs. 1 Satz 2 BGB. nicht in Frage.

Die Beklagte beruft sich der Nord. T.-Gesellschaft gegenüber auf ein Pfandrecht an den Grundschulden und damit auf ein Recht zum Besitz an den beiden Grundschuldbriefen (§ 986 Abs. 1 Satz 1, § 952 Abs. 2 BGB.). Dieses Pfandrecht ist aber, wie das Berufungsgericht mit Recht annimmt, nicht rechtswirksam begründet worden. Nach §§ 1274, 1291, 1154 BGB. gehört zur Entstehung eines Pfandrechts an einer Grundschuld u. a. die Erteilung einer Verpfändungserklärung in schriftlicher Form; für die Annahme dieser Erklärung bewendet es bei der mündlichen Form, die immer ausreicht, wenn nichts anderes bestimmt ist. Die Urkunde vom 11. Juli 1924 genügt nicht, weil sie keine Angabe enthält, welche Forderung gesichert sein soll. Die Revision meint zu Unrecht, daß die Angabe der pfandgesicherten Forderung nicht der Schriftform bedürfe. Ein Pfandrecht an einer Sache oder einem Recht ist nach §§ 1204, 1273 BGB. eine der Sicherung einer Forderung dienende Belastung der Sache oder des Rechts mit dem Recht auf Befriedigung der Forderung aus der Sache oder dem Recht. Zur Entstehung eines Vertragspfandrechts gehört also der Pfandgegenstand, die pfandgesicherte Forderung und die Pfandbestellung. Diese drei Voraussetzungen eines Pfandrechts müssen in der Verpfändungserklärung bezeichnet werden. Ist aber für eine Willenserklärung die Schriftform vorgeschrieben, so muß diese Form alle wesentlichen Teile der Willenserklärung umfassen (RGZ. Bd. 80 S. 400 [402]). Die Erklärung über die Verpfändung einer Grundschuld muß also auch die Forderung nennen, die durch die Verpfändung gesichert sein soll, sonst ist sie nach § 125 BGB. nichtig (RGZ. Bd. 78 S. 26 [31]); RGUrt. v. 14. November 1931 V 262/31). Nicht erforderlich ist allerdings, daß die Forderung in allen ihren Einzelheiten in der Urkunde angegeben ist; auch hier darf man nach § 133 BGB. nicht am buchstäblichen Sinn des Ausdrucks haften; es dürfen zur Auslegung Umstände außerhalb der

Urkunde herangezogen werden; aber die Forderung muß doch irgendwie, wenn auch nur unvollkommen, in der Urkunde bezeichnet sein, sodaß sie wenigstens in Verbindung mit anderen Umständen festgestellt werden kann. Dies ist z. B. der Fall, wenn eine Sache oder ein Recht wegen aller gegenwärtigen und zukünftigen Forderungen verpfändet wird (RGZ. Bd. 78 S. 26); dann kann kein Zweifel über die pfandgesicherten Forderungen entstehen, sie sind in der Urkunde hinreichend deutlich bestimmt. In der Urkunde vom 11. Juli 1924 fehlt aber jeder Anhaltspunkt dafür, welche Forderung durch die Verpfändung gesichert sein sollte; sie genügt also den Anforderungen nicht.

Die Urkunde vom 5. Juni 1924 enthält ebenfalls keine Verpfändungserklärung, auf die sich die Beklagte stützen könnte. Dort ist zwar eine Forderung erwähnt, ja begründet; das Schriftstück enthält aber nur das Versprechen einer Sicherung der Forderung durch Grundschuldbriefe und damit vielleicht das Versprechen einer Verpfändung von Grundschulden, keinesfalls aber den dinglichen Akt dieser Verpfändung selbst. Es sind auch die beiden Grundschulden, deren Briefe die Klägerin herausverlangt, in der Urkunde überhaupt nicht erwähnt; ja es steht keineswegs fest, ob sie den Anforderungen, die das Schriftstück für die zu verpfändenden Grundschulden aufstellt, entsprechen, insbesondere ob sie mündelsicher sind.

Beide Urkunden, die vom 5. Juni und die vom 11. Juli 1924, erfüllen aber auch zusammen nicht das Erfordernis der Schriftform. Ist für eine Willenserklärung Schriftlichkeit vorgeschrieben, so ist sie für die Erklärung in ihrer Gesamtheit vorgeschrieben, nicht aber für die Teile im einzelnen; die Willenserklärung muß in ihrer Gesamtheit in einer Urkunde enthalten sein. Erstreckt sich die Willenserklärung über mehrere Blätter, so müssen diese zu einer einheitlichen Urkunde im Rechtssinn zusammengefaßt werden, z. B. durch dauerndes unmittelbares Beifügen eines Schriftstücks als Anlage zu einem anderen Schriftstück (vgl. RGZ. Bd. 107 S. 291 [294], Bd. 125 S. 156 [159], Bd. 131 S. 1 [4/5]). Enthalten die Blätter in sich selbständige Willenserklärungen, so bedarf es außerdem einer Bezugnahme der einen Willenserklärung auf die andere (RGZ. Bd. 59 S. 217, Bd. 76 S. 303, Bd. 105 S. 289 [292], Bd. 107 S. 291 [294], Bd. 117 S. 59, Bd. 125 S. 156 [159], Bd. 131 S. 1 [4/5]). Daß die Willenserklärungen, die als eine Einheit angesehen werden sollen, von derselben Person abgegeben sind, ist nicht unbedingtes Erfordernis;

man muß aber, wenn es sich um verschiedene Personen handelt, um so schärfer das Erfordernis der Bezugnahme betonen, und man wird nicht ohne triftige Gründe eine Ergänzung der Erklärung einer Person durch die Erklärung einer anderen annehmen können (RGZ. Bd. 107 a. a. O., Bd. 131 a. a. O.). Die beiden hier vorliegenden Urkunden bilden in keiner Beziehung eine rechtliche Einheit, und die in ihnen enthaltenen Willenserklärungen nehmen auch in keiner Weise aufeinander bezug. Wenn etwa Th. beide Willenserklärungen mündlich in Verbindung gebracht hätte, so wäre dadurch dem Erfordernis der Schriftlichkeit nicht genügt; denn dieses erstreckt sich auch auf die Verbindung beider Urkunden in Gestalt der Inbezugnahme. . .

Des weiteren will die Revision die Verpfändung, wenn sie ungültig ist, in einen Vertrag über die Einräumung eines vertraglichen Zurückbehaltungsrechts umgedeutet wissen (vgl. RGZ. Bd. 66 S. 24). Daß ein solches Zurückbehaltungsrecht ein Recht zum Besitz im Sinn des § 986 Abs. 1 Satz 1 BGB. ist, wird zutreffend angenommen (vgl. RGRKomm. Anm. 1 zu § 986 BGB.). Es ist dem Berufungsgericht aber darin beizutreten, daß die vorgetragenen Umstände weder eine Vollmacht der Nord. T.-Gesellschaft auf Th. noch eine Genehmigung seiner Erklärungen durch diese Gesellschaft ergeben. Die Beklagte will die Bevollmächtigung des Th. in der Sachlage finden, wie sie sich ihr dargestellt habe. Das ist indessen nicht möglich. Das Reichsgericht hat zwar angenommen, daß derjenige, welcher einem angesehenen Rechtsanwalt drei Grundschuldbriefe über je 3000 RM. nebst unterschriebenen, im übrigen aber unausgefüllten Entwürfen zu Grundschuldabtretungen aushändige, damit nicht nur dem Anwalt, sondern auch jedem Dritten, der sich mit diesem auf eine Abtretung einlasse, zu erkennen gebe, er habe den Inhaber der Urkunde zur freien Verfügung über die Grundschuldbriefe ermächtigt (RGZ. Bd. 81 S. 257 [260]). Hier ist aber ein ganz anderer Sachverhalt zu beurteilen. Dort handelte es sich um einen angesehenen Anwalt, es waren verhältnismäßig kleine Beträge im Spiel, die Urkunden, die der Inhaber der Grundschulden dem Anwalt übergeben hatte, zeigten, daß eine Vervollständigung nötig war, und sie wurden hingegeben, um dafür Geld zu empfangen. Wenn unter diesen Umständen jemand mit dem Anwalt ein Rechtsgeschäft vornahm, auf das die Entwürfe hinwiesen, so durfte er in der Tat annehmen, daß der Inhaber der Grundschulden die Briefe und Entwürfe dem Anwalt ausgehändigt habe, damit dieser die Entwürfe ausfülle und nach seinem Belieben über die Urkunden verfüge. Im vorliegenden Fall war Th. bei der Beklagten erheblich verschuldet, und die Grundschulden sollten zur Sicherung dieser Schulden dienen. Die Urkunde vom 11. Juli 1924 war, wie sich aus dem Begleitschreiben ergab, vollständig fertig von der Nord. T.-Gesellschaft an Th. geschickt worden, sie bedurfte also keiner Ergänzung mehr. Es handelte sich auch um eine Million GM., und Mitte 1924 war das ein ganz außergewöhnlich hoher Betrag. Unter diesen Umständen konnte die Beklagte unmöglich annehmen, die Nord. T.-Gesellschaft werde die Grundschulden über solche Beträge dem Th. zur Sicherung seiner Schulden überlassen haben. . .

---

81. Unterliegt bei Vertragsrechten auf kurzzeitig wiederkehrende, wirtschaftlich einheitliche Leistungen auch der „Gesamtanspruch" der Verjährung?

BGB. §§ 194, 197, 198, 224.

VIII. Zivilsenat. Urt. v. 30. Mai 1932 i. S. Graf T.-W. (Kl.) w. Preuß. Staat (Bekl.). VIII 135/32.

I. Landgericht Ratibor.
II. Oberlandesgericht Breslau.

Der Kläger macht Rechte aus einem Vergleich geltend, den am 31. Mai/26. August 1796 der verklagte Preußische Staat als Eigentümer des Dominiums Sch. in Oberschlesien mit der Herrschaft des Dominiums Ob., Graf von Op., geschlossen hat. Darin wurde bestimmt, daß die vom Dominium Ob. beanspruchte, bis dahin streitig gewesene Holzungsgerechtigkeit als aufgehoben gelten solle. Das Dominium Sch. trat ferner den sog. Servitutenwald, einen Teil des Reviers Se., an das Dominium Ob. ab. Nach § 5 der Vergleichs sollten die Untertanen bestimmter Orte des staatlichen Dominiums, die bisher das Recht gehabt hatten, in dem Revier Se. Raff- und Leseholz zu holen, dies Recht auch in dem abgetretenen Forstteil behalten. Ferner hieß es dort:

> Sie entrichten dafür an das Dominio Ob. nichts, sondern leisten die diesfälligen Prästationen, die ohnedies nicht füglich repartiert werden könnten, vollständig an das Dominium Sch., wogegen aber auch gleichbenanntes Dominium die bisherige Versteuerung des ganzen Waldes Se., mithin auch des nun abgetretenen

Teils, allein über sich behält, so daß das Dominium Ob. zu dieser Steuer nicht das Mindeste beiträgt.

In der Folgezeit haben auf Grund dieses Vergleichs die Grafen von Op. teils die auf dem Servitutenwald ruhenden Grundsteuern selbst bezahlt, teils sind diese Grundsteuern vom Beklagten für Rechnung des Majorats Ob. an die Steuerkasse bezahlt worden. Die in § 5 des Vergleichs bezeichneten Raff- und Leseholzberechtigungen sind im Lauf des 19. Jahrhunderts abgelöst worden. Im Jahr 1880 hat der Beklagte zum letzten Mal die Grundsteuer für den Servitutenwald erlegt, und zwar unmittelbar durch Zahlung an die Steuerkasse zu Gunsten der Herrschaft Ob. Im Jahr 1914 hat der vom Kläger als Alleinerben beerbte Graf T.-W. von Graf von Op. den Servitutenwald durch Tauschvertrag zu Eigentum erworben. In dem Vertrag war bestimmt, vom Zeitpunkt der Übergabe an solle jede Vertragspartei in alle mit dem vertauschten Besitz verknüpften Rechte und Pflichten und in alle den Besitz betreffenden Verträge eintreten.

Am 14. Juli 1926 verlangte der Kläger, auf jene Rechtsvorgänge gestützt, vom Beklagten, daß er die nun von ihm für den Servitutenwald bezahlten Grundvermögenssteuern samt Kreissteuerzuschlägen ersetze, und erhob im Juni 1928 Klage auf Erstattung der seit dem 1. Januar 1924 derart gezahlten Beträge.

Der Beklagte machte neben anderen Einwänden die Verjährungseinrede geltend. Das Landgericht erklärte den Klaganspruch dem Grunde nach für gerechtfertigt. Das Oberlandesgericht wies die Klage ab. Die Revision des Klägers blieb erfolglos.

Gründe:

Der Berufungsrichter hat mit Recht in der streitigen Vereinbarung einen schlicht privatrechtlichen Vertrag, nicht etwa über Steuerfreiheit, sondern über Steuererstattung gesehen und den gegen die Zulässigkeit des Rechtswegs erhobenen Bedenken kein Gehör geschenkt.

Ohne Stellungnahme zu den sonstigen Streitpunkten, insbesondere zu der Frage, ob die Ablösung der Raff- und Leseholzgerechtigkeiten den Erstattungsansprüchen die Grundlage entzogen hat, weist er die Klage wegen Verjährung aller Ansprüche aus dem Vergleich ab. Zur Frage der zeitlichen Rechtsanwendung geht der Berufungsrichter zutreffend davon aus, daß nach dem Preußischen Allgemeinen Landrecht zu beurteilen sei, ob die Verjährung in Gang gesetzt und bis zum 1. Januar 1900 gelaufen sei. Das wird unter Berufung auf die Vorschrift des § 509 ALR. I 9 bejaht, derzufolge auch das Recht, jährliche Leistungen und Abgaben von der Person oder dem Grundstück eines anderen zu fordern, durch den bloßen Nichtgebrauch verjähren kann, und zwar in der Verjährungsfrist von 30 Jahren nach § 546 das. Die Erwägungen des Berufungsrichters über Beginn und Lauf der Verjährung nach diesen Gesetzesbestimmungen für die Zeit bis zum Inkrafttreten des Bürgerlichen Gesetzbuchs greift die Revision nicht an; sie sind auch nicht zu beanstanden.

Der Revision ist dagegen zuzugeben, daß die Stellungnahme des Berufungsrichters zum Eingreifen des zeitlichen Übergangsrechts der Art. 169, 170 EG.z.BGB. für den Fristlauf seit dem 1. Januar 1900 zum mindesten nicht eindeutig ist. Während das Berufungsurteil zunächst für die Verjährung des Vergleichsanspruchs seit Geltung des Bürgerlichen Gesetzbuchs allein die Regel des Art. 169 Abs. 1 Satz 1 EG.z.BGB. angewendet wissen will, mißt es in späteren Ausführungen den Grundsätzen des alten Rechts über die Verjährbarkeit eines Gesamtanspruchs auch über den 1. Januar 1900 Bedeutung bei und glaubt, diese Stellungnahme sei durch Art. 170 EG.z.BGB. gedeckt.

Die Revision weist demgegenüber darauf hin, daß Art. 170 EG. z.BGB. die Regel des Art. 169 nicht einschränke, sondern daß dessen Verjährungsvorschriften auch schuldrechtlich vor 1900 begründete Ansprüche für den Verjährungslauf zur Zeit des neuen Rechts schlechthin unterworfen seien, soweit nicht Art. 169 Abs. 2 eingreife. Das entspricht in der Tat der Rechtsprechung des Reichsgerichts, soweit es sich um Ansprüche handelt, die zur Zeit des alten und des neuen Rechts gleichmäßig oder im wesentlichen gleichartig bestanden und hier wie dort der Verjährung unterlagen (RGZ. Bd. 56 S. 253, B. 79 S. 268, Bd. 95 S. 302, Bd. 104 S. 195). Die hier zu entscheidende Frage liegt insofern besonders, als es sich darum handelt, ob ein nach Preußischem Allgemeinem Landrecht begründetes und nach diesem (§ 509 ALR. I 9) der Verjährung unterliegendes Gesamtrecht auf wiederkehrende Leistungen von der Unverjährbarkeit betroffen wird, die etwa für solche Rechtsbildungen nach dem Recht der Anspruchsverjährung des Bürgerlichen Gesetzbuchs gilt. In dem Schrifttum wird überwiegend die Meinung vertreten, das neue Recht sei für einen alten, am 1. Januar 1900 noch nicht verjährten Anspruch maßgebend auch insofern, als es dessen Unverjährbarkeit bestimme.

Auf der anderen Seite ist zu beachten, daß die Rechtsprechung des Reichsgerichts (RGZ. Bd. 56 S. 253, Bd. 64 S. 421) die Verjährungsvorschriften des alten Rechts über den 1. Januar 1900 hinaus als fortgeltend da anerkennt, wo das neue Recht einen dem altrechtlich erwachsenen Anspruch gleichartigen Anspruch nicht gibt. Ob die Gesichtspunkte dieser Urteile zutreffen würden, wenn mit der Revision anzunehmen wäre, das Bürgerliche Gesetzbuch behandle nur die Berechtigung auf jede einzelne wiederkehrende Leistung als Anspruch, der Begriff eines Gesamtanspruchs (Stammanspruchs) aber sei ihm fremd, sodaß für einen solchen keine Verjährung laufen könne, darf dahinstehen. Denn der Revision ist gerade hierin für den vorliegenden Fall nicht zu folgen. Sie meint, es komme in den §§ 194, 198 BGB. zum Ausdruck, ein Anspruch im Sinn dieser Vorschriften sei durch ein Forderungsrecht auf ein dauerndes Tun nicht gegeben; es werde kein einheitlicher Gesamtanspruch auf die wiederkehrenden Leistungen, hier durch den Vergleich kein Gesamtanspruch auf jeweilige Steuererstattung, erzeugt. Das Schrifttum hat zu der Frage im Hinblick auf den Begriff des Anspruchs in § 194 BGB., den der wiederkehrenden Leistungen in § 197 BGB., auf „die Entstehung des Anspruchs" in § 198 BGB. und zu der auch für diesen Fall bedeutsamen Bestimmung des § 224 BGB., daß mit dem Hauptanspruch auch der Anspruch auf die von ihm abhängenden Nebenleistungen verjähre, vielfach und ungleichmäßig Stellung genommen. Die Rechtsprechung des Reichsgerichts hat in einem Erkenntnis vom 1. April 1927 VI 474/26 die Frage, ob bei Vereinbarung wiederkehrender Leistungen ein der Verjährung zugängliches Stammrecht bestehe, berührt, aber nicht entschieden, da nach Lage jenes Falls von wiederkehrenden Leistungen und solchen an bestimmte Personen nicht die Rede sein konnte. Dagegen hat die Rechtsprechung des Reichsgerichts zur Rechtsnatur der Leibrente ständig anerkannt, daß die einzelnen Rentengefälle als Nutzungen eines in sich geschlossenen einheitlichen Rentenrechts anzusehen seien (RGZ. Bd. 67 S. 207, Bd. 68 S. 340, Bd. 80 S. 208, Bd. 89 S. 259, Bd. 91 S. 6, Bd. 94 S. 157, Bd. 104 S. 272, Bd. 106 S. 93, Bd. 111 S. 286). Was für das Leibrentenrecht gilt, ist für Fälle nach Art des vorliegenden nicht entscheidend anders anzusehen. Jedenfalls bedeutet wirtschaftlich betrachtet die Zusage, jedes Jahr unbegrenzt die Grundsteuern einer bestimmten Fläche zu tragen, nicht das Versprechen einer Summe von Einzelleistungen, sondern das einer einheitlichen Lastenbefreiung, eine Gewähr, die einen dauernden, nahezu eigenschaftlichen Vorzug des erworbenen Landes ausmacht. Dieser rechtlich festbegründeten wirtschaftlichen Lage wird die Auffassung der Verpflichtung als einer einheitlichen Gesamtverpflichtung mit einzelnen Gefällen weitaus besser gerecht als die von selbständigen, unverknüpften oder nur durch eine Anwartschaft gebundenen Einzelforderungen. Für die zu entscheidende Frage der Verjährbarkeit bleibt offen, ob diesem Gesamtrecht ein Anspruch im Sinn von § 194 Abs. 1, § 198 Satz 1 BGB. entspricht, da die Geltendmachung des Gesamtrechts, von der Feststellungsklage abgesehen (vgl. RGZ. Bd. 83 S. 354), in der Regel nur durch Einforderung der einzelnen fälligen Leistungen zum Ausdruck kommen wird.

Der erste Entwurf des Bürgerlichen Gesetzbuchs hatte diesem Tatbestand gerade für die Verjährungsfrage dadurch Rechnung getragen, daß er in § 160 bestimmte:

> Hängen wiederkehrende Leistungen von einem Hauptrecht nicht ab, so beginnt die Verjährung des Anspruchs im ganzen mit dem Zeitpunkt, in welchem die Verjährung des Anspruchs auf eine Leistung begonnen hat.

Entsprechend wurde in § 184 des Entwurfs (jetzt § 224 BGB.; vgl. Motive Bd. 1 S. 310) als Abs. 2 angefügt:

> Bei selbständigen wiederkehrenden Leistungen ist mit der Verjährung des Anspruchs im ganzen auch der Anspruch auf die bis dahin verfallenen Leistungen verjährt.

Beide Bestimmungen sind von der Kommission zur zweiten Beratung des Entwurfs gestrichen worden, weil dafür kein Bedürfnis vorhanden sei; die Unterstellung eines Gesamtanspruchs fließe nicht aus der Natur der Sache, beruhe vielmehr auf künstlicher Fiktion; praktische Nachteile würden aus der Beseitigung der Vorschriften nicht erwachsen (Protokolle Bd. 1 S. 212). Daraus wird nicht erkennbar, welche praktische Entscheidung die Kommission für richtig gehalten hat. Insbesondere ergibt sich aber nicht, daß die Zulassung der Verjährung des Gesamtrechts überhaupt als unverträglich mit Sinn und Zweck der Anspruchsverjährung angesehen worden wäre. Wie anzunehmen, trifft als Gesichtspunkt dieser Änderung zu, was Rehbein BGB. §§ 194—225 Anm. VI S. 333 als deren Grund angibt: die Frage, ob ein verjährbarer Hauptanspruch — zu ergänzen: Gesamtanspruch — vorliege, solle nach der Lage des Einzelfalls entschieden werden.

Für Fälle nach Art des vorliegenden läßt sich aber nicht wohl in Abrede stellen, daß — ebenso wie das für die einzelnen Rentenansprüche einer Leibrente anerkannt wird (RGRKomm. BGB. § 760 Anm. 3) — auch hier in der Geltendmachung des einzelnen Gefälles gleichzeitig die des Gesamtanspruchs, soweit er zur Stillung ansteht, zum Ausdruck kommt. Unterbleibt dagegen bei solchen kurzzeitig und laufend wiederkehrenden Gefällen Leistung, Einklagung oder eine sonst die Verjährung unterbrechende Handlung für eine Rate, so setzt gleichzeitig die Verfolgung des Gesamtanspruchs in dem zu seiner Stillung und Kundmachung einzig bestimmten Akt aus. Damit tritt auch für ihn der die Verjährung kennzeichnende Anschein der Befriedung ein. Wer die einzelne fällige Rate der wiederkehrenden Leistung nicht zahlt, kommt nicht nur mit ihr in Verzug, sondern verletzt auch das Gesamtrecht und gibt berechtigten Grund zu dessen Feststellung. Die Regel, die § 160 des ersten Entwurfs aufgestellt hatte, entspricht deshalb für Fälle nach Art des vorliegenden auch dem Sinn des geltenden Rechts und den Anforderungen des Rechtsverkehrs.

Es kann nicht im Sinn des Gesetzgebers gelegen haben, die wirtschaftliche und staatliche Aufgabe der Verjährungseinrichtung aus Erwägungen rechtsbegrifflicher Art weitgehend einzuschränken und seit langen Jahren in Vergessenheit geratene, der Bestimmung nach laufend wiederkehrende Rentenrechte niemals erlöschen zu lassen. Der Gesetzgeber des bürgerlichen Rechts wollte dieser Rechtseinrichtung vielmehr weitgehenden Spielraum geben. Das zeigt die Übergangsvorschrift des Art. 169 Abs. 2 EG.z.BGB., die Ablehnung von Abreden, welche die Verjährung erschweren, und die Zulassung von solchen, die sie erleichtern, in § 225 BGB. sowie die besondere Bestimmung von Ausnahmen der Verjährbarkeit in § 194 Abs. 2, §§ 758, 902 Abs. 1 Satz 2, §§ 898, 924 BGB. u. a. m. Die Rechtsprechung des Reichsgerichts hat diese Auffassung des Gesetzgebers von der grundlegenden und öffentlichen Bedeutung der Verjährungsvorschriften ständig anerkannt bis zu der Folgerung, daß der Verjährungsausschluß gegenüber Forderungsrechten in einem ausländischen Recht den Zwecken des deutschen Rechts im Sinn von Art. 30 EG.z.BGB. widersprechen kann (RGZ. Bd. 60 S. 299, Bd. 79 S. 268 und [zu Art. 30 EG.z.BGB.] Bd. 106 S. 82). Mit dieser Gesamtrichtung des deutschen Rechts wäre es nicht vereinbar, der Verjährungseinrede keine Folge zu geben gegenüber schuldrechtlichen Verträgen nach Art des vorliegenden, die seit 1880 nicht gehandhabt und bis 1928 nicht verfolgt worden sind. Vielmehr ist mit dem Berufungsrichter (und zwar aus Erwägungen des neuen Rechts) anzunehmen, daß sich die Verjährung des Gesamtrechts auch nach dem 1. Januar 1900 vollenden konnte und spätestens 1912 vollendet hat. Daraus folgt, unter entsprechender Anwendung des § 224 BGB., auch die Abweisung der in diesem Rechtsstreit geltend gemachten einzelnen Erstattungsforderungen für die Zeit nach dem 1. Januar 1924.

---

82. 1. Gilt die Verordnung über die außerordentliche Mietkündigung vom 23. Dezember 1931 auch für eine vor ihrem Erlaß auf Grund der Notverordnung vom 8. Dezember 1931 erklärte Kündigung?

2. Halten sich Art. 8 und 9 der Verordnung vom 23. Dezember 1931 in den Grenzen der dem Reichsminister der Justiz durch Kap. III § 5 des Zweiten Teils der Notverordnung vom 8. Dezember 1931 erteilten Ermächtigung?

3. Zum Ausschluß der außerordentlichen Kündigung durch diese Vorschriften.

Vierte Notverordnung des Reichspräsidenten zur Sicherung von Wirtschaft und Finanzen usw. vom 8. Dezember 1931, Zweiter Teil Kap. III (außerordentliche Kündigung von Mietverträgen) § 5 (RGBl. I S. 699, 708). Verordnung über die außerordentliche Mietkündigung zum 5. Januar 1932, vom 23. Dezember 1931 (RGBl. I S. 796) Art. 8, 9.

VIII. Zivilsenat. Urt. v. 23. Juni 1932 i. S. R. (Kl.) w. Firma Brauhaus F. W. (Bekl.). VIII 140/32.

I. Landgericht Köln.

Durch Vertrag vom 15. August 1929 pachtete die Beklagte vom Kläger eine Schankwirtschaft mit der dazu gehörigen Wohnung und Einrichtung auf sechs Jahre. Sie hat diesen Vertrag auf Grund der Notverordnung vom 8. Dezember 1931 gekündigt. Der Kläger hat jedoch die Kündigung als unwirksam zurückgewiesen und begehrt jetzt die Feststellung, daß keine wirksame Kündigung des Vertrags vorliege. Das Landgericht wies die Klage ab. Die vom Kläger unmittelbar eingelegte Revision führte zur Aufhebung und Zurückverweisung.

Gründe:

... Es bedarf der Entscheidung, ob die außerordentliche Kündigung des Pachtverhältnisses durch Art. 8 oder durch Art. 9 der Verordnung des Reichsministers der Justiz über die außerordentliche Mietkündigung vom 23. Dezember 1931 ausgeschlossen war. Das Landgericht hat diese Frage verneint; seine Feststellungen reichen dazu jedoch nicht aus.

1. Einer Beurteilung der durch Brief vom 16. Dezember 1931 ausgesprochenen Kündigung nach den angegebenen Vorschriften steht es nicht entgegen, daß die Kündigung schon vor Bekanntgabe der Verordnung erklärt worden ist. Der im Schrifttum vereinzelt vertretenen Auffassung, daß eine vorher wirksam gewordene Kündigung durch die einschränkenden Vorschriften der späteren Verordnung nicht mehr ihre Wirkung verlieren könne, ist nicht zuzustimmen.

Kap. III § 5 des Zweiten Teils der Notverordnung vom 8. Dezember 1931 hat den Reichsminister der Justiz ermächtigt, zur Durchführung und Ergänzung dieses Kapitels Rechtsverordnungen und allgemeine Verwaltungsvorschriften zu erlassen. Es kann nicht der Sinn der Zulassung von Durchführungs- und Ergänzungsvorschriften sein, daß die vor ihrem Erlaß ausgesprochenen Kündigungen von ihnen überhaupt nicht berührt werden. Denn für die außerordentliche Kündigung, die in der Notverordnung vorgesehen ist, kann nur ein für alle Fälle einheitliches Recht gelten, zumal diese Kündigung bloß als ein einmaliger Vorgang eingeführt worden ist. Infolgedessen konnte jede Kündigung, die vor Erlaß der Durchführungsvorschriften vorgenommen wurde, Wirkung nur erlangen vorbehaltlich des Inhalts der in § 5 vorgesehenen Maßnahmen des Reichsjustizministers. Erweist sie sich auf Grund der Verordnung vom 23. Dezember 1931 als unzulässig, so ist sie auch nicht in einem früheren Zeitpunkt zulässig gewesen, hat also das gekündigte Rechtsverhältnis nicht beendet.

2. Den Einwendungen, die gegen die Gültigkeit der die Kündigung einschränkenden Vorschriften der Verordnung vom 23. Dezember 1931, insbesondere gegen Art. 8, erhoben worden sind, ist nicht zu folgen. Sie gründen sich darauf, daß die Ermächtigung in § 5 der Notverordnung nur Vorschriften zur Durchführung und Ergänzung zulasse, daß aber in der Verordnung vom 23. Dezember 1931 das Kündigungsrecht für gewisse Fälle ausgeschlossen werde, somit in ihr Ausnahmen von den Bestimmungen der Notverordnung an-

geordnet seien. Hierbei wird übersehen, daß § 5 den Minister ermächtigt hat, Vorschriften zur Durchführung und Ergänzung des Kapitels III der Notverordnung, nicht etwa nur zu einzelnen Paragraphen dieses Kapitels zu erlassen. Letzteres umfaßt aber nicht nur die Zulassung der außerordentlichen Kündigung in § 1 und § 3, sondern zugleich ihren Ausschluß durch § 2. Die Ermächtigung des § 5 verleiht deshalb auch die Befugnis, die Vorschriften über den Ausschluß der Kündigung zu ergänzen.

Daß die an anderen Stellen der Notverordnung erteilten Ermächtigungen einen anderen Wortlaut haben, daß insbesondere in § 5 des die Mietsenkung behandelnden Kapitels II die Bestimmung von Ausnahmen ausdrücklich zugelassen und die Ermächtigung dem Reichsminister der Justiz nur gemeinsam mit dem Reichsarbeitsminister erteilt ist, kann gegenüber dem Inhalt und der Bedeutung des hier maßgebenden Kap. III § 5 keine ausschlaggebende Bedeutung haben.

3. Nach Art. 9 Abs. 2 der Verordnung vom 23. Dezember 1931 liegt ein Pachtvertrag über gewerbliche Räume im Sinne des § 3 der Notverordnung nicht vor, wenn sich die Überlassung des Unternehmens als die Hauptleistung des Verpächters darstellt. Das Landgericht hat nicht verkannt, daß dieser Fall auch bei Verpachtung einer Gastwirtschaft vorliegen kann, und daß die Entscheidung nur nach den besonderen Umständen des Einzelfalls zu treffen ist. Es hat aber die Auffassung des Klägers, bei dem Pachtverhältnis der Parteien sei die Überlassung des Wirtschaftsbetriebs die Hauptleistung, für unzutreffend erklärt, da im vorliegenden Fall die Überlassung des Gebrauchs der Wirtschaftsräume nebst Wohnung der Überlassung des in den Räumen betriebenen Gewerbes zum mindesten gleich zu achten sei. Diese ohne jede Begründung getroffene Feststellung macht eine Nachprüfung durch das Revisionsgericht überhaupt und insbesondere nach der Richtung hin unmöglich, ob nicht der Begriff der Hauptleistung verkannt ist. Aus diesem Grunde mußte das Urteil aufgehoben werden.

4. Nach Art. 8 der Verordnung vom 23. Dezember 1931 ist die außerordentliche Kündigung für Gebäude oder Räume ausgeschlossen, die mit der Bestimmung vermietet worden sind, daß der Mieter verpflichtet ist, den Gebrauch auszuüben. Auch diese Vorschrift, die nach Art. 9 Abs. 1 für Pachtverhältnisse über gewerbliche Räume in gleicher

Weise gilt, hat das Landgericht mit dem Ergebnis geprüft, daß sie der Kündigung nicht entgegenstehe.

Art. 8 fordert eine Bestimmung, die den Mieter oder Pächter zur Ausübung des Gebrauchs während der Vertragsdauer verpflichtet. Daraus folgt, daß ein Interesse des Vermieters oder Verpächters an der dauernden Gebrauchsausübung durch den anderen Vertragsteil nicht ohne weiteres genügt, sondern daß sich diese Gebrauchspflicht, sofern sie nicht ausdrücklich vereinbart ist, doch als stillschweigend vereinbart ergeben muß. Zu den Umständen, aus denen sich die stillschweigende Vereinbarung dieser Pflicht herleiten läßt, kann je nach der Art des Miet- oder Pachtverhältnisses auch die besondere Art des Betriebes gehören, zu dem die Räume überlassen werden. Es bedarf deshalb auch hier der Beachtung aller Umstände des einzelnen Falls, um über das Vorliegen einer Bestimmung im Sinn des Art. 8 entscheiden zu können.

Das Landgericht hat erwogen, daß der Kläger ein Interesse an der Fortführung des Wirtschaftsbetriebes der Schankwirtschaft habe, sei es zur Erhaltung des Gästekreises, sei es zur Vermeidung einer Gefährdung der Konzession. Doch hat es abgelehnt, hieraus die Pflicht zur Ausübung des Gebrauchs zu entnehmen. Diese Stellungnahme rechtfertigt es mit allgemeinen Ausführungen darüber, daß diese Belange des Klägers eine solche ständige Ausübung des Betriebs nicht dringend erforderten, da sie auch ohnedies hinreichend geschützt seien, daß deshalb auch die Pachtverträge über Gastwirtschaften ganz allgemein solche Bestimmungen nicht enthielten. Nach Art. 8 müsse aber eine wirkliche Verpflichtung des Mieters oder Pächters zum Gebrauch bestehen.

Diese Darlegungen gehen zwar von der richtigen Auslegung des Art. 8 aus. Sie verkennen aber, daß auch insoweit die Entscheidung unter Beachtung sämtlicher Umstände des einzelnen Falls gesucht werden muß. Mögen auch die Ausführungen des Landgerichts im allgemeinen zutreffen, so ist es doch nicht ausgeschlossen, daß unter besonderen Umständen solche Belange, wie sie im angefochtenen Urteil berührt sind, allein oder in Verbindung mit anderen die Gebrauchspflicht des Mieters oder Pächters im Einzelfall nach dem Willen der Beteiligten begründen. Da das Landgericht es unterlassen hat, auf den Streitfall im besonderen näher einzugehen, kann auch aus diesem Grunde das Urteil nicht bestehen bleiben.

Register.

Die Zahlen bedeuten die Seiten.

A. Sachregister.

A

B

L

M

W

Z

B. Gesetzesregister.

1. Reichsrecht.

a. Bürgerliches Gesetzbuch.

b. Einführungsgesetz zum Bürgerlichen Gesetzbuch.

c. Handelsgesetzbuch von 1897.

d. Zivilprozeßordnung.

2. Landesrecht.

Lippe.

3. Rheinisches Recht.

C. Zusammenstellung der Entscheidungen nach der Zeitfolge.

Zusammenstellung
der
im 136. Bande
mitgeteilten Entscheidungen
nach
Oberlandesgerichtsbezirken

(bei Sprungrevisionen und bei Beschwerden in Angelegenheiten der freiwilligen Gerichtsbarkeit nach Landgerichtsbezirken).

Die Zahlen bezeichnen die Nummern der Entscheidungen.

Bamberg	2.	**Hamm**	79.
Berlin	3. 7. 16. 18. 26. 27. 28. 29. 35. 37. 38. 44. 48. 53. 54. 58. 60. 62. 65. 69. 74.	**Karlsruhe**	12. 24. 36. 40.
Breslau	32. 57. 64. 66. 81.	**Kassel**	25.
Celle	4. 5. 9. 34. 45. 47.	**Kiel**	11. 30.
Dresden	56.	**Köln**	1. 33. 41. 68. 76. 80.
Düsseldorf	51. 59. 72. 75.	**Königsberg**	20.
Hamburg	6. 10. 15. 22. 23. 43. 55. 70. 78.	**München**	67.
		Naumburg a. S.	39. 50. 61. 71. 73.
		Rostock	8.
		Stuttgart	13. 52.

Landgericht I Berlin	14. 21. 77.
Landgericht Braunschweig	17.
Landgericht Darmstadt	46.
Landgericht Dessau	49.
Landgericht Dortmund	42.
Landgericht Hamburg	63.
Landgericht Hannover	19.
Landgericht Köln	82.
Landgericht Stuttgart	31.

Berichtigungen.

Generalregister zum hunderteinundzwanzigsten bis hundertdreißigsten Bande.

S. 176 im § 150 (Wucher) letzte Zeile lies **122** statt **123**.
S. 380 unter „Abschließende Beurteilung" Z. 2 lies **130** statt **129**.
S. 443 unter „Gerichtsverfassung" Z. 4 lies 245. statt 275.
S. 662 beim Ges. v. 12. Mai 1901:
die §§ 1, 23, 54, 55 nebst Seitenangaben (Z. 11—14 v. o.) sind zu streichen und statt dessen zu setzen:

§ 15 . . . **130**, 262. § 53 . . . **130**, 262.

FSC
www.fsc.org
MIX
Papier | Fördert gute Waldnutzung
FSC® C083411

Kolibri 360 GmbH
Ferdinand-Jühlke-Straße 7
99095 Erfurt, Deutschland
produktsicherheit@kolibri360.de